Afrikanische Perspektiven

Friedensbericht 1998

Afrikanische Perspektiven

Friedensbericht 1998
Theorie und Praxis ziviler Konfliktbearbeitung in Osteuropa

Ergebnisse der internationalen *State-of-Peace*-Konferenz 1997
bearbeitet von Catherine Schiemann Rittri

Projektleitung:
Günther Baechler und Arno Truger

Herausgeber:
Österreichisches Studienzentrum für Frieden
und Konfliktlösung, Stadtschlaining
Schweizerische Friedensstiftung • Institut
fur Konfliktlosung, Bern
In Zusammenarbeit mit der
Arbeitsgemeinschaft Friedens- und
Konfliktforschung e.V. (AFK), Bonn

DIALOG
Beiträge zur Friedensforschung
Band 34, Heft 1-2/1998

Verlag Rüegger

Bisher sind im Verlag Rüegger erschienen:

Friedensbericht 1997: **Die Zukunft Südosteuropas**
Theorie und Praxis ziviler Konfliktbearbeitung
260 Seiten, Fr. 42.80 / DM 50.20 / ÖS 364.–
(1997) ISBN 3 7253 0577 3 (Dialog Band 32)

Friedensbericht 1996: **Theorie und Praxis ziviler Konfliktbearbeitung**
1. Jahrbuch für Konfliktlösung
400 Seiten, Fr. 42.80 / DM 50.20 / ÖS 364.–
(1996) ISBN 3 7253 0552 8 (Dialog Band 30)

Friedensbericht 1995: **Tod durch Bomben**
Wider den Mythos vom ethnischen Konflikt
366 Seiten, Fr. 42.80 / DM 50.20 / ÖS 364.–
(1995) ISBN 3 7253 0527 7 (Dialog Band 28)

Friedensbericht 1994: **Krieg und gewaltfreie Konfliktlösung**
354 Seiten, Fr. 42.80 / DM 50.20 / ÖS 364.–
(1994) ISBN 3 7253 0503 X (Dialog Band 26)

Friedensbericht 1993: **Das neue Chaos der nationalen Egoismen**
252 Seiten, Fr. 42.80 / DM 50.20 / ÖS 364.–
(1993) ISBN 3 7253 0471 8 (Dialog Band 24)

Die Deutsche Bibliothek – CIP-Einheitsaufnahme

Afrikanische Perspektiven : Theorie und Praxis ziviler Konfliktbearbeitung in Osteuropa ; Ergebnisse der Internationalen State-of-Peace-Konferenz 1997 / bearb. von Catherine Schiemann Rittri. Projektleitung: Günther Baechler und Arno Truger. Hrsg.: Österreichisches Studienzentrum für Frieden und Konfliktlösung, Stadtschlaining ... - Chur ; Zürich : Rüegger, 1998
(Friedensbericht ... ; 1998)
(Dialog ; Bd. 34 = 1998, H. 1/2)
ISBN 3-7253-0604-4

Internet: http://www.rueggerverlag.ch
E-mail: rueggerverlag@gr-net.ch
ISBN 3 7253 0604 4
Druck: Gasser Print AG, Chur

8044-12

Inhaltsverzeichnis

Vorwort p. 9

Günther Baechler und *Arno Truger*
Einleitung p. 11

Jörg Calliess
Was hat 1997 dem Frieden genützt und was hat ihm geschadet p. 15

Teil I: Berichterstattung und Analyse

Frank Unger
Die USA unter Clinton
Geoökonomie als Friedenspolitik? p. 23

Martin Zbinden
Russland und die NATO-Osterweiterung p. 39

Laurent Goetschel
Die GASP nach der Regierungskonferenz '96
Auf dem Weg zum europäischen Krisenmanagement? p. 63

Jürgen Endres und *Jens Peter Franke*
Das Kriegsgeschehen 1996/97
Ein kommentierter Überblick der Arbeitsgemeinschaft
Kriegsursachenforschung Hamburg p. 79

Teil II: Konflikte und deren Management in Ländern Afrikas

Günther Baechler
Sozioökonomische und politische Krisen in Afrika
Ein Überblick p. 107

Markus Brunner
Staat in Nigeria
Elitenspiele und Herrschaft p. 153

Hans-Joachim Heintze
Menschenrechtsschutz in Afrika
Eine regionale und universale Herausforderung p. 175

Khalid Durán
Afrikanische Konflikte
Der Faktor Religion p. 191

Werner Ruf
Algerien
Die organisierte Verhinderung einer Konfliktlösung p. 203

Andreas Mehler
Demokratisierung und Demokratieförderung im frankophonen Westafrika
Ein Beitrag zur Vermeidung gewaltförmiger Konflikte? p. 223

Daniel Stroux
Die Ethnopolitisierung von Konflikten
Das Beispiel von Kongo (Ex-Zaïre) p. 235

Mohamed Suliman und *Axel Klein*
Inversion der Ethnizität: Von Wahrnehmung zur Konfliktursache p. 257
Die Fur- und Nubakonflikte im Westsudan

Teil III: Theorie und Praxis ziviler Konfliktbearbeitung in Osteuropa

Norbert Ropers
Der georgisch-abchasische Konflikt
Vom Krieg zur feindlichen oder friedlichen Koexistenz? p. 279

Andreas Buro
Zivile Konfliktbearbeitung durch Dritte
Der Krieg in der Türkei p. 303

Hanne-M. Birckenbach
Minderheiten in der Ostseeregion
Überblick und Anregungen zur Methode konstruktiver Konfliktbearbeitung p. 323

Stefan Troebst
Der Transnistrienkonflikt und seine Bearbeitung durch die OSZE p. 347

Teil IV: Brennpunkt

Wilfried Graf in Kooperation mit *Dardan Gashi*
Die Wiederkehr der albanischen Frage und die Gefahr eines neuen Balkankrieges p. 383

Zu den Autoren p. 395

Über die Herausgeber p. 397

Vorwort

Auch der 13. Friedensbericht ist der konstruktiven Konfliktbearbeitung verpflichtet. Wie in vorangegangenen Jahresberichten zum Stand von Krieg und Frieden in der Welt befassen sich die Autorinnen und Autoren schwerpunktmässig mit einer Grossregion, mit wiederkehrenden Themen im Hinblick auf die Politik der USA und europäischer Staaten bzw. der EU, sowie einem Brennpunkt von besonderer Aktualität und Brisanz, diesmal Albanien. Und schliesslich gilt für die Beiträge wiederum die Leitlinie: Eine Analyse erweist sich erst dann als tauglich, wenn Prognose und Therapie verlässlich sind. Therapievorschläge, die nicht auf einer umfassenden Analyse einer Krise oder eines Konfliktes aufbauen, erweisen sich allerdings als problematisch. Standardangebote aus dem Rezeptbuch für präventive Diplomatie oder für Nachkriegsstabilisierung können bestenfalls Wegweiser sein. Friedenspolitik sieht sich jedoch mit der empirischen Vielfalt von Strukturen, Erscheinungen, Beziehungen, Interessen, Perzeptionen und spezifischen Verhaltensweisen konfrontiert. So lautet zumindest ein wichtiges Ergebnis der Abschlussdiskussion der „State of Peace"-Konferenz zum Thema: „Was hat 1997 dem Frieden genützt und was hat ihm geschadet?"

Alle Mitwirkenden möchten sich bei den Sponsoren, welche die Konferenz und das Jahrbuch durch ihre finanziellen Zuwendungen möglich gemacht haben, herzlich bedanken. Es sind die Schweizerische Akademie für Geisteswissenschaften, der Schweizerische Nationalfonds zur Förderung der wissenschaftlichen Forschung, die Direktion für Entwicklung und Zusammenarbeit und die Abteilung Friedensförderung des Eidgenössischen Departements für Auswärtige Angelegenheiten sowie die Abteilung Grundlagenstudien der Zentralstelle für Gesamtverteidigung.

Neben den Autorinnen und Autoren nahmen folgende Persönlichkeiten an den Beratungen anfangs Dezember 1997 im Konferenzzentrum Hotel Bern in der Altstadt von Bern teil: Dr. Herbert Braun und Dr. Jean-François Mayer von der Zentralstelle für Gesamtverteidigung, Bern, Dr. Gerald Mader, Präsident des ÖSFK, Stadtschlaining, und Alt-Botschafter Fritz R. Staehelin, Präsident der Schweizerischen Friedensstiftung, Bern.

Dr. Jörg Calliess, Studienleiter an der Evangelischen Akademie Loccum sei für die Abfassung der einleitenden Thesen zur Abschlussdiskussion - die im vorliegenden Bericht wiedergegeben sind - bestens gedankt. Als Initianten für die Diskussion wurden eingeladen: Prof.Dr. Klaus Jürgen Gantzel, Arbeitsgemeinschaft Kriegsursachenforschung, Universität Hamburg, Prof.Dr. Ekkehart Krippendorff, Freie Universität Berlin, und Dr. Wolfgang R. Vogt, Führungsakademie der Bundeswehr, Hamburg. Leider konnten Thania Paffenholz als Vertreterin des Vorstandes der Arbeitsgemeinschaft Friedens- und Konfliktforschung (AFK), Bonn, und Prof.Dr. Dieter Senghaas, Universität Bremen, nicht an den Beratungen teilnehmen.

Dr. Catherine Schiemann Rittri von der Schweizerischen Friedensstiftung, mit Wohnsitz in Stockholm, hat einmal mehr hervorragende Arbeit bei der Redaktion der Beiträge und vor allem - horribile dictu - beim Eintreiben derselben geleistet. Dafür möchten wir Ihr unseren grossen Dank aussprechen. Dank gebührt schliesslich Franziska Bacher für die gute organisatorische Vorbereitung der STOP-Konferenz 1997/98.

Die Diskussionen und Gespräche wurden abwechselnd von Günther Baechler und Arno Truger von der SFS bzw. dem ÖSFK moderiert.

Bern/Stadtschlaining, 5. März 1998, Günther Baechler, Arno Truger

Einleitung

Von Günther Baechler und Arno Truger

Weltweit waren 1997 insgesamt 25 Kriege und 24 bewaffnete Konflikte zu verzeichnen. Damit ist die Zahl der Gewaltkonflikte im Berichtszeitraum gegenüber dem Vorjahr und vor allem gegenüber dem Höhepunkt anfangs der neunziger Jahre rückläufig, wie die Arbeitsgemeinschaft Kriegsursachenforschung in ihrem Beitrag feststellt (Jürgen Endres, Jens Peter Franke). Wie ein Blick auf den Globus zeigt, ist diese positive Entwicklung in erster Linie der abnehmenden Gewaltanwendung auf dem Gebiet der ehemaligen Sowjetunion und Osteuropas zu verdanken. Dort ist die Verringerung ethnopolitisch bzw. nationalistisch motivierter Gewalt sowohl auf das Ringen nach friedlichen Lösungen der betroffenen Konfliktparteien selbst als auch auf das konstruktive Einwirken von Drittparteien auf verfeindete Gruppen zurückzuführen. Die Beiträge zur Bearbeitung des georgisch-abchasischen Konfliktes (Norbert Ropers), zum Umgang mit Minderheitenkonflikten in der Ostseeregion (Hanne-M. Birckenbach) und zum transnistrischen Separatismus in Moldova (Stefan Troebst) gehen mit grosser Detailkenntnis auf das friedenspolitische Zusammenwirken von internen und externen Aktivitäten ein.

Gegenläufige Entwicklungen geben wenig Anlass für eine Entwarnung auf globaler Ebene. So werden die Perspektiven der Konfliktbearbeitung durch Dritte am Beispiel des Krieges in der Türkei kritisch eingeschätzt (Andreas Buro). Das Konfliktgeschehen in Afrika, dem diesjährigen Schwerpunkt des Berichts - ist nach wie vor sehr intensiv, unberechenbar und eruptiv - trotz zweifellos positiver Entwicklungen wie beispielsweise in Südafrika. Die Zahl der bewaffneten Konflikte, die auf dem afrikanischen Kontinent ausgetragen werden, ist hoch. Seit der Entkolonisierung ab dem Jahre 1955 hatte in Afrika nur rund ein Fünftel der Länder keinen bewaffneten Konflikt zu bewältigen. Viele der postkolonialen bewaffneten Auseinandersetzungen, die in vier Fünfteln der Länder ausgetragen wurden, dauerten zwanzig und mehr Jahre, beispielsweise diejenige in Angola 38 Jahre, diejenige zwischen Äthiopien und Eritrea 30 Jahre und diejenige in Moçambique 29 Jahre. In der ersten Hälfte der neunziger Jahre (1990 bis 1995) wurden von insgesamt 97 bewaffneten Konflikten und Kriegen weltweit allein 32 in Afrika - vor allem südlich der Sahara - ausgetragen. Im Jahre 1997 waren in

Afrika 17 bzw. 10 bewaffnete Konflikte zu verzeichnen.[1] Beinahe sämtliche der laufenden Konflikte finden im Innern von Staaten statt; nur einige Konflikte - beispielsweise der Sudankonflikt oder der Krieg zwischen Hutu und Tutsi - haben eine grenzübergreifende oder internationale Dimension angenommen. Innerstaatlicher Konfliktaustrag ist aber nicht mit niedriger Intensität oder gar Bedeutungslosigkeit gleichzusetzen. Das zeigen die Beiträge zum Sudankonflikt (Mohamed Suliman/Axel Klein), zum Krieg und Machtwechsel im früheren Zaïre (Daniel Stroux) und zum terroristischen Krieg gegen die Zivilbevölkerung in Algerien (Werner Ruf).

An dieser Stelle wird auf eine ausführliche Einleitung, welche die einzelnen Berichte zusammenfassend diskutiert, verzichtet. Statt dessen folgen zwei Beiträge, die im Sinne einer einleitenden Vertiefung der in diesem Friedensbericht behandelten Problematik zu verstehen sind:

- Zum ersten werden die einleitenden Thesen von Jörg Calliess zur Schlussdebatte der Konferenz „Was hat 1997 dem Frieden genützt und was hat ihm geschadet?“ dokumentiert. Die 11 Thesen thematisieren in provozierender Weise die Einwirkungen internationaler Konstellationen und Politiken auf die laufenden Konflikte. Obwohl der Autor einwendet, dass die Frage, was dem Frieden genützt bzw. geschadet habe, kaum allgemein beantwortet und vermutlich seit Ende des Kalten Krieges so gar nicht mehr gestellt werden kann, schält er aus der verwirrenden Vielfalt von internationalen Beziehungen, Ereignissen und Interaktionen einige Tendenzen klar heraus. Es sind durchaus nicht letzte Wahrheiten, die sich anhand jedes einzelnen Beitrages bestätigen lassen würden. Im Gegenteil, beim Lesen der einen oder anderen Analyse kommt Widerspruch auf. Das ist auch der Grund dafür, warum wir die Thesen den Analysen voranstellen: Sie fördern in ihrer Dichte und Prägnanz das Nachdenken über Erfolge und Versäumnisse des Krisenmanagements vor Ort. So zeichnen sich gerade im Lichte der 11 Thesen die Defizite des US-amerikanischen Krisenmanagements nach der Wiederwahl von Bill Clinton (Frank Unger) und des EU-europäischen Krisenmanagements im Rahmen der GASP nach der EU-Regierungskonferenz von 1996/97 (Laurent Goetschel) besonders deutlich ab. Andererseits bestätigen die russischen Reaktionen auf die Politik der NATO-Erweiterung nach Osten (Martin Zbinden) These 8, der zufolge Regionen, die an regionalen Integrationsprozessen nicht teilhaben, eine Gefahr für den Frieden darstellen. Das Fragezeichen hinsichtlich der Friedensrelevanz deutscher Aussenpolitik (These 11) kann entsprechend auch hinter die österreichische bzw. die schweizerische Aussenpolitik gesetzt werden.

[1] Aufgrund unterschiedlicher Betrachtungsweisen und Definitionskriterien weisen die Beiträge von Jürgen Endres/Jens Peter Franke und Günther Baechler verschiedene Zahlen aus.

- Zum zweiten folgt ein ausführlicher Überblick von Günther Baechler über die sozioökonomischen, ökologischen und politischen Hintergründe akuter afrikanischer Krisen. Es werden Faktoren aufgezählt, die in den darauffolgenden Fallstudien immer wieder auftauchen, wenn auch in je spezifischen Konstellationen: Schwache staatliche Institutionen und Leistungen; Staatsführungen mit mangelnder demokratischer Legitimation, seien es Regime, die durch einen Putsch oder das Ergebnis eines Krieges an die Macht gekommen sind, seien es charismatische Führerfiguren aus der Zeit der kolonialen Befreiung an der Staatsspitze, oder seien es Mehrparteienregierungen, bei denen faktisch eine Partei die Macht ausübt; willkürlich gezogene Grenzen der postkolonialen Staaten; stark ausgeprägte innere Differenzierungen mit ethnopolitischen, clanischen, regionalistischen und teilweise religiösen Vorzeichen; sozioökonomische und ökologische Diskriminierung, die im Hintergrund von Gruppenidentitäts- und Herrschaftskonflikten stehen und die Existenz schmaler Eliten, die den Zugang von einzelnen Gruppen, wenn nicht sogar der Mehrheit der meist ländlichen Bevölkerung zu den Ressourcen regeln (Markus Brunner, Khalid Durán, Hans-Joachim Heintze, Andreas Mehler).

Der Brennpunkt im diesjährigen Friedensbericht ist Albanien. Die Studie von Wilfried Graf kann als Beitrag zur Frühwarnung gesehen werden, denn bereits Ende November anlässlich der „State of Peace"-Konferenz wies der Autor auf die sich zuspitzende Situation im Kosovo hin. Soll die Wiederkehr der „albanischen Frage" nicht zu einem neuen, „vierten" Balkankrieg führen, müssen sich alle europäischen Institutionen und die europäische Zivilgesellschaft dringend um eine kurz- und langfristige Friedenskonsolidierung in Albanien, Jugoslawien (Kosovo) und Mazedonien bemühen.

Was hat 1997 dem Frieden genützt und was hat ihm geschadet?

11 Thesen

Von Jörg Calliess

Vorbemerkung 1

Die Thesen thematisieren nur Einwirkungen internationaler Konstellationen und internationaler Politik auf Konflikte.

Die Frage, was 1997 dem Frieden genützt und was ihm geschadet hat, ist eine Frage, die sich für verschiedene Konfliktregionen und für jeden einzelnen Konflikt anders stellt. Wer ihr nachgeht, müsste also sehr genau analysieren und werten

- die Konfliktkonstellationen, die Strukturen des Konfliktes etc.
- die Konfliktparteien, ihre Positionen, Interessen, Absichten etc.
- die Konfliktentwicklungen, die Wirkungen des Konfliktes etc.

Das kann und soll ich hier nicht tun. Ich beschränke mich allein auf die Frage nach der *Einwirkung von aussen.* Die wichtigsten Fragen, die mich bei der Formulierung der folgenden Thesen geleitet haben, heissen demnach: Was ist 1997 getan oder nicht getan worden,

- um die Voraussetzungen und Bedingungen für Konfliktprävention, Streitschlichtung, Gewalteindämmung, konstruktive Konflikttransformation etc. zu verbessern?
- um Zivilisierungsprozesse zu ermutigen, zu stärken und zu fördern? Oder noch grundsätzlicher: Um Zivilisierungsprozesse überhaupt zu ermöglichen und ihnen eine reale Chance zu geben?

Vorbemerkung 2

1997 wurden die Probleme allenfalls offenbar oder zunehmend gefährlich - neu sind sie eigentlich nicht.

Die Frage, was dem Frieden genützt und geschadet hat, scheint mir für 1997 keinen eigenen Sinn zu machen. Es hat im zurückliegenden Jahr nicht die singulären Ereignisse und Geschehen, Entscheidungen und Vereinbarungen, Umbrüche, Abbrüche oder Neuanfänge gegeben, die es erlaubten zu sagen, dies oder das habe gerade 1997 dem Frieden besonders genützt oder geschadet. Alles, was auf die Frage gesagt werden kann, hätte auch schon für das Jahr vorher gesagt werden können.

Seit Mitte der neunziger Jahre werden die Strukturen und Probleme der *Entwicklung*, die nach der Epochenwende 1989/90 einsetzte, zunehmend erkennbar und jetzt - 1997 - wird wirklich offensichtlich, wo die Gefährdungen des Friedens liegen, woher sie rühren, wie sie beschaffen sind und wie sie wirken, und dass sie *mehr* sind als nur *Übergangs- und Anpassungsprobleme.*

11 Thesen

1. Der Multilateralismus ist in einer tiefen Krise - viele Staaten bevorzugen Unilateralismus

In den zurückliegenden Monaten ist offensichtlich geworden, dass die mit der „Agenda for Peace“ vorgeschlagene und eingeleitete Entwicklung eines *multilateralen* (und multidimensionalen und multiperspektivischen) *Ansatzes* zur Bearbeitung von Konflikten und zur Förderung von Frieden in eine schwere *Krise* geraten ist.

Zunächst ein Blick auf die Staatenwelt: Die *Bereitschaft der führenden Nationalstaaten*, im Zusammenwirken *mit anderen vorzugehen*, um in sich zuspitzenden oder bereits gewaltsam ausgetragenen Konflikten Gewalt zu verhindern oder einzudämmen, um wo nötig Frieden zu erzwingen oder - nach der Beendigung von Gewalt und Krieg - Frieden zu schaffen, *scheint stark zurückgegangen zu sein.* Wenn überhaupt Initiativen ergriffen werden - und die Entscheidung darüber folgt überwiegend nur mehr eigenen Interessen und Zielen - werden *unilaterale Vorgehensweisen* favorisiert. In diesem Sinne würde ich auch das Engagement der NATO in Bosnien als ein unilaterales bezeichnen, weil es seiner Anlage und Struktur nach gerade nicht ein Geflecht verschiedener Einwirkungsweisen entfaltet.

2. Mit unilateralem Vorgehen kann Frieden nicht geschaffen werden

Das *unilaterale Vorgehen* - und seien die Motive, Konzepte und Ziele auch noch so ehrbar und valide - stösst aber angesichts der Konfliktrealitäten, mit denen wir es heute überall zu tun haben, sehr schnell an *Grenzen* und scheint nirgends mehr in der Lage zu sein, wirksame Impulse in Richtung Frieden zu geben. Als Beispiele hierfür können der Israel/Palästina-Konflikt, der Irakkonflikt aber auch die Konflikte in der Kaukasusregion studiert werden.

3. Gewaltkonflikte und Bürgerkriege werden immer öfter stillschweigend hingenommen

Die Fixierung auf unilaterale Vorgehensweisen hat zur Folge, dass überall dort, wo eigentlich keine der potenteren Mächte ihre Interessen (mehr oder weniger unmittelbar) berührt sieht und von sich aus Einwirkungsmöglichkeiten zur Prävention, Gewalteindämmung, Streitschlichtung oder zum Friedenschaffen sucht, die Konflikte weitgehend isoliert bleiben und blutig ausgetragen werden, bis - wenn überhaupt - die eine oder andere Partei soweit die Oberhand gewinnt, dass sie „Frieden" nach ihren Vorstellungen diktieren kann.

Unfriede wird so zum zwar regional begrenzten, aber stillschweigend (oder auch nicht ganz so stillschweigend) hingenommenen Dauerzustand in einigen Regionen. Auffällige *Beispiele* aus dem zurückliegenden Jahr sind Afghanistan, Rwanda, Burundi, Zaïre, Kongo und Brazzaville. Der Teufelskreis von Chaos, Konflikt, Gewalt und Verzweiflung wird gar nicht mehr unterbrochen.

4. Die internationale Staatengemeinschaft betreibt kaum noch die Stärkung ihres Pazifizierungsvermögens

Die Fixierung auf unilaterale Optionen hat weiter dazu geführt, dass die noch vor wenigen Monaten mit erheblichen Hoffnungen begleiteten Bemühungen, die internationalen Organisationen (insbesondere die UNO und die OSZE) so zu gestalten und auszustatten, dass sie durchsetzungsfähig agieren können, um Frieden zu schaffen, in einer Sackgasse stecken. Die internationalen Organisationen sind weit davon entfernt, robuste Organisationen zu sein, sie verfügen kaum über das *Pazifizierungsvermögen,* das ausreichte, um wenigstens Gewalt einzudämmen oder zu unterbinden, um also Bürgerkriege zu beenden und zumindest die Voraussetzungen und Bedingungen für konstruktive Konflikttransformation zu schaffen.

Konsequenterweise fehlt der internationalen Staatenwelt auch das *Zivilisierungsvermögen,* das heisst die Voraussetzungen, die Konzepte und Instrumente für das Ermöglichen und Fördern von Zivilisierungsprozessen in verschiedenen durch Konflikte bedrohten Regionen.

5. Der Verzicht auf eine von aussen kommende Initiative zur Eindämmung oder Beendigung bewaffneter Kämpfe ermutigt Gewalt

Die fehlende Bereitschaft oder Fähigkeit der internationalen Staatengemeinschaft, Bürgerkriege, ethnische Säuberungen, Vertreibungen oder Genozide zu unterbinden und Frieden zu ermöglichen und zu fördern, hat in etlichen Konfliktgebieten ein Erstarken militärischer Kräfte begünstigt und die Option für Gewalt bei der Verfolgung eigener Interessen ermutigt. Angesichts fehlender Einflussnahme von aussen haben sich *Netzwerke der wechselseitigen militärischen Unterstützung* von Oppositions- und Widerstandsbewegungen in verschiedenen Konfliktregionen (Grosse Seen) *dynamisiert.* Andererseits fehlt es an einer entsprechenden Formierung und wechselseitigen Unterstützung der Kräfte, die auf Gewalteindämmung, Streitschlichtung und Friedensschaffung wirken könnten.

6. In Gewaltkonflikten und Bürgerkriegen können NROs nicht wirken

Die Tatsache, dass die internationale Staatengemeinschaft in vielen Konflikten den Versuch gar nicht mehr unternimmt, Gewalt einzudämmen und bewaffnete Kämpfe zu beenden, bedeutet zugleich eine *Erschwerung*, meist gar eine *Verhinderung* von Aktivitäten verschiedener ebenfalls von aussen kommender Nichtregierungsorganisationen (NROs). Deren Projekte der humanitären Hilfe, der Streitschlichtung, der Versöhnung, des Aufbaus und der Entwicklung haben in der Regel nur dann eine Chance, wenn zumindest die daran beteiligten Personen nicht um ihr Leben fürchten müssen, und sie können ihre intendierten Wirkungen nur entfalten, wenn keine Kampfhandlungen an der Tagesordnung sind.

Beispiele aus Burundi, Rwanda, Zaïre und Kongo haben gerade in den letzten Monaten gezeigt, wie riskant das Agieren von NROs in akuten Bürgerkriegssituationen einmal für die Akteure selbst ist, und wie wenig dann noch wirklich Einfluss darauf genommen werden kann, wem die Hilfe wie und wo zugute kommt.

7. Es fehlt an Kommunikation zwischen den Akteuren in der zivilen Konfliktbearbeitung

Zivile Konfliktbearbeitung durch Akteure aus der Gesellschaftswelt leidet immer offenkundiger unter einer Reihe von Defiziten. Hervorzuheben wären da zunächst

- Unklarheiten in bezug auf Konzepte, Ziele, Instrumente etc.,
- Mangel an Ressourcen (Mittel, Personal, Know-how etc.),
- Unklarheiten in bezug auf Legitimität und Mandat.

Hinzu kommt als erhebliches Problem

- *die unzureichende Kommunikation und Kooperation der Akteure aus der Gesellschaftswelt untereinander und zwischen Akteuren aus der Gesellschaftswelt und der Staatenwelt.*

Dem für die internationale Staatengemeinschaft festgestellten Hang zum Unilateralismus entspricht in der Gesellschaftswelt ein Hang zum Projektaktivismus, der nicht selten autistische Züge annimmt, zumindest kaum bezogen ist auf das, was andere Akteure in der gleichen Region tun.

8. Die Regionen, die nicht an regionalen Integrationsprozessen teilhaben, werden zur Gefahr für Frieden

Förderlich für den Frieden sind ohne Zweifel die in den letzten Jahren zunehmenden regionalen Integrationsprozesse (und 1997 ist in dem Zusammenhang für die Region Europa ein wichtiges Jahr).

Gefährlich ist bei dieser Entwicklung aber, dass grosse *Regionen* dabei *„draussen vor bleiben!“*, also nicht eingebunden werden in Integrationsräume, in denen wirtschaftliche, soziale und politische Stabilisierung gefördert wird. Besonders dramatische Beispiele sind Afrika und Osteuropa.

Verschärft wird das Problem dadurch, dass die Ressourcen (materielle und ideelle) für Entwicklungszusammenarbeit drastisch reduziert wurden und werden. Rein quantitativ stehen signifikant weniger Mittel für Hilfe zur Verfügung (1994 war das Volumen der verfügbaren Mittel am grössten, seither haben wir einen ständigen Rückgang), und die Mittel, die zur Verfügung stehen, werden mehr und mehr in Exportstrategien der Geber eingebunden, wobei die Entwicklungs-, Pazifizierungs- und Zivilisierungsperspektiven allenfalls nachgeordnete Bedeutung haben.

9. Waffenproduktion und Waffenhandel sind weiterhin gefährliche Probleme für den Frieden

Ein erhebliches Problem für den Frieden liegt weiter im Bereich von *Waffenproduktion und Waffenhandel. Nützen* könnte dem Frieden zwar das in Oslo ausgehandelte Landminenverbot. *Gefährlich* für den Frieden ist aber, dass der Rückgang von Waffenproduktion und Waffenhandel im zurückliegenden Jahr nicht weiterging, sich vielmehr beides auf einem bestimmten - nun immerhin erfreulicherweise niedrigeren - Niveau einpendelt, wobei immer deutlicher hervortritt, dass Waffenproduktion und Waffenhandel *die Stütze der Transformationsprozesse* in den ehemals sozialistischen Staaten sind.

10. 1997 hat die Bedeutung der Frage nach der Zukunft Chinas unterstrichen

Wenn es 1997 wirklich ein Ereignis gegeben hat, das für die Frage nach Qualität und Zukunft des Friedens in der Welt zentrale Bedeutung hatte, dann war es die Übernahme Hongkongs durch die VR China. Was sie bedeutet und was sie verändert, ist noch schwer abzuschätzen. Deutlich ist immerhin, dass die Frage, was im grössten und bevölkerungsreichsten Land der Erde geschieht und welches die zukünftige Rolle der VR China in der Welt sein wird, entscheidende Bedeutung für die internationale Politik an der Schwelle zum 21. Jahrhundert hat. Wissen wir wirklich, welchen Herausforderungen wir angesichts der ökonomischen und militärischen Potenz des „Reichs der Mitte" sowie angesichts seiner ökologischen, demographischen und sozialen Probleme heute und in absehbarer Zukunft gegenüberstehen? Diese Fragen müssten weiter bedacht werden und zwar

- mit Blick auf die innere Entwicklung Chinas (Wirtschaft, Verfassung, politische Kultur, Konflikte),
- mit Blick auf die Integration der Region (China = Region für sich? Verhältnis zu Taiwan, Chinesen anderswo),
- mit Blick auf die Rolle Chinas im internationalen System (Entwicklungsperspektiven, Frieden, Umwelt)

11. Dient die deutsche Aussenpolitik wirklich dem Frieden?

Wenn man aus der Perspektive eines Bürgers der BRD über die Frage nachdenkt, was dem Frieden in den letzten Monaten besonders genützt und was ihm besonders geschadet hat, kann auch die Frage nicht ganz unterdrückt werden, ob die deutsche Aussenpolitik dem Frieden eher förderlich ist oder eher nicht. Eine Antwort auf diese Frage müsste wohl kritisch ausfallen. Im Vordergrund steht das hartnäckige Bemühen um einen ständigen Sitz im UN-Sicherheitsrat, aber - abgesehen vom Macht- und Prestigeaspekt, der da offensichtlich wichtig genommen wird - fehlt es an einer engagierten und vorwärts weisenden Stützung multilateraler Politik. So erschöpfen sich die eigenen Stellungnahmen für gemeinschaftliches Vorgehen der Staaten, für Offensiven im Sinne der „Agenda for Peace" etc. in *symbolischer Politik*. Auch die deutsche Rolle im „Erweiterungsdiskurs" (EU, NATO) müsste in diesem Sinne noch einmal kritisch betrachtet werden!

Teil I

Berichterstattung und Analyse

Die USA unter Clinton

Geoökonomie als Friedenspolitik?

Von Frank Unger

Der britische Journalist *Martin Walker* beginnt sein jüngstes Buch über Bill Clinton mit einer Erinnerung an den Westberliner „Revolutionär“ Rudi Dutschke, der vor knapp dreissig Jahren seine „Genossinnen und Genossen“ an den bundesdeutschen Schulen und Universitäten dazu aufgefordert hatte, „sich wie einst der Genosse Mao auf den langen Marsch vorzubereiten, den Marsch durch die Institutionen“.[1]

Clinton war als Student zu Zeiten des Vietnamkrieges kein charismatischer Volkstribun, aber er gehörte eindeutig ins Lager der amerikanischen Friedensbewegung. Seine Frau Hillary Rodham und die meisten seiner persönlichen und politischen Freunde aus jener Zeit verstanden sich als Rebellen gegen die Regierung Nixon und als Avantgarde einer „kulturrevolutionären“ Generation.[2] Daher liegt *Walker* mit seiner historischen Anspielung nicht ganz falsch: Wenn es heute ein westliches Land gibt, in dem ehrgeizige „Achtundsechziger“ ihren Doppeltraum, sich vom Ausgangspunkt radikaler Opposition innerhalb des Systems bis nach oben vorzuarbeiten, um von dort die Gesellschaft zu revolutionieren, zumindest zur Hälfte verwirklicht haben, dann sind das die USA. Die Namen eines grossen Teils der gegenwärtigen Regierungsspitze könnten direkt Präsident Nixons *enemy list*, auf der er seinerzeit die gefährlichen „Systemgegner“ notiert hatte, entnommen sein. Dazu gehören neben dem Präsidenten und seiner Frau unter anderem enge Mitarbeiter Clintons wie Strobe Talbott, Harold Ickes, Bruce Lindsey, Richard Stearns sowie der inzwischen wieder abgetretene Robert Reich.

Wie hat sich nun diese Machtübernahme ehemaliger Antikriegsaktivisten auf die Aussen- und Sicherheitspolitik des Landes ausgewirkt? Hat diese Kohorte, deren politische Sozialisation im wesentlichen durch die kritische Auseinandersetzung mit der Aussenpolitik ihres Landes während des Vietnam-

---

[1] Martin Walker: The President We Deserve; Bill Clinton: His Rise, Falls, and Comebacks, New York 1996, p. 1.

[2] Zu Bill Clintons Leben, Persönlichkeit und Umfeld vgl. David Maraniss: First in His Class; The Biography of Bill Clinton, New York 1995.

krieges geprägt wurde, die amerikanische Politik entsprechend verändert? Hat das neue Milieu an der Spitze des Staates auch neue friedenspolitische Akzente gesetzt? Sind die USA unter Clinton weniger militaristisch, dafür stärker an internationalem Ausgleich interessiert? Oder haben sie nur die traditionelle unilaterale Machtpolitik der USA mit anderen Mitteln weitergeführt? Nach knapp fünf Jahren Amtszeit kann eine erste zeitgeschichtliche Einschätzung gewagt werden.

War das Prestige der USA als Militärmacht bereits Mitte der siebziger Jahre erheblich geschwächt worden, als sie ihr letztes diplomatisches Personal in Saigon vor den anrückenden vietnamesischen Befreiungstruppen mit dem Hubschrauber in Sicherheit bringen und damit die erste Niederlage ihrer Geschichte quittieren mussten, so war es später der Sowjetunion noch schlimmer ergangen: Sie hatte in Afghanistan ihr militärisches Desaster erlebt, verlor zunehmend an innerem Zusammenhalt und löste sich fünf Jahre später schlicht von selber auf. Die Mehrheit der Völker jubelte: Nun würden die Geschicke der Welt endgültig nicht mehr von Lust und Laune der Supermächte abhängen! In den USA würde das „Vietnamsyndrom" weiterhin den militärischen Interventionismus unterbinden, und die Sowjetunion würde als Gegenspieler und Kriegsrechtfertigung nicht mehr herhalten können. Man erwartete eine vielleicht chaotischere, aber auch eine egalitärere und wirtschaftlich gerechtere Welt. Vor allem die Länder des Südens machten sich Hoffnung auf eine „neue Weltordnung", in der sie ein stärkeres politisches Mitspracherecht in ökonomischen Angelegenheiten zu haben hofften.[3]

Doch weitgehend unbemerkt hatte sich gerade in den Jahren des „Vietnamsyndroms" eine dramatische Wiedergeburt der amerikanischen Supermacht und des imperialen Selbstbewusstseins ihrer ökonomischen und politischen Eliten vollzogen. Ihre Nachkriegspolitik hatte auf zwei Grundpfeilern geruht: Dem (ökonomischen) Internationalismus[4] und der (militärischen) Eindämmungsdoktrin. In Vietnam hatte die Eindämmungsdoktrin ihr Waterloo erlitten. Nach dem

---

[3] Auf dem zehnten Gipfeltreffen der Nicht-Paktgebundenen Staaten in Djakarta im September 1992 erklärten die Führer von 128 Ländern, dass in Zukunft nicht mehr der Ost-West-Gegensatz die Weltpolitik bestimmen werde, sondern der Nord-Süd-Gegensatz. Sie drückten die Erwartung aus, dass die entwickelten Länder des Nordens in einen Dialog mit dem „Welt-Süden" um eine neue internationale Wirtschaftsordnung treten würden. Vgl. dazu Clovis Maksoud: Redefining Non-Alignment; The Global South in the New Global Equation, in: Phyllis Bennis/Michel Moushabeck (eds.): Altered States; A Reader in the New World Order, New York 1993, pp. 28-37. - Siehe auch The Commission on Global Governance: Our Global Neighbourhood, Oxford 1995.

[4] Der Begriff „Internationalismus" ist hier im Sinne eines „terminus technicus" gebraucht. Er bezeichnet das von der amerikanischen Siegermacht nach 1945 in ihrem Teil der Welt durchgesetzte Regime des ökonomischen Multilateralismus und der „offenen Tür" für Güter und vor allem für Direktinvestitionen sowie deren Absicherung durch internationale Abkommen. Der Gegenbegriff in diesem Kontext ist nicht „Nationalismus", sondern „Isolationismus".

politischen Weltbild der amerikanischen Nachkriegseliten hätte mit dem Scheitern der Eindämmungspolitik auch der ökonomische Internationalismus gefährdet sein müssen. Aber es kam ganz anders, jetzt brach erst dessen grosse Zeit an!

In seiner ursprünglichen Form als Bretton-Woods-System hatte der Internationalismus bis zum Sommer 1971 Bestand. Dann hob Präsident Nixon (nicht zuletzt wegen der Kosten des Vietnamkrieges) die Goldbindung des Dollars auf und erliess gleichzeitig einen zehnprozentigen Zoll auf alle Einfuhren. Von da an „floatete" die US-Währung, und ihre Funktion als Fixstern des westlichen Wirtschaftssystems war formell beendet. Damit war auch die wirtschaftliche Führungsrolle der USA innerhalb der westlichen Gemeinschaft beendet. Viele erwarteten nun einen Rückfall in die ökonomische Abschottung der Zwischenkriegszeit. Aber an deren Stelle trat nun die tendenziell gleichberechtigte Interaktion zwischen den entwickelten Grossregionen, der sogenannten „Triade" (USA/Kanada, Westeuropa, Japan). In den entwickelten kapitalistischen Ländern formierte sich eine Art gemeinsamer Verteidigungsmentalität gegen Sozialismus und Dritte Welt.[5] Geschockt durch Vietnam und vor allem durch die Ölkrise von 1973 - die beiden wichtigsten einer ganzen Reihe von Ereignissen, die einen Trend zugunsten der sogenannten Dritten Welt innerhalb des globalen Kräfteverhältnisses anzudeuten schienen - trafen sich 1975 in Rambouillet (F) die Regierungschefs der USA, Frankreichs, Italiens, Grossbritanniens, Japans und der Bundesrepublik Deutschland, um gemeinsame Strategien für die Zukunft zu erörtern. Ein Jahr später begannen diese Länder und das dazugebetene Kanada in London die Tradition der jährlichen G-7-Gipfeltreffen. Zeitgleich wurde auf der KSZE-Konferenz in Helsinki ein Entspannungsvertragswerk für Europa verabschiedet, das von den damaligen Führern der USA weniger als friedenspolitischer Fortschritt denn als realpolitisches Zugeständnis verstanden wurde, da es im damaligen amerikanischen Verständnis die endgültige Anerkennung der sozialistischen Regime in Osteuropa implizierte.

Innerhalb der G 7 begann der Prosperitätsvorsprung der amerikanischen Nation, der auch den amerikanischen Lohnarbeitern zwei Jahrzehnte lang eine privilegierte Position gewährt hatte, dahinzuschmelzen. Das durchschnittliche Realeinkommen der abhängig Beschäftigten begab sich auf eine (bis heute ungebrochene) Abwärtsspirale. Gleichzeitig vervielfachte sich im Laufe der nächsten zwei Jahrzehnte der Anteil des Exports am amerikanischen Bruttosozialprodukt

---

[5] Augenfälligster Ausdruck dieser Verteidigungsmentalität, die sich gleichzeitig offensiv wendete, war die Gründung der Trilateralen Kommission im Jahr 1973 auf Initiative des amerikanischen Bankiers David Rockefeller und 200 anderer hoher Persönlichkeiten aus den Ländern der Triade. Hier ging es auch um die Abwehr der Gefahr, dass durch das Ende des Bretton-Woods-Systems die Freiheit des Kapitals auf den internationalen Finanzmärkten beschnitten werden könnte. Vgl. dazu Holly Sklar (ed.): Trilateralism; The Trilateral Commission and Elite Planning for World Management, Boston 1980.

und die Gewinne aus Auslandsbesitz.[6] Die Länder der Triade durchdrangen einander mit wechselseitigen Direktinvestitionen, so dass die Reichtumsschöpfung jedes einzelnen Landes von der in allen anderen Ländern abhängig wurde. Auch einige Staaten der Dritten Welt wurden so zu Produktionsstandorten für Massen- und Luxuskonsumgüter, die auf den westlichen Märkten abgesetzt wurden. Neue Erfindungen und Entwicklungen in der Mikroelektronik ermöglichten permanente Gleichzeitigkeit beim weltweiten Entscheidungshandeln.

Die Explosion der Direktinvestitionen beförderte in vielen Teilen der Welt die Geburt einer neuen transnationalen Elite, die diese wechselseitige Durchdringung zugleich verkörperte und als „Globalisierung“ legitimationstheoretisch begleitete. Beschäftigt in grossen multinationalen Firmen, internationalen Behörden, im Wissenschafts- oder Kulturbereich und in nichtstaatlichen Organisationen repräsentiert diese Schicht die bemerkenswerteste soziale Innovation der letzten zwanzig Jahre. Ihre Mitglieder orientieren sich eher an ihresgleichen in aller Welt als an ihrem Heimatland und dessen Bewohnern, deren Provinzialität sie oft verachten. Ihre beneidenswerte Mobilität und Weltgewandtheit lässt sie zu Kronzeugen eines anscheinend unbeeinflussbaren Prozesses werden, gegen dessen suggestive Modernität anzumeckern bei ihnen automatisch den Verdacht erweckt, entweder ein Verlierertyp, ein Nesthocker oder ein gefährlicher Nationalist zu sein.[7]

Im Zuge dieser Durchdringung wuchs die Attraktivität des ursprünglich von der amerikanischen Siegermacht durchgesetzten und militärisch verteidigten „Internationalismus“, nicht nur in den kommerziellen Klassen der Triadeländer, sondern auch in deren Mittelschichten. Angesichts der wachsenden internationalen Prosperität konnte er beim besten Willen nicht mehr nur als ein Konstrukt zur Förderung nationaler amerikanischer Interessen angesehen werden, wie es beispielsweise de Gaulle noch in den sechziger Jahren gegenüber dem klassischen Bretton-Woods-System getan hatte. Der Internationalismus erwies sich nun für Millionen von Menschen in aller Welt zunehmend als das, was er immer vorgegeben hatte zu sein, aber während des Kalten Krieges unter dem Primat des Militärischen nie so recht nachweisen konnte: Ein im wesentlichen kosmopolitisches Projekt zur Förderung des grenzüberschreitenden Unternehmertums und der freien Märkte, damit aber auch einer faszinierenden neuen Erlebniswelt ethnisch diversifizierter Restaurantkultur, scheinegalitärer Arbeitsbeziehungen,

---

[6] Zur inneren ökonomischen Entwicklung und zunehmenden Polarisierung von Arm und Reich in den USA vgl. Kevin Phillips: The Politics of Rich and Poor; Wealth and the American Electorate in the Reagan Aftermath, New York 1990, insbesondere Kap. 3 (pp. 52-73).

[7] Vgl. dazu Benjamin R. Barber: Jihad vs. McWorld; How Globalism and Tribalism Are Reshaping the World, New York 1995. Zur Beschreibung und Charakterisierung der neuen „globalen Eliten“ vgl. insbesondere Robert B. Reich: The Work of Nations; Preparing Ourselves for the 21st Century Capitalism, New York 1991, sowie als kritische Antwort darauf Christopher Lasch: The Revolt of the Elites and the Betrayal of Democracy, New York 1995.

global verbindender Popdiskurse und fallender internationaler Flugpreise. Für die Massen bedeuteten diese Entwicklungen den Verlust an Einkommen, Status, Identität und häufig genug auch den des Arbeitsplatzes, aber für eine qualifizierte Minderheit von gut ausgebildeten, an individueller Verwirklichung orientierten Menschen in aller Welt symbolisieren sie ein Füllhorn von hochinteressanten Lebenschancen. Für sie wurden die USA wenn nicht zum Heilsbringer, so doch zur ambivalent bewunderten und mindestens heimlich geliebten Orientierungskultur, zum Synonym für Modernität. Die politische Bedeutung dieser Akkulturationsbewegungen innerhalb der Eliten kann gar nicht überschätzt werden. Das, was die USA mit den sechziger und siebziger Jahren an „harter" Macht verloren hatten, gewannen sie simultan an „weicher" Macht hinzu. Weiche Macht kann - in Anlehnung an *Max Weber* - definiert werden als Chance, innerhalb einer sozialen Beziehung den eigenen Willen weitgehend dadurch durchzusetzen, dass bereits der Gedanke an Widerstreben als unanständig erscheint.[8]

Der auf der ganzen Linie siegreiche Internationalismus wurde nun seiner klassenkompromisslerischen Komponenten entkleidet und erhielt bald global den Namen „Neoliberalismus". Gleichzeitig und ungeachtet dessen, dass die Wiederauferstehung der USA als Weltmacht nichtmilitärischen Ursprungs war, gingen die USA daran, ihr militärisches Potential und ihre Militärdoktrin wiederaufzubauen. Die Schlappe von Vietnam sollte aus dem Bewusstsein des Volkes getilgt werden. Die Schlagkraft der Streitkräfte wurde systematisch von „manpower" auf elektronisch gesteuerte Effektivität und technologische Überlegenheit umgestellt. Im Golfkrieg 1991 wurden diese neuen „Technostreitkräfte" einer beeindruckten Weltöffentlichkeit mit Hilfe des Senders CNN vor Augen geführt. Wenn man Meinungsumfragen vertrauen kann, dann war Präsident Bush für kurze Zeit der beliebteste Präsident, den die USA jemals hatten.[9]

So war die Situation, als Präsident Clinton im Januar 1993 sein Amt antrat. Er hatte seinen Wahlkampf gegen George Bush mit innenpolitischen Akzenten geführt. „It's the economy, stupid", lautete sein Slogan, mit dem er den amerikanischen Wählern neben der Bedeutung der Wirtschaft vor allem vermitteln wollte, dass er nach all den Jahren des Kalten Krieges, die das Primat der Aussenpolitik erforderlich gemacht hatten, sich nun um die innere Sanierung des Landes kümmern wolle. Denn die Reagan-Bush-Regierungen hatten durch ihre Politik der „konservativen Reformen" grosse Belastungen für die arbeitende Bevölkerung gebracht und die Einkommensverteilung stark polarisiert. Auch Teile der ehemals selbstbewussten Mittelklasse fühlten sich mittlerweile in ihrer

---

[8] Die Originaldefinition von Max Weber findet sich in: Wirtschaft und Gesellschaft, Studienausgabe, Erster Halbband, Köln/Berlin 1964, p. 38.

[9] Zur regionalen und globalen Bedeutung des Golfkrieges vgl. Tom Naylor: American Aims in the Persian Gulf, in: Canadian Dimensions, March 1991, pp. 34-37, sowie generell Phyllis Bennis/Michel Moushabeck (eds.): Beyond the Storm; A Gulf Crisis Reader, New York 1991.

ökonomischen Sicherheit bedroht. Clinton versprach, das Land wieder in harmonischere wirtschaftliche Verhältnisse zurückzuführen.

Dies reaktivierte in vielen Teilen der Welt die im Golfkrieg bereits fast zerstörte Hoffnung auf einen neuen aussenpolitischen Kurs der Vereinigten Staaten. Es bestand die Aussicht, dass Clinton sich wirklich aufs Innere konzentrieren und daher eine eher zurückhaltende, friedenspolitisch inspirierte Aussen- und Sicherheitspolitik betreiben würde, die sich auf diplomatische Mittel beschränken und militärisches Krisenmanagement weitgehend den überparteilich angelegten Organisationen wie UNO und OSZE überlassen würde. Sollte der Präsident so etwas wirklich vorgehabt haben - und es gibt einige Indizien, die dafür sprechen -, so hat er nicht mit der normativen Kraft militärisch orientierter Machtpolitik in seinem eigenen Land und dem ungebrochenen Einfluss alter Denkweisen gerechnet.

Herrschten in der amerikanischen Bevölkerung auch eher nervöse Gereiztheit und Zukunftsangst, die politischen und finanziellen Eliten fühlten sich um so mehr in Aufbruchsstimmung. Der Zusammenbruch der Sowjetunion wurde weitgehend als Sieg des eigenen Lagers interpretiert: Man hatte den grossen Gegner, das Sowjetreich, allein durch den eigenen „Willen“ besiegt. Auch im Nahen Osten war die militärstrategische Lage auf den ersten Blick besser denn je: Im Golfkrieg hatten die USA die totale Kontrolle über das Öl wiedergewonnen, und die dadurch veränderten Kräfteverhältnisse liessen es jetzt erstmals als möglich erscheinen, dass der USA-Verbündete Israel Frieden mit seinen arabischen Nachbarn schliessen könnte, ohne die Kontrolle über die im Sechstagekrieg vom Juni 1967 besetzten Gebiete aufgeben zu müssen.[10]

US-Truppen waren auf vier Erdteilen engagiert. Marineinfanteristen lieferten sich in Somalia Scharmützel mit *warlords*, die *Air Force* bombardierte Radarstationen im Irak und bereitete sich auf Einsätze in Bosnien vor, die Marine stellte Haiti unter Quarantäne. Teile der Presse und der politischen Öffentlichkeit, noch in Euphorie nach dem vor Jahresfrist praktisch ohne eigene Verluste gewonnenen Golfkrieg, forderten erneute Demonstrationen technologisch inspirierter Kriegsallmacht in Somalia und vor allem im jugoslawischen Bürgerkrieg, der unaufhörlich als Genozid der Serben an den bosnischen Muslimen präsentiert wurde, den Amerika nicht ungestraft geschehen lassen dürfe. Es waren vor allem auch bis dahin eher als linksliberal und anti-interventionistisch aufgetretene Kräfte, die endlich ein militärisches Eingreifen Amerikas „aus moralischen Gründen“ forderten. Die praktische Unbesiegbarkeit Amerikas in der nunmehr „unipolaren“ Weltordnung veränderte für viele Ex-Repräsentanten von Friedensbewegungen die Aufgabe von „Friedenspolitik“: Sie wurde nun darin gesehen, mit Hilfe der im Golfkrieg demonstrierten technologischen Allmacht der US-

[10] Alfred Leroy Atherton: The Shifting Sands of Middle East Peace, in: Foreign Policy, Spring 1992.

Streitkräfte als militärische Nemesis im Namen der „Zivilgesellschaft" gnadenlos auf jeweils ad hoc definierte „Aggressoren" und „Kriegsverbrecher" niederzufahren.[11]

Allgemein lässt sich das Urteil aufrechterhalten, dass die Clinton-Administration zunächst sowohl gegenüber den alten Profiteuren des Kalten Krieges als auch gegenüber dem öffentlichen post-Golfkrieg-Jingoismus widerständige Akzente setzte. So wurde beispielsweise 1993 die *Partnership for Peace* (PfP) gegründet. Deren Sinn bestand im wesentlichen darin, eine Osterweiterung der NATO, die von der in getarnten Bürgervereinen auftretenden US-Rüstungslobby und den neuen Regierungen einiger mittelosteuropäischer Länder gefordert wurde, die Clinton aber für friedenspolitisch fragwürdig hielt, zunächst einmal abzublocken und damit Zeit zu gewinnen. Man wollte eher auf die OSZE setzen.[12]

Clinton zog auch die Truppen aus Somalia schleunigst zurück. In Sachen Bosnien hatte er zwar in seinem Wahlkampf Stimmung gegen den angeblich „zu unentschlossenen" Bush gemacht, aber dann liessen ihn sowohl ein persönliches Studium der historischen Zusammenhänge als auch der Rat seines Vietnam-erfahrenen Stabschefs Colin Powell von spontanen militärischen Abenteuern Abstand nehmen. Powell wollte auf keinen Fall amerikanische Truppen in ausgedehnte Engagements ohne klar definierte operative Ziele hineinziehen, schon gar nicht in den Schluchten des Balkans. Allerdings liess er es zu, dass amerikanisches Militär enge Verbindungen mit den kroatischen Streitkräften aufnahm und damit indirekt auf einer Seite in den Krieg eingriff. Der spätere Vertrag von Dayton, der als friedenspolitischer Erfolg der USA gefeiert wird, bestand allein darin, die vorher militärisch erzielten Resultate festzuschreiben.

Eine genuine friedenspolitische Initiative unternahm Clinton in Westeuropa: Trotz starken Gegendrucks der Regierung Major lud er den irischen *Sinn Fein*-Führer Gerry Adams und später den Ulster-Unionistenführer James Molyneaux in die Vereinigten Staaten ein. Dadurch zwang er die Briten praktisch, ernsthafte Friedensverhandlungen mit *Sinn Fein*, dem politischen Arm der *Irish Republican Army* (IRA) zu beginnen. Dieser Prozess ist nur stockend vorange-

---

[11] Hierbei taten sich besonders die „Democratic Socialists of America" hervor, die eine Massenbombardierung der bosnischen Serben forderten. Vgl. dazu Alexander Cockburn: The Golden Age Is in Us; Journeys and Encounters, London/New York 1995, p. 397. Vgl. auch Eric Watkins: The Unfolding US Policy in the Middle East, in: International Affairs, 73, I, 1997, pp. 1-14.

[12] Vgl. dazu meinen Beitrag zum Friedensbericht 1995: Die Aussen- und Militärpolitik der USA 1994; Eine friedenswissenschaftliche Beurteilung, in: Österreichisches Studienzentrum für Frieden und Konfliktlösung/Schweizerische Friedensstiftung (Hrsg.): Tod durch Bomben; Wider den Mythos vom ethnischen Konflikt, Friedensbericht 1995, Friedensforscher zur Lage, Chur/Zürich 1995, pp. 7-24.

kommen, aber dennoch ist damit zum ersten Mal seit fast dreissig Jahren ernsthaft ein Ende des Bürgerkrieges in Nordirland in Aussicht gestellt.

Die ersten zwei Jahre beschränkte sich die Clinton-Administration in der Tat weitgehend auf Aktionen, in denen die USA entweder als vermittelnder Makler auftraten oder friedenspolitische Überlegungen umsetzten. Sensible Machtinteressen der USA wurden bei diesen Aktivitäten nicht berührt, wurden aber von Clinton auch anderswo nicht offensiv verfolgt. Die Aussenpolitik im Dienste der Sicherstellung der *New World Order* wurde gewissermassen auf Sparflamme gestellt. All dies provozierte zum Teil bösartige demagogische Angriffe auf Politik und Person des Präsidenten. Vertreter des alten aussenpolitischen Establishments warfen der Clinton-Administration vor, eine unstrukturierte Aussenpolitik zu betreiben, die vor allem daran kranke, dass die militärische und politische Macht Amerikas nicht entschlossen genug eingesetzt werde.[13] In rechtspopulistischen Radiotalkshows wurde der Präsident permanent - in Anspielung an sein Verhalten während des Vietnamkrieges - als drückebergerischer, potrauchender Späthippie verhöhnt und zum Teil mit bewussten Falschmeldungen verleumdet. Führende Militärs machten öffentlich kein Hehl daraus, dass sie ihren Präsidenten für ein nationales Unglück hielten und deuteten an, dass sie ihn als obersten Befehlshaber der Streitkräfte innerlich nicht akzeptieren könnten.[14]

Es war allerdings ein in Washington nur mühsam gewahrtes Geheimnis, dass letzteres auch für Clintons ersten Verteidigungsminister Les Aspin galt, der einfach nicht in der Lage war, die Politik der Administration gegenüber der militärischen Führung zu vertreten. In einem anderen Sinne galt dies auch für den von der Bush-Administration übernommenen obersten militärischen Befehlshaber, General Colin Powell. Als erster „schwarzer" *Joint Chief of Staff* und „Sieger im Golfkrieg" von der nationalen Presse zu einer patriotischen Kultfigur hochgejubelt, repräsentierte Powell zwar das konservative Amerika, aber gleichwohl ein offen interventionsskeptisches. In gewisser Weise war Powell sogar das fleischgewordene Symbol für das Vietnamsyndrom, das heisst der seit der Vietnamniederlage in grossen Teilen der Bevölkerung konstatierten Unwilligkeit, die Interessen Amerikas im Ausland mit Waffengewalt zu vertreten. Auch im Golfkrieg war Powell derjenige in der militärischen Führung gewesen, der bis zuletzt von einem militärischen Schlag abriet und statt dessen die Möglichkeiten des Embargos ausschöpfen wollte. Innerhalb des Militärs galt Powell seitdem und aus vielen anderen Gründen als ein notorischer Zauderer.

---

[13] Als eines von vielen möglichen Beispielen vgl. Paul D. Wolfowitz: Clinton's First Year, in: Foreign Affairs, January/February 1994, pp. 28-34.

[14] Besonders bei Clintons Versuch, das Militär zu zwingen, auch offen bekennende Homosexuelle zuzulassen, steigerte sich die Animosität bis an die Grenze der Insubordination. Vgl. dazu Elizabeth Drew: On the Edge; The Clinton Presidency, New York 1994, pp. 48ff.

Als Schwarzer repräsentierte er darüber hinaus die nichteuropäischen Minderheiten der USA, insbesondere die Afroamerikaner, und damit die Erinnerung an deren überproportionalen Blutzoll im Vietnamkrieg - eine bis zum heutigen Tag nicht völlig verheilte Wunde im kollektiven Bewusstsein Amerikas. Als Powell im Herbst 1993 seine Amtszeit beendete, setzte Clinton mit der Ernennung von General John Shalikashvili ein deutliches symbolisches Zeichen. Jener repräsentierte nicht die Opfer amerikanischer Landkriege in Übersee, sondern die heldenhaften Verbündeten im schliesslich siegreichen Kampf Amerikas um die Befreiung der *captive nations* Osteuropas von der sowjetischen Vorherrschaft. Shalikashvilis Vater hatte bereits in georgischen, polnischen und deutschen Diensten gegen den Bolschewismus gekämpft, bevor er in die USA fliehen konnte, wo sein Sohn die militärische Familientradition fortsetzte.

Aber selbst nachdem Clinton - nun bereits mit Shalikashvili - im alten Stil militärisch in Haiti - dem „Hinterhof" der USA - interveniert hatte, wurden seine Motive in Frage gestellt. Die von der UNO formell mitgetragene militärische Aktion, mit der im Herbst 1994 der ordentlich gewählte und vom eigenen Militär vertriebene Präsident Aristide in Haiti wiedereingesetzt wurde, veranlasste viele sonst zuverlässigen Interventionsbefürworter wie Jeanne Kirkpatrick oder George Will zu heftiger Kritik: Man könne kein nationales Interesse daran erkennen, die Rückkehr eines linkspopulistischen Politikers zu betreiben, der von Amerikas traditionellen Freunden in den haitianischen Streitkräften verjagt worden sei. Sie unterstellten, dass Clinton die Aktion bloss dem *black caucus* im Kongress zuliebe unternommen hätte![15]

Zur Halbzeit seiner ersten Amtsperiode war Clinton in einer schweren Krise. Sein angekündigtes Vorhaben, ein populistischer Präsident der inneren Reformen zu werden, war von der politischen Klasse und den ökonomischen Eliten im Ansatz erstickt worden. Zwar gelang es dem Präsidenten gerade noch, seinen langfristigen Wirtschaftsplan zur schrittweisen Reduzierung des Defizits durch die beiden Häuser des Kongresses zu bringen, aber mit einer solch knappen Mehrheit, dass es einer persönlichen Niederlage gleichkam. Und sein zweites innenpolitisches Hauptversprechen - ein Gesetzentwurf zur Einführung eines umfassenden nationalen Gesundheitssystems mit Zugang für alle amerikanischen Bürger - wurde vom Kongress aufgrund der massiven Obstruktion von Pharmaindustrie und privaten Versicherungsgesellschaften gar nicht erst in den Geschäftsgang genommen Bei den Zwischenwahlen im November 1994 errangen die Republikaner einen erdrutschartigen Sieg und damit die Mehrheit in beiden Häusern des Kongresses - etwas, das es seit 1946 nicht mehr gegeben hatte. Zwar war die Wahlbeteiligung dieses Mal besonders gering, aber Clinton wurde klar,

[15] So z.B. Jeanne Kirkpatrick in einem Kommentar in der Herald Tribune vom 16. September 1994.

dass er irgend etwas tun musste, wollte er nicht Gefahr laufen, zwei Jahre später auch die Präsidentschaftswahlen von 1996 zu verlieren.

So entschloss sich Clinton um seines politischen Überlebens willen zur weiteren Anpassung an die politischen Kräfte, die ihn bekämpften und die nun im Kongress die Mehrheit hatten. Erstens profilierte er sich innenpolitisch als derjenige, der mit seiner Unterschrift unter die Kassierung des *Aid to Families with Dependent Children*-Gesetzes als erster einen bis dato unantastbaren Grundpfeiler der *New Deal*-Gesetzgebung einreissen half. Zweitens begann er, sich verstärkt als Befürworter von „law and order" und von harten Strafen für Gesetzesbrecher zu präsentieren, letzteres vor dem Hintergrund der bereits jetzt schon mit Abstand höchsten Einkerkerungs- und Hinrichtungsrate der Welt. Anders gesagt: Er griff zum bewährten Mittel der kodierten Aggression gegenüber der (hauptsächlich afroamerikanischen bzw. hispanischen) Unterklasse, die in den Augen der weissen Mittelklasse so etwas wie den „inneren Feind" darstellt.

Drittens änderte Clinton seine generelle Agenda für die zweite Amtsperiode. Von inneren Reformen wird nur noch wenig gesprochen. Wie schon andere Präsidenten vor ihm möchte Clinton seinen Platz in der Geschichte als Exponent einer offensiven Aussenpolitik erwerben![16] Die eher nichtssagende Rhetorik seiner aussenpolitischen Programmaussagen aus dem ersten Wahlkampf wurde gewissermassen generalüberholt. Clinton sah sich jetzt nicht mehr am guten Ende einer anstrengenden und kampfbetonten Epoche, an dem das Land sich entspannt zurücklehnen und die wohlverdiente Friedensdividende einfahren könnte, sondern am Anfang einer neuen Kampfzeit, die genau wie zu den Zeiten des Kalten Krieges Amerikas vollen internationalen Einsatz erforderte. Die rhetorische Formel, mit der das umbesetzte Nationale Sicherheitsteam des Präsidenten den neuen Kurs in die Öffentlichkeit tragen liess, lautete, dass Amerika mehr als je zuvor in der Geschichte die „unersetzliche Nation" („one indispensable nation") sei.[17]

Klang die von Clintons erstem Sicherheitsberater Anthony Lake bereits 1993 formulierte „Erweiterungsdoktrin" ursprünglich nur wie eine rhetorisch getarnte Verabschiedung der alten Eindämmungsdoktrin, so liess Clinton nun keinen Zweifel daran, dass sie als echte offensive Handlungsdoktrin zu verstehen war. Um das zu unterstreichen, wurde der Schöpfungsmythos des Nachkriegsamerika wiederbelebt: Der Präsident sah sich an einer neuen Wegscheide, die derjenigen vergleichbar war, an der sich fünfzig Jahre zuvor Dean Acheson, George C. Marshall und Harry S. Truman befunden hatten, bevor sie sich dafür entschieden, in enger Kooperation mit den Europäern Konrad Adenauer, Ernest

---

16 Martin Walker: Present at the Solution; Madeleine Albright's Ambitious Foreign Policy, in: World Policy Journal, XIV, No. 1, Spring 1997, pp. 1-10.

17 Warren Christophers Abschiedsrede an der Harvard-Universität vom 15. Januar 1997, in: U.S. Information & Text, January 22, 1997, p. 12.

Bevin und Robert Schumann das epochemachende atlantische Nachkriegsbündnis zu schaffen.

Standen diese seinerzeit vor der historischen Aufgabe, Westeuropa in das System des Internationalismus zu integrieren, so nahm sich Clinton nun vor, als der Präsident in die Geschichte einzugehen, der Entsprechendes für Osteuropa erreichen würde. Die Transformation zu prosperierenden kapitalistischen Marktwirtschaften, die fest in das Lager des Westens integriert sind, soll unter seiner Ägide entscheidend vorangebracht werden. Zu diesem Zweck sah er die Ausdehnung der NATO als das geeignete, weil schon einmal bewährte Mittel. Hier waren auch innenpolitische Gründe massgebend: Es hatte sich gezeigt, dass ein neoisolationistischer Kongress nur mit Hilfe des Wiedererkennungswertes der NATO dazu gebracht werden konnte, die für die amerikanischen Geschäftsinteressen verlockende „Erweiterung des Westens nach Osten“ zu unterstützen. Bis auf weiteres, um Russland und den eigenen Senat nicht zu überfordern, soll die Erweiterung jedoch auf Polen, Tschechien und Ungarn beschränkt sein. Grundsätzlichen Widerstand von seiten Russlands, zu dessen Präsident Jelzin Clinton die freundschaftlichen Beziehungen aufrechterhalten möchte, sieht er nicht, weil dort „die Angst vor China viel zu gross sei“.[18]

Der Rest der Welt soll folgen, je eher desto besser. Der Kongress flankierte den „Erweiterungs“-Enthusiasmus des Präsidenten mit Hilfe von ausgrenzenden Gesetzen: Seit dem Umbruch von 1989/91 hat sich die Zahl der offiziell verabschiedeten Sanktionsgesetze gegen unliebsame Staaten, die sich aus irgendwelchen Gründen der „Öffnung“ gegenüber dem Westen widersetzen, dramatisch erhöht. Zur Zeit bestehen ökonomische Sanktions- und Boykottgesetze verschiedenster Art, unter anderem gegenüber dem Iran, dem Irak, Kuba, Jugoslawien, Libyen, Nordkorea, dem Sudan, Syrien und der Volksrepublik China.[19]

Im Kontext dieser Wendungen ist es Clinton schliesslich gelungen, sein Image als „Feind des Militärs“ zu revidieren. Er veränderte seine Einstellung gegenüber militärischen Mitteln der Politik und verbesserte dadurch sein Verhältnis zu den Streitkräften dramatisch. Angeleitet durch Shalikashvili, dessen persönliche Nähe der Präsident von Beginn an gesucht hatte, verfolgte Clinton seit 1994 ganz unauffällig eine Politik militärischer Kleininterventionen in allen Teilen der Welt, die ihn rein statistisch zu einem der aktivsten Interventionisten in der ganzen US-Geschichte machen. Er selbst brüstet sich öffentlich damit: Bei der feierlichen Verabschiedung Shalikashvilis im September 1997 wies er stolz darauf hin, dass laut offizieller Buchführung des *Department of Defense* ameri-

[18] Walker, Present at the Solution (Fn. 16), p. 5.

[19] Fact Sheet: U.S. Sanctions Laws Related to Foreign Policy, in: U.S. Information & Text, September 25, 1997, pp. 24-29.

kanische Streitkräfte in den letzten vier Jahren an mehr als vierzig Operationen beteiligt waren, „von Bosnien bis Liberia“.[20]

Präsident Clintons grosse Vision ist und bleibt jedoch geoökonomisch. Für seine zweite Amtsperiode steckte er sich neben der erfolgreichen Transformation der ehemals sozialistischen Länder durch die NATO-Erweiterung folgende drei Hauptziele:[21]

1. Clinton möchte die Politik des liberalen Internationalismus, das heisst eines ökonomischen Multilateralismus noch dezidierter verfolgen. Seine entschlossene Durchsetzung der *North American Free Trade Association* (NAFTA) war bereits eine Konstante während seiner ersten Amtsperiode. Als Nahziele stehen die Einbeziehung Argentiniens und Chiles in die NAFTA auf der Tagesordnung. In diesen Bereich gehören weiterhin der Ausbau und die Festigung der *World Trade Organisation* (WTO) und die Verabschiedung eines *Multilateral Agreements on Investments* (MAI), durch das private Investoren in aller Welt vor Enteignungen, Revolutionen und „unfairen“ Regelungen durch nationale Regierungen geschützt werden sollen.
2. In diesem Zusammenhang möchte er insbesondere das Chinaproblem lösen. Die Chinesen, denen gegenüber die USA das grösste Handelsdefizit haben, deren Regierung aber nach wie vor den eigenen Kapitalmarkt unter Kontrolle hat, sollen in die asiatische *Pax Americana* gezwungen werden. Das ist der ausdrückliche Wunsch von Boeing, General Motors und knapp 250 weiteren US-Unternehmen auf der Liste der *Fortune 500*. Denn wenn China irgendwann damit beginnen würde, seine enormen Aussenhandelsüberschüsse „unkontrolliert“ von den USA zum Kauf von Erdöl und Lebensmitteln einzusetzen, könnte das Preisgefüge auf dem Weltmarkt kollabieren und speziell der energiebedürftige Lebensstil der Amerikaner gefährdet werden.[22]
3. Clinton möchte die UNO dahingehend reformieren, dass sie zuverlässiger und effektiver als Instrument amerikanischer Aussenpolitik bzw. der weltweiten Durchsetzung neoliberaler Strukturen - was Clinton als identisch ansieht - eingesetzt werden kann. Durch eine Beitragskürzung der USA, die schon seit Jahren nicht mehr ihre vollen Beiträge zahlt, soll in Zukunft jede Möglichkeit der UNO unterbunden werden, je wieder in eigener Verantwortung militärische bzw. friedenserhaltende Aktionen durchzuführen.[23]

---

[20] Transcript: Clinton Remarks at Shalikashvili's Retirement, in: Ibid., October 2, 1997, p. 25.

[21] Walker, Present at the Solution (Fn. 16), p. 3.

[22] Martin Walker: China and the New Era of Resource Scarcity, in: World Policy Journal, XIII, Spring 1996, pp. 8-14.

[23] Vgl. dazu meinen Beitrag im Friedensbericht 1996: Friedensmacht USA? Multilateraler Wilsonismus vs. unilateraler Isolationismus, in: Österreichisches Studienzentrum für Frieden und Konfliktlösung/Schweizerische Friedensstiftung (Hrsg.): Theorie und Praxis ziviler Konfliktbearbeitung, Friedensbericht 1996, 1. Jahrbuch für Konfliktlösung, Chur/Zürich 1996, pp. 3-18.

Gemessen an den friedenspolitischen Erwartungen, die viele Menschen in den USA selbst, in Europa und in der Dritten Welt anfangs an die Clinton-Administration knüpften, ist das eine ausgesprochen enttäuschende Entwicklung. Die Hoffnungen auf eine demokratisch organisierte Weltordnung, in der eine Vielzahl von kulturellen und politisch-ökonomischen Gesellschaftsvarianten friedlich und unter dem Prinzip gegenseitiger Anerkennung geregelt koexistieren, gemeinsam die ökologischen Gefahren bekämpfen und eine wirtschaftliche Harmonisierung zwischen Nord und Süd anstreben, haben sich so gut wie zerschlagen. Bis auf weiteres hat sich in den Ländern des Westens und unter den nationalen Eliten beinahe überall in der Welt eine Definition von internationaler Gerechtigkeit und Demokratie durchgesetzt, die auf einen einzigen kulturellen und politisch-ökonomischen Realtypus beschränkt ist: Den des Neoliberalismus. Nur wenige Länder wagen es noch, ihre Dissidenz gegenüber dieser Version des Globalismus durchzuhalten.

Die UNO, für die sich viele Menschen - einschliesslich grosser Teile der ehemaligen europäischen Friedensbewegung - eine tragende Rolle beim Aufbau einer neuen Weltordnung erhofften, hat vor allem aufgrund amerikanischer Obstruktion erheblich an Einfluss und Bedeutung verloren. Das Gleiche gilt für die OSZE, deren Mitarbeit nur noch dort in Anspruch genommen wird, wo die NATO und der Westen aus historischen Gründen noch keinen rechten Zugang haben. Der Anspruch totaler Kontrolle durch die USA und die G-7-Länder bei friedenserhaltenden Massnahmen wird rigoros durchgesetzt. Die NATO ist das dafür anvisierte Instrument.

Es wäre allerdings unkorrekt zu behaupten, dass all dies allein durch die Politik der US-Regierung durchgesetzt worden sei. Wie oben bereits angedeutet, ist die Interessenkoalition dahinter durchaus multinational. Aber nur die USA wären theoretisch dazu in der Lage gewesen, diese Entwicklung zu verhindern oder zumindest zu modifizieren. Die Hoffnung, dass die Regierung Clinton einen friedensfördernden Weg der Selbstbescheidung und imperialen Zurücknahme nach dem Vorbild Gorbatschows beschreiten würde, mag einerseits ein bisschen naiv gewesen sein. Aber die unbekümmerte Wendigkeit, mit der die Clinton-Regierung seit 1994 ihre Ansätze von friedenspolitischer Weitsicht auf inneren Druck hin durch neoimperiale Hegemoniepolitik ersetzt hat, ist andererseits auch wieder frappierend. Sie hat nicht nur ohne Skrupel, sondern gleichsam im Rausch der Rechtgläubigkeit die Stelle der obersten Instanz in der Welt usurpiert, um mit der Autorität ihres kulturellen Sieger- und Vorbildstatus eine Version von Internationalismus und Globalisierung durchzusetzen, in der es ausschliesslich um den Schutz korporativer Eigentumsrechte und -interessen geht.

Alle gelegentlichen Absichtserklärungen der Clinton-Administration, auch an solchen internationalen Regelungen interessiert zu sein, die die Rechte des Privateigentum zugunsten von Arbeitnehmern oder Umwelt einschränken würden, können getrost als rhetorische Scheinmanöver bezeichnet werden, wie beispielsweise das Verhalten der US-Delegation auf dem Umweltgipfel in Kyoto (J) eindeutig gezeigt hat. Keine amerikanische Nachkriegsregierung hat in ihren Handlungen konsequenter und unverblümter die Export- und Investitionsinteressen amerikanischer Firmen vertreten als die Clinton-Administration. Eine ganz besonders geförderte Branche ist die Rüstungsindustrie. Clinton geht es offensichtlich darum, die nationale Rüstungsindustrie für Einsparungen des Pentagon durch verstärkte Auslandsaufträge zu kompensieren. Hier kann man einen weiteren Grund für die anvisierte NATO-Expansion sehen.[24] Nach einer Berechnung des Pentagon beträgt der Anteil amerikanischer Firmen an den bis zum Jahr 2000 weltweit bereits unter Dach und Fach gebrachten Waffengeschäften 63%. 1988 hatte der US-Anteil noch 16% betragen.[25]

Die 1948 von der UNO verabschiedete *Allgemeine Erklärung der Menschenrechte* enthält sowohl liberale Freiheitsrechte als auch soziale Grundrechte. Auch wenn letztere von den grossen westlichen Industrieländern nie unterzeichnet worden sind, so wurden sie doch als legitim anerkannt und implizit in die Sozialstaatsverfassungen der Nachkriegszeit eingearbeitet. Für die US-Regierung heute ist dagegen die produktive Spannung zwischen diesen beiden Arten von Menschenrechten einseitig zugunsten der liberalen Freiheitsrechte, deren Kernstück der Schutz des Privateigentums ist, aufgelöst worden. Eine nationale politische Agenda, die das ganze Volk einschliesst, wie Roosevelts *New Deal* und Johnsons *Great Society*, existiert nicht mehr und wird auch nicht mehr gesucht. Aussen- und friedenspolitisch ist eine konsistente Linie ausser der Verfolgung amerikanischer Export- und Investitionsinteressen und deren Sicherung nicht erkennbar.

All dies folgt einer bestimmten Logik, aber es ist nicht mehr so einfach als Resultat einer bewussten national-imperialen Strategie zu kritisieren. Die USA agieren zwar mit allen Insignien und Mitteln einer Weltmacht, einschliesslich der militärischen, aber ihre Regierung achtet streng darauf, jede Aktion möglichst multilateral abzustimmen, selbst wenn es sich dabei um eine ausschliesslich amerikanische Idee handelt. Der *spiritus rector* erscheint in der Öffentlichkeit unter dem Namen „Internationale Finanzmärkte“. Deren Sachzwänge werden ins Feld geführt, wenn es darum geht, amerikanische Investitionen im Ausland bei dortigen Finanz- und Währungskrisen vor dem „Wertverfall“ zu bewahren. Die damit regelmässig verbundene sozialpolitische Agenda - in der Regel durch Auflagen des Internationalen Währungsfonds (IWF) und der Weltbank durchgesetzt - enthält stets Massnahmen, die radikal in das innere Gefüge der betroffenen

[24] Andreas Zumach: NATO Moves East, in: Covert Action Quarterly, Summer 1997, No. 61, pp. 50-55.

[25] Martha Honey: Guns ‘R’ Us; The Clinton Administration Is Helping U.S. Arms Dealers Corner the Global Market, in: In These Times, August 11, 1997, p. 14.

Länder eingreifen: Lohnsenkungen, Privatisierungen öffentlichen Eigentums, „Liberalisierung“ der Geldmärkte, generelles Zurückdrängen des betroffenen Staates aus den wirtschaftspolitischen Kontrollpositionen zugunsten eben jener internationalen Finanzmärkte, denen immer offener die Legitimation einer unsichtbaren Weltregierung zugeschrieben wird.

Aber dabei bleibt es nicht. Die Führungsmacht des Westens ist auch unter Clinton fest davon überzeugt, dass ihre Autorität nur mit Hilfe sporadisch demonstrierter militärischer Schlagkraft aufrechtzuerhalten sei. Dass Saddam Hussein, Ghadhafi und Fidel Castro politische Monster seien, deren Zeit bald abgelaufen sei, und Nordkorea ein *rogue state*, dessen angriffslustiger Gefährlichkeit man weiterhin unter anderem mit Landminen an der Demarkationslinie zu Südkorea zu begegnen habe, sind feste Bestandteile des neuen Weltbildes der amerikanischen Eliten. Eine uninformierte und medial weitgehend infantilisierte Öffentlichkeit trägt ihren Teil dazu bei: Die USA sind wahrscheinlich das einzige Land der Welt, in der die Aussicht auf einen Krieg bzw. auf eine sauber durchgeführte Bombardierungsaktion gegen einen strukturell unterlegenen „Feind“ die Popularitätsrate seiner politischen Führer automatisch in die Höhe schnellen lässt. Solange dies so ist, werden die parallel dazu ebenfalls existierenden friedenspolitischen Aktivitäten privater Organisationen oder einzelner Individuen, wie beispielsweise die unermüdlichen Bemühungen des ehemaligen Präsidenten Jimmy Carter als Vermittler in Konflikten und als engagierter Freund des subsaharischen Afrika, als uneigentliche Erscheinungsformen amerikanischer Politik angesehen werden müssen.[26]

Für die Friedensbewegung ist diese Lage der Dinge nicht ohne Pikanterie, denn die gegenwärtige Situation in der Welt erscheint als jene Pax Americana, die Woodrow Wilson immer angestrebt hatte. Und ein „amerikanischer Frieden“ ist immerhin ein Frieden. Allerdings stecken in dieser Art „Weltgemeinschaft“ eine Menge struktureller Gewalt und mittelfristiger Kriegsgefahren. Im Verständnis der gegenwärtigen amerikanischen Führung ist sie nämlich wenig mehr als eine Art weltumspannendes Syndikat, dessen Insider sich als Klub der „zivilisierten Nationen“ verstehen, wobei dessen amerikanischer Vorstand gleichsam auf Lebenszeit gewählt ist. Mit anderen Worten: Wie hinter der Wilson'schen Idee des Völkerbundes steht auch hinter der gegenwärtigen amerikanischen Vorstellung der Weltgemeinschaft das Organisationsmodell des Klubs, in der angelsächsischen Welt weit verbreitet. Dieser Klub hat eine Satzung und feste Verhaltensregeln für seine Mitglieder, und nicht jeder kann ihm beitreten. Aber auch die, die nicht in den Klub hineingelassen wurden, sollen trotzdem „demokratischen“

[26] Vgl. dazu Douglas Brinkley: Jimmy Carter; The Post-Presidential Years, New York 1996. Zur amerikanischen Aussenpolitik unter Carter siehe Gaddis Smith: Morality, Reason, and Power; American Diplomacy in the Carter Years, New York 1985.

Sanktionen ausgesetzt werden, wenn es dem Vorstand opportun erscheint. Das kann beispielsweise dann sein, wenn der Präsident wegen seines Sexlebens in innenpolitische Schwierigkeiten gerät. Ein solches „Friedenssystem" wird mit Sicherheit irgendwann mit Gewalt herausgefordert werden. Es sollte deshalb eine kontinuierliche Aufgabe für die Friedensforschung werden, diese Gefahren zu untersuchen und öffentlich auf sie hinzuweisen.

In der Zeit des Kalten Krieges wurden in der Tat manche Konflikte in Anerkennung der Verschiedenheit einvernehmlich geregelt, nicht wenige davon unter den Auspizien der UNO. Der Gedanke des Friedens zwischen Ost und West und damit das Motiv für die Friedensbewegungen der achtziger Jahre leitete sich von der Einsicht her, dass Frieden ein zweiseitiger Prozess sein müsse, an dem man immer auch selbst seinen Teil beizutragen hat. Dorthin zu gelangen, erfordert sowohl die Anerkennung des Anderen wie Selbstkritik, in Erwartung des Gleichen auf der anderen Seite. Mit dem Zusammenbruch der Sowjetunion und dem vermeintlichen Verlust des Anderen ist dieses Friedensverständnis nicht nur in den USA, wo es sowieso nie besonders weit verbreitet war, sondern auch in Westeuropa praktisch verschwunden. Man glaubt, es gibt keine nennenswerten Anderen" mehr. Dies aber ist eine Täuschung.

Russland und die NATO-Osterweiterung

Von Martin Zbinden

Einleitung

Am 27. Mai 1997 wurde in Paris die „Grundakte über gegenseitige Beziehungen, Zusammenarbeit und Sicherheit zwischen der Nordatlantikvertragsorganisation und der Russischen Föderation" unterzeichnet. Sechs Wochen später, am 8./9. Juli 1997 wurden am NATO-Gipfeltreffen in Madrid die ersten Einladungen an ehemalige Warschaupaktstaaten ausgesprochen, der NATO beizutreten. Mit diesen beiden Ereignissen gewann die europäische Sicherheitsarchitektur, die sich seit dem Fall der Berliner Mauer 1989 und der Auflösung der Sowjetunion Ende 1991 in einem fundamentalen Prozess der Neuorientierung befindet, neue konkrete Strukturelemente, die ihre weitere Entwicklung mitprägen werden.

Der Prozess, der zu diesen beiden Ergebnissen führte, war durch langwierige und komplexe Interessenabwägungen, Verhandlungen und Konfrontationen sowohl im Dreieck NATO, NATO-Beitrittskandidaten und Russland als auch im Rahmen der jeweiligen internen Diskussionen geprägt. Im vorliegenden Beitrag soll weder auf die Beweggründe der mittel- und osteuropäischen Beitrittskandidaten für ihren Wunsch nach NATO-Mitgliedschaft, noch auf die Beweggründe der NATO-Staaten, diesem Wunsch zu entsprechen, eingegangen werden. Im Zentrum der Aufmerksamkeit soll vielmehr die Politik Russlands gegenüber der Herausforderung der NATO-Erweiterung stehen.

Nach einem chronologischen Überblick über die Politik Russlands gegenüber der NATO wird im zweiten Kapitel dargestellt, welche konzeptionellen Hintergründe der russischen Aussenpolitik in dieser Frage zugrunde liegen und wie in Russland die NATO-Erweiterung perzipiert wird. Wird sie als militärische Bedrohung gesehen, als politische Zurückstufung oder als Gefährdung wirtschaftlicher Interessen? Das folgende Kapitel ist der Analyse der russischen Politik gegenüber den NATO-Erweiterungsplänen gewidmet. Inwiefern verfolgte Russland eine Verhinderung der NATO-Erweiterung, inwiefern war das Ziel vielmehr, anlässlich der Erweiterung von den NATO-Staaten Konzessionen aussen- und sicherheitspolitischer oder auch anderer Natur zu erhalten? In diesem Zusammenhang wird besonders auf die innenpolitische Bedeutung der NATO-Erweiterung sowie auf die aussenpolitischen Entscheidungsmechanismen eingegangen. Abschliessend sollen einige Ideen zu den Perspektiven der NATO-Erweiterungspolitik entwickelt werden. Die Optik soll dabei nicht auf das Verhältnis der NATO zu Russland beschränkt bleiben, sondern auch weitere Fragen aufwerfen, die sich im Zusammenhang der NATO-Erweiterungspolitik hinsichtlich der Aufrechterhaltung von Frieden und Sicherheit in Europa stellen.

Die Entwicklung der Beziehungen zwischen der NATO und Russland

Die Frage der NATO-Osterweiterung fiel in die Zeit eines Orientierungswechsels der russischen Aussenpolitik. Sowohl die Aussenpolitik der Sowjetunion 1990 als auch diejenige Russlands 1991 und 1992 waren sehr westorientiert. Das „Gemeinsame Haus Europa" Gorbatschows und die im November 1990 in Paris unterzeichnete *Charta für Europa* sind Ausdrücke für das russische Bestreben, möglichst rasch Anschluss an die wirtschaftlichen und politischen Organisationen des Westens zu finden, sei es auf dem Weg verstärkter Zusammenarbeit, von Assoziierungsverträgen oder einer Vollmitgliedschaft. Im sicherheitspolitischen Bereich schlug sich dies darin nieder, dass Russland ein Gründungsmitglied des am 20. Dezember 1991 ins Leben gerufenen *North Atlantic Cooperation Council* (NACC) wurde, dem die 16 NATO-Mitglieder sowie neun mittel- und osteuropäische Staaten angehörten.

In der Rückschau wird diese Etappe der Aussenpolitik in Russland auch als die „romantische Periode" bezeichnet.[1] Die damit implizierte (Auto-)Kritik zielt vor allem darauf ab, dass sich die russische Aussenpolitik - unter der Führung von Aussenminister Kosyrew und Premierminister Gaidar - bei den russischen Transformationsprozessen zu stark auf westliche Hilfe verlassen habe. Diese ist teilweise nicht im in Russland erwarteten Umfang geleistet worden, was in der russischen Innenpolitik zu heftiger Kritik an der westlichen Haltung führte. Zugleich habe die russische Führung wegen ihrer einseitigen Westorientierung das Interesse Russlands an einer eigenständigen Politik und an einer Stärkung seiner internationalen Stellung vernachlässigt.

Im Vorfeld der Dumawahlen vom Dezember 1993 führte diese Kritik zu einer allmählichen Verhärtung der russischen Aussenpolitik gegenüber dem Westen. Auch wenn das Ziel einer „Strategischen Partnerschaft mit dem Westen" seine Gültigkeit behielt, begannen spezifische russische Eigeninteressen zunehmend die aussenpolitische Agenda zu prägen. Dabei stützen sich die Betonung

---

[1] Andrej Kozyrev: Partnership with the West: A Test of Strength, in: Moscow News, No. 43, 1992, p. 3. - Evgeni Bazhanov: Russia's Changing Foreign Policy, Berichte des BIOst, Nr. 30, Köln 1996.

sowohl der Eigenständigkeit als eurasische Grossmacht als auch einer gewissen Distanz zum Westen auf einen beträchtlichen innenpolitischen Konsens.

Ein deutliches Beispiel für diesen Richtungswechsel der russischen Aussenpolitik stellte die Haltung gegenüber der NATO-Osterweiterung dar. Noch im August 1993 erklärte Präsident Boris Jelzin anlässlich eines Besuches in Warschau, dass der polnische NATO-Beitritt nicht im Widerspruch zu den Interessen Moskaus stehe.[2] Nur zwei Wochen später verkündete jedoch Kosyrew, dass es sich bei der neuen Sicherheitsstruktur Europas nicht um eine NATO-Erweiterung handeln dürfe. Wenig später verfasste der russische Auslandaufklärungsdienst SVR, damals vom heutigen Aussenminister Jewgeni Primakow geleitet, eine Studie über die entsprechenden Gefahren. Und im September 1993 warnte dann auch Jelzin in einem Brief an die vier führenden NATO-Staaten vor einer NATO-Erweiterung.[3] In Anbetracht der Tatsache, dass ein NATO-Beitritt in den mittel- und osteuropäischen Staaten ab 1990 ernsthaft diskutiert wurde, kam die russische Ablehnung der NATO-Erweiterung damit erst relativ spät deutlich zum Ausdruck.

Anfang Januar 1994 beschloss die NATO ihre grundsätzliche Bereitschaft zur Erweiterung, und ab diesem Zeitpunkt wurde die Frage der NATO-Erweiterung zu einem beherrschenden Thema der russischen Aussenpolitik. Die russische Politik verfolgte dabei bald zwei Hauptachsen: Einerseits wurde die NATO-Erweiterung abgelehnt, andererseits forderte Russland Kompensationen für eine allfällige Erweiterung. Bezüglich dieser Kompensationen setzte sich Russland konkret die Anerkennung als gleichberechtigter Partner in Fragen der europäischen Sicherheit (mittels einer Aufwertung der OSZE und der Begründung einer Sonderbeziehung zwischen Russland und der NATO), eine Anpassung des Vertrages über die Konventionellen Streitkräfte in Europa (KSE-Vertrag) sowie eine Beschränkung der Erweiterung zum Ziel.

Mit ihrem prinzipiellen Erweiterungsbeschluss lancierte die NATO Anfang Januar 1994 gleichzeitig auch das Programm *Partnership for Peace* (PfP). Mit diesem Programm sollte die sicherheitspolitische Zusammenarbeit unter den OSZE-Staaten und mit der NATO gefördert werden. Individuelle Partnerschaftsprogramme sollten den unterschiedlichen Möglichkeiten und Bedürfnissen der teilnehmenden Länder entsprechen. Russland zögerte zunächst, das NATO-Angebot anzunehmen. Einerseits störte die russische Regierung sich daran, dass PfP in seiner Grundkonzeption keine Form einer Anerkennung als Weltmacht oder gleichberechtigter Partner bot. Andererseits kritisierten insbe-

---

[2] Gemeinsame Erklärung des polnischen und des russischen Staatspräsidenten, Lech Walesa und Boris Jelzin, Warschau, 25. August 1993, in: Internationale Politik, November 1995, p. 77.

[3] Andreas Wenger/Jeronim Perovic: Russland und die Osterweiterung der NATO; Herausforderung für die russische Aussen- und Sicherheitspolitik, Forschungsstelle für Sicherheitspolitik und Konfliktanalyse, ETHZ, Zürich 1997, p. 4.

sondere Armeekreise, dass PfP der NATO erlaube, ihre Existenz mit einem grösseren Teilnehmerkreis fortzuführen und den Anspruch auf die Schaffung einer neuen - monopolaren - Weltordnung zu erheben.[4] Um Russland für das Vorhaben zu gewinnen, entsprach die NATO bis zu einem gewissen Grad dem russischen Begehren nach Sonderbeziehungen. Am 22. Juni 1994 wurde zwischen Russland und der NATO Einigkeit über die wesentlichen Elemente des künftigen „Verstärkten Dialogs NATO-Russland" erzielt, der regelmässige Treffen der NATO-Aussen- und Verteidigungsminister mit ihren russischen Amtskollegen vorsah („16+1"-Treffen). Gleichzeitig unterzeichnete Russland das PfP-Rahmendokument. Anlässlich des „16+1"-Aussenministertreffens vom 31. Mai 1995 in Noordwijk wurden das Individuelle Partnerschaftsprogramm Russlands sowie die formelle Übereinkunft über den Verstärkten Dialog NATO-Russland unterzeichnet. In der Folge fanden im „16+1"-Rahmen vor allem Konsultationen über die Revision und Implementierung des KSE-Vertrages, über die Situation und mögliche Zusammenarbeitsformen in Ex-Jugoslawien sowie über die NATO-Erweiterung statt.

In dieser Phase war die NATO-Osterweiterung auch innerhalb der NATO noch umstritten, insbesondere bezüglich des Zeitpunktes, des Teilnehmerkreises und der Kosten. Die russische Aussenpolitik hegte daher einerseits noch Hoffnungen, dass PfP und eine aufgewertete OSZE sich zu Alternativen zur Erweiterung entwickeln könnten. Andererseits begann die russische Aussenpolitik, sich damit abzufinden, dass Russland faktisch nicht viel gegen eine NATO-Erweiterung unternehmen kann. Diese Ansicht setzte sich zuerst im Aussenministerium durch, währenddessen Präsident Jelzin, unter dem Einfluss des Sekretärs des Nationalen Sicherheitsrates Baturin, zunächst noch stark an die mögliche Schaffung von Alternativen zur Erweiterung glaubte und der Überzeugung war, dass die NATO zur Wahl zwischen Erweiterung und Kooperation gezwungen werden könnte.[5] Russland verfolgte deshalb eine Doppelstrategie, die zum einen die Erweiterung verhindern, zum andern für den Fall der Erweiterung möglichst viele Konzessionen und Garantien erhalten wollte. Die erste Komponente schlug sich in einem Junktim zwischen Kooperation und Erweiterung nieder, demzufolge Russland nur mit der NATO zu kooperieren bereit war, solange diese auf eine Erweiterung verzichtete. Zeitweilig wurden aber auch verschiedene andere Drohungen für den Fall der NATO-Erweiterung ausgesprochen, wie etwa, den KSE-Vertrag zu kündigen, START II oder die Chemiewaffenkonvention nicht zu ratifizieren. Die zweite Komponente, die Suche nach Kompensationen und Garantien, wurde informell ab Anfang 1995 betrieben.

---

[4] So z.B. Marschall Yevgeny Shaposhnikov: What I Would Discuss in NATO, in: Moscow News, No. 24, 1994, p. 5.

[5] Hans-Joachim Spanger: Gaullismus à la russe; Moskau und die NATO-Erweiterung, in: Politische Vierteljahresschrift, 3, 1997, pp. 565f.

In der Folge bildete sich zwischen der NATO und Russland ein Verhandlungsmuster heraus, das darin bestand, dass Russland möglichst viele Garantien und Verpflichtungen erhalten, die NATO hingegen die Hände möglichst frei behalten wollte.[6] Die anstehenden Dumawahlen vom Dezember 1995 brachten eine Verhärtung des Tons mit sich, der, obwohl klar innenpolitisch motiviert, im westlichen Ausland für erhebliche Irritationen sorgte. Die Verschärfung der Rhetorik kulminierte am 8. September 1995 mit Jelzins öffentlicher Warnung, dass die NATO-Erweiterung „die Flamme des Krieges in ganz Europa entfachen" könnte.[7] Die NATO publizierte ihrerseits am 28. September 1995 eine Studie zur Erweiterungsfrage.[8] Die Studie bekräftigte den Willen und die Fähigkeit der NATO, den Beitrittswünschen der mittel- und osteuropäischen Staaten zu entsprechen. Sie schwieg sich jedoch über Zeitpunkt und Teilnehmerkreis aus, betonte hingegen, dass es wichtig sein werde, eine enge Zusammenarbeit mit Russland und der Ukraine anzustreben. Die Zusammenarbeit mit Russland trat unmittelbar nach den Dumawahlen in eine operationell-militärische Phase: Seit Januar 1996 unterstützen russische Truppen die NATO im Rahmen der IFOR/SFOR in Ex-Jugoslawien. Im Laufe des Jahres 1996 setzte sich in Russlands aussenpolitischen Strukturen die pragmatische Linie immer klarer durch[9] und dominierte spätestens nach den Präsidentschaftswahlen von Mitte Juni 1996. Das Junktim wurde aufgegeben, und Russland wollte von da an die Frage seiner Beziehung zur NATO vollständig von deren Erweiterung abkoppeln.

Die Bemühungen Russlands, als Kompensation für die NATO-Erweiterung privilegierte Beziehungen zur Allianz aufzubauen, traten damit in eine entscheidende Phase: Am 19. Januar 1997 wurden die Verhandlungen über ein NATO-Russland-Dokument begonnen. Das Ziel der NATO war es, mittels politischer Garantien, einer verstärkten Zusammenarbeit und neuer Konsultationsmechanismen die russischen Bedenken gegen die NATO-Erweiterung zu zerstreuen. Gleichzeitig sollte Russland auf diesem Weg in die europäische Sicherheitsarchitektur eingebunden werden. Russland hingegen, das in den Verhandlungen durch seinen neuen Aussenminister Primakow vertreten wurde, strebte rechtlich bindende Garantien sowie echte Mitentscheidungsrechte in Fragen der europäischen Sicherheit an. Ein ebenso zentraler Punkt der russischen Forderungen war die Revision des KSE-Vertrages, durch die die aus einer NATO-Erweiterung resultierenden militärischen Konsequenzen kompensiert werden sollten.

---

[6] Alexei Puschkow: Pyrrhussieg des Westens? Das Tauziehen um die NATO-Erweiterung, in: Internationale Politik, Nr. 5, 1997, p. 31.

[7] Financial Times, 9th/10th September 1995, p. 2.

[8] NATO: Study on Enlargement, Brussels, September 28, 1995.

[9] Alexei Pushkov: NATO and Yeltsin's Electoral Diplomacy, in: Moscow News, No. 11, 21th-27th March 1996, p. 5. Pushkov war zuvor ein prominenter Vertreter der harten Linie gegenüber der NATO. Vgl. Hans-Henning Schröder: NATO-Öffnung und russische Sicherheit, Aktuelle Analysen des BIOst, Nr. 2, Köln, Januar 1997.

Die NATO-Russland-Verhandlungen bildeten einen wichtigen Gegenstand des Gipfeltreffens zwischen Jelzin und US-Präsident Bill Clinton am 21. März 1997 in Helsinki. Clinton wehrte die russische Forderung nach rechtlich bindenden Garantien und Mitentscheidungsrechten in NATO-Fragen ab. Das geplante NATO-Russland-Dokument sei als „andauernde Verpflichtung auf der höchsten politischen Ebene“ zu verstehen.[10] Es wurde aber Übereinstimmung über eine prinzipielle Stärkung der OSZE, über die Revision des KSE-Vertrages sowie über gewisse militärische Beschränkungen der NATO-Erweiterung erzielt. Darauf aufbauend konnte in der sechsten Gesprächsrunde zwischen NATO-Generalsekretär Solana und Primakow Mitte Mai 1997 ein Übereinkommen über die NATO-Russland-Grundakte erreicht werden, die am 27. Mai 1997 in Paris unterzeichnet wurde.[11] Gleich darauf gründeten die NATO- und PfP-Staaten am 30. Mai in Sintra den Euroatlantischen Partnerschaftsrat *(Euro-Atlantic Partnership Council, EAPC)*, der den NACC ablöste.

Nach diesem wichtigen Schritt erging am folgenden NATO-Gipfeltreffen in Madrid vom 8./9. Juli 1997 die Einladung an Polen, Ungarn und Tschechien als erste ehemalige Warschaupaktstaaten, der NATO beizutreten. Es wurde dabei ausdrücklich festgehalten, dass es sich nur um eine erste Erweiterungsrunde handle, dass die NATO auch danach eine für weitere Beitritte offene Organisation bleibe. Gleichzeitig wurde auch die Charta über Besondere Partnerschaft zwischen der NATO und der Ukraine unterzeichnet.[12] Am 16. Dezember schliesslich fand die Unterzeichnung der Beitrittsprotokolle von Polen, Ungarn und Tschechien zur NATO statt.

Die russischen aussenpolitischen Konzeptionen und die Perzeption der NATO-Erweiterung

Der doppelte Zusammenbruch des sowjetischen Systems, zuerst durch die Auflösung des äusseren Bündnissystems (Warschaupakt und Comecon), danach durch die Auflösung der Sowjetunion, sowie das Weiterbestehen zentrifugaler Kräfte im Innern der Russischen Föderation prägten die russische Aussenpolitik nachhaltig. Doch auch althergebrachte Konzeptionen sind im russischen aussenpolitischen Denken nach wie vor sehr präsent. Diese Überlagerung traditioneller

---

[10] Gemeinsame Erklärung der beiden Präsidenten vom 21.3.1997 in Helsinki, in: Internationale Politik, Nr. 5, 1997, pp. 122-124.

[11] Grundakte über gegenseitige Beziehungen, Zusammenarbeit und Sicherheit zwischen der Nordatlantikvertragsorganisation und der Russischen Föderation vom 27. Mai 1997.

[12] Olga Alexandrova: Die Partnerschaft NATO-Ukraine, Aktuelle Analysen des BIOst, Nr. 44, Köln 1997.

Konzeptionen und neuer Umstände führt zu einem aussenpolitischen Diskurs, der einerseits nicht frei von inneren Widersprüchen ist, andererseits von aussenstehenden Beobachtern häufig zu schnell als aggressive alte - sowjetische oder imperiale - Grossmachtrhetorik missverstanden wird. In diesem Kapitel sollen darum zunächst einige wichtige Elemente der aussenpolitischen Konzeptionen in Russland aufgezeigt werden, um auf dieser Grundlage die russische Perzeption der NATO-Erweiterung besser erläutern zu können.

Zentrale Elemente des aussenpolitischen Diskurses in Russland

Ein zentrales Element des russischen aussenpolitischen Diskurses ist das Ziel der Wiederherstellung eines gewissen Weltmachtstatus. Innerhalb eines breiten Spektrums der politischen Elite und auch der Bevölkerung herrscht Einigkeit darüber, dass die russische Politik auf die Wiedererlangung und Konsolidierung eines Status abzielen muss, der Russland eine selbständige und selbstbewusste Einflussnahme auf die Weltpolitik ermöglicht. Der diesbezügliche Konsens ist so gross, dass dieses Ziel Teil des seit 1992 bestehenden sogenannten „Patriotischen Konsenses“ bildet.[13] Über den genauen Inhalt dieses Status besteht allerdings keine Übereinstimmung. Der Anspruch auf Weltmachtstatus entspringt dabei weder alt- oder neukommunistischen noch nationalistischen Ideologien, sondern stützt sich auf die territoriale und bevölkerungsmässige Grösse, die Vergangenheit als Sieger des Zweiten Weltkrieges, den Status als Nuklearmacht und eine von zwei Supermächten.[14] Aufgrund dieser Tatsachen soll Russland von anderen grossen Staaten als prinzipiell gleichberechtigt und gleich verantwortlich anerkannt werden.[15] In diesem Sinne arbeitete Russland beispielsweise auf die Rechtsnachfolge der Sowjetunion in allen internationalen Gremien hin, wobei der permanenten Mitgliedschaft im UN-Sicherheitsrat eine zentrale Bedeutung zukam. Nicht Gegenstand dieses patriotischen Konsenses sind jedoch extremistische Ambitionen wie die Wiederherstellung der Sowjetunion oder der Gebrauch militärischer Gewalt, um eine russische Hegemonie im „nahen Ausland“ zu errichten.[16]

---

[13] Gerhard Simon: Der patriotische Konsens in Russland, Aktuelle Analysen des BIOst, Nr. 11, Köln, April 1997. - Ders.: Russland auf der Suche nach seiner politischen Identität; Visionen und Wirklichkeiten, Bericht des BIOst, Nr. 33, Köln 1997.

[14] Oliver Thränert: Perspektiven russischer Aussenpolitik, in: Aus Politik und Zeitgeschichte, B 30-31, 1997, p. 4.

[15] Aussenpolitische Konzeption des russischen Aussenministeriums (Dok. Nr. 1615/IS, 25.1.93), veröffentlicht in: Alexander Rahr/Joachim Krause: Russia's New Foreign Policy, Forschungsinstitut der Deutschen Gesellschaft für Auswärtige Politik, Bonn 1995, pp. 47-52.

[16] Karen Dawisha: Russian Foreign Policy in the Near Abroad and Beyond, in: Current History, October 1996, p. 331.

Bei der angestrebten partnerschaftlichen Anerkennung geht es nicht mehr um die Art wirtschaftlicher und politischer Gleichwertigkeit, die Gorbatschows Idee des „Gemeinsamen Hauses Europa" zugrunde lag. Diese ging von der Bipolarität aus und sollte nicht zuletzt der Legitimierung sowjetisch kontrollierter Institutionen in Osteuropa (Comecon, Warschaupakt) dienen.[17] Der aktuelle aussenpolitische Diskurs in Russland geht, zumindest seit 1993, vielmehr von einer multipolaren Weltordnung aus. Gleichzeitig rückt der eurasische Charakter Russlands in den Vordergrund und impliziert eine gewisse Abkehr von der reinen Westausrichtung der Aussenpolitik zugunsten einer Diversifizierung in einer multipolaren Welt. Auch die Idee einer kulturellen eurasischen Spezifität, die Russland vom Westen unterscheidet, ist Teil des patriotischen Konsenses.[18] Das eurasische Russland ist nicht nur für Europa ein grosser Staat, sondern auch für den Nahen Osten, Asien und den Pazifikraum. Diese Konzeptionen wurden besonders ab 1993, nach der „romantischen Periode" der russischen Aussenpolitik, zentral[19] und werden insbesondere von Aussenminister Primakow betont.[20]

Der eurasische Charakter Russlands hat noch weitergehende Implikationen, die direkt mit der nationalen Identität zusammenhängen. Nach dem Zusammenbruch der Sowjetunion begann in Russland die Suche nach einem neuen nationalen Selbstverständnis. Bisher hat sich noch kein Konsens bezüglich der nationalen Idee des Landes abgezeichnet.[21] Die nationale Idee sowohl des zaristischen Russlands als auch jene der Sowjetunion waren nicht nationalstaatlich. Die gegenwärtige innerrussische Diskussion wird von den Verfechtern der Idee einer eurasischen Spezifität, die nicht in nationalstaatliche Kategorien zu fassen ist, beherrscht. Damit hängt direkt zusammen, dass in den innerrussischen Debatten über die Aussenpolitik den Beziehungen zu den GUS-Staaten eindeutige Priorität zukommt. Die russische Idee und Identität bleiben somit mit dem eurasischen Raum der ehemaligen Sowjetunion verbunden. Verstärkt wird dies durch die Präsenz ethnischer Minderheiten in sämtlichen Staaten, die aus der Sowjetunion hervorgegangen sind, wobei die russischen Minderheiten einen grossen Anteil ausmachen.

Direkt mit der imperial geprägten Idee Russlands hängt die wichtige Stellung zusammen, die das Konzept abgestufter Interessen- und Einflusssphären im

---

[17] Vladimir Baranowsky: Russia's Relations with European Security Organizations; A Painful Search for Identity, Ebenhausen, Stiftung Wissenschaft und Politik, IAI/SWP Projektpapier 4, März 1995, pp. 12-14.

[18] Simon, Der patriotische Konsens in Russland (Fn. 13).

[19] Andrej Kozyrev: Strategija partnerstvo, in: Meshdunarodnaja shisn', 1994, p. 7.

[20] Uwe Halbach: Ein Jahr Primakow; Bilanzen russischer Aussenpolitik 1996, Aktuelle Analysen des BIOst, Nr. 4, Köln, Februar 1997.

[21] Stephen Sestanovich (ed.): Rethinking Russia's National Interests, Center for Strategic and International Studies, Washington DC 1994. - Gerhard Simon: Russland auf der Suche nach seiner politischen Identität; Visionen und Wirklichkeiten, Bericht des BIOst, Nr. 33, Köln 1997.

aussenpolitischen Denken traditionell innehatte. Bezüglich dieses Charakteristikums des aussenpolitischen Diskurses kann eine praktisch nahtlose aussenpolitische Kontinuität von der früheren Sowjetunion zur heutigen Russischen Föderation festgestellt werden. Besonders sprechend dafür ist der Begriff „nahes Ausland", der Anfang 1992, also unmittelbar nach der Auflösung der Sowjetunion, von Aussenminister Kosyrew in den politischen Sprachgebrauch eingeführt wurde.[22] Der Begriff des „nahen Auslandes" bezeichnet das ganze Gebiet der ehemaligen Sowjetunion, das heisst die GUS-Staaten und die drei baltischen Staaten. Sowohl in der offiziellen aussenpolitischen Konzeption[23], in der Militärdoktrin[24] als auch in der politischen Praxis[25] kommt dieser Einflusssphäre höchste Priorität zu. Russland ist danach nicht gewillt, seinen Einfluss in den Staaten des „nahen Auslandes" zugunsten von Drittstaaten aufzugeben. Zu diesem Zweck fördert Russland im Rahmen der Gemeinschaft Unabhängiger Staaten (GUS) die wirtschaftliche und politische Integration, wobei auch hier die Behauptung eines „würdigen Platzes in der Weltgemeinschaft" durchaus zu den Zielen der russischen Integrationspolitik gehört.[26]

Wegen der unterschiedlich gelagerten Interessen der GUS-Staaten und ihrer unterschiedlichen Bereitschaft, auf die russischen Integrationsvorschläge einzugehen, war die russische GUS-Politik gezwungen, immer differenzierter zu werden.[27] Im Frühling 1996 wurde eine Zollunion („Bündnis der Vier") gegründet, der jedoch nur Russland, Weissrussland, Kasachstan und Kirgistan angehören. Mit Weissrussland wurde ein Dokument über eine politische Union unterzeichnet, dessen Bedeutung und Tragweite jedoch noch sehr unklar ist. Zumindest auf dem Papier besteht im Rahmen der GUS auch ein Militärbündnis[28], und

---

[22] Olga Alexandrova/Heinrich Vogel: Russlands Politik gegenüber dem 'nahen Ausland', in: Europa-Archiv, Nr. 5, 1994, pp. 132 und 140 sowie Fn. 1.

[23] Aussenpolitische Konzeption des russischen Aussenministeriums (Fn. 15), pp. 47-52.

[24] Die Militärdoktrin der Russischen Föderation, in: Europa-Archiv, Folge 1, 1994, D34.

[25] Vgl. z.B. den Bericht des Staatspräsidenten der Russischen Föderation, Boris Jelzin, an die beiden Häuser des Parlaments über die aussenpolitische Lage und die nationale Sicherheit vom 14. Juni 1996, in: Internationale Politik, Januar 1997, pp. 101-113, oder die Rede Kosyrews vor der UN-Generalversammlung vom 28. September 1993, zitiert bei Alexandrova/Vogel: Russlands Politik gegenüber dem 'nahen Ausland' (Fn. 22), pp. 134 und 140.

[26] Bericht des Staatspräsidenten der Russischen Föderation (Fn. 25), p. 106.

[27] Vgl. dazu Zbigniew Brzezinski/Paige Sullivan (eds.): Russia and the Commonwealth of Independent States; Documents, Data, and Analysis, Centre for Strategic and International Studies, New York 1997. - Olga Alexandrova/Heinz Timmermann: Die Union Russland-Belarus im Kontext der Intra-GUS-Beziehungen, Teil II: Verstärkte Differenzierungsprozesse in der GUS, Aktuelle Analysen des BIOst, Nr. 16, Köln 1997. - Ruslan Grinberg/Lidija Kosikova: Russland und die GUS; Auf der Suche nach einem neuen Modell wirtschaftlicher Zusammenarbeit, Bericht des BIOst, Nr. 50, Köln 1997.

[28] Der Vertrag von Taschkent wurde am 15. Mai 1992 von Russland, Armenien, Kasachstan, Kirgistan, Tadschikistan und Usbekistan unterzeichnet. 1993 unterzeichneten Aserbaidschan, Georgien und Weissrussland.

die russische Militärdoktrin sieht zum Schutz der Sicherheit der GUS-Staaten den Einsatz russischer Truppen ausserhalb des Föderationsterritoriums vor. Russland hat sich auch bemüht, entsprechende Einsätze in den Rahmen der OSZE und der UNO zu stellen, wobei eine indirekte De-facto-Anerkennung der russischen Einflusssphäre sicher mit ein Ziel war. Auch in der öffentlichen Meinung kommt den engen Beziehungen zum „nahen Ausland“ eine grosse innenpolitische Bedeutung zu. Besonders der Schutz der Russischsprachigen sowie die politische und wirtschaftliche Zusammenarbeit oder Integration stehen dabei im Vordergrund. Demgegenüber haben die Beziehungen zum „fernen Ausland“ nur im politischen Diskurs und für den symbolischen Positionsbezug ein gewisses Gewicht, nicht aber als Mobilisierungsfaktor, wie die Duma- und Präsidentschaftswahlkämpfe bereits mehrmals gezeigt haben.[29]

Dem Denken in Einflusssphären entspricht, dass die Weltpolitik im vorherrschenden russischen aussenpolitischen Denken vorwiegend als Spiel von Grossmachtrivalitäten um strategische Gebiete, Interessensphären und Pufferzonen verstanden wird.[30] Der Schlüssel zur Kontrolle und Stabilisierung einer Einflusssphäre wird in Russland in erster Linie in der militärischen Macht gesehen und nicht in der wirtschaftlichen Stärke.[31] Diese Sichtweise führt jedoch nicht automatisch zu einer konfliktuellen Politik. Aussenminister Primakow relativierte zwar ab Januar 1996 die „Strategische Partnerschaft mit dem Westen“, die nicht auf realistischen Einschätzungen beruht habe, und betonte seither den multipolaren Charakter des Weltsystems, um der westlichen bzw. amerikanischen Dominanz Gegenakzente entgegenzusetzen. Primakow verfolgt dabei jedoch keinen konfrontativen Kurs gegenüber dem Westen[32], sondern strebt eine gleichberechtigte Partnerschaft der wichtigsten Machtzentren der Welt an, unter denen ernsthafte Konflikte dank gegenseitiger Absprachen und enger Zusammenarbeit vermieden werden sollen.[33]

Gerade die aussenpolitischen Aktivitäten der jüngsten Zeit zeigen deutlich, wie diese beiden Dimensionen - die Kooperation unter Machtzentren und die Schaffung von Gegengewichten zur amerikanischen Dominanz - verfolgt werden. Als Beispiele für die kooperative Dimension können die Ratifizierung der

---

[29] Christoph Zürcher: Wie russische Aussen- und Sicherheitspolitik gemacht wird; Eine Fallstudie am Beispiel Tschetscheniens, in: Österreichisches Studienzentrum für Frieden und Konfliktlösung/Schweizerische Friedensstiftung (Hrsg.): Die Zukunft Osteuropas, Friedensbericht 1997, Theorie und Praxis ziviler Konfliktbearbeitung, Chur/Zürich 1997, p. 4.

[30] Wenger/Perovic, Russland und die Osterweiterung der NATO (Fn. 3), p. 30.

[31] Zu Alexander Lebed vgl. John B. Dunlop: Alexander Lebed and Russian Foreign Policy, in: Sais Review, 17, 1, Spring/Summer 1997, pp. 47-72. - D. Trenin: Russia and the West; Avoiding Complications, in: International Affairs, Moscow, 42, 4, 1996, pp. 30-38.

[32] Halbach, Ein Jahr Primakow (Fn. 20).

[33] Evgenij Primakow: Na gorizonte - mnogopoljusnji mir, in: Meshdunarodnaja shisn, Nr. 10, 1996, pp. 3-10. - Bericht des Staatspräsidenten der Russischen Föderation (Fn. 25), pp. 101-113.

Chemiewaffenkonvention[34] und die Unterzeichnung der NATO-Russland-Grundakte genannt werden. Weitere Beispiele sind der Beschluss Jelzins und des japanischen Ministerpräsidenten Hashimoto von Anfang November 1997, bis zum Jahr 2000 einen Friedensvertrag abzuschliessen[35], oder die von Jelzin und Jiang Zemin am 10. November 1997 unterzeichnete Gemeinsame Erklärung, in der die jahrhundertealten Grenzkonflikte zwischen China und Russland als gelöst bezeichnet werden.[36]

Doch sowohl bei der von Russland verfolgten „Strategischen Partnerschaft" mit China[37] als auch bei der Annäherung an Japan - Russland zählt unter anderem auf japanische Hilfe für seine Kandidatur auf Mitgliedschaft in der Apec *(Asia Pacific Economic Cooperation)* - ist die ausgleichende Dimension gegenüber dem amerikanischen Gewicht sehr deutlich. Weitere Dimensionen sind unter anderem die Intensivierung der russischen Beziehungen zu Indien, zum Iran und zum Irak. 1997 gelang es Moskau, auch seine Beziehungen mit der Türkei und Aserbaidschan nachhaltig zu verbessern.[38] Aber auch die verschiedenen Initiativen Russlands, mit Deutschland und vor allem mit Frankreich privilegierte Beziehungen aufzubauen, sind in diesem Zusammenhang zu sehen. Gerade in sicherheitspolitischen Fragen vertritt Frankreich regelmässig andere Positionen als die USA, und Paris hat Russland entscheidend dabei unterstützt, in den Pariser Klub der Gläubigernationen aufgenommen zu werden.[39] Zur Zeit bemüht sich Moskau, einen dauerhaften Mechanismus russisch-französischer Konsultationen über die strategische Stabilität in Europa zu etablieren.[40] Allerdings hat die Erfahrung gezeigt, dass Frankreich allein oft über zuwenig Einfluss verfügt, weshalb Jelzin gerade in letzter Zeit verstärkt Anstrengungen unternimmt, um auch eine russisch-französisch-deutsche Partnerschaft zu entwickeln.[41]

---

[34] C-Waffen-Konvention von Moskau ratifiziert, in: Neue Zürcher Zeitung (NZZ), 1./2. November 1997, p. 1.

[35] Russisch-japanischer Friedensvertrag bis 2000? In: Ibid., 3. November 1997, p. 1.

[36] Jelzin auf Staatsbesuch in Peking, in: Ibid., 11. November 1997, p. 1.

[37] Diese wurde am 25. April 1996 offiziell von Jiang Zemin und Boris Jelzin stipuliert. Vgl. dazu Gudrun Wacker: China und Russland; Auf dem Weg zur „strategischen Partnerschaft", Bericht des BIOst, Nr. 41, Köln 1996.

[38] Verbessertes Klima zwischen Moskau und Baku, in: NZZ, 4. Juli 1997, p. 1. - Russisch-türkische Freundlichkeiten, in: Ibid., 17. Dezember 1997, p. 3.

[39] Hoher Orden für Chirac in Moskau, in: Ibid., 26. September 1997, p. 1.

[40] Signale französisch-russischer Kameraderie, in: Ibid., 16. Januar 1998, p. 3.

[41] Ein Ombudsmann für Menschenrechte in Europa; Wirbel um Troika Paris-Berlin-Moskau am Europarat-Gipfel, in: Ibid., 13. Oktober 1997, p. 3. - Kohl und Jelzin vereinbaren Troika-Treffen, in: Ibid., 1. Dezember 1997, p. 2.

Die russische Perzeption der NATO-Erweiterung

Die Perzeption der NATO-Erweiterung in Russland ist stark geprägt durch die eben angesprochenen Elemente des aussenpolitischen Denkens. Wie bereits erwähnt, stützt sich die Ablehnung der NATO-Erweiterung auf einen sehr breiten politischen Konsens. Auch im Reformlager gibt es keinen bedeutenden Politiker, der die NATO-Erweiterung begrüssen würde. Es fällt aber auf, dass in der innerrussischen Diskussion kaum eine direkte militärische Bedrohung durch die NATO-Erweiterung gesehen wird[42], von wenigen Ausnahmen abgesehen, die extremen nationalistisch-kommunistischen Kreisen zuzuordnen sind. Dennoch äussern sämtliche politischen Lager in Russland Befürchtungen, dass die Sicherheit Russlands durch die NATO-Erweiterung gefährdet wird.[43] Diese Bedrohungswahrnehmung bezieht sich nicht auf eine mögliche Aggression Russlands durch die NATO, sondern beruht einerseits auf der Furcht vor einer politischen Blockade des Westens gegen Russland[44] und andererseits auf dem traditionellen russischen Sicherheitsverständnis, das durch Kategorien wie Einflusssphären, Grossmachtrivalitäten und militärische Macht geprägt bleibt.

Die mittel- und osteuropäischen Staaten gehörten - nicht nur nach russischem Verständnis - klar zur sowjetischen Einflusssphäre und liegen auch heute noch in einer - allerdings schwachen, wenig intensiven - russischen Interessensphäre. Mit NATO- und EU-Erweiterung droht diese Region vollständig unter westliche Kontrolle zu kommen. Da im russischen Diskurs der militärischen Macht für die Kontrolle von Einflusssphären die zentrale Stellung zukommt, reagiert die russische Aussenpolitik viel sensibler auf die NATO- als auf die EU-Erweiterung. Wie wichtig die militärische Situation in den ehemaligen Warschaupaktstaaten für Russland ist, drückte 1994 der Rat für Aussen- und Verteidigungspolitik in seinem Bericht „Strategie für Russland“ aus:

> „Die Anstrengungen, eine Isolierung Russlands zu vermeiden, den russischen Einfluss auf Westeuropa zu bewahren, eine neue Konfrontation in Europa zu verhindern und ein möglichst effektives System der gemeinsamen europäischen Sicherheit unter vollem Einschluss Russlands zu schaffen, erfordern die Bewahrung eines semi-demilitarisierten Gürtels von Staaten im Herzen Europas.“[45]

---

[42] Alex Pravda: Russia and European Security; The Delicate Balance, in: NATO Review, 43, 3, May 1995, pp. 19-24.

[43] Wenger/Perovic, Russland und die Osterweiterung der NATO (Fn. 3), p. 11.

[44] So z.B. Jelzin in einem Interview am 17. März 1997, in: Ibid., p. 39, Fn. 80.

[45] Zitiert bei Spanger, Gaullismus à la russe (Fn. 5), pp. 559.

Die erste Kategorie von Gefahren, die Russland als Resultat der NATO-Erweiterung wahrnimmt, ist somit politischer Natur. Russland befürchtet, mit dem völligen Verlust seines Einflusses auf die ehemaligen Warschaupaktstaaten von den europäischen Entscheidungen ausgeschlossen, in Europa politisch marginalisiert zu werden. Diese Gefahr wurde bereits in der Aussenpolitischen Konzeption von 1993 herausgestrichen.[46] Im März 1997 begründete Jelzin in seinem Bericht an die beiden Häuser des Parlaments die Ablehnung der Pläne zur NATO-Osterweiterung explizit damit, dass sie eine erneute Spaltung zur Folge haben würde und die Bedeutung der bestehenden gesamteuropäischen Institutionen und damit auch den politischen Einfluss Russlands in Europa vermindere.[47] Auch das russische Ziel der Wiedererlangung eines Weltmachtstatus und einer gleichberechtigten Partnerschaft mit anderen globalen Machtzentren wird durch die NATO-Erweiterung als kompromittiert wahrgenommen. Ausserdem wird oft eine Verhärtung der innenpolitischen Lage durch ein Erstarken von militaristisch-nationalistischen Kräften angeführt.

Gemäss der russischen Perzeption besteht eine zweite Kategorie von Gefahren, die nicht nur die politischen Interessen Russlands betreffen, sondern direkt seine Sicherheit. Die russische Konzeption geht davon aus, dass militärische Macht ein zentraler Faktor für die Behauptung einer Einflusssphäre ist. Aufgrund der Veränderung des militärischen Gleichgewichts als Folge der NATO-Erweiterung würde somit unweigerlich auch der Einfluss auf das „nahe Ausland“ geschwächt werden. Dies würde die wirtschaftlichen, politischen und die Sicherheitsinteressen Russlands bereits schwer treffen. In der russischen Perzeption könnte sich die Situation jedoch noch verschlimmern, indem durch einen Dominoeffekt auch noch die innerste Einflusssphäre betroffen werden könnte, das „innere Ausland“[48]: Die Regionen der Föderation, vor allem im Süden und Osten, die bereits jetzt zentrifugalen Kräften ausgesetzt sind. Damit würde der innere Zusammenhalt der Föderation, ihre territoriale Integrität und gar ihre Existenz bedroht.

Genau diese Argumentationslinie liegt beispielsweise dem sicherheitspolitischen Bericht Jelzins für die Jahre 1996-2000 zugrunde.[49] Der Bericht nennt als verheerendste Herausforderung für die Sicherheit der Russischen Föderation die

---

[46] Aussenpolitische Konzeption des russischen Aussenministeriums (Fn. 15), pp. 47-52. - Ähnlich auch Sergej Karaganov: Rasshirenije NATO wedet k isolatsij Rossij, in: Moskovskie Novosti, 19. September 1993. - Alexei Pushkov: Building a New NATO at Russia's Expense, in: Moscow News, No. 39, 1993, p. 3. - Tchernov sieht darin gar die eigentliche Absicht der NATO-Erweiterung (Vladislav Tchernov: Moskva dolshna chorcho podumat', in: Novoe Vremja, No. 7, 1994, pp. 27ff.).

[47] Bericht des Staatspräsidenten an die beiden Häuser des Parlaments vom 6. März 1997, zitiert bei Wenger/Perovic, Russland und die Osterweiterung der NATO (Fn 3), p. 87.

[48] Zürcher, Wie russische Aussen- und Sicherheitspolitik gemacht wird (Fn. 29), p. 4.

[49] Bericht des Staatspräsidenten der Russischen Föderation (Fn. 25), pp. 101-113.

„Möglichkeit unkontrollierter Desintegrationsprozesse auf dem Territorium der ehemaligen UdSSR“. Erstens habe Russland vitale Interessen in den Bereichen Sicherheit, Verteidigung, Wirtschaft sowie Schutz der Rechte von Russen unabhängig von ihrem ständigen Wohnsitz. Zweitens wirke eine effektive Zusammenarbeit in der GUS auch zentrifugalen Tendenzen in Russland selbst entgegen. Die Leitlinien der neuen russischen Sicherheitsdoktrin, die am 7. Mai 1997 verabschiedet wurde, gewichten die inneren Probleme in der Föderation sogar stärker als die Einflüsse von aussen. Die Leitlinien gehen davon aus, dass nicht mehr ein äusserer Feind, sondern soziale und wirtschaftliche Probleme im Innern die Hauptgefahr für die nationale Sicherheit des Landes darstellen.[50]

Der sicherheitspolitische Bericht und die Leitlinien der Sicherheitsdoktrin machen somit deutlich, dass die russische Aussenpolitik nicht so sehr direkte äussere Bedrohungen fürchtet als vielmehr einen möglichen Verlust an Einfluss im „nahen Ausland“ und dessen Implikationen für die innere Sicherheit. Negative Auswirkungen auf die innenpolitische Stabilität, die territoriale Integrität und die wirtschaftliche Entwicklung stehen dabei im Vordergrund. Die sich entwickelnden Rivalitäten über die Ausbeutung und den Transport des kaspischen Erdöls sind dazu geeignet, diese russischen Befürchtungen zu bestätigen.

Konservative, nationalistische oder militaristische Kräfte sind der Meinung, dass eine solche Schwächung oder gar Existenzbedrohung der Russischen Föderation durchaus in der Absicht der NATO-Osterweiterung liegt. Diese Kreise sehen in der NATO immer noch ein Instrument des Kalten Krieges, das gegen Russland gerichtet ist.[51] Gemässigte, reformerische und prowestlich eingestellte Kreise sehen diese Gefahren zwar als real bestehend an, aber nicht als von der NATO gewollt. Deshalb lehnten sie die NATO-Erweiterung nicht einfach ab, sondern waren massgeblich daran beteiligt, den perzipierten Gefahren durch geeignete, mit dem Westen ausgehandelte Mechanismen vorzubeugen. Beiden „Lagern“ gemeinsam ist jedoch, dass die unter dem Stichwort „New NATO“ angestrebte Reform des Bündnisses praktisch keinen Stellenwert hat. Für einige westliche Beobachter wird die NATO zum Instrument kollektiver Sicherheit[52] oder erhält, neben der Kernaufgabe der kollektiven Verteidigung, eine zweite Aufgabe als Krisenmanager und eine dritte - über PfP - als Instrument kooperativer Sicherheit.[53] Diese Reformen ändern jedoch nichts an der russischen Analyse, wonach auch die „New NATO“ in erster Linie ein Militärbündnis ist, dessen Ausweitung den Einfluss auf das „nahe Ausland“ vermindert, und dass Russland

---

[50] Ivan Rybkin, Sekretär des Nationalen Sicherheitsrates, in: Rossijskie Vesti, 13. Mai 1997.

[51] Sergey Oznobistchev: The Prospects of Russia's Participation in the European Security System, Brussels, NATO Academic Fellowships, 1996, v.a. Kapitel 5.

[52] Karl Kaiser: Reforming NATO, in: Foreign Policy, Summer 1996, p. 139.

[53] Matthias Z. Karádi: Die Neue NATO? In: Vierteljahresschrift für Sicherheit und Frieden, 3, 1996, p. 144.

im Moment keine Beitrittsperspektive hat und deshalb politisch ins Abseits gedrängt zu werden droht.

Die NATO-Erweiterung als Herausforderung für die russische Aussen- und Sicherheitspolitik

Viele Beobachter bezeichnen die russische Aussenpolitik im Hinblick auf die Osterweiterung der NATO als inkohärent und widersprüchlich. Dies wird auf den noch nicht abgeschlossenen Prozess der Neuorientierung und die Identitätssuche in Russland nach der Auflösung der Sowjetunion, auf die fehlenden Mittel zur Durchsetzung einer kohärenten Aussenpolitik, auf innenpolitische Spannungen, wirtschaftliche Probleme und auf die Vielzahl aussenpolitischer Entscheidungsstrukturen und ihre nicht immer klar abgegrenzten Kompetenzen zurückgeführt.[54] Ohne diese Analysen zu bestreiten, soll hier jedoch ein etwas anderer Weg beschritten werden. In diesem Kapitel sollen die Hauptvektoren der russischen Antwort auf die NATO-Osterweiterung aufgezeigt und in bezug auf ihre Eignung untersucht werden, die perzipierten Gefahren der NATO-Erweiterung politisch abzuarbeiten.

Explizit nicht berücksichtigt werden hier die verschiedenen Versuche Russlands, die NATO-Erweiterung überhaupt zu verhindern. Diese Politik wurde von einem grossen Teil der politischen Führung Russlands als wenig erfolgversprechend angesehen. Sie wurde aber teils aus innenpolitischen Gründen, teils um mit dem Westen bessere Bedingungen für die Erweiterung auszuhandeln, fortgesetzt, insbesondere vom zeitweiligen Sekretär des Nationalen Sicherheitsrates, Jurii Baturin, und auf rhetorischer Ebene teilweise auch von Präsident Jelzin. Durchgesetzt hat sich, wenn auch mit Rückschlägen[55], die pragmatische Linie, die weitgehend von den Aussenministern Kosyrew und Primakow konzipiert wurde, und besonders von den „jungen Reformern“ um den Stellvertretenden Ministerpräsidenten Anatoli Tschubais, aber auch von Jelzin unterstützt wird.

Diese pragmatische Politik geht davon aus, dass Russland keine Möglichkeit hat, die NATO-Erweiterung zu verhindern. Deshalb muss es darum gehen, einerseits die erwarteten negativen Auswirkungen für Russland möglichst zu

---

[54] Zürcher, Wie russische Aussen- und Sicherheitspolitik gemacht wird (Fn. 29). - Wenger/Perovic, Russland und die Osterweiterung der NATO (Fn. 3), bes. pp. 23-27 und 43-58. - Moskaus Anlauf zu einer aktiveren Aussenpolitik, in: NZZ, 12. November 1997, p. 7.

[55] So gelang es den Opponenten des pragmatischen Kurses, Jelzin vorübergehend von einer Verhinderungsstrategie zu überzeugen. Jelzin unterstellte darauf das Aussenministerium im März 1995 seiner direkten Weisungsbefugnis. Die wachsende Kritik an Kosyrews Haltung gegenüber der NATO war auch ein Grund für seine Ablösung als Aussenminister im Januar 1996. Vgl. dazu Spanger, Gaullismus à la russe (Fn. 5), p. 566.

begrenzen, andererseits vom Westen Unterstützung für weitergehende Ziele der russischen Aussenpolitik zu erhalten. Die Reduzierung der militärischen Auswirkungen der NATO-Erweiterung, die Anerkennung als gleichberechtigter Partner der NATO und der USA, die Verhinderung des Ausschlusses Russlands von den europäischen Entscheidungen sowie die Beschränkung des Teilnehmerkreises der NATO-Erweiterung stehen dabei im Vordergrund.

Die Reduzierung der militärischen Auswirkungen der NATO-Erweiterung

Die russische Politik verfolgt hier das Ziel, die Verschiebung des militärischen Gleichgewichts möglichst gering zu halten. Die beiden zentralsten russischen Forderungen waren diejenigen, dass sich die NATO rechtlich bindend verpflichtet, keine Atomwaffen und keine grösseren konventionellen Streitkräfte auf dem Gebiet der neuen NATO-Mitglieder zu stationieren. Gleichzeitig forderte Russland eine Anpassung des KSE-Vertrages an die neue Situation.

Im Rahmen der NATO-Russland-Verhandlungen konnte Russland seine Forderungen nur zum Teil durchsetzen. Die Grundakte ist kein rechtlich bindendes Instrument, sie wird aber von beiden Seiten als auf höchster politischer Ebene eingegangene Verpflichtung angesehen. In der Grundakte verpflichtet sich die NATO politisch, keine Atomwaffen in den neuen Mitgliedstaaten zu stationieren, ein potentiell gefährliches Anwachsen der konventionellen Truppen in diesen Ländern zu verhindern und grundsätzlich keine zusätzlichen substantiellen Kampftruppen dauerhaft dort zu stationieren. In den NATO-Russland-Verhandlungen konnte auch Einigkeit darüber erzielt werden, den KSE-Vertrag den neuen Verhältnissen anzupassen. Der entsprechende Grundsatzbeschluss wurde von den KSE-Vertragsstaaten am 23. Juli 1997 in Wien gefasst. Dabei soll die Anpassung weitgehend den russischen Vorstellungen entsprechen: Die überholte Gruppen- und Zonenstruktur (Ost- und Westgruppe) soll durch ein nationales und territoriales System der Begrenzungen abgelöst werden; dem russischen Anliegen, eine Truppenumverteilung in Richtung Nord- und Südgrenze vorzunehmen, soll stattgegeben werden.[56]

[56] Rüdiger Hartmann: Erneuerung des KSE-Vertrags; Anpassungen an neue Erfordernisse der kooperativen Sicherheitspolitik, in: Internationale Politik, Nr. 9, September 1997, pp. 55-60. - Gebhardt Weiss: Zur Anpassung des KSE-Vertrages an neue Sicherheitsstrukturen in Europa, Aktuelle Analysen des BIOst, Nr. 45 (Teil I) und 46 (Teil II), Köln 1997. - Wolfgang Zellner: Die Anpassung des KSE-Vertrags - Regimewandel unter sich ändernden Bedingungen, in: Vierteljahresschrift für Sicherheit und Frieden, 2, 1997, pp. 92-98.

Die Anerkennung als gleichberechtigter Partner der NATO und der USA

Das Ziel, als gleichberechtigter Partner der NATO und der USA anerkannt zu werden, verfolgte Russland sowohl im Rahmen der NATO-Russland-Gespräche, als auch im Rahmen der Diskussionen um das OSZE-Sicherheitsmodell. Die in der NATO-Russland-Akte angestrebte Partnerschaft unterscheidet sich insofern von derjenigen des OSZE-Rahmens, als sich erstere nicht nur auf die europäischen Angelegenheiten, sondern auf das gesamte Spektrum der NATO-Aktivitäten bezieht, und dass sie stark bilateral geprägt ist, im Gegensatz zur multilateralen Partnerschaft im OSZE-Rahmen.[57]

In den NATO-Russland-Gesprächen forderte Russland eine sehr weitgehende Form der gleichberechtigten Partnerschaft, die sogar rechtlich abgesicherte Mitspracherechte in NATO-Angelegenheiten umfassen sollte. Dies wurde von der NATO abgelehnt, die ihre volle Handlungsfreiheit bewahren wollte. Entsprechend beschränkte sich ihr Angebot an Russland auf ausgedehnte Konsultationsrechte. Durch die vereinbarte Grundakte wird der Ständige Gemeinsame NATO-Russland-Rat (*Nato-Russia Permanent Joint Council, PJC*) eingerichtet, in den beide Partner gleichberechtigt Einsitz nehmen. Der Rat trifft sich zweimal jährlich auf der Ebene der Aussenminister, zweimal auf der Ebene der Verteidigungsminister, monatlich auf der Ebene der Ständigen Vertreter (Botschafter) sowie nach Bedarf auf Ebene der Staats- und Regierungschefs.[58] Im Vergleich zum „16+1"-Mechanismus werden durch die Einsetzung des Rates die Konsultationen institutionalisiert, intensiviert und ausdifferenziert.[59] Die Entscheide des Rates werden durch Konsens gefällt, und seine Kompetenzen sind vorwiegend konsultativer Natur. Der Rat dient auch der Entwicklung und Abstimmung gemeinsamer Initiativen sowie dem Beschluss und der Durchführung gemeinsamer Aktivitäten. In diesem Rahmen soll Russland angemessen an der Planung und Vorbereitung gemeinsamer Operationen beteiligt werden. Besonders hervorgehoben werden friedenserhaltende Operationen im Rahmen der UNO oder der OSZE. Die Grundakte schliesst jedes Vetorecht aus und präzisiert, dass das Recht beider Seiten, eigenständig zu agieren, nicht eingeschränkt wird.

Die von Russland angestrebten Mitbestimmungsrechte wurden somit nicht erreicht. Trotzdem kann die Einsetzung des Rates als Erfolg für Russland gewer-

---

[57] Vgl. dazu den Abschnitt „Die Verhinderung des Ausschlusses Russlands von den europäischen Entscheidungen" weiter unten.

[58] Ausserdem treffen sich unter der Ägide des PJC zweimal jährlich die Generalstabschefs sowie monatlich die militärischen Vertreter in Brüssel. Die erste Sitzung des Rates auf Aussenministerebene fand am 26. September in New York statt.

[59] 1995 fanden vier, 1996 drei „16+1"-Treffen auf Botschafterebene statt, und die russischen Aussen- und Verteidigungsminister wurden zu den Treffen des NATO-Rates zu Ex-Jugoslawien und zum KSE-Vertrag eingeladen. Vgl. Andrei Zagorski: Die Entwicklung der russischen Position zur NATO-Erweiterung, in: Die Friedenswarte, 3, 1997, p. 272.

tet werden, denn keinem anderen Staat wurden von der NATO ähnlich weitgehende Konsultationsrechte zugestanden. Jelzin bezeichnet dies denn auch als grossen Erfolg auf dem Weg zur gleichberechtigten Partnerschaft.[60] Damit anerkennt Jelzin implizit aber auch, dass die NATO-Russland-Partnerschaft nicht als „gleichberechtigt“, sondern allenfalls als „privilegiert“ bezeichnet werden muss. Das Ziel einer Anerkennung als gleichberechtigter Partner auf globaler Ebene wurde von Russland parallel in anderen Bereichen verfolgt und zeitigte verschiedene Erfolge. So wurde Russland in den Pariser Klub der Gläubigernationen aufgenommen, und die G-7 erweiterte sich um Russland zur G-8.

Die Verhinderung des Ausschlusses Russlands von den europäischen Entscheidungen

Der perzipierten Gefahr des Ausschlusses Russlands von den Entscheidungen in europäischen Angelegenheiten versuchte die russische Politik auf verschiedenen Ebenen entgegenzuwirken: Durch die NATO-Russland-Partnerschaft, den Anschluss an weitere westliche Institutionen (v.a. den Europarat), aber vor allem durch den Versuch einer Aufwertung der OSZE. Zu Beginn der NATO-Erweiterungsdebatte war die KSZE das einzige europäische Gremium, in dem Russland als gleichberechtigter Partner neben den USA und den westeuropäischen Staaten stand. Die Konsensregel garantierte zudem, dass nicht gegen russische Interessen entschieden werden konnte. Für die russische Aussenpolitik lag es deshalb auf der Hand, im Gegenzug zur NATO-Erweiterung und zur Teilnahme an PfP auf eine Aufwertung der KSZE zu setzen. PfP wies für die russische Politik den Mangel auf, keine Grundlage für eine Sonderstellung Russlands anzubieten. Neben dem von der NATO angebotenen „Verstärkten Dialog NATO-Russland“ wurde deshalb in der innerrussischen Diskussion um PfP auch die Schaffung eines gesamteuropäischen Sicherheitssystems gefordert.[61] Nach dem Grundsatzbeschluss der NATO zugunsten der Erweiterung und der Unterzeichnung des PfP-Rahmendokumentes durch Russland willigten die NATO-Staaten in die Eröffnung entsprechender Diskussionen ein. Am KSZE-Gipfel in Budapest im Dezember 1994 wurde die KSZE in OSZE umbenannt und gleichzeitig die Diskussion über ein Europäisches Sicherheitsmodell lanciert.[62]

---

[60] Moskau bezeichnet seine NATO-Politik als Erfolg, in: NZZ, 16. Mai 1997, p. 3.

[61] So z.B. von Vladimir Lukin, Vorsitzender des aussenpolitischen Ausschusses der Duma (ITAR TASS, 5. September 1994), nach Spanger, Gaullismus à la russe (Fn. 5), p. 563.

[62] Laurent Goetschel: Die OSZE-Diskussion über ein Sicherheitsmodell für Europa; Eine Zwischenbilanz, in: Österreichisches Studienzentrum für Frieden und Konfliktlösung/Schweizerische Friedensstiftung (Hrsg.): Die Zukunft Osteuropas, Friedensbericht 1997, Theorie und Praxis ziviler Konfliktbearbeitung, Chur/Zürich, 1997.

Die russischen Vorstellungen waren dabei sehr ambitiös. Zur Kompensation der Verschiebung des militärischen Gleichgewichtes wollte Russland eine gesamteuropäische Sicherheitsstruktur errichten, der die bestehenden europäischen Militärbündnisse (NATO, WEU, GUS-Militärbündnis) untergeordnet werden.[63] Eine Sicherheitscharta sollte ein völkerrechtlich bindendes Sicherheitssystem schaffen, das Sicherheitsgarantien auch ausserhalb von Bündnissen gewährt und die Zusammenarbeit zwischen den bestehenden europäischen und atlantischen Organisationen auf der Grundlage von Koordination und fester Aufgabenteilung neu festlegt. Ein Europäischer Sicherheitsrat oder der OSZE-Exekutivausschuss sollten entsprechende Kompetenzen erhalten. Ferner schlug Russland eine wirtschaftliche Dimension für das Sicherheitsmodell vor.[64] Die russischen Vorschläge stiessen zum Teil auf grosse Skepsis. Besonders die baltischen Staaten, aber auch andere Staaten Mittel- und Osteuropas fürchteten, eine solche Sicherheitsstruktur diene in erster Linie der Verhinderung der NATO-Erweiterung, die für diese Staaten oberstes Ziel blieb. Grösseres Interesse wurde dagegen der wirtschaftlichen Dimension der OSZE sowie der Errichtung einer Plattform für kooperative Sicherheit entgegengebracht. Auch die USA sprachen sich klar gegen eine neue Vertragsstruktur aus und lehnten es ab, die OSZE zum Koordinator der bestehenden Organisationen zu machen.

Am OSZE-Gipfel in Lissabon vom Dezember 1996 wurden die russischen Pläne weitgehend verworfen, doch wurde beschlossen, Arbeiten für eine Charta europäischer Sicherheit aufzunehmen. Über eine solche Charta sollte die Operationalisierung der OSZE-Prinzipien verbessert sowie der Aspekt der kooperativen Sicherheit verstärkt werden. Ein erster Entwurf wurde zuhanden des OSZE-Gipfels im Dezember 1997 erarbeitet. An diesem Gipfel in Kopenhagen wurde entschieden, die Arbeiten für eine *Document-Charter on European Security* weiterzuführen.[65] Diese soll zu einer Stärkung der OSZE führen, ohne ihr jedoch eine Stellung über anderen Organisationen einzuräumen. Es wurde aber festgehalten, dass keinem Staat und keiner Staatengruppe eine höhere Verantwortung für den Erhalt von Frieden und Sicherheit im OSZE-Raum zukommt. Die Zusammenarbeit mit anderen Organisationen soll im Rahmen einer Plattform für Kooperative Sicherheit geregelt werden, die einen Teil der Charta bilden soll.[66] Gemäss den Beschlüssen von Kopenhagen soll die OSZE durch die Charta vor

---

[63] Memorandum on Devising a Common and Comprehensive Security Model for Europe for the Twenty-First Century, 21.3.96.

[64] An Outline Structure of an Economic Component of a Common and Comprehensive Security Model for Europe of the 21st Century, REF.P/329/96, 24.5.96.

[65] Decision No. 5 of the OSCE Ministerial Council in Copenhagen: Guidelines on an OSCE Document-Charter on European Security, 19 December 1997.

[66] Common Concept for the Development of Co-operation between Mutually-Reinforcing Institutions, Annex 1 to the Decision No. 5 of the OSCE Ministerial Council in Copenhagen, 19 December 1997.

allem im Bereich Krisenfrühwarnung, Konfliktprävention, Krisenmanagement und postkonfliktueller Rehabilitierung gestärkt werden. Die wirtschaftliche Dimension wurde in Kopenhagen nur am Rande berührt: Im Rahmen der Frühwarnung und Konfliktprävention sollen die wirtschaftlichen Faktoren ebenfalls berücksichtigt werden, und die OSZE soll die Integration der Übergangswirtschaften in die Weltwirtschaft politisch unterstützen.

Die Beschränkung des Teilnehmerkreises an der NATO-Erweiterung

Der letzte Vektor der russischen Aussenpolitik zur Begrenzung der negativen Konsequenzen der NATO-Erweiterung betrifft das Ausmass dieser Erweiterung. Die pragmatische russische Aussenpolitik hat sich damit abgefunden, die Interessensphäre des „ferneren Auslandes", das heisst der ehemaligen Warschaupaktstaaten, zu gewissen Bedingungen und im Austausch gegen Konzessionen an den Westen „abzutreten". Dies gilt jedoch nicht für die viel wichtigere Einflusssphäre des „nahen Auslandes", die das Gebiet der ehemaligen Sowjetunion umfasst. Die Stellungnahmen der russischen Spitzenpolitiker betonen konstant, dass ein Beitritt von Staaten des „nahen Auslandes" von Russland nicht akzeptiert werde. In den Worten Jelzins: „Russland hat die Teilnahme von GUS-Staaten und der neuen Baltischen Staaten an der NATO immer abgelehnt und wird diese auch künftig kategorisch ablehnen."[67] Dass es sich dabei um mehr handelt als blosse politische Rhetorik, zeigt die Analyse des russischen aussenpolitischen Denkens: Das „nahe Ausland" stellt nicht nur eine zentrale Interessensphäre für Russland dar - politisch, wirtschaftlich und wegen der dort lebenden russischen Minderheiten -, sondern dem russischen Einfluss in diesem Gebiet wird höchste Bedeutung für den inneren Zusammenhalt der Russischen Föderation zugeschrieben.

Besonders die baltischen Staaten Estland, Lettland und Litauen streben unbedingt eine NATO-Mitgliedschaft und entsprechende Sicherheitsgarantien an und sind, aufgrund ihrer historischen Erfahrungen, nicht bereit, von diesem Ziel abzuweichen. Russische Angebote für Sicherheitsgarantien wurden entschieden zurückgewiesen.[68] Die NATO betont ihre grundsätzliche Offenheit für Neumitglieder, ist jedoch bis zum Vollzug der ersten Erweiterungsrunde nicht gewillt, über die nächsten Runden zu diskutieren. Weder im Rahmen der OSZE noch in der NATO-Russland-Grundakte oder in den NATO-Russland-Gesprächen konnte dieses Problem gelöst werden. In den Verhandlungen über die Grundakte strebte

[67] Boris Jelzin, zit. nach Yury Popov in: RIA Novosti, Rossiiskie Vesti, 15. Juli 1997. Anlässlich des russisch-amerikanischen Gipfeltreffens im März 1997 warnte Primakow vor der Eingliederung der baltischen Staaten in die NATO, da sie die angestrebte Verständigungsbasis zerstören werde (Balten vorsichtig gegenüber Moskaus Avancen, in: NZZ, 26. März 1997, p. 2).
[68] Baltisches Nein zu Moskaus Sicherheitsgarantien, in: Ibid., 13. November 1997, p. 9.

Russland an, weitere Erweiterungsrunden der NATO an eine Zustimmung Russlands zu knüpfen, was die NATO ablehnte. Im Rahmen der Arbeiten über die künftige OSZE-Sicherheitscharta gelang es Russland zwar, das Prinzip zu bestätigen, dass kein OSZE-Staat seine Sicherheit auf Kosten eines anderen verbessern soll. Ungleich schwerer wiegt aber der ebenfalls ausdrücklich festgehaltene Grundsatz, dass jeder OSZE-Staat frei ist, sein sicherheitspolitisches Umfeld zu gestalten und auch Allianzen beizutreten.[69]

Die Perspektiven der NATO-Erweiterung

Die bisherige Bilanz der russischen Aussenpolitik gegenüber der NATO-Erweiterung wird unterschiedlich bewertet. Der Präsident und die Regierung bezeichnen sie als sehr erfolgreich, da es gelungen sei, die militärischen Auswirkungen der Erweiterung zu beschränken, sich weitgehend als gleichberechtigter Partner gegenüber den USA zu etablieren und auch bezüglich europäischer Angelegenheiten massgebliche politische Bedeutung behalten zu haben. Die Reaktionen der innenpolitischen Opposition, die sich vorwiegend aus nationalistischen und exkommunistischen Kreisen zusammensetzt, sind erwartungsgemäss sehr kritisch. Sie sehen die NATO-Russland-Grundakte ausschliesslich im Zusammenhang mit der Osterweiterung: Da die Grundakte eine NATO-Erweiterung nicht verhindert, wird sie als wertlos dargestellt, und der Regierung wird vorgeworfen, mit der Unterzeichnung der Akte die russischen Interessen verschenkt zu haben.[70] Doch die Reaktionen der Opposition auf die Unterzeichnung der NATO-Russland-Grundakte und auf die darauffolgende Einladung zum NATO-Beitritt an Polen, Tschechien und Ungarn sind insgesamt matt. Von einem Erstarken der militaristischen oder nationalistischen Kreise in Russland kann gegenwärtig kaum gesprochen werden. Die meisten Beobachter erwarten dies auch in absehbarer Zukunft nicht wegen des geringen politischen Mobilisierungspotentials der Interessensphäre des „ferneren Auslandes“. Eine unmittelbare Gefährdung der Sicherheit und der Stabilität in Europa durch die russischen Reaktionen auf die NATO-Erweiterung ist somit vorerst nicht zu erwarten.

Anders sieht es bezüglich der von der NATO angekündigten weiteren Erweiterungsrunden aus. Jelzin und Tschernomyrdin drängen seit dem Madrider NATO-Gipfel darauf, die „Ostsee-Schwarzmeer-Region“ zu einer Pufferzone mit

---

[69] Decision No. 5 of the OSCE Ministerial Council (Fn. 65), Punkt 4, 3. Absatz.

[70] Moskau bezeichnet seine NATO-Politik als Erfolg, in: NZZ, 16. Mai 1997, p. 3. - Als Beispiel für diese Kritik vgl. Alexander Lebed: Rossii podbrosili dokhluju koshku, in: Isvestija, 27. Mai 1997, p. 4.

bündnisfreiem Status zu machen.[71] Dadurch entsteht besonders wegen des Baltikums ein bedeutendes Konfliktpotential, das bisher nicht entschärft werden konnte. Die Frage des Baltikums stellt wohl die grösste offene Frage im Verhältnis NATO-Russland dar. Die sicherheitspolitische Stellung der Ukraine scheint dagegen zumindest in nächster Zeit weniger Fragen aufzuwerfen. Einerseits zeigt die Ukraine kein dringendes Bedürfnis nach einer NATO-Mitgliedschaft, da sie innenpolitisch sehr umstritten wäre und von prorussischen Kreisen in der Ukraine abgelehnt wird.[72] Andererseits wurde im Juli 1997 in Madrid die Charta über besondere Partnerschaft zwischen der NATO und der Ukraine unterzeichnet. Vorgängig, am 28. Mai 1997, erzielten Russland und die Ukraine eine Einigung über die Teilung der Schwarzmeerflotte sowie über den Status von Sewastopol.[73] Daraufhin konnte der russisch-ukrainische Grundlagenvertrag über Freundschaft, Zusammenarbeit und Partnerschaft unterzeichnet werden, der die gegenseitige Anerkennung der Grenzen regelt sowie eine Verbesserung der Wirtschaftsbeziehungen vorsieht.[74] Der Vertrag enthält ausserdem Bestimmungen über die freie Entfaltung der Minderheiten in den beiden Staaten.[75] Er sieht ferner vor, dass keine Seite Verträge mit Dritten abschliesst, die gegen die andere Seite gerichtet sind, und dass keine Seite ihr Territorium zum Schaden der Sicherheit der anderen zur Verfügung stellt. Dank dieser Fortschritte in den russisch-ukrainischen Beziehungen wurde die Charta zwischen der Ukraine und der NATO von Moskau ausdrücklich begrüsst.

Damit besteht eine Grundlage für die künftigen Beziehungen zwischen der NATO und der Ukraine, während dies im Falle der baltischen Staaten fehlt, die Frage also noch vollkommen offen ist. Dies sollte jedoch nicht darüber hinwegtäuschen, dass der NATO-Erweiterung eine viel grundsätzlichere Problematik innewohnt. Bereits die Helsinki-Schlussakte von 1975 sprach von der Unteilbarkeit der Sicherheit Europas, die in der Charta von Paris wieder aufgenommen wurde. Das Budapester Dokument vom Dezember 1994 präzisiert, was darunter zu verstehen ist:

> „Sie (die Teilnehmerstaaten) sind nach wie vor überzeugt, dass Sicherheit unteilbar ist und dass die Sicherheit eines jeden von ihnen untrennbar mit der Sicherheit aller anderen verbunden ist. Sie werden ihre Sicherheit nicht auf Kosten anderer Staaten festigen."

[71] Lothar Rühl: Das Baltikum und seine fragile Souveränität, in: NZZ, 13./14. Dezember 1997, p. 9. - Der Begriff „Ostsee-Schwarzmeer-Region" wurde von Tschernomyrdin eingeführt.

[72] Nato - ein heikles Thema in der Ukraine, in: Ibid., 3. September 1997, p. 5.

[73] James Sherr: Russia-Ukraine Rapprochement? The Black Sea Fleet Accords, in: Survival, Autumn 1997, pp. 33-50.

[74] Moskau und Kiew als gleichberechtigte Partner, in: NZZ, 2. Juni 1997, p. 3.

[75] Dies betrifft, nach der letzten offiziellen Volkszählung von 1989, 11 Mio. Russen in der Ukraine und 5 Mio. Ukrainer in Russland.

Diese Konzeptionen wurden im Dezember 1997 auch in Kopenhagen wieder bestätigt und werden in die OSZE-Sicherheitscharta Eingang finden. Sie können jedoch nicht darüber hinwegtäuschen, dass die NATO-Erweiterung - nicht nur nach russischer Auffassung - eine mehrfach abgestufte Sicherheit in Europa schafft: NATO-Mitglieder, NATO-Kandidaten, Staaten mit mittel- bis langfristiger Beitrittsperspektive, Staaten ohne Beitrittsperspektive. Bei jeder NATO-Erweiterungsrunde erwachsen jeweils den Staaten sicherheitspolitische Probleme, die gerade nicht Teilnehmer an der betreffenden Runde sind. Die Perspektive regelmässiger Erweiterungsrunden verheisst dadurch einen sicherheitspolitischen und nicht zuletzt auch innenpolitischen „Dauerstress“, nicht nur für Russland, sondern für alle direkt betroffenen mittel- und osteuropäischen Staaten. Jede Erweiterungsrunde zieht nicht nur eine sicherheitspolitische Grenze durch Europa, sondern verschiebt auch eine bestehende Grenze und modifiziert dadurch die jeweiligen sicherheitspolitischen Rahmenbedingungen für den gesamten mittel- und osteuropäischen Raum.

Ernsthafte Probleme sind zu erwarten, sobald Entscheide bezüglich der Staaten des russischen „nahen Auslandes“ anstehen. Dabei ist der Fall der baltischen Staaten besonders kritisch, und zwar sowohl im Falle eines NATO-Beitrittes als auch im Falle eines Nichtbeitrittes: Im Beitrittsfall ist mit scharfen Reaktionen Russlands oder sogar mit innenpolitischen Turbulenzen zu rechnen. Nach erfolgtem Beitritt könnten insbesondere Lettland und Estland indirekt ermutigt sein, Russland gegenüber beispielsweise in der Minderheitenfrage eine wesentlich schärfere Politik zu verfolgen. Im zweiten Fall könnte Russland analog zu einer Verschärfung seiner Politik gegenüber den baltischen Staaten ermutigt werden. Dabei ist zu bedenken, dass Russland wegen der enormen Energieabhängigkeit Estlands, Lettlands und Litauens eine nicht zu unterschätzende Macht hat. Das Szenario eines erzwungenen Nichtbeitrittes der baltischen Staaten zur NATO müsste wohl als Sicherheitsgewinn sowohl der NATO als auch Russlands zu Lasten der Balten bezeichnet werden. Damit würde das Prinzip der Unteilbarkeit der europäischen Sicherheit definitiv geopfert.

Ein Ausweg aus diesem Dilemma könnte sich eröffnen, falls es gelingt, aufgrund der NATO-Russland-Grundakte und im Rahmen der OSZE das Vertrauensverhältnis, die Zusammenarbeit und die gleichberechtigte Partnerschaft mit Russland zu stärken. Dabei ist zu beachten, dass die Bedeutung der OSZE für die russische Aussenpolitik eher abnimmt. Als eigenständiges Machtzentrum ist Moskau weniger an einer multilateralen Einbindung in einer starken OSZE als an Gleichberechtigung mit den anderen Machtzentren interessiert.[76] Der NATO-Russland-Rat entspricht daher den Ansprüchen der russischen Aussenpolitik besser.

---

[76] Thränert, Perspektiven russischer Aussenpolitik (Fn. 14), p. 10.

Für das NATO-Russland-Verhältnis heisst dies konkret, dass der Dialog und die Zusammenarbeit mit Russland von der NATO ernst genommen werden müssen. Der Dialog darf nicht zu einer Alibihandlung verkommen, sondern muss ernsthaft geführt werden. Dies beinhaltet auch, dass gewichtige Sicherheitsinteressen Russlands nicht nur angehört, sondern auch berücksichtigt werden. Weiter gehört dazu das Streben nach weiterer konkreter Kooperation nach dem Vorbild der IFOR/SFOR. Diese Zusammenarbeit NATO-Russland in Jugoslawien wird von vielen Beobachtern als beispielhaft angesehen. Sie ist in der Tat um so bemerkenswerter, als dass sie in einer Region stattfindet, in der westliche und russische Ansprüche sich traditionell in einem Konkurrenzverhältnis befinden, das durch den Jugoslawienkonflikt zunächst noch deutlich verschärft worden war.[77] Die Grundakte bietet ein erhebliches Potential für eine solche Intensivierung der praktischen Kooperation, gerade im Bereich friedenserhaltender Einsätze. Es besteht allerdings die Gefahr, dass die Ausschöpfung dieses Potentials durch eine fortdauernde Kontroverse über weitere NATO-Erweiterungsrunden gehemmt wird. Deshalb sollte der Schwerpunkt auf die Intensivierung der praktischen Zusammenarbeit in unterschiedlichen Bereichen gelegt werden, denn davon könnten positive Impulse ausgehen, die zur Entschärfung der Erweiterungsfrage beitragen.[78]

Ebenfalls sehr wichtig ist die politische Anerkennung der russischen Vermittlungs-, Stabilisierungs- und Friedensbemühungen in regionalen Konflikten.[79] Beispielsweise im Rahmen der OSZE sollte vermehrt dazu übergegangen werden, den russischen Einfluss gerade im Gebiet der ehemaligen Sowjetunion auch als wichtige Ressource für internationale oder europäische Anstrengungen zur Errichtung oder Aufrechterhaltung von Stabilität und Frieden zu werten. Gerade die wirtschaftlichen Konzessionen, die Russland zugunsten des „nahen Auslandes" nach wie vor macht, werden häufig stark unterschätzt, ebenso wie deren Bedeutung für die sozioökonomische Stabilisierung der dadurch begünstigten Staaten. Nur wenn Russland seine Stellung als Weltmacht garantiert sieht und nicht mehr befürchten muss, von den europäischen Angelegenheiten ausgeschlossen und an den politischen Rand Europas abgedrängt zu werden, besteht die Chance, dass sich die russische Haltung gegenüber weiteren NATO-Erweiterungsrunden entspannt.

---

[77] Hans-Joachim Hoppe: Russland und der Jugoslawienkonflikt, Bericht des BIOst, Nr. 14, Köln 1997.

[78] Zagorski, Die Entwicklung der russischen Position zur NATO-Erweiterung (Fn. 59), pp. 270f.

[79] Vgl. dazu die Beiträge von Norbert Ropers und Stefan Troebst in diesem Band.

Die GASP nach der Regierungskonferenz '96

Auf dem Weg zum europäischen Krisenmanagement?

Von Laurent Goetschel

Als die Gemeinsame Aussen- und Sicherheitspolitik (GASP) der Europäischen Union (EU) 1993 ins Leben gerufen wurde, wütete im früheren Jugoslawien der Bürgerkrieg. Die Mitgliedstaaten der EU hatten seit Beginn des Konfliktes ihre Unfähigkeit demonstriert, gemeinsam auf diese Krise zu reagieren: Abgesehen vom Abbruch der privilegierten Handelsbeziehungen und der Umsetzung der Sanktionen der Vereinten Nationen, die gemeinsam erfolgten, blieben die EU-Staaten zu sehr ihren jeweiligen aussen- und sicherheitspolitischen Denkschemen verhaftet, als dass sie geschlossen und entschieden auf die Vorkommnisse hätten reagieren können. Das Inkrafttreten des Maastrichter Vertrages und damit der GASP hatte in der Praxis keine grossen Auswirkungen auf diesen Sachverhalt. Die EU-Verwaltung der Stadt Mostar und die unter den Mitgliedstaaten erfolgte Koordination humanitärer Hilfeleistungen in Bosnien-Herzegowina dürften kaum als entscheidende Schritte zur Lösung des Konfliktes in die Geschichte eingehen. Von einem europäischen Krisenmanagement konnte nicht die Rede sein. Wieso aber fiel die Bilanz der GASP im ehemaligen Jugoslawien so ernüchternd aus? Welches sind die Bedingungen eines europäischen Krisenmanagements? Welchen Beitrag an die Erfüllung dieser Bedingungen leistet der Amsterdamer Vertrag? Die Beantwortung dieser Fragen bedingt zunächst einen Überblick über die Natur der GASP und ihren bisherigen Leistungsausweis.[1]

Die GASP als Konkordanzsystem

In einem ausgezeichneten Beitrag über die Natur der Europäischen Integration beschrieb *Donald D. Puchala* zu Beginn der siebziger Jahre die damaligen Euro-

[1] Der vorliegende Beitrag konzentriert sich auf die GASP. Im Rahmen ihrer Entwicklungszusammenarbeit und Aussenhandelspolitik erbringt die EU ebenfalls Leistungen, die je nach Definition in die Kategorie des Krisenmanagements gehören. Unberücksichtigt bleiben in diesem Beitrag auch die ausserhalb des EU-Rahmens bestehenden bi- und multilateralen Abkommen über die Bildung multinationaler Streitkräfteeinheiten zwischen einzelnen europäischen Staaten.

päischen Gemeinschaften als ein „Konkordanzsystem".[2] Damit verband er Begriffe wie „Übereinkommen", „Harmonie" oder ganz einfach „friedliche Beziehungen zwischen Staaten": „A 'Concordance System', by my definition, is an international system wherein actors find it possible consistently to harmonize their interaction."[3] Als Merkmale eines solchen Systems nannte er insbesondere folgende beiden Punkte:

- Nationalstaaten bleiben die Hauptkomponenten dieses Systems. Ihre Regierungen nehmen nach wie vor die Hauptrolle ein.
- Ein „Konkordanzsystem" zeichnet sich durch eine ausgesprochen starke Institutionalisierung aus, „...wherein actors channel the bulk of their transactions in all issue-areas through organizational networks according to routinized procedures".[4]

Diese Äusserungen sind in bezug auf den gemeinschaftlichen Teil der EU heutzutage überholt. Sie bieten jedoch eine gute Grundlage für die Erfassung des Phänomens der GASP. Als Symbol staatlicher Souveränität wird die Aussen- und Sicherheitspolitik von den supranationalen Kräften innerhalb der EU als unabdingbarer Bestandteil einer politischen Union umworben. Tatsache ist jedoch, dass sie hauptsächlich eine Domäne der einzelnen Mitgliedstaaten geblieben ist. Die GASP ist zwar mehr als eine institutionalisierte Ad-hoc-Form der traditionellen aussen- und sicherheitspolitischen Kooperation zwischen europäischen Staaten. Die regelmässigen Treffen der zahlreichen Arbeitsgruppen und der kontinuierliche Austausch von aussen- und sicherheitspolitischen Informationen über eingespielte Kommunikationsnetzwerke haben seit Jahren zu einem Koordinationsreflex zwischen den Mitgliedstaaten geführt.[5] Die Kooperation der europäischen Staaten im Bereich der Aussen- und Sicherheitspolitik unterscheidet sich jedoch insofern grundsätzlich von derjenigen in anderen Politikbereichen, als sie einen ausgeprägten zwischenstaatlichen Charakter behalten hat. Auch wenn der Übergang von der Europäischen Politischen Zusammenarbeit (EPZ) zur GASP beim Inkrafttreten des Maastrichter Vertrages im Jahre 1993 die Rollen der Europäischen Kommission und des Europäischen Parlamentes verstärkte, bleiben die Mitgliedstaaten und ihre Regierungen die (fast) alles entscheidenden Akteure.

[2] Donald D. Puchala: Of Blind Men, Elephants and International Integration, in: Journal of Common Market Studies, X, 3, 1972, p. 277.

[3] Ibid.

[4] Ibid, p. 279.

[5] Joseph Weiler/Wolfgang Wessels: EPC and the Challenge of Theory, in: Alfred Pijpers/Elfriede Regelsberger/Wolfgang Wessels (eds.): A Common Foreign Policy for Western Europe? In Collaboration with Geoffrey Edwards, Dordrecht 1988, p. 231. - Paul Taylor: The European Communities as an Actor in International Society, in: Journal of European Integration, 6, 1, 1982, p. 32.

Dieser Sachverhalt ist vor dem Hintergrund des klassischen Verständnisses von Aussenpolitik zu sehen, demzufolge diese Politik dasjenige Verhalten definiert, mit dem die im souveränen Nationalstaat organisierte Gesellschaft ihre Interessen gegenüber ihrer Umwelt wahrnimmt und durchsetzt. Diese Definition macht einerseits ersichtlich, wieso die Mitgliedstaaten der EU gerade im Bereich der Aussenpolitik darauf achten, ihre Kompetenzen und Entscheidungsbefugnisse zu bewahren. Die Aussenpolitik ist symbolischer Bannerträger herkömmlicher staatlicher Souveränität. Zugleich hat sie den Auftrag, diese Souveränität zu bewahren. Andererseits und gewissermassen als Kehrseite der Medaille wird deutlich, wieso die EU bisher Mühe bekundete, ihre eigene Rolle im Bereich der Aussenpolitik auszubauen:

1. Die EU ist kein souveränes Gebilde. Selbst wenn Nationalstaaten heutzutage nicht mehr im engeren Sinn als „unabhängig“ und „souverän“ bezeichnet werden können, sind sie es nach wie vor viel mehr als die EU. Indem die europäischen Staaten der EU in bestimmten Bereichen Kompetenzen abtreten, versuchen sie teilweise sogar, ihre eigene Souveränität indirekt zu wahren: Sie geben eine fiktive Autonomie auf, die sie durch die wirtschaftliche und soziale Verflechtung ohnehin verloren hatten, und erhalten dafür ein „droit de regard“ auf das Verhalten und die Regelungen ihrer Nachbarstaaten.[6] Dies gilt ebenfalls, wenn auch in einer besonderen Art, für den Bereich der Aussenpolitik: Die EPZ entstand nicht zufälligerweise genau ein Jahr nach der Verwirklichung der Zollunion und der damit verbundenen Einführung einer gemeinsamen Handelspolitik der Mitgliedstaaten der Europäischen Gemeinschaft (EG). Die EG-Staaten wollten die Kontrolle über die politischen Elemente der vergemeinschafteten Handelspolitik behalten. Dazu gehörte insbesondere das Verhängen positiver oder negativer Handelsmassnahmen. Es kann somit argumentiert werden, dass die GASP für die Mitgliedstaaten bisher keine Einbusse an Souveränität mit sich gebracht hat, sondern im Gegenteil zur Wahrung und in bestimmten Fällen sogar der Erweiterung der Souveränität dieser Staaten im Umfeld des Integrationsprozesses geführt hat.[7] Die EU in bezug auf Souveränität mit einem Nationalstaat vergleichen zu wollen, ist trotz des fortgeschrittenen Integrationsprozesses unsinnig.
2. Aus der wiedergegebenen Definition von Aussenpolitik geht hervor, dass die Führung dieser Politik das Vorhandensein bestimmter, der entsprechenden Gesellschaft gemeinsamen Interessen voraussetzt. Es stellt sich die grundlegende Frage, inwiefern die EU-Staaten gemeinsame aussen- und sicherheits-

[6] Robert O. Keohane: Hobbe's Dilemma and Institutional Change in World Politics; Sovereignty in International Society, in: Hans-Henrik Holm/Georg Sorensen (eds.): Whose World Order? Uneven Globalization and the End of the Cold War, Boulder CO 1995, p. 184.

[7] Laurent Goetschel: Europe as International Actor; Maximizing Nation-State Sovereignty, Cambridge: Minda de Gunzburg Center for European Studies Harvard University, Program for the Study of Germany and Europe, Working Paper Series, No. 6.3.

politische Interessen besitzen, die keinen Bezug zum wirtschaftlichen Integrationsprozess haben. Die Mitgliedstaaten mögen angesichts der gemeinsamen Handelspolitik der Union im Rahmen der GASP politisch motivierte Sanktionen beschliessen.[8] Oder sie können im Bereich der Non-Proliferation bei der Exportkontrolle von „dual-use"-Gütern gemeinsame Listen erstellen, die den freien Verkehr solcher Güter innerhalb des Binnenmarktes erleichtern.[9] Eine andere Herausforderung ist es jedoch, losgelöst von wirtschaftlichen Koordinationserfordernissen aussen- und sicherheitspolitische Ziele aufzustellen und Aktionen durchzuführen, die von ihrem Aufwand und ihrer politischen Bedeutung her gewichtiger sind als die Beobachtung von Wahlen oder die technische Koordination humanitärer Leistungen, und die trotzdem den Konsens der fünfzehn Mitgliedstaaten finden. Entscheidungs- und Verfahrensregeln können die Artikulation gemeinsamer Interessen fördern. Sie können diese jedoch nicht generieren.

Analysen der Leistungsfähigkeit der GASP und Überlegungen zum Ausbau dieser Politik müssen diese beiden Parameter berücksichtigen: Aussenpolitik ist an souveräne Gebilde gebunden und setzt das Vorhandensein gemeinsamer Interessen voraus. Demzufolge wird die EU auf absehbare Zeit die Anforderungen nicht erfüllen, um eine an nationalen Massstäben orientierte eigene Aussenpolitik zu führen. Dies heisst nicht, dass die EU aussen- und sicherheitspolitisch bedeutungslos wäre. Drei sicherheitspolitische Funktionen lassen sich geographisch und inhaltlich ausdifferenzieren:[10]

- Bereits durch seine Existenz erbringt der Prozess der europäischen Integration eine *erste sicherheitspolitische Funktion*: Er trägt zur Stabilisierung und Verflechtung der Mitgliedstaaten bei. Damit wird nicht behauptet, Integrationsprozesse seien per se friedensfördernd. Es kommt auf eine Reihe von Bedingungen hinsichtlich des Funktionsmodus und der Zielsetzungen solcher Prozesse an, die ich jedoch im Falle der europäischen Integration bis anhin als erfüllt betrachte.[11] Mit der Einführung von EPZ und GASP wurde die Logik gemeinsamen Handelns in bestimmten Themenbereichen progressiv auf die

---

[8] Beispiele sind die Sanktionen gegenüber Libyen, Haiti, der Bundesrepublik Jugoslawien, Nigeria, Afghanistan und Myanmar.

[9] Beschluss 94/942/GASP, Abl. L 367 vom 31.12.1994.

[10] Ole Waever: The European Security Triangle, Working Papers 12/1994, Centre for Peace and Conflict Research Copenhagen, pp. 55ff. - Laurent Goetschel: Die Europäische Union; Sicherheit durch zivile Integration, in: Österreichisches Studienzentrum für Frieden und Konfliktlösung/Schweizerische Friedensstiftung (Hrsg.): Tod durch Bomben; Wider den Mythos vom ethnischen Konflikt, Friedensbericht 1995, Friedensforscher zur Lage, Chur/Zürich 1995, pp. 50ff.

[11] Lothar Brock: 'Frieden'; Überlegungen zur Theoriebildung, in: Volker Rittberger (Hrsg.): Theorien der Internationalen Beziehungen; Bestandesaufnahme und Forschungsperspektiven, Sonderheft 21, Opladen, 1990, pp. 80f.

Aussen- und später auch auf die Sicherheitspolitik übertragen. Damit entstand das zu Beginn zitierte Konkordanzsystem von *Puchala*. In diesem Sinne verfügt die EU bereits seit langer Zeit über die Fähigkeit zum internen Krisenmanagement.

- Eine *zweite sicherheitspolitische Funktion* erbringt die EU durch die „Ausstrahlung" ihrer Wertegemeinschaft auf die umliegenden Staaten. Diese Funktion beruht auf der wirtschaftlichen Magnetwirkung der EU. Als Teil der Institutionalisierung von Wirtschaftsbeziehungen mit den beitrittswilligen Ländern wird die Sicherheitskultur der EU-Mitgliedstaaten „exportiert". Dazu gehören der Verzicht auf die Einsetzung von Gewalt zur Lösung von Konflikten und die progressive Etablierung eines „Kooperationsreflexes" auch unter den betreffenden Drittstaaten, zwei essentielle Komponenten jedes Systems kollektiver Sicherheit.[12]
- Äusserst dürftig ist der bisherige Leistungsausweis der EU in ihrer *dritten sicherheitspolitischen Funktion*, dem externen Krisenmanagement. Zur Intervention in Konflikten zwischen Dritten fehlten der EU sowohl adäquate institutionelle und operationelle Strukturen als auch die notwendige politische Einigkeit zwischen den Mitgliedstaaten. Wenn EU-Staaten in früheren Jahren ausserhalb des europäischen Kontinentes militärisch eingriffen, geschah dies meist mehr im nationalen als im europäischen Interesse.[13] Zu Beginn des Jugoslawienkonfliktes sorgten die mangelnde Professionalität der EU-Beobachtermission und die misslungene Anerkennungspolitik für Schlagzeilen.[14] Um ihre Interventionsfähigkeit in weniger akuten Konfliktsituationen zu beweisen, legte die EU in den letzten Jahren in ausgesuchten Sachfragen einen regelrechten Aktivismus an den Tag. Beispiele waren der Stabilitätspakt für Mittel- und Osteuropa und die Verwaltung der geteilten Stadt Mostar. In keinem der beiden Fälle wurden die ursprünglichen politischen Zielsetzungen erreicht. Hingegen erweckten beide Aktionen den Anschein einer Scheckbuchdiplomatie der EU, mit deren Hilfe die Illusion der GASP am Leben erhalten werden sollte. Eine solche Politik dürfte der Union auf Dauer keinen guten Dienst erweisen. Aussenpolitik ist Interessenpolitik. Solche Interessen entspringen nicht punktuellen Interventionen. Ebensowenig dürfte die an der Regierungskonferenz '96 diskutierte Möglichkeit des separaten Auftretens „handlungswil-

[12] Laurent Goetschel: L'Union européenne et la sécurité collective, in: Relations internationales, no. 86, été 1996, pp. 141-161. - Charles A. Kupchan/Clifford A. Kupchan: The Promise of Collective Security, in: International Security, 20, 1, 1995, p. 53.

[13] David Allen/Michael Smith: Western Europe's Presence in the Contemporary International Arena, in: Review of International Studies, 16, 1990, pp. 31ff.

[14] Erwin A. Schmidl: 'Eisverkäufer' im Feuer; Die EG-Beobachtermission im ehemaligen Jugoslawien (ECMM) seit 1991, in: ÖMZ, 1, 1994, pp. 41-50. - Heinz-Jürgen Axt: Hat Genscher Jugoslawien entzweit? Mythen und Fakten zur Aussenpolitik des vereinten Deutschlands, in: Europa-Archiv, 12, 1993, pp. 355f.

liger“ Länder („coalitions of the willing“) zur langfristigen Abstützung der GASP beitragen.

Bedingungen eines europäischen Krisenmanagements

Die Frage nach den Bedingungen eines europäischen Krisenmanagements ist somit gleichbedeutend mit derjenigen nach den Möglichkeiten einer Stärkung der dritten sicherheitspolitischen Funktion der EU. Dabei ist von folgenden Rahmenbedingungen auszugehen:

- Die Nationalstaaten bleiben die unbestrittenen Hauptakteure im Bereich der GASP.
- Für die meisten Aktionen der GASP wurden wirtschaftliche Instrumente genutzt. Oft gab es zumindest indirekt wirtschaftliche Beweggründe.
- Die GASP verfügt über kein explizites inhaltliches Konzept. Anders als Nationalstaaten besitzt die EU keine aussenpolitische Tradition, die ihr im Sinne eines impliziten Konzeptes Leitbilder liefern würde, auf deren Grundlage sich Zielsetzungen legitimieren liessen.

Daraus ergeben sich folgende Bedingungen für die Entwicklung einer Handlungsfähigkeit der EU im Bereich des Krisenmanagements:

- Die Mitgliedstaaten müssen gemeinsame Interessen im Bereich des Krisenmanagements entwickeln.
- Die Mitgliedstaaten müssen als letzte Instanz die Kontrolle bewahren.
- Das Krisenmanagement muss auf den Lehren aus der Leistungsbilanz der GASP aufbauen.
- Die EU muss den Mitgliedstaaten als Anreiz komparative Vorteile im Krisenmanagement bieten.

Nachfolgend werden einige Überlegungen zu Grundsatzfragen, die mit diesen Bedingungen verbunden sind, dargelegt.

Bildung europäischer aussen- und sicherheitspolitischer Interessen

Die GASP kann nur über eine stärkere politische Legitimität an Handlungsfähigkeit gewinnen. Voraussetzung dafür ist, dass die GASP einen für die Öffentlichkeit ersichtlichen zusätzlichen Nutzen zur nationalen Aussen- und Sicherheitspolitik erbringt. Ein solcher Nutzen kann aus dem „Poolen“ bereits bestehender, nationaler aussen- und sicherheitspolitischer Interessen resultieren. Es wäre aber auch denkbar, dass die GASP bestehende Interessen verändert oder die Entwicklung neuer Interessen fördert. Die aussen- und sicherheitspolitischen Interessen eines Staates sind nicht unumstösslich oder exogen gegeben. Sie gehen aus der sicherheitspolitischen Identität des betreffenden Staates hervor. Diese entsteht nicht aus dem Nichts, analog dem Urknall, sondern bildet sich durch die Interaktion des Staates mit seinem internen (nationalen) und externen (internationalen) Umfeld.[15] Es gibt sogenannte identitätsbildende oder konstituierende Normen staatlichen Verhaltens, aus denen die aussen- und sicherheitspolitische Identität eines Staates entsteht.[16] In der GASP liegen solche Normen allenfalls ansatzweise vor. Unter dem EPZ-Regime wies ein grosser Teil der Beschlüsse noch einen direkten Bezug zur wirtschaftlichen Integration auf, insbesondere im Bereich der Koordination positiver und negativer handelspolitischer Massnahmen.[17] Mit der GASP hat sich das Handlungsspektrum der aussenpolitischen Zusammenarbeit erweitert. Die Gemeinsamen Standpunkte und Aktionen lassen sich in die Kategorien Menschenrechtspolitik, Non-Proliferation, politische und wirtschaftliche Stabilisierung einordnen.[18] Das Instrumentarium bleibt hauptsächlich wirtschaftlicher Natur. Ein Ausbau dieser Kooperation und deren Konsolidierung in der Praxis könnten den Kern einer europäischen aussen- und sicherheitspolitischen Identität bilden. Es wäre denkbar, das Instrumentarium zu erweitern und neben wirtschaftlichen Massnahmen verstärkt auch humanitäre und politische Instrumente einzusetzen. Aus dieser Zusammenarbeit liessen sich gemeinsame Interessen der Mitgliedstaaten ableiten, die in Krisensituationen ein rasches und zielgerichtetes Handeln im Rahmen der GASP ermöglichen würden.

Mehrheitsentscheidungen bieten keine Lösung

Der Weg zu einem europäischen Krisenmanagement führt nicht über eine grössere Anzahl von Mehrheitsentscheidungen. Was hätten solche Entscheidungen an der Politik der EU gegenüber dem ehemaligen Jugoslawien geändert? Anstelle einer handlungsunfähigen Union, wie wir sie erlebt haben, wäre mit

[15] Peter J. Katzenstein: Introduction; Alternative Perspectives on National Security, in: Ders. (ed.): The Culture of National Security; Norms and Identity in World Politics, New York 1996, pp. 25-26.

[16] Ibid., p. 5.

[17] Eine gewichtige Ausnahme bildete die Nahostpolitik der EG, die seit den siebziger Jahren zum Kern der aussenpolitischen Zusammenarbeit gehörte. Vgl. dazu David Allen: Political Cooperation and the Euro-Arab Dialogue, in: David Allen/Reinhardt Rummel/Wolfgang Wessels (eds.): European Political Cooperation; Towards a Foreign Policy for Western Europe, London 1982, pp. 69-82. - Hartmut Hausmann: Die Beziehungen der Europäischen Union zu Israel, in: Aus Politik und Zeitgeschichte, B 16/95, pp. 31-38.

[18] Für einen Überblick vgl. Uwe Schmalz: Kohärenz der EU-Aussenbeziehungen? Der Dualismus von Gemeinschaft und Gemeinsamer Aussen- und Sicherheitspolitik in der Praxis, Arbeitspapier der Konrad-Adenauer-Stiftung, März 1997, Anhang, pp. 78-84.

grösster Wahrscheinlichkeit eine zerstrittene Koalition von Mitgliedstaaten aufgetreten. Reine Verfahrensmodifikationen vermögen in der Aussen- und Sicherheitspolitik keine neuen Interessen zu generieren. Diese sind mit tief verankerten Bildern und Mythen und darauf aufbauenden Identitäten verknüpft. Die aus anderen Politikbereichen der EU bekannte diskussionsstrukturierende Wirkung von Mehrheitsbeschlüssen, derzufolge schon die Möglichkeit der Übereinstimmung das konstruktive Diskussionsverhalten der Staaten fördert, lässt sich nicht auf die GASP übertragen. Das Problem liegt hier nicht in der rein technischen Verfahrensoptimierung. Es geht um Grundsätzliches: Aussen- und sicherheitspolitische Kurswechsel lassen sich gegenüber der eigenen Bevölkerung nicht mit dem Verweis rechtfertigen, die Regierung sei in Brüssel „überstimmt" worden. Zunächst muss eine Grundlage für gemeinsame aussen- und sicherheitspolitische Einschätzungen geschaffen werden. Eine solche Grundlage oder Identität kann nur über die progressive Etablierung einer legitimierten Praxis gemeinsamen Handelns der Mitgliedstaaten entstehen. Mehrheitsentscheidungen bilden keinen Ersatz für das Fehlen einer aussen- und sicherheitspolitischen Identität. Allenfalls könnten sie dazu beitragen, in Ansätzen bereits vorhandene gemeinsame aussen- und sicherheitspolitische Interessen zu festigen.

Mehrheitsentscheidungen, zu deren Ermittlung die Stimmen in Funktion der Grösse der Staaten gewichtet werden, würden zudem die Position kleiner Mitgliedstaaten besonders schwächen, da diese im Rahmen der GASP nicht wie in anderen Politikbereichen der EU auf die starke Rolle der Europäischen Kommission als ihres (oft) natürlichen Verbündeten zählen können. Es sind aber gerade kleinere Mitgliedstaaten, von denen wertvolle Beiträge zum Aufbau eines europäischen Krisenmanagements zu erwarten wären. Die zuletzt der EU beigetretenen Staaten Österreich, Schweden und Finnland verfügen alle über eine lange Tradition aktiver humanitärer und vermittelnder Dienste. Diese Staaten dürften an einem Ausbau der Aktivitäten der GASP in diesem Bereich interessiert sein. Zudem würde ein aktiver Beitrag dieser Staaten an die Umsetzung eines europäischen Krisenmanagements dessen Legitimität fördern, weil solche Staaten weniger als grosse Länder in den Verdacht geraten, hinter der Fassade kollektiven Handelns Eigeninteressen zu verfolgen.

Ziviles Krisenmanagement im Vordergrund

Der Aufbau eines europäischen Krisenmanagements sollte einerseits die Stärken der EU und andererseits die internationale Nachfrage berücksichtigen. Die EU verfügt über einige, wenn auch begrenzte Erfahrungen im Bereich des zivilen Krisenmanagements. Dazu gehören die Verwaltung der Stadt Mostar und bestimmte Teile des Stabilitätspaktes.[19] Obwohl die konkreten Ergebnisse dieser Aktionen nicht über jeden Zweifel erhaben sind, bleibt die Würdigung der Tatsache, dass die betreffenden Handlungen innerhalb der EU konsensfähig waren. In letzter Zeit hat sich die Union vermehrt in der Region der Grossen Seen in Afrika eingesetzt, was unter anderem in der Ernennung eines Sonderbeauftragten zum Ausdruck kam.[20] Demgegenüber verfügt die EU über keine Erfahrung im militärischen Krisenmanagement. Die Einführung des entsprechenden Instrumentariums war unter den Mitgliedstaaten nicht konsensfähig. Das einzige Beispiel des Eingreifens in einen militärisch akuten Konflikt fiel mit der Beobachtermission im Frühstadium des jugoslawischen Bürgerkrieges überaus ernüchternd aus.

Die EU sollte sich auch Gedanken über ihre komparativen Vorteile gegenüber anderen internationalen Organisationen machen. Im Bereich des militärischen Krisenmanagements verfügt die NATO über weitaus bessere Ressourcen und einen entsprechenden Leistungsausweis. Das Problem der fehlenden Legitimität für ein eigenmächtiges Eingreifen in Drittländern ausserhalb des Verteidigungsfalles, vor dem die NATO steht, würde sich der EU im militärischen Bereich genau gleich stellen. Einzig die Organisation für Sicherheit und Zusammenarbeit in Europa (OSZE) verfügt durch ihren weiten Mitgliederkreis und ihre Stellung als Regionale Abmachung im Sinne von Kapitel 8 der UN-Charta über die notwendige Legitimitätsbasis für solche Aktionen, vorausgesetzt, es liegt ein entsprechender Beschluss des UN-Sicherheitsrates vor. Nicht zuletzt befinden sich heutzutage die meisten potentiellen Krisenherde im innerstaatlichen Bereich, wo sich ein militärisches Eingreifen sehr viel schwieriger gestaltet als ein Vorgehen mit zivilen Mitteln. Die Wurzeln entsprechender Konflikte sind grösstenteils politischer, sozialer oder wirtschaftlicher Natur. Insgesamt macht es für die EU somit wenig Sinn, sich mit einem Instrumentarium profilieren zu wollen,

- über das sie (noch) nicht verfügt,
- dessen Einführung und Einsatz ihren inneren Konsens gefährden würde,
- wofür sie keine besonderen Vorteile vorzuweisen hat, und
- das für die meisten Anwendungsfälle nicht das am besten geeignete wäre.

Ausbau der Analyse- und Umsetzungskapazitäten

Die GASP hat vor allem im Bereich der Analyse- und Kommunikationskapazitäten Ressourcen zu bieten, die für ein erfolgreiches Krisenmanagement benötigt werden. Das enge multilaterale Kooperationsnetz der EU im Bereich der Aussenpolitik wird technisch durch das seit den Zeiten der EPZ bestehende Telexnetz

[19] Florence Benoît-Rohmer: Le Pacte de stabilité; la première action „diplomatique" commune d'envergure de l'Union européenne, RTD eur., 30/4, 1994, pp. 561-577.

[20] Gemeinsame Aktion 96/250/GASP, ABL. L87 vom 4.4.1996.

der *Correspondance Européenne* (COREU) symbolisiert. Bedeutende Ressourcen kamen mit der Einführung der GASP hinzu. Auch wenn die institutionellen Reformen zu keinen revolutionären Kompetenzverschiebungen zwischen den Mitgliedstaaten und den supranationalen Institutionen der EU führten, verbesserten sie trotzdem die Handlungskapazitäten der aussenpolitischen Kooperation. Die Eingliederung der Verwaltung und Führung der Aussenpolitik in die normalen Institutionen der EU bedeutete eine Annäherung an den Gemeinschaftsprozess.

Die Kommission als traditioneller Motor des europäischen Integrationsprozesses erhielt zwar nicht wie in anderen Politikbereichen das alleinige Initiativrecht zugesprochen. Sie erhielt aber die Möglichkeit, die Aufmerksamkeit des Rates auf bestimmte Fragen zu lenken. Die Bildung einer neuen Generaldirektion der Kommission für den Bereich der Aussenpolitik, der nunmehr von der Aussenhandelspolitik abgetrennt war, und dessen Bestückung mit entsprechenden Spezialisten verliehen der europäischen Aussenpolitik ein Reflexions- und Initiativpotential, das im Rahmen der EPZ nicht vorhanden war. Auf seiten des Rates brachte die Einbindung der Aussenministertreffen im Rahmen der GASP in die regulären Treffen des sogenannten Allgemeinen Rates die Möglichkeit, auf die ratsüblichen Entscheidungsprozeduren gestützt auf den Ausschuss der ständigen Vertreter (COREPER) und dessen Arbeitsgruppen zurückzugreifen. Schliesslich erhielt die EU mit den Gemeinsamen Standpunkten und den Gemeinsamen Aktionen zwei neue Handlungsinstrumente im Bereich der Aussen- und Sicherheitspolitik. Diese Analyse-, Kommunikations- und Handlungsinstrumente bieten eine gute Basis für den Aufbau eines europäischen Krisenmanagements. Allerdings müssten die einzelnen Instrumente vermehrt aufeinander abgestimmt werden.

Stärkung der Rolle der Kommission

Die Kommission könnte und sollte eine wichtige Funktion im Rahmen eines europäischen Krisenmanagements spielen. Zunächst ist sie diejenige Institution, die auf die Generierung gemeinsamer Interessen der Mitgliedstaaten spezialisiert ist: Genügend weit von den einzelnen nationalstaatlichen Interessen entfernt, jedoch dauernd über sie informiert, besitzt sie im gemeinschaftlichen Bereich der Integration, gefördert durch ihr legislatives Initiativmonpol, die Rolle eines „Interessengenerators". Obwohl die Ausgangsbedingungen im Bereich der GASP verschieden sind, bestehen auch hier die Voraussetzungen, um der Kommission die Wahrnehmung einer konstruktiven und aktiven Rolle zu ermöglichen. Dazu gehören die permanente Anwesenheit der Kommission in den Arbeitsgruppen und den Sitzungen des COREPER und des Ministerrates, ihr begrenztes Initiativrecht und ihr administratives Ressourcenpotential. Zudem besitzt die Kommission den besten Überblick über die Verflechtung der GASP mit anderen Bereichen der Aussenbeziehungen, wozu in erster Linie die Aussenhandelspolitik und die Entwicklungszusammenarbeit gehören. Schliesslich ist die Kommission die Institution par excellence, die Vorschläge machen kann, deren Inhalt über dem kleinsten gemeinsamen Nenner der Interessen der Mitgliedstaaten angesiedelt ist. Die Kommission ist auch weniger stark als die Mitgliedstaaten an diplomatische Gepflogenheiten gebunden. Sie kann Vorstösse für bestimmte Aktionen unternehmen, ohne dass diese von Drittstaaten als „unfreundliche" Handlungen bestimmter Mitgliedstaaten interpretiert werden. Im Rahmen eines europäischen Krisenmanagements wären somit günstige Bedingungen für ein frühzeitiges Reagieren auf sich abzeichnende Krisensituationen gegeben. Gegenüber Drittstaaten könnte eine bedeutende Rolle der Kommission in der Bereitstellung der analytischen Grundlagen des Krisenmanagements dessen Legitimität erhöhen: Aktionen, die aufgrund dieser Analysen unternommen würden, könnten nicht als verkappte Interessenpolitik bestimmter Mitgliedstaaten perzipiert werden. Diese behielten die Kontrolle über die Entscheidungsfindung. Die Möglichkeit, den Stein ins Rollen zu bringen, hätten jedoch nicht nur sie. Grundsätzlich wäre eine solche Aufgabenteilung schon gestützt auf die Rechtsgrundlagen des Maastrichter Vertrages möglich gewesen.

Der Amsterdamer Vertrag

Es bleibt zu untersuchen, was sich mit der Unterzeichnung des Amsterdamer Vertrages im Herbst 1997 gegenüber der dargelegten Ausgangslage und in bezug auf die aufgestellten Bedingungen eines europäischen Krisenmanagements verändert hat.

Im Bereich der *gemeinsamen Interessen* und der diesen zugrunde liegenden aussen- und sicherheitspolitischen Identität führt der Amsterdamer Vertrag unter den Zielsetzungen der EU aus, dass diese ihre Identität auf der internationalen Ebene behaupten will, insbesondere durch die Umsetzung der GASP und der in ihr enthaltenen Zielsetzungen (Art. B). Unter diesen figuriert neu die Wahrung der Integrität der EU in Übereinstimmung mit den Bestimmungen der Charta der Vereinten Nationen (Art. J.1). Mit der Einsetzung des Generalsekretärs des Ministerrates als „Hoher Repräsentant für die GASP" (Art. J.8§3) soll die Sichtbarkeit dieser Politik gegen aussen verstärkt werden.

Obwohl nach wie vor grundsätzlich das *Einstimmigkeitsprinzip* für GASP-Entscheidungen gilt, wurde der Anwendungsbereich von Mehrheitsentscheidungen erweitert (Art. J.13§1). Für beide Verfahren gelten Ausnahme- und Nichtanwendungsklauseln. Das System ist äusserst komplex und vieles hängt davon ab, wie es sich in der Praxis einspielen wird:

- Staaten haben die Möglichkeit, sich einer einstimmig zu fällenden Entscheidung zu enthalten, ohne damit den Entscheidungsprozess zu behindern. Diese sogenannte „konstruktive Enthaltung" bedingt eine formelle Erklärung des betreffenden Staates. Dieser Staat ist von der Anwendung der betreffenden Entscheidung dispensiert, darf jedoch deren Umsetzung nicht behindern. Wenn mehr als ein Drittel der Stimmen diesen Weg der Enthaltung wählt, wird der Beschluss nicht gefasst.
- *Mehrheitsentscheidungen* gelten für die Annahme Gemeinsamer Aktionen, Gemeinsamer Standpunkte sowie anderer Beschlüsse im Rahmen sogenannter „Gemeinsamer Strategien". Diese werden vom Europäischen Rat, dem die Staats- und Regierungschefs der Mitgliedstaaten angehören, einstimmig in politischen Bereichen verabschiedet, in denen die Mitgliedstaaten bedeutende gemeinsame Interessen aufweisen (Art. J.3).
- Im Vorfeld von Mehrheitsentscheidungen kann ein Mitgliedstaat bedeutende nationale Interessen geltend machen und seine Absicht kundtun, dem Entscheid nicht zuzustimmen. In einem solchen Fall wird auf eine Abstimmung verzichtet. Der Ministerrat kann aber mit qualifizierter Mehrheit den anstehenden Beschluss dem Europäischen Rat überweisen, der darüber mit Einstimmigkeit beschliesst. Entscheidungen verteidigungspolitischen oder militärischen Inhalts müssen einstimmig und ohne „konstruktive Enthaltungen" gefällt werden (Art. J.13§2).

Gegenüber den einschlägigen Bestimmungen des Maastrichter Vertrages wird der Spiess insofern umgedreht, als im Bereich der Gemeinsamen Strategien ausserhalb des Verteidigungsbereiches die Nichtanwendung von Mehrheitsentscheidungen neu die Ausnahme von der Regel darstellt und nicht mehr umgekehrt. Allerdings zeichnet sich das folgende Dilemma ab: Je allgemeiner die Gemeinsamen Strategien gehalten werden, um so grösser ist die Wahrscheinlichkeit, dass sich dafür unter den Mitgliedstaaten ein Konsens findet. Um so schwieriger dürfte es aber dann in der Praxis sein, Mehrheitsentscheidungen darauf abzustützen. Beispielsweise ist nicht zu erwarten, dass eine Gemeinsame Strategie zur Politik der EU gegenüber China auch die Menschenrechtspolitik abdecken würde, da in dieser Frage kein Konsens zwischen den Mitgliedstaaten herrscht. Entsprechende Vorstösse, wie etwa der vor einiger Zeit gescheiterte Versuch zum Einbringen einer EU-Resolution in der Menschenrechtskommission der UNO, müssten weiterhin einstimmig beschlossen werden.

Im *sicherheits- und verteidigungspolitischen Bereich* sieht der Amsterdamer Vertrag eine verstärkte Zusammenarbeit mit der Westeuropäischen Union (WEU) vor (Art. J.7). Insbesondere werden die sogenannten „Petersberger Aufgaben" der WEU als mögliche Bereiche erwähnt, in denen die EU für die Umsetzung der GASP auf das Militärbündnis zurückgreifen könnte. Zu diesen Aufgaben gehören humanitäre und Rettungseinsätze, friedenserhaltende Einsätze sowie Einsätze von Streitkräften im Krisenmanagement, was ebenfalls friedensschaffende Einsätze beinhaltet (Art. 7§2). Erwähnung im Amsterdamer Vertrag findet auch die Möglichkeit einer Einverleibung der WEU in die EU (Art. J.7§1). In einem Zusatzprotokoll zum GASP-Artikel des Amsterdamer Vertrages wird die Ausarbeitung eines Kooperationsvertrages zwischen beiden Organisationen innerhalb eines Jahres nach dem Inkrafttreten des Amsterdamer Vertrages in Aussicht gestellt. Im selben Protokoll werden die Modalitäten für die Beteiligung von EU-Staaten, die nicht WEU-Mitglieder sind, an Planung und Umsetzung von WEU-Aktionen geregelt, welche diese im Auftrag der EU ausführt. Mit diesen Bestimmungen wird die Wünschbarkeit militärischer Interventionen unter Federführung der EU in Krisen ausserhalb des Territoriums ihrer Mitgliedstaaten stillschweigend vorausgesetzt. Eine Integration der WEU in die EU würde dieser die Qualität eines Militärbündnisses verleihen.

Eine Erklärung der EU-Staaten zum Amsterdamer Vertrag sieht die Errichtung einer *Strategieplanungs- und Frühwarneinheit* vor. Diese wird dem Generalsekretariat des Rates angegliedert und dessen Generalsekretär, der zugleich „Hoher Repräsentant für die GASP“ wird, unterstellt. Zu den Aufgaben dieser Einheit gehören:

- Die Beobachtung und Analyse von Entwicklungen in Bereichen, die für die GASP relevant sind;
- die Bereitstellung aktueller Analysen der aussen- und sicherheitspolitischen Interessen der EU und möglicher Bereiche, auf die sich die GASP künftig konzentrieren könnte;
- die Bereitstellung aktueller Analysen und die Frühwarnung in bezug auf Ereignisse oder Situationen, die bedeutende Konsequenzen für die GASP haben könnten, wozu auch potentielle politische Krisen gehören;
- die Bereitstellung, auf Anfrage des Rates, der Präsidentschaft oder auf eigene Initiative, von Studien zu politischen Handlungsoptionen, die von der Präsidentschaft im Rat eingebracht werden und neben Analysen auch Empfehlungen und Strategien für die GASP beinhalten können.

Die Strategieplanungs- und Frühwarneinheit wird aus Beamten des Generalsekretariates des Rates, der Mitgliedstaaten, der Kommission und der WEU gebildet. Die Mitgliedstaaten werden in derselben Erklärung aufgefordert, die Arbeit der Einheit im Bereich ihrer Möglichkeiten mit der Zurverfügungstellung von Informationen, wozu auch vertrauliche Informationen gehören, zu unterstützen.

Gemäss ersten Vorstellungen des Ratssekretariates sollte die Einheit drei Hauptaufgaben wahrnehmen:[21] Sie sollte als Lagezentrum wirken, in das sämtli-

[21] Bericht des Generalsekretärs des Rates über die Schaffung einer Einheit für politische Planung und Frühwarnung (UPP), in: Agence Europe, Nr. 7099, 14. November 1997.

che Mitgliedstaaten, die Kommission und die WEU Verbindungsbeamte entsenden; sie sollte Grundlagenpapiere für politische Handlungsoptionen erarbeiten, und sie sollte der Planung im Bereich der Konfliktverhütung dienen. Die letztgenannte Funktion sollte vor allem über eine Vernetzung der entsprechenden nationalen Instanzen erfüllt werden.

Eine Gemeinsame Strategie im Krisenmanagement?

Der Amsterdamer Vertrag bringt keine bahnbrechenden Innovationen im Bereich der GASP. Die Suche nach der Grundlage dieser Politik verläuft nach wie vor im Kreis: Der Vertrag sieht in der Umsetzung der GASP ein Mittel zur Behauptung der europäischen Identität auf der internationalen Ebene; über den Inhalt dieser Identität hüllt er sich jedoch in Schweigen. Die gemeinsamen Interessen zur Führung der GASP werden stillschweigend vorausgesetzt. Vor diesem Hintergrund weckt die Schaffung einer Strategieplanungs- und Frühwarneinheit besonderes Interesse. Die Einheit könnte die Fokussierung der GASP auf den Bereich des Krisenmanagements fördern. Obwohl die Einheit dem Generalsekretariat des Rates angegliedert ist, könnte die Kommission eine bedeutende Rolle darin wahrnehmen. Dies rührt daher, dass die Kommission einen Teil der Belegschaft der Einheit stellt, und dass die Einheit von sich aus aktiv werden bzw. dem Rat über die Präsidentschaft Vorschläge unterbreiten kann. Zudem beinhaltet das Pflichtenheft der Strategieplanungs- und Frühwarneinheit Aufgaben, die zu einem gemeinsamen Krisenmanagement führen könnten. Dazu gehören die Analyse der aussen- und sicherheitspolitischen Interessen der EU und die Bereitstellung entsprechender Handlungsoptionen. Konzeptuelle Vorarbeiten der Einheit zur Frage eines europäischen Krisenmanagements könnten die Vorstufe zur Verabschiedung einer entsprechenden Gemeinsamen Strategie durch den Europäischen Rat bilden

Im Rahmen einer solchen Strategie würden die europäischen Staaten möglicherweise den Weg zu einem gemeinsamen Krisenmanagement finden. Ein solches Krisenmanagement würde den EU-Staaten Vorteile gegenüber nationalen Alleingängen bieten, indem es sowohl die nationale als auch die internationale Legitimität der entsprechenden Handlungen erhöhen würde. Damit würde der aussen- und sicherheitspolitische Spielraum der Mitgliedstaaten vergrössert und ihre Souveränität gestärkt. Die Umsetzung dieser Strategie könnte mit der Zeit den Kern einer aussen- und sicherheitspolitischen Identität der EU bilden. Daraus liessen sich gemeinsame Interessen der EU-Staaten im Bereich der GASP ableiten.

Noch ist aber offen, wie gross das Gewicht und welches die Politik der Strategieplanungs- und Frühwarneinheit in der Praxis sein werden. In beiden

Bereichen ziehen Wolken am Horizont auf. Die politische Relevanz der Einheit ist in mehrfacher Hinsicht vom Verhalten der Mitgliedstaaten abhängig: Um die in ihrer Bezeichnung steckenden Erwartungen zu erfüllen, müsste die Einheit von den Staaten mit substantiellen und damit auch politisch heiklen Informationen beliefert werden. Dieselben Staaten müssten anschliessend bereit sein, die Vorschläge der Einheit aufzugreifen und gegebenenfalls umzusetzen. Dies setzt eine beträchtliche Akzeptanz und ein entsprechendes Vertrauen in die Strategieplanungs- und Frühwarneinheit von seiten der Mitgliedstaaten voraus.[22]

Weiter scheint es zumindest fraglich, ob die Strategieplanungs- und Frühwarneinheit ihre Arbeit auf dem bisherigen zivilen Erfahrungsschatz der EU aufbauen, oder der Versuchung eines mit militärischen Mitteln agierenden Krisenmanagements verfallen wird. Die Umsetzung der geplanten Beziehungen zur WEU lässt einen gesteigerten Stellenwert des militärischen Instrumentariums und der damit verbundenen militärischen Logik im Rahmen der GASP befürchten. Zudem wird die WEU einen Teil des Personals der Einheit stellen. Mit einer Militarisierung der GASP würde sich die EU in Konkurrenz zum im Entstehen begriffenen europäischen Pfeiler der NATO begeben. Damit würden die Chancen der Umsetzung eines eigenständigen Beitrages der EU zum Aufbau eines europäischen Krisenmanagements stark vermindert. Die Union würde die Möglichkeit verspielen, sich im zivilen Krisenmanagement, in welchem sie ein entsprechendes Potential vorzuweisen hat und nach welchem eine entsprechende Nachfrage besteht, zu profilieren.

Anstatt sich der um politische Relevanz und operative Legitimität bemühten WEU anzunähern, sollte die EU nach Synergien mit dem Europarat und der OSZE suchen. Diese Organisationen verfügen über die notwendigen rechtlichen Grundlagen und die politische Legitimität, auf denen sich ein europäisches ziviles Krisenmanagement aufbauen liesse. Im Bereich der operativen Effizienz leiden jedoch beide Organisationen unter ihrer grossen Mitgliederzahl, schwerfälligen Entscheidungsprozeduren und fehlenden finanziellen und infrastrukturellen Ressourcen. Zudem erachten es einzelne Staaten als politisch heikel, die Aufmerksamkeit der betreffenden Organisationen auf bestimmte Krisenherde zu lenken, solange es in diesen noch nicht zum Ausbruch eines Konfliktes gekommen ist.

Die EU könnte sich, gestützt auf die bisher weitgehend positive Bilanz der Koordination der Positionen ihrer Mitgliedstaaten in Drittorganisationen[23], mit

---

[22] Elfriede Regelsberger/Mathias Jopp: Und sie bewegt sich doch! Die Gemeinsame Aussen- und Sicherheitspolitik nach den Bestimmungen des Amsterdamer Vertrags, in: Integration, 20, 4, 1997, pp. 257f.

[23] Götz von Groll: The Nine at the Conference on Security and Cooperation in Europe, in: Allen-/Rummel/Wessels, European Political Cooperation (Fn. 17), pp. 60-68. - Klaus-Dieter Stadler: Die Europäische Gemeinschaft in den Vereinten Nationen; Die Rolle der EG im Entscheidungsprozess der UN-Hauptorgane am Beispiel der Generalversammlung, Baden-Baden 1993.

ihrem politischen und wirtschaftlichen Gewicht für eine grössere operative Effizienz von Europarat und OSZE einsetzen. Die EU-Staaten würden auf die Einhaltung der Grundsätze des Europarates pochen und vorsorgliche Aktionen im Bereich der menschlichen Dimension der OSZE in Gang setzen. Mit der Zeit würden die betreffenden Massnahmen innerhalb der EU Teil einer Gemeinsamen Strategie, was mit einer Effizienzsteigerung des Entscheidungsprozesses verbunden wäre. Damit könnte die EU die Rolle eines „leading house“ im Bereich des zivilen und präventiven Krisenmanagements übernehmen, ohne sich ein eigenes normatives oder operatives Instrumentarium zulegen zu müssen. Über den GASP-Haushalt liessen sich solche Aktionen finanziell unterstützen.

Sollte sich die Strategieplanungs- und Frühwarneinheit gemäss dem optimistischen Szenario entwickeln, und würden die solchermassen gewonnenen Fähigkeiten der EU mit anderen internationalen Organisationen wie vorgeschlagen koordiniert, wäre eine bedeutende Aufwertung der EU durch ihre Rolle im internationalen Krisenmanagement zu erwarten. Das zu Beginn dieses Beitrages erwähnte Konkordanzsystem der GASP würde an operationeller Relevanz gewinnen. Das kollektive Vorgehen würde den Mitgliedstaaten ein Mehrwert gegenüber ihren nationalen Aussen- und Sicherheitspolitiken bringen. Dadurch würde der gesamte europäische Integrationsprozess an Legitimität gewinnen.

Das Kriegsgeschehen 1996/97

Ein kommentierter Überblick der Arbeitsgemeinschaft Kriegsursachenforschung Hamburg

Von Jürgen Endres und Jens Peter Franke

Nach dem Ende der Kriege in Ex-Jugoslawien zwischen Kroatien und Serbien sowie in Bosnien-Herzegowina im Jahr 1995 scheint die Regel erneut ohne Ausnahme: Als sei das Kriegsgeschehen kurzzeitig einem historischen Irrtum aufgesessen, liegt die Dritte Welt nun wieder „mit sich selbst im Krieg".[1] Der stetig voranschreitenden Befriedung innerhalb der industriegesellschaftlichen Welt seit Ende des Zweiten Weltkrieges steht somit erneut eine kriegerische Dritte Welt gegenüber. Auch ein weiterer Trend, der sich 1992 mit dem Ende des Ost-West-Konfliktes abzeichnete, setzte sich in den Jahren 1996/97 weiter fort. Die Anzahl der jährlich weltweit geführten Kriege nimmt seit fünf Jahren stetig ab, die Welt - so scheint es auf den ersten Blick - geht friedfertigeren Zeiten entgegen. Waren es 1994 noch 41 Kriege[2], die von der Arbeitsgemeinschaft Kriegsursachenforschung (AKUF)[3] gezählt wurden, so verringerte sich diese

---

[1] Klaus Jürgen Gantzel/Torsten Schwinghammer: Die Kriege nach dem Zweiten Weltkrieg 1945 bis 1992; Daten und Tendenzen (= Kriege und militante Konflikte, Bd. 1), Münster 1995, pp. 93-116.

[2] Nach wie vor existiert keine allseits anerkannte Definition des Begriffes Krieg (vgl. Martin Mendler/Wolfgang Schwegler-Rohmeis: Weder Drachentöter noch Sicherheitsingenieur; Bilanz und kritische Analyse der sozialwissenschaftlichen Kriegsursachenforschung, in: HSFK-Forschungsbericht 3/89, Frankfurt a.M. 1989, pp. 6-15). Die AKUF definiert Krieg als einen gewaltsam ausgetragenen Massenkonflikt, der die folgenden Merkmale aufweist: a) An den Kämpfen sind zwei oder mehr bewaffnete Streitkräfte beteiligt; b) auf beiden (!) Seiten muss ein Mindestmass an zentral gelenkter Organisation der Kriegführenden und des Kampfes gegeben sein; c) die bewaffneten Operationen ereignen sich mit einer gewissen Kontinuität (vgl. Gantzel-/Schwinghammer, Die Kriege nach dem Zweiten Weltkrieg, Fn. 1, pp. 31ff.). Ein Krieg gilt erst dann als beendet, wenn mindestens ein Jahr Waffenruhe herrscht oder das Ausmass der Kampfhandlungen für die Dauer eines Jahres unterhalb der AKUF-Kriegsdefinition bleibt. Zu Kriegstypen siehe p. 92.

[3] Die Arbeitsgemeinschaft Kriegsursachenforschung (AKUF) dient der ständigen Beobachtung und Analyse des weltweiten Kriegsgeschehens. Die von der AKUF erhobenen Daten zum Kriegsgeschehen, ihre Kriegsdefinition und Kriegstypologie bilden heute im deutschen Sprachraum die meistverwendete empirische Grundlage einschlägiger Publikationen. Die AKUF rekrutiert sich nur zu einem geringen Teil aus wissenschaftlichen MitarbeiterInnen. Ihre Forschungstätigkeit

Zahl im darauffolgenden Jahr auf 35 Kriege. Im Jahr 1996 sank die Zahl auf 28, im Jahr 1997 auf 25 Kriege[4] und damit auf rund die Hälfte des historischen Hochs von 51 Kriegen im Jahr 1992. Anlass zur Euphorie besteht trotz dieser statistischen Entwicklung nicht. Denn der Einsatz physischer Gewalt im Austrag sozialer Konflikte durchzieht in Form von bewaffneten Konflikten[5] in wachsendem Masse sämtliche Regionen der Welt. Auch das Ende eines Krieges ist in zahlreichen Fällen nicht gleichzusetzen mit der friedlichen Transformation des bewaffneten Konfliktaustrags. Denn Kriege, die nach Definitionskriterien als beendet erklärt wurden und somit nicht mehr in die Kriegestatistik Eingang finden, werden oft als bewaffnete Konflikte fortgesetzt und führen in dieser Form ebenso wie Kriege zu immensem menschlichen Leid.

Kriege weltweit (1945 bis 1997)
(Diagramm 1)

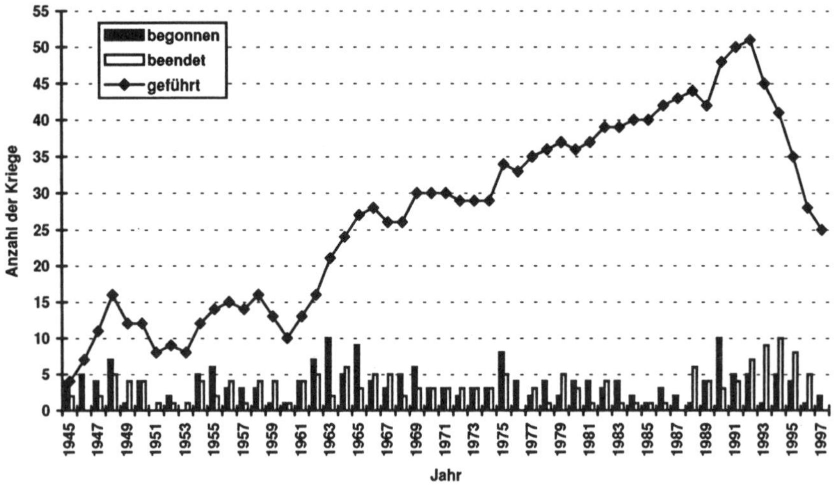

basiert vorrangig auf der freiwilligen Mitarbeit von fortgeschrittenen Studierenden und Doktoranden.

[4] Stand Oktober 1997.

[5] Im Unterschied zum Krieg handelt es sich bei bewaffneten Konflikten um gewaltsame Auseinandersetzungen, bei denen die Kriterien der Kriegsdefinition nicht in vollem Umfang erfüllt sind. Dies sind in der Regel Fälle, in denen eine hinreichende Kontinuität der Kampfhandlungen nicht mehr oder noch nicht gegeben ist.

Analyse des Kriegsgeschehens 1996/97

Besonders markant ist der Trend, dass seit 1992 die Zahl der jährlich weltweit geführten Kriege kontinuierlich abgenommen hat. Gleichzeitig wurde jedoch in jedem Jahr zumindest ein Krieg neu begonnen. Tatsächlich ist die Anzahl der seit 1945 weltweit geführten Kriegen auf 197 (Stand Ende 1995: 194 Kriege)[6] angewachsen. Allerdings werden jährlich deutlich mehr Kriege beendet als begonnen. Wurde 1996 ein Krieg in die von der AKUF geführten Kriegeliste neu aufgenommen, so wurden im selben Jahr fünf Kriege beendet. 1997 wurden zwei Kriege begonnen.

Worin aber liegt nun der Ende 1992 einsetzende Trend begründet? Die Kriegs- und Friedensursachenforschung hat dieses Thema bisher vernachlässigt und somit sind die Erklärungen für dieses Phänomen derzeit noch unzureichend. Auch die nachfolgenden Einlassungen können nur skizzenartig einen Erklärungsansatz darstellen.

Es fällt auf, dass die deutliche Abnahme der Anzahl jährlich geführter Kriege mit dem Ende des Ost-West-Konfliktes zusammenfällt. Über die zeitliche Dimension hinaus besteht hier unseres Erachtens ein kausaler Zusammenhang. Der Systemgegensatz zwischen kapitalistischer und sozialistischer Welt warf seinen Schatten auch über die Entwicklungsländer und bot den dortigen Kriegsparteien ideelle und materielle Unterstützung für die Erlangung und den Erhalt militärischer Konfliktfähigkeit. Die von der AKUF schon früher widerlegte These der „Stellvertreterkriege" greift jedoch zu kurz und missachtet die den Kriegen in der Dritten Welt unterliegende originäre Ursächlichkeit und Eigendynamik. Vielmehr bedeutet der Wegfall der Bipolarität in der Dritten Welt zunächst nur den Wegfall eines kriegsfördernden Moments. Das Ende des treffend als „Norddimension eigenständiger Süd-Konflikte"[7] zu kennzeichnenden Phänomens hatte daher häufig eine Reduzierung der Kriegsintensität zur Folge. Die Unfähigkeit der Konfliktparteien zu einer Konfliktbeilegung bedeutet aber, dass der gewaltsame Konfliktaustrag nicht beendet wurde, und wir diese Konflikte zunehmend in der Kategorie bewaffneter Konflikte erfassen müssen.

Nach dem Wegfall der aus dem Ost-West-Konflikt herrührenden Einflusspolitik[8] wird ein neues Phänomen, nämlich das der Herausbildung spezifischer Formen von Kriegsökonomie, deutlich. In zahlreichen Fällen stellten Kriegsparteien unter Beweis, dass sie den Wegfall der äusseren Unterstützung kompensieren können. Unter den Bedingungen des Krieges bilden sich über Grau- und

---

[6] Abweichungen von früheren AKUF-Veröffentlichungen aufgrund einer verbesserten Datenbasis.

[7] Volker Matthies: Kriege in der Dritten Welt, in: Dieter Nohlen/Franz Nuscheler (Hrsg.): Handbuch der Dritten Welt, Bd. 1, Bonn 1992, pp. 359-373, hier p. 366.

[8] Der Wegfall der Einflusspolitik ist nicht gleichzusetzen mit einem Wegfall jeglicher Einflusspolitik durch Staaten der industrialisierten Welt. Allerdings haben sich Form und Intensität dieses Einflusses im Vergleich zu den Jahren des globalen Systemkonfliktes verändert.

Schattenzonen der Weltwirtschaft lukrative Einnahmequellen, die den eigentlichen Konfliktlinien die Dimension des Ökonomischen beigesellen. Oft nutzen Milizen den Schutz des Chaosfaktors Krieg und den damit verbundenen Zerfall staatlicher Ordnung als Rahmenbedingung, um Drogen anzubauen und zu produzieren sowie natürliche Ressourcen auszubeuten und zu exportieren. In anderen Fällen erfüllen Milizen staatliche Funktionen oder verkaufen ihren Schutz als Ware an die Zivilbevölkerung. Der Zustand Krieg wird so zum wirtschaftlichen Kalkül und zur wirtschaftlichen Notwendigkeit und steht dergestalt in zahlreichen Fällen einer friedlichen Transformation des bewaffneten Konfliktaustrags entgegen.[9] Die Relevanz dieses Phänomens für die friedliche Transformation kriegerisch ausgetragener Konflikte erfuhr bisher in der wissenschaftlichen Diskussion jedoch nur wenig Aufmerksamkeit.

Wie schon einleitend angedeutet, darf der Trend der abnehmenden Kriegshäufigkeit nicht als eine sich stetig fortsetzende Befriedung der internationalen Politik fehlinterpretiert werden. Die statistisch positive Entwicklung der kontinuierlichen Abnahme der Anzahl der jährlich geführten Kriege seit 1992 wird durch folgende Punkte deutlich relativiert: Erstens werden etliche der aus der Kriegestatistik gestrichenen Kriege als bewaffnete Konflikte unterhalb der Kriegsdefinition der AKUF fortgeführt. Zweitens ist in einigen Fällen lediglich eine Diffusion des bisher organisierten Austrags physischer Gewalt zu beobachten. Als Akteure sind keine Organisationen mehr zu identifizieren, die ganze Bevölkerungsgruppen mobilisieren und politische Zielsetzungen verfolgen. Vielmehr geht die Ausübung physischer Gewalt in diesen Fällen von losen oder nur kriminelle Ziele verfolgenden Banden aus, die das Vakuum des staatlichen Monopols physischer Gewalt durch privatisierte Gewalt ersetzen.

Hinsichtlich der Aufteilung des Kriegsgeschehens in zwischenstaatliche und innerstaatliche[10] Kriege bestätigt sich auch in den Jahren 1996/97 ein Trend, der das Kriegsgeschehen seit 1945 prägt und eine qualitative historische Veränderung gegenüber früheren Perioden darstellt. Seit Ende des Zweiten Weltkrieges

---

[9] Jean-Christophe Rufin: Les Économies de Guerre dans les Conflits de Faible Intensité (1re partie), in: défense nationale, décembre 1994, pp. 45-61. - Ders.: Les Économies de Guerre dans les Conflits de Faible Intensité (2e partie), in: Ibid., janvier 1995, pp. 15-25.

[10] Der Ausdruck „Bürgerkrieg", häufig synonym für den Begriff „innerstaatlicher Krieg" gebraucht, wird von uns bewusst vermieden. Erstens weckt der Ausdruck „Bürgerkrieg" falsche Assoziationen, da in der Regel nicht Bürger gegen andere Teile der Bevölkerung kämpfen, sondern bewaffnete Organisationen gegen staatliche Streitkräfte Krieg führen. Zweitens fehlt gerade in Gesellschaften der Dritten Welt – also in den vom weltweiten Kriegsgeschehen tatsächlich betroffenen Staaten - meist die Identifikation mit dem Staat und somit auch ein staatsbürgerliches Bewusstsein. Drittens erscheint es uns als wenig sinnvoll, innerstaatliche Kriege, deren Ziel eine Sezession vom Staat ist, als Bürgerkriege zu bezeichnen, da das erklärte Ziel gerade darin besteht, den Status des Staatsbürgers dieses Staates abzustreifen. Vgl. Patricia Schneider/Wolfgang Schreiber/Boris Wilke: Das weltweite Kriegsgeschehen seit 1945; Statistisch-empirischer Überblick, in: Wissenschaft und Frieden, 3, 1997, pp. 7-11, hier p. 11.

sind etwa zwei Drittel der weltweit geführten Kriege innerstaatliche Kriege, nur ein knappes Viertel der geführten Kriege (einschliesslich der Dekolonisationskriege) sind zwischenstaatliche Kriege. Nachdem 1995 der Krieg zwischen Peru und Ecuador beendet wurde, gab es 1996/97 weltweit keine zwischenstaatlichen Kriege mehr. Dies bedeutet, dass im Berichtszeitraum - wie schon in den Jahren zuvor - die überwiegende Zahl aller Kriege um Autonomie bzw. Sezession und Irredentismus oder um die Revision der Herrschaftsform bzw. um den Austausch der Herrschaftseliten geführt wird, es sich folglich hauptsächlich um Kriege im Prozess der „nachholenden Konsolidierung vorausgesetzter Staatlichkeit“[11] handelt. Im Zentrum des weltweiten Kriegsgeschehens steht die inhaltliche Ausgestaltung und Belebung der von aussen vorgegebenen Form des modernen Staates. Die ungebrochene Virulenz dieses Konfliktpotentials stimmt skeptisch im Hinblick auf einen baldigen Weltfrieden.

Entwicklung in den Regionen

Der empirische Befund zeigt die weitgehende Pazifizierung in den bürgerlich-kapitalistischen Weltzentren und den kriegerischen Konfliktaustrag in vergleichsweise rückständigen Regionen. Wie steht es nun um die regionale Verteilung der Kriegsbelastung?

Mit dem bewaffneten Konflikt in Nordirland 1996/97 trägt *Europa* die geringste Last an den von der AKUF erhobenen bewaffneten Auseinandersetzungen, gefolgt von *Lateinamerika* mit fünf Kriegen und zwei bewaffneten Konflikten 1996 und vier Kriegen und zwei bewaffneten Konflikten 1997. Der *Vordere und Mittlere Orient*, oft als Pulverfass bezeichnet, ist mit sechs Kriegen und drei bewaffneten Konflikten im Jahr 1996 sowie mit fünf Kriegen und drei bewaffneten Konflikten 1997 die am drittstärksten von bewaffneter Gewalt betroffene Region. An zweiter Stelle findet sich die Region *Asien*, in der 1996 sieben Kriege und sieben bewaffnete Konflikte und 1997 sechs Kriege und acht bewaffnete Konflikte geführt wurden. *Afrika* ist mit zehn Kriegen und zehn bewaffneten Konflikten 1996 wie 1997 die im Berichtszeitraum vom Kriegsgeschehen am stärksten betroffene Region. An dieser Stelle sollen die Entwicklungen in den einzelnen Regionen für den Berichtszeitraum skizzenhaft aufgezeichnet werden. Da Afrika das Schwerpunktthema im Friedensbericht 1998 ist, wird die Entwicklung in dieser Region in einem gesonderten Abschnitt ausführlicher dargestellt.

[11] Jens Siegelberg: Kapitalismus und Krieg; Eine Theorie des Krieges in der Weltgesellschaft, Kriege und militante Konflikte, Bd. 5, Münster 1994, pp. 138-139.

Lateinamerika

Die Tatsache, dass in *Lateinamerika* auch in den Jahren 1996/97 im Vergleich zu den anderen Regionen der Dritten Welt nur wenige Kriege und bewaffnete Konflikte stattfanden, unterstreicht die historische Sonderstellung dieser Region.[12] Bei der überwiegenden Anzahl der kriegerischen Auseinandersetzungen in dieser Region handelt es sich um Antiregimekriege, also um Kriege, deren Ziel die Veränderung bzw. der Erhalt des Gesellschafts- und Regierungssystems ist. Im Berichtszeitraum war die Entwicklung der Region von einer Abnahme des Kriegsgeschehens geprägt. Nachdem 1995 der Krieg zwischen Peru und Ecuador beendet wurde, scheint nun auch ein Abkommen von Ende 1996 zwischen den Konfliktparteien Guatemalas zu einer längerfristigen Befriedung des Landes beigetragen zu haben. In der zweiten Hälfte des Jahres 1997 unterschritten zudem die bewaffneten Auseinandersetzungen zwischen dem *Sendero Luminoso* und Regierungstruppen in Peru die Definitionskriterien eines Krieges. Wie in zahlreichen anderen Fällen wird der Konflikt jedoch auf niedrigerem Niveau weiter bewaffnet ausgetragen. Der bewaffnete Konflikt zwischen MRTA und peruanischer Regierung unterschritt Ende 1996 die Definitionskriterien eines bewaffneten Konfliktes und konnte somit aus der Statistik gestrichen werden. Auch die mehrere Monate dauernde Geiselnahme in der japanischen Botschaft in Lima durch ein MRTA-Kommando ändert nichts an der Bewertung der AKUF, dass der bewaffnete Konfliktaustrag in Form eines Krieges 1994 und in Form eines bewaffneten Konfliktes 1996 endete.

Dennoch ist eine Befriedung Lateinamerikas nicht absehbar, und das Gewaltmonopol des Staates bleibt weiterhin ein Fernziel. Das Ausmass an privatisierter Gewalt, die Bedeutung der Drogenwirtschaft sowie die grosse Zahl von in absoluter Armut lebenden Menschen bergen die Konflikte der Zukunft und somit auch mögliche kriegerische Eskalation in sich.[13]

Vorderer und Mittlerer Orient

Im *Vorderen und Mittleren Orient* kam es in den Jahren 1996/97 tendenziell zu einer Abnahme des Kriegsgeschehens. Während der Krieg in Tschetschenien 1996 befriedet werden konnte, verlor der Krieg zwischen kurdischen Milizen und irakischen Regierungstruppen, der 1996 stärker denn je kriegerisch eskaliert war,

---

[12] Sabine Kurtenbach: „Kolumbianisierung“ Lateinamerikas? Transformationsprozesse vom Krieg zum Frieden in komparativer Perspektive, in: Volker Matthies (Hrsg.): Vom Krieg zum Frieden; Kriegsbeendigung und Friedenskonsolidierung, Bremen 1995, pp. 164-183.

[13] Bernhard Moltmann: Wie sicher ist die Sicherheit? Militär und Sicherheitspolitik im südlichen Südamerika, in: Albrecht von Gleich et al. (Hrsg.): Lateinamerika; Jahrbuch 1995, Frankfurt a.M. 1995, pp. 25-47, hier pp. 42-47.

1997 lediglich an Intensität. Die bewaffneten Auseinandersetzungen werden in einem geringeren Masse fortgeführt.

Der jüdisch-arabische Antagonismus – lange Zeit der das Kriegsgeschehen im Vorderen und Mittleren Orient dominierende Konflikt[14] – scheint mittlerweile zumindest vordergründig an Brisanz verloren zu haben. Die Annäherung einiger arabischer Staaten an Israel hat dem jüdisch-arabischen Konflikt insbesondere auf zwischenstaatlicher Ebene die Virulenz genommen. Allerdings bestimmt er nach wie vor die bewaffneten Auseinandersetzungen im Südlibanon zwischen israelischen Streitkräften und der durch Israel finanzierten *South Lebanese Army* einerseits und dem Bündnis von Freischärlern (*Hizbullah, Amal, Popular Front for the Liberation of Palestine*) andererseits. Eine friedliche Transformation dieses Konfliktes ist derzeit nicht in Sicht. Dies gilt auch für den bewaffneten Konflikt zwischen *Hamas* und den israelischen Streitkräften, der auch durch eine Annäherung zwischen palästinensischer und israelischer Führung nicht befriedet wurde. Im Gegenteil: Die katastrophale Situation in den autonomen palästinensischen Gebieten, das Ausbleiben der erhofften Friedensdividende sowie der krasse Widerspruch zwischen Erwartungen und Realität scheinen die Legitimation der palästinensischen Führung zunehmend zu untergraben und stetig neue Anhänger und Unterstützer extremistischer Gruppen wie der Hamas hervorzubringen. Gleichzeitig trägt die israelische Palästinapolitik der Regierung Netanyahu zu einer Radikalisierung innerhalb des palästinensischen Lagers bei. Denn das Ersetzen der den Verhandlungen zugrunde liegenden Formel „Land gegen Frieden“ durch die Formel „Sicherheit gegen Frieden“, die stete Demonstration von Stärke anstelle von Verständigung ist als deutliches Signal von Kompromisslosigkeit zu werten. Diese Ausgangspositionen sind wenig erfolgversprechend für eine Beilegung dieses Konfliktes.

Asien

Das Kriegsgeschehen in *Asien* nach dem Zweiten Weltkrieg wird dadurch gekennzeichnet, dass in dieser Region die meisten und die längsten Kriege stattgefunden haben. Dennoch ist analog zur globalen Entwicklung die Zahl der Kriege rückläufig, und Asien ist nicht mehr die kriegsanfälligste Region.

Die asiatischen Subregionen sind vom Kriegsgeschehen unterschiedlich stark betroffen. Seit Beginn unseres Erfassungszeitraumes (1945) sind die Siedlerkolonien Ozeaniens kriegsfrei. Für Ostasien (Mongolei, VR China, Taiwan, Nord- und Südkorea, Japan) gilt dies seit dem Ende der fünfziger Jahre.[15] In den

[14] Der arabisch-jüdische Antagonismus resultierte in der Vergangenheit in sechs Kriegen.

[15] Die Befriedung Ostasiens ist allerdings prekär und insbesondere von der Stabilität der VR China abhängig. Vgl. dazu Gantzel/Schwinghammer, Die Kriege nach dem Zweiten Weltkrieg (Fn. 1), pp. 101ff.

sechziger Jahren fand eine Verschiebung der Kriegshäufung nach Südasien (Pakistan, Indien, Bangladesh, Sri Lanka, Nepal, Bhutan, Malediven) und Südostasien statt. Alle Kriege des Berichtszeitraumes, 1996 sieben und 1997 sechs Kriege, wurden hier geführt.

In Südostasien fanden im Berichtszeitraum neben dem Antiregimekrieg der NPA auf den Philippinen, der zwar seit 1996 als beendet gilt, aber weiterhin als bewaffneter Konflikt geführt wird, vier Kriege statt: Ein weiterer Krieg auf den Philippinen (seit 1970 auf Mindanao und Sulu), der in Kambodscha allen UN-Bemühungen zum Trotz weitergeführte Krieg (seit 1975), der an Intensität zunehmende Krieg auf der zu Papua-Neuguinea gehörenden Insel Bougainville (seit 1989) sowie der weltweit am längsten währende Krieg in Myanmar (Burma, seit 1948). Südasien wies zwei Kriege auf: Im indischen Teil Kaschmirs, der nach sechs Jahren der Eskalation erstmals Chancen zur Beendigung erkennen liess, und in Sri Lanka mit dem seit vierzehn Jahren währenden Krieg der sogenannten Sri Lanka-Tamilen um einen eigenen Staat.

Während Südostasien im Berichtszeitraum ein höhere Anzahl an Kriegen aufweist, ist Südasien erheblich stärker von bewaffneten Konflikten betroffen. Von den sechs zu registrierenden bewaffneten Konflikten konzentrieren sich drei in Indiens peripherem Nordosten, dazu je ein weiterer in Indien, Pakistan und Bangladesh. Südostasien wies 1996 nur einen bewaffneten Konflikt auf (Indonesien, Westpapua), 1997 kamen die Philippinen (NPA) hinzu.

Trotz eines statistischen Rückgangs der Kriegsbelastung stimmen eine hohe Zahl bewaffneter Konflikte, von uns aus Definitionsgründen unberücksichtigter politisch motivierter Gewalt wie die anhaltende chinesische Repression in Tibet oder die Auseinandersetzungen zwischen Hindus und Muslimen in Indien, und Gewaltkonflikte wie zwischen Indien und Pakistan, die permanent am Rande oder oberhalb der Kriegsschwelle geführt werden, skeptisch im Hinblick auf eine Pazifizierung des Konfliktaustrags in einer Region, die etwa ein Drittel der Landmasse der Erde ausmacht und in der rund die Hälfte der Weltbevölkerung lebt.

Das Kriegsgeschehen in Afrika

Seit Jahrzehnten zählt der afrikanische Kontinent zu den Regionen mit der grössten Kriegshäufigkeit. Wie in den Vorjahren wurden im Berichtszeitraum in Afrika die weltweit meisten Kriege geführt. In beiden Jahren gab es in der Region zehn Kriege und zehn bewaffnete Konflikte. Zwar wurden auch Kriege beendet, doch kennzeichnend für Afrika ist, dass die weltweit einzigen neu begonnenen Kriege in beiden Jahren in dieser Region entstanden. Afrika war zudem die einzige Region, in der es zu keiner Reduzierung des Gewaltaustrags gekommen ist. Unter Berücksichtigung der bewaffneten Konflikte lautet der Befund sogar auf Zunahme des organisierten bewaffneten Austrags sozialer Konflikte.

Kriege in Afrika (1945 bis 1997)
(Diagramm 2)

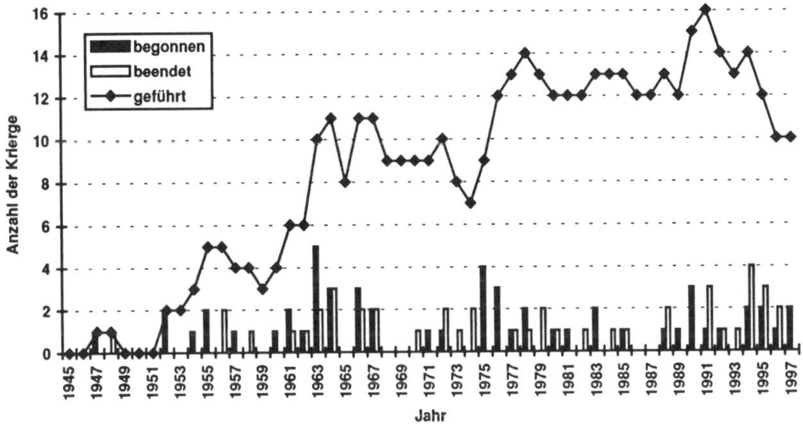

1995 wurden auf dem afrikanischen Kontinent drei Kriege beendet: Angola (Cabinda), Angola (*Unita*) und Senegal. Doch dies ist keineswegs gleichbedeutend mit einer Beendigung der bewaffneten Auseinandersetzungen. Alle drei Fälle müssen wir seit 1996 in der Kategorie bewaffneter Konflikt weiterführen. In diese Kategorie neu aufnehmen mussten wir für 1996 die Auseinandersetzungen in der Republik Zentralafrika. Auch der bewaffnete Konflikt zwischen Nigeria und Kamerun um eine als rohstoffreich geltende Halbinsel dauerte in den Jahren 1996/97 an. Ein neuer Krieg kam 1996 mit Zaïre (1997 Rückbenennung in „Demokratische Republik Kongo") hinzu.

1997 begannen zwei Kriege: In Rwanda eskalierte der bewaffnete Konflikt, in Kongo (Brazzaville bzw. „Republik Kongo") begann ein neuer Krieg. In Zaïre ist seit Mitte 1997 neben dem Krieg Kabilas gegen Mobutu ein eigenständiger bewaffneter Konflikt der Milizen der Mayi-Mayi gegen die Banyamulenge-Tutsi in der Kivuregion zu verzeichnen.

Zwei 1996 beendete Kriege, in Mali (Tuareg) und im Tschad, konnten 1997 aus der Liste gestrichen werden. Letzterer wird allerdings als bewaffneter Konflikt weitergeführt. Statistisch gesehen wurden damit 1995 und 1996 die beiden am längsten auf dem afrikanischen Kontinent geführten Kriege, *Unita* in Angola seit Februar 1961 und Tschad seit Juni 1966, beendet. Anders allerdings als bei Afrikas drittlängstem Krieg in Eritrea, der 1991 nach 29 Jahren beigelegt wurde, steht in beiden Fällen eine Konfliktlösung aus.

Kriege und bewaffnete Konflikte in Afrika 1996/97

Bei einer subregionalen Differenzierung des Kriegsgeschehens in Afrika[16] fällt zunächst positiv ins Auge, dass im südlichen Afrika, einst herausragender Kriegsherd auf dem Kontinent, seit der (statistischen) Beendigung der beiden Kriege in Angola kein Krieg mehr geführt wird. Das Bild relativiert sich allerdings bei Berücksichtigung der bewaffneten Konflikte (Angola mit *Cabinda* und *Unita)*). Auch Ostafrika ist mit nur noch einem Krieg (Somalia) nicht mehr hervorstechend am Kriegsgeschehen beteiligt. Doch der bewaffnete Konflikt in Äthiopien zeigt auch hier, dass von einer Befriedung der Subregion bislang keine Rede sein kann.

16 Zur genauen Einteilung der Subregionen vgl. Gantzel/Schwinghammer, Die Kriege seit dem Zweiten Weltkrieg (Fn. 1), p. 38.

Aufgrund der Unsicherheit Ägyptens als Urlaubsziel (bewaffneter Konflikt) und der steten Medienpräsenz der Massaker in Algerien wird die Gewalt in den Mittelmeeranrainern in Europa sensibel registriert. Im Gegensatz dazu gilt dem seit vierzehn Jahren im Südsudan geführten Krieg weniger Aufmerksamkeit. Nur kurzfristig durch einen Waffenstillstand unterbrochen geht der Krieg unvermindert weiter, der nach UNHCR-Schätzungen 1,5 Mio. Menschen das Leben gekostet haben soll. Mit zwei Kriegen und einem bewaffneten Konflikt rangiert Nordafrika damit im Mittelfeld des Gewaltaustrags in Afrika. Die Anzahl der Kriege in Westafrika hat sich 1997 mit dem Kriegsende in Mali um einen auf zwei reduziert (Liberia und Sierra Leone). Allerdings wurden hier drei bewaffnete Konflikte registriert (Niger: Tuareg und FDR, Senegal).

Während des Berichtszeitraums war das Zentrum des Gewaltaustrags in Afrika die zentralafrikanische Subregion. 1996 wurden hier vier (Burundi, Tschad, Uganda, Zaïre), 1997 fünf Kriege geführt. Zusätzlich war in beiden Jahren jeweils ein bewaffneter Konflikt zu verzeichnen (1996 Rwanda, 1997 Tschad). Zwar konnte 1996 der Krieg im Tschad aus der Kriegeliste gestrichen werden, doch wurden die weltweit einzigen neuen Kriege, 1996 in Zaïre und 1997 in Kongo (Brazzaville) und Rwanda in dieser Subregion begonnen.

Diese seit 1995 auf hohem Niveau festzustellende Konzentration des Kriegsgeschehens im weiteren Gebiet der Grossen Seen markiert eine Verschiebung der räumlichen Verortung der Kriege. Bei einer Untersuchung der zeitlichen und räumlichen Häufung des Kriegsgeschehens in Afrika von 1945 bis 1994 in Fünfjahreszeiträumen treten drei Häufungsperioden hervor: 1960-64, 1975-79 und 1990-94. In der letzten Fünfjahresperiode lagen die Kriegsherde vornehmlich in Westafrika, in der Periode 1975-79 konzentrierte sich das Kriegsgeschehen im östlichen und südlichen Afrika. In der ersten Häufungsperiode war das Kriegsgeschehen relativ gleichmässig über den Kontinent verteilt. Für die ersten beiden Häufungsperioden lässt sich der Ost-West-Konflikt als *kriegsverschärfende* Bedingung ausmachen: Sowohl in der Häufungsphase der Dekolonisation (1960-64) als auch in der von den Destabilisierungskriegen Südafrikas und dem Geschehen am Horn geprägten Phase 1975-79 bestimmte diese weltpolitische Konstellation das Geschehen mit.

Eine Differenzierung des Kriegsgeschehens in Afrika seit 1945 deckt neben räumlichen und zeitlichen Schwerpunkten des Kriegsgeschehens auch auf, dass das Etikett der sogenannten *Chaosmacht Afrika* keineswegs seit 1945 Geltung hat. Bis zum Höhepunkt der Dekolonisation zu Beginn der sechziger Jahre war Afrika kein Zentrum des globalen Kriegsgeschehens. Und bis heute ist rund ein Viertel der afrikanischen Staaten (z.B. Botswana, die Elfenbeinküste oder Guinea) kriegsfrei geblieben. Im Vergleich zu den Regionen Asien oder Vorderer und Mittlerer Orient weist diese Quote für den Zeitraum 1945 bis 1997 keine signifikant höhere Kriegsanfälligkeit des afrikanischen Kontinentes aus.

Im Berichtszeitraum musste kein zwischenstaatlicher Krieg registriert werden. Übereinstimmend mit dem globalen Kriegsgeschehen spielen Kriege zwischen Staaten auf dem afrikanischen Kontinent bereits seit 1945 sowohl in der Zahl wie in ihrer Intensität eine untergeordnete Rolle.[17] Zwischenstaatliche Beziehungen spielen für das Kriegsgeschehen gleichwohl eine mitunter sogar bedeutende Rolle. So ist die Entstehung des Krieges in Zaïre eng mit den Konflikten in Rwanda und Burundi verknüpft. Der Ausgang des Krieges in Kongo-Brazzaville ist durch das Eingreifen benachbarter Regierungstruppen aus dem angolanischen Cabinda zugunsten einer Konfliktpartei massgeblich beeinflusst worden.

Die ausnahmslos innerstaatlichen Kriege 1996/97 sind in ihrer weit überwiegenden Zahl reine Antiregimekriege sowie Mischtypen mit einer solchen Komponente. Hinzu kommen relativ wenige reine sonstige innerstaatliche Kriege. Diese Dominanz der Antiregimekriege (inklusive Mischtypen) lässt sich auch für den Gesamtzeitraum seit 1945 in Afrika feststellen. Die kriegstypologische Ausprägung des afrikanischen Kriegsgeschehens verweist darauf, dass die Ausgestaltung der staatlichen Organisationsform das den gewaltsamen Auseinandersetzungen unterliegende Moment ist. Nicht erfolgte bzw. gescheiterte gesellschaftliche Integration verhindert einen gesellschaftlichen Grundkonsens, der den gewaltlosen Konfliktaustrag ermöglichen würde. Funktionierende Prinzipien, Regeln und institutionelle Formen für einen Systemwandel oder Machtwechsel existieren nicht. Die Kontrolle über den Zentralstaat als Kontroll- und Verteilungsinstanz von Ressourcen wird damit zum Gegenstand gewaltsam ausgetragener sozialer Konflikte. Eng damit verbunden sind Konflikte um Autonomie oder Sezession wie beispielsweise in Senegals südlichster Provinz Casamance, die durch das Staatsgebiet Gambias fast völlig vom restlichen Land abgeschnitten ist, oder in der zu Angola gehörenden Exklave Cabinda.

Bis zum Ende des Ost-West-Konfliktes wirkte die *Organisation der Afrikanischen Einheit* (OAU) insbesondere bei innerstaatlichen Konflikten als eher hilfloses Instrument zur Verhinderung oder Bewältigung bewaffnet ausgetragener Konflikte. Seit dem Ende des Ost-West-Antagonismus lassen sich allerdings innerhalb der OAU Entwicklungen feststellen, die als Voraussetzungen für eine engagiertere und aktivere Rolle der Organisation bezüglich des afrikanischen Konfliktgeschehens bewertet werden können. Bis zum Jahr 1993 unterlag die Behandlung innerstaatlicher Konflikte strikt dem völkerrechtlichen Prinzip der Nichteinmischung in innere Angelegenheiten. Zudem gab es keine institutionalisierte und kontinuierliche Befassung der Organisation mit Konflikten, sondern lediglich eine von Fall zu Fall erfolgende Thematisierung von zumeist zwischenstaatlichen Konflikten. Dies änderte sich mit der Verabschiedung des „Mechanis-

[17] Dies gilt auch unter Berücksichtigung der Dekolonisationskriege, die als historischer Sonderfall von uns als eigener Kriegstyp registriert wurden.

mus für die Prävention, das Management und die Lösung von Konflikten" durch die OAU im Juni 1993, mit dem die friedenspolitische Rolle der Organisation an Bedeutung gewonnen hat und „tatsächliche konzeptionelle und institutionell-organisatorische Fortschritte"[18] erreicht wurden. Als wesentliche Verbesserung ist insbesondere das klare Mandat der OAU für innerstaatliche Konflikte einzustufen, das dem tatsächlichen Kriegsgeschehen auf dem Kontinent gerecht wird. Trotz dieser positiven Entwicklung wird, wie *Matthies* treffend formuliert, allerdings eine *Pax Africana* „noch lange auf sich warten lassen".[19]

[18] Volker Matthies: Die friedenspolitische Rolle der Organisation der Afrikanischen Einheit; Der OAU-"Mechanismus für die Prävention, das Management und die Lösung von Konflikten", in: Afrika-Jahrbuch 1996, Opladen 1997, pp. 49-62, hier p. 60.

[19] Ibid., p. 62.

Kriegeliste für den Berichtszeitraum 1996/97[1]

Region/ Krieg	Zeit-raum	Kriegs-typ	Kriegführende im Berichtszeitraum	Entwicklungen im Berichtszeitraum
AFRIKA				
Algerien	02/92 -	A-2	•GIA *(Groupe Islamique Armé)* •AIS *(Armée Islamique du Salut)* •MIA *(Mouvement Islamique Armé)* // •Regierungstruppen	•Erneuter Anstieg von Terroranschlägen der GIA und „Säuberungsaktionen" der Regierungstruppen trotz Durchführung von Parlaments- und Kommunalwahlen •Okt. 97 Waffenstillstandsangebot der AIS
Burundi	09/94 -	A-2	•FDD *(Forces de Défense de la Démocratie)* •*Palipehutu* // •Regierungstruppen	•Juli 96 Militärputsch und zweite Amtsübernahme durch Mayor Pierre Buyoya; Auflösung der Regierung und des Parlamentes •Wirtschaftsembargo durch die Nachbarstaaten Burundis führt zu grossen Versorgungsengpässen •als Folge der Ereignisse in Zaïre Rückkehr von 100.000 Flüchtlingen, Vertreibung von 40.000 Flüchtlingen aus Rwanda nach Burundi •97 Fortsetzung der bewaffneten Auseinandersetzungen

[1] Vier *Kriegstypen*, die auch als Mischtypen auftreten können, lassen sich unterscheiden:
A = Antiregimekrieg, B = sonstiger innerstaatlicher Krieg, C = zwischenstaatlicher Krieg, D = Dekolonisationskrieg;
Arabische Ziffern machen deutlich: 1 = Intervention, d.h. unmittelbare Kampfbeteiligung mindestens eines anderen Staates, 2 = keine Intervention

Kongo-Brazzaville (Republik Kongo)	07/97 - 10/97 (?)	A-2 / A-1	•Regierungstruppen •ehemalige *Unita*-Verbände aus Angola // •„Cobra-Miliz“ des ehemaligen Präsidenten Sassou-Nguesso •„Ninja-Miliz“ des ehemaligen Premierministers Kolelas •Intervention regulärer angolanischer Regierungstruppen (Okt. 97)	•Angriff der Regierungstruppen auf die Miliz Sassou-Nguessos im Vorfeld der Präsidentschaftswahlen vom Juli 97 •Evakuierung aller Ausländer durch Frankreich •Vermittlungsversuche durch Gabun, OAU und UNO scheitern, Waffenstillstände auch •Sieg Sassou-Nguessos durch die entscheidende Intervention Angolas und Flucht des Präsidenten Lissouba
Liberia	12/89 - 1997 (?)	A-1	•NPFL *(National Patriotic Front of Liberia)* •ULIMO *(United Liberation Movement for Democracy)* •LDF *(Lofa Defense Forces)* •LPC *(Liberian Peace Council)* // •Regierungstruppen •ECOMOG	•Aug. 96 Friedensvertrag unter Vermittlung der ECOWAS; Bildung einer Übergangsregierung •Jan. bis März 97 Ausbreitung der ECOMOG über das ganze Land zur Durchsetzung des Friedensvertrages, Beginn der Demobilisierung der Aufständischen •Juli 97 Wahlsieg durch Charles Taylor (NPFL) bei Präsidentschaftswahlen
Mali (Tuareg)	06/90 - 03/96	B-2	•FIAA *(Front Islamique Arabe de l'Azawad)* // •Regierungstruppen	•März 96 Kriegsbeendigung mit symbolischer Waffenverbrennung; bisher stabiler Friedensprozess

Rwanda	08/97 -	A-2	•Einheiten der ehemaligen rwandischen Armee •Hutu-Milizen // •Regierungstruppen	•Ende 96 Zunahme der Intensität der bewaffneten Auseinandersetzungen •laut UNHCR seit November 96 Rückkehr von mehr als 1,2 Mio. Flüchtlingen nach Rwanda •Anfang 97 verstärktes Aufkommen von Zusammenstössen und gewaltsamen Übergriffen •Übergriffe gegen ausländische Hilfsorganisationen •seit Juli/August Eskalation der Kämpfe; Einstufung als „Krieg“
Sierra Leone	03/91 -	A-1	•Kabbah-treue ehem. Regierungstruppen // •Regierungstruppen des AFRC •RUF	•März 96 Machtübergabe des Militärs an zivile Regierung nach Wahlen; nachlassende Kampfhandlungen •Ende 96 erfolgloser Friedensvertrag •Mai 97 erfolgreicher Militärputsch, RUF schlägt sich auf die Seite des neuen *Armed Forces Revolutionary Council* (AFRC) •massiver wirtschaftlicher und militärischer Druck auf den AFRC durch ECOWAS/ECOMOG, Wirtschaftssanktionen durch den UN-Sicherheitsrat gestürzte Regierung Kabbah wird weiterhin als legitim erachtet

Somalia	05/88 -	A-2 / AB-2 / AB-1 / AB-2	•Milizen konkurrierender Clans gegeneinander	•Okt. 96 Tod von General Aidid, Nachfolger wird sein Sohn Hussein •Jan. 97 Friedensverhandlungen von 26 somalischen Gruppen ohne Aidid und Vertreter aus Somaliland •Relative Befriedung und ökonomische Stabilisierung der international nicht anerkannten Rep. Somaliland •Äthiopische Angriffe im Grenzgebiet im Aug. und Dez. 96 und wiederholt Anfang 97
Sudan	09/83 -	AB-2	•Fraktionen der SPLA/SPLM *(Sudan People's Liberation Army/Movement)* // •Regierungstruppen •Milizen der regierenden NIF *(National Islamic Front)*	•96 weitere Versuche der Regierung, die Aufständischen durch Separatabkommen zu spalten •Forcierung des Krieges, Regierung bewaffnet Baggara (arabisierte halbnomadische Stämme) und setzt diese als Hilfstruppen gegen die südsudanesische Bevölkerung ein, SPLA im Süden erfolgreich •ab 97 Zusammenarbeit SPLA mit der gemässigten muslimischen Opposition NDA *(National Democratic Alliance)*, dadurch auch Kämpfe im Nordsudan

Tschad	06/66 - 12/96	ABC-2 / ABC-1 / AB-2	•MDD *(Mouvement pour la Démocratie et le Développement)* •FARF *(Forces Armées pour la République Fédérale)* •CSNPD *(Conseil de Salut pour la Paix et la Démocratie)* // •Regierungstruppen	•96 Reduzierung der bewaffneten Auseinandersetzungen •zwischen Aug. 96 und April 97 Friedensverträge zwischen Fraktionen verschiedener Rebellengruppen und der Regierung •Ende 96 Kämpfe scheinen die Kriegsschwelle unterschritten zu haben; kontinuierliche Kampfhandlungen lassen eine Einstufung als „bewaffneter Konflikt" als notwendig erscheinen •Jan./Feb. 97 Durchführung von Parlamentswahlen
Uganda	04/95 -	A-2	•NDA *(National Democratic Army)* •LRA *(Lord's Resistance Army)* •FEREMO *(Federal Republic Movement)* •UDFM *(Uganda Democratic Freedom Movement)* // •Regierungstruppen	•Mitte 96 erfolglose Vermittlungsbemühungen durch die katholische Kirche •Aug. 96 grenzübergreifende Kampfhandlungen an der sudanesisch-ugandischen Grenze drohen zu einem Krieg zu eskalieren, als die Regierung Ugandas mit Unterstützung der USA, Tansanias und Eritreas eine Invasion des Südsudan vorbereitet •März 97 Zusammenziehung von 160.000 ugandischen Soldaten nahe der sudanesischen Grenze aufgrund der Befürchtung, die LRA könnte sich mit der sudanesischen Armee vereinen

Zaïre (Dem. Republik Kongo)	10/96 - 05/97 (?)	A-1	•AFDL *(Alliance des Forces Démocratiques pour la Libération du Congo-Zaïre)* •autochthone Milizen (Mayi-Mayi und andere) •rwandische Regierungstruppen •angolanische Regierungstruppen // •Regierungstruppen	•Okt. 96 Eskalation des Konfliktes im Osten Zaïres zwischen Rebellen der Tutsi und der Hutu-Mehrheitsbevölkerung sowie der Regierung Zaïres •Bildung einer Allianz (AFDL) unter Führung von Laurent-Désiré Kabila gegen das Regime Mobutos •400.000 Binnenflüchtlinge infolge des Krieges und Massakervorwürfe gegen die Rebellen •Rückzug der Mayi-Mayi aus der Front gegen Mobuto und Verfolgung eigener Interessen auch gegen Regierung Kabila (bewaffneter Konflikt in Kivu) •1. Hälfte 97 erfolgreicher Eroberungsfeldzug bis zur gewaltlosen Einnahme Kinshasas (18.5.)

ASIEN				
Burma (Myanmar)	01/48 -	AB-2	•v.a.: SSNA *(Shan State National Army)* •KNU *(Karen National Union)* •KNPP *(Karenni National Progressive Party)* // •warlords // •Regierungstruppen	•Jan. 96 grösste bewaffnete Gruppe ergibt sich (*Mong Tai Army* unter dem Drogenhändler Khun Sa) •Fortsetzung des Krieges durch andere Bewegungen und Kämpfe rivalisierender Guerillagruppen •Zwangsumsiedlungen durch die Regierung, um die Basis der Guerillas zu zerschlagen •Übergriffe der Regierungstruppen auf thailändisches Gebiet bei der Verfolgung von Flüchtlingen •Weiterhin Unterdrückung der Aung San Suu Kyi-Partei NLD *(National League for Democracy)*
Indien (Kaschmir)	01/90 -	B-2	•anfänglich dominieren säkulare Unabhängigkeitsbewegungen (z.B. JKLF) •inzwischen militärische Dominanz islamistischer, propakistanischer Gruppen // •Regierungstruppen und beinahe jeder der zahlreichen paramilitärischen indischen Verbände (*Border Security Forces*, *Assam Rifles* etc.)	•Sep. 96 Wahlen in Kaschmir, die die Kriegsmüdigkeit der Bevölkerung zum Ausdruck bringen •relativ erfolgreiche militärische Eindämmung des Aufstandes durch die indischen Sicherheitskräfte •Widersprüchliche Entwicklungen zwischen Indien und Pakistan, politische Annäherung und verschärfte militärische Scharmützel

Kambodscha (3. Indochina-krieg)	12/75 -	C-2 / A-1 / A-2	1996 •Rote Khmer // •Regierungstruppen (ANS, *Armée Nationaliste Sihanoukienne*) und KPLNF (*Kambodian People's National Liberation Front*) seit Mitte 1997 •Rote Khmer •ANS // •Regierungstruppen (KPLNF)	•Frühjahrsoffensive 96 gegen die Roten Khmer mit Einsetzen der Regenzeit erneut erfolglos •ab Mitte 96 Erosion der Roten Khmer: Seitenwechsel führender Kader und grosser Truppenteile •Mitte 97 Machtergreifung der *Cambodian People's Party*, die seitdem von den Roten Khmer und der bis dahin an der Regierung beteiligten FUNCINPEC (militärischer Arm: ANS) bekämpft wird
Papua-Neuguinea	02/89 -	B-2	•BRA *(Bougainville Revolutionary Army)* // •Regierungstruppen	•Jan. 96 Scheitern des Friedensprozesses aufgrund eines Überfalls auf eine Delegation des *Bougainville Interim Government* (BIG) durch Regierungs-truppen •96 Intensivierung der bewaffneten Auseinander-setzungen
Philippinen (Mindanao)	07/70 -	B-2	•MNLF *(Moro National Liberation Front)* •MILF *(Moro Islamic Liberation Front)* •Abu-Sayyaf-Gruppe •ICC *(Islamic Command Council)* // Regierungstruppen	•Sep. 96 Unterzeichnung eines Friedensabkommens zwischen MNLF und philippinischer Regierung •Fortsetzung der Angriffe auf den Staat durch die nicht in den Friedensprozess integrierten Gruppen

Philippinen (NPA)	07/70 - 12/96	A-2	•NPA *(New People's Army)* // •Regierungstruppen •paramilitärische Verbände und Milizen	•weitere Erosion der Guerillabasis und der Zahl ihrer gewaltbereiten Kader, aber auch Rekrutierungskampagnen •Mitte 96 Wiederaufnahme der Friedensverhandlungen in Den Haag •Rückgang des Kriegsgeschehens bis Ende 96 erlaubt ab 1/97 Kategorisierung als „bewaffneter Konflikt“
Sri Lanka	06/83 -	B-2 / AB-1 / B-1 / B-2	•LTTE *(Liberation Tigers of Tamil Eelam)* // •Regierungstruppen und paramilitärische Verbände sowie Reste ehemaliger tamilischer Guerillaverbände	•nach vermeintlicher Schwächung der LTTE Ende 95 (Abdrängen in die nördlichen Dschungelgebiete) Mitte 96 die schwersten Kämpfe seit drei Jahren •Scheitern weitreichender politischer Konfliktlösungsansätze

VORDERER u. MITTLERER ORIENT				
Afghanistan	10/78 -	A-1 / AB-2	•konservativ-traditionalistische u. islamistische Widerstandsgruppen (warlords) // •Taliban-Miliz (Regierungsseite)	•Sep. 96 Machtübernahme in Kabul durch die von USA und Pakistan unterstützte Taliban-Miliz; Errichtung eines islamistischen Regimes, nur anerkannt von Pakistan und Kuwait 97 Fortdauer der bewaffneten Auseinandersetzungen im Norden des Landes
Irak (Kurden)	05/76-	BA-1	•Zusammenschluss diverser kurdischer Unabhängigkeitsbewegungen // •Regierungstruppen	•96 kriegerische Eskalation des innerkurdischen Konfliktes zwischen KDP und PUK •Ende Aug. 96 Eindringen irak. Truppen in die Schutzzone nördlich des 36. Breitengrades •Scheitern mehrerer Waffenstillstandsverhandlungen unter Vermittlung der USA
Libanon	04/75 -	ABC-2	•Bündnis muslimischer Freischärler *(Hizbullah, Popular Front for the Liberation of Palestine (PFLP), Amal)* // •israelische Regierungstruppen •SLA *(South Lebanese Army)*	•April 96 israelische Vergeltungsaktion „Früchte des Zorns“ •Ende April 96 Waffenstillstandsabkommen setzt der militärischen Eskalation ein Ende, ohne jedoch die bewaffneten Auseinandersetzungen zu beenden •97 Fortsetzung der bewaffneten Auseinandersetzungen

Russische Föderation, Tschetschenien	12/94 - 08/96	B-2	•tschetschenische Unabhängigkeitsbewegung // •Regierungstruppen	•nach dem am 24. Aug. 96 ausgehandelten Friedensabkommen Einstellung der bewaffneten Auseinandersetzungen •30. Nov. 96 Abzug der letzten russischen Truppen
Tadschikistan	08/92 -	A-2	•diverse nationalistische u. islamisch-fundamentalistische Widerstandsbewegungen // •Regierungstruppen	•grundlegende Veränderung des Kriegsziels: Grund für Festhalten am Krieg nicht mehr der Kampf um Regierungsmacht sondern regionale Kontrolle über ökonomische Ressourcen (Baumwolle, Aluminium, Drogen) Kein direktes Eingreifen der in Tadschikistan stationierten russischen Verbände
Türkei (Kurden)	08/84 -	B-2[2]	•PKK *(Partiya Karkeren Kurdistan)* // •Regierungstruppen	•Sep. 96 Plan der türk. Regierung scheitert vorerst, milit. Pufferzone im Norden des Irak auf Drängen der arabischen Staaten und USA einzurichten •Mai/Juni 97 Invasion von 10-15.000 türk. Regierungssoldaten in UN-Schutzzone im Nordirak wegen bewaffn. Auseinandersetzungen zweier irakisch-kurd. Parteien um Vorherrschaft im UN-Mandatsgebiet •Ende Sep. 97 Invasion türkischer Truppen in den Nordirak und Errichtung einer Sicherheitszone (120 km Breite, 25 km Tiefe) auf irakischem Territorium; trotz irakischer Proteste keine nennenswerten Reaktionen durch die Staatengemeinschaft

[2] Trotz des Eingreifens türkischer Regierungstruppen im Nordirak bleibt der türkisch-kurdische Konflikt gemäss AKUF-Kriegstypologie ein innerstaatlicher Krieg.

LATEIN-AMERIKA				
Guatemala	07/80 - 12/96 (?)	A-2	•URNG *(Unidad Revolucionaria Nacional Guatemalteca)* // •Regierungstruppen	•Ende 96 Unterzeichnung des Friedensabkommens zwischen Regierung und URNG •Mai 97 weitestgehender Abschluss der Demobilisierung und Entwaffnung der ca. 3.000 Guerillakämpfer •Einstellung der bewaffneten Auseinandersetzungen
Kolumbien (FARC)	05/64 -	A-2	•FARC *(Fuerzas Armadas Revolucionarias de Colombia)* •EPL *(Ejército Popular de Liberación)* // •Regierungstruppen	Entwicklungen FARC/EPL und ELN •96 Scheitern der Verhandlungen zwischen Regierung und bewaffneter Opposition •97 Verhärtung der Fronten und Zunahme der bewaffneten Auseinandersetzungen
Kolumbien (ELN)	01/65 -	A-2	•ELN *(Ejército de Liberación Nacional)* // •Regierungstruppen	
Mexiko (Chiapas)	01/94 - 12/96	B-2	•EZLN *(Ejército Zapatista de Liberación Nacional)* // •Regierungstruppen	•Anfang 96 Teilabkommen über Rechte und Kultur der indigenen Bevölkerung •Mitte 96 Unterbrechung der Friedensgespräche
Peru (Sendero Luminoso)	05/80 -	A-2	•Sendero Luminoso // •Regierungstruppen	•Ende 96 deutliche Abnahme der Intensität der bewaffneten Auseinandersetzungen

Liste der bewaffneten Konflikte für den Berichtszeitraum 1996/97

Region	1996	1997
AFRIKA	Ägypten; Angola (Cabinda); Angola (*Unita*); Äthiopien; Niger (FDR); Niger (Tuareg); Nigeria/Kamerun; Rwanda; Senegal; Republik Zentralafrika	Ägypten; Angola (Cabinda); Angola (*Unita*); Äthiopien; Kongo (Kivu); Niger (FDR); Niger (Tuareg). Senegal; Tschad; Republik Zentralafrika
ASIEN	Bangladesh; Indien (Assam); Indien (Bodos); Indien (Nagas); Indien (Naxaliten); Indonesien (Westpapua); Pakistan (Sind)	Bangladesh; Indien (Assam); Indien (Bodos); Indien (Nagas); Indien (Naxaliten); Indonesien (West-Papua); Pakistan (Sind); Philippinen (NPA)
VORDERER U. MITTLERER ORIENT	Irak (Schiiten); Iran (Kurden); Israel (Hamas)	Irak (Schiiten); Iran (Kurden); Israel (Hamas)
LATEINAMERIKA	Mexiko (EPR); Peru (MRTA)	Mexiko (Chiapas); Mexiko (EPR)
EUROPA	Nordirland	Nordirland

Teil II

Konflikte und deren Management in Ländern Afrikas

Sozioökonomische und politische Krisen in Afrika

Ein Überblick

Von Günther Baechler

In diesem Beitrag werden zuerst die Tendenzen der politischen Entwicklung auf dem afrikanischen Kontinent der neunziger Jahre beleuchtet. Dazu wird in einem Überblick auf die Konfliktgeographie sowie auf die involvierten Akteursgruppen eingegangen. In einem zweiten Schritt werden die zugrunde liegenden Strukturprobleme und politischen Krisen im regionalen Zusammenhang afrikanischer Länder diskutiert. In den Schlussfolgerungen wird vor allzu grossen Erwartungen in die Tragfähigkeit der gegenwärtigen Demokratiebemühungen gewarnt.

Konflikttopographie der neunziger Jahre

Um einer einseitigen Betrachtung des „Krisenkontinentes" Afrika entgegenzuwirken, gilt es einleitend festzuhalten, dass einige Entwicklungen in den letzten Jahren Anlass zu neuen Hoffnungen gaben. Länder wie Botswana, Kap Verde, Lesotho, Mauritius und Swasiland verzeichneten zwischen 1984 und 1996 ein Wachstum des Bruttosozialproduktes von durchschnittlich mehr als 5% jährlich. In der gleichen Zeitspanne nahm die Verbreitung von Mehrparteiensystemen, von Präsidentschafts- und Parlamentswahlen sowie die Zulassung von Oppositionsparteien rapide zu. Gleichzeitig sank die Kindersterblichkeit von 167 auf 97 je 1000 Lebendgeburten, während die Lebenserwartung, die Alphabetisierungs- und die Einschulungsrate sowie der Zugang zu sauberem Wasser deutlich angestiegen sind. Trotz dieser und weiterer positiver Trends - die eher die kleineren Länder betreffen - ist Afrika in vielen Regionen von Krisen und akuten Konflikten bedroht, die es im Hinblick auf Vermittlungsaktivitäten und Kriseninterventionen zu analysieren gilt.

Wandel der Konflikttopographie bei anhaltend hohen Kriegszahlen

Die Zahl der bewaffneten Konflikte, die auf dem afrikanischen Kontinent ausgetragen werden, ist hoch. Seit der Entkolonisierung ab 1955 hatte in Afrika nur rund ein Fünftel der Länder keinen bewaffneten Konflikt zu bewältigen. Von den 53 Staaten, die bis heute ihre Unabhängigkeit erlangten, sind die Länder Tunesien, Guinea-Bissau, Elfenbeinküste, Benin, Zentralafrikanische Republik (von der Meuterei 1996 abgesehen), Äquatorial Guinea, Gabun, Botswana, Malawi, Madagaskar sowie die auf Inseln gelegenen Mikrostaaten von einem bewaffneten Konflikt verschont geblieben. Viele der postkolonialen bewaffneten Auseinandersetzungen, die in vier Fünfteln der Länder ausgetragen wurden, dauerten zwanzig und mehr Jahre, beispielsweise diejenige in Angola 38 Jahre, diejenige zwischen Äthiopien und Eritrea 30 Jahre, diejenige in Moçambique 29 Jahre, diejenige zwischen Marokko und Westsahara 24 Jahre und diejenige in Namibia 22 Jahre. In der ersten Hälfte der neunziger Jahre wurden von insgesamt 97 bewaffneten Konflikten weltweit allein 32 in Afrika - vor allem südlich der Sahara - ausgetragen.[1] Im Jahre 1997 waren in Afrika 17 bewaffnete Konflikte zu verzeichnen.[2] Obwohl damit das Konfliktgeschehen im Laufe der neunziger Jahre rückläufig war, bleibt Afrika der Kontinent mit den meisten laufenden bewaffneten Konflikten. Diesen zweifelhaften Status dürfte es auch in absehbarer Zukunft beibehalten.

Beinahe sämtliche der laufenden Konflikte finden im Innern von Staaten statt; nur der Sudankonflikt und der Krieg zwischen Hutu und Tutsi haben eine grenzübergreifende oder internationale Dimension angenommen. Innerstaatlicher Konfliktaustrag ist nicht mit niedriger Intensität oder gar Bedeutungslosigkeit gleichzusetzen. Fünf der zehn Kriege mit den meisten Todesopfern nach dem Zweiten Weltkrieg fanden innerhalb von Staaten Afrikas statt: Der Biafrakrieg in Nigeria von 1967-70 kostete 2 Mio. Menschen das Leben, die fünf Kriege in Äthiopien von 1962-91 1,5 Mio. Menschen, der Krieg im Sudan seit 1955 1,1 Mio. Menschen, der Krieg in Rwanda 1990-1994 mindestens 1 Mio. Menschen und der Krieg in Moçambique von 1976-92 ebenfalls rund 1 Mio. Menschen.[3] Ob intern oder international, fest steht, dass die bewaffneten Konflikte Afrikas in Ländern mit niedrigem Entwicklungsstand ausgetragen werden - einzige Ausnahme ist Algerien, das einen mittleren Entwicklungsstand aufweist. Die betroffenen Staaten sind von einem oder mehreren der folgenden sechs Faktoren geprägt:

1. Schwache staatliche Institutionen (*poor state performance)*;

[1] Dan Smith: Der Fischer Atlas; Kriege und Konflikte, Frankfurt a.M. 1997, pp. 90ff.
[2] Tabellen 2.2 und 3.2; vgl. auch Thomas Rabehl/Stefan Trines (Hrsg.): Das Kriegsgeschehen 1996; Register der Kriege und bewaffneten Konflikte, Arbeitspapier Nr. 6, Hamburg 1997.
[3] Smith, Der Fischer Atlas (Fn. 1), p. 25.

2. Staatsführungen mit mangelnder demokratischer Legitimation, seien es Regime, die durch einen Putsch oder das Ergebnis eines Krieges an die Macht gekommen sind, seien es charismatische Führerfiguren aus der Zeit der kolonialen Befreiung an der Staatsspitze, oder seien es Mehrparteienregierungen, bei denen faktisch eine Partei die Macht ausübt;
3. willkürlich gezogene Grenzen der postkolonialen Staaten, vor allem im Horn und in Westafrika;
4. stark ausgeprägte innere Differenzierungen mit ethnischen, tribalistischen, clanischen, regionalistischen und teilweise religiösen Vorzeichen, vor allem in Afrika südlich der Sahara;
5. sozioökonomische und ökologische Diskriminierung, die im Hintergrund von Gruppenidentitäts- und Herrschaftskonflikten steht;
6. die Existenz schmaler Eliten, die den Zugang von einzelnen Gruppen, wenn nicht sogar der Mehrheit der meist ländlichen Bevölkerung zu den Ressourcen regeln.

Das Kriegsgeschehen hat sich nach dem Ende des Kalten Krieges topographisch wie inhaltlich gewandelt. Zwischen 1970 und 1990 konzentrierten sich die Ereignisse vor allem auf die beiden Regionen Horn von Afrika nebst Nachbarstaaten Sudan, Tschad und Uganda sowie das südliche Afrika mit der Apartheidrepublik Südafrika und den Staaten Angola, Moçambique, Zimbabwe und Namibia. Beide Konfliktregionen waren durch die globale Auseinandersetzung zwischen den Grossmächten gekennzeichnet, lagen in deren Einflusszone und wurden entsprechend instrumentalisiert. Die Konfliktintensität hing nicht nur von internen, sondern wesentlich auch von externen Interessen und nicht zuletzt von der umfangreichen Lieferung moderner Waffen - oft an beide Seiten - ab. Mit dem Ende des Kalten Krieges sind auch die Konflikte in den genannten Gebieten abgeklungen bzw. aktiv geregelt worden.

In den neunziger Jahren zieht sich eine Kette von potentiell und aktuell kriegsbetroffenen Staaten mit den Gliedern Senegal, Mali, Niger, Tschad, Sudan, Äthiopien und Somalia vom Atlantik bis zum Indischen Ozean, quer durch den Sahelgürtel, der in besonderem Masse von den oben genannten sechs Faktoren betroffen ist. Während sich am Horn alte, aus der Zeit des Kalten Krieges stammende, und vermeintlich neue Konfliktlinien, die zum Teil sogar vor die Zeit des Kalten Krieges zurückreichen, kreuzen, kommt ein akuter Krisenherd Zentralostafrika hinzu. Dieser ist vor allem durch den Gegensatz zwischen Bahutu und Batutsi gekennzeichnet. Es handelt sich dabei um eine ethnopolitisierte Auseinandersetzung mit historischen Wurzeln im Kampf um den Zugang zu den Ressourcen Staatsmacht und vor allem Land und dessen Nutzung bzw. Verteilung. Der Konflikt, der von Rwanda und Burundi ausging, hat Zaïre erfasst und dort durch die siegreiche Opposition gegen Mobutu zur Ausrufung der Volksrepublik Kongo geführt.

Kriegsgründe sind im Kampf um die Macht im Staat bzw. um die Kontrolle über den Staat als „Ressourcenverteilungsmaschine" zu sehen. Dabei rücken in den agrarischen Gesellschaften Afrikas als materielle Ursachen von Machtkämpfen die Nutzung und Verteilung von Landressourcen ins Zentrum; Fragen also, die bereits zur Zeit der Entkolonisierung akut wurden, jedoch aufgrund sozioökologischer Probleme an Brisanz gewonnen haben.

De-Industrialisierung und ländliche Armut

Nach der kolonialen Befreiung setzten die Modernisierungseliten und ihre Nachfolgeregime auf die zentral gesteuerte wirtschaftliche Entwicklung der jungen Staatsgebilde. Die Frage der politischen Partizipation wurde in den Hintergrund gedrängt. Ein Widerspruch zwischen einer ökonomischen Strategie der Modernisierung und Industrialisierung der Agrargesellschaften bzw. Extraktionsökonomien einerseits und der politischen Marginalisierung der Bevölkerung und einem Mangel an Demokratisierung andererseits tat sich auf. Die Mehrheit der ländlichen Bevölkerung wurde nicht - wie im über Jahrhunderte dauernden Prozess der Industrialisierung Europas - als fortan Lohnabhängige in den Modernisierungssog von Industrie, Gewerbe und Dienstleistungen hineingezogen, wodurch es zu einer Entvölkerung des Landes bei gleichzeitiger Revolutionierung der landwirtschaftlichen Produktivität gekommen wäre. Sie wurde vielmehr als Mehrheit marginalisiert, so dass Autoren wie *Claude Ake* in den achtziger Jahren bezüglich der postkolonialen Geschichte Afrikas behaupten konnten: „There is not, and never has been, popular participation in political and economic decision-making."[4]

Die politische Marginalisierung der ländlichen Bevölkerung wirkt sich in Afrika dramatisch aus, weil noch vor wenigen Jahrzehnten, zur Zeit der Entkolonisierungskämpfe, „poder popular" oder „participação popular" zu *der* Losung kolonialer Befreiung avancierte. Die ländliche Bevölkerung bildete die Basis für die antikolonialen Revolten der sechziger und siebziger Jahre. Man denke etwa an Amílcar Cabral und seinen Befreiungskampf in Guinea-Bissau, der nur unter starker Partizipation der Bauern möglich wurde, oder an Angola und Moçambique. Dies gilt mehr oder weniger ausgeprägt auch für Revolten und Befreiungskämpfe in nichtportugiesischen Kolonien, so beispielsweise die soziale Revolution der Hutu 1958-60, die gegen das von Belgien untermauerte Tutsi-Königtum gerichtet war, oder der opferreiche algerische Befreiungskrieg gegen Frankreich, dessen Hauptlast in den Jahren 1954-1962 die Bauern trugen. Trotz verbaler Versprechungen wurden diese von den Militärs politisch ausgeschaltet. Schliesslich waren auch die eritreischen und die tigreischen Volksbefreiungskräfte (EPLF

[4] Claude Ake: Newsletter of the African Association of Political Science, Lagos, December 1989, p. 23.

bzw. EPRDF), die sich gegen den äthiopischen Imperialismus richteten, nichts anderes als regionalistisch orientierte Bauernarmeen.

Nicht Armut, entwicklungspolitische Rückständigkeit oder relativ ungünstige naturgeographische Bedingungen rufen zwingend Gewalt hervor. Es gibt nachgewiesenermassen keine lineare Korrelation zwischen niedriger Entwicklung und Kriegsneigung. Weitverbreitete Armut, die auf dem afrikanischen Lande totale Ausmasse angenommen hat, begünstigt hingegen Faktoren, die den Rückgriff auf Gewalt in der Wahrnehmung der Akteure legitimieren. Dazu gehört auf lokaler bzw. regionaler Ebene die massive, von schmalen, städtisch geprägten Eliten betriebene Diskriminierung gegen meist ländliche Akteure mit dürftiger Agrar- und Weidewirtschaft im Hinblick auf ihren Zugang zu ökonomischen, ökologischen und politischen Ressourcen. Werden solche Sach- und teilweise auch Wertekonflikte beziehungsmässig aufgeladen, etwa indem gezielt ethnische, tribale oder regionale Identitäten akzentuiert werden, nehmen die Konflikte massive Formen an. Wie Rwanda zeigt, können sich ethnopolitisierte und sozial stark hierarchisierte Konflikte um Zugang, Nutzung und Verteilung von Ressourcen, deren Wurzeln vermutlich ins 17. Jahrhundert, sicher jedoch ins 19. Jahrhundert zurückreichen, das Ausmass eines Genozids annehmen.

Ländliche Diskriminierung drückt sich im hohen Entwicklungsgefälle zwischen den Hauptstadtregionen und dem agrarisch geprägten Hinterland aus. Das Nebeneinander von infrastrukturell relativ gut erschlossenen und politisch abgeschirmten Exportenklaven und ländlich-kleinbäuerlichem Sektor, von dem die Mehrheit der Bevölkerungen afrikanischer Staaten abhängt, ist eine unmittelbare Folge der von Kolonialverwaltungen eingeleiteten und von nachkolonialen Regierungen fortgesetzten Vernachlässigung der Regionen fernab der Hauptstädte. Subsistenzwirtschaft und monokulturelle Spezialisierung der kolonialen Extraktionsökonomien führten zu einer abnehmenden Selbstversorgungsfähigkeit mit Nahrungsmitteln und gleichzeitig zu hoher gesellschaftlicher Verwundbarkeit im Hinblick auf Klima- und andere Naturkatastrophen.[5] Während diese Entwicklung bis Mitte der achtziger Jahre durch den vermeintlichen Landreichtum Afrikas verschleiert wurde, zeigten ökologische Krisen, insbesondere extreme Dürreperioden, die Endlichkeit des Gutes Boden. Während im Sudan die sozioökonomischen und humanitären Folgen der Dürre von 1972/73 einigermassen in Grenzen gehalten werden konnten, wirkte sich die zweite grosse Dürre von 1984/85 in einigen Gegenden verheerend auf Viehzüchter und Hirtennomaden aus.

Ländliche Armut, hohe Abhängigkeit von den natürlichen Ressourcen und ökologische Krisen könnten durch eine erhöhte Absorbtionsfähigkeit der moder-

---

[5] Peter Meyns/Franz Nuscheler: Struktur- und Entwicklungsprobleme von Subsahara-Afrika, in: Dieter Nohlen/Franz Nuscheler (Hrsg.): Handbuch der Dritten Welt, Bd. 4, Westafrika und Zentralafrika, Bonn 1993, pp. 13-101, hier p. 35.

nen Sektoren (Agro-)Industrie und Dienstleistungen abgefedert werden. Die Saugkraft erweist sich jedoch trotz erster Erfolge bei der Industrialisierung in den sechziger Jahren nach wie vor als gering bzw. ist sogar im Abnehmen begriffen. Während nach der kolonialen Befreiung in zwölf jungen Staaten der Beitrag der Industrie zum Bruttoinlandprodukt die 15%-Marke überschritt, zeigten sich in diesen Ländern bereits in den siebziger Jahren ernste Anzeichen der Stagnation oder sogar eines Rückgangs des industriellen Wachstums. Die meisten unabhängig gewordenen Länder hatten nach zwei Jahrzehnten der Entwicklung bestenfalls die Stufe der leichten Importsubstitution für traditionelle Industriegüter wie Textilien, Schuhe, Möbel, Baumaterialien etc. erreicht. Der Anteil des gesamten Afrika südlich der Sahara - ohne Südafrika - an der Weltindustrieproduktion erreichte Ende der siebziger Jahre nur gerade 0,6%.[6] Nach einem offenbar wenig tragfähigen Entwicklungsschub nach der Unabhängigkeit setzte in jenen Jahren in rund der Hälfte der Staaten südlich der Sahara eine, wie es *Nohlen* und *Nuscheler* formulieren, „De-Industrialisierung" ein, die sich beispielsweise im deutlichen Sinken des Auslastungsgrades der mit Auslandskrediten finanzierten industriellen Anlagen niederschlug. Als Gründe für die enttäuschende Entwicklungsbilanz werden in der Literatur genannt:

- Die Koexistenz von dynamischen und marginalisierten gesellschaftlichen Sektoren brachte in unterentwickelten Agrargesellschaften, in denen zwischen 65% und 95% der Bevölkerung von landwirtschaftlicher Tätigkeit abhängen, ganz neue Probleme für die gesellschaftliche Reproduktion hervor;
- die politische und bürokratische Vernachlässigung des landwirtschaftlichen und des gewerblichen Sektors sowie der auf handwerklichen Traditionen aufbauenden Kleinindustrie, insbesondere in ländlichen Gegenden;
- der Import von unangepasster Technologie, der weder lokal verfügbare Ressourcen noch den Mangel an menschlichen Fähigkeiten berücksichtigte und vor allem zu wenig auf die Modernisierungsbedürfnisse der Landwirtschaft abgestimmt war;
- kleine Binnenmärkte und geringe Massenkaufkraft;
- wenig entwickelte Verteilungssysteme und Infrastruktur ausserhalb der Haupt- und Provinzhauptstädte;
- die vielerorts geringe Bevölkerungsdichte, die zum Teil auf die Sklaverei zurückzuführen ist und die den Auf- und Ausbau von dichten Verkehrs- und Kommunikationsnetzen erschwerte;
- das relativ hohe Bevölkerungswachstum in den nachkolonialen Staaten, mit dem das wirtschaftliche Wachstum nicht Schritt halten konnte;
- die - kriegsbedingte - Abwanderung von heimischen Fachkräften in die Industriestaaten des Nordens.[7]

---

[6] Ibid., p. 50.
[7] Ibid., p. 51.

Die Vernachlässigung des ländlichen Sektors resultiert im wesentlichen aus einer Reihe von Faktoren, die in der Literatur ausführlich behandelt worden sind.[8] Dazu gehört zum einen die ausgebliebene Agrarrevolution und die fehlgeschlagene Industrialisierung bzw. die mangelnde Vernetzung von Landwirtschaft und Industrie. So würden sich anhaltende Subsistenzwirtschaft und Industrialisierung geradezu gegenseitig ausschliessen, eben weil erstere weder ausreichend Nahrungsmittel für eine wachsende städtische Bevölkerung noch landwirtschaftliche Rohstoffe zur Weiterverarbeitung im ländlichen Raum produziere.[9]

Die Umweltkrise verschärft Entwicklungsprobleme

Während sich vor diesem Hintergrund der moderne bzw. formelle Sektor in weiten Teilen Afrikas zu einem armutsverschärfenden Pol entwickelt hat, erwiesen sich der traditionale und der informelle Sektor in den letzten zwanzig Jahren als relativ beständige und funktionsfähige Überlebensökonomien. Dies scheint sich nun im Zuge der Verschärfung der ökologischen Krisen zu ändern. Durch die Degradation der erneuerbaren Ressourcen lösen sich traditionale Bezüge auf dem Land tendenziell auf, während die beschleunigte Migration in die Städte selbst die Aufnahmekapazitäten des überaus dehnbaren informellen Sektors überfordert. Strukturelle Heterogenitäten, welche die afrikanischen Gesellschaften prägen, werden durch die Transformation der gesellschaftlichen Naturbeziehungen verschärft. Das geschieht dort, wo bereits bestehende Heterogenitäten zusätzlich akzentuiert werden, weil die Umweltveränderungen zu einer Verschlechterung der Reproduktionsbedingungen in den traditionalen Sektoren beitragen, so etwa in von Ackerbauern und Hirtennomaden beanspruchten Gebieten der ariden und semi-ariden Sahelzone. Der moderne Sektor dagegen wird weit weniger von der Transformation tangiert, da er sich aufgrund von Kapitaleinsatz und Substitutionsmöglichkeiten als von der Nutzung erneuerbarer Ressourcen unabhängiger erweist. Zusätzlich können auch das Nebeneinander und die Verschränkung von Sektoren unterschiedlichen Entwicklungsstandes zur Übernutzung der Umwelt beitragen. Das geschieht beispielsweise in Gebieten, wo durch internationale Grossprojekte erneuerbare Ressourcen zerstört werden und die ansässige Bevölkerung gezwungen ist, auf kleineren Flächen oder marginalen Böden gleich viel oder mehr zu produzieren. Ein Beispiel ist der Konflikt zwischen Dutch Shell bzw. der Zentralregierung Nigerias und dem Volk der Ogoni im Nigerdelta.

---

[8] Dieter Senghaas: Von Europa lernen; Entwicklungsgeschichtliche Betrachtungen, Frankfurt a.M. 1982, pp. 66ff.

[9] Ibid.

Das Ökologiedilemma akzentuiert die Defizite im ländlichen Sektor zusätzlich: Zielgerichtete Zerstörung des Regenwaldes, grossflächige Abholzung zur Beschaffung von Brennholz zum Kochen und Heizen, Bodenerosion aufgrund von Abholzung, Trockenheit und Übernutzung, Verschmutzung von knappem Trinkwasser, Entsorgungskrisen aufgrund mangelnder Infrastruktur, Müllimporte aus Europa etc. Die genannten Umweltveränderungen sind grösstenteils anthropogen und werden durch globale und regionale Klimaveränderungen beschleunigt, deren Ursachen noch nicht restlos geklärt sind. Vermutlich haben diese ebenfalls einen anthropogenen Kern. Hinzu kommt, dass Afrika ökogeographisch benachteiligt ist. Die gebietsweise üppig anmutende Vegetation der tropischen Regenwaldzone mag darüber hinwegtäuschen, dass die meisten afrikanischen Länder arm an natürlichen Ressourcen sind. So leiden die meisten unter einem akuten Mangel an fruchtbaren Böden und damit produktivem Land. Die chemische und physische Bodenbeschaffenheit in den feuchtwarmen Tropen ist ungünstig für Landwirtschaft. In den tropischen Trockengebieten sind die Böden reicher an organischen und mineralischen Nährstoffen, aber die Niederschlagsmengen sind zu gering oder zu unregelmässig. Lediglich 30% der Gesamtfläche Afrikas südlich der Sahara erhalten sichere und ausreichende Regenfälle.

Ein zentrales volkswirtschaftliches Problem ist die Abnahme der Produktivität auf den meisten derjenigen landwirtschaftlichen Flächen, die zur Deckung des einheimischen Nahrungsmittelbedarfs und nicht für *cash crops* genutzt werden. War die Kapitalausstattung pro Flächeneinheit und Arbeitskraft in jenem Sektor im Vergleich zu derjenigen für die Produktion von *cash crops* schon seit Jahrzehnten gering, ist sie aufgrund von Degradation, Erosion und Dürre heute noch schmaler geworden, weil staatliche und privatwirtschaftliche Investoren kein Interesse an immer weniger produktiven Sektoren haben, und weil grosse Teile der ländlichen Bevölkerungen verarmt sind. Trotz verhältnismässig geringer Besiedelungsdichten ist der tatsächliche Bevölkerungsdruck auf die Landschaft und ihre Ressourcen in ländlichen Regionen mit unproduktiver Landwirtschaft und mangelnden wirtschaftlichen Alternativen so gross, dass viele Kleinproduzenten zunehmend marginale Böden bewirtschaften müssen. Dadurch sinkt nicht nur die Produktivität pro Flächeneinheit weiter ab, sondern die Nahrungsmittelproduktion reicht inzwischen nicht einmal für die Deckung des Bedarfs der ländlichen, geschweige denn der städtischen Bevölkerung aus.

Insbesondere in grossflächigen Entwicklungsländern unterscheiden sich Gebiete mit fortgeschrittener Agrarmodernisierung und mit Grossgrundbesitz von Gebieten mit unproduktiver und marginalisierter Produktion. Das heisst, nicht nur Produktivitätsunterschiede, sondern auch wachsende Verteilungsdisparitäten verhindern das Heranwachsen integrierter Volkswirtschaften. Aufgrund dessen zerfallen viele afrikanische Staaten in regionale Ökonomien, die mehr durch die ökogeographischen Verhältnisse als durch marktwirtschaftliche Verkehrsformen geprägt sind. Das ehemalige Zaïre ist geradezu ein Paradebeispiel für eine solche heterogene Struktur.

Die teilweise Mechanisierung und die Produktivitätssteigerung in der Landwirtschaft, die unter anderem im Zuge der „grünen Revolution“ erzielt wurden, führten in der Regel keineswegs zum Aufbrechen überkommener Strukturen, sondern trugen bestenfalls zum verstärkten Druck auf die bäuerliche Bevölkerung bei, die auf marginalen Böden ohne Neuinvestitionen mehr zu erwirtschaften hatte oder das Land zugunsten der Agroindustrie verlassen musste. Vielerorts begünstigen Umweltdegradation und Bevölkerungsdruck die ungleiche Bodenverteilung, da Kleinstproduzenten aufgeben müssen, während mittlere und agroindustrielle Grossbetriebe im jeweiligen Landesdurchschnitt über grössere Flächen verfügen können.

Zusammenfassende Bewertung

1. Die Fragen der Umweltzerstörung und der ländlichen Armut wurden oben besonders hervorgehoben, um deutlich zu machen, dass Konflikte in Afrika in der Regel von einem starken ländlich-bäuerlichen Element geprägt sind. Hinter ethnopolitischen oder tribalistischen Identitätskonflikten steckt meist der Gegensatz von Moderne und Tradition, von Stadt und Land, von Eliten, die über den Staatsapparat den Zugang zu Ressourcen kontrollieren, und von diskriminierten Bevölkerungsgruppen, welchen der Zugang dazu von eben diesen Eliten verwehrt wird. In Afrika südlich der Sahara haben politische Krisen, bewaffnete Auseinandersetzungen und Klimaschwankungen die wirtschaftliche Entwicklung nachhaltig beeinträchtigt.[10]
2. Aufgrund dieser generellen Struktur ist nicht zu erwarten, dass Konfliktlösungen unmittelbar in demokratisch-partizipative Prozesse mit dauerhaften Institutionen münden, weil die Hierarchien zu steil sind und weil das vermittelnde Element einer bürgerlichen bzw. aktiven Zivilgesellschaft fehlt oder nur schwach ausgeprägt ist. Der Kritik des nigerianischen Schriftstellers *Chinua Achebe* ist daher - trotz jüngster Demokratisierungserfolge in einigen wenigen Ländern - generell zuzustimmen: Die Krise besteht in „the failure of our rulers to reestablish vital inner links with the poor and dispossessed“.[11] Das Versagen nimmt gemäss der Analyse, die *Basil Davidson* in seinem Buch „The Black Man's Burden“ vornimmt, zwei Formen an. Die Bürger afrikanischer Staaten sehen sich mit dem Dilemma konfrontiert, zwischen „a strong state which threatens or becomes dictatorship, and a weak state which collapses into

---

[10] Rolf Kappel/Oliver Landmann: Die Schweiz im globalen Wandel; Aussenwirtschaftliche und entwicklungspolitische Herausforderungen, Zürich 1997, p. 207.

[11] Chinua Achebe: Anthills of the Savannah, New York 1988.

clientelism“ wählen zu müssen.[12] Auf eine Kurzformel gebracht liege der Misserfolg Afrikas in „the brutal divorce between rulers and ruled“.[13]

3. Externe Faktoren sind für krisenhafte Unterentwicklungen und bewaffnete Konflikte nur bedingt verantwortlich zu machen. Verschlechterte Austauschverhältnisse (*terms of trade*) und der Zinsschock zu Beginn der achtziger Jahre haben zu einem Verlust der wirtschaftlichen Dynamik beigetragen, diesen jedoch nicht hervorgerufen. Hinzu kommt, dass ehemalige Kolonialstaaten ihren Nachfolgeregimen die Herrschaftsposition sicherten, indem sie diese mit Militär- und Wirtschaftshilfe - oder mit Hilfe militärischer Interventionen - unterstützten, solange sie ihren geostrategischen und wirtschaftlichen Interessen dienten. Ausserdem ist es der Entwicklungshilfe aus dem Norden, die in Afrika weit massiver war als in Asien und in Lateinamerika, nicht gelungen, strukturelle Heterogenitäten aufzubrechen. Vielfach hat falsche und übertriebene Hilfe bestehende Ungleichheiten sogar akzentuiert.
4. Die gegenwärtige Modernisierungskrise in den meisten Ländern Afrikas ist nicht primär auf koloniale Hinterlassenschaften oder weltwirtschaftliche Einflüsse zurückzuführen. Sie ist grösstenteils durch interne politische Entwicklungen in den einzelnen Ländern bedingt. Externe und interne Faktoren haben allenfalls kumulative Effekte, nicht zuletzt deshalb, weil staatliche Politik nicht angepasst auf externe Einflüsse reagiert hat. Die Rolle des Staates als Eigentümer von Produktionsfaktoren und als Produzent von Gütern und Dienstleistungen ist kritisch zu betrachten, zumal die staatliche Wirtschaftstätigkeit meist mit einer Abnahme der privaten Wirtschaftstätigkeit einerseits und kapitalflüchtigen und kleptokratischen Eliten andererseits einhergeht. Auch ist die verstärkte Diskriminierung der ländlichen Bevölkerung durch eine vernachlässigte Landwirtschaft hervorzuheben.
5. In Afrika - vor allem südlich der Sahara - dürften nichtwirtschaftliche Krisenursachen - Kriege, bewaffnete Konflikte und klimatisch-ökologische Veränderungen - wesentlich zur Unterentwicklung und damit zu weiteren politischen und gesellschaftlichen Krisen beigetragen haben. Um so wichtiger wird daher präventives Krisen- und konstruktives Konfliktmanagement. Dabei sind insbesondere regionalspezifische Besonderheiten zu beachten.

---

[12] Basil Davidson: The Black Man’s Burden; Africa and the Curse of the Nation-State, New York 1992, p. 308.
[13] Ibid., p. 293.

Soziopolitische Krisen der Sahelländer

Kulturgeographische Abgrenzung und Konfliktlinien

Der Sahel, ein 400 km breiter und 6000 km langer Streifen, der von Senegal bis Eritrea reicht, ist weder natur- noch politgeographisch klar abzugrenzen. Als starken klimatischen Schwankungen unterworfenes Übergangsgebiet zwischen der Sahara und der Savanne war und ist die riesige Sahelzone der Funktionsraum für (halb-)nomadische Viehzüchter nichtnegroider Herkunft und für sesshafte negride Bauernvölker.

> „Somit stellt sich der Sahel kulturhistorisch seit jeher als eine komplexe 'Kontakt- und Konfliktzone' ethnisch und wirtschaftlich unterschiedlich strukturierter Völker dar.“[14]

Die gegenwärtigen substaatlichen Konflikte im Sahel können nicht gelöst werden, wenn die grundlegenden sozioökonomischen und ökologischen Problemstellungen nicht verstanden werden. Hinter dem Kampf um die Ressource Macht im Staat steckt sehr oft der Kampf um den Zugang oder die Verteilung materieller Ressourcen bzw. die Rechtsordnung, die die Verteilung regelt. Um ein Beispiel zu geben: In der gesamten Sahelzone wurden die von Nomaden genutzten Weideareale durch die Ausweitung des bäuerlichen Feldbaus immer mehr eingeengt, was besonders durch das Verschieben der agronomischen Trockengrenze des Hirseanbaus nach Norden in Jahren mit ausreichendem Regenfall geschah. Dadurch wurde die Wanderungsflexibilität der nomadischen Weidewirtschaft erheblich eingeschränkt, so dass Konflikte auch aus diesen konkurrierenden Landnutzungsweisen entstanden und traditionelle Gegensätze verschärft wurden. In den achtziger Jahren geriet der „Pastoralismus“ immer mehr unter Druck, nicht zuletzt auch aufgrund von Gutachten über die ökologische Bedenklichkeit dieser Produktionsweise.

Im Hintergrund der Krise des sahelischen Nomadismus stehen jedoch auch koloniale und postkoloniale Eingriffe in die mikroökonomischen und politischen Strukturen der Nomaden und Bauern. Hier ist vor allem die Einschränkung der Landrechte und der Bodennutzungsrechte und -arten konflikttreibend. Mit der Befreiung höriger Bauern und der nachkolonialen Ordnung mussten Nomaden ihre exklusiven Weide- und Brunnenrechte aufgeben und andere, meist bäuerliche Gruppen auf ihren Territorien dulden. Wertvolle Weideareale wurden zur Nahrungsmittelproduktion und später für *cash crops* ausgeschieden. Um der

[14] Thomas Krings: Struktur- und Entwicklungsprobleme der Sahelländer, in: Dieter Nohlen/Franz Nuscheler (Hrsg.): Handbuch der Dritten Welt, Bd. 6, Nordafrika und Naher Osten, Bonn 1993, pp. 130-155, hier p. 130.

Degradation von fragilen Böden im Süden auszuweichen, schoben sich die Eingriffe der Feldbauzonen weiter nach Norden, während die Nomaden aufgrund der Desertifikation ihre Herden weiter nach Süden treiben. Ausserdem ist eine grossräumige Wandertierhaltung zwischen Sahelstaaten ohne ständige Grenzverletzungen kaum mehr möglich. Konflikte wie zwischen Senegal und Mauretanien anfangs der neunziger Jahre sind die Folge.[15]

Nach Erreichen der Unabhängigkeit und im Zuge der Staatenbildung versuchten alle Regierungen mit mehr oder weniger konfliktreichen Strategien, Nomaden anzusiedeln, deren Mobilität zu brechen, die politische Kontrolle zu erlangen und eine effektive Besteuerung durchzusetzen. Landnutzungskonflikte zwischen Fulbe-Nomaden und Wolof-Bauern in der Erdnussproduktion beispielsweise werden von der Zentralregierung Senegals meist zugunsten der Bauern entschieden, was eine weitere Einengung der Nutzflächen und daher Überweidung zur Folge hat. Ähnlich verhalten sich die Regierungen der Sahelstaaten im Osten Afrikas (u.a. Djibouti), und dies, obwohl der Nomadismus in den letzten Jahren wissenschaftlich rehabilitiert wurde. Inzwischen wurde der fast unermessliche Viehbestand als Quelle des Reichtums des Horns von Afrika erkannt.

Politischer Status der Länder in Westafrika

In fünfzehn der 23 Staaten West- und Zentralafrikas putschte sich das gegenwärtige Regime an die Macht. Das heisst, nach wie vor regieren fünfzehn Militärregime, auch wenn sich neun davon in den letzten Jahren durch Präsidentschaftswahlen einen zivilen und legitimatorischen Anstrich verpasst haben. In vier Staaten können sich mehr oder weniger repressive Militärregime an der Macht halten (vgl. Tab. 1.1).

In den neunziger Jahren kam es zu einer Welle bei der Einführung von Mehrparteiensystemen. Diese wurden in einer Fülle von Wahlen bestätigt, welche als Zeichen dafür gewertet werden, dass die „Massenbeteiligung“ wieder auf dem Vormarsch sei. In der Tat, mit Ausnahme der Republik Kongo (vormals Zaïre), haben alle Staaten dieser Grossregion Afrikas kurz nach 1990 ein Mehrparteiensystem eingeführt bzw. Oppositionsparteien legalisiert, Senegal, Gambia und Liberia sogar schon früher. Nur Niger hat das System 1992 wieder suspendiert. So hatten zwischen 1995 und 1997 fast alle Staaten entweder Parlaments- oder Präsidentschaftswahlen oder beides.

1996 wurde zu *dem* afrikanischen Wahljahr. In der Regel kam es zu einer Proliferation von Parteien. Das Spektrum reicht von fünf formal zugelassenen

---

[15] Ibid., p. 137. - Peter Beaumont: Drylands: Environmental Management and Development, London/New York 1993.

Parteien in Nigeria bis zu hundert Parteien in Kongo-Brazzaville. Man kann von einem Parteienklientelismus sprechen, der dazu führt, dass viele Staaten de facto restriktive Mehrparteiensysteme mit einer Partei an der Macht sind. Zwar werden in allen demokratischen Ländern weltweit Zulassungsbeschränkungen für Parteien aufgestellt. Das Verbot der Bildung von Parteien entlang ethnischer, rassischer, religiöser und berufsspezifischer Kriterien scheint in Westeuropa eine Selbstverständlichkeit zu sein. In Afrika wirkt sich dieses Verbot dort, wo es existiert, konfliktgenerierend aus, weil angesichts der mangelnden staatlichen Leistungen (*poor state performance*) und der schlechten gesellschaftlichen Integration und Partizipation auf jeweils nationaler Ebene ethnische und andere Gruppenzugehörigkeiten auch politisch identitätsbildend sind. Die Restriktionen können die Ausbreitung von Kleinstparteien nicht verhindern, begünstigen letztlich aber die dominante Partei an der Macht.

Oft bildet die stärkste Partei die überwiegende Mehrheit im Parlament. So nimmt sie beispielsweise in Mauretanien 70 von 79 Sitzen ein. In 19 der 23 Staaten hält die stärkste Partei jeweils über die Hälfte der Sitze. Da dies in der Regel die Partei des amtierenden Präsidenten ist, liegt beim zivilen oder militärischen Staatsoberhaupt eine starke Machtkonzentration, während die übrigen Parteien unter einem starken Marginalisierungsdruck stehen. Die dominante Partei vermeidet es aufgrund ihrer absoluten Machtstellung in der Regel, partikulare ethnische Affinitäten auszudrücken. Sie kann es sich leisten, im Namen des Gemeinwohls zu agieren. Die Ethnopolitisierung politischer Programme mit fragmentarischen Zielen findet eher auf seiten marginalisierter Oppositionsparteien statt.

Bisher ist es in Westafrika kaum zu Machtwechseln durch Wahlen gekommen. Diese haben eher zur Konsolidierung ziviler und zur nachträglichen Legitimierung ehemals militärisch errungener Macht als zu einem dynamischen Wechsel von Regierung und Opposition beigetragen. Es gibt nur noch wenige Führerfiguren aus der Zeit der kolonialen Befreiung. So verblieben von der alten Garde Eyadéma in Togo und Bongo in Gabun in ihren Ämtern. Vereinzelt gelang es ehemaligen Diktatoren, durch Wahlen erneut an die Macht zu kommen, so etwa General Kérékou in Benin, der das Land bereits zwischen 1972 und 1991 mit eiserner Faust im Griff hielt. Von den fünfzehn jungen Regimen, die nach 1990 an die Macht kamen, wurden sechs regulär gewählt, während acht Regierungen die Folge eines Putsches sind. In Zaïre errang Kabila fast staatsstreichartig einen militärischen Sieg.

Tabelle 1.1[16]
Politischer Status der Länder Westafrikas und Zentralafrikas

Land	Macht durch Staatsstreich; Putsch	politisches System (MP = Mehrparteiensyst.; EP = Einparteisystem)	Regierung (M = Milit. Z = Zivil, M/Z = Militär, durch Wahlen bestätigt	letzte Wahlen (Pr = Präsid. Pa = Parlam.)	Anteil der stärksten Partei im Parlament	Regierungschef /Präsident (Beginn der Amtszeit)
Mauretanien	1984	MP (1991)	M/Z	Pr (1992) Pa (1996)	DSRP 70/79	Taya (1984; 1992)
Mali		MP (1992)	Z	Pr (1997) Pa (1997)	ADEMA ?/147	Konaré (1992)
Niger	1996	MP (1992)	M/Z	Pa 1996 (Opp. boyk.)	UNIRD 59/83	General Maïnassara (1996)
Tschad	1990	MP (1991/92)	M/Z	Pr (1996) Pa (1997)	MSP ?/125	Col. Déby (1990)
Senegal		MP (1976/81)	Z	Pr (1993) Pa (1993)	PS/UPS 84/120	Diouf (1983/93)
Gambia	1994	MP (1972-94/1996)	M/Z	Pr (1996) Pa (1997)	APRC 33/50	Jammeh (1994)
Kap Verde		MP (1991)	Z	Pa (1995) Pr (1996)	MPD 50/72	Monteiro (1991)
Guinea-Bissau	1980	MP (1991)	M/Z	Pr (1994) Pa (1994)	PAIGC 62/100	General (Ret.) Vieira (1980)
Guinea	1984	MP (1990)	M/Z	Pr (1993) Pa (1995)	PUP 71/114	Gen. Conté (1984/93)
Sierra Leone	1996 und 1997	MP (1991)	M	Pr (1996) Pa (1996)	SLPP 27/68	Kabbah (1996); Maj. Koromah (1997)
Liberia		MP (1984)	M/Z	Pr (1997) Pa (1997)	NPP 21/26 Senat 49/64 Abg.	Taylor (1997)
Elfenbeinküste	1996	MP (1990)	Z	Pr (1995) Pa (1995)	PDCI 148/175	Konan-Bédié (1993)

[16] Quellen: Political Handbook of the World 1997, ed. by Arthur S. Banks/Alan J. Day/Thomas C. Muller, New York 1997; eigenes Zeitungsarchiv.

Burkina Faso	1987	MP (1991)	M	Pr (1991) Pa (1992)	FP 84/107	Kapt. Compaoré (1987)
Ghana	1981	MP (1979-81; ab 1992	M/Z	Pr (1996) Pa (1996)	NDC 133/200	Lt. Rawlings (1981)
Togo	1967	MP (1992)	M/Z	Pr (1993) Pa (1994/96)	RPT 42/81	General Eyadéma (1967)
Benin	1972	MP (1992)	M/Z	Pr (1996) Pa (1996)	PRD 49/83	Brig.Gen. Kérékou (1972-91; 1996)
Nigeria	1993	MP (1989-93; heute formal fünf Parteien	M			Gen. Abacha (1993)
Kamerun		MP (1990)	Z	Pr (1997) Pa (1997)	RDPC 116/180	Biya (1982)
Äquatorial Guinea	1979	MP (1992)	M/Z	Pr (1996) Pa (1993)	PDGE 68/80	Gen. Obiang (1979)
Sao Tomé Principe		MP (1990)	Z	Pr (1996) Pa (1994)	3-Parteien Koalition 55/55	Trovoada (1991)
Gabun		MP (1990)	Z	Pr (1993) Pa (1996/97)	PDG 82/120	Bongo (1967)
Zentralafrika		MP (1992)	Z	Pr (1993) Pa (1993/95)	MLPC 35/85	Patassé (1993)
Kongo		MP (1991)	Z	Pr (1992) Pa (1993)	PT 65/125	Lissouba (1992)
Zaïre	1997		M	Konstituante (Juni 1997)	AFDL	Kabila (1997)

Bewaffnete Konflikte in West- und Zentralafrika

In West- und Zentralafrika finden die bewaffneten Konflikte in Staaten statt, die gemäss des *Human Development Index* (HDI) des UNDP[17] fast ausschliesslich

[17] United Nations Development Programme (ed.): Human Development Report 1996, New York 1996.

zur Gruppe der am wenigsten entwickelten Länder gehören. Lediglich Kongo-Brazzaville und Kap Verde konnten in den mittleren Bereich aufschliessen. Folgende Tabelle (vgl. Tab. 1.2) enthält eine Liste der laufenden bewaffneten Konflikte unterschiedlicher Intensität, den HDI-Rang des konfliktbetroffenen Landes sowie den zentralen Konfliktgegenstand. Die Tabelle soll die These untermauern, dass sämtliche Versuche der Konfliktlösung durch Dritte mit einem Syndrom, bestehend aus niedrigem Entwicklungsstand, Ressourcenarmut und ungenügender Regierungstätigkeit konfrontiert sind. Dies hat insofern Konsequenzen für jede Art von Drittparteienintervention, als es dabei in erster Linie um substaatliche Konfliktlösung zwischen Akteuren verschiedener Ebenen und weniger um klassische Verhandlungsdiplomatie zwischen Vertretern von Staaten geht. Bei letzterer mögen sich gewisse Problemkomplexe im Interesse eines Abkommens ausblenden lassen, bei ersterer kaum oder nur um den Preis einer nicht dauerhaft tragfähigen Lösung.

Tabelle 1.2[18]
HDI und bewaffnete Konflikte in Westafrika und Zentralafrika 1996/97

Land	HDI 1996: Rang	Wert	bewaffneter Konflikt niedrig	mittel	Krieg	Streitgegenstand
1 Mauretanien	l 149	0.353				
2 Mali	l 171	0.223				Gebiet/Ressourcen (Azawad)
3 Niger	l 174	0.204	L			Gebiet/Ressourcen (Azawad, Toubou)
4 Tschad	l 163	0.291				
5 Senegal	l 153	0.331		M		Gebiet (Casamance)
6 Kap Verde	m 122	0.539				
7 Gambia	l 162	0.292				
8 Guinea Bissau	l 161	0.297				
9 Guinea						
10 Sierra Leone	l 173	0.219			K	Antiregime (RUF)
11 Liberia	l 158	0.311		M		Antiregime
12 Elfenbeinküste	l 147	0.357				
13 Burkina Faso	l 170	0.225				
14 Ghana	l 129	0.467	L			Ressourcen (intertribal im Norden)
15 Togo	l 140	0.385				
16 Benin	l 154	0.327				
17 Nigeria	l 137	0.400				Ressourcen: Ogoni (Delta)

[18] Quelle: Eigene Zusammenstellung.

18 Kamerun	l 127	0.418	L		Nigeria: Bakassi
19Äquatorial Guinea	l 131	0.461			
20SaoTome Principe	l 132	0.458			
21 Gabun					
22 Zentralafrika	l 148	0.355			
23 Kongo	m 125	0.517	L		Antiregime
24 Zaïre	l 141	0.371		K	Antiregime

Gesellschaften niedriger Entwicklung sind stark konfliktanfällig. Eine Bilanz für sämtliche Länder niedriger Entwicklung für die Jahre 1990-1995 zeigt, dass in 44 von 48 LDCs mindestens ein bewaffneter Konflikt oder Krieg ausgetragen wurde.[19] Diese nehmen in Westafrika eher die Form kleinerer, wenn auch oft lange andauernder Konflikte an. Während lediglich in Zaïre ein grösserer Antiregimekrieg zu verzeichnen war und der Krieg in Sierra Leone 1996/97 an Intensität verloren hat, sind sechs Staaten von bewaffneten Konflikten niedriger und mittlerer Intensität geprägt. Dabei geht es meist entweder um Antiregimekämpfe, um Ressourcen bzw. Gebietskonflikte oder um beides kombiniert. In Nigeria besteht ein erhöhtes regionales Konfliktpotential, wobei die Eskalation in erster Linie durch zentralstaatliche Repression und starke militärische Präsenz verhindert wird. Im Senegal scheint die Regionalisierung nach schweizerischem Vorbild, welche einen Machttransfer an die Regionen als Mittel gegen den Separatismus vorsieht, von den Diola in der Casamance als „Falle" interpretiert zu werden, die allein dem besseren „teile und herrsche" diene. Daher dürfte weiterhin Eskalationsgefahr bestehen.

Bedrohte Ethnien

Mit Ausnahme von Nordafrika fällt die strukturelle Heterogenität in den meisten Ländern West-, Zentral, Ost- und Südafrikas mit extremer ethnischer Vielfalt zusammen. Vor allem in den grossen konfliktbetroffenen Ländern wie Nigeria, Kongo, Zaïre, Angola und Äthiopien machen die verschiedenen ethnischen, nationalen und rassischen Minderheiten mehr als die Hälfte der Gesamtbevölkerung der jeweiligen Staaten aus. In Niger, Tschad, Eritrea, Namibia und Moçambique sind es zwischen 40% und 50% und im Sudan zwischen 30% und 40%.[20]

---

[19] Günther Baechler: Violence through Environmental Discrimination; Causes, Rwanda Arena, and Conflict Model, Dissertation, Cambridge MA, Berne, May 1997.

[20] Smith, Der Fischer Atlas (Fn. 1), pp. 20f.

Tabelle 1.3[21]
Risikoanalyse ethnopolitischer Konflikte in West- und Zentralafrika 1990-95[22]

Land	ethnische Gruppe	Rebellion 1990-95 (Intensität)	empirische Analyse[1)]	eigene Folgerungen[2)]
Ghana	Ashanti Ewe Mosi, Dagomba	- - -	Status quo *Risiko* Status quo	Status quo *Risiko* Status quo
Guinea	Fulani & Fulbe Malinke	- -	Status quo Status quo	Status quo Status quo
Mauretanien	Mauren Kewri	- Guerilla schwach	Status quo *Risiko*	Status quo Status quo
Niger	Tuareg	Guerilla mittel	Status quo	Status quo
Nigeria	Ibo Ogoni Yoruba	- - -	Status quo *Risiko* Status quo	Status quo Status quo[3)] Status quo
Senegal	Casamance (Diola u.a.)	Guerilla schwach	Status quo	*Risiko*
Sierra Leone	Kreolen Limba Mende Temne	- - Guerilla stark -	Status quo Status quo *abnehmend* Status quo	Status quo Status quo Status quo Status quo
Tschad	südl. Bantu-gruppen (Sara)	-	*Risiko*	*Risiko*
Togo	Ewe	Terrorismus	*Eskalations-risiko*	*abnehmend*
Rep. Kongo (Zaïre)	Banyarwanda Luba Lunda, Yeke	- - -	*Risiko* *Risiko* *Risiko*	*Risiko* Status quo Status quo

[21] Quelle: „Minorities at Risk Project", Will H. Moore/Ted Robert Gurr: Assessing Risks of Ethnorebellion in the Year 2000; Three Empirical Approaches, Toronto, March 1997 (Manusc.).

[22] [1)]Empirische Analyse = aufgrund der Projektdaten Durchführung einer Regressionsanalyse. Status quo = Prognose, dass Fortsetzung auf dem Stand der zugrunde gelegten Intensität 1990-95 erwartet wurde. Risiko = Prognose, dass Intensität gegenüber 1990-95 zugenommen hat. [2)]Eigene Schlussfolgerungen aufgrund von aktuellen Beobachtungen (Zeitungsarchiv). [3)]Rebellionspotential vorhanden, aber stark gedämpft durch erdrückende militärische Präsenz der Zentralregierung.

Von weltweit 260 bedrohten Minderheiten sind rund sechzig in afrikanischen Staaten und davon über zwanzig in den Staaten West- und Zentralafrikas zu lokalisieren.[23] Gemäss der Analyse besteht ein gewisses Eskalationsrisiko in Nordghana, in Senegal (Casamance), in Mauretanien und im Tschad. Gegenwärtig dürfte der Konflikt in Ghana am akutesten sein, während sich Mauretanien nach dem Friedensabkommen zwischen den Tuareg und der Zentralregierung zumindest vorübergehend beruhigt hat. In der Republik Kongo (Zaïre) ist der Konflikt inzwischen voll ausgebrochen und mit Laurent Kabila haben Banyarwanda- bzw. Batutsi-freundliche Kräfte die Macht übernommen.

Soziopolitische Krisen in Nordafrika

Kulturgeographische Abgrenzung und Konfliktlinien

Nordafrika muss mehr im Zusammenhang mit einer die Kontinente übergreifenden Grossregion begriffen werden, die als Orient bezeichnet wird, als ausschliesslich mit dem afrikanischen Kontinent. Man kann auch sagen, dass Nordafrika die islamisch-orientalische Welt am südlichen Mittelmeerrand nach Westen hin fortsetzt. Die „Insel" bzw. „Halbinsel", die von der libyschen Wüste bis an den Atlantik reicht, wird seit dem 7. Jahrhundert *dejzira-t-al-maghreb* genannt.

Die Maghreb-Staaten sind durch die Herkunft ihrer Bewohner, die Berber, geprägt. Dieser Sammelbegriff für zahlreiche und verschiedenste nicht arabischsprachige Stämme und Verbände bezeichnet diejenigen, die nicht die Schrift- und Hochsprache der Herrschenden sprechen, roh und ungebildet bzw. Ausländer sind. Die Araber und später die französische Kolonialmacht übernahmen den Begriff durchaus in diesem abwertenden Sinne. Der latente Gegensatz zwischen nichtarabischen Gebirgsstämmen und der arabisierten Bevölkerung der Ebenen und Städte wurde dadurch grundlegend ethnisiert, was bis heute Folgen zeigt. Die Ethnisierung der nordafrikanischen Gesellschaft folgte klar dem Prinzip des „teile und herrsche" und fand ihren Höhepunkt in der heute politisch virulenten Konstituierung einer berberischen bzw. kabylischen Identität in Algerien und im *Dahir berbère* (Berber-Erlass) in Marokko im Jahre 1930, der als Beginn des marokkanischen Nationalismus gesehen werden kann.[24]

Für Nordafrika war die Islamisierung kulturell geschichtsbildend. Diese veränderte - zusammen mit der Arabisierung - die Region nachhaltiger und dau-

---

[23] Minorities at Risk Project (Fn. 21), vgl. Tab. 1.3.

[24] Werner Ruf: Der Maghreb im Überblick, in Dieter Nohlen/Franz Nuscheler (Hrsg.): Handbuch der Dritten Welt, Bd. 6, Nordafrika und Naher Osten, Bonn 1993, pp. 86-110, hier pp. 86f.

erhafter als alle anderen Invasionen, angefangen von den Phöniziern bis zu den Franzosen. Es waren denn auch der Islam und die Zugehörigkeit zur arabischen Nation, der *umma*, die trotz der Versuche Frankreichs, berberische gegen arabische Kräfte auszuspielen, im antikolonialen Befreiungskampf zum starken und einigenden Motiv wurde. Heute weist der Maghreb - abgesehen von den relativ intakten jüdischen Gemeinschaften - eine erstaunliche sozio-strukturelle und vor allem religiös-kulturelle Homogenität auf. Hingegen scheitern die immer wieder artikulierten Bestrebungen nach transnationaler Einigung an den nationalstaatlichen Gebilden mit ihren sehr unterschiedlichen politischen Systemen und Herrschaftsformen. Diese fördern eher die Divergenz innerhalb der *umma*, was sich - wie in Algerien - auch negativ auf die innerstaatliche Integration auswirkt.[25]

Ein hervorstechendes gemeinsames Strukturproblem maghrebinischer Staaten ist das hohe Bevölkerungswachstum, das zwischen 2,5% in Marokko und 4,2% in Libyen liegt und den Druck auf die natürlichen Ressourcen wie auch auf eine tragfähige sozioökonomische Entwicklung verstärkt. Wie im Sahel spielt in Afrika nördlich der Sahara der wachsende Gegensatz zwischen Stadt und Land, insbesondere unter dem Einfluss hoher Bevölkerungszuwachsraten, eine grosse Rolle. Die Städte und die sie umgebenden agrarischen Gebiete sesshafter Bauern waren Zentren des Handels, der Kultur, der Wissenschaft und relativer politischer Stabilität. Zwischen Nomaden und sesshaften Städtern und Bauern bestand ein wechselseitiges Abhängigkeitsverhältnis, brauchten letztere doch die Nomaden für den Transport und den Schutz ihrer Handelsgüter, während die Nomaden dadurch wenigstens partiell in die Geldwirtschaft einbezogen wurden.[26]

In den letzten Jahren kam es vor dem Hintergrund anhaltender Trockenheit, der Übernutzung karger Ressourcen und von Verteilungskämpfen um fruchtbaren Boden zu einer fortschreitenden Existenzvernichtung kleinbäuerlicher Betriebe, während die Städte zum Zufluchtsort land- und arbeitsloser Migranten aus dem Hinterland wurden. Die rasch wachsenden Städte laufen dabei Gefahr, an ihrer mangelnden Infrastruktur zu kollabieren. Zudem stellen die Migranten in den „bidonvilles“ eine permanente und schwer kontrollierbare politische Sprengkraft dar, die von islamischen Fundamentalisten in ihren Antiregimekämpfen instrumentalisiert werden kann. Algerien soll hier wiederum als Beispiel dienen. Aufgrund eines Schülerstreiks im Oktober 1988 sah sich das zentralistisch-sozialistische Regime dazu gezwungen, eine politische Liberalisierung einzuleiten. Die Unzufriedenheit in den Vorstädten wurde von den Machthabern aufgrund der repressiven Verhältnisse jedoch stark unterschätzt. Schülerstreik und Liberalisierung mündeten in bürgerkriegsähnliche Aufstände. Die auf der Strasse erzwungene politische und ökonomische Liberalisierung verstärkte daraufhin den Einfluss der Islamischen Heilsfront (FIS) enorm und verhalf ihr zu

[25] Ibid., p. 88.
[26] Ibid., pp. 91ff.

einem erdrutschartigen Sieg bei den Wahlen Ende Dezember 1991. Ein Militärputsch und die Verhängung des Ausnahmezustandes führten zum jähen Ende des demokratischen Experiments in Algerien.[27]

Die Polarisierung der wirtschaftlichen Entwicklung, die sozioökonomische Heterogenität bei gleichzeitiger Marginalisierung grosser Bevölkerungsteile auf dem Land bzw. um die wachsenden Städte verhalfen dem politischen und teilweise ethnisierten Islam zu seinem Bewegungscharakter, den er während der kolonialen Befreiung hatte und im Zuge der Modernisierungsbestrebungen der sechziger und siebziger Jahre zeitweilig einbüsste. Das Anwachsen islamistischer Bewegungen, entweder unter dem Einfluss von Saudi-Arabien oder dem schiitischen Iran stehend, wird von westlicher Seite als Bedrohung und Gefahr für Afrika südlich der Sahara gesehen. Daraus leitet sich wesentlich das jüngste Engagement der USA in Ost- und Zentralafrika zur Eindämmung des islamischen Einflusses ab. Das bestärkt indirekt die antiwestliche Stimmung in der islamischen Bewegung, denn noch vor wenigen Jahren, zur Zeit der Systemkonfrontation nämlich, unterstützte der Westen via Saudi-Arabien islamische Gruppierungen in den sozialistisch orientierten Staaten des arabischen Raumes als Gegengewicht zu der tatsächlichen oder vermeintlichen Moskauorientierung dieser Staaten.

Vor diesem Hintergrund gewinnt der Islam einerseits die Funktion kultureller Identitätsstiftung für die marginalisierte Bevölkerung, scheint er doch eine radikale Alternative zu den gescheiterten Modernisierungsbemühungen zu sein. Durch die Institution der Moscheen - vergleichbar mit derjenigen der Kirchen - werden wichtige soziale und psychosoziale Massnahmen zur Linderung der schlimmsten Auswüchse von Armut und Marginalisierung angeboten. Andererseits ist die Politisierung des Islam in der ersten Hälfte der neunziger Jahre eine Angelegenheit, um nicht zu sagen „Erfindung" islamischer Eliten und Würdenträger. Wie das Beispiel Sudan zeigt, wird dem traditionellen Islam aus Gründen der Machterhaltung und -entfaltung eine politische Dimension verliehen, die er so nie hatte. Auch für die ägyptische Untergrundbewegung *Jamaa al-islamiya*, auf deren Konto unter anderem die Attentate in Luxor gehen, „ist der Islam nicht nur Glaube und Lebensweg, sondern in erster Linie eine politische Ideologie. (...) Das religiöse Element dieser Bewegung ist fundamentalistisch, wogegen die politische Komponente dem europäischen Totalitarismus entlehnt ist".[28]

Der Zenit der islamistischen Bewegung dürfte allerdings überschritten sein. Einerseits gelang es den Islamisten kaum, ihre „Heilsversprechen" einzulösen. Und dort, wo sie partiell erfolgreich waren, wie im Iran, untergraben sie

---

[27] Ibid., p. 92. - Vgl. den Beitrag von Werner Ruf in diesem Band.

[28] Khalid Duran: Ägyptens „Möchtegern-Khomeiny"; Omar Abderrahmans Einfluss auf die Jamaa-al-islamiya, in: NZZ, 8. Dezember 1997, p. 7.

durch die eingeleiteten sozioökonomischen Entwicklungen in Richtung Modernisierung ihre eigene politische Legitimation, mit welcher sie einst an die Macht kamen.[29] Andererseits zeigen sich aufgrund von Ereignissen wie Luxor, dass selbst in der Bewegung extreme Positionen wie diejenige des in den USA inhaftierten Ägypters Omar Abderrahman auf Widerstand stossen.

Politischer Status der Länder Nordafrikas

Ein Element der Einheit Arabischer Staaten ist die Arabische Maghreb-Union UMA, die am 17. Februar 1989 in Marrakesch gegründet wurde. Obwohl bereits auf die nationalistische Bewegung der dreissiger Jahre zurückgehend, war der Einheitsgedanke immer wieder durch konkrete Ereignisse oder Konfliktformationen in Frage gestellt.

So ist Nordafrika trotz der geringen Zahl der Länder und der relativen kulturellen Homogenität diejenige Region Afrikas mit den grössten Divergenzen zwischen den jeweiligen politischen Systemen. Marokko ist ein Königreich, in dem der König gemäss Verfassung von 1972 Herrscher der Gläubigen, oberster Repräsentant der Nation, Symbol der Einheit, Garant der Dauerhaftigkeit etc. ist. Gleichzeitig gibt sich Marokko mit seinem Mehrparteiensystem, der Zulassung von Menschenrechtsorganisationen und einer relativen Pressefreiheit einen auch auf die konditionalisierte Afrikapolitik der EU abzielenden demokratischen Anstrich. Trotzdem fehlt es an elementaren Formen der Gewaltenteilung. Algerien, bis 1988 politisch relativ stabil und weltoffen, wird seit 1992 unter permanenter Verlängerung des Ausnahmezustandes durch einen Nationalrat regiert, der fest in der Hand der Militärs ist, die mit scharfer Repression und Vergeltungsaktionen gegen die FIS vorgehen. Jegliche Vermittlungsvorschläge von seiten Dritter - zuletzt offenbar von der katholischen Laienbruderschaft Sant'Egidio in Rom unterbreitet - wurden schroff zurückgewiesen. Das politische System Tunesiens war über dreissig Jahre lang geprägt von der beherrschenden Figur des ersten und dann auf Lebzeiten gewählten Staatspräsidenten Habib Bourguiba, der bis zu seiner Absetzung 1987 durch den „medizinischen Staatsstreich" Ben Alis in geradezu absolutistischer Form regierte. Ben Ali setzte auf demokratische Erneuerung, die darin mündete, dass die von ihm umbenannte alte Staatspartei PSD durch politischen Druck und durch Wahlmanipulationen sämtliche Sitze im Parlament eroberte. Libyen ist nach wie vor dominiert von der schillernden Figur von Oberst Ghadhafi, während Ägypten, das bereits 1980 ein Mehrparteien-

[29] Friedeman Büttner/Fred Scholz: Islamisch-orientalische Welt; Kulturtradition und Unterentwicklung, in: Dieter Nohlen/Franz Nuscheler (Hrsg.): Handbuch der Dritten Welt, Bd. 6, Nordafrika und Naher Osten, Bonn 1993, pp. 16-66, hier pp. 56ff. - Ruf, Der Maghreb im Überblick (Fn. 24), pp. 98f.

system einführte, trotz wachsendem sozioökonomischen Druck politisch relativ stabil scheint (vgl. Tab. 2.1).[30]

In Nordafrika ist die Lage insofern verschieden von derjenigen Westafrikas, als die Regime bisher stabiler gewesen sind. Zwei von fünf Regierungen kamen durch Putsch an die Macht. Im Königreich Marokko regiert Hassan II seit 1961, Ghadhafi übt in Libyen immerhin seit 1969 die Macht aus, Mubarak in Ägypten seit 1981, und auch Ben Ali in Tunesien kann bereits auf eine zehnjährige Amtszeit zurückblicken. All diese Machthaber verfügen über eine stabile Basis in den Parlamenten, sei es die *Entente Nationale* in Marokko, die RCD in Tunesien oder die NDP in Ägypten. Lediglich Algerien fällt hier aus dem Rahmen, indem Zeroual 1992 die Macht ergriffen hat, nachdem sich ein Wahlsieg der Islamischen Heilsfront (FIS) abzeichnete. Libyen nimmt sich neben den Mehrparteiensystemen als Sonderfall aus, da es sich als „no-party"-System versteht. Das Parlament hat die Form eines Allgemeinen Volkskongresses.

Tabelle 2.1[31]
Politischer Status der Länder Nordafrikas

Land	Macht durch Staatsstreich	politisches System (MP = Mehrparteiensyst.; EP = Einparteisystem)	Regierung (M = Milit. Z = Zivil M/Z = Militär, durch Wahlen bestätigt)	letzte Wahlen (Pr = Präsid. Pa = Parlam.)	Anteil der stärksten Partei im Parlament	Regierungschef /Präsident (Beginn der Amtszeit)
Marokko		MP (1970)	(Königreich)	Pa (1993)	Entente Nationale 195/333	König Hassan II (1961)
Algerien	1992	MP (1989)	M/Z	Pr (1995) Pa (1997)	RND 155/380	Zeroual (1992)
Tunesien		MP (1987)	Z	Pr (1994) Pa (1995)	RCD 144/163	Ben Ali (1987)
Libyen	1969	KP (Keine Partei)	M		General People's Congress	Col. Ghadhafi (1969)
Ägypten		MP (1980)	Z	Pr (1993) Pa (1995)	NDP (317/454	Mubarak (1981/93)

Darüber hinaus spielen die zahlreichen Grenzkonflikte zwischen den Staaten, deren Grenzen künstlich gezogen wurden, eine hemmende Rolle bei der ver-

[30] Ibid., pp. 99ff.
[31] Quellen: Political Handbook of the World (Fn. 16); eigenes Zeitungsarchiv.

meintlichen Suche nach politischer Einheit. Beispiele sind die Bizertakrise zwischen Algerien und Tunesien sowie der Grenzkonflikt zwischen Algerien und Marokko um die eisenerzreiche Region von Tindouf. Dieser wurde übrigens durch die erfolgreiche Vermittlung der Organisation der Afrikanischen Einheit (OAU) beendet. Auch die Annexion der vormals spanischen Kolonie Westsahara durch Marokko löste einen weiteren anhaltenden Konflikt aus.

Die Brüchigkeit der Einheit zeigt sich auch an den divergierenden Reaktionen hinsichtlich externer Faktoren: Die jeweils bilateralen Assoziierungsabkommen der EU mit den einzelnen Maghrebstaaten verschärften nach dem Prinzip des „teile und herrsche" die Konkurrenz zwischen den Ländern des südlichen Mittelmeerraumes zusätzlich. Dies betrifft insbesondere den Bereich der Agrarexporte. Die politischen Unterschiede zwischen den Staaten konnten schliesslich zur Zeit des Kalten Krieges instrumentalisiert werden. Und trotz der „Maghrebeuphorie" um 1989, die zu einer Proliferation von Kooperationsvorhaben führte, standen die Länder in der Golfkrise wiederum auf verschiedenen Seiten der Barrikade.

Bewaffnete Konflikte in Nordafrika

Die Konflikttopographie passt zu der hier vertretenen These, derzufolge bewaffnete Konflikte in erster Linie eine Angelegenheit der Länder mit niedriger Entwicklung und schwachen Regierungsleistungen (*poor state performance*) sind. In Nordafrika gehören sämtliche Länder gemäss UNDP in die mittlere Kategorie, obwohl in diesem Mittelfeld durchaus starke Unterschiede bestehen (vgl. Tab. 2.2).

Tabelle 2.2[32]
HDI und bewaffnete Konflikte in Nordafrika

Land	HDI 1996: Rang	Wert	bewaffneter Konflikt niedrig	mittel	Krieg	Streitgegenstand
25 Marokko	m 123	0.534				Autonomie (Polisario)
26 Algerien	m 69	0.764			K	Antiregime
27 Tunesien	m 78	0.727				
28 Libyen	m 59	0.792				
29 Ägypten	m 106	0.611				

[32] Quellen: UNDP 1996 (Fn. 17); eigene Zusammenstellung.

Während Marokko mit einem HDI von 0.534 nahe bei den Ländern niedriger Entwicklung liegt, ist Algerien auf Platz 69 und Libyen sogar auf Platz 59 der Liste, was die beiden eher in die Nähe der industrialisierten Staaten rückt. Mit dem opferreichen Bürgerkrieg fällt Algerien aus dem Rahmen der Staaten mittlerer Entwicklung, zumindest was Afrika betrifft. Im globalen Vergleich zeigt sich, dass einige mit Algerien vergleichbare Staaten von starker politischer Instabilität geprägt sind und daher trotz der wirtschaftlichen Fortschritte in lange und kostspielige Kriege versinken können. In den neunziger Jahren gab es in 31 der 69 Staaten mittlerer Entwicklung bewaffnete Konflikte.[33] Diese sind jedoch oft ethnisch zerklüftet oder von grosser regionaler Differenziertheit, während die Länder Nordafrikas relativ homogen strukturiert sind. So finden sich im wesentlichen nur vier bedrohte ethnische Minderheiten, die aber entweder eine dominante Stellung innehaben (Kopten) oder historisch stark sind (Berber). Lediglich die Sahouris sind ernsthaft bedroht, wobei die Auseinandersetzungen bis zum jüngsten Vermittlungserfolg des ehemaligen amerikanischen Aussenministers James Baker ein hohes Eskalationsrisiko aufwiesen. Der Konflikt wurde im Herbst 1997 mit der UN-Initiative, die Baker ins Spiel brachte, entschärft (vgl. Tab. 2.3).

Konfliktentschärfend wirkt auch der Umstand, dass die nordafrikanischen Staaten über paternalistische Regime verfügen, die sich über lange Zeiträume an der Macht behaupten und diese ausbauen konnten. Vor dem Hintergrund der Entwicklungen in Algerien fragt sich allerdings, wie lange noch in Marokko und in Libyen mittels absolutistischer Machtausübung und politisch-militärischer Repression aufgestaute sozioökonomische Problemlagen im Griff gehalten werden können. Spätestens wenn der Kampf um die Nachfolge entbrennt, dürften politische Bruchstellen an die Oberfläche treten.

Tabelle 2.3[34]

Risikoanalyse ethnopolitischer Konflikte in Nordafrika 1990-95

Land	ethnische Gruppe	Rebellion 1990-95 (Intensität)	empirische Analyse	eigene Folgerung
Ägypten	Kopten	-	Status quo	Status quo
Algerien	Berber	-	Status quo	Status quo
Marokko	Berber Sahouris	- Bürgerkrieg	Status quo Status quo	- *Eskalationsrisiko*

[33] Baechler, Violence Trough Environmental Discrimination (Fn. 19), p. 311.

[34] Quellen: Vgl. Tab. 1.3.

Soziopolitische Krisen in Ost- und Südafrika

Kulturgeographische Abgrenzung und Konfliktlinien

Ost- und Südafrika bilden ein Konglomerat von verschiedenen, sich überlappenden regionalen Einheiten. So lässt sich das Horn von der ost-zentralafrikanischen Region der Grossen Seen unterscheiden, wobei Rwanda auch als Teil des „Greater Horn" begriffen wird. Das südliche Afrika ist selbst wieder von grosser Diversität, wird aber klar von der Republik Südafrika dominiert.

Horn von Afrika

Als „Wiege der Menschheit" ist die nordostafrikanische Region seit altersher die Drehscheibe zwischen dem afrikanischen und dem südarabischen Raum. Im frühen Mittelalter waren es vor allem die machtpolitische Rivalität und der ökonomische Gegensatz zwischen den christlichen Ackerbaukulturen des Hochlandes (die seit dem 4. Jahrhundert den Ochsenpflug kannten) und den islamischen Emiraten, Sultanaten und Stadtstaaten der Tiefländer und Küstenzonen, welche die Entwicklung am Horn von Afrika bestimmten.

Die kulturell und sozioökonomisch bestimmte Hoch-Tiefland-Konfliktformation ist heute im ganzen ostafrikanischen Raum virulent. Die Konflikte zwischen arabischen Nomaden und Fur-Bauern im Jebel Marra im Westsudan sind ebenso in diesem Zusammenhang zu verstehen wie der Genozid der sudanesischen Regierung an den Nuba im Süden des Landes. Selbst innerhalb des jüngsten Staates der Region, Eritrea, brechen die Gegensätze wieder auf, die Grossbritannien nach dem Zweiten Weltkrieg zu einem kühnen Teilungsplan verleiteten, der das Hochland Eritreas Äthiopien und das Tiefland dem Sudan zugesprochen hätte.

Die seit Jahrhunderten anhaltenden Kämpfe zwischen Hoch- und Tiefland dürften mit ein Grund für die bis heute in Äthiopien vorherrschende Furcht vor einer islamischen Einkreisung und dem Wunsch nach einem direkten Zugang zum Meer sein. Periodische Eroberungszüge grosser, meist nomadisierender Völkerschaften, wie die Afar, die Somali und vor allem die Oromo, sorgten dafür, dass sich die ethnische und politische Landkarte laufend veränderte. In der zweiten Hälfte des 19. Jahrhunderts kamen die Gebietsansprüche europäischer Kolonialmächte hinzu, die - nach der Eröffnung des Suezkanals - in Konkurrenz mit dem expandierenden äthiopischen Kaiserreich das Horn unter sich aufteilten. Die Verlierer und Opfer dieses Wettlaufs waren die Somali, die Oromo und die

Sidama. Und wiederum handelt es sich um Konfliktlinien, die bis heute nichts an Virulenz eingebüsst haben.[35]

Das Horn zählt seit Jahrzehnten zu den am intensivsten von Bürger- und zwischenstaatlichen Kriegen heimgesuchten Weltregionen. Seit 1960 gab es hier eine Vielzahl kleinerer Scharmützel und fünf grössere, mit modernen Waffen geführte Kriege: Den Eritreakrieg von 1961-91, den Oromokrieg von 1963/64 und 1971-91, den Ogadenkrieg von 1977-84 und die andauernden Bürgerkriege in Somalia seit 1988 und in Djibouti seit 1991. Das Horn wurde in diesen Jahrzehnten gleichzeitig von schweren sozialen, wirtschaftlichen und politischen Krisen erschüttert, die in einem ursächlichen Zusammenhang zu den kriegerischen Ereignissen standen. In diesen Krisen scheint die ganze Brüchigkeit kolonialer und postkolonialer Staaten- und Nationenbildung ebenso auf wie das Scheitern überkommener, an westlichen und/oder sowjetischen Modellen orientierten Entwicklungsstrategien. Die wirtschaftliche Krise, unter welcher fast alle Staaten südlich der Sahara leiden, hat hier die Form einer mehr oder weniger permanenten Katastrophe angenommen:

> „In keiner anderen Grossregion des Kontinents hat die lokale Bevölkerung so massenhaft und intensiv unter den Folgen von Krieg, Dürre, politischer Repression, Hunger und Flucht gelitten."[36]

Vorsichtigen Schätzungen zufolge beläuft sich die Zahl der Menschen, die in den vergangenen dreissig Jahren in Äthiopien, Somalia und Djibouti kriegs- und katastrophenbedingt ihr Leben lassen mussten, auf über drei Millionen. Ebenso hoch dürfte die Zahl der Migranten und Entwurzelten sein. Die UNO ging Mitte 1992 davon aus, dass rund 20 der etwa 55 Mio. am Horn lebenden Menschen vom Hungertod bedroht waren. Allein Eritrea hat in den Jahren zwischen 1977 und 1992 kriegsbedingt 2,4 Mio. Rinder, 8,9 Mio. Ziegen und Schafe, 281.000 Ochsen, 369.000 Kamele und 211.000 Tragtiere verloren.[37] Erst in den letzten zwei Jahren hat sich gemäss FAO die Lage etwas entschärft, wobei die gesamte Region in grossem Umfang von Nahrungsmittelhilfe, aber auch von Finanz-, Wirtschafts- und Katastrophenhilfe abhängig ist und auf absehbare Zeit bleiben wird.

In der Tat ist das Horn in den vergangenen Jahrzehnten kriegs- und dürrebedingt, aber auch als Folge verfehlter Agrarpolitiken, zu einer der bevor-

---

[35] Stefan Brüne/Volker Matthies: Krisen- und Kriegsregion Horn von Afrika, in: Dieter Nohlen/Franz Nuscheler (Hrsg.): Handbuch der Dritten Welt, Bd. 5, Ostafrika und Südafrika, Bonn 1993, pp. 14-31, hier pp. 16ff.

[36] Ibid., p. 15.

[37] Anderberhan W. Giorgis: The Human and Ecological Consequences of the War in Eritrea, in: Terje Tvedt (ed.): Conflicts in the Horn of Africa; Human and Ecological Consequences of Warfare, Uppsala 1993, pp. 77-84, hier p. 81.

zugtesten Regionen internationaler Nahrungsmittel- und Katastrophenhilfe geworden. Art, Umfang und Zeitpunkt dieser Hilfe, die wie im Falle Somalias geradezu groteske Züge annahm, waren jedoch meist Ausdruck der geopolitischen Wertschätzung des Horns durch auswärtige Mächte. In den siebziger Jahren wurde das Horn zu einem Krisenherd der Weltpolitik, vor allem als es zu einem dramatischen Umbruch der Allianzen kam. Dem neuen Bündnis zwischen der UdSSR und Äthiopien stand mit einigem zeitlichen Verzug die Verbindung der USA mit Somalia gegenüber. Als Somalia 1977/78 für seinen Bruch mit der UdSSR reichlich belohnt wurde, dämpfte der enorme Ressourcenzufluss die Eigeninitiative der staatlichen Bürokratie in einem entwicklungspolitisch nicht mehr vertretbaren Ausmass. In historischer und entwicklungspolitischer Perspektive waren jedoch weder die imperial-religiöse (Äthiopien bis 1974) noch die sozialistische Legitimation zentralstaatlicher Nationenbildung (Somalia 1969-78) erfolgreich. Die Absicht, ethnische, clanische und regionale Gegensätze nach innen zu überwinden, muss für diese Zeitspanne als gründlich gescheitert betrachtet werden.[38]

Nach dem Ende des Ost-West-Konfliktes steht der Wiederaufbau der zerstörten Region an. Allerdings ist die weltpolitische Bedeutung des Horns weitgehend entfallen. Sowohl die USA als auch Russland gehen heute davon aus, dass sie die Bedeutung des Horns - wie der Dritten Welt insgesamt - für die strategische Position im Kalten Krieg weit überschätzt haben. Nur im Hinblick auf die Grossregion Nordostafrika wird dem Horn eine gewisse Bedeutung im Kampf gegen den Islam zuwachsen. Künftig wird der externe Ressourcenzufluss geringer sein als vor 1989, so dass die Region stärker auf die Mobilisierung eigener Kräfte angewiesen sein wird. Die entwicklungspolitische Zusammenarbeit wird mit der Forderung nach Demokratisierung und der Achtung der Menschenrechte verknüpft und damit durch politische und ökonomische Konditionierungen geprägt sein. Gefordert ist eine Abkehr von autoritär-zentralistischen staatlichen Strukturen und repressiven Regimen und eine Hinwendung zu föderativ-dezentralen Strukturen und demokratisch-pluralistischen Gesellschaften. Eine solche Neuordnung dürfte nicht nur wegen langjähriger zentralstaatlicher Tendenzen, mangelnder ökonomischer Grundlagen und ökogeographisch ungünstiger Bedingungen schwerfallen, sondern auch wegen der autoritär-zentralistischen Prägung der an die Macht gelangten Befreiungsbewegungen. Diese waren - wie in Eritrea - über lange Zeiträume hinweg straff geführte Kampfverbände mit bäuerlichem Hintergrund.

In einer der wirtschaftlich rückständigsten Weltregionen ist das Ringen um politisch-staatliche Ordnungen und die damit einhergehende Ethnopolitisierung ein Reflex auf enttäuschte ökonomische und politische Erwartungen. In Äthiopien fühlen sich die Oromo wiederum als Verlierer, während sich in Eritrea die

[38] Brüne/Matthies, Krisen- und Kriegsregion Horn von Afrika (Fn. 35), pp. 25ff.

islamischen Bewohner der Tiefländer von den Hochlandchristen dominiert sehen. Noch immer befindet sich im ostsudanesischen Kassala ein grosses eritreisches Flüchtlingslager, aus dem heraus mit sudanesischer Unterstützung islamistische Agitation gegen die Regierung in Asmara betrieben wird. Angesichts der fast ausschliesslich agrarischen Produktion, der anhaltenden Bedeutung der Subsistenz, der weitverbreiteten kärglichen Weidewirtschaft und der monostrukturellen Abhängigkeit von wenigen Exportprodukten wie Kaffee weisen die Gesellschaften charakteristische Züge der Unter- bzw. Fehlentwicklung auf. Diese wird durch die periodischen Dürren und die starke Abhängigkeit von unregelmässigen Regenfällen weiter akzentuiert. Vor allem im äthiopischen Hochland machen sich die ökologischen Langzeitschäden einer jahrhundertelangen Übernutzung bemerkbar. Seit im Hochland vor etwa 3000-5000 Jahren mit dem Ackerbau begonnen wurde, hat sich die geschlossene Walddecke von ursprünglich 40% auf etwa 3% reduziert. Die Bodenfruchtbarkeit geht aufgrund der traditionellen Nutzung auch der steilsten Hanglagen für den Getreideanbau erosionsbedingt jährlich um 2% zurück.[39]

Im Sudan als unmittelbar an das Horn anschliessendes Land spitzen sich die Gegensätze zwischen der Regierung und der Opposition im Süden des Landes zu. Die Mehrzahl der Sudanesen, und das bezieht sich auch auf die Bildungsschicht der muslimischen Nordsudanesen und deren arabisierte politische Elite, ist durch die Erfahrung mit dem militanten Islamismus in Abwehr zu diesem geraten. Die intellektuellen Führungsschichten des Nordens und des Südens sind sich dadurch nähergekommen. Eine solche Einigkeit zwischen den traditionell verfeindeten Landesteilen hat zuvor nicht existiert. Dabei handelt es sich nicht nur um eine momentane Stimmung. *Khalid Duran* schrieb zu dieser Tendenz bereits 1993:

> „Der Geist des Pazifisten Mahmud M. Taha hat sich gegenüber dem Terror des Dr. Turabi als stärker erwiesen. Die Islamisten herrschen nur dank eines machtvollen Unterdrückungsapparates, und im Südsudan vollziehen sie im Namen des Islam einen Genozid am Dinka-Volk, der sich von den 'ethnischen Säuberungen' der Gross-Serben in Bosnien-Herzegowina nur geringfügig unterscheidet. Doch der Held der Sudanesen in Nord und Süd heisst Mahmud Taha. Der hingerichtete Mystikermeister und Friedensapostel wird mit jedem Tag mehr zur entscheidenden Inspirationsquelle."[40]

---

[39] Hans Hurni: Degradation and Conservation of Soil Resources in the Ethiopian Highlands, in: Bruno Messerli/Hans Hurni (eds.): African Mountains and Highlands, Marceline Miss. 1990, pp. 51-64, hier pp. 51ff.

[40] Khalid Duran: Islam; Alter Konfliktherd und neues Feindbild; Muslims als „Nachfolger" der Kommunisten? In: Österreichisches Studienzentrum für Frieden und Konfliktlösung/Schweizerische Friedensstiftung (Hrsg.): Das neue Chaos der nationalen Egoismen, Friedensbericht 1993, Friedensforscher zur Lage, Chur/Zürich 1993, pp. 105-118.

Grosse Seen

In den letzten Jahren ist die Region Zentralostafrika mit den Staaten Rwanda, Burundi und Zaïre aufgrund der massivsten Konflikte in Afrika - wenn nicht weltweit - ins Zentrum der Berichterstattung gerückt. Im Vordergrund steht der ethnopolitische Konflikt zwischen den Bahutu und den Batutsi, der bis hin zum Genozid eskalierte und die Batutsi nach 34 Jahren der Vertreibung ins ugandische Exil wieder an die Macht brachte und indirekt schliesslich auch in Zaïre zum Sturz der Diktatur Mobutus führte.

Versteht man unter „Ethnie" eine Menschengruppe mit „einheitlicher Kultur", dann handelt es sich bei den Kriegsparteien in Rwanda und Burundi strenggenommen nicht um zwei verschiedene ethnische Gruppen. Bahutu und Batutsi sprechen die gleiche dialektübergreifende Bantusprache (*Kinyarwanda*), die Angehörigen beider Gruppen gehören mehrheitlich der gleichen katholischen Kirche an und bewohnen die gleichen Siedlungsräume. Die Zuordnung des Individuums zu einer der beiden Bevölkerungsgruppen ist nach Generationen von Mischehen nur noch deshalb möglich, weil allein die väterliche Linie die Abstammung definiert. Es ist mithin ein regionales Paradox, dass die tiefgreifenden erbrechtlichen Spaltungen bis heute überdauern konnten, und zwar trotz der bemerkenswerten kulturellen Einheit. Die Frage stellt sich daher, wie es in der Region der Grossen Seen zu einer Wieder- bzw. Neubelebung ethnischer Gegensätze kommen konnte, welche die Region noch auf längere Zeit hinaus nicht werden zur Ruhe kommen lassen.

Entscheidende Kriterien für die Ethnopolitisierung eines Konfliktes sind, ob die Beziehungen zwischen den zwei Gruppen von einer Rangordnung geprägt sind und wie es zu einer hierarchischen Ordnung gekommen ist. Überdies kommt es darauf an, wie die Gruppen auf das vorhandene Territorium verteilt sind, welchen Zugang sie zu den Ressourcen des Landes haben und wieviele bzw. welche Stellungen sie in der öffentlichen Verwaltung und der Politik bekleiden.

Legt man diese vier Massstäbe an, so fällt es nicht schwer, in Rwanda und in Burundi einen Positionskampf zweier Eliten, die beide das Ziel der politischen Machtausübung in einer hierarchisierten ethnischen Ordnung verfolgen, auszumachen. Die „Ethnie" bildet dabei den Katalysator, mittels dessen sich die Konfliktdauer und -intensität von oben manipulieren lässt. Bereits im 18. und 19. Jahrhundert waren die Batutsi-Bahutu-Beziehungen von einer Art feudalem Lehenswesen (*ubuhake*) geprägt. Die Kriegführung lag weitgehend in den Händen der Batutsi, die gleichzeitig die reichen Grundbesitzer waren. Die Bahutu hingegen waren meist kleine (Fron-)Bauern, Landarbeiter, Pächter oder Viehhirten. Sie hatten kaum die Chance, zu Grund- und Schutzherren aufzusteigen. Die extensive und zugleich expansive Viehwirtschaft erwies sich als der stärkere Motor des sozialen Wandels als die Subsistenzwirtschaft.

Bei der Beurteilung des Stellenwertes der ethnischen Rangordnung für die gegenwärtigen Auseinandersetzungen sind zwei Beobachtungen wichtig. Erstens war die Rangordnung weder eine anthropologische Konstante noch eine historische Prämisse, sondern sie wurde „konstruiert". Im 18. und 19. Jahrhundert kam es zur Herausbildung von kastenähnlichen Gruppen, sogenannten Abstammungsverbänden, die in erster Linie soziokulturell und wirtschaftlich - über die Segmente Viehzucht, Ackerbau und Handwerk - definiert waren. Als Hauptakteur dieser Gruppenbildung trat eine der Batutsi-Dynastien (*nyiginya*) in den Vordergrund, die die zunehmende Kontrolle über eine territoriale Einheit ausübte, in der sowohl verschiedene kleinere Batutsi- als auch Bahutu-Herrschaftsbereiche existierten. Es kam zu einer Allianz dieser herrschaftlichen Dynastie mit verschiedenen Abstammungsverbänden der Batutsi und in der Folge zur langsamen Herausbildung einer eigentlichen Aristokratie im heutigen Zentralrwanda. Dieses Herrschaftsverhältnis, die Übertragung der sozialen Hierarchie auf die Politik und die Verbreitung von Ursprungsmythen bildeten die drei Eckpfeiler der „Konstruktion".

Zweitens verlief die hierarchische Kastenbildung weitgehend entlang der ethnischen Grenzen. Die Identifizierung mit einer der beiden Ethnien hatte immer schon eine sozioökonomische Dimension und war dadurch zwangsläufig von opportunistischen Kosten-Nutzen-Abwägungen geprägt. Das bedeutet, dass die Abstammungsverbände zwar Kasten sehr ähnlich waren, in der Praxis aber nicht deren Strenge und Rigorosität aufwiesen. Die Durchlässigkeit der ethnischen Gruppen, die grösser war, als es die gegenwärtige rassistische Aufladung des Krieges vermuten lässt, hat wiederum mit der politischen Dimension der Abstammungsverbände zu tun. Die Ahnenreihe war vor allem im Umkreis der Königsmacht wichtig. Mit abnehmender politischer und geographischer Distanz zum Epizentrum der Macht hatte sie einen immer geringeren Stellenwert. Mit anderen Worten: Die Ethnie spielte auf dem Land, weit weg von der Höhle des Löwen, kaum eine Rolle. Hingegen wurde die ethnische Zugehörigkeit bzw. der persönliche Entscheid, sich einer Gruppe zuzuordnen, immer wichtiger, je näher man dem Monarchen war. An der Spitze der Hierarchie war die ethnische Grenze messerscharf. Sie wurde damit zu einem bedrohlichen Werkzeug des „teile und herrsche".

Die Herausbildung der Dynastien ging mit der Entgrenzung der kulturökologischen Nischen der beiden Völker einher. Ihre jeweiligen territorialen und politisch-administrativen Ansprüche, die sie einerseits aus der Viehwirtschaft und andererseits aus dem Ackerbau ableiteten, liessen sich mit der Zeit nicht mehr miteinander vereinbaren. Die ursprüngliche (weitgehende) territoriale Trennung der beiden Völker ging nach und nach zugunsten einer stärkeren ethnischen Vermischung und sozialen Schichtung verloren.

Das Konkurrenzverhältnis zwischen extensiver Vieh- und intensiver Landwirtschaft führte zu einer langsamen, aber stetigen Auszehrung der vorhandenen

Ressourcen. Während das zentrale Hochland eine infrastrukturfeindliche Gebirgslandschaft mit steilen Hanglagen und tiefverwitterten sauren Böden von begrenzter Fruchtbarkeit ist, werden die fruchtbaren vulkanischen Böden im Nordwesten, aber auch die eher nutzungsfeindliche Sumpf- und Savannenregion im Süden und Osten bis an die Grenzen der Belastbarkeit genutzt. An der Westgrenze, zum zentralafrikanischen Graben hin, werden auch die extremsten Hanglagen bewirtschaftet. Heute sind die ehemals fruchtbaren Böden degradiert, während geographische Ausweichmöglichkeiten kaum noch vorhanden sind.

Die sozioethnischen Positionskämpfe wuchsen sich seit der Kolonialzeit, also aufgrund exogener Faktoren, zu eigentlichen Ausscheidungskämpfen aus. Den vorläufigen Höhepunkt bildeten die Revolution der Bahutu-Mehrheit in Rwanda im Jahr 1960 und die Konterrevolution der von Uganda aus intervenierenden Batutsi-Rebellen von 1994, der von den Bahutu in Rwanda an den Batutsi begangene Genozid und die Vernichtung der Bahutu-Opposition im Frühjahr/Sommer 1994 sowie der anhaltende ethnische Terror in Rwanda und Burundi, der 1996/97 auf die in Ostzaïre ansässigen Batutsi und die Bahutu-Flüchtlinge in den Lagern übergriff und Zaïre in den Kriegszustand versetzte.

Ursächlich innerzaïrische Auseinandersetzungen - die ethnischen Säuberungen in Shaba (Katanga) 1992/93 und die Auseinandersetzungen im Nordkivu seit 1993 - wurden von den externen Faktoren überlagert und schliesslich dominiert. Während es sich bis 1993 um einen Konflikt zwischen der autochthonen zaïrischen Bevölkerung und den 1960 und davor eingewanderten Banyarwanda, Batutsi und Bahutu, gehandelt hatte, richtete sich danach der Kampf der aus Rwanda vertriebenen Bahutu-Milizen sowohl gegen die ansässige Batutsi-Minderheit als auch gegen die autochthone Bevölkerung. Die Entscheidung der Provinzregierung vom August 1995, die rwandischen Flüchtlinge auszuweisen, erwies sich als krisenverschärfend. Gleichzeitig mit den Bahutu sollten im Südkivu auch die ansässigen Batutsi, die Banyamulenge, abgeschoben werden. Ein Ultimatum des Vizegouverneurs von Südkivu an die Banyamulenge, sie hätten das Land innerhalb einer Woche zu verlassen, wurde zum Auslöser des Bürgerkrieges. Während die Bahutu ins zaïrische Landesinnere geflüchtet waren und dort der Verwirklichung ihres Zieles der Schaffung eines „Bahutu-Landes“ näher standen als je zuvor, wurden die ansässigen Batutsi vertrieben. Erst deren strategische Allianz mit der AFDL, die sich unter Laurent Désiré Kabila für die Gleichstellung der Batutsi und gegen die Blockade des Demokratisierungsprozesses richtete, brachte die Wende im Kampf zwischen Batutsi und Bahutu und schliesslich auch im Kampf gegen das Mobutu-Regime.[41]

Neben dem ethnischen oder unteilbaren Konfliktgegenstand gibt es auch materielle oder teilbare Gründe für die Eskalation der Konflikte im Gebiet der Grossen Seen. Diese umfassen die wesentlichen sozioökonomischen, ökologi-

[41] Vgl. den Beitrag von Daniel Stroux in diesem Band.

schen und demographischen Problemsyndrome. Die Dramatik der Lage zeigte sich schon Mitte der achtziger Jahre darin, dass die sozioökonomischen Indikatoren in den letzten Jahrzehnten einen positiven Trend auswiesen (Rückgang der Kindersterblichkeit, Erhöhung der Lebenserwartung, Zunahme der Lese- und Schreibkundigen, Erhöhung des Einkommens), während sich die sozioökologischen Indikatoren einem Katastrophenszenario annäherten. Beispielsweise wurden die Anbauflächen zwischen 1970 und 1986 um 56% auf schlechte Böden in marginalen Gebieten ausgeweitet.

Gleichzeitig sind der volkswirtschaftlichen Umstrukturierung in den Ländern der Region enge Grenzen gesetzt. Eine Verlagerung von der Subsistenzproduktion auf das arbeitsteilig produzierende Gewerbe und die Industrie wird durch die fehlende Kaufkraft der Bevölkerung und die prekäre Ressourcenlage enorm eingeschränkt. Die Erzvorkommen sind weitgehend erschöpft. Dem Backstein-, Ziegel- und Köhlerhandwerk mangelt es an Holz. Die Preise des Hauptexportproduktes Rwandas, Kaffee, sind auf dem Weltmarkt gefallen, während die Teeproduktion strukturelle Probleme zur Folge hat. Der grossflächige staatliche oder genossenschaftliche Plantagenanbau zwingt nämlich die Bauern, die ihre Subsistenzwirtschaften verlassen, in eine starke Abhängigkeit und setzt sie den Risiken des Weltmarktes aus.

Ein weiterer Grund für die Schere zwischen der sozioökonomischen und der ökologischen Entwicklung liegt in der Kombination von Bevölkerungswachstum und der Bewahrung der traditionellen Subsistenzwirtschaft. Das System der Selbstversorgung, das bis in die Gegenwart zu einer gleichmässigen Versorgungssicherheit eines grossen Teils der Landbevölkerung, wenn auch auf niedrigem Niveau und unterbrochen von Hungerjahren, geführt hat, kann dem rapiden Bevölkerungsdruck nicht standhalten und erweist sich somit als Bremse bei der notwendigen wirtschaftlichen und sozialen Umstrukturierung. Die Tradition der Realerbteilung etwa bewirkt, dass die bewirtschafteten Höfe immer kleiner werden. In den dichtbesiedelten Gebieten sind die Betriebe bereits kleiner als 0,5 ha. Der Druck auf das Land nimmt damit enorm zu, so dass der Brachezyklus nicht mehr eingehalten werden kann und das Selbstversorgungsniveau sinkt. Die jungen Leute, vor allem aber die nächste Generation, werden das ausgelaugte und degradierte Land verlassen müssen. Der Trend lässt sich am Grad der Urbanisierung ablesen.

Es ist nicht zuletzt aufgrund der feudalistischen ethnischen Rangordnung, die von der belgischen Kolonialmacht noch auf die Spitze getrieben wurde, nicht gelungen, die entwicklungsabträglichen und umweltschädigenden Agrarstrukturen aufzulösen, die räumliche Zersplitterung und politische Schwäche der Bauern zu überwinden und mit einer soliden Agrarverfassung einen Entwicklungsprozess für alle zu induzieren.[42]

---

[42] Vgl. ausführlich dazu Baechler, Violence through Environmental Discrimination (Fn. 19).

Soziokulturell gesehen war der Machtkampf der Abstammungsverbände von einem Konflikt zwischen Nomaden und Siedlern unterfüttert, der sich periodisch in Landnutzungs- und Landverteilungskonflikten äusserte. Die Verteilungskonflikte um knappe Umweltgüter mündeten im Zusammenwirken mit der demographischen Dynamik in die landwirtschaftliche Übernutzung der wichtigen Umweltgüter Boden, Holz und den verfügbaren Wasserressourcen und damit in einen ökologisch induzierten Konflikt um die degradierten erneuerbaren Ressourcen.

Südliches Afrika

In den achtziger Jahren stand das südliche Afrika aufgrund des sich zuspitzenden Widerstandes gegen die Apartheid und die südafrikanische Destabilisierungspolitik in den Nachbarländern im Zentrum der internationalen Öffentlichkeit. Höhepunkt der Krise im südlichen Afrika bildete der verlustreiche 13-jährige Bürgerkrieg in Angola, der zwischen drei verfeindeten Parteien nach der Unabhängigkeit im Jahre 1975 einsetzte. Dieser Krieg bildete gleichzeitig auch den Höhepunkt der kubanisch-sowjetischen Intervention in Afrika.

Gegen Ende der achtziger Jahre zeichnete sich im Gefolge der Überwindung des Ost-West-Konfliktes eine konstruktive Beendigung des Konfliktes in Angola ab. Anfang 1988 trafen sich Vertreter Angolas, Kubas und Südafrikas unter der von der Sowjetunion tolerierten Schirmherrschaft der USA zu Friedensgesprächen in London. Bereits Ende 1988 konnte mit dem Abkommen von New York der Abzug der kubanischen Truppen aus Angola eingeleitet und darüber hinaus der Unabhängigkeitsprozess in Namibia begonnen werden. Im Jahre 1990 markierte die Freilassung des ANC-Führers Nelson Mandela und die Legalisierung der radikalen politischen Organisationen der Schwarzen durch Präsident de Klerk den Anfang vom Ende der Apartheid in Südafrika. Die Bedingungen für eine friedliche Beilegung der Konflikte in Angola und in Moçambique verbesserten sich durch die Änderung der Politik der weissen Regierung Südafrikas grundlegend. Die gesamte südliche Region stand zu Beginn der neunziger Jahre vor einer neuen Phase der ökonomischen und politischen Entwicklung. Internationale Vermittlung und die UNO spielten nach dem New Yorker Abkommen eine grosse Rolle. Die Angola-Gespräche fanden in Portugal statt, das die Vermittlung übernahm, unterstützt von den USA und der Sowjetunion. Die Moçambique-Gespräche wurden in Rom abgehalten und zwar unter Vermittlung von Italien und Vertretern der Katholischen Kirche (Sant'Egidio). Die UNO spielte bei der Implementierung der diversen Friedensabkommen eine grosse Rolle, etwa bei der Entkolonisierung Namibias, beim Truppenabzug der Kubaner aus Angola, bei der Koordinierung der Überwachungskommissionen in Angola und Moçambique sowie bei der Vorbereitung und dem *Monitoring* der ersten freien Wahlen Südafrikas im Frühjahr 1994.[43]

In den neunziger Jahren geht es sowohl für Südafrika als auch für seine Nachbarstaaten im wesentlichen um Fragen der sozioökonomischen Entwicklung, um die hohen menschlichen und materiellen Verluste der Vergangenheit wettzumachen und um die Erwartungen der schwarzen Bevölkerungsmehrheiten zu erfüllen. Bei den an Südafrika angrenzenden Staaten steht das bereits im Zuge des antikolonialen Kampfes sowie der politischen Ächtung der Apartheid entwickelte Interesse, möglichst die wirtschaftliche Abhängigkeit von der Republik Südafrika zu minimieren, weiterhin im Vordergrund. Zu diesem Zweck wurde die 1980 von den Frontstaaten Angola, Botswana, Lesotho, Malawi, Moçambique, Swaziland, Tansania, Sambia und Zimbabwe gegründete *Southern African Development Coordination Conference* (SADCC) aktiviert. 1990 trat auch das in die Unabhängigkeit entlassene Namibia bei. Seit August 1992 wurde die Regionalorganisation zur *Southern African Development Community* (SADEC) mit dem Ziel, Frieden und Sicherheit in der Region zu stärken, erweitert.

Ein Merkmal Südafrikas ist - im Vergleich zu anderen Regionen Afrikas - der grosse Reichtum an Rohstoffen wie Gold, Mangan, Platin, Diamanten, Erdöl, Kupfer, Kobalt, Chrom, Uran, Vanadium, Asbest, Nickel und Kohle. Ein wesentlicher Teil dieses Reichtums an mineralischen und nichterneuerbaren Ressourcen liegt in Südafrika. Wichtige Förderstätten gibt es jedoch auch in der Provinz Shaba (Katanga) in der Republik Kongo (Zaïre), in Sambia (Kupfer, Kobalt), in Namibia (Uran), in Botswana (Diamanten) und in Zimbabwe (Kohle). Der Aufbau von extraktiven Unternehmen wurde durch die Schaffung billiger Quellen von Wanderarbeit rentabel gemacht. In Südafrika wurde neben der Wanderarbeit aus dem eigenen Land auch die Rekrutierung von Arbeitskräften aus benachbarten Ländern organisiert.

Der Reichtum an Bodenschätzen hat Konsequenzen für die Umwelt. Während oben gezeigt wurde, dass in vielen Regionen Afrikas das sogenannte Sahelsyndrom die Mensch-Umwelt-Beziehungen widerspiegelt, trifft dieses Syndrom, bestehend aus der landwirtschaftlichen Übernutzung marginaler Standorte, Teile des südlichen Afrikas zwar ebenfalls, jedoch in geringerem Masse als die Staaten am Horn, im Sahel und im Maghreb. Im Vordergrund steht hingegen das sogenannte Katangasyndrom, das heisst die Umweltdegradation durch den Abbau nichterneuerbarer Ressourcen.[44]

---

[43] Peter Meyns: Die Region des südlichen Afrika, in: Dieter Nohlen/Franz Nuscheler (Hrsg.): Handbuch der Dritten Welt, Bd. 5, Ostafrika und Südafrika, Bonn 1993, pp. 290-319, hier pp. 290f.

[44] Wissenschaftlicher Beirat der Bundesregierung Globale Umweltveränderung (WBGU): Welt im Wandel; Herausforderung für die deutsche Wissenschaft, Berlin et al. 1996, p. 121. - Volker Böge: Bergbau, Umweltzerstörung, Gewalt; Der Krieg auf Bougainville im Kontext der Geschichte ökologisch induzierter Modernisierungskonflikte, Münster 1998 (im Erscheinen).

Politischer Status der Länder Ost- und Südafrikas

Während „no-party"-Systeme in West- und Zentralafrika nicht verbreitet sind, ist dieser Regierungstyp in Ost- und Südafrika gehäuft anzutreffen. Heute berufen sich Sudan, Eritrea, Somalia, Somaliland, Uganda und Swasiland auf ein „Parteiensystem ohne Parteien". Meist stellen die Regierungen dieser Länder Mehrparteiensysteme in Aussicht. Es wird jedoch argumentiert, die Gesellschaften seien in absehbarer Zeit nicht reif für ein solches System. Befürchtet werden Unregierbarkeit, Machtverlust von revolutionären Regimen, Zerreissproben in jungen Republiken und eine Ethnisierung der Parteienlandschaft. Befürwortet werden demgegenüber eine Art Volksparteien, welche die verschiedenen politischen Strömungen angemessen repräsentieren, integrieren oder sogar assimilieren, um ihnen letztlich die Kraft zu nehmen. Bei genauerer Betrachtung zeigt sich eine Koinzidenz zwischen solchen „no-party"-Systemen und der Machtausübung von ehemaligen Befreiungsbewegungen. Diese haben, oft nach jahrzehntelangen Kämpfen, mit militärischen Mitteln die Macht erlangt und sind nach ihrem Sieg nicht dazu bereit, diese zu teilen oder nach Wahlen abzugeben. Befreiungsbewegungen an der Macht - zumal bäuerlich-ländlichen Ursprungs - haben eine paternalistische Vorstellung von „guter Regierungsführung". Sie fühlen sich in der Regel für sämtliche gesellschaftlichen Belange zuständig, was ihren Hang zum Interventionismus auch in die Mikrostrukturen der Gesellschaft erklärt. Ein typisches Beispiel einer solchen Führung ist die eritreische EPLF unter Präsident Afewerki, die sich heute *People's Front for Democracy and Justice* nennt.

Die manifesten Konflikte in Ost- und Südafrika konzentrieren sich vor allem auf Länder mit „no-party"- oder faktischen Einparteisystemen - wie in Kenya unter Präsident arap-Moi -, welche durch Putsch oder militärischen Sieg etabliert wurden. Diese Fakten stehen im Widerspruch zu der von den Regimen dieser Länder vertretenen Ideologie, wonach manifeste Konflikte durch die Einführung mehrerer Parteien erst geschürt würden, während nur „no-party"- und Einparteisysteme diese erfolgreich eindämmen könnten.

Präsident Mugabe in Zimbabwe hat Ende der achtziger Jahre versucht, ein eigentliches Einparteisystem der ZANU-PF verfassungsmässig zu verankern. Im August 1990 machten ihm 21 der 26 Politbüromitglieder der eigenen ZANU-PF einen Strich durch die Rechnung. Trotz dieser Niederlage und ungeachtet des Bestehens zahlreicher Parteien gelang es Mugabe faktisch, ein Einparteisystem zu etablieren. So hält die ZANU-PF 118 der 120 Sitze im Parlament.[45]

Mit Ausnahme von Südafrika und Uganda stammen alle Mehrparteiensysteme in Ost- und Südafrika aus den neunziger Jahren. Ausser in Eritrea, in Rwanda und in Burundi fanden in der ersten Hälfte der neunziger Jahre überall Parlaments- und Präsidentschaftswahlen statt. Acht Regime kamen durch Putsch

[45] Political Handbook of the World (Fn. 16), p. 972.

oder militärischen Sieg an die Macht. Königreiche gibt es nur noch in Lesotho und Swasiland.

Präsidentschafts- und Parlamentswahlen wirken sich unter den Bedingungen von „no-party"- oder faktischen Einparteisystemen konfliktverschärfend oder sogar -generierend aus. Als ein Beispiel zur Untermauerung dieser These gilt der Sudan. Dort liess General al-Bashir 1996 sowohl Präsidentschafts- als auch Wahlen zur Nationalversammlung durchführen. Schon allein die Tatsache, dass die Frage, ob und wann Wahlen abgehalten werden, der Willkür eines Präsidenten vorbehalten ist, zeigt potentielle Konflikte auf. Die von der Opposition denn auch als Farce bezeichneten Urnengänge - die ohne internationale Beobachtung stattfanden - waren der Anlass für ein Zusammengehen der oppositionellen Parteien im Süden und im Norden sowie für weitere Offensiven der SPLA im Süden in Richtung der Hauptstadt Khartum. Heute kontrolliert die Rebellenarmee von John Garang Gebiete weit nördlich der Nubaberge.

Auch in Kenya und Angola kommt es immer wieder zu politischen und ethnischen Auseinandersetzungen, wenn arap-Moi bzw. Dos Santos Wahlen ankündigen. Während in Angola seit 1979 keine Parlamentswahlen durchgeführt werden konnten, beherrscht arap-Moi die Taktik, selbst ethnischen Terrorismus - etwa gegen die Masai - zu schüren, um sich auch in Regionen mit relativ schwacher Anhängerschaft als Garant für Sicherheit und Ordnung feiern und wählen zu lassen. Auf das Konto dieser Taktik gehen auch die blutigen Ausschreitungen vom Herbst 1997 in Mombasa.

Tabelle 3.1[46]
Politischer Status der Länder Ost- Südafrikas

Land	Macht durch Staatsstreich; Putschversuche	politisches System (MP = Mehrparteiensyst.; EP = Einparteisyst.)	Regierung (M = Milit. Z = Zivil; M/Z = Militär, mit Wahlen bestätigt	letzte Wahlen (Pr = Präsid. Pa = Parlam.)	Anteil der stärksten Partei im Parlament	Regierungschef /Präsident (Beginn der Amtszeit)
Sudan	1969; 85;89	KP (1993)	M/Z	Pr (1996) Pa (1996)	National Assembly 400	Gen. al-Bashir (1989)
Eritrea	1993	KP	M/Z		PFDJ 150	Afewerki (1993)
Äthiopien	1991	MP (1991)	M/Z	Pr (199) Pa (199)	EPRDF 483/545	Pr. Gidada/ PM Zenawi (1995)

[46] Quelle: Vgl. Tab. 1.1.

Somalia	1991	KP (1960)				Nominal: Mahdi Mohamed (1991)
Somaliland	1991	KP (1991)	Z	Pr (1995)		Egal (1993)
Djibouti		MP/ fakt. EP	Z	Pr (1993) Pa (1992)	RPP 65/65	Gouled (1977; 93)
Uganda	1986	KP (1986)	M/Z	Pr (1996) Pa (1996)	NRC 271/276	Museveni (1986; 96)
Kenya		MP (1991)	Z	Pr (1992) Pa (1992;96)	KANU 103/188	arap-Moi (1978)
Rwanda	1994	MP (1991)	M	Ass. Nat. de Transition Arusha Abk.	FPR 13/70 (trans.)	Bizimungu/ Kagame
Burundi	1996	MP (1992)	M	1996 Parl. aufgelöst, Status unklar	Frodebu (65/81)	Maj. Buyoya (1987-93; 96)
Angola		MP (1992)	Z	Pr (1992)	MPLA-PT 129/220	Dos Santos (1979)
Sambia		MP (1991)	Z	Pr (1996) Pa (1996)	MMD 131/150	Chiluba (1991)
Moçambique		MP (1991;94)	Z	Pr (1994) Pa (1994)	Frelimo 129/250	Chissano (1986)
Malawi		MP (1993)	Z	Pr (1994) Pa (1994)	UDF 84/177	Muluzi (1994)
Namibia		MP (1989)	Z	Pr (1994) Pa (1994)	SWAPO 53/72	Nujoma (1990)
Botswana		MP (1966)	Z	Pr (1994) Pa (1994)	BDP 26/40	Masire (1980)
Zimbabwe		MP (1987)	Z	Pr (1996) Pa (1995)	ZANU-PF 118/120	Mugabe (1987)
Madagaskar		MP (1975)	Z	Pa (1993)	pro-Zafy: 75/138	Ratsiraka (1996)[1)]
Komoren		MP (1989)	Z	Pr (1996) Pa (1996)	RND 39/43	Taki (1996)
Seychellen	1977	MP (1991)	M/Z	Pr (1993) Pa (1993)	SPPF 21/22	René (1977)
Rep. Südafrika		MP (1931)	Z	Pr (1994) Pa (1994)	ANC 252/400	Mandela (1994)
Lesotho	1990;91	MP (1991)	M/Z (Königreich)	Pa (1993)	BCP (65/65)	König Letsie III (1990-95; 1996)
Swasiland		KP (1968)	Z (Königreich)	Pa (1993)	House of Assembly 65	König Mswati III (1986)

Bewaffnete Konflikte in Ost- und Südafrika

In der Gruppe der 24 Staaten Ost- und Südafrikas bewegen sich sechs Staaten nach HDI im Mittelfeld. Diese sind nicht - oder nicht mehr - von bewaffneten Konflikten betroffen. Die acht Staaten mit laufenden Konflikten (Äthiopien, Somalia, Djibouti, Uganda, Kenya, Rwanda, Burundi und Angola) befinden sich auf den untersten Positionen der Länderrangliste (vgl. Tab. 3.2). Bei den manifesten Konflikten in diesen Regionen Afrikas handelt es sich vor allem um Antiregimekriege. Dass sich dahinter oft der Machtkampf verschiedener Identitätsgruppen um die Staatsmacht verbirgt, zeigt paradoxerweise der Fall des ethnisch homogenen Somalia. Dort ist der Staat wegen der Konkurrenz zwischen den Clans zusammengebrochen, womit diejenige parochiale Konfliktstruktur freigelegt wurde, die im Kampf um die Ressource Macht durch die Institutionen im modernen Zentralstaat oft verschleiert wird. Somalia zeigt auch auf eindrückliche Weise, dass dazu keineswegs multiethnische Zerklüftungen vorhanden sein müssen. In Afrika lässt sich ohne weiteres auf andere, kulturhistorisch noch weiter in die Tiefe reichende identitätsstiftende Einheiten zurückgreifen.

Tabelle 3.2[47]
HDI und bewaffnete Konflikte in Ostafrika und Südafrika

Land	HDI 1996: Rang	Wert	bewaffneter Konflikt niedrig	mittel	Krieg	Streitgegenstand
30 Sudan	1 146	0.359			K	Antiregime/ Ressourcen (Nuba und J. Marra)
31 Eritrea	-		L			Antiregime (islam. Gruppen, Sudan)
32 Äthiopien	1 168	0.237	L			Antiregime/Ressourcen (Somali, Afar, Ogaden)
33 Somalia	1 172	0.221	L			Inter-Clankonflikte um Staatsmacht
34 Somaliland	-					
35 Djibouti	1 164	0.287	L			Afar
36 Uganda	1 155	0.326	L			Antiregime (LRA)
37 Kenya	1 128	0.473	L			Antiregime/ Ressourcen
38 Tansania	1 144	0.364				

[47] Quelle: Human Development Report 1996 (Fn. 17); eigene Zusammenstellung.

39 Rwanda	l 152 0.332	L	Antiregime/Ressour-cen/Flüchtlinge
40 Burundi	l 166 0.282	L	Antiregime
41 Angola	l 165 0.283	L	Regime/Flüchtlinge
42 Sambia	l 136 0.411		
43 Moçambique	l 167 0.261		
44 Malawi	l 157 0.321		
45 Namibia	m 116 0.573		
46 Botswana	m 71 0.741		
47 Zimbabwe	m 124 0.534		
48 Madagaskar	l 150 0.349		
49 Komoren	l 139 0.399	M	
50 Seychellen	m 60 0.792		
51 Südafrika	m 100 0.649		Kriminalität
52 Lesotho	l 130 0.464		
53 Swasiland	m 110 0.586		

Bedrohte Minderheiten

Betrachtet man die Konfliktregionen Horn und Ostzentralafrika im Hinblick auf die ethnopolitische Differenzierung, so ergibt sich - etwa im Kontrast zu Nordafrika - ein Relief, das von Auseinandersetzungen zwischen den zahlreichen ethnopolitischen Gruppen, zwischen tribalistischen Akteuren und zwischen Clans bestimmt ist (vgl. Tab. 3.3).

Tabelle 3.3[48]

Risikoanalyse ethnopolitischer Konflikte in Ost- und Südafrika 1990-95

Land	ethnische Gruppe	Rebellion 1990-95 (Intensität)	empirische Analyse	eigene Folgerung
Äthiopien	Afar Amharen Oromo Somalis Tigre	Guerilla stark[1)] Guerilla stark Guerilla mittel Guerilla schwach Guerilla stark	Status quo Status quo Status quo Status quo *abnehmend*	Status quo Status quo *Risiko* Status quo *abnehmend*

[48] Quelle: Vgl. Tab. 1.3. - [1)] Die eigene Beurteilung ergibt „Guerilla mittel bis schwach"; [2)] Eingefügt durch den Autor dieser Studie.

Angola	Bakongo Cabinda Ovimbundu	- Guerilla schwach Bürgerkrieg	*Risiko* Status quo *abnehmend*	Status quo *Risiko* Status quo
Botswana	San	-	Status quo	Status quo
Burundi	Hutu Tutsi	Guerilla mittel Terror	*abnehmend* Status quo	*Risiko* Status quo
Djibouti	Afar	Bürgerkrieg	*abnehmend*	Status quo
Eritrea	Afar Kunama[2)]	Guerilla stark[1)] lokale Unruhen	Status quo -	*Status quo* *Risiko*
Kamerun	Bamileke Kirdis „westl. Gruppen"	- - lokale Unruhen	Status quo Status quo *Risiko*	Status quo Status quo *Risiko*
Kenya	Kalenjin Kikuyu Luhya Luo Masai	- - - - -	Status quo *Risiko* *Risiko* *Risiko* Status quo	Status quo Status quo Status quo Status quo Status quo
Madagaskar	Merina	lokale Unruhen	Status quo	*abnehmend*
Namibia Rwanda	Baster Weisse San Hutu Tutsi	- - - Guerilla schwach Bürgerkrieg	Status quo Status quo Status quo *Risiko* *Risiko*	Status quo Status quo Status quo *Risiko* Status quo
Sambia	Bembe Lozi (Barotse)	lokale Unruhen lokale Unruhen	Status quo Status quo	*abnehmend* *abnehmend*
Zimbabwe	Weisse Ndebele	- -	Status quo Status quo	Status quo Status quo
Sudan	südl. Gruppen Fur[2)] Nuba Mts.[2)]	Bürgerkrieg Guerilla mittel Guerilla mittel	*abnehmend*	*Risiko* abnehmend *Risiko*
Uganda	Acholi	Guerilla mittel	*abnehmend*	Status quo

Zusammenfassung

In Afrika hat sich die Konflikttopographie in den neunziger Jahren von den Schauplätzen, die durch Entkolonisierung, Folgewirkungen davon und Kalten Krieg geprägt waren, hin zu innerstaatlichen Konflikten in zahlreichen Ländern vor allem südlich der Sahara verschoben. Diese sind von ethnopolitischen, tribalistischen und teilweise regionalistischen Auseinandersetzungen um Zugang, Verteilung und Nutzung von Ressourcen in Staaten mit niedrigem Entwicklungsstand geprägt.

Die Einführung von Mehrparteiensystemen und die Durchführung von Wahlen in der Mehrzahl der afrikanischen Länder in der ersten Hälfte der neunziger Jahre markieren die Abkehr von nachkolonialen Diktaturen, traditionalen Herrschaften und von rigiden Einparteiregimen, zumindest prinzipiell. Allein die Vorbereitung und Durchführung von Parlamentswahlen - und in einigen Ländern auch Kommunalwahlen - führt Afrika dem zur Zeit der Entkolonisierung propagierten, aber nie erreichten Ziel der „Massenpartizipation" ein Stück weit näher.

Nichtsdestotrotz ist die Zeit des Übergangs geprägt von Unsicherheiten (Uganda), Instabilitäten (Äthiopien), Rückschlägen (Angola) und teils massiven Konflikten und sogar Genoziden, die koloniale und vorkoloniale Konfliktlinien zutage befördern (Rwanda, Burundi, Sudan). Es ist daher zu früh, um von nachhaltigen Erfolgen der Demokratie in Afrika zu sprechen. Es besteht sogar berechtigter Zweifel darüber, ob die Einführung von Mehrparteiensystemen nach westlichem Muster tatsächlich zur breiten Beteiligung der Bevölkerung führen wird. Vermutlich erweisen sich quer zu formaldemokratischen Institutionen liegende traditionale Identitäten und Bindungen als weit beständiger als von westlichen Beobachtern bzw. von zahlreichen jungen Modernisierungseliten erwartet wurde:

> „Since representation in Western societies is often (but not always) shaped by class interests and organised groups, political divisions tend to assume a horizontal dimension. However, in African countries, where established classes or interest groups are relatively weak, representation is often based on ethnic or religious affiliations. In such societies, political divisions tend to be vertical, since members of an ethnic group often band together irrespective of their class status."[49]

Darüber hinaus besteht das Problem der „winner takes all"-Mentalität, die dazu führt, dass der Gewinner dem Verlierer keine politische Rolle, kein Recht der Kritik und Infragestellung und keine Sicherheit vor Übergriffen lässt:

---

[49] Samuel M. Makinda: Democracy and Multi-Party Politics, in: The Journal of Modern African Studies, Cambridge, 34, 4, 1996, pp. 555-574, hier p. 557.

> „While this 'winner takes all' mentality stems from the fact that those who control the machinery of government and administration very often have unlimited access to the resources of the state, it also demonstrates the failure, on the part of both political leaders and the public, to understand the essence of a multi-party system.“[50]

In der Tat scheinen die demokratischen Erwartungen durch westliche Staaten und Institutionen wie die Weltbank und den Internationalen Währungsfonds (IWF) hochgeschraubt worden zu sein. Nach dem Ende des Ost-West-Konfliktes wurde mittels Konditionalitäten und Debatten über „good governance“ der Anpassungsdruck in Richtung Demokratisierung oder zumindest der Abhaltung von Wahlen enorm erhöht. Dass Wahlen an sich weder demokratische Verhältnisse zur Folge haben noch das Bekenntnis zum Liberalismus beinhalten, wurde dabei gerne übersehen.

Generell sind die gegenwärtigen Demokratisierungsbemühungen von aussen eher zum Scheitern verurteilt. Zwei Gründe dafür werden in der Literatur diskutiert. Erstens verhindert das naive, nichtkonfliktuelle Bild von Demokratie die Erkenntnis, dass Demokratie - um mit *Ralf Dahrendorf* zu sprechen - „government by conflict“ ist; unter den relativ ungünstigen sozioökonomischen Vorzeichen Afrikas kann dies durchaus auch bewaffneter Konflikt heissen. Zum zweiten trägt die Annahme vieler gesellschaftlicher Akteure (internationale Nichtregierungsorganisationen, NROs) nicht, dass der Prozess der Demokratisierung am besten durch den Aufbau von Nischen ziviler Gesellschaft, organisiert in kleinen dezentralen Komponenten, sozusagen hinter dem Rücken der Regime, vorangebracht werden könnte. Diese Vermutung verkennt die Fallhöhe zwischen Regierung und Bevölkerung, die in den meisten afrikanischen Staaten enorm ist, auf verhängnisvolle Weise. Da paternalistische und autoritäre Regime in der Regel Repressionsapparate einsetzen, um nach aussen den Anschein von gesellschaftlichem Konsens und Ruhe und Ordnung zu vermitteln, sieht sich eine feingliedrige und dezentrale zivile Gesellschaft eher in der Rolle des hilflosen Opfers zentralstaatlicher Autorität wieder, als dass sie in konfliktuellen, aber nicht gewaltförmigen Beziehungen zum Zentralstaat die Transformation zur liberalen Demokratie wirksam voranbringen könnte.[51] Die Distanz zwischen oben und unten wird sich nur verkleinern lassen, wenn die Legitimität der Herrschenden substantiell vom Willen der Beherrschten abhängig sein wird und das setzt wiederum voraus, dass eine breite Mittelschicht entsteht, die sich Zugang zu wirtschaftlicher und politischer Macht verschafft.

---

[50] Ibid., p. 567.

[51] Vgl. auch Marina Ottaway: Democratisation and the Leninist Option, in: Ibid., 35, 1, 1997, pp. 1-16, hier pp. 14ff.

Sozioökonomische und politische Krisen afrikanischer Gesellschaften sind sowohl Spätfolgen kolonialer Hinterlassenschaften, wie etwa die ungeschützte Einbindung unproduktiver Ökonomien in den Weltmarkt, als auch und in zunehmendem Masse entwicklungsstrategische Fehlentscheidungen einheimischer Eliten. Darüber hinaus tragen staatliche wie private internationale Entwicklungsorganisationen nolens volens zu den strukturellen Verbiegungen in den Ländern des Kontinentes bei. So wurde kein anderer Kontinent in ähnlichem Ausmass mit Geldspenden, Expertise und Nahrungsmittelhilfe überschwemmt wie Afrika südlich der Sahara. Trotzdem wuchsen sich Versorgungskrisen zu Hungerkatastrophen aus, weil die internationale Gebergemeinschaft bei Dürren und/oder Kriegen zu spät und oft mit ungeeigneten Mitteln intervenierte (Somalia). Ausserdem werden die massiven und zum Teil durch Anpassungsprogramme zusätzlich verschärften Strukturprobleme afrikanischer Staaten übersehen, die im Kontext politischer Krisen auf Ebene der Eliten (Rwanda, Burundi) und der Regierungstätigkeit generell (Sudan, Nigeria) gesehen werden müssen.

Die Summe der kolonialen Verfehlungen liefert den nachkolonialen Eliten keine Generalabsolution, im Gegenteil. Die gegenwärtige Entwicklungskrise in den meisten Ländern Afrikas ist nicht primär auf koloniale Hinterlassenschaften oder weltwirtschaftliche Einflüsse zurückzuführen, sondern mindestens ebenso auf interne Faktoren, welche die Unterentwicklung zementierten. Die sozioökonomische und ökologische Krise ist im Kern eine Krise der Politiken in den einzelnen Ländern Afrikas.

Weder Kolonialismuskritiker, welche die Krise dem Kolonialsystem und dem Weltmarkt anlasten, noch Modernisierungstheoretiker, welche die Krise als hausgemacht analysieren, haben in ihrer jeweiligen Monokausalität hinreichende Erklärungsmuster für die afrikanischen Krisen der neunziger Jahre. Externe und interne Faktoren müssen in ihren Wechselwirkungen sowie im Kontext von systemischen Gegebenheiten, die politisch kaum oder nur sehr langfristig zu beeinflussen sind, gesehen werden. Ein wesentliches Element des afrikanischen Krisensyndroms - mit regional unterschiedlichen Ausprägungen - stellt die Transformation der Mensch-Umwelt-Beziehungen dar. Diese scheint in Afrika wie kaum irgendwo sonst zu *dem* zentralen Entwicklungshindernis zu werden, weil sie für die Mehrheit der ländlichen Produzenten die natürlichen Lebensgrundlagen zerstört, die Lebensbedingungen von immer mehr Menschen verschlechtert und Migrationsbewegungen in bisher unbekanntem Ausmass ausgelöst hat. Die Transformationsprozesse sind die unmittelbare Folge der Verschränkung von Rückständigkeit und Modernisierung, von kargen Land- und Weidewirtschaften und Urbanisierung, von regionaler Über- wie Unterbevölkerung, vom Sahel- wie vom Katangasyndrom, kurz, von armuts- und reichtumsbedingten Eingriffen in sensitive Ökosysteme.

Weitere Literatur

Ansprenger, Franz: Politische Geschichte Afrikas im 20. Jahrhundert, München 1992.

Augsburger, David W.: Pathways and Patterns, Louisville, Kentucky, 1992.

Baechler, Günther/Volker Böge/Stefan Klötzli/Stephan Libiszewski/Kurt R. Spillmann: Kriegsursache Umweltzerstörung; Ökologische Konflikte in der Dritten Welt und Wege ihrer friedlichen Bearbeitung, 3 Bde., Chur/Zürich 1996.

Guichaoua, André: Les crises politiques au Burundi et au Rwanda 1993-1994, Paris 1995.

Klein, Axel: The State of War and Peace in Africa in 1996, Institute for African Alternatives IFAA, London 1997.

Ropers, Norbert: Friedliche Einmischung; Strukturen, Prozesse und Strategien zur konstruktiven Bearbeitung ethnopolitischer Konflikte, Berghof Report Nr. 1, Berlin 1995.

Suliman, Mohamed: Der afrikanische Kontinent ist von innen her bedroht; Krieg und Frieden in Afrika 1992, in: Österreichisches Studienzentrum für Frieden und Konfliktlösung/Schweizerische Friedensstiftung (Hrsg.): Das neue Chaos der nationalen Egoismen, Friedensbericht 1993, Friedensforscher zur Lage, Chur/Zürich 1993, pp. 77-90.

Zeitungsarchiv sowie verschiedene Ausgaben von Africa Confidential.

Staat in Nigeria

Elitenspiele und Herrschaft

Von Markus Brunner

Vorbemerkungen

> „What ... surprised [the Director] most was the extent to which Jebs had begun to look like Nigeria ... All nations were supposed to send their best political prisoners [to Jebs]. Most did so. But not the Nigerians, who in their usual lawlessness asserted that they did not practice politics in their country, but 'bellytics'. And since everyone had to eat, all Nigerians were 'bellyticians'. Ergo, everyone was a politician and qualified for a home in Jebs Prison."
>
> *Ken Saro-Wiwa*, „Prisoners of Jebs"

„La politique du ventre"[1] charakterisiert auch in Nigeria das Verhalten der Spieler in der politischen Arena. Der ermordete nigerianische Schriftsteller *Ken Saro-Wiwa* hat dieses Konzept schon vor der wissenschaftlichen Diskussion in seiner Realsatire „Prisoners of Jebs" verarbeitet und seinem vorwiegend nigerianischen Publikum dargelegt.[2] Die „Politik des Bauches" meint nicht nur Korruption, sondern umfasst Rentiersaktivitäten in einer breiten Definition.[3] Das Konzept

---

[1] So der Untertitel von Jean-François Bayarts Buch The State in Africa; The Politics of the Belly, London/New York 1993.

[2] „Prisoners of Jebs", 1988 als Buch erschienen, ist die Sammlung einer Serie von Artikeln, die Ken Saro-Wiwa in der nigerianischen Tageszeitung Vanguard veröffentlicht hat. Vgl. dazu auch J.A. McIntyre: The Writer as Agitator - Ken Saro-Wiwa, in: Africa Spectrum, 31, 3, 1996, pp. 295-311.

[3] Peter M. Lewis: Economic Statism, Private Capital, and the Dilemmas of Accumulation in Nigeria, in: World Development, 22, 3, 1994, pp. 437-451, hier p. 441: „... rentier activities are often associated with corruption, though the distortionary effects of rent-seeking should be differentiated from the liabilities of administrative corruption."

zeigt die interne Logik des Verhaltens politischer *Entrepreneure* auf, die dem Zwang zur Erlangung, Akkumulation und Umverteilung von Reichtum folgt.[4] Dadurch ermöglicht es eine Analyse des Staates, ausgehend von den sozialen Akteuren.

Die Konzentration wirtschaftlicher, politischer und sozialer Strukturen auf das Zentrum, das Eine - den Staat (bzw. in vielen Fällen den Einen - den Diktator, *the big man*) - wurde in der (politik-)wissenschaftlichen Debatte über den Staat in Afrika konzeptualisiert und dadurch oft noch verstärkt.[5] Der im zwischenstaatlichen System schwache afrikanische Staat erhielt somit in der wissenschaftlichen Diskussion eine Stellung, die mehr die Projektionen der Analytiker als dessen tatsächliche Bedeutung und Wirkung widerspiegelt.

Um nicht allzu leicht in die Falle zu tappen, den Staat überzubetonen[6], versuche ich, Kontinuitäten und Diskontinuitäten von Staat in Afrika am Beispiel Nigerias aufzuzeigen. Dafür ist es notwendig, das Konzept Staat von normativen Überfrachtungen[7] zu entkleiden. Ausgehend vom historisch Abstrakten betrachte ich Staat weniger als den bestimmenden politischen Akteur, sondern vielmehr als *eine* der sozialen Institutionen im Weltsystem. Basierend auf den Untersuchungen von *Immanuel Wallerstein* nehme ich die Existenz eines kapitalistischen Weltsystems an, das als historisches soziales System im 16. Jahrhundert entstanden ist und sich in mehreren Jahrhunderten schliesslich über den gesamten Globus ausgebreitet hat.[8] „Ausgehend vom historisch Abstrakten" meint, dass selbst eine Untersuchung von Staat in Nigeria von vornherein zum Scheitern verurteilt wäre, würde sie sich nur auf die koloniale Genese und das postkoloniale Kräftespiel innerhalb jenes Territoriums, das gemeinhin als Nigeria

---

[4] Bayart, The State in Africa (Fn. 1), p. 228.

[5] Vgl. etwa als Kritik daran Patrick Chabal: Power in Africa; An Essay in Political Interpretation, London 1992, pp. 68ff.

[6] Vgl. auch William Reno: Welthandel, Warlords und die Wiedererfindung des afrikanischen Staates, in: WeltTrends, 14, Frühjahr 1997, pp. 8-29, hier pp. 8ff.

[7] Wie etwa bei Matthew J. Costello: State Softness as a Product of Environmental Uncertainty; A Theory with Applications to Nigeria, Kenya, and South Korea, in: The Journal of Developing Areas, 28, 3, April 1994, pp. 345-364, hier p. 348: „In many ways states in the developing world are still in formation; relationships among their constituent units are undefined, control of social resources is problematic and coherence remains low." Vgl. Bittners Kritik an derartigen Konzeptionen in Andreas Bittner: Kenia; Beobachtungen zu Staat, Markt und Gesellschaft, in: WeltTrends, 14, Frühjahr 1997, pp. 31-54, hier pp. 56f, oder Lewis, Economic Statism (Fn. 3), p. 438, oder Reno, Welthandel (Fn. 6), p. 11.

[8] Vgl. dazu näher Immanuel Wallerstein: The Modern World-System II; Mercantilism and the Consolidation of the European World-Economy, San Diego CA 1980. - Ders.: Der historische Kapitalismus, Berlin 1984. - Ders.: The Politics of the World-Economy; The States, the Movements, and the Civilizations, Cambridge 1984. - Ders.: Das moderne Weltsystem; Kapitalistische Landwirtschaft und die Entstehung der europäischen Weltwirtschaft im 16. Jahrhundert, Frankfurt a.M. 1986. - Ders.: The Modern World-System III; The Second Era of Great Expansion of the Capitalist World-Economy, 1730-1840s, San Diego CA 1989.

bezeichnet wird, beschränken. „Historisch abstrakt" heisst also, die Raum-Zeit-Koordinaten der sozialen Institution Staat (in Nigeria) im Rahmen des aktuellen historischen Systems anzugeben.

Westafrika wurde im 18. Jahrhundert, nach einem langen Übergangsprozess, als peripheres Gebiet in die Weltwirtschaft integriert.[9] Diese Eingliederung blieb lange Zeit auf die küstennahen Gebiete beschränkt. Im heutigen Nigeria erfolgte erst unter britischer Kolonialherrschaft im 19. Jahrhundert die Modifikation bestehender politischer Strukturen. Dies bedeutete die Zerstörung (vor allem im Südwesten, dem Gebiet der heute so bezeichneten Yoruba), die Anpassung (vor allem im Norden der muslimischen Hausa-Stadtstaaten) und Schaffung (vor allem im Südosten, dem Siedlungsgebiet der Igbo) von staatlichen Strukturen und deren Synthese zur britischen Kolonie unter dem Namen Nigeria ab 1914.[10]

Nigeria wurde also von einer Aussenarena des Weltsystems zur Peripherie im Weltsystem.[11] Dementsprechend wurden relativ „unwichtige" und wenig integrierte Produktionsprozesse innerhalb dieser Grenzen geschaffen, und es entstand ein schwacher Staat, zumindest in Relation zu den Mitspielern im zwischenstaatlichen System. Diese Positionierung im zwischenstaatlichen System veränderte sich weder durch die politische Unabhängigkeit noch durch den späteren Ölreichtum, wenn auch Nigeria aufgrund seiner Grösse und seiner Ressourcenausstattung für kurze Zeit als regionale Grossmacht, als „the Giant of Africa" erscheinen mochte. Dass der Gigant immer schon auf tönernen Füssen stand, wird bei Diskussionen um die Auflösung staatlicher Strukturen oder mangelnder Leistungsfähigkeit des nigerianischen Staates oft übersehen.

„Staat als eine der sozialen Institutionen im Weltsystem" zu sehen bedeutet, die herkömmliche Trennung von Politik und Wirtschaft und die herkömmliche Gegenüberstellung von Staat und Gesellschaft zugunsten einer historisch-systemischen Sichtweise aufzugeben.

> „Die Entwicklung des Weltsystems bedingte die Schaffung aller hauptsächlichen Institutionen der modernen Welt: Klassen, ethnische/nationale Gruppen, Haushalte - und eben 'Staaten'. All diese Strukturen entstehen mit, nicht vor dem Weltsystem, alle sind Folge, nicht Ursache. Weiters schaffen diese Institutionen sich gegenseitig. Klassen, ethnische/nationale Gruppen

---

9 Wallerstein, The Modern World-System II (Fn. 8), p. 158.

10 Heinrich Bergstresser/Sibylle Pohly-Bergstresser: Nigeria, München 1991, p. 33.

11 Zur Unterscheidung zwischen Aussenarena und Peripherie sowie den Auswirkungen der Eingliederung auf staatliche Strukturen siehe Wallerstein, Das moderne Weltsystem (Fn. 8), Kap. 6, pp. 447ff. sowie für die Eingliederung Westafrikas Wallerstein, The Modern World-System III (Fn. 8), Kap. 3, pp. 127ff., sowie A.G. Hopkins: An Economic History of West Africa, Essex 1973.

> und Haushalte werden vom, durch und in ihrer Beziehung zum Staat definiert, im Gegenzug schaffen, formen und transformieren sie den Staat."[12]

Diese strukturorientierte Konzeption von Staat führt zu dessen Hauptfunktion, die vor allem darin besteht, die Marktmechanismen zugunsten der einen oder anderen Gruppe zu verändern, „das heisst, die 'Freiheit' des Marktes einzuschränken"[13], oder, allgemeiner formuliert, die Beziehungen zwischen Weltmarkt und „eigenem" Staatsgebiet bzw. dessen Ressourcen zu regeln und durch diese Regulierung des Flusses der Produktionsfaktoren „die politische Untermauerung der strukturellen Arbeitsteilung in der kapitalistischen Weltwirtschaft"[14] zu leisten.

Die friedenspolitische Rechtfertigung für eine derartige Befassung mit Staat in einer peripheren Region ergibt sich daraus, dass Staat zwar eine der zentralen Kategorien der Friedensforschung ist, jedoch erstaunlicherweise selten hinterfragt wird. Aktuelle Veränderungen bei Ursachen, Ablauf und Analyse von Konflikten, die manchmal als „innerstaatliche Konflikte"[15], manchmal unter dem Stichwort „Staatszerfall" diskutiert werden, erfordern eine neue Definition der Formen, Funktionen und konkreten Ausprägungen von Staatlichkeit. Neben den Fragen, was Staat ist, welche Funktionen Staat hat (jeweils am Beispiel Nigeria), ob es in diesen grundlegenden Charakteristika zur Zeit bedeutende Brüche gibt, oder ob die Kontinuitäten überwiegen, geht es in diesem Artikel deshalb um eine Darstellung des Konkreten, jener Aspekte der jüngeren Geschichte Nigerias ab dem Ende der siebziger Jahre, die für das Thema relevant erscheinen. [16]

Nigeria

Die Ereignisse in der politischen und wirtschaftlichen Arena

> „When Obasanjo and Yar'adua
> Chop belle full and go
> Dem put Civilian friends for there

[12] Wallerstein, The Politics of the World-Economy (Fn. 8), p. 29.

[13] Immanuel Wallerstein: Die Konstruktion von Völkern; Rassismus, Nationalismus, Ethnizität; in: Etienne Balibar/Immanuel Wallerstein: Rasse, Klasse, Nation; Ambivalente Identitäten, Hamburg 1990, pp. 87-106, hier p. 150.

[14] Ibid., p. 151.

[15] Vgl. dazu den Beitrag von Jürgen Endres und Jens Peter Franke in diesem Band.

[16] Aus Platzgründen muss ich dabei Beschränkungen vornehmen. So werde ich nicht auf die wichtigen Effekte der „indirect rule" der britischen Kolonialherrschaft auf die unterschiedlichen Entwicklungen zwischen Nord- und Südnigeria eingehen, obwohl diese für die aktuelle politische Situation in Nigeria und im nigerianischen Militär eine Rolle spielen. Vgl. dazu Michèle Maringues: Nigeria; Guerilla Journalism, Paris 1996, pp. 18ff.

Dem shout second Republic
People wey No know dey happy
People wey know dem dey look
Dem Baptize di Civilian Government
Dem Name am Federal Government
ME I know by their name
Me I call dem Soldier put Soldier go“

Fela Anikulapo Kuti, ODOO
(Overtake Don Overtake Overtake)

Nigeria ist der bevölkerungsreichste Staat Afrikas und der viertgrösste Produzent von Erdöl innerhalb der OPEC.[17] Obwohl der Beitrag der Erdölindustrie zum Bruttosozialprodukt 1993 nur 12,8% betrug und die Landwirtschaft immer noch 38% beisteuerte, stammen 97% der Deviseneinnahmen aus dem Erdölexport.[18] Die Aktivitäten der „bellyticians“ müssen sich daher auf die Kontrolle und Verteilung der Gewinne aus Erdölproduktion und -export konzentrieren.

Im Oktober 1979 beendete General Olusegun Obasanjo formell die dreizehnjährige Herrschaft des Militärs über den nigerianischen Staat und übergab die Regierungsgeschäfte an Shehu Shagari, der die Präsidentschaftswahlen gewonnen hatte. Die Erwartungen an die Zweite Republik (1979-1983) waren ähnlich gross wie zu Beginn der Unabhängigkeit, die Enttäuschung über das Unvermögen der Zivilisten, zum zweiten Mal auch nur einem Teil dieser Erwartungen zu entsprechen, dafür um so grösser.[19] Das politische Spiel blieb weiterhin ein Spiel der Eliten, der höchstens zwei- bis dreitausend relativ bis absolut wohlhabenden Nigerianer aus allen Landesteilen und ethnischen Gruppen, und wurde auch so wahrgenommen.[20] Die Militärs hatten zudem die politische Bühne nie verlassen, genausowenig wie die nun an der Macht befindlichen Zivilisten „Personen ohne (Vor-)Geschichte“ waren.[21]

In die Zeit der Zweiten Republik fällt sowohl das Jahr mit der höchsten durchschnittlichen Tagesproduktion von Rohöl (1979 mit 2,3 Mio. Barrel pro Tag) als auch das seit den Unterbrechungen durch den Biafrakrieg (1967-1970)

---

[17] Organization of Petroleum Exporting Countries.

[18] Vgl. auch Doris Danler/Markus Brunner: Shell in Nigeria; Multinationale Konzerne in der Dritten Welt am Beispiel von Shell im Niger Delta, unter Mitarbeit von H. Bergstresser und S. Pohly-Bergstresser; Studie für Brot für die Welt, Stuttgart, August 1996, pp. 3ff.

[19] Bergstresser/Pohly-Bergstresser, Nigeria (Fn. 10), p. 51 sowie für die Erste Republik (1960-1966) Elizabeth Isichei: A History of Nigeria, Essex 1983, pp. 468ff.

[20] Adebayo O. Olukoshi und Liisa Laakso (The Deepening Crisis of Nigerian Federalism and the Future of the Nation-State, in: Dies.: Challenges to the Nation-State in Africa, Uppsala 1996, p. 82) sprechen vom „'irrelevant' state insofar as the social aspirations of most Nigerians are concerned“.

[21] Bergstresser/Pohly-Bergstresser, Nigeria (Fn. 10), pp. 51 und 53.

schlechteste Fördererergebnis (1983 mit einer durchschnittlichen Tagesproduktion von 1,235 Mio. Barrel). Zusammen mit den Entwicklungen der Weltmarktpreise für Rohöl bedeutete dies einen Verfall der Exporteinnahmen Nigerias vom Spitzenwert des Jahres 1980 mit US$ 24,9 Mrd. auf US$ 9,9 Mrd. im Jahr 1983 und weiter auf US$ 5,6 Mrd. 1986. Selbst ein politisch und wirtschaftlich stabileres Land als Nigeria hätte wohl grösste Probleme, diese enormen Schwankungen der einzigen Devisenquelle zu bewältigen.[22]

Die Zivilregierung Shagaris hatte jedoch nicht nur damit zu kämpfen. Sie erbte auch die Projekte und Versprechungen aus der Erdölboomphase der zweiten Hälfte der siebziger Jahre und musste der neu in Spitzenpositionen gekommenen Klientel und deren Verbündeten „Gelegenheit zum Essen" geben. Deshalb wurde der Putsch unter der Führung von General-Major Muhammadu Buhari Ende 1983 und die erneute Machtübernahme durch die Militärs weithin begrüsst.

Bei der Fortsetzung der Politik der siebziger Jahre (hohe Ausgaben und sinkende Einnahmen) kam auch in Nigeria Mitte der achtziger Jahre die Schuldenkrise zum Ausbruch.[23] 1987 überstiegen die nigerianischen Auslandsschulden die US$ 30 Mrd.-Grenze. Selbst nach Umschuldungsabkommen zu Beginn der neunziger Jahre konnte Nigeria seine jährlichen Zahlungsverpflichtungen nie mehr einhalten, was vor allem die Kreditaufnahme auf den internationalen Kapitalmärkten stark einschränkte und damit die notwendigen Investitionen im vitalen Erdölsektor beeinträchtigte.

Nigeria wurde in dieser Zeit Opfer der „Holländischen Krankheit".[24] Folgen davon waren zunehmende Importe, die den Anstieg der Exporterlöse übertrafen und auch nach Einsetzen des Verfalls der Ölpreise und der Ölproduktion anhielten. Weiter kam es zu einer verstärkten Land-Stadt-Migration durch günstige Kapitalgüterimporte und reduzierte Beschäftigungsmöglichkeiten in der Landwirtschaft. Versuchte Gegensteuerungen des nigerianischen Staates in Form von Subventionen für Düngemittel, Erdölprodukte und Zinssätze führten nur zu weiteren profitablen Gelegenheiten für die wirtschaftlichen und politischen Eliten.[25]

---

[22] Lewis, Economic Statism (Fn. 3), p. 438.

[23] Basierend auf Angaben in EIU (Economist Intelligence Unit): Country Profile Nigeria 1995-96, London 1995, pp. 32f.

[24] Beschrieben u.a. in Sarah Ahmad Khan: Nigeria - The Political Economy of Oil, Oxford 1994, pp 186ff., sowie in World Bank: Nigeria - Prospects for Development, Draft for Comment by the Country Operations Division, West Central Africa Department, October 28, 1996, p. 21. Vereinfacht dargestellt bewirkt der plötzliche und ausserordentlich starke Zustrom an Devisen eine Aufbis Überbewertung der lokalen Währung. Dadurch werden Importe im Vergleich zu lokal produzierten Gütern, vor allem im Bereich landwirtschaftlicher Erzeugnisse, billiger, während gleichzeitig Dienstleistungen und Bauindustrie im Vergleich zu Landwirtschaft und Bergbau forciert werden.

[25] Ausführlicher dazu World Bank, Nigeria (Fn. 24), p. 21.

Buhari erwies sich als durchsetzungsschwach und politisch ungeschickt.[26] Im August 1985 wurde seine Regierung in einem Putsch von General Ibrahim Badamosi Babangida gestürzt. Dessen zunehmende Eloquenz in der Beherrschung des Spiels des *politicking,* die Abwehr mehrerer Putschversuche sowie die erfolgreiche Einbindung der politischen Elite und der Intelligenz des Landes in seine Machtspiele trugen Babangida den Beinamen Maradona ein. Seinen Trickreichtum stellte er nicht nur bei der Einführung eines strukturellen Anpassungsprogrammes im Jahr 1986 unter Beweis. Er verschob auch mehrmals die angekündigte Übergabe der Regierungsgeschäfte an eine gewählte Zivilregierung und beendete schliesslich im Juni 1993 den Übergangsprozess abrupt.

Zum Erfolg des von Babangida 1986 eingeführten strukturellen Anpassungsprogrammes, geplant als kurzfristige Schadensbegrenzung und notwendige Umstrukturierung für längerfristiges Wachstum, bemerkte die Weltbank lapidar: „... yes, Nigeria did take the adjustment medicine. But often irregularly and never the full prescription.“[27] Während sich folglich die makroökonomischen Indikatoren nicht substantiell verbesserten, hatten die Anpassungsmassnahmen noch weitere Effekte: Zum einen gelang es der Regierung Babangida mit einigen konkreten Politikänderungen (etwa der Abschaffung des Importlizenzsystems), die Karten im nigerianischen Elitenspiel neu zu mischen, alte Einflussbereiche aufzubrechen und Pfründe an die zunehmend an wirtschaftlichem Einfluss gewinnenden Militärs, vor allem aus dem Norden und dem Middle Belt[28], und deren zivile Verbündete zu verteilen. Zum anderen erhielt das strukturelle Anpassungsprogramm - abgekürzt SAP - schnell die zutreffende Konnotation „to sap Nigeria's wealth“[29], mit dem Internationalen Währungsfonds (IWF), der Weltbank und ausländischen Regierungen, Unternehmen und Banken als Sündenböcke für Nigerias Misere. Das Regime schuf Feindbilder, um zumindest eine Zeit lang die Aufmerksamkeit von den nigerianischen Profiteuren der Anpassungsmassnahmen abzulenken.

Zu Beginn der neunziger Jahre stiegen die Ölpreise erneut an, und die Regierung lockerte die in den ersten SAP-Jahren strikter eingehaltene Budgetdisziplin. Steigende extrabudgetäre Ausgaben für prestigeträchtige Industrieprojekte, die neue Hauptstadt Abuja, das Militär und das politische Übergangsprogramm waren die Folge. Womit das Regime die Bäuche der *bellyticians* fütterte, zeigt etwa der Bericht der Okigbo-Kommission über den Verbleib der Extraprofite aus dem Anstieg der Erdölpreise durch die beiden Golfkriege: Von den 1988 bis 1994 erzielten Mehreinnahmen in Höhe von ca. US$ 12,4 Mrd. waren Ende

---

[26] Bergstresser/Pohly-Bergstresser, Nigeria (Fn. 10), p. 54.

[27] World Bank, Nigeria (Fn. 24), p. 25.

[28] Während der Norden Nigerias als ethnisch relativ homogen angesehen wird (vor allem Hausa-Fulani, Kanuri etc.), gibt es im Middle Belt, der sich von West nach Ost in der geographischen Mitte Nigerias erstreckt, eine Vielzahl von kleineren und mittelgrossen ethnischen Gruppen.

[29] „Nigeria seines Reichtums berauben.“

1993 nur mehr US$ 206 Mio. vorhanden, der Verbleib der restlichen US$ 12,2 Mrd. konnte nicht mehr geklärt werden.[30] Die Auslandsschulden stiegen erneut drastisch an, und die Regierung Babangida verlegte sich aufs inflationsfördernde Gelddrucken zur Symptombekämpfung, wodurch die nigerianische Währung rapide an Wert verlor.

Knappe acht Jahre konnte sich Babangida an der Macht halten, bis sich im Jahr 1993 eine Wende abzeichnete. Nachdem Babangida den Auswahlprozess für die Präsidentschaftskandidaten 1992 annulliert hatte, setzte er zu Jahresbeginn 1993 einen einflusslosen Übergangsrat (*Transitional Ruling Council*), bestehend aus Militärs und Zivilisten und angeführt von Ernest Shonekan, ein und liess eine erneute Kandidatenauswahl zu. Zwei wohlhabende Geschäftsleute mit guten Beziehungen zur Militärspitze, Bashir Tofa, ein Hausa aus Kano, sowie Moshood Abiola, ein Yoruba aus Abeokuta, wurden als einzige Kandidaten für die am 12. Juni 1993 abgehaltenen Präsidentschaftswahlen zugelassen. Obwohl beide aus dem politischen Establishment stammten und vom Militär ausgesucht worden waren, entstand durch die seit Jahren andauernde Übergangsrhetorik, die schlechte Wirtschaftslage und die Versprechungen im Wahlkampf eine Erwartungshaltung, die im nachhinein zumindest stark überzogen anmutet. Ein streng vom Militär kontrollierter Übergangsprozess mit eindeutig vorbelasteten Spitzenkandidaten erschien plötzlich als ein wichtiger Schritt in Richtung Demokratisierung und als Ausweg aus der Krise.

Die eigentlichen Wahlen fanden unter relativ geordneten Umständen mit einer für Nigeria hohen Wahlbeteiligung statt. Nach der Veröffentlichung erster vorläufiger Ergebnisse, die einen klaren Vorsprung für Moshood Abiola auch in den Städten des Nordens zeigten, wurde der Mantel des Schweigens über den Wahlausgang gebreitet, bis Babangida am 23. Juni 1993 die Wahl schliesslich annullierte und die Übergabe der Macht auf unbestimmte Zeit verschob.[31]

Nach internen Protesten und internationalem Druck waren es wieder die Militärs, die die von ihnen provozierte politische Krise bereinigten. Eine Fraktion unter Führung von Verteidigungsminister Abacha zwang Babangida am 27. August 1993 zum Rücktritt und setzte den umgebildeten Übergangsrat unter Shonekan als *Interim National Government* (ING) ein, ohne jedoch die Fäden der Macht aus der Hand zu geben. General Abacha löste nach seinem Putsch vom 17. November 1993 alle demokratischen Strukturen auf lokaler, regionaler und nationaler Ebene auf und kündigte wiederum eine breit angelegte Verfassungsdiskussion über die Gestaltung der nigerianischen Föderation an. Die anfängliche

[30] The Economist, October 22, 1994, p. 54.

[31] Markus Brunner/Walter Suntinger: Nigeria, in: Human Rights in Developing Countries Yearbook 1995, The Hague 1995, pp. 237-281, hier p. 249. Babangidas zynische Begründung für die Annullierung der Wahlen war: „... these steps are taken so as to protect our legal system and the judiciary from being ridiculed and politicized both nationally and internationally.“ West Africa, 28 June - 4 July 1993, p. 1079.

Zustimmung zur formellen Rückkehr des Militärs an die Spitze des Staates wich bald der Ernüchterung, als klar wurde, dass sich Abacha auf eine längere Amtszeit einrichtete. Die Regeln des politischen Spiels änderten sich drastisch - die Zeit der Kompromisse, des Verhandelns und des Einkaufens politischer Gegenspieler war vorbei.

Eines der ersten Opfer war das *Movement for the Survival of the Ogoni People* (MOSOP), das international durch seinen Kampf gegen Umweltverschmutzung durch die Ölproduktion und für einen Anteil aus den Gewinnen aus der Ölproduktion im Nigerdelta für Aufsehen sorgte und damit die Grundlagen des nigerianischen Systems der Ressourcenaufteilung bedrohte. Nach dem gescheiterten Versuch, deren Anführer mittels Jobangeboten ruhigzustellen[32], nutzte Abacha die Gelegenheit, die sich nach den Morden an vier prominenten Ogoni im Mai 1994 ergab. Er liess die gesamte MOSOP-Führung verhaften und verstärkte den Terror gegen die Bevölkerung durch die berüchtigte *Rivers State Internal Security Task Force*. Anstatt den anderen Völkern im Nigerdelta als Beispiel für erfolgreichen Widerstand gegen Ölkonzerne und Ausbeutung durch die nigerianischen Eliten zu dienen, wurde an den Ogoni demonstriert, welches Schicksal jene erleiden, die sich mit ihrer Kritik zu weit vorwagten. Der Spielraum für Oppositionelle und Kritiker wurde immer kleiner.

Im April 1994 begannen Demokratie- und Menschenrechtsgruppen, im Hinblick auf den ersten Jahrestag der Annullierung der Wahlen vom 12. Juni 1993 ihre Anhänger zu mobilisieren. Sie erneuerten dadurch Abiolas Anspruch auf das Präsidentenamt, denn zu jenem Zeitpunkt war ein politischer Neubeginn ohne Anerkennung des Wahlergebnisses von 1993 nicht denkbar. Ende Juni kam es zu Kundgebungen und Streiks, die von den einflussreichen Gewerkschaften der Ölarbeiter und Tankerfahrer angeführt wurden. Abiola rief sich zum Präsidenten aus, wurde aber kurz darauf verhaftet und sitzt seither ohne Verfahren im Gefängnis, mittlerweile sowohl politisch als auch psychisch gebrochen.[33]

Die Streiks entwickelten sich zu einer Machtprobe zwischen der Militärregierung und der von einzelnen Gewerkschaften angeführten Opposition, aus der Abacha als Sieger hervorging. Nach achtwöchiger Auseinandersetzung liess Abacha etliche Oppositionelle verhaften[34], löste die Gewerkschaften auf, verbot die seinem Innenminister Ibru gehörende Tageszeitung *The Guardian* und erliess Anfang September 1994 eine Reihe rückwirkender Verordnungen, die Grundfreiheiten wie das Versammlungs- und Organisationsrecht abschafften oder stark einschränkten. Mit diesem Sieg hatte er nicht nur die Opposition, die Gewerkschaften und die Presse in die Schranken gewiesen, sondern auch mit einer

---

[32] Laut Gespräch mit Ledum Mitee, MOSOP-Vizepräsident, im Januar 1996 in Lagos.

[33] Maringues, Nigeria (Fn. 16), p. 33, und mehrere Gespräche mit engen Mitarbeitern Abiolas in Lagos zwischen 1994 und 1996.

[34] Etwa den Gewerkschaftsführer Frank Kokori, der, ebenso wie Abiola, trotz internationaler Interventionen immer noch ohne Verfahren festgehalten wird.

erweiterten Fassung des berüchtigten Dekrets Nummer 2, das nun die Inhaftierung von Personen ohne Angabe von Gründen auf unbestimmte Zeit erlaubte, für weitere derartige Fälle bereits vorgesorgt.

Als im April 1995 wieder Putschgerüchte umgingen, nutzte Abacha dies, um neben einigen Offizieren und Zivilisten auch den ehemaligen Staatschef Obasanjo und dessen politisch weitaus aktiveren zweiten Mann, Shehu Musa Yar'Adua, zu verhaften.[35] Ein geheimes Militärtribunal verhängte im Juli 1995 Todes- und hohe Gefängnisstrafen über die 43 Angeklagten. Nach starken internationalen Protesten wurden die Todesstrafen jedoch in langjährige Haftstrafen umgewandelt.

Die Umwandlung der Todesstrafen wurde von einigen als Zeichen der Schwäche Abachas ausgelegt. Als im Schauprozess gegen die Führungsspitze des MOSOP Ende Oktober 1995 wiederum Schuldsprüche gefällt und Todesstrafen verhängt wurden, rechneten viele Beobachter und Beteiligte mit einem ähnlichen Vorgehen wie bei den einige Monate zuvor Verurteilten oder bei einem ähnlich gelagertem Fall, dem Verfahren gegen General Zamani Lekwot nach den Zango-Kataf-Unruhen im Jahr 1992.[36] Trotz internationaler Proteste wurden aber die Todesurteile gegen Ken Saro-Wiwa und acht seiner Mitstreiter noch während des in Auckland stattfindenden Gipfels der *Commonwealth*-Regierungschefs am 10. November 1995 vollstreckt. Die Folge waren weltweite Proteste, die auch die Aktivitäten der in Nigeria tätigen multinationalen Ölkonzerne, allen voran Royal Dutch/Shell, ins internationale Bewusstsein rückten.[37] Ausser der vorläufigen Suspendierung von Nigerias Mitgliedschaft im *Commonwealth of Nations*, die beim Commonwealth-Gipfel in Edinburgh im Herbst 1997 um ein weiteres Jahr verlängert wurde, und einiger eher symbolischer Sanktionen der EU, Kanadas und der USA gegen Nigeria hat die nigerianische Militärregierung keinerlei Konsequenzen hinnehmen müssen.

1994 war das Krisenjahr der nigerianischen Wirtschaftsgeschichte, bedingt durch das neuerliche Sinken der Weltmarktpreise für Erdöl, den praktischen Stillstand wirtschaftlicher Aktivitäten während der zweimonatigen Streikperiode und die 300-prozentige Erhöhung der Preise für Benzin und Diesel im Oktober 1994, die wiederum einen massiven Inflationsschub in einer stark vom Strassenverkehr abhängigen Gesellschaft nach sich zog. Eine Erholung der nigerianischen Wirt-

---

[35] Yar'Adua verfügte vor allem unter fundamentalistischen islamischen Gruppen im Norden Nigerias über eine veritable Anhängerschaft. Er starb Anfang Dezember 1997 im Gefängnis.

[36] Lekwot war als einer der Anführer der Unruhen zunächst zum Tode verurteilt worden, bevor die Strafe nach Protesten in eine fünfjährige Gefängnisstrafe umgewandelt wurde. Lekwot wurde inzwischen aus der Haft entlassen.

[37] Ausführlicher dazu Doris Danler: Ogoni gegen Shell und die nigerianische Militärregierung; Konfliktlösung in der Deltaregion Nigerias; in: Österreichisches Studienzentrum für Frieden und Konfliktlösung/Schweizerische Friedensstiftung (Hrsg.): Theorie und Praxis ziviler Konfliktbearbeitung, Friedensbericht 1996, 1. Jahrbuch für Konfliktlösung, Chur/Zürich 1996, pp. 327-350.

schaft ist seither nicht eingetreten, im günstigsten Fall kann von einer Stabilisierung auf niedrigem Niveau gesprochen werden. Die Auslandsschulden sind erdrückend, Umschuldungsverhandlungen nicht wahrscheinlich. Da aber die Erdölproduktion noch immer einen stetigen, wenn auch sinkenden Zufluss an Devisen garantiert, sieht die herrschende Clique um Abacha keine Notwendigkeit, die für sie profitable Situation zu ändern.

Im Oktober 1995 versprach Abacha den baldigen Rückzug des Militärs in die Kasernen und verkündete ein Übergangsprogramm, das seinen Abschluss in der Einsetzung eines gewählten Präsidenten am 1. Oktober 1998 finden soll. Was wie eine Wiederholung des Szenarios von 1978/79 oder der Übergangsphasen während Babangidas Herrschaft anmutet, hat jedoch nur formale Ähnlichkeiten. Geschichte wiederholt sich zwar, aber nie in der selben Art, da sich die Rahmenbedingungen für die Handlungen der Akteure ständig ändern. Um diese Veränderungen zu erfassen, genügt es deshalb nicht, die politischen und wirtschaftlichen Ereignisse alleine zu betrachten.

Die Zyklen

Der nigerianische Ölboom begann in einer Phase, als die Weltwirtschaft in eine Rezession eintrat. Für die meisten Länder bedeutete das, Umstrukturierungen einzuleiten, um konkurrenzfähig zu bleiben oder zu werden. Für jene Länder, die über den strategischen Rohstoff unserer Zeit verfügen, bedeutete dies unerwartet schnellen Reichtum. Innerhalb dieser grösseren, weltwirtschaftlichen Abschwung- oder B-Phase ereignen sich in Nigeria einige kürzere, untereinander verbundene Zyklen, die ganz im Zeichen des Zyklus von der Kolonie zum Ölreichtum bis zum „Am Ende bleibt nur ein Loch im Boden ...“[38] stehen: Von einer vorwiegend ländlichen Bevölkerungskonzentration zur Urbanisierung bis zum Rückgang der Land-Stadt-Migration; vom enorm rasanten Aufbau von Infrastruktur und sozialen Einrichtungen bis zu deren nicht minder rasantem Verfall; und schliesslich von der Landwirtschaft zur „Holländischen Krankheit“ bis zur Explosion des Dienstleistungssektors und zurück zur Landwirtschaft.

Als Nigeria 1960 in die Unabhängigkeit entlassen wurde, war das Land Selbstversorger mit Nahrungsmitteln und ein bedeutender Exporteur landwirtschaftlicher Produkte wie Palmöl, Erdnüsse und Kakao. Unter den Sümpfen und Mangrovenwäldern des Nigerdeltas lag das Schicksal des Landes zu jener Zeit noch verborgen. Die ehemals unter britischem Kolonialschutz tätige Royal Dutch/Shell-Gruppe hatte jedoch bereits 1938 mit Explorationsarbeiten begonnen. 1958 erfolgten die ersten Ölexporte, und von da an stieg das qualitativ

[38] Johan Galtung, zitiert in Claudia von Werlhof: Wenn die Bauern wiederkommen; Frauen, Arbeit und Agrobusiness in Venezuela, Bremen 1985, p. 63.

hochwertige nigerianische Erdöl rasch zur alles dominierenden Ressource auf. Der Boom begann aber erst, als nach den beiden Ölpreisschocks 1973 und 1974 die Einnahmen aus dem Erdölexport explodierten.[39]

Aufgrund der Vernachlässigung anderer Wirtschaftsbereiche, speziell der Landwirtschaft, war Nigeria bereits Mitte der siebziger Jahre von Nahrungsmittelimporten - vor allem Weizen für die schnelle Ernährung mit Brot in den urbanen Zentren - abhängig geworden.[40] Als im Zeichen der Krise der achtziger Jahre die Gelder für den Import von Nahrungsmitteln knapper wurden und die nigerianische Währung an Wert verlor, wurde es für zahlreiche Kleinbauern wieder lukrativ, Nahrungsmittel für den Inlandsmarkt zu produzieren. Es waren daher weniger die Massnahmen im Rahmen des strukturellen Anpassungsprogrammes, sondern die von den unzähligen kleinen und mittelgrossen Bauern im Schutz der wirtschaftlichen Krise selbst vorgenommenen Anpassungen, die verhinderten, dass Hunger als weitverbreitetes Phänomen auftauchte. Dies wurde in vielen Fällen mit einer mangelhaften Ernährung durch den Anbau nährwertniedriger Pflanzen wie Cassava erkauft, die zudem vor allem in den bevölkerungsreichen Regionen Ost- und Südostnigerias auf immer schlechteren Böden angebaut werden.

Parallel zur Steigerung der Nahrungsmittelproduktion für den Inlandsmarkt verminderten sich die Wachstumsraten der grossen Städte. Während frühere Vorhersagen etwa Lagos als eine der am schnellsten wachsenden Metropolen der Dritten Welt sahen, verlangsamte sich dieser Trend in den neunziger Jahren spürbar.[41]

Die in den siebziger Jahren aufgebaute Infrastruktur (Strassen, Bildungs- und Gesundheitseinrichtungen, Elektrifizierung etc.) verfällt seit Einsetzen der Krise Mitte der achtziger Jahre. Die Strassen sind mit Schlaglöchern übersät und in der Regenzeit oft wochenlang unpassierbar, tagelange Stromausfälle sind der Normalfall, Wassertanker treiben einen blühenden Handel mit dem knappen Gut, die Universitäten - deren Zahl in den siebziger Jahren von sechs auf 22 explodierte - sind, wenn nicht geschlossen, schlecht mit Personal und Material ausgestattet, Krankenhäuser verfallen und beschränken sich auf notdürftige Erste-Hilfe-Leistungen.

---

[39] Während die Erdölexporteinnahmen 1970 nur US$ 724 Mio. betrugen, stiegen sie über US$ 9 Mrd. 1974 bis auf US$ 15,7 Mrd. Ende der siebziger Jahre. Vgl. dazu Khan, Nigeria (Fn. 24), p. 184.

[40] Vgl. dazu die detaillierte Untersuchung von Gunilla Andrae/Björn Beckmann: The Wheat Trap; Bread and Underdevelopment in Nigeria, London 1989.

[41] Genaue Aussagen über Urbanisierung und Bevölkerungsentwicklung wie auch für andere Bereiche sind aufgrund fehlender Daten nicht möglich. Die erst vor kurzem veröffentlichten Ergebnisse der Volkszählung von 1991 führten zwar zu einer Revision nach unten der Zahl der Gesamtbevölkerung um ganze zwanzig Millionen (!), haben aber wegen vielfältiger Probleme bei der Erhebung und Verarbeitung der Daten nur beschränkte Aussagekraft.

Gleichzeitig surren in den besseren Gegenden der Städte die Dieselaggregate zur privaten Stromversorgung, entstehen Privatkliniken mit ausländischem Personal und Privatschulen mit ansprechendem Lehrplan, Luxusrestaurants und Supermärkte voll mit europäischen Waren - erschwinglich aber nur für jene dünner werdende Oberschicht und *nouveaux riches*, die nach der Abwertung der Naira nicht mehr so leicht nach London, New York oder Paris ausweichen können.

Trotz der Erdöleinnahmen rangiert Nigeria heute nur auf Platz 137 des *Human Development Index* der UNO. Mit einem BIP pro Kopf von US$ 260 im Jahre 1995 zählt es zu den zwanzig ärmsten Ländern der Welt.[42]

Auch bei anderen Indikatoren lässt sich die zyklische Bewegung nachvollziehen. Von den fünfziger Jahren bis etwa 1972 nahmen sowohl die Wirtschaftsleistung als auch das durchschnittliche Pro-Kopf-Einkommen zu, basierend auf einem starken landwirtschaftlichen Sektor. Es existierten jedoch beträchtliche regionale und soziale Ungleichverteilungen, die sich in der nachfolgenden Wachstumsperiode (1973-1983) noch verstärkten, allerdings begleitet von den oben erwähnten Infrastrukturmassnahmen, die auch einer breiteren Bevölkerungsschicht zugute kamen. Das BIP pro Kopf stieg von rund US$ 90 zur Zeit der Erlangung der Unabhängigkeit bis 1972 beständig an, erreichte auf dem Höhepunkt des Ölbooms mit US$ 1.160 seinen Spitzenwert, um dann innerhalb von fünfzehn Jahren auf den oben zitierten Wert von US$ 260 zurückzufallen. Nach einer leichten Erholung zwischen 1985 und 1990 verschlechterten sich ab 1992 bis heute fast alle Indikatoren - Einschulungsrate, Anzahl der Ärzte pro Kopf, Kindersterblichkeit, Alphabetisierung, Lebenserwartung etc. - sowie der Lebensstandard spürbar und rapide.

Die grundlegenden Charakteristika nigerianischer Politik - „instability, conflicting social, regional and ethnic interests, and a focus on distribution rather than generation of wealth“[43] - können diese Zyklen nur zum Teil erklären. Jene mehr als US$ 200 Mrd., die der nigerianische Staat seit den siebziger Jahren aus den Einnahmen der Erdölproduktion investiert hat (rund 85% der Gesamteinnahmen), waren grösstenteils „unprofitable, characterized by waste, poor maintenance and wrong priorities“.[44] Dies mag für eine rein wirtschaftliche Betrachtung zutreffen, lässt jedoch die Nutzniesser dieser Politik völlig ausser acht. Alle jene ausländischen Konzerne, nigerianischen Unternehmer, Politiker und Militärs, die Aufträge und Provisionen erhielten, profitierten in immenser Weise von diesen „falschen Prioritäten“, und dies über mehr als 25 Jahre.

---

[42] World Bank, Nigeria (Fn. 24), p. 9. Mit dieser Entwicklung erfolgte in Nigeria ein „setting back [of] its welfare clock to 1972, before the oil boom“.
[43] Ibid., p. i.
[44] Ibid., p. ii.

Am Ende des Zyklus steht nicht die blosse Rückkehr zur Zeit vor dem Ölboom. „Am Ende bleibt [wahrlich] nur ein Loch im Boden“, in mehrfacher Hinsicht: Ökologisch mit den Wunden, die die Erdölindustrie im Nigerdelta hinterlässt, mit den tausenden Kilometern von Pipelines, den hunderten haushohen Gasflammen, die seit mehr als dreissig Jahren die Nacht zum Tag machen, den zahlreichen kleineren und grösseren Ölunfällen und den mit Ölgeld in die Landschaft gesetzten Industrieruinen; psychosozial mit einer durchgängigen Rentiersmentalität, gegründet auf die „Psychologie des leicht verdienten Geldes“ und von Ken Saro-Wiwa in seiner Fernsehserie *Basi & Co.*, von 1985 bis 1990 ein wöchentlicher Strassenfeger im nigerianischen Fernsehen, mit dem nigerianischen Lebensmotto „To Be A Millionaire, Think Like A Millionaire“ treffend beschrieben;[45] und sozial mit einer alle Schichten der Bevölkerung durchziehenden Enttäuschung und Ernüchterung, die bei Jugendlichen besonders stark ausgeprägt ist. Schlecht ausgebildet, ohne Aussicht, jemals einen Job im formellen Sektor zu bekommen, und konfrontiert mit einer älteren Generation von Politikern, Unternehmern und traditionellen Herrschern, die zumindest noch an den Krumen des Kuchens mitnaschen konnten, stellen sie heute „den radikalsten und am ehesten gewaltbereiten Bevölkerungsteil“[46] in Nigeria dar.

Die Trends

Neben dem Trend zur Militarisierung politischer und sozialer Strukturen oder, anders ausgedrückt, zur Hierarchisierung und Zentralisierung politischer und sozialer Macht ist vor allem eine zunehmende Ethnisierung der Bevölkerung zu beobachten, die wiederum mit einer Hierarchisierung innerhalb der verschiedenen Ethnien einhergeht.

In den 37 Jahren seit der Unabhängigkeit Nigerias war das Militär 27 Jahre an der Macht. Spätestens seit den achtziger Jahren wurde deutlich, dass sich das Militär im Gegensatz zur Rhetorik einer „korrektiven Regierung“[47] selbst als den wichtigsten Spieler im politischen System ansah. In den ständigen Verfassungsänderungen und der Herrschaft mittels Verordnungen, womit immer mehr legislative und exekutive Gewalt in den Händen der Militärregierung konzentriert wird, tritt diese Haltung deutlich hervor. Ebenso wird die Justiz für die Zwecke der Militärs instrumentalisiert (über Sondertribunale und -erlässe) oder einfach ignoriert. Politische Übergangsprogramme wurden bislang so stark vom Militär kontrolliert und bestimmt, dass sich keine Strukturen bilden konnten, die eine

---

[45] Danler/Brunner, Shell in Nigeria (Fn. 18), p. 9.
[46] Ibid., p. 14.
[47] Vgl. dazu und zu den folgenden Argumenten Brunner/Suntinger, Nigeria (Fn. 31), pp. 246f.

breitere politische Beteiligung zugelassen hätten. Für das Militär bestand nie die Gefahr, bei einer Rückkehr in die Kasernen an politischem Einfluss zu verlieren.

Der direkte Zugriff auf die Staatskasse und der Zugang zu Staatsaufträgen sichern dem Militär als Institution und einzelnen Militärs wirtschaftliche Pfründe, die in jedem Fall fortgesetzte Macht garantieren. Da viele Militärs jung in die Armee eintreten, können sie nach Ableistung von 30-35 Dienstjahren als Mitte Vierzig- bis Fünfzigjährige in Pension gehen. Viele höherrangige Militärs konnten sich bereichern und verfügen über funktionierende Netzwerke zu den noch Regierenden. Daher übernehmen seit Jahren zunehmend pensionierte hohe Offiziere traditionelle Herrscherämter. Genauso tauchen ehemalige Militärs ständig als Berater, Vermittler und Vertreter für staatliche Institutionen auf.

Ausgehend von einer stark regionalisierten politischen Struktur bei der Unabhängigkeit, bedingt durch die britische Kolonialpolitik, erfolgte mit dem Steigen der Einnahmen aus dem Ölexport die Auflösung der föderativen Strukturen Nigerias.[48] Lokale und bundesstaatliche Politikspielräume wurden sukzessive durch eine Umkehrung des Finanzausgleichs zugunsten der Zentralregierung eingeschränkt, bis hin zu der seit Abachas Machtübernahme herrschenden Situation, in der jede politische oder wirtschaftliche Entscheidung von einiger Bedeutung vom Staatschef persönlich abgesegnet werden muss. Da bei einer derartig zentralisierten und personalisierten Entscheidungsstruktur keinerlei Rechtssicherheit besteht, handeln die meisten politischen Spieler in vorauseilendem Gehorsam, da ansonsten unmittelbar die „Vertreibung aus dem Paradies" - sprich der Sturz in die politische Bedeutungslosigkeit, in den schlimmsten Fällen Gefängnis oder Exil - droht.[49]

Militarisierung meint nicht nur die offensichtliche Dominanz des Militärs im politischen Leben und die Zentralisierung politischer Macht bei einigen wenigen Personen. Sie wirkt auch über den engeren politischen Raum hinaus. Konfliktregelung mittels physischer Gewalt wird zunehmend als normal angesehen. Über den Einsatz von Spezialeinheiten wie der *Mobile Police Force* und den diversen *Security Task Forces*, im Volksmund als *Kill-and-Go*-Kommandos bekannt, und über die weite Verbreitung von Privatarmeen und Waffen wird diese „Normalität" in jedes Dorf und jeden Strassenzug hineingetragen.

Der widersprüchliche Effekt der Zentralisierung politischer Macht in den Händen des Militärs zeigt sich in der Multiplikation von kleinen „Staatsherren", *warlords*, Bezirks*chiefs* und Dorfregenten, die aber nicht im Gegensatz oder in Konkurrenz zur formellen politischen Macht stehen, sondern eher ein symbioti-

[48] Costello, State Softness (Fn. 7), p. 352, und Olukoshi/Laakso, The Deepening Crisis (Fn. 20), pp. 77 und 84. Die Schaffung neuer Bundesstaaten, beginnend im Jahr 1963 bis hin zu den derzeit 36 Bundesstaaten seit 1996, war ein wesentliches Instrument in diesem Prozess.

[49] Das beste Beispiel dafür ist wohl das Schicksal des ehemaligen Babangida-Intimus Abiola, aber auch die Liste der im Londoner Exil befindlichen Nigerianer liest sich wie ein „Who is Who" der nigerianischen Oberschicht.

sches Miteinander, eine „Allianz des Terrors“ mit dem Staat und den Sicherheitskräften begründen. Ein Beispiel dafür sind die berüchtigten *area boys* in Lagos, die keineswegs ein desperater Haufen arbeitsloser Jugendlicher sind, sondern starke, wenn auch wechselnde Loyalitäten zu lokalen Politikern, Geschäftsleuten oder Verbrechersyndikaten unterhalten.

In dem Masse, in dem der politische Kampf härter wird und der zu verteilende Kuchen schrumpft, werden politische und soziale Machtansprüche zunehmend entlang ethnischer Linien begründet und abgesichert. Die durch ethnische Zugehörigkeiten geschaffenen Identitäten beruhen immer auf einer „fiktiven Ethnizität“, eines von Institutionen geschaffenen und sich ständig wechselseitig beeinflussenden Prozesses von Individuen und Institutionen reproduzierten grösseren Ganzen (sei dies nun Volk, Nation oder ethnische Gruppe).[50] Zwar ist „jede Identität ... eine individuelle, aber es gibt niemals eine individuelle Identität, die nicht historischer Natur wäre, das heisst in einem bestimmten Umfeld sozialer Werte, kollektiver Verhaltensnormen und Symbole gebildet würde“.[51]

Daher ist Ethnizität nicht nur ein „Schattentheater“[52], wenn auch ein sozialer Konflikt niemals ein „ethnischer Konflikt an sich“ ist, also auf angeblich antagonistischen Gegensätzen zwischen zwei oder mehreren ethnischen Gruppen beruht. In Nigeria werden ethnische Gruppen und Zugehörigkeiten geschaffen und instrumentalisiert, wie anderswo auch. Als erfolgreiches Mittel zum „teilen und herrschen“ von den Engländern in der Kolonialzeit vorexerziert[53], verwendete auch der nigerianische Staat ethnische Argumente, um den Zugang zu Ressourcen und Posten zu beschränken oder zu öffnen. Die Hauptkonfliktlinien verlaufen nur bei oberflächlicher Betrachtung zwischen den drei grössten ethnischen Gruppen (Hausa-Fulani, Yoruba, Igbo), die alle drei relativ inhomogene und historisch junge Gruppen sind. Vielmehr werden ethnische Argumente zur Ausschliessung mittlerer und kleinerer Gruppen gebraucht, allerdings nur in dem Ausmass, in dem man deren führende Personen nicht anderweitig kooptieren kann.

Dieser Prozess lässt sich an der zunehmenden Ethnisierung innerhalb des nigerianischen Militärs ablesen. Das Militär war zu Beginn der Unabhängigkeit für Angehörige der verschiedenen ethnischen Gruppen relativ offen und ermöglichte sozialen Aufstieg jenseits von Herkunft und Ausbildung.[54] Bereits während der Ersten Republik geriet es in das politische Spiel und spiegelte bald die

---

[50] Ausführlicher dazu Etienne Balibar: Die Nation-Form; Geschichte und Ideologie, in: Balibar-/Wallerstein, Rasse, Klasse, Nation (Fn. 13), pp. 107-130.

[51] Ibid., p. 116.

[52] Bayart, The State in Africa (Fn. 1), pp. 41ff.

[53] Etwa über das Mittel der „indirect rule“, speziell in ethnisch stark gegliederten Gebieten wie dem Middle Belt.

[54] Formal behält das Militär diesen Ansatz über regionale Quotensysteme für die Aufnahme an Militärschulen bei. Vgl. dazu Maringues, Nigeria (Fn. 16), p. 23.

Konflikte zwischen den dominanten Gruppen in den drei Verwaltungsprovinzen - Nord-, Südost- und Südwestregion - wider.

Die beiden blutigen Putsche von 1966 löschten eine Generation von Hausa-Fulani- und Igbo-Militärs aus und brachten im Vorfeld des Biafrakrieges eine Reihe von Leuten in führende Positionen, die wie der Militärdiktator Gowon (1967-1975) aus Minderheitenvölkern aus dem Middle Belt bzw. aus dem Süden Nigerias stammten. Bereits mit dem Putsch durch Murtala Muhammad (1975), verstärkt ab der abermaligen Machtübernahme des Militärs mit Buhari und unter seinen Nachfolgern Babangida und Abacha wurde die Spitze des Militärs immer homogener. Obwohl Babangida aus dem Middle Belt stammt und Abacha selbst ein Kanuri ist, dominieren Angehörige der Hausa-Fulani. Diese Entwicklung fällt mit dem Einsetzen der wirtschaftlichen Krise Mitte der achtziger Jahre zusammen und hat seit 1992/93 zu einer ethnisch überwiegend homogenen Militärspitze geführt.

Von der zunehmenden Virulenz der mit ethnischer/religiöser Mobilisierung geführten Auseinandersetzungen zeugen zahlreiche lokale Konflikte Ende der achtziger und zu Beginn der neunziger Jahre mit teils verheerenden Folgen, so die Unruhen in Kaduna, Kano, im Middle Belt und in verschiedenen Gegenden des Nigerdeltas.

Staat in Nigeria

„Was ist da los?“ fragte jemand.
„Politiker.“
„Sie wollen Stimmen.“
„Sie wollen unser Geld.“
„Sie kommen, um Steuern zu erheben.“
Der Mann auf dem Lastwagen sprach zu sich selbst.
„WÄHLT UNS. WIR SIND DIE PARTEI DER REICHEN, DIE FREUNDE DER ARMEN ...“
„Die Armen haben keine Freunde“, sagte jemand in der Menge. ...
„WENN IHR UNS WÄHLT ...“
„sind wir am Ende“, fügte jemand hinzu.
„BEKOMMEN EURE KINDER ZU ESSEN ...“
„... Lügen.“
„... UND WIR BAUEN EUCH GUTE STRASSEN„
„die der Regen in Gossen verwandelt!“
„... UND WIR BAUEN SCHULEN ...“

„... um Analphabetentum zu lehren!"

Ben Okri, „Die hungrige Strasse"

Für die meisten Nigerianer ist der Staat bestenfalls ein Ärgernis. Der Traum vom Leben mit allen materiellen Annehmlichkeiten[55], gepredigt von den Politikern im Delirium des Entwicklungsmythos, ist geplatzt wie eine Seifenblase. Die Verärgerung betrifft nicht nur die nie eingehaltenen Versprechungen, sondern auch den täglichen Kontakt mit Vertretern des Staates - mit den Polizisten, die an jeder Strassensperre abkassieren; mit den Militärs, die von Zeit zu Zeit „aus hygienischen Gründen sowie aus Verkehrssicherheitsüberlegungen" die an Kasernen angrenzenden Märkte plündern; den unterbezahlten Lehrern, die ihren Schülern Geld für Kreide, Schulbank und Schuluniform abverlangen; sämtlichen Behörden, von der Elektrizitäts- bis zur Telefongesellschaft, vom Wasserwerk bis zum Passamt, die schon für ihre blosse Anwesenheit in den Amtsräumen „monetär motiviert" werden müssen. Die Liste liesse sich fortsetzen.

Diese Intransparenz in den sozialen Beziehungen in einer feindlichen Umwelt, wie es Nigeria seit dem Ende des Ölbooms darstellt, hatte *Ken Saro-Wiwa* in seiner populären Serie *Basi & Co.* aufgezeigt.[56] Und diese mangelnde Transparenz hat Gegenreaktionen provoziert, da der Wunsch nach Stabilität und Sicherheit nach dem modernisierungsbedingten Aufbrechen der *extended family* vom Staat nicht befriedigt werden konnte.[57] Eine der Gegenstrategien ist die Wiederbelebung und Stärkung der Verbindungen zu den Dörfern, zu der vorgestellten Geborgenheit der eigenen ethnischen Gruppe. Viele derjenigen, die auszogen, um in den Städten das grosse Glück zu suchen, mussten nämlich erkennen, dass dies aufgrund der wirtschaftlichen Krise nur eine geborgte Freiheit, nur eine Freiheit auf Zeit ist, nach deren Ende man wieder ein soziales Netz braucht, für dessen Vorhandensein man vorher etwas leisten muss. So nimmt beinahe jeder in Lagos lebende Nichtlagosianer regelmässig an Dorftreffen teil, bei denen von Grundstreitigkeiten bis zu Begräbnisfeierlichkeiten alles besprochen wird, was im Dorf passiert.

Eine andere Reaktion ist in dem enormen Zulauf zu religiösen Gruppen aller Schattierungen zu sehen.[58] Die Gemeinschaft in der Kirche, seien es die

[55] „Housing for all by the year 1990", mittlerweile verschoben auf das Jahr 2000, war der berühmte Ausspruch eines ehemaligen Wohnbauministers, der in die selbe Kategorie fällt wie Lateef Jacandes (1994 Minister für öffentliche Bauten) Spruch vom „Fill all the potholes on Nigerian roads within 24 hours".

[56] McIntyre, The Writer as Agitator (Fn. 2), pp. 303ff.

[57] Das soll nicht heissen, dass das Netzwerk der „extended family" keine Bedeutung mehr hätte. Jedoch unterliegt auch die „extended family" - wie jede soziale Institution - einer ständigen Modifizierung unter wechselnden historischen Umständen.

[58] Olukoshi/Laakso, The Deepening Crisis (Fn. 20), pp. 82f.

grossen christlichen und islamischen Institutionen oder die zahlreichen damit konkurrierenden christlichen und muslimischen Kleinkirchen, gibt Halt in unsicheren Zeiten, gibt klare Strukturen und Verantwortlichkeiten und wird oft zum wesentlichen Bezugspunkt sozialen Lebens. Man trifft seine zukünftige Braut oder seinen Bräutigam in der Kirche, hat somit eine Minimalgarantie sozialer Kontrolle und Auswahl, man bespricht Notfälle und schwierige Lebensphasen in der Kirche, und man findet dort am ehesten Trost und auch finanzielle Hilfe. Dass christliche und muslimische Organisationen mittlerweile zum florierendsten Zweig wirtschaftlicher Aktivitäten in Nigeria geworden sind (neben dem Drogenschmuggel), schränkt den Zustrom nicht ein. Im Gegenteil: Wenn der Gründer einer dieser Organisationen mit seinem überlangen weissen Cadillac, finanziert aus den Beiträgen jener, die ohnehin fast nichts haben, die Schar der Gläubigen verlässt, dann fällt etwas von dessen Glanz auf sein Gefolge ab.[59]

Die wirtschaftliche Krise betrifft formelle und informelle Aktivitäten, jedoch in unterschiedlichem Ausmass und mit unterschiedlicher Dynamik.[60] Es handelt sich nicht um zwei eindeutig voneinander unterscheidbare Bereiche sozialer Aktivitäten. Die Grenze zwischen formellen und informellen Aktivitäten wird von den Akteuren ständig und spielerisch überschritten, zudem haben Prozesse in dem einen direkte Auswirkungen auf den anderen Bereich.[61] Das Verhältnis zwischen beiden ist dynamisch, wird ständig reproduziert und neu geschaffen. Deutlich erkennbar ist ein Trend in Richtung Informalisierung wirtschaftlicher Aktivitäten, der direkt mit der Schwäche des nigerianischen Staates und seiner von oben erfolgenden Erosion zusammenhängt. Ganze Wirtschaftszweige werden vom informellen Sektor dominiert und weisen nur mehr an strategischen Schnittpunkten, etwa beim Grenzübertritt, bei Strassensperren oder bei willkürlichen Kontrollen, Verbindungen zum Staat auf und tragen ihrerseits zur Informalisierung solcher ursprünglich staatlichen Aktivitäten wie Zoll- und Devisenregime bei.

Davon abgekoppelt ist die Erdölindustrie, deren Enklavenstatus durch jüngste Entwicklungen in den Strategien der Erdölkonzerne noch verstärkt wird. Eine Verlagerung der Förderung auf *off-shore*-Gebiete, weg von den bewohnten Gegenden des Nigerdeltas, und die Umgestaltung bestehender *Joint-Venture*-Verträge auf sogenannte *production sharing contracts*, bei denen der nigerianische Staat von seiner Verpflichtung zur Leistung von Investitionsbeiträgen befreit

---

[59] Wie es bei der Kirche mit dem klingenden Namen Wonder City in der Nähe von Lagos der Fall ist.

[60] Zum Konzept des informellen Sektors gibt es inzwischen eine umfangreiche Diskussion, die hier nicht nachvollzogen werden soll. Vgl. dazu Bittner, Kenia (Fn. 7), pp. 34f.

[61] Daniel Bach beschreibt dies in bezug auf die Auswirkungen staatlicher Politik auf grenzüberschreitende, meist informelle wirtschaftliche Aktivitäten in seinem Artikel Frontiers versus Boundary-Lines; Changing Patterns of State-Society Interactions in Sub-Saharan Africa, in: WeltTrends, 14, Frühjahr 1997, pp. 97-112.

wird, unterstreichen den absoluten Rentencharakter der Profite aus dem Erdölgeschäft. Der Zugang zum Klub der *bellyticians* wird damit immer exklusiver auf die Spitzenpositionen in Staat und Militär beschränkt.

Was im Nigeria der neunziger Jahre passiert, ist keine neue Entwicklung. Es ist die Fortsetzung des alten Spiels der „politics of the belly" unter geänderten weltwirtschaftlichen und welthistorischen Rahmenbedingungen, entkleidet von der unhaltbaren entwicklungsoptimistischen Rhetorik. Im dynamischen Verhältnis zwischen Staat und sozialen Gruppen in Nigeria und Staat und Weltsystem erleben wir lediglich eine neue Phase. Fragen wie Demokratisierung, *good governance*, Staatszerfall oder das Verschwinden des Staates „stellen sich zunächst einmal nicht, oder zumindest ganz anders".[62] Da wird etwa gleichzeitig mit den internationalen Protesten gegen die Exekutionen von Ken Saro-Wiwa und seinen acht Mitstreitern die *final investment decision* für das mit rund US$ 5 Mrd. zur Zeit grösste Investitionsprojekt Afrikas, die Erdgasverflüssigungsanlage in Bonny, unterschrieben; da werden 1994 die Todesstrafen für hohe Militärs und Ex-Militärs umgewandelt und dafür 43 „normale" Gefängnisinsassen öffentlich exekutiert; da wird jährlich von der *business community* mit grosser Spannung die meist verspätete Budgetrede des Finanzministers erwartet, während gleichzeitig die Marktfrauen in Ojuelegba oder dem *Mile-2-Market* schon längst jede Wirtschaftspolitik unterlaufen haben. Die Liste von Widersprüchen liesse sich beliebig fortsetzen, trifft aber nicht den Kern der Frage.

In der Weltwirtschaft hat der nigerianische Staat dafür zu sorgen, dass die Ausbeutung seiner zur Zeit als wichtigsten angesehenen Ressource, Erdöl, möglichst friktionsfrei vonstatten gehen kann.[63] Solange er dies gewährleisten kann, wird es ihn geben, wie auch immer er vom eurozentristischen Idealbild eines Staates, das wohlgemerkt ein sowohl historischer als auch geographischer Sonderfall ist, abweicht. Bei der Diskussion um die relative Schwächung staatlicher Strukturen sei festgehalten, dass Nigeria aufgrund seiner Einbindung in das kapitalistische Weltsystem als peripheres Gebiet nie einen starken Staat hatte. Das war bei einer Geschichte, die von präkolonialer politischer Diversität über koloniale Abhängigkeit bis zur postkolonialen Stellung als Lieferant eines einzigen Rohstoffs reicht, nicht möglich. Die Produktion und Distribution dieses Rohstoffs liegt zudem nicht in der Kontrolle des nigerianischen Staates. Aus dieser wirtschaftlich begründeten Abhängigkeit entstehen Zwänge, die von einem einzelnen, noch dazu peripheren Staatsapparat nicht überwunden werden können. Staatliche Strukturen begannen paradoxerweise bereits mit der Unabhängigkeit zu

---

[62] Wie Bittner (Kenia, Fn. 7, p. 50) wiederum für Kenia bemerkt, was in gleichem Masse für Nigeria zutrifft.

[63] Die Priorität in der Wichtigkeit von Ressourcen ist einer ständigen Redefinition unterworfen, je nach den Bedürfnissen der Weltwirtschaft: Waren es früher Menschen, später Palmöl und Kakao, so ist es heute Erdöl und morgen Erdgas.

erodieren, als die koloniale Klammer Grossbritannien wegfiel und der Startschuss für das Spiel der „politics of the belly“ der verschiedenen Gruppen fiel:

> „Nigeria's political economy has been defined by the country's diversity, its size, the oil windfall and the comparative weakness of its central institutions that have nurtured a broad set of interests engaged in patronage politics and rent-seeking activities.“[64]

Während die zahlreichen Interessengruppen starken Druck auf alle Regierungen ausgeübt hatten, Umverteilungen vorzunehmen, ergaben sich aus der Grösse des Landes nationalistische Ansprüche. Die Profite aus der Erdölproduktion in den siebziger Jahren erlaubten es dem Staat, beiden Anforderungen gerecht zu werden und sich eine Zeit lang, bis zum Ausbruch der Krise, als „richtiger“ Staat zu gebärden.[65] Die chronische politische und persönliche Unsicherheit im Kampf um den immer kleiner werdenden Kuchen und die Zentralisierung politischer Strukturen haben zu einem starken Anwachsen der distributiven Ansprüche geführt.

Seit Mitte der achtziger Jahre und verstärkt seit der Machtübernahme durch Abacha ist der Staat ausschliesslich zum Vehikel persönlicher Bereicherung geworden. Die fragile Legitimität des Staates rechtfertigt die Aneignung öffentlicher Ressourcen für private Zwecke, und das dadurch erworbene Renteneinkommen ist wiederum überlebenswichtig für das Schliessen und Aufrechterhalten politischer Koalitionen, ohne die ein Platz im Team der *bellyticians* nicht gehalten werden kann. „To eat“ ist immer noch eine Angelegenheit von Leben und Tod[66], und zwar nicht nur bildlich - der Absturz in die politische Bedeutungslosigkeit -, sondern auch wörtlich - Tod oder Flucht. Und es ist keineswegs ein neues Phänomen:

> „The 'politics of the belly' is firmly located in the continuity of the conflicts of the past. Today as yesterday, what is being fought for is the exclusive right to the riches claimed by the holders of 'absolute seniority'.“[67]

---

[64] World Bank, Nigeria (Fn. 24), p. iii.

[65] Intern durch enorme Infrastrukturprojekte oder durch die Schaffung von Bundesstaaten und damit neuer Akkumulationsmöglichkeiten für eine neue Klientel, extern durch eine Führungsrolle in der subsaharischen Aussenpolitik, die Nigeria zu einem der Hauptfinanciers des südafrikanischen ANC werden und bis zur Abschaffung der Apartheid in Südafrika Hoffnungen auf einen ständigen Sitz im Sicherheitsrat der UNO aufkeimen liess. Vgl. Chabal, Power in Africa (Fn. 5), p. 69.

[66] Bayart, State in Africa (Fn. 1), p. 241.

[67] Ibid.

Der Slogan vom Selbstbestimmungsrecht der Völker und die darauffolgende politische Unabhängigkeit sowie die Logik des Weltsystems, das aus einer ökonomisch integrierten aber politisch fragmentierten, aus vorgeblich souveränen, miteinander in Konkurrenz stehenden Staaten zusammengesetzten Sphäre besteht, vermittelten eine Zeit lang den Eindruck, dass der Staat in Nigeria der gleichen internen Dynamik wie etwa der Staat in Europa folgen würde. Dies war eine Fehleinschätzung der Wissenschaft, während Politik und Wirtschaft, Politiker und Unternehmen immer schon die strukturelle Schwäche peripherer Staaten zu schätzen und zu nutzen wussten.[68]

Wenn deshalb *Bittner* für Kenya von einer „auf allen Ebenen [stattfindenden] 'Privatisierung' des Staates“[69] spricht, so trifft das für Nigeria genauso zu, weil auch in Nigeria politische und ökonomische Machtstrukturen stetig zentralisiert und personalisiert werden und weil - wie in Kenya - in Nigeria nie ein Staat in der Definition westlicher Sozialwissenschaft existiert hat.[70] Diese Privatisierung des Staates ist jedoch nicht gleichzusetzen mit Staatszerfall oder einem Verschwinden des Staates in Nigeria[71], sondern spiegelt lediglich veränderte Herrschaftsformen wider, in denen der Staat eine zentrale Rolle behält:

> „In order to understand 'governmentality' in Africa we need to understand the concrete procedures by which social actors simultaneously borrow from a range of discursive genres, intermix them and, as a result, are able to invent original cultures of the State.“[72]

Die vorrangige Forschungsaufgabe ist deshalb die Beantwortung der Frage, wie politischer Raum in Nigeria und anderswo in Afrika produziert und reproduziert wird, wobei dieser Prozess von Herrschenden und Beherrschten gleichermassen bestimmt wird.[73]

---

[68] Bayart (State in Africa, Fn. 1, pp. 23ff.) drückt das mit dem Konzept der Extraversion aus. Gemeint ist die Strategie, fremde Ressourcen für die Bewältigung interner Konflikte zu nutzen und somit Abhängigkeit noch zu verstärken und aus ihr Gewinn zu ziehen. Vgl. auch Sonja Heyer: Bedingungen von Staatsbildung und Staatszerfall in Somalia; Überlegungen zu einer Theorie des temporären Staates, in: WeltTrends, 14, Frühjahr 1997, pp. 81-96, hier p. 85 für Somalia.

[69] Bittner, Kenia, (Fn. 7), p. 44. Ähnlich auch Lewis, Economic Statism (Fn. 3), p. 440.

[70] Reno, Welthandel (Fn. 6), pp. 12f.

[71] Ibid., p. 14.

[72] Bayart, State in Africa (Fn. 1), p. 249.

[73] Bayart (ibid.) weist ausdrücklich darauf hin, dass „the contribution of the 'small men' ... does not necessarily contradict that of the 'big man'.“

Menschenrechtsschutz in Afrika

Eine regionale und universale Herausforderung

Von Hans-Joachim Heintze

Der Widerspruch vom Anspruch und der Wirklichkeit der Menschenrechte ist offenkundig. Zum einen feiern wir den internationalen Menschenrechtsschutz als grosse Errungenschaft des modernen Völkerrechts. Zweifellos tun wir das zu Recht, denn heute besteht ein ganzes System von völkerrechtlichen Verträgen und sonstigen Instrumenten, das den Menschenrechten verpflichtet ist. Es wird ergänzt durch eine Reihe von Verfahren, die der Durchsetzung dieser Rechte dienen und auch Einzelpersonen in den Stand versetzen, sich gegen die Verletzung ihrer Rechte durch den Aufenthaltsstaat zu wehren. Insofern gelang es in den letzten Jahrzehnten, das Dogma von der staatlichen Souveränität im Bereich der Behandlung der Menschen durch die Staaten zu relativieren.

Zum anderen vergeht dem normalen Zeitungsleser die Lust zum Feiern, wenn er zur Kenntnis nehmen muss, dass gerade Afrika gegenwärtig von schwersten Menschenrechtsverletzungen heimgesucht wird, ohne dass die Staatengemeinschaft sich grundsätzlich veranlasst gesehen hätte, den potentiellen Opfern hinreichend zu Hilfe zu eilen. So kamen bei vorhersehbaren Feindseligkeiten vom Oktober 1993 bis Ende 1996 allein in Burundi insgesamt etwa 150.000 Menschen um.[1] Burundi ist bedauerlicherweise nur ein Beispiel, denn in Afrika verzeichnen wir schon seit Jahren eine ganze Reihe äusserst blutiger Konflikte.

Es ist daher zu fragen, wie es um die Menschenrechte in Afrika steht und welche Möglichkeiten zugunsten eines wirksamen Schutzes genutzt werden können. Der Widerspruch zwischen dem Anspruch eines effektiven Menschenrechtsschutzes und der mangelnden Umsetzung in konkreten Fällen fällt deshalb besonders ins Auge, weil während einer kurzen Periode nach dem Ende des Ost-West-Gegensatzes und der weitgehend einhelligen Verurteilung der irakischen Aggression gegen Kuwait der Eindruck entstanden war, nun sei eine friedlichere Zukunft zu erwarten, deren Basis das Konzept des „Friede durch Recht" sei. Im Zentrum der Überlegungen stand dabei die UNO, deren Charakter als System der kollektiven Sicherheit nunmehr umfassend zum Tragen kommen sollte. Diese

---

[1] Alois Misago: Burundi; Wir haben kein Zuhause, in: Klaus-Henning Rosen (Hrsg.): Jahrbuch der Deutschen Stiftung für UNO-Flüchtlingshilfe 1997/98, Berlin 1997, p. 109.

Herangehensweise schloss ein, im Falle von schweren Völkerrechtsverletzungen gemeinsam als Staatengemeinschaft gegen den oder die Rechtsverletzer vorzugehen. In der Praxis hiess dies auch, dass die UNO bei der Gefährdung von Hunderttausenden von Menschenleben zugunsten dieser Menschen intervenieren würde. Dies war dann in Somalia auch der Fall, als der UN-Sicherheitsrat beschloss, die humanitäre Hilfe für die Verhungernden gegen den Widerstand der rebellierenden Clans zu erzwingen. Das weitgehende Scheitern dieses Einsatzes führte dazu, dass die Bereitschaft zur Wahrnehmung dieser Aufgaben eher zurückgegangen ist. Angesichts dieser Entwicklungen ist zu fragen, ob spezielle Ursachen für diese Situation bestehen und welche Möglichkeiten es gibt, um den Schutz der Menschenrechte in Afrika effektiver zu gewährleisten.

Ursachen für Menschenrechtsverletzungen in Afrika

In der Öffentlichkeit wird vielfach in nachkolonialer Obsession angenommen, die massiven Menschenrechtsverletzungen in Afrika im Zusammenhang mit inneren Kriegen seien Ausdruck der Unterentwicklung und spezieller Verhaltensweisen. Dem muss entgegengehalten werden, dass afrikanische Kriege nicht in „blutrünstigen, atavistischen Stammesfehden“ wurzeln, sondern auf erkennbare Interessengegensätze zurückgehen.[2] Diese sind sicher in jedem Einzelfall im Detail verschieden, denn Afrika ist ebensowenig wie Europa ein einheitlicher Kulturraum, sondern ein sehr heterogenes Gebilde, das aus der Zeit des Kolonialismus mit zahlreichen Konflikten behaftet ist. Ein übergreifendes typisches Problem der gegenwärtigen Entwicklungsphase Afrikas ist aber die weitverbreitete Schwäche des postkolonialen Staates. Vielfach ist die scheinbar unbeschränkte Machtvollkommenheit der Herrschaftszentrale afrikanischer Staaten nur eine Hülle, die die geringe Reichweite der Durchsetzungs- und Ordnungsmacht verdeckt.[3] Aus der Schwäche derartiger Staaten resultiert ein auffallendes Beharren auf Souveränität und Nichteinmischung, was Auswirkungen auf den internationalen Menschenrechtsschutz hat.

Da der Staat aber für die Durchsetzung der Menschenrechte verantwortlich ist, sind Auswirkungen auf die Gewährleistung dieser Rechte unvermeidlich. Das betrifft in gleicher Weise die Individual- und die Gruppenrechte, insbesondere der ethnischen Minderheiten. Gerade die letzteren leiden vielfach unter dem Umstand, dass die Schwäche afrikanischer Staaten in erster Linie aus den Problemen mit der Staatenwerdung resultiert, da Afrika nolens volens einen anderen

[2] Volker Matthies: Somalisierung Afrikas; Der Kontinent zwischen Chaos und Pax Africana, in: Blätter für deutsche und internationale Politik, 4, 1994, p. 413.

[3] Peter Molt: Zwischenbilanz der zentralafrikanischen Krise, in: Afrika-Jahrbuch 1996, Opladen 1997, p. 34.

Weg der Nationenwerdung beschritt als Europa. Nach dem Ersten Weltkrieg wurden hier aus Nationen Staaten, nach der Entkolonisierung *sollten* aus den recht willkürlich gebildeten Staaten Nationen werden. Auch die vielfach überhastete Regierungsübergabe von den Kolonialverwaltungen an neue Regierungen in einem sehr dünnen demokratischen Mäntelchen brachte nur sehr labile Machtverhältnisse hervor.[4]

Ein exemplarisches Problem, das besonders die Rechte ethnischer Gruppen betrifft, ist die Grenzziehung auf dem Kontinent. Sie basierte nicht auf ethnischen Gesichtspunkten, sondern folgte oft dem Prinzip des „teile und herrsche". Damit legte man den neuen Staaten einen Zankapfel in die Wiege, der bis heute zu Streitigkeiten Anlass gibt. Sezessionskriege, Grenzkriege und sogenannte Bürgerkriege sind eine Folge. Analytiker registrierten in insgesamt sechzehn afrikanischen Staaten separatistische Bewegungen ethnonationaler Gruppen, was insbesondere in Eritrea und im Südsudan zu langen Kriegen führte.[5] Dieser Geburtsfehler verband sich in den achtziger Jahren mit einer verschärften Entwicklungskrise dieser rückständigsten Region der Welt. Durch Austauschverhältnisse auf der Grundlage des Prinzips „Rohstoff gegen Fertigware" blieb der Kontinent weithin vom Weltmarkt direkt abhängig. Durch den Ost-West-Gegensatz wurde die Rückständigkeit kaschiert und durch politisch bedingte externe Unterstützung überlagert.

Nach der „Wende" in Europa brach die Entwicklungskrise offen auf. Krasse gesellschaftliche Unterschiede bedingten Verteilungskämpfe und eine Politisierung ethnischer Fragen. Der moderne Staat, der durch die herrschenden Schichten zur persönlichen Bereicherung missbraucht worden war, brach vielfach zusammen. Zugleich ist diese Entwicklung wohl auch darauf zurückzuführen, dass das Staatsverständnis, das eine Trennung von Staat und Wirtschaft einschliesst, in Afrika nicht mit den überkommenen kulturellen Grundmustern übereinstimmt. Damit bekamen Stammesanimositäten, ethnische Loyalitäten und Clanbindungen eine neue Bedeutung und wurden politisiert, manipuliert und instrumentalisiert.[6] Versuche, britische oder französische Demokratiemodelle in Afrika zu praktizieren, scheiterten an den politisch-sozialen Gegebenheiten, ethnische Konflikte führten oftmals zum Scheitern von Demokratieversuchen.[7]

---

[4] Wolfgang S. Heinz: Ursachen und Folgen von Menschenrechtsverletzungen in der Dritten Welt, Saarbrücken 1986, p. 94.

[5] Crawford Young: Self-Determination; Territorial Integrity, and the African State System, in: Francis Deng/William Zartman: Conflict Resolution in Africa, Washington DC 1991, p. 333.

[6] Matthies, Somalisierung Afrikas (Fn. 2), p. 414.

[7] Horowitz nennt das Beispiel Äthiopiens, wo der Streit zwischen den Oromo und den Tigrayans dazu geführt hat, dass das Land von einer relativ kleinen Minderheit regiert wird. Vgl. Donald L. Horowitz: Democracy in Divided Societies, in: Journal of Democracy, 4, 1993, p. 23. Auch die Erwartung der Kolonialmächte, die neuen unabhängigen Staaten würden sich auf das Konzept der liberalen Demokratie gründen, erwies sich vielfach wegen der Stärke des Militärs, der Schwäche

Schuld an der Misere dürfte aber auch sein, dass nicht nur versucht wurde, westliche Demokratiemodelle zu exportieren, sondern auch das westliche Staatsverständnis. Panafrikanische Einigungskonzepte und Föderationsmodelle, die die starren Staatsgrenzen hätten überwinden können, scheiterten. Postkoloniale afrikanische Staaten setzten unter neuer Flagge Merkmale der Kolonialsysteme fort, indem sie sich vor allem territorial definierten und eine vereinheitlichende Bürokratie und Exekutive schufen. Dadurch entstand eine Kluft zwischen dem Staat und der Gesellschaft.[8]

Die Instabilität afrikanischer Staaten hat weithin zu struktureller Gewalt von Regierungsapparaten beigetragen.[9] Ein weiteres förderndes Moment dürfte die Straflosigkeit staatlicher Menschenrechtsverletzungen gewesen sein.[10] In Verbindung dazu steht der Umstand, dass die westliche Entwicklungspolitik nicht die Schwere von Menschenrechtsverletzungen zur Grundlage ihrer Entscheidungen über Hilfsmassnahmen machte, sondern die Frage, ob es sich um ein kommunistisches oder nichtkommunistisches System handelte.[11]

Der zerfallende Staat als förderndes Moment für Menschenrechtsverletzungen

Zu den massenhaften Menschenrechtsverletzungen hat auch die Ratlosigkeit der Staatengemeinschaft gegenüber zerfallenden Staaten beigetragen, die sich exemplarisch am Beispiel Somalias manifestierte. Die Geschichte Somalias und des Konfliktes in diesem Land ist insofern typisch für Afrika, als es der Zentralmacht weder gelang, „das segmentäre, dezentrale Clansystem der somalischen Gesellschaft mit einem zentralistischen Staatswesen in Einklang zu bringen und clanübergreifende Loyalitätsstrukturen aufzubauen, noch konnte eine wirkliche Integration des ehemaligen Britisch-Somalilands mit dem früheren Italienisch-Somalien bewerkstelligt“ werden.[12] Angesichts der faktischen Nichtexistenz der Staatsmacht verwundert es nicht, dass das „Gebilde“ Somalia nicht in der Lage

---

des Staates und ethnischer Konflikte als Trugschluss. Vgl. Peter Okoh: Ethnopolitical Conflict in Nigeria, in: Günther Bächler (ed.): Federalism against Ethnicity? Chur/Zürich 1997, p. 155.

[8] Antony Smith: State and Nation in the Third World, Brighton 1983, pp. 27 ff.

[9] Zu nennen sind vor allem die Rolle von multinationalen Konzernen, die Interessen der Grossmächte und der nationalen Grossbourgeoisie, der Verwaltungsbürokratie, der Sicherheitsorgane sowie des Militärs.

[10] Dies war vor allem in Südamerika verbreitet, lässt sich aber auch auf den Süden Afrikas anwenden. Vgl. dazu generell Kai Ambos: Straflosigkeit von Menschenrechtsverletzungen, Freiburg 1997.

[11] Heinz, Ursachen und Folgen von Menschenrechtsverletzungen (Fn. 4), p. 112.

[12] Volker Matthies: Zwischen Rettungsaktion und Entmündigung, in: Vereinte Nationen, 2, 1993, p. 45.

war, Clankämpfe zu unterbinden, die Menschenrechte durchzusetzen und so Millionen von Menschen vor dem Verhungern zu retten. Somalia war folglich auf internationale Hilfe für die Notleidenden angewiesen. Kaum hatte sich die Staatengemeinschaft im Namen der Menschlichkeit dieser Art von Konflikten angenommen, wurde deutlich, dass der Umgang mit derartigen innerstaatlichen Prozessen weit komplizierter ist als der mit zwischenstaatlichen Auseinandersetzungen.[13] Die besonderen Probleme ergeben sich daraus, dass in solchen innerstaatlichen Konflikten nicht nur die staatlichen Strukturen untergehen, sondern synchron dazu die Menschenrechte in schwerwiegender Weise verletzt werden.[14] Vielfach finden die bewaffneten Auseinandersetzungen nicht mehr zwischen Kombattanten statt, sondern es wird ein Krieg gegen die Zivilbevölkerung geführt. Dies ist verbunden mit einer völligen Nichtbeachtung der Regeln der Kriegführung. Während in vielen militärischen Konflikten der Vergangenheit die Parteien den elementaren Regeln folgten, weil dahinter die Gegenseitigkeitserwartung stand, scheint diese Erwägung heute kaum mehr eine Rolle zu spielen.

Zweifellos stellen zerfallende Staaten gegenwärtig die wohl grösste Gefahr für die internationale Sicherheit dar, weil der Staat das klassische Völkerrechtssubjekt ist und daher traditionell die völkerrechtlichen Rechte und Pflichten auf sich vereinigt. Noch tragischer ist die Schwäche dieser Staaten allerdings für die Menschen, die unter einer weitgehenden Rechtlosigkeit zu leiden haben. Es stellt sich daher die dringliche Frage, welche einschlägigen politischen und rechtlichen Instrumente unter diesen Umständen eingesetzt werden können, um Menschenrechte und Gruppenrechte zu schützen. Zugleich ist aber auch ihre Wirksamkeit zu hinterfragen, da sie in der jüngsten Vergangenheit die bekannten und schokkierenden Exzesse der Gewalt offensichtlich nicht verhindern konnten.

Haben die Menschenrechtsverträge versagt?

Die Antwort darauf scheint einfach zu sein: Natürlich müssen die menschenrechtlichen Instrumente versagt haben, wenn es zu massenhaften Tötungen und sonstigen Exzessen kommen konnte. Dennoch handelt es sich dabei um einen zu

---

[13] Farer spricht zutreffend davon, dass die Somalia-Erfahrung die Staatengemeinschaft von effektiver Hilfe für Rwanda abgehalten habe. Vgl. Tom J. Farer: Intervention in Unnatural Humanitarian Emergencies; Lessons of the First Phase, in: Human Rights Quarterly, 18, 1996, p. 1.

[14] Ausdruck der damit verbundenen Sorgen ist die Resolution 51/55 der letzten UN-Generalversammlung vom 9.1.1997 mit dem Titel „Wahrung der internationalen Sicherheit - Verhinderung des gewaltsamen Zerfalls von Staaten". Der damalige UN-Generalsekretär hatte auf der 52. Tagung der UN-Menschenrechtskommission zutreffend darauf hingewiesen, dass die Menschenrechte weltweit durch sogenannte Bürgerkriege stärker gefährdet seien als durch Kriege zwischen Staaten. Zit. nach Nord-Süd aktuell, 1, 1996, p. 183.

kurzen Schluss, weil die bestehenden Menschenrechtsvereinbarungen bei solch schweren Rechtsverletzungen sehr oft gar nicht zur Anwendung kommen können. Der Zerfall eines Staates und der damit verbundene Bürgerkrieg ist nicht lediglich ein menschenrechtliches Problem, sondern eines des internationalen Friedens und folglich müssen hier durchgreifendere Instrumente zur Friedenssicherung angewendet werden. Menschenrechtliche Instrumente zielen demgegenüber auf die Förderung der Menschenrechte durch die Kooperation zwischen den Staaten. Deshalb setzten sie bestehende Staaten voraus, und zwar solche, die das staatliche Gewaltmonopol auch durchsetzen können.

Angesichts dieser Erfahrung stellt sich die Frage, ob nicht der Menschenrechtsschutz eine Möglichkeit ist, den Zerfall der Staatlichkeit und die damit verbundenen massenhaften Menschenrechtsverletzungen zu verhindern. Zweifellos würde die strikte Beachtung der Menschenrechte viele der dargestellten Ursachen von Rechtsverletzungen abbauen und so eine präventive Wirkung entfalten. Eben deshalb ist zu prüfen, welche Mechanismen der menschenrechtlichen Zusammenarbeit bestehen und welchen Beitrag das Völkerrecht zur Verhinderung von Menschenrechtsverletzungen aller Art leisten kann. Erst im Anschluss daran wird untersucht, wie im Falle des Versagens des Menschenrechtsschutzes bei schweren Menschenrechtsverletzungen das Friedenssicherungsrecht zur Anwendung kommt.

Internationale menschenrechtliche Zusammenarbeit

Nach dem Zweiten Weltkrieg wurde mit der UN-Charta vom 24. Oktober 1945 erstmals in einem universellen völkerrechtlichen Vertrag vereinbart, dass eine Aufgabe der neu gegründeten internationalen Organisation die Förderung der Menschenrechte und Grundfreiheiten für alle, ohne Unterschied von Rasse, Geschlecht, Sprache oder Religion, ist. Unter Förderung ist die Kooperation zwischen den Staaten in diesem Bereich zu verstehen, um gemeinsam auf ein höheres Niveau bei der Verwirklichung dieser Rechte zu kommen. Die UNO hat zunächst einmal bestimmt, was unter Menschenrechten zu verstehen sei. Dies erfolgte mit der Allgemeinen Erklärung der Menschenrechte vom 10. Dezember 1948. Auf dieser Grundlage kam es sodann zur Ausarbeitung von menschenrechtlichen Verträgen, in deren Zentrum die beiden bekannten UN-Pakte über politische und Bürgerrechte[15] bzw. über wirtschaftliche, soziale und kulturelle Rechte[16] (beide vom 19.12.1966) stehen. Wenn man bedenkt, dass den beiden letztgenannten völkerrechtlichen Verträgen heute rund 140 Mitgliedstaaten mit sehr unterschiedlicher sozialpolitischer und wirtschaftlicher Natur angehören,

[15] BGBl. 1973, II, p. 1534. Unter den 140 Unterzeichnerstaaten sind 41 afrikanische.
[16] Ibid., p. 1570. Dem Pakt gehören gegenwärtig 137 Staaten an, darunter 40 afrikanische.

dann wird einerseits deutlich, wie stark der öffentliche Druck auf die Staaten zur Akzeptanz menschenrechtlicher Pflichten ist, und andererseits einsehbar, dass diese Selbstverpflichtungen notwendigerweise sehr abstrakt sein müssen, um es einer heterogenen Staatengemeinschaft zu ermöglichen, an solchen Verträgen teilzuhaben. Angesichts dieser Lage erscheint es verständlich, dass sich die viel gerühmte „Universalität der Menschenrechte“[17] vielfach nur in Formelkompromissen erschöpft und konkrete Verpflichtungen durch Vorbehalte zu einzelnen Bestimmungen der Menschenrechtspakte umgangen werden. Das heisst, dass der universelle Menschenrechtsschutz durch das UN-System in starkem Masse auf der Kooperationsbereitschaft der Mitgliedstaaten beruht. Wenn sie die Mitarbeit versagen, verfügt die UNO nur über das (schwache) Mittel des öffentlichen Druckes, um auf die Staaten einzuwirken.

Diejenigen Staaten, die einer Region mit gemeinsamer Geschichte und identischen Wertvorstellungen angehören, kamen recht schnell überein, über den universellen Standard hinausgehende regionale Menschenrechtsverträge zu vereinbaren. Zu nennen ist hier in erster Linie Europa, das mit der Europäischen Menschenrechtskonvention (EMRK) aus dem Jahre 1950 ein Instrument schuf, welches vielfach gerühmt und einige Male auch nachgebildet wurde. Der Vorteil dieser regionalen Vereinbarung besteht darin, dass die einzelnen Rechte durch die Menschen in den Mitgliedstaaten auch individuell beim Europäischen Menschenrechtsgerichtshof eingeklagt werden können. Beeinflusst durch den Erfolg der EMRK wurde auch für Afrika 1981 ein regionales Menschenrechtsinstrument geschaffen, das sich allerdings grundlegend von der EMRK unterscheidet.

Regionaler Menschenrechtsschutz in Afrika

Das Spezifische der Afrikanischen Charta der Menschenrechte und Rechte der Völker vom 27. Juni 1981[18] fällt ins Auge: In bewusster Abgrenzung von der EMRK spricht der Vertrag nicht nur von den Rechten des Menschen, sondern auch von seinen Pflichten und den Rechten der Völker. Damit grenzt sich dieses Instrument deutlich vom Individualismus ab, der dem westlichen Menschenrechtsverständnis zugrunde liegt und bindet den Menschen vielmehr in Kapitel II der Charta in ein ganzes System von Pflichten ein, die den afrikanischen Werten entsprechen. Eindeutig stehen dabei die Familie und die Gesellschaft im Vordergrund. Hierin ist eine bewusste Abgrenzung von den „weissen“ Werten und der

[17] Peter R. Baehr: The Universality of Human Rights, in: Jacqueline Smith (ed.): Human Rights; Chinese and Dutch Perspectives, The Hague 1996, pp. 25 ff.

[18] Deutsche Fassung in: Jahrbuch für afrikanisches Recht, 2, 1981, Heidelberg 1982, pp. 243ff. Der Vertrag wird auch nach dem Ort des Abschlusses Banjul-Charta genannt. Ihm gehören heute fünfzig Staaten Afrikas an.

Versuch zu sehen, sich nach dem Zusammenbruch der Werteskala der Kolonialzeit auf die eigenen Traditionen zurückzubesinnen.[19]

Die gegenwärtigen Probleme in vielen afrikanischen Staaten belegen, dass dieser Versuch nicht sehr erfolgreich war. Es scheint, als ob der Zusammenbruch der Kolonialherrschaft und das weithin erfolglose Bestreben zur Errichtung afrikanischer Demokratien auch ein Wertevakuum in den Gesellschaften hinterlassen hat. Jedenfalls ist schwer einzuschätzen, ob Art. 27 der Charta, der die Pflichten des Einzelnen gegenüber seiner Familie, der Gesellschaft, dem Staat und den anderen gesetzlich anerkannten Gemeinschaften sowie gegenüber der internationalen Gemeinschaft festlegt, tatsächlich mit Leben ausgefüllt werden konnte. Noch nebulöser ist Art. 29 formuliert, der von den Menschen verlangt, „die soziale und nationale Solidarität zu bewahren und zu stärken, insbesondere wenn letztere bedroht ist". Der Wortlaut ist so abstrakt, dass er autoritäre Regierungen geradezu zu einer Unterhöhlung von Individualrechten einlädt.

Neben diesen wenig greifbaren Formeln weist die Afrikanische Charta weitere Mängel auf. Sie liegen darin, dass die individuellen Rechte in starkem Masse durch „clawback clauses" eingeschränkt werden können, das heisst, sie werden unter Gesetzesvorbehalt gestellt und können so ihrer Wirkung beraubt werden.[20] Bereits die materielle Ausgestaltung der Menschenrechte in der Afrikanischen Charta lässt also einen starken Souveränitätsvorbehalt der Staaten erkennen. Er wird noch deutlicher, wenn man die verfahrensrechtliche Ausgestaltung der Konvention betrachtet. Sie sieht nämlich vor allem ein Staatenberichtsverfahren vor. Demnach berichten die Mitgliedstaaten über die Umsetzung der einzelnen Individualrechte an die auf der Grundlage dieses Vertrages gebildete Afrikanische Menschenrechtskommission, die ein unabhängiges Expertengremium darstellt. Dies ist kein gerichtsförmiges Verfahren, sondern eine Diskussion, die dazu dienen soll, die Verwirklichung der Rechte in den Staaten zu verbessern. Grundsätzlich handelt es sich bei diesem Verfahren aber nicht um eine Reaktion auf Menschenrechtsverletzungen.

Die Afrikanische Charta kennt kein effektives Individualbeschwerdeverfahren. Gemäss Art. 55ff. kann die Kommission Mitteilungen, die nicht von Staaten stammen, entgegennehmen und behandeln. Der Vorteil dieses Verfahrens gegenüber der EMRK liegt darin, dass die Klagen nicht nur von Opfern oder indirekten Opfern von Menschenrechtsverletzungen eingebracht werden können,

---

[19] Vgl. zur Verteidigung der Afrikanischen Charta Etienne-Richerad Mbaya: The Compatibility of Regional Human Rights Systems with International Standards, in: Asbjörn Eide/Bernt Hagtvet (eds.): Human Rights in Perspective; A Global Assessment, Oxford 1992, p. 66.

[20] Cees Flinterman/Catherine Henderson: The African Charter on Human and Peoples' Rights, in: Raija Hanski/Markku Suksi: An Introduction to the International Protection of Human Rights; A Textbook, Åbo 1997, p. 318f.

sondern auch von Nichtregierungsorganisationen (NROs).[21] Sie müssen kein rechtliches Interesse an der Sache nachweisen, sondern können sich auf einen allgemeinen Humanismus berufen. Nach rund fünf Jahren Tätigkeit der Kommission sind neun Fälle abschliessend behandelt worden, wobei sechs von NROs (darunter vier internationale) eingebracht worden waren. Die Intervention der Kommission führte zur Freilassung von Häftlingen in Sambia und Togo sowie zur Verhinderung des Vollzugs der Todesstrafe in Nigeria. Die Praxis zeige folglich, dass die Kommission Ergebnisse erzielen könne, wenn sie schnell handle, meint *Umozurike*.[22] Gleichwohl ist das Verfahren vertraulich und endet mit einer Empfehlung, die nicht verbindlich ist.[23]

Nur im Falle von massenhaften und groben Menschenrechtsverletzungen kann die Kommission gemäss Art. 58 der Afrikanischen Charta die Versammlung der Staats- und Regierungschefs der Organisation der Afrikanischen Einheit (OAU) darauf aufmerksam machen. In konkreten Fällen zeigte sich, dass die Kommission grosse Schwierigkeiten hat, auf akute Herausforderungen zu reagieren. Während der 7. Session der Kommission ereignete sich die mit Massenmorden verbundene Krise in Liberia, was die Frage nach einer Reaktion aufwarf. Sie erwies sich als schwierig, da sich weder ein anderer Staat noch eine Person wegen der Menschenrechtsverletzungen in Liberia beschwert hatte, und die Kommission nur auf Antrag tätig werden konnte. Die „Lösung" bestand in einer Verlautbarung des Vorsitzenden der Kommission, in welcher er seine Besorgnis über die Ereignisse kundtat und seine Hilfe vor Ort anbot. Es erfolgte aber keine Reaktion.[24] Das Beispiel zeigt, dass die Kommission selbst bei schweren Menschenrechtsverletzungen keine wirksamen Schritte unternehmen kann. Verstärkt wird diese Schwäche noch dadurch, dass ihre Tätigkeit der Vertraulichkeit unterliegt, so dass sie sich nicht der öffentlichen Meinung bedienen kann, es sei denn die Versammlung der Staats- und Regierungschefs der OAU bestimmt gemäss Art. 59 der Afrikanischen Charta etwas anderes. Insgesamt zeigt sich,

---

[21] Die Afrikanische Charta unterscheidet sich insofern von der EMRK. Das bedeutet eine erhebliche prinzipielle Aufwertung der NROs. Gleichwohl wird dieser Vorteil dadurch relativiert, dass diese NROs sehr stark von finanzieller Hilfe abhängen und damit in ihren Aktionen verwundbar sind. Vgl. dazu Claude E. Welch: Protecting Human Rights in Africa; Roles and Strategies of Non-Governmental Organizations, Philadelphia 1995, pp. 284ff.

[22] U.O. Umozurike: Six Years of the African Commission on Human and Peoples' Rights, in: Festschrift für Rudolf Bernhardt, Berlin 1995, p. 640.

[23] Der „Plan of Action" der Afrikanischen Kommission 1996-2001 sieht die Schaffung eines Menschenrechtsgerichtshofes vor, bedarf aber noch der Ausformung. 1981 war ein solches Gericht mit dem Verweis auf afrikanische Streitbeilegungsmechanismen, die besser seien, abgelehnt worden. Bislang leidet die Kommission unter einer völlig unzureichenden materiellen und personellen Ausstattung. Vgl. dazu Gerd Oberleitner: African Commission on Human and Peoples' Rights Adopts Plan of Action 1996-2001, in: Netherlands Quarterly of Human Rights, 15, 1997, pp. 218ff.

[24] Umozurike, Six Years of the African Commission (Fn. 22), p. 640.

dass die Kommission weder effektiv noch schnell auf Menschenrechtsverletzungen reagieren kann.[25]

Die kritische Bewertung der Afrikanischen Charta wird nicht dadurch relativiert, dass die Charta ausdrücklich auch die Rechte von Völkern kodifiziert hat. Demnach haben alle Völker das Recht auf Existenz, Selbstbestimmung, die Nutzung ihrer Naturreichtümer, Frieden und eine gesunde Umwelt. So interessant diese kollektiven Menschenrechte für die Völker auch sein mögen, auch hier fehlt ein Mechanismus zur Umsetzung. Somit bleibt es bei einer blossen Proklamation. Die Afrikanische Menschenrechtskommission hat sich zudem immer sehr zurückgehalten, zu diesen Rechten in konkreten Konflikten, die oft mit Forderungen nach der Implementierung des Selbstbestimmungsrechts verbunden waren, Stellung zu nehmen.[26] Insgesamt lässt sich feststellen, dass die Kommission von den wenigen Rechten, die sie hat, nur sehr zögerlich Gebrauch machte.[27]

Die Afrikanische Charta ist aus juristischer Sicht ein schwaches Instrument, das die Souveränität der Staaten nicht wesentlich beschneidet. [28] Sie setzt in hohem Masse die Kooperationsbereitschaft der Staaten voraus. Ist diese nicht gegeben, so versagt die Banjul-Charta. Folglich muss bei schweren Menschenrechtsverletzungen vorrangig auf das universelle System zurückgegriffen werden.

Die Bedeutung des universellen Systems für Afrika

Der regionale und der universelle Menschenrechtsschutz bestehen weithin nebeneinander. So gehören die meisten Staaten, die die Afrikanische Charta ratifiziert haben, auch den beiden UN-Menschenrechtspakten sowie anderen universellen Menschenrechtsverträgen an. Dies ist insofern zu begrüssen, als die Rechte in differenzierter Weise ausgestaltet sind, und somit eine möglichst breite Verpflichtung der Staaten auf die Menschenrechte zustande kommt. Als besonders wesentlich ist aber anzusehen, dass angesichts dieser vielen verschiedenen menschenrechtlichen Normen nicht mehr davon gesprochen werden kann, dass die Menschenrechte ausschliesslich in den inneren Zuständigkeitsbereich der Staaten gehören. Statt dessen wurden sie zunehmend internationalisiert und ihre Sicherung zu einer Aufgabe der Staatengemeinschaft.

[25] Michael Graf: Die Afrikanische Menschenrechtscharta, Hamburg 1997, p. 98.

[26] Dies mag ein Grund dafür sein, dass sich die Kommission nicht mit Sezessionsforderungen befasste. Vgl. dazu René Lemarchand: Ethnic Conflict Resolution in Contemporary Africa, in: Günther Bächler (ed.): Federalism against Ethnicity? Chur/Zürich 1997, pp. 95ff.

[27] Symptomatisch für den kritischen Unterton ist die Darstellung von Henry J. Steiner und Philip Alston: International Human Rights in Context; Law, Politics, Morals, Oxford 1996, p. 689.

[28] Joe Oloka-Onyango: Some Reflections on the Framework of Economic, Social and Cultural Rights in Africa, in: International Commission of Jurists, The Review, 12, 1995, p. 177.

Einen besonders prägnanten Ausdruck findet diese Einschätzung in dem Umstand, dass immer mehr auch die Möglichkeit des Einzelnen akzeptiert wird, sich auf internationaler Ebene über die Verletzung seiner Rechte zu beschweren. Die vorrangige Regelung einer solchen universellen Beschwerdeinstanz findet sich im Fakultativprotokoll vom 16. Dezember 1966 zum UN-Pakt über bürgerliche und politische Rechte.[29] Darin ist vorgesehen, dass sich Einzelpersonen, die der Meinung sind, in einem ihrer im Pakt niedergelegten Rechte verletzt zu sein und alle zur Verfügung stehenden innerstaatlichen Rechtsbehelfe erschöpft haben, an den Menschenrechtsausschuss wenden können, um diese Rechtsverletzung feststellen zu lassen. Erkennt der Ausschuss eine solche Verletzung des Paktes, bittet er den betroffenen Staat, die Verletzungen einzustellen und gegebenenfalls Wiedergutmachungen zu leisten. Durch die Öffentlichkeit des Verfahrens wird ein gewisser Druck auf die Staaten ausgeübt, die Entscheidungen des Ausschusses, die nicht rechtsverbindlich sind und folglich nicht eingeklagt werden können, zu befolgen. Mittlerweile hat die Individualbeschwerdemöglichkeit für Afrika eine reale Bedeutung, da unter den 93 Teilnehmerstaaten des Protokolls immerhin 21 afrikanische Staaten sind. Diese hohe Zahl überrascht und belegt zugleich, dass das verbale Bekenntnis zu den Menschenrechten zumindest in den 21 Staaten auch praktische Schritte zur Gewährleistung dieser Rechte zur Folge hatte. Dieses Beschwerdeverfahren kann für die tagtägliche Durchsetzung der Menschenrechte im „funktionierenden" und kooperationsbereiten Staat von grosser Bedeutung sein.

Diese individuellen Beschwerdeverfahren können durchaus auch für den Einzelnen bei Menschenrechtsverletzungen in Bürgerkriegssituationen von Nutzen sein. Zu nennen ist in diesem Zusammenhang der Fall Ilhan v. Türkei[30], der von der Europäischen Menschenrechtskommission geprüft wurde und nunmehr vor dem Europäischen Menschenrechtsgerichtshof verhandelt wird. Der Kläger ist ein kurdischer Bauer türkischer Staatsangehörigkeit, der von der türkischen Armee bei ihren Einsätzen in den Kurdengebieten gefoltert und seines Eigentums beraubt wurde. Augenblicklich sieht es so aus, als ob die Türkei wegen dieser Massnahmen verurteilt und zu Schadensersatz verpflichtet werden könnte. Damit wäre der Nachweis erbracht, dass individuelle Beschwerdeverfahren einen Beitrag zur Milderung von Bürgerkriegsfolgen für den Einzelnen leisten könnten. Obwohl sich der genannte Fall auf die EMRK bezieht, könnte er auch für das universelle UN-System - und damit für Afrika - von Bedeutung sein, da die Verfahren der EMRK und des Fakultativprotokolls Ähnlichkeiten aufweisen. An dem kurdischen Beispiel wird deutlich, dass man mit solchen Individualverfahren lediglich Einzelschicksalen - partiell - gerecht werden kann. Auch wenn von solchen Verfahren eine erhebliche Beeinflussung der öffentlichen Mei-

[29] BGBl. 1992, II, p. 1247.

[30] European Commission for Human Rights, Hasan Ilhan v.Turkey (registered N°22494/93).

nung ausgeht - und damit eine präventive Wirkung anzunehmen ist -, können sie nicht als wirksames Instrument zur weitgehenden Einschränkung von Menschenrechtsverletzungen in Bürgerkriegssituationen oder bei Staatszerfall angesehen werden. In diesen Fällen ist ein Zusammenspiel menschenrechtlicher und friedenssicherungsrechtlicher Instrumente nötig.

Zusammenwirken von Menschenrechtsschutz und Friedenssicherungsrecht

Der Menschenrechtsschutz in Afrika kann heute auf die Afrikanische Charta und die universellen Menschenrechtsverträge einschliesslich der Individualbeschwerdemöglichkeiten zurückgreifen. Diese Instrumente werden aber in Extremfällen, bei zerfallenden Staaten oder in Bürgerkriegssituationen nicht ausreichen. Da die in diesen Zusammenhängen erfolgenden massenhaften und groben Menschenrechtsverletzungen grundsätzlich den Weltfrieden bedrohen oder verletzen, muss auch der für diese Situation vorgesehene Friedenssicherungsmechanismus zur Anwendung kommen. Es handelt sich dabei um Kapitel VII der UN-Charta, wofür der UN-Sicherheitsrat zuständig ist. Der Rat hat sich erst in der jüngsten Vergangenheit schrittweise zu dieser Verantwortung bekannt und Kapitel VII zugunsten der Menschenrechte in Konfliktgebieten eingesetzt.

Einige Beispiele belegen dies: So zögerte der Rat in seiner Res. 688 (1991) noch, Kapitel VII ausdrücklich als Rechtsgrundlage für sein Eingreifen zugunsten der Kurden und Schiiten im Irak zu nennen. Er forderte den Irak zur Einstellung der Menschenrechtsverletzungen auf, wobei er als Grundlage die grenzüberschreitenden Konsequenzen der Rechtsverletzungen in der Form einer Massenflucht anführte. Damit blieb der Sicherheitsrat dem traditionellen Erklärungsmuster für den Begriff des Friedens verhaftet, der im internationalen Kontext definiert worden war.[31] Dies änderte sich erst mit Somalia. Hier sah der UN-Sicherheitsrat in der gewaltigen Hungersnot und im Fehlen einer funktionierenden Regierung eine Friedensbedrohung (Res. 897, 1994).[32] Die Verweigerung der Menschenrechte in Somalia wurde als Friedensbedrohung bewertet, auf die gemäss Kapitel VII mit einer militärischen Zwangsmassnahme gegen den Rechtsverletzer reagiert werden sollte. Doch dies ist nicht das einzige Novum. Unterstreichung verdient, dass sich der Rat damit sowohl für politische und Bürgerrechte als auch für wirtschaftliche Rechte einsetzte. Damit wurden zweifellos

[31] Vgl. den Nachweis bei Hans-Joachim Heintze: Die Resolution 688 (1991) des Sicherheitsrats der Vereinten Nationen und der internationale Menschenrechtsschutz, in: Humanitäres Völkerrecht - Informationsschriften, 4, 1991, pp. 43ff.

[32] Herald Endemann: Kollektive Zwangsmassnahmen zur Durchsetzung humanitärer Normen, Frankfurt a.M. 1997, p. 260.

Massstäbe geschaffen, an denen sich weitere Situationen dieser Art messen lassen müssen. Im Falle Haitis sah der Rat in den Menschenrechtsverletzungen und der Verweigerung der Rückkehr des demokratisch gewählten Präsidenten eine Friedensbedrohung (Res. 940, 31.7.1994), in Rwanda waren die Massaker Anlass für den Aufruf zu militärischen Zwangsmassnahmen (Res. 918 vom 17.5.1994), um die dadurch entstandene Friedensbedrohung zu entschärfen.

Insgesamt zeigt die bisherige Praxis des Sicherheitsrates, dass dieses Organ trotz aller Unterschiede in den einzelnen Fällen in schweren Menschenrechtsverletzungen zunehmend Friedensbedrohungen sieht, gegen die die Staatengemeinschaft mit Zwangsmassnahmen vorgehen muss. Dieser Umstand ist von grosser rechtspolitischer Bedeutung, weil die Staatengemeinschaft nicht mehr hinter diesen Standard zurückfallen kann. An dieser grundsätzlichen Einschätzung ändert auch die Tatsache nichts, dass die konkrete Durchführung der Zwangsmassnahmen vielfach halbherzig und wenig professionell erfolgte. Sicher sind gerade für solche Fälle Erfahrungen nötig, um die Mandate und die „rules of engagement" eindeutig formulieren zu können.

Positiv zu bewerten ist auch, dass der UN-Sicherheitsrat Massnahmen zur individuellen Verantwortlichkeit für Menschenrechtsverletzungen ergriffen und zwei Ad-hoc-Strafgerichtshöfe (für Ex-Jugoslawien und Rwanda) geschaffen hat. Der Rat sah sich angesichts der Zuspitzung der sogenannten Bürgerkriege in beiden Staaten aus Gründen der Glaubwürdigkeit gezwungen, gegen diejenigen Personen vorzugehen, die schwerste Menschlichkeitsverbrechen begangen hatten. Letztlich setzt sich heute sehr langsam - aber unumkehrbar - der Grundgedanke des UN-Systems der kollektiven Sicherheit durch: Ein Rechtsbrecher sieht sich der Gesamtheit der rechtstreuen Staaten gegenüber und die Menschenrechte gehören wegen des friedensbedrohenden Charakters schwerer Menschenrechtsverletzungen zu den Rechtsgütern, die durch ein solches System geschützt sind. Da Afrika zu diesem System gehört, ist zu fordern, dass die Staatengemeinschaft weit mehr Verantwortung übernimmt als bisher, um lokale Versuche der Stabilisierung von Staaten zu unterstützen. Es besteht kein Zweifel darüber, dass solche Einsätze langwierig, teuer und gefährlich sind. Dennoch ist die Akzeptanz von Terrorregimen und Staatenzerfall auf die Dauer sehr viel teurer und gefährlicher.

Insgesamt kann es sich bei internationalen Interventionen aber nur um „Notbremsen" handeln. Sehr viel sinnvoller ist die Vermeidung der Zuspitzung von Krisen. Deshalb ist im Interesse der Staatengemeinschaft und der von Rechtsverletzungen betroffenen Menschen dafür zu plädieren, dass das Zusammenwirken von Friedenssicherungs- und Menschenrechtsschutz-Instrumenten in Zukunft zum Normalfall wird: Bei massenhaften Menschenrechtsverletzungen ist die Staatengemeinschaft aufgefordert, Zwangsmassnahmen gegen den Rechtsverletzer zu ergreifen, während es bei der Durchsetzung des Individualschutzes um die Kooperation zwischen den Staaten zur Verbesserung der Rechtsdurchsetzung geht.

Verbesserung der Prävention

Die Praxis zeigt, dass Zwangsmassnahmen und Blauhelmeinsätze der UNO kurzfristig nicht zu einer Beilegung von Konflikten führen. Gleichwohl lassen sie sich ab einer bestimmten Stufe eines Konfliktes nicht mehr umgehen. Deshalb muss die Staatengemeinschaft alles daran setzen, die Eskalation von Menschenrechtsverletzungen oder ethnopolitischen Konflikten zu vermeiden. Deshalb ist zu überlegen, ob nicht Instrumente der Prävention erforderlich sind, die nicht unbedingt an starre rechtliche Konstruktionen geknüpft sind. Europa hat solche neuen Wege im Rahmen der (rechtlich kaum organisierten) OSZE beschritten. Insbesondere der Hohe Kommissar für Nationale Minderheiten ist ein Organ, mit dem auf die gerade in den früheren sozialistischen Staaten reichlich bestehenden ethnischen Probleme reagiert werden kann. Ethnopolitische Spannungen können damit zum frühestmöglichen Zeitpunkt eingedämmt werden. Dabei geht es vielfach um Fragen, wie in neuen Demokratien und Marktwirtschaften eine nationale Identität entwickelt, historisch bedingtes Misstrauen überwunden und gemeinsames Bewusstsein erreicht werden kann. Der Hohe Kommissar für Nationale Minderheiten der OSZE muss sich auch mit den Folgen willkürlicher Grenzziehungen und der Rolle von Titularnationen befassen.[33] Der Hohe Kommissar der OSZE steht somit vor ähnlichen Aufgaben, wie sie in Afrika zu lösen sind.

Allgemein wird dem Hohen Kommissar für Nationale Minderheiten bescheinigt, dass er einen wesentlichen Beitrag zur Abwendung von solchen Konflikten im OSZE-Bereich erbracht hat. Deshalb liegt der Schluss nahe, dass für Afrika ein ähnliches Instrument durchaus nützlich sein könnte. Als vorteilhaft erscheint insbesondere, dass die in einer rechtlichen Grauzone angesiedelten OSZE-Streitbeilegungsverfahren an keine Formvorschriften gebunden sind, und eine solche Herangehensweise gut mit afrikanischen Traditionen vereinbar ist.[34] Diese Forderung wurde auch bereits erhoben. So kam es an der zweiten ausserordentlichen Sitzung der Afrikanischen Menschenrechtskommission am 19. Dezember 1995 in Kampala zu folgendem Vorschlag:

> „In the light of the human rights situation in Africa, the Commission decided to analyze in depth the idea of putting into place an early warning

---

[33] Jakob Haselbuber: Der Hochkommissar für nationale Minderheiten der OSZE, in: Erich Reiter (Hrsg.): Grenzen des Selbstbestimmungsrechts; Die Neuordnung Europas und das Selbstbestimmungsrecht der Völker, Graz 1996, pp. 109ff.

[34] Zum afrikanischen Verständnis von Streitbeilegung vgl. beispielhaft Richard Friedli: Die Kindoki sind gestört; Zairische Stadtkonflikte und afrikanische Palaversysteme, in: Österreichisches Studienzentrum für Frieden und Konfliktlösung/Schweizerische Friedensstiftung (Hrsg.): Tod durch Bomben; Wider den Mythos vom ethnischen Konflikt, Friedensbericht 1995, Friedensforscher zur Lage, Chur/Zürich 1995, pp. 273ff.

> mechanism in case of emergencies and called upon the NGO community to render assistance in that field."[35]

Bislang wurden allerdings noch keine Ergebnisse vorgelegt. Gleichwohl ist es ermutigend, dass das Konzept der Prävention in der OAU bereits eine beachtliche Rolle spielt und als Mechanismus der Konfliktbearbeitung Institutionalisierung erfahren hat.[36] Insofern ist der Schritt zur Anwendung dieser Erfahrungen auf den Menschenrechtssektor nicht so gross und machbar. Fördernd dürfte zudem wirken, dass auch die Gebernationen von Entwicklungshilfe zunehmend präventive Massnahmen, wie den „Aufbau tragfähiger politischer und sozioökonomischer Strukturen unter Wahrung der Menschenrechte und der demokratischen Grundsätze"[37], fordern und als „Handlungsmöglichkeiten" in Situationen ohne erkennbare Spannungen ansehen.[38]

Zusammenfassung

Zu Menschenrechtsverletzungen kommt es überall auf der Welt. Die Frage ist, wie sich Opfer solcher Rechtsbrüche zur Wehr setzen können. In der Regel steht dafür der innerstaatliche Rechtsweg zur Verfügung. Erst wenn dieser versagt, eröffnen sich seit der jüngsten Vergangenheit auch internationale Verfahren. Diese sind eine Folge der wachsenden zwischenstaatlichen Zusammenarbeit auf dem Gebiet des Menschenrechtsschutzes, die notwendig wurde, weil wir in einer interdependenten Welt leben. Konkret heisst dies, dass Menschenrechtsverletzungen in einem Staat auch Konsequenzen für Nachbarstaaten und die internationale Gemeinschaft haben können, beispielsweise durch Flüchtlingsströme und die Störung der grenzüberschreitenden Zusammenarbeit. Eben deshalb wurde in den letzten fünfzig Jahren ein ganzes Netzwerk von universellen Menschenrechtsverträgen erarbeitet, das auch von afrikanischen Staaten weithin akzeptiert wurde. Ergänzt wird das universelle System durch die Afrikanische Charta der Menschenrechte und Rechte der Völker aus dem Jahre 1981, die die universellen

---

[35] Zitiert nach Susanne Malström/Gerd Oberleitner: 18th Ordinary and 2nd Extra-Ordinary Session of the African Commission on Human and Peoples' Rights, in: Netherlands Quarterly of Human Rights, 1, 1995, p. 95.

[36] Volker Matthies: Die friedenspolitische Rolle der Organisation der Afrikanischen Einheit; Der OAU-„Mechanismus für die Prävention, das Management und die Lösung von Konflikten", in: Afrika-Jahrbuch 1996, pp. 49ff.

[37] Die Europäische Union und das Problem der Konflikte in Afrika; Friedensschaffende Massnahmen, Konfliktvermeidung und darüber hinausgehende Massnahmen, EU-doc. SEK (96) 332 endg. Vom 6.3.1996, p. 8.

[38] In Zeiten von offenen Spannungen und Konflikten spricht die EU nur noch von humanitärer Hilfe, nicht mehr von den Menschenrechten.

Menschenrechte um die Rechte ergänzt, die spezielle afrikanische Werte repräsentieren.

Sowohl das universelle als auch das regionale Menschenrechtssystem müssen herangezogen werden, um gegen einzelne Menschenrechtsverletzungen in afrikanischen Staaten vorzugehen. Gleichwohl können beide Systeme nur funktionieren, wenn die Staaten kooperationsbereit sind. Die Staaten müssen nämlich auch bei internationalen Entscheidungen bereit sein, diese innerstaatlich umzusetzen, da diese - anders als im Bereich der Mitgliedstaaten der Europäischen Menschenrechtskonvention - nicht rechtsverbindlich sind. Diese Kooperationsbereitschaft kann dann nicht angenommen werden, wenn der Staat wegen seines Zerfalls nicht mehr effektiv existiert und das Gewaltmonopol folglich nicht mehr durchgesetzt werden kann. Sie liegt auch dann nicht vor, wenn der Staat nicht gegen schwere Menschenrechtsverletzungen vorgeht oder diese gar begeht. In diesen Fällen kann der völkerrechtliche Menschenrechtsschutz allein nichts bewirken.

Gegen solche Staaten sind internationale Zwangsmassnahmen anzuwenden, da solche Menschenrechtsverletzungen einen friedensbedrohenden Charakter haben oder gar einen Bruch des internationalen Friedens darstellen. Es ist deshalb von ausserordentlicher Bedeutung, dass der UN-Sicherheitsrat als das für die Aufrechterhaltung des Friedens zuständige Organ der Staatengemeinschaft erstmals im Falle Somalias die Gefahr des Verhungerns von Millionen von Menschen als eine Friedensbedrohung ansah und mit Zwangsmassnahmen zur Rettung dieser Menschen einschritt. Diese völlig zutreffende Einschätzung setzte einen Massstab dafür, dass bei schweren und massenhaften Menschenrechtsverletzungen die Verbindung zur Gefährdung des Weltfriedens gesehen werden muss und folglich nicht nur mit dem Instrumentarium der menschenrechtlichen Kooperation dagegen vorgegangen werden kann. In diesen, im gegenwärtigen Afrika nicht seltenen Fällen muss die Staatengemeinschaft notfalls mit Zwang gegen den oder die Menschenrechtsverletzer vorgehen. Der Misserfolg der Somaliamission liegt nicht daran, dass das Konzept der Intervention gegen die Menschenrechtsverletzer falsch wäre, sondern vielmehr in einer falschen Ausführung der notwendigen Massnahmen. Gerade die Friedensbewegung ist aufgerufen, nicht zuzulassen, dass die Staatengemeinschaft hinter den von ihr selbst aufgestellten Standard, wonach massenhaften Menschenrechtsverletzungen auch mit Zwangsmassnahmen begegnet werden muss, zurückfällt. Dies ist um so notwendiger, als der Staatenzerfall in Afrika auch dazu führt, dass zunehmend rechtliche Regeln, gerade des Menschenrechtsschutzes und des humanitären Völkerrechts, in Frage gestellt werden. Unter diesen Umständen erscheint es als besonders dringlich, in Afrika die Konzepte des Menschenrechtsschutzes, der Friedenssicherung und der Prävention stärker als auf anderen Kontinenten zu verknüpfen.

Afrikanische Konflikte

Der Faktor Religion

Von Khalid Durán

Ein christlicher Damm gegen die islamische Flut

Afrika kennt seit Jahrhunderten einen Konflikt zwischen drei Religionsblöcken: Naturreligion, Christentum und Islam. Im Zeitalter des Kolonialismus wurde dieses Phänomen zu einem Wettrennen zwischen Islam und Christentum verkürzt, wobei vorausgesetzt wurde, dass einheimische Glaubensformen den beiden im Nahen Osten beheimateten monotheistischen Religionen weichen müssten bzw. zwischen ihnen aufgerieben würden. Es war auch oft die Rede davon, der Islam habe einen natürlichen Vorsprung, weil er keine Kolonialreligion sei wie das Christentum.[1] Viele Afrikaner, Muslime eingeschlossen, sehen das anders, weil sie auch den Islam als eine Art Kolonialreligion erlebt haben. In seinem Film *Cheddo* verherrlicht der muslimische Filmemacher Sembene Ousmane aus Senegal den Widerstand des ursprünglichen Afrika gegen Überfremdung. Ousmane teilt Hiebe aus. Neunzig davon bekommt der muslimische Missionar aus Marokko, zehn der christliche Missionar aus Frankreich. Das entspricht in etwa den Bevölkerungsanteilen im Senegal: 90% Muslime, 10% Christen. Von den Animisten ist kaum noch etwas geblieben, höchstens unter der Oberfläche. In gewissen anderen afrikanischen Staaten hängt noch ein Drittel der Bevölkerung oder mehr den traditionellen einheimischen Glaubensformen an. Heute werben Christen Muslime ab, und Muslime Christen, wodurch die „Animisten" eine Verschnaufpause haben.

Das Verhältnis zwischen europäischen Kolonialbeamten und Missionaren war oft weniger harmonisch als generell angenommen. So setzte man beispielsweise in Deutsch-Ostafrika auf die „Mohammedaner" als nützliche Zwischenschicht, so wie es die Franzosen mit den Juden in Nordafrika taten. Dennoch kann man verallgemeinernd von einer Kolonialpolitik sprechen, die darauf abzielte, dem weiteren Vordringen des Islam von Norden nach Süden einen Rie-

[1] Rafael Abiem, ein dem Dinka-Volk angehörender Südsudanese, berichtet, dass dies das Hauptargument der arabisierten Nordsudanesen war, die ihn während seiner Schulzeit für den Islam vereinnahmen wollten. Abiem, heute Jurist an der Harvard-Universität, erwähnt dies in einem Bewerbungsschreiben an die Universität.

gel vorzuschieben, weshalb die missionarischen Anstrengungen entlang eines Gürtels quer durch Afrika besonders intensiv waren. Als Resultat haben wir heute eine Reihe von Staaten, die im Norden überwiegend muslimisch, im Süden aber mehrheitlich christlich sind. Das war einer von mehreren Gründen für Bürgerkriege in Staaten wie Nigeria, Tschad und Sudan und gelegentlicher Hochspannung in mehreren anderen, wie beispielsweise Ghana und Kamerun.

Von mancher Seite wird der Einwand erhoben, dass es sich dabei primär um ethnische Konflikte handle[2], was generell auch zutrifft, beispielsweise zwischen den Fulbe und Hausa auf der einen Seite, die im Norden Ghanas und Nigerias überwiegen, und den Völkern im Süden, wie den Akan in Ghana und den Ibo in Nigeria. Zweifellos gäbe es hier auch Konflikte, wenn alle katholisch oder muslimisch wären. Die religiöse Trennlinie trägt jedoch zur Verhärtung der Auseinandersetzungen bei. Die Rivalität zwischen Christentum und Islam dient ethnischen, regionalen und wirtschaftlichen Konflikten als willkommenes Aufputschmittel. Wie auch anderswo in der Welt liefern Religionen die Fahnen und Symbole für nationale und Stammeskonflikte.

Während man nun mancherorts in der Welt von der Religion als identitätsbestimmendem Faktor ein wenig Abstand genommen hat[3], ist in Afrika die Missionsgeschichte noch voll im Gange. Zu Anfang des 20. Jahrhunderts hatte der Missionar Zwemer seine europäischen Geldgeber mit der Alarmmeldung aufgerüttelt, von zehn „Heiden“ träten in Afrika neun zum Islam und nur einer zum Christentum über. Diese Behauptung ist unzählige Male wiederholt worden. Tatsächlich aber halten sich beide monotheistischen Buchreligionen die Waage, und gemäss mancher Untersuchungen hat das Christentum dem Islam gegenüber sogar einen leichten Vorsprung bei dem Rennen um die Seelen Afrikas. Das wirkt wiederum anfeuernd auf die Islamisten („Fundamentalisten“), die das Schreckgespenst der Christianisierung nie genug an die Wand malen können. In den achtziger Jahren entstanden erstmals islamistische Organisationen, die sich mit christlichen Missionsgesellschaften insofern vergleichen lassen, als dass sie über genügend Geldmittel und gut ausgebildetes Personal verfügen sowie von einer gut strukturierten und soliden Zentrale aus kontinuierlich gesteuert werden. Ich sage bewusst *islamistische* und nicht *islamische* Organisationen, weil es ausserhalb des Islamistenlagers kaum nennenswerte muslimische Initiativen zur

---

[2] Z.B. der an der Universität Frankfurt lehrende Ethnologe und Soziologe Tirmiziou Diallo aus Guinea, dem ich für manch wertvolle Anregung zu Dank verpflichtet bin.

[3] Ein besonders deutliches Beispiel dafür ist Spanien. Vor wenigen Jahrzehnten war es noch üblich zu sagen, „kannst Du das mal auf christlich erklären“, wenn jemand etwas in einer anderen Sprache ausdrückte. „Christlich“ bedeutete „Spanisch“. Die heutige Generation versteht nicht mehr, was damit gemeint ist oder fasst es allenfalls als Witz auf. Ein Polizist, der einen Illegalen erwischt, sagt heute, „hier sind wir Spanier, nicht Marokkaner“. Vor knapp fünfzig Jahren hätte er noch gesagt, „hier sind wir *cristianos* und nicht *moros*“.

Missionierung Afrikas gibt.[4] Die ursprünglich von Indien/Pakistan aus operierende *Ahmadiya*-Sekte hat nur in Ghana einen wirklichen Stellenwert und darf heute als ein lokales Kuriosum betrachtet werden.[5]

Auf jeden Fall hält der Wettstreit zwischen Christentum und Islam in vielen Teilen Afrikas an, und bisweilen wird er zu einem Störfaktor ersten Ranges. Als ein deutscher Evangelist seinen Auftritt in Nigeria ankündigte, verlangten die Muslime nach dem Südafrikaner Ahmad Deedat, der bei öffentlichen Debatten jeden Widersacher so mundtot macht, dass die Christen scharenweise übertreten. Da die nigerianische Regierung dem bibelfesten Deedat die Einreise verweigerte, kam es zu Ausschreitungen, in deren Verlauf ein Dutzend Gotteshäuser in Schutt und Asche gelegt wurden - Kirchen und Moscheen. Als in Sambia der von amerikanischen Fundamentalisten ausgehaltene Chiluba die Nachfolge von Präsident Kaunda antrat, fiel ihm erst einmal nichts Besseres ein, als die winzige muslimische Minderheit des Landes zu drangsalieren - wohl eine Form der Danksagung an seine Seelsorger in den USA.

Dies sind nur zwei Beispiele dafür, wie Religion in Afrika häufiger friedensstörend als friedensfördernd auftritt. Die Ausübung des Glaubens auf Erden liegt bekanntlich bei Menschen und nicht bei Engeln, weshalb aus Friedensbotschaften oft Kriegsgeschrei wird. Gelegentlich zeitigt allerdings die starke Betonung des einen oder anderen ethischen Wertes durch die eine oder andere Religion auch positive Ergebnisse. Denkt man an den Rassenkonflikt zwischen den muslimischen Mauretaniern und den nicht weniger muslimischen Senegalesen, könnte man meinen, der Islam sei an der Rassenfrage genauso gescheitert wie das Christentum. Ebenso scheint es jedoch, dass die starke Betonung der Rassengleichheit durch islamische Texte sich positiv auswirkt. Die Gemeinde der Pumwani-Moschee in Nairobi ist eines von vielen Beispielen, wie Stammesgegensätze durch islamische Verbrüderung gemildert werden. Gottesdienste von Sufi-Gruppen in Mombasa und anderswo vermögen sogar die Kluft zwischen Afrikanern und Indern zu überbrücken und somit eine sehr heilsame und dringend notwendige Funktion zu erfüllen. Sowohl der Islam als auch das Christentum erweisen sich hin und wieder als gesellschaftsfördernde Bindemittel, nicht nur als Sprengkörper.

Erlebt jedoch die politische Arena Kriegsspiele, dann müssen die unterschiedlichen Religionen den Konfliktparteien die Schlachtrufe liefern. Bei Zunahme sozialer und wirtschaftlicher Spannungen sowie beim Aufbrechen regionaler Gegensätze und der Einbeziehung der Region in die Interessen-

---

[4] Islamisten behaupten, die grosse Masse der Muslime hänge dem Islam nur pro forma an. Richtig verstandener Islam ziele auf die Errichtung eines ideologischen Staates ab. Den Islam nur als Glaube und Kultur zu verstehen, so wie es die Mehrheit der Muslime tue, komme einer Christianisierung des Islam gleich. Daher nennen sie sich Islamisten, um sich von den Muslimen abzuheben.

[5] Ein früherer Präsident Gambias, Dauda Jawahara, war zwanzig Jahre lang Mitglied der „Ahmadiya-Bewegung des Islam", löste sich dann allerdings von ihr.

konflikte anderer Mächte wird die Zugehörigkeit zu rivalisierenden Religionsgemeinschaften voll ausgeschlachtet. Bei gewaltsamen Auseinandersetzungen ist die Wahrnehmung der Konfliktursachen oft entscheidender als die Wirklichkeit. Für den Sezessionsversuch Biafras aus dem nigerianischen Staatenverband gab es triftige Beweggründe: Das Gebiet wird von dem relativ homogenen Volk der Ibo bewohnt, die sich von den übrigen Nigerianern ethnisch und sprachlich unterscheiden. Kulturell vom übrigen Nigeria deutlich abgehoben, sind sie auch noch gründlicher christianisiert als andere Teile des Staates, und es gibt keine arabischen Einflüsse wie in Nordnigeria. Vor allem aber fühlt sich Biafra vom übrigen Nigeria wirtschaftlich ausgebeutet, während das übrige Nigeria auf seinen rohstoffreichen Südosten nicht verzichten kann. Ähnliches liesse sich über den Konflikt zwischen Nord- und Südsudan sagen. Die Betroffenen verweisen jedoch immer wieder auf den religiösen Gegensatz, als ob der ausschlaggebend wäre.

Das Fallbeispiel Sudan

Mitte 1989 stürzten im Sudan jüngere Offiziere die gewählte Regierung und begannen nach islamistischem Muster mit der „Islamisierung" von Staat und Gesellschaft. Der Vorgang im Sudan ähnelt dabei stärker dem in Pakistan als dem im Iran. In Pakistan hatte Mitte 1977 eine Gruppe islamistischer Offiziere die Regierung gestürzt und bis 1988 eine Militärdiktatur ausgeübt.

Das Islamistenregime in Khartum verfolgte seit der Machtübernahme eine aggressive Aussenpolitik, die man als Hegemoniestreben interpretieren könnte. Manches an der Rhetorik klingt wie ein utopistisches Streben nach Weltherrschaft. Fragt man sich, was bei diesem Griff nach den Sternen wohl das realistische Nahziel ist, dann bleibt die Wiederherstellung der Dominanz des Nordsudan über den Südsudan. Da die südsudanesischen Rebellen, denen sich inzwischen die nordsudanesische Opposition angeschlossen hat, Rückhalt bei fast allen der neun Nachbarn haben, trachtet Khartum danach, diese Staaten unter Druck zu setzen, um sie von einer Unterstützung der Rebellen abzuhalten.

Man muss dem Regime zugestehen, dass ein Verlust der Herrschaft des Nordens über den Süden einer Anerkennung des christlichen Kolonialdamms gleichkäme. Die heute von einer Mehrheit der Südsudanesen verfochtene Vorstellung von einer Konföderation zwischen Nord- und Südsudan liefe auf eine Teilung des Landes in einen christlichen und einen islamischen Kulturbereich hinaus. Natürlich gäbe es im Norden eine christliche und im Süden eine muslimische Minderheit;[6] dennoch bliebe der religionsbezogene kulturelle Unterschied

---

[6] Islamisten behaupten gern, im Südsudan gäbe es ebenso viele Muslime (24%) wie Christen, wenn nicht gar mehr. Tatsächlich ist der Südsudan überwiegend animistisch und keineswegs so gründlich

zumindest ebenso stark wie der ethnische. Der Norden ist keineswegs einheitlich arabisch orientiert. Darfur beispielsweise, im Nordwesten gelegen, ist durchweg muslimisch, identifiziert sich jedoch nicht mit dem Arabertum. Blieben aber im Norden die Islamisten an der Macht, dann hätten wir hier ein Musterbeispiel für den von ihnen angestrebten ideologischen Staat, in dem die *sharí'a*, das Gesetz aus der islamischen Frühzeit, voll zur Anwendung kommt. Damit wäre der Unterschied zwischen dem Nord- und dem Südteil der Konföderation schroffer als der zwischen den Nachbarstaaten.

Der Sudan wurde stets als Bindeglied zwischen Arabien und Afrika projiziert, als Brücke zwischen Nord und Süd. Manche arabischen Nationalisten sahen hier die Möglichkeit der Anbindung Afrikas an den arabischen Interessenbereich. Die Islamisten haben den Sudan schon lange als Drehscheibe ihrer Afrikamission anvisiert. Das setzt allerdings erst einmal eine „Islamisierung“ bzw. „Fundamentalisierung“ des muslimischen Nordens voraus, und daran wird das Projekt wahrscheinlich scheitern, denn die grosse Mehrheit der sudanesischen Muslime macht dabei nicht mit.

Kommt nicht aber diese nüchterne Einschätzung der Motivation einer Verharmlosung der Position gleich? Vieles deutet darauf hin, dass das Regime islamistische Parteien, Gruppen und Guerillaverbände in den Nachbarstaaten dazu benutzt, um sich zu einer Regionalmacht zu erheben, zumindest am Horn von Afrika.[7] Im Mittelpunkt der Auseinandersetzung mit den inzwischen sehr erbosten Nachbarn steht die Ideologie des Islamismus, der sich Khartum verschrieben hat und die auf die Errichtung eines Grossreichs der Islamisten abzielt. Die Regierungspartei NIF (Nationale Islamische Front)[8] umschreibt ihre ideologische Ausrichtung gern als „unsere kulturelle Orientierung“. Manche Mächte seien gegen den Sudan, „wegen der Zivilisationswahl, die wir getroffen haben“.

Der Chefideologe des Regimes, Dr. Hasan At-Turabi, hat beachtlichen Einfluss auf das internationale Netzwerk islamistischer Parteien, das in der arabischen Presse gern als „Islamistische Internationale“ bezeichnet wird. Derartige Vergleiche sind stets nur Annäherungen und nicht Gleichsetzungen. Zum Verständnis mancher Phänomene scheint mir dies eine nützliche Form der Illustration, und gerade die Politik des Sudan drängt einem diesen Vergleich auf. Denn es geht nicht nur um die Einmischung in die Belange der Nachbarstaaten,

christianisiert wie etwa Südnigeria. Muslime dürften etwa 15% der Bevölkerung ausmachen. Aus Protest gegen die vom NIF-Regime betriebene Zwangsislamisierung identifizieren sich jedoch immer mehr Südsudanesen mit dem Christentum.

[7] Mehr Einzelheiten darüber finden sich in meiner Aussage vor dem amerikanischen Abgeordnetenhaus, vgl. dazu Testimony of Khalid Durán on „The Threat of Islamic Extremism in Africa“, vor dem Committee on International Relations, Subcommittee on Africa, U.S. House of Representatives, Washington, April 6, 1995.

[8] Bezüglich Geschichte, Struktur und Ideologie der Partei vgl. „Sudan's National Islamic Front - From the Brotherhood to the Front“, in: TransState Islam, 1, 3, Washington DC, Fall 1995, p. 32.

sondern mehr noch um die Nutzbarmachung des weltweiten Islamistennetzwerkes. Am rührigsten ist dieses Netzwerk ausgerechnet in den USA, Kanada, England, Frankreich und Deutschland. Da werden internationale Konferenzen abgehalten, auf denen westliche Universitätsprofessoren und Politiker das Regime legitimieren. Ein mit Millionenaufwand betriebener Medienwald interpretiert nicht nur die Entwicklung im Sudan, sondern überhaupt das gesamte Weltgeschehen im Sinne der Interessenlage Turabis und seiner Islamisten.

Da bringt beispielsweise die in New York erscheinende Monatszeitschrift *The Message* eine Sudan-Nummer heraus. Die aufwendige Zeitschrift wird nicht etwa von Sudanesen, sondern von Angehörigen der *Jamá`at-e Islami* herausgegeben, der Islamistenpartei von Bangladesh/Indien/Pakistan, und die Beiträge stammen meist aus der Feder amerikanischer Konvertiten. Die Leserschaft in Kanada und den USA beläuft sich auf mindestens zehntausend, und viele davon sind steinreich und bereit, für den heissumkämpften Glaubensstaat in Afrika Millionen zu spenden. Ein vergleichbares Blatt ist die von Angehörigen derselben Partei in London herausgegebene Monatszeitschrift *Impact International*. Auch hier intensive Propaganda für Khartum, als stünde und fiele der Islam in der Welt mit dieser afrikanischen Bastion. Kein Wunder also, dass sich in Khartum Internationalisten aus aller Welt zusammenfinden. Die Islamisten eilen zu den Fahnen, so wie früher Sozialisten aus aller Welt zur Verteidigung der Republik nach Spanien zogen.

Ein Gespenst der Islamisten: Das „Grossreich der Tutsi“

Weshalb beziehen islamistische Publikationen so einseitig Stellung für die Hutu und gegen die Tutsi? Die Pro-Hutu-Haltung weist auf die Dominanz des NIF-Regimes über den Hauptstrom der Islamisten hin. Der 1991 im Sudan gegründete Arabisch-Islamische Volkskongress tagte zwar nur dreimal, doch war das genug, um Khartum zum Mekka von Extremisten aus aller Welt zu machen.[9] Die von Dr. Hasan At-Turabi geleiteten Islamisten Sudans setzen in ihrem Konflikt mit den USA auf die französische Karte (Turabi erwarb seinen Doktortitel an der Sorbonne).[10] Die 1997 entstandene Allianz aus Uganda/Rwanda und Kongo (Zaïre) wird als Speerspitze des Grossen Satans definiert. Dieses vom iranischen Verbündeten inspirierte Schema verrät das Streben, Europa gegen Amerika auszuspielen. In Washington ist diese Sichtweise selbst im State Department nur wenigen bekannt, und auch französische Regierungskreise stehen einer solchen

[9] „The Popular Arab and Islamic Conference (PAIC); A New ‘Islamist Internationale’?“ In: Trans-State Islam, 1, 1, Spring 1995, pp. 12-14.

[10] Näheres dazu findet sich in „Leaders; Hasan `Abdallah At-Turabi“, in: Ibid., 1, 3, Fall 1995, pp. 19-24.

Überbetonung des amerikanisch-französischen Interessenkonfliktes im Herzen Afrikas skeptisch gegenüber.

Die Vorstellung von der Entstehung eines Tutsi-Reiches ist im wesentlichen eine Erfindung des NIF-Regimes, und zwar wegen des Konfliktes mit Uganda, das die Rebellen im Südsudan unterstützt. Tutsi-Flüchtlinge aus Rwanda brachten den ugandischen Präsidenten Yoweri Museveni an die Macht. Dieser verhalf dafür den Tutsi zur Machtergreifung im Nachbarland - und zwar englischsprachigen Tutsi im bisher frankophonen Rwanda. Anschliessend brachten Uganda/Rwanda im Kongo (Zaïre) den Rebellenführer Laurent Kabila ans Ruder. Jetzt bedrohen angeblich diese drei verbündeten Staaten den Sudan von Süden her. Mit dieser geopolitischen „Analyse" hat es Khartum geschafft, nicht nur Islamisten zu mobilisieren, sondern auch die Sympathien von gewissen arabischen Nationalisten und sogar Regierungen zu gewinnen.

Museveni ist ein Kindheitsfreund des südsudanesischen Rebellenführers John Garang, der zum Niloten-Volk der Dinka gehört. Ugandas Staatschef kommt aus einem kleinen Stamm, der möglicherweise den Tutsi ein wenig verwandt ist. Die Feindpropaganda bezeichnet ihn daher als Tutsi, und sie tut das sogar beim neuen Machthaber in Kongo (Zaïre)[11], obwohl Kabila einer ganz anderen Ethnie angehört. Mit viel Phantasie werden auch die Dinka mit dazugerechnet, sozusagen als zur Grossfamilie der Tutsi gehörend (eigentlich müsste man dann auch die Masai in Kenya/Tansania mit dazurechnen). Ethnologen werden ob solcher Kategorisierungen Bauchschmerzen bekommen.

In dieser von den Islamisten erstellten Reissbrettethnie der Tutsi gibt es keine nennenswerten muslimischen Minderheiten, sondern allenfalls Einzelpersonen muslimischen Glaubens. Das erleichtert es der Propaganda Khartums, das entstehende Tutsi-Reich als einen aufkommenden anti-islamischen Sturm zu brandmarken, entfacht von einer seltsamen Allianz aus Israel, Vatikan und Weltkirchenrat. Ghadhafi treibt wieder einmal quer und bezeichnet die Tutsi als Araberabkömmlinge, die man ins Reich heimholen müsse bzw. das Reich bis zu ihnen ausdehnen solle. Doch die arabische Presse liegt im allgemeinen auf der Anti-Tutsi-Linie und meint, hinter deren militärischer Bravour die Hand Israels zu entdecken - Israel im Bunde mit den USA.

Dementsprechend müssen muslimische Hutu, die kaum mehr als 1% ihres Volkes ausmachen, als Gegenmittel herhalten. Islamistische Propaganda liest sich bisweilen so, als seien die Hutu nicht zu 90% und mehr katholisch, sondern überwiegend muslimisch. Die Verbrennung Hunderter von Tutsi in Kirchen bleibt unerwähnt, statt dessen ist viel die Rede von der Zerstörung von Moscheen und der Massakrierung wahrer Gläubiger durch die Tutsi, und nicht nur in

[11] Khalid Shaukat: Ufuqu -t-tahawwulát fi ifriqiyá l-wustà fi zill naz`ati t-tutsi l-imbarátúriya, in: The Diplomat, 2, 6, November 1997, p. 41. Bezeichnenderweise erscheint dieser Aufsatz in der doppelsprachigen (Arabisch/Englisch) Islamistenzeitschrift nur auf Arabisch.

Rwanda, sondern auch in Uganda und im Kongo (Zaïre).

Dr. Garangs *Sudanese People's Liberation Army* (SPLA) unterhält ein Büro in Nairobi. Kenyanische Sympathien für die Südsudanesen wurden von Khartum mit der Aufhetzung der muslimischen Minderheit Kenyas beantwortet. Weniger als 20% werden es kaum sein, gibt es doch Muslime in sämtlichen Völkerschaften und Stämmen. In der stark christlich geprägten politischen Schicht des Landes spielen sie jedoch kaum eine Rolle. An der Küste um die Hafenstadt Mombasa, der zweitgrössten Stadt des Landes, fühlt sich die muslimische Mehrheit von den Zuwanderern aus dem Landesinneren überfremdet. Sendboten aus Libyen, Saudi-Arabien und dem Iran sind seit vielen Jahren darum bemüht, hier Einfluss zu gewinnen. Die Führung wurde schliesslich vom Sudan übernommen. Die NIF liess einen jungen Feuerbrand, den Prediger Khálid Balala, die Islamische Partei Kenyas gründen, die sogleich auf Kollisionskurs mit der Regierung ging. Nach schweren Unruhen hielt sich Balala zeitweise in Khartum auf und versuchte dann, in Deutschland Fuss zu fassen. Dies ist ein typisches Beispiel für das politische „tit for tat": „Wenn Du meine Christen gegen mich unterstützt, hetze ich Deine Muslime gegen Dich auf." Mit dieser Politik war die NIF recht erfolgreich. Kenyas Präsident arap-Moi zeigte sich dem Sudan gegenüber kompromissbereit oder doch zumindest entgegenkommender als Ugandas Museveni. Im Gegenzug legte Khartum die Islamische Partei Kenyas vorläufig auf Eis.

Man könnte mit gutem Recht argumentieren, bei den Konflikten handle es sich nicht um religiöse Auseinandersetzungen, sondern um primär ethnische Konflikte. Im Sudan stünden die Niloten-Völker des Südens gegen die Arabo-Hamiten des Nordens, und in Kenya die afrikanisch-arabisch-indische Mischbevölkerung der Küste gegen die Niloten- und Bantu-Völker des Hochlandes. Manche Betroffenen sehen in der Religion nur eine von mehreren Komponenten des Konfliktes, für andere steht die religiöse Frage im Vordergrund. Den Islamisten dient die Religion als Mobilisierungsmittel, nicht nur im Südsudan und an der kenyanischen Küste, sondern auch in Norduganda, in Äthiopien, Somalia, Tansania, Moçambique, Tschad und anderswo.

Heftigster Widersacher des von der NIF beherrschten Sudan ist Eritrea, in dessen Hauptstadt Asmara die sudanesische Opposition ihr Hauptquartier hat. Aufständische Nordsudanesen unterhalten Ausbildungslager in Eritrea, und die von ihnen „befreiten" Gebiete werden von Eritrea aus versorgt. Die eritreische Regierung reagiert damit auf Versuche von Islamisten, die säkularistische Regierung zu stürzen. Asmara hat bei der UNO gegen die von Khartum aus gesteuerten Umtriebe protestiert. Die NIF-Propaganda richtet sich primär dagegen, dass das mehrheitlich muslimische Eritrea von einem christlichen Präsidenten regiert wird. Die internationale Islamistenpresse schlägt bei ihrer Anti-Eritrea-Hetze in die gleiche Kerbe. Bei Islamisten ist es zur Gewohnheit geworden, afrikanische Regierungschefs zu verdammen, die als Nichtmuslime mehrheitlich muslimische Völker regieren, so wie das unter Senghor in Senegal und unter Nyerere in Tansania der Fall war - und dabei ist nicht einmal sicher, ob Tansania wirklich eine muslimische Mehrheit hat. Daneben gibt es das Beispiel von Omar Bongo, der als Muslim über Gabon herrscht, wo Muslime nicht einmal 1% der Bevölkerung ausmachen.

Im Falle Eritreas hat dieses konfessionelle Vorherrschaftsdenken zu Kriegshandlungen geführt, die sich mit einiger Wahrscheinlichkeit noch verschärfen werden und mehrere Staaten einbeziehen könnten. Das NIF-Regime erhält militärische Unterstützung aus dem Iran, dem Irak und Jemen sowie von nichtmuslimischer bzw. nichtarabischer Seite, ohne sich aus ideologischen Gründen dagegen zu sperren. Doch die massivste Unterstützung, militärisch und wirtschaftlich, kommt im Namen des Islamismus aus dem Iran.

Nahe der sudanesischen Grenze hat Khartum auf ugandischem Territorium eine Allianz zwischen Islamistentrupps und anderen Aufständischen herbeigeführt. Die daraus entstandenen Guerillaverbände führen sich auf wie die GIA in Algerien, das heisst, sie suchen nicht etwa die Bevölkerung für sich zu gewinnen, sondern wollen diese durch Terror zur Unterwerfung zwingen. Wie in Algerien sprechen die Aufständischen von der Errichtung eines islamischen Staates, obwohl Uganda höchstens 10% muslimische Bevölkerung hat. Zweifellos könnte diesem Spuk schnell ein Ende bereitet werden, wenn Kampala von der Unterstützung der sudanesischen Opposition Abstand nehmen würde.

Das NIF-Regime scheut nicht davor zurück, den Krieg im Süden religiös zu legitimieren und nach iranischem Vorbild einen *Jihád*-Kult zu entfachen. Die Erhaltung der Einheit des Landes wird als Beweggrund kaum mehr genannt, statt dessen ist die Rede von Heiligem Krieg und Märtyrertum für den Sieg des Islam. Anderswo in der Welt erheben Muslime gern ein Wehgeschrei, wenn der böse Westen dem Islam Militanz unterstellt und nicht anerkennen will, dass Jihád primär moralische Läuterung bedeute, ansonsten allenfalls einen Krieg zur Verteidigung der Glaubensfreiheit. Im Sudan dagegen bekennt sich die Regierung so nachdrücklich und phantasievoll zum Glaubenskrieg, dass sich die schlimmste anti-islamische Verunglimpfung daneben sanft anhört. Europäische Neokreuzzügler kommen hier voll auf ihre Kosten, bestätigt doch Khartums Jihád-Mobilisierung jahrhundertealte Vorurteile gegen den Islam.

Frieden durch Stärkung der christlich-muslimischen Einheit in der Opposition

Als Positivum ergibt sich aus der Islamistentragödie im Sudan ein neues Bewusstsein bei der Mehrheit, die in Opposition zum Regime steht. Ohne Übertreibung darf man feststellen, dass es noch nie so viel Verständigung zwischen Nord- und Südsudanesen, „Christen“ und „Muslimen“, gegeben hat wie in der

Opposition zum Professor und seinem General (Parlamentspräsident Turabi und Präsident Bashir). In der gemeinsamen Abwehrstellung gegen den islamistischen Totalitarismus sind Sudanesen der unterschiedlichsten ethnischen und religiösen Zugehörigkeit zusammengeschweisst worden wie nie zuvor, und zwar nicht nur im sozialen Umgang miteinander, sondern sogar institutionell in der Nationaldemokratischen Allianz (NDA) mit Sitz in der eritreischen Hauptstadt Asmara.

Die vorangegangene Regierung von Ministerpräsident Sádiq Al-Mahdi versäumte manch eine Friedenschance und rief damit den Eindruck hervor, als sei ein Zusammenleben von Nord- und Südsudanesen auf der Basis echter Gleichberechtigung ausgeschlossen. Es schien, als sei der arabisch-islamische Norden insgesamt nicht imstande, seinen jahrhundertealten Dünkel gegenüber dem schwarzafrikanischen und nunmehr christlich bestimmten Süden aufzugeben und eine echte Partnerschaft einzugehen. Erst mussten die nordsudanesischen Muslime Opfer der Extremisten aus den eigenen Reihen werden. Nun stützen sie sich hilfesuchend auf die „christlichen" Truppen des südsudanesischen Oberst Garang. Ohne dessen kampferprobte SPLA scheint eine Befreiung des Nordens nicht länger möglich. Allmählich scheint sich eine Mehrheit von Nordsudanesen dazu bereit zu finden, den Dinka Garang zum Präsidenten zu machen. Seit der Unabhängigkeit im Jahre 1956 ist stets ein Nordsudanese Staatschef gewesen, so dass eine Ablösung längst überfällig ist.

Worauf es ankommt, ist die Förderung jenes Zusammenrückens von Oppositionellen aus Nord und Süd, Muslimen und Christen/Animisten. Nach langem Ringen haben sich die Nordsudanesen in der Nationaldemokratischen Allianz zum Säkularstaat bekannt und der Abschaffung der *sharí`a* zugestimmt. Das ist den beiden grossen Parteien des Nordens, der *Umma* und der NDP, schwer gefallen. Es war aber eine zwingende Notwendigkeit, und hier hat nun ein richtungsweisender Durchbruch stattgefunden.

Besondere Unterstützung sollte den Bemühungen aufgeklärter Muslime zukommen, die es sich zur Aufgabe gemacht haben, Nord und Süd auf haltbare Weise zusammenzuführen. Die *IbnKhaldún Society* (IKS), ein 1996 gegründetes Intellektuellenforum, definiert sich auch als Dialogunternehmen und Friedensinitiative.[12] Diesem anti-islamistischen Verband unabhängiger Muslime hängen besonders viele Sudanesen an, neben besorgten Menschen aus rund vierzig Ländern. In der IKS sieht man die Gefahr, dass nach Beseitigung des NIF-Regimes alte Gegensätze wieder aufbrechen könnten. Die alte Generation von Nordsudanesen wird sich nur schwer an die Aufgabe ihrer traditionellen Vormachtstellung gewöhnen können, und unter den Christen des Südens schüren ausländische Helfer einen „Kreuz-Triumphalismus". Somit besteht die Gefahr, dass selbst in einem befreiten Sudan die regionalen Interessenkonflikte sich schnell wieder einer religiösen Legitimation bedienen und damit an Schärfe gewinnen. Hier ist

[12] „The IbnKhaldún Society", in: TransState Islam, Special Double Issue, Washington Spring 1997.

viel Kleinarbeit zu leisten, und eine Selbstdefinition der IbnKhaldún-Gesellschaft lautet denn auch „Bildungsnetzwerk“, ist doch hier eine umfassende Friedenserziehung vonnöten.

Aussichtslos scheinen dagegen all jene Versuche, eine Lösung auf der Basis von sogenannten „Friedensgesprächen“ mit dem NIF-Regime herbeizuführen, wie sie vom ehemaligen US-Präsidenten Carter initiiert wurden. Derlei Bemühungen sind bereits seit neun Jahren im Gange, haben jedoch noch zu keinerlei Zugeständnissen geführt; im Gegenteil, die Kriegsverbrechen sind noch intensiviert worden. So wie die „Grosserben“ bei der Besetzung Bosniens sich mit Vorliebe krimineller Banden bedienten, so hat das NIF-Regime den Sklavenhandel wieder aufleben lassen, um die Bevölkerung des Südens mit Hilfe von Nomadenstämmen aus dem Norden zu unterwerfen. Mit dem Fortbestehen des Regimes in Khartum verschlechtert sich von Jahr zu Jahr das Verhältnis von Afrikanern zu Arabern, von Christen zu Muslimen, nicht nur im Sudan, sondern in Afrika insgesamt und sogar über Afrika hinaus. Wie oben erwähnt, dient der Fall Sudan als Paradebeispiel für das Thema, das auch an Hand anderer Beispiele veranschaulicht werden könnte.

Algerien

Die organisierte Verhinderung einer Konfliktlösung

Von Werner Ruf

Als die algerische Militärführung am 11. Januar 1992 durch einen Putsch die Macht übernahm und den Prozess der Parlamentswahlen unterbrach, verhinderte sie den überwältigenden Sieg der Islamischen Heilsfront (FIS). Es folgten Massenverhaftungen von Sympathisanten und Mandatsträgern der Islamischen Heilsfront, die in den Kommunalwahlen vom Juni 1990 vor allem in den Vororten der Grossstädte die Kommunalparlamente erobert hatten, schliesslich wurde die Partei verboten. Parallel dazu kam es zu Anschlägen auf Polizisten und Polizeistationen, aus denen Waffen entwendet wurden. Während das Militär immer brutaler gegen die Islamisten und ihre Sympathisanten vorging, übte das westliche Ausland keusche Distanz, konnte man doch das Militärregime, das einen demokratischen Wahlprozess unterbrochen hatte, nicht als rechtmässige Regierung behandeln. Andererseits herrschte in zahlreichen westlichen Hauptstädten Erleichterung darüber, dass die Machtübernahme der Islamisten verhindert worden war, fürchtete man doch - vor allem in Frankreich - die Errichtung eines islamischen „Gottesstaates" und ein mögliches Übergreifen militant-islamistischer Agitation auch auf Europa.

Das Militär versprach, den islamistischen Terror in kurzer Zeit auszurotten.[1] Diese Position erschien auch zahlreichen Beobachtern in Politik und Wissenschaft glaubwürdig[2], und trotz anfangs demonstrierter politischer Distanz unterstützte der Westen daher das Regime in Algier konsequent mit Waffen und Geld. Die Fixierung auf die bewaffnete Auseinandersetzung verhinderte allerdings die Analyse der gesellschaftlichen Ursachen der Krise[3] und geriet so in

---

[1] Der Begriff „Ausrotter" („éradicateur") ist zu einer feststehenden Formel geworden. Er bezeichnet im derzeitigen Konflikt den harten Kern der Militärführung. Deren Position wird gestützt von den algerischen Kommunisten („ettehadi", vormals PAGS, Parti de l'Avantgarde et du Socialisme) und der Berberpartei RCD (Rassemblement pour la Culture et la Démocratie).

[2] So auch Hartmut Elsenhans: „Vom Sieg der algerischen Armee über die Guerilla ist deshalb auszugehen", in: Hartmut Elsenhans: Algerien, in: Dieter Nohlen/Franz Nuscheler: Handbuch der Dritten Welt, Bd. 6, Bonn 1993[3], pp. 190-216, hier p. 214.

[3] Werner Ruf: Algerien zwischen Militärdiktatur, Bürgerkrieg und islamischem Staat, in: Marxistische Blätter, Heft 2, 1992, pp. 13-17. Vgl. auch Ders.: Der Maghreb im Überblick; in: Noh-

einen Teufelskreis schwerwiegender Fehleinschätzungen, die die westliche Politik in ein heute kaum mehr lösbares Dilemma brachten.

Das algerische Entwicklungsmodell: Versuch der Aufarbeitung kolonialen Erbes

Algerien war der Prototyp einer Siedlungskolonie: Die Expropriation der Algerier erfolgte durch systematische gewalttätige Inbesitznahme und brutale Vertreibung derer, die bisher das Land bewirtschaftet hatten. So erklärte der Oberkommandierende des französischen Expeditionskorps, General Bugeaud, 1840:

> „Wir brauchen Siedler, die in die günstigsten Positionen gebracht werden müssen. ... Überall, wo es gutes Wasser und fruchtbares Land gibt, müssen Siedler plaziert werden, ohne dass wir uns darum kümmern, wem das Land gehört, es muss ihnen zum uneingeschränkten Besitz übertragen werden.“[4]

Es ist erschütternd, die Berichte des grossen Historikers und Staatstheoretikers *Alexis de Tocqueville* zu lesen, der im Jahre 1847 im Auftrag der französischen Abgeordnetenkammer das Land bereiste und über die Methoden der Kolonisation Bericht erstattete.[5] Die Brutalität dieser Kolonisation bewirkte zwangsläufig den erbitterten Widerstand der Einheimischen, so den Kampf des Emirs Abdelkader (1832-1848) und über das ganze 19. Jahrhundert hinweg immer wieder aufflammende Aufstandsbewegungen, deren wichtigste die von *el Mokrani* (1871) und von *Bou'amama* (1881) waren. Diese Aufstände wurden zu weiterer Landnahme genutzt; so mussten die Stämme, die am *Mokrani*-Aufstand teilgenommen hatten, einen Kriegsbeitrag von 35 Mio. Francs erbringen, 500.000 Hektaren Land wurden beschlagnahmt.

Kolonisation wurde also erfahren und gelebt als reines und unmittelbares Gewaltverhältnis. Dieses Gewaltverhältnis und die Eigentumsfrage[6] bildeten dann auch den Hintergrund für den mehr als siebenjährigen Befreiungskrieg gegen Frankreich, der auf algerischer Seite - bei einer damaligen Gesamtbevölkerung von neun Millionen muslimischen Algeriern - eine Million Menschenleben

---

len/Nuscheler, Handbuch der Dritten Welt (Fn. 2), pp. 86-110, hier vor allem p. 101, sowie Ders.: Die algerische Tragödie; Vom Zerbrechen des Staates einer zerrissenen Gesellschaft, Münster 1997.

[4] Zit. nach Abdellatif Benachenhou: Formation du sous-développement en Algérie, Algier 1978, p. 46, Anm. 1.

[5] 1. Bericht Tocquevilles für die französische Abgeordnetenkammer, in: Todorov Tzvetan (éd.): Alexis de Tocqueville: De la colonisation en Algérie, Paris 1988².

[6] Larbi Talha: Le salariat immigré dans la crise, Paris 1989, insbes. pp. 17-49.

kostete, dem rund 100.000 Franzosen zum Opfer fielen, der rund eine Million französische Siedler zur Massenflucht trieb und der die Grundfesten des politischen Systems Frankreichs erschütterte: Der von der französischen Algerienarmee in Verbindung mit den Siedlern durchgeführte Putsch vom 13. Mai 1958 war das Ende der IV. französischen Republik, brachte de Gaulle (wieder) an die Macht, hatte weitere Putschversuche und Attentate gegen de Gaulle zur Folge und hinterliess bis heute tiefe Spuren in der französischen Gesellschaft.

Zu dieser materiellen Seite der Siedlungspolitik gehört auch die politisch-ideologische Seite der Kolonisation Algeriens. Frankreich erklärte zwar das Land zum Teil des nationalen Territoriums, politisch erschien es jedoch zu brisant, den Algeriern die vollen Staatsbürgerrechte, insbesondere das Wahlrecht und den Zugang zu gehobenen Ämtern des öffentlichen Dienstes und zum Offizierskorps zu gewähren. Ihre Diskriminierung erfolgte durch die Instrumentalisierung der muslimischen Religionszugehörigkeit: Der algerischen Bevölkerung wurden einige wenige Elemente des muslimischen Familien- und Erbrechts belassen. Die Fortexistenz dieser Bruchstücke islamischen Rechts wurde sodann benutzt, um den Rechtsstatus der Algerier („statut musulman“) als „sujets français“ (französische Untertanen), nicht aber als „citoyens“ (Staatsbürger) zu zementieren.

Da Algerien Teil Frankreichs war, wurde der Unterricht der arabischen Sprache - im Gegensatz zu Tunesien und Marokko - an den Schulen des Landes verboten und die Tätigkeit der Koranschulen stark eingeschränkt Die Durchsetzung der „Zivilisierung“ Algeriens ging so weit, dass zahlreiche Moscheen beschlagnahmt und zu Kirchen und Kathedralen umgebaut wurden, andere wurden in Pferdeställe umgewandelt.[7] Diese Politik der Demütigung und Diskriminierung der muslimischen Mehrheit der Einwohner Algeriens war die Parallele zur Politik der Landnahme. So erfuhren die Algerier einerseits ihre Ohnmacht und Rechtlosigkeit gegenüber der Politik des Kolonisators, andererseits wurden sie von diesem als Muslime diskriminiert. Diese doppelte Diskriminierung fand ihren Niederschlag darin, dass im Befreiungskrieg die Masse der Kämpfer in den Bergen schlicht gegen die *rumi* (Römer bzw. Christen) kämpfte, dass der Kampf als *djihad* verstanden wurde, in dem die *mudjahedin* ihr Land zurückeroberten und von den Fremdgläubigen befreiten.

Schliesslich hatte die Kolonisation noch eine weitere wichtige Folge, die Algerien von Tunesien und Marokko unterscheidet: Wie jede Schicht von Grossgrundbesitzern hatten die Siedler keinerlei Interesse an einer Industrialisierung Algeriens. Für sie waren grosse Massen von rechtlosen Tagelöhnern wichtig, die als hochmobile saisonale Arbeitskräfte für die Landwirtschaft verfügbar waren.

[7] Auch verzichtete die Kolonisation nicht auf an die Kreuzzüge mahnende Rhetorik. So wurde 1832 die Ketchaoua-Moschee, das höchste Bauwerk Algiers, in eine Kathedrale umgewandelt. Bei ihrer Einweihung erklärte der damalige Kardinal von Algier, Lavigerie: „Siehe, Rom ist zurückgekehrt.“ Zit. nach Luc-Willy Deheuvels: Islam et pensées contemporaines en Algérie, Paris 1991, p. 15.

So ist es kein Zufall, dass die ersten gewerkschaftlichen und politischen Organisationen der Algerier nicht in Algerien entstanden, sondern bald nach dem Ersten Weltkrieg in Frankreich, wo Zehntausende als Soldaten zwangsrekrutierte Algerier nach dem Krieg als Lohnarbeiter blieben.[8] Diese Art der Kolonialpolitik bewirkte, dass in Algerien keine sozialen Mittelschichten entstehen konnten, die von politischer Relevanz gewesen wären und die immer auch Träger des politischen Kompromisses sind.

Zusammenfassend ist festzustellen, dass das Spezifikum der Kolonisation in Algerien dazu führte, dass in einem geradezu pathologischen Lernprozess Gewalt als einziges Mittel der politischen Auseinandersetzung erfahren wurde. Hinzu kam die Entpersönlichung der Algerier durch die Diskriminierung des Arabischen und ihre Ausgrenzung aufgrund ihrer Religion. Wie also konnte eine Identitätsrückgewinnung aussehen? Die nationalistische Antwort darauf gab die Vereinigung der muslimischen Rechtsgelehrten Algeriens, die seit den dreissiger Jahren eine wachsende Rolle in der Entwicklung des algerischen Nationalismus zu spielen begann und als Programm formulierte: „Der Islam ist meine Religion, Arabisch meine Sprache, Algerien mein Heimatland." Oder wie es Rémy Leveau auf den Punkt bringt: „Wenn Algeriersein in erster Linie bedeutet, kein Franzose zu sein, wie liesse sich das besser zeigen als durch die Betonung eines strengen Islam?"[9]

Die ökonomische Seite des Projektes zur Herstellung einer identitären und unabhängigen algerischen Nation war das Entwicklungsmodell der industrialisierenden Industrien. Es galt in den siebziger und zu Beginn der achtziger Jahre als geradezu paradigmatischer Versuch eines Landes der Dritten Welt, durch den Aufbau hochmoderner Spitzentechnologien in der chemischen und der Stahlindustrie sowohl den Anschluss an den Weltmarkt zu erreichen als auch eine innere revolutionäre Modernisierung durchzuführen. Die Konzentration auf die wirtschaftliche Transformation des Landes verstellte meist den Blick auf die Tatsache, dass dieses Entwicklungsmodell auch eine kulturell-identitäre Seite hatte, war es doch die nationalistische algerische Antwort auf die Folgen von 132 Jahren französischer Kolonialpolitik.

Während des Algerienkrieges waren die ungeheuren Erdöl- und Erdgasvorkommen des Landes entdeckt worden. Ihre Ausbeutung erfolgte nach der Unabhängigkeit (1962) weiterhin durch Frankreich. 1970 verstaatlichte der damalige algerische Präsident Houari Boumedienne die Erdölindustrie und sicherte sich damit eine wichtige Devisenquelle, die zur Grundlage der Industrialisierung des Landes werden sollte. Durch die Ölkrise von 1973 stieg der Kohlenwasserstoffpreis auf das Vierfache, und für die ehrgeizigen Industrialisierungs-

[8] Vgl. dazu ausführlich Ruf, Die algerische Tragödie (Fn. 3), pp. 29-47.

[9] Rémy Leveau: Frankreich - Algerien; Wechselseitige Vorstellungen, in: Frankreich Jahrbuch 1997, pp. 59-70.

pläne ergaben sich glänzende Perspektiven. Das algerische Entwicklungsmodell war durch zwei tragende Elemente gekennzeichnet: Zum einen sollte auf jede nachholende Industrialisierung verzichtet werden; Algerien beabsichtigte, eine hochleistungsfähige Schwerindustrie und eine hochmoderne petrochemische Industrie aufzubauen. Diese wurden von Firmenkonsortien der am höchsten entwickelten Industrieländer (vor allem Bundesrepublik Deutschland und Japan) erstellt, und ihre Produkte sollten mit denjenigen der führenden Industrieländer auf dem Weltmarkt konkurrieren können. Dass diese Industrien wenig arbeitsintensiv waren, wurde in Kauf genommen, sollten sie doch als „industrialisierende Industrien" wirken, die nach dem Konzept des linksliberalen französischen Ökonomen *Destanne de Bernis* in einer zweiten Phase eine sekundäre Industrialisierung durch weiterverarbeitende Betriebe zur Folge haben würden.[10]

Dieses Industrialisierungsmodell war getragen von der Ideologie des algerischen Nationalismus, dessen Kernpunkt es war, nie wieder vom Ausland abhängig zu werden. Aus Furcht vor strukturpolitischen Auflagen vermied Algerien es deshalb, Kredite bei der Weltbank oder beim Internationalen Währungsfonds (IWF) aufzunehmen; statt dessen bediente man sich auf dem freien Kapitalmarkt mit meist kurzfristigen und sehr hoch verzinslichen Krediten. Angesichts des hohen Kohlenwasserstoffpreises schien dies kein Problem zu sein. Die Ernüchterung kam mit dem Beginn des Ersten Golfkrieges zwischen Iran und Irak im Jahre 1985, als die Quoten- und Preisbindung für Erdöl endete und die OPEC (Organisation der erdölexportierenden Länder) praktisch zusammenbrach. Schlagartig stand Algerien vor einem Schuldenberg und vor seinen gigantischen Industrien, deren technologische Ansprüche die Algerier selbst nicht zu meistern verstanden, deren Produktion nur schlecht funktionierte, und deren Produkte nicht - und schon gar nicht konkurrenzfähig - auf den Weltmarkt gelangen konnten.[11]

Houari Boumedienne, zweiter algerischer Staatspräsident (1965-1978) und „Vater des algerischen Entwicklungsmodells" brachte seine Vorstellung von der politischen Schaffung einer geeinten algerischen Nation folgendermassen auf den Punkt:

> „So wie wir unsere politische Unabhängigkeit erkämpft haben, so wie wir heute für unsere wirtschaftliche Unabhängigkeit kämpfen, so versuchen wir, unsere Persönlichkeit wiederzufinden, deren wesentlicher Bestandteil die Sprache ist. ... Jeder algerische Beamte muss Arabisch lernen einerseits, aber andererseits werden die offiziellen Dokumente, die Korrespondenz und das Verwaltungsleben in zwei Sprachen abgewickelt. Die Arabisierung

[10] Vgl. Gérard Destanne de Bernis: Les industries industrialisantes et les options algériennes, in: Revue Tiers Monde, 12, 47, 1971, pp. 545-563, sowie Hartmut Elsenhans: Algeria; The Contradictions of Rent-financed Development; in: The Maghreb Review, 14, 3-4, 1989, pp. 226-248.

[11] Vgl. ausführlicher Ruf, Die algerische Tragödie (Fn. 3), pp. 85-100.

> findet daher schrittweise statt, um die Verwaltungsvorgänge nicht zu blokkieren. ... In zwanzig Jahren wird sie wie eine Sturmflut die letzten Inseln des Widerstandes überrollen. Das koloniale Erbe wird hinweggefegt sein, und Algerien wird wieder ein arabischer Staat in vollem Umfang."[12]

Ohne jede Verbindung und parallel zum Industrialisierungsprogramm wurde mit gleicher Vehemenz versucht, die zweite grosse Hinterlassenschaft des Kolonialismus, die Entpersönlichung der Algerier, durch die Herstellung der „arabisch-islamischen algerischen Identität" zu beseitigen.[13] Hier ist daran zu erinnern, dass die algerische Nationale Befreiungsfront keine geschlossene Partei war, sondern eine Front, in der sich die unterschiedlichsten Kräfte der algerischen Gesellschaft auf der Basis des kleinsten gemeinsamen Nenners, der Unabhängigkeit des Landes, verbündet hatten. So standen den Technokraten des industriellen Aufbaus jene Kräfte entgegen, die in einer Arabisierung und Islamisierung Algeriens die zentrale Aufgabe der „algerischen Revolution", wie der Befreiungskrieg offiziell genannt wurde, sahen. Diese Strömung in der Einheitspartei forderte die konsequente Islamisierung des öffentlichen Lebens und erreichte beispielsweise die Einführung des Freitags als wöchentlichen Ruhetag oder die Verabschiedung eines Personenstandsrechts (1984), das die Frauen stärker diskriminiert als dies heute im Iran der Fall ist.

Dabei war die Arabisierungspolitik keineswegs nur ein ideologisches Programm, sondern in ihr artikulierte sich auch die Spaltung der algerischen Gesellschaft in einen kleinen, von den Technokraten des Regimes beherrschten Sektor und die grosse Masse der unter prekären sozialen Bedingungen lebenden Algerier. Anders ausgedrückt: Das Industrialisierungsmodell und seine Folgen spalteten die Gesellschaft in eine kleine Gruppe von Modernisierungsgewinnern und die grosse Masse der Modernisierungsverlierer. In der vom algerischen Religionsministerium herausgegebenen Zeitschrift mit dem programmatischen Titel *al-asala* („die Authenzität") las sich dieser Konflikt, durchaus in Anlehnung an marxistische Begrifflichkeit, folgendermassen:

> „Die Gegner der Arabisierung sind diese Minderheit, die die tatsächlichen Machtinstrumente besitzt und befehligt. Ich lade sie dazu ein, über die sozialen Veränderungen nachzudenken, die in unserem Land seit der Unabhängigkeit eingetreten sind. Sie werden entdecken, dass der Klassengeist im kulturellen Bereich allmählich die Entstehung einer Klasse fördert, deren soziale und wirtschaftliche Privilegien im Widerspruch sind zu den Interessen der Volksmassen. In Wirklichkeit beschränkt sich der Kampf, der um

---

[12] Interview mit dem Christian Science Monitor am 8. Mai 1971, zit. nach Bruno Etienne: L'Algérie; culture et révolution, Paris 1977, p. 182.

[13] Ulrike Mengedoht: La politique d'arabisation de l'Algérie et ses conséquences sur l'islamisme; in: Joseph Jurt (éd.): Algérie, France, Islam, Paris 1997, pp. 77-93.

> die Rolle und die Zukunft der Sprache und der nationalen Kultur geführt wird, nicht auf die bürokratische Klasse und die Volksmassen; er betrifft auch die Staatsspitze, wo die Ziele der Revolution beschworen werden. Daher ist das Monopol, das diese Minderheit über alle Schalthebel der Macht ausübt, seien sie administrativ oder andere, der direkte Grund für die Schwächen der Arabisierungsbewegung."[14]

Während die Masse der Jugendlichen von meist schlecht ausgebildeten, mehrheitlich aus Ägypten importierten Lehrern in einem vom algerischen Dialekt weit entfernten sterilen Arabisch ausgebildet wurde, setzte der Zugang zur Administration und zu den Leitungsfunktionen in den hochtechnisierten Staatsbetrieben moderne Fremdsprachenkenntnisse, zumindest des Französischen, voraus. Zu diesem sozialen Tableau gehört auch die Tatsache, dass die Minister und führenden Technokraten ihre Kinder weiterhin auf das französische *Lycée Descartes* schickten. Diese kulturelle Spaltung der Nation bedeutete zugleich die Weichenstellung für den Zugang zu wirtschaftlichen und sozialen Privilegien oder aber den Weg ins soziale Abseits.

Das politische System im Einparteistaat und der Übergang zur politischen Liberalisierung

Formal herrschte in Algerien bis 1989 die Nationale Befreiungsfront (FLN) als Einheitspartei. Ihre Strukturen und Funktionsweisen waren ebenso wie die staatlich gelenkte Industrialisierung dem staatssozialistischen Entwicklungsmodell nachempfunden, wobei allerdings anzumerken ist, dass aus Mangel an Privatkapital ohnehin nur der Staat als Träger der Industrialisierungspolitik in Frage kommen konnte. Nach der von erheblichen politischen Wirren gekennzeichneten und teilweise von bewaffneten Auseinandersetzungen begleiteten Zeit im Anschluss an die Unabhängigkeit Algeriens hatte eine der rivalisierenden Gruppen um den ersten Staatspräsidenten Ahmed Ben Bella eine Allianz mit dem Oberkommando der sogenannten „Armee der Grenzen" geschlossen. Dies waren „reguläre" militärische Einheiten, die gegen Ende des Algerienkrieges in Tunesien und Marokko stationiert waren, an den Kämpfen in Algerien jedoch nicht mehr teilnehmen konnten, da die von Frankreich errichteten Grenzbefestigungsanlagen ein Eindringen dieser Truppen praktisch verunmöglichten. Diese Einheiten - und ihr harter Kern, der militärische Sicherheitsdienst - stellten den einzigen funktionierenden Apparat im Chaos der Unabhängigkeitswerdung dar. Ihr Oberkommandierender, Houari Boumedienne, wurde Ben Bellas Verteidi-

---

[14] Zit. nach Deheuvels, Islam et pensées contemporaines (Fn. 7), p. 140. Übersetzung W. Ruf.

gungsminister und stürzte diesen drei Jahre später am 19. Juni 1965 in einem militärischen Staatsstreich, der als „revolutionäre Kurskorrektur“ bezeichnet wurde. Boumedienne regierte als starker Mann bis zu seinem Tode im Jahre 1978. Ihm folgte der Wunschkandidat des Militärs, Chedli Benjedid, womit deutlich wird, dass trotz der zivilen Fassade im wesentlichen das Militär im Hintergrund die entscheidenden Fäden zog. Die Gemengelage der Interessen zwischen Militär (ursprünglich Nationale Befreiungsarmee ALN, dann umbenannt in Nationale Volksarmee ANP) und Parteispitze der FLN okkupierte die reale Macht, das Arabisierungs- (und Islamisierungs-)Programm diente der ideologischen Legitimation, entsprach es doch den alten Forderungen des islamischen, teilweise islamistischen Stranges der Nationalbewegung.

Die undemokratischen Strukturen und die Okkupation der politischen Macht hatten es einer relativ kleinen Gruppe von Funktionären aus Partei und Militär ermöglicht, in Verbindung mit dem Industrialisierungsprogramm erhebliche Summen von Bestechungsgeldern einzustreichen, die vom ehemaligen algerischen Ministerpräsidenten Brahimi allein für die achtziger Jahre auf mindestens US$ 26 Mrd. geschätzt wurden.[15] Die Monopolisierung des Aussenhandels bot weitere Bereicherungsmöglichkeiten. Algerien hatte die landwirtschaftliche Entwicklung zugunsten des Industrialisierungsprogrammes vernachlässigt, so dass das Land etwa 80% seiner Grundnahrungsmittel importieren muss. Vergabe und Erhalt von Importlizenzen sichern enorm profitträchtige Pfründe, da die Preise durch die künstliche Verknappung von lebenswichtigen Waren nach oben getrieben werden können.

Bis zum Zusammenbruch des Kohlenwasserstoffpreises - 98% der Staatseinkünfte stammen aus dem Export dieses Rohstoffs - gelang es dem Regime jedoch, die Mindestansprüche der Algerier durch massive Subventionierung der Lebensmittelpreise und durch den weiteren Ausbau des Gesundheits- und Erziehungswesens zufriedenzustellen. Nach 1985 wurde dies zunehmend schwieriger und 1988 kam es im Oktober zu ersten schweren Unruhen, in deren Verlauf die Armee eingriff. Etwa 800-1000 Menschen wurden erschossen, Tausende wurden festgenommen und gefoltert.

Das allgemeine Entsetzen über die fürchterliche Repression vom Oktober 1988 führte dazu, dass grosse Teile der inzwischen herangewachsenen Intelligenz und Elemente der im Entstehen begriffenen Mittelschichten nunmehr Rechtsstaatlichkeit und politische Freiheiten forderten. Genau diese Forderungen erhoben auch die Islamisten, die teils noch immer innerhalb der Einheitspartei agierten, teils dieser aber wegen ihrer doppelzüngigen Politik den Rücken gekehrt hatten. Sie hatten die Protestbewegung vom Oktober 1988 zwar nicht initiiert, hatten es aber verstanden, die sozialen Forderungen der algerischen Jugend zu den ihren zu machen. Ihre Popularität wuchs in dem Masse, in dem sie sich zum

[15] Le Monde, 3.4.1990.

Sprachrohr der sozialen und politischen Unzufriedenheit der Bevölkerung machten. In dieser Situation wurde eine neue Verfassung ausgearbeitet, die die Menschenrechte sicherte und den politischen Pluralismus festschrieb. Diese Verfassung trat am 28. Februar 1989 in Kraft. Zu einer ökonomischen Liberalisierung kam es jedoch nicht, da die Wirtschaft des Landes weiterhin fest in den Händen des alten Apparates blieb.

Unter der Führung des Pädagogikprofessors Abassi Madani und des populären Predigers Ali Benhadj (auch Belhadj) konstituierte sich die Islamische Heilsfront[16] (*Front Islamique du Salut*, FIS) als Sammlungsbewegung der islamistischen Tendenzen und wurde als politische Partei zugelassen.[17] Bei den - ersten und wirklich freien - Kommunalwahlen im Juni 1990 erlangte sie auf Anhieb landesweit 55% der Stimmen, in den Grossstädten erhielt sie gar 80% und mehr. Befördert wurde die Popularität der Islamisten durch den Golfkrieg, der die Massen in den Ländern des Maghreb stark emotionalisierte. Unter dem Druck der Basis musste die FIS konsequent antiwestliche Positionen beziehen und ging dadurch ihrer bis zum Golfkrieg massiven finanziellen Unterstützung durch Saudi-Arabien verlustig.

So war es kein Zufall, dass die FIS bereits in der ersten Runde der Parlamentswahlen am 26. Dezember 1991 einen überwältigenden Wahlsieg verbuchen konnte. Es stand ausser Frage, dass die FIS nach der zweiten Runde der Parlamentswahlen, die nach dem Modus der französischen Parlamentswahlen eine Stichwahl zwischen den beiden aussichtsreichsten Kandidaten gewesen wäre, weit mehr als jene Zweidrittelmehrheit im neuen Parlament erreicht hätte, die für eine Verfassungsänderung notwendig gewesen wäre. Fünf Tage vor der Wahlentscheidung, am 11. Januar 1992, putschte das Militär, setzte Staatspräsident Benjedid ab und rief den Ausnahmezustand aus. Zehntausende von Anhängern der FIS wurden verhaftet, allen voran die Kandidaten für die Parlamentswahl, die zahlreichen Bürgermeister und Gemeinderäte sowie bekannte Mitglieder und Sympathisanten.

Terror und Gegenterror: Der Krieg gegen die Bürgerinnen und Bürger

Unbestreitbar ist, dass die Islamische Heilsfront und ihr im Untergrund entstehender bewaffneter Arm, die Armee des Islamischen Heils (AIS), nach ihrem Verbot und der Verfolgung durch die Militärs zu terroristischen Anschlägen

[16] Die korrekte Übersetzung müsste lauten Islamische Errettungsfront.

[17] Zur Problematik der möglichen Verfassungsfeindlichkeit der FIS vgl. Ruf, Die algerische Tragödie (Fn. 3), pp. 81-83.

übergingen. Diese richteten sich zunächst gegen Einrichtungen des Staates, vor allem gegen Polizeistationen und Kasernen, um Waffen für die Bewegung zu beschaffen, aber auch gegen laizistisch eingestellte prominente Intellektuelle. Erste Zweifel an der scheinbaren Eindeutigkeit der Urheberschaft solcher Anschläge kamen nach der Ermordung von Mohamed Boudiaf auf. Er war einer der wenigen Überlebenden aus jener verschworenen Gruppe, die am 1. November 1954 mit zahlreichen Sprengstoffanschlägen in Algerien den Befreiungskrieg gegen Frankreich begonnen hatte. Nach der Machtübernahme Ben Bellas und der Armee floh er ins marokkanische Exil. Von dort hatten ihn die Putschisten zurückgeholt und zum Präsidenten des von ihnen geschaffenen Hohen Staatskomitees gemacht. Sehr schnell stellte sich heraus, dass Boudiaf nicht bereit war, dem neuen Regime nur als Galionsfigur zu dienen. Er betrieb die Gründung einer eigenen Partei, um sich eine gewisse Unabhängigkeit vom Militär zu verschaffen, und setzte Untersuchungskommissionen ein, um den Sumpf aus Korruption und Pfründenwirtschaft, der Algeriens Wirtschaft im Griff hatte, zu untersuchen und offenzulegen.

Genau 170 Tage nach Übernahme der Präsidentschaft wurde er von einem eigens für diesen Tag zu seinem Schutz abgestellten Beamten des militärischen Sicherheitsdienstes erschossen, während sich alle anderen Leibwächter ausserhalb des Saales befanden, in dem Boudiaf eine Rede hielt. Sechs Tage später, am 5. Juli 1992, wurden in einem kleinen Ort westlich von Algier fünf Sicherheitsbeamte erschossen, die Boudiaf mit der Ermittlung von Korruptionsaffären beauftragt hatte.[18] Es liegt auf der Hand, dass der Anschlag auf Boudiaf, dessen Urheber als Islamist bezeichnet und hingerichtet wurde, Zweifel an der offiziellen Version wecken musste.

Unklar blieben auch die Umstände um den Bombenanschlag auf den Flughafen von Algier am 26. August 1992, denn einer der Hauptangeklagten dieses Anschlages war bereits mehrere Tage vor dem Attentat verhaftet worden. Irritierend ist auch, dass eine telefonische Warnung über den bevorstehenden Anschlag von den Sicherheitskräften nicht beachtet wurde.[19] War das Regime selbst in die Anschläge verwickelt? Fanden hier Abrechnungen zwischen Gruppierungen innerhalb des Regimes statt? Handelte es sich um Provokationen (von Teilen) des militärischen Sicherheitsdienstes, um eine stärkere Unterstützung für das Regime vor allem durch Frankreich zu erreichen?

Spätestens 1993 ging das Regime zum aktiven Gegenterror über, als der militärische Sicherheitsdienst Kommandos aufstellte, die die Bevölkerung terrorisieren. Eine dieser Organisationen, die inzwischen wieder verschwunden ist und offensichtlich vom militärischen Sicherheitsdienst gesteuert wurde, war die

[18] Vgl. u.a. Ahmed Rouadjia: Grandeur et décadence de l'Etat algérien, Paris 1994, pp. 352-354, sowie Séverine Labat: Les islamistes algériens, Paris 1995, pp. 232f.
[19] Ibid. - Vgl. auch die Berichterstattung in Le Monde im entsprechenden Zeitraum.

Organisation des Jeunes Algériens Libres (OJAL), die im Stil der aus Lateinamerika bekannten Todesschwadrone ganze Dörfer überfiel und deren männliche Einwohner massakrierte.[20] Über die Art der Operationen der OJAL berichtet auch *amnesty international*:

> „Neben den bewaffneten islamistischen Gruppen gibt es auch erklärte antiislamistische Gruppierungen, die für Mord und Geiselnahme verantwortlich zeichnen. So brachte die OJAL (*Organisation des Jeunes Algériens Libres*) im Herbst 1993 Todesdrohungen gegen zivile Islamisten in Umlauf. Nach der Ermordung von Katia Bengana durch bewaffnete Islamisten drohte die OJAL am 29. März 1994 öffentlich die Ermordung von zwanzig verschleierten und zwanzig bärtigen Männern für jede Frau an, die getötet wurde, weil sie keinen Schleier getragen hat. Kurz nach dieser Ankündigung wurden zwei verschleierte Gymnasiastinnen an einer Bushaltestelle am Stadtrand von Algier erschossen ...“ [21]

Ebenfalls 1993 traten erstmals die sogenannten Bewaffneten Islamischen Gruppen (*Groupes Islamiques Armés,* GIA) in Erscheinung. Es sind diese Gruppen, die den bewaffneten Arm der FIS, die AIS, bekämpfen und inzwischen das sogenannte Dreieck des Todes, das sich bis ca. 400 km südlich von Algier erstreckt, weitgehend von den Gruppen der AIS „gesäubert“ haben. Sie werden auch immer wieder für zahlreiche Anschläge verantwortlich gemacht, und ihnen wird vor allem die systematische Massakrierung der Bevölkerung ganzer Stadtviertel und Dörfer zugeschrieben.

Wie aber ist es möglich, dass solche Bewaffneten Islamischen Gruppen beispielsweise sechs bis sieben Stunden lang ein Wohnviertel der Aussenbezirke von Algier terrorisieren und mindestens 256 Menschen abschlachten, ohne dass die Ordnungskräfte eingreifen, obwohl ein Polizeiposten und sogar eine Kaserne nur wenige hundert Meter entfernt sind? Wen wundert unter diesen Umständen, wenn die terrorisierte Bevölkerung in einer Form von Galgenhumor den Begriff *„groupes islamiques armés“* in *„groupes islamiques de l'armée“* (bewaffnete islamische Gruppen *der* Armee) abwandelt?

Tatsache ist, dass die Staatsmacht sich von ihrer ureigensten Aufgabe, dem Schutz der Zivilbevölkerung, verabschiedet hat.[22] Die Antiterroreinheiten des Militärregimes treten nur noch vermummt auf. Aber stecken unter den Masken

---

[20] Vgl. dazu die der FIS nahestehende Dokumentation: Comité Algérien des Militants Libres de la Dignité Humaine et des Droits de l'Homme; Livre Blanc sur la Répression en Algérie (1991-1994), Plan-les-Ouates, Schweiz, 1995, insbes. pp. 77-87.

[21] Amnesty International, ai-Index MDE, 28. Februar 1995, London.

[22] Vgl. dazu auch den erschütternden Bericht von amnesty international: Algerien - Angst und Schweigen; Eine Menschenrechtskrise im Verborgenen, MDE 28/11/96, Deutsche Übersetzung, Bonn 1996.

immer wirklich nur die Sicherheitskräfte? Das Regime verzichtete freiwillig auf das Gewaltmonopol des Staates, indem es Dorfmilizen zur Selbstverteidigung gegen islamistische Terrorkommandos bewaffnete, die nun ihrerseits Krieg gegen andere Dorfmilizen führen, Strassensperren errichten und die Zivilbevölkerung terrorisieren.

Wie ist es andererseits möglich, dass die Islamisten, die offensichtlich immer und überall zuschlagen können, wo sie nur wollen, bisher an keiner Stelle die Tausenden von Kilometern Erdgas- und Erdölpipelines gesprengt haben, die die finanzielle Nabelschnur des Regimes darstellen? Beabsichtigen die „Verrückten Gottes", wie sie in Teilen der französischen Presse genannt werden, sich selbst nach gewonnenem Kampf gegen das Regime ins bequeme Bett der Kohlenwasserstoffrente zu legen, oder führt dies gar zur Hypothese von geheimen Absprachen zwischen Terroristen und Militärregime?

Wie dem auch immer sei, der Krieg der Konfliktparteien gegen die Bürgerinnen und Bürger des Landes hat eine Dimension erreicht, die jeden Grad der Tolerierbarkeit überschritten hat. Zur Illustration der verzweifelten Situation, in der sich die Menschen in Algerien befinden, sei hier nur ein knapper Auszug aus dem mehr als hundert Seiten umfassenden jüngsten Gesamtbericht von amnesty international zur Lage in Algerien zitiert:

> „Viele Menschen, die von bewaffneten Oppositionsgruppen mit dem Tod bedroht wurden, falls sie ihre Arbeit nicht aufgeben, wollten sich den Drohungen nicht beugen und konnten es sich nicht leisten, ihr Einkommen zu verlieren, konnten aber keinerlei Schutz erhalten. Amnesty international sammelte Zeugenaussagen von Beamten, Richtern und Amtsträgern, die eingesetzt worden waren, um die gewählten Bürgermeister der FIS zu ersetzen und von anderen, die angaben, dass ihnen lediglich ein Gewehr angeboten wurde, um sich selbst zu schützen, als sie von den Behörden Schutz erbaten. Viele wollen kein Gewehr tragen, weil sie fürchten, dass dies sie noch stärker zur Zielscheibe von bewaffneten Oppositionsgruppen machen könnte; andere, weil sie meinen, dass ein Gewehr ihnen nur geringen Schutz bieten würde, da in den meisten Fällen die Opfer von Mordanschlägen in Überraschungsangriffen getötet werden. Einige gaben an, dass sie aus Angst, von bewaffneten Oppositionsgruppen getötet zu werden, versucht hatten zu kündigen, doch ihre Kündigung nicht angenommen wurde; andere drückten ihre Angst darüber aus, dass ihre etwaige Kündigung von den Behörden als ein Ausdruck ihrer Unterstützung für die bewaffneten Oppositionsgruppen interpretiert würde und sie einer Gefahr von seiten der Sicherheitskräfte ausgesetzt wären."[23]

[23] Ibid.

Betrachtet man dann die Praxis des Regimes, jeden potentiell Verdächtigen, ja ganze Stadtteile und vor allem die dort lebenden Jugendlichen als potentielle Sympathisanten der Islamisten zu betrachten, diese Menschen nicht nur zu verfolgen, sondern zu verhaften, systematisch unter den grauenvollsten Bedingungen zu foltern, Zehntausende von Menschen verschwinden zu lassen, massenhaft illegale Hinrichtungen durchzuführen[24], dann wird die ganze Unerträglichkeit der Situation in Algerien deutlich. Zugleich wird jedoch auch sichtbar, dass es sich hier keineswegs mehr um einen Glaubenskrieg handelt, sondern um die Auflösung staatlicher Macht in einer sozial, politisch und ökonomisch zerfallenden Gesellschaft.

Dabei mag die Auflösung des staatlichen Gewaltmonopols ebenso Sinn machen wie die weitere Steigerung des Terrors, die Ende 1997 und zu Beginn des Ramadan im Januar 1998 zu verzeichnen war. Zum einen verfolgt sie sicherlich den Zweck, die Bevölkerung von der Unterstützung der islamistischen Terroristen abzuschrecken. Zum zweiten - und diese Strategie scheint relativ erfolgreich gewesen zu sein - gelang es dem Regime über viele Jahre, das westliche Ausland glauben zu machen, dass sämtliche grauenvollen Anschläge und Massaker auf das Konto der Islamisten gingen, wodurch das Regime sich als vorderstes Bollwerk im Kampf gegen einen Europa bedrohenden fanatischen Islamismus präsentieren konnte. Zum dritten ist zu bedenken, dass die todbringende Arbeit der Mordkommandos auf einen Zeitpunkt fällt, zu dem aufgrund der Auflagen des Internationalen Währungsfonds die Staatsbetriebe des ehemals „sozialistischen" Algerien privatisiert werden sollen.

Vor diesem Hintergrund macht die systematische Zerstörung von Fabrikanlagen in der Vergangenheit ebenso Sinn wie die sich in jüngster Zeit häufenden Überfälle auf Dörfer und die Massakrierung ihrer Bewohner: Allein in der *Mitidja*, jener fruchtbaren Ebene zwischen Algier und Blida, im Herzen des „Dreiecks des Todes", stehen knapp drei Millionen Hektar fruchtbarstes Land zur Privatisierung an. Mit Widerstand gegen die Folgen der Privatisierung durch dort ansässige Landarbeiter, die auf den Farmen der ehemaligen französischen *colons* gewissermassen als Staatsrentner in den sogenannten Selbstverwaltungsbetrieben tätig waren, dürfte nicht mehr zu rechnen sein, nachdem sie durch die Massaker zur Massenflucht veranlasst wurden. Ähnliches gilt für die Massaker in der Gegend von Relizane in Westalgerien, einer Region, in der bisher nicht die GIA, sondern die AIS tätig war. Letztere hatte zum 1. Oktober 1997 einen einseitigen Waffenstillstand verkündet. So haben diese Massaker jenseits der drei oben genannten Motive auch die politische Funktion zu demonstrieren, dass die AIS mindestens genauso mörderisch ist wie die GIA, sich aber nicht an den von ihr selbst verkündeten Waffenstillstand hält und daher - wie fanatische Islamisten generell - unglaubwürdig ist.

---

[24] Ibid.

Die Versäumnisse des Westens

Hatte die Korruption schon während der Präsidentschaft Chedli Benjedids gigantische Ausmasse angenommen, bot die Kriegswirtschaft weitere profitable Einnahmequellen.[25] Je mehr die Wirtschaft zerfällt, je krasser die sozialen Verhältnisse werden, desto grösser werden die Möglichkeiten, durch Spekulation und Manipulation, durch mafia-ähnliche Strukturen in kürzester Zeit enorme Profite zu machen.

1994, zwei Jahre nach dem Putsch, standen die algerischen Auslandsschulden in Höhe von US$ 29 Mrd. zur Neuverhandlung an. Dem Regime gelang es, sich als Vorposten im Kampf gegen den militanten Islamismus darzustellen, weshalb es ausserordentlich günstige Konditionen erhielt: Überstieg der Schuldendienst damals knapp die Staatseinnahmen, so wurde nun vereinbart, dass in Zukunft nur 50% des Staatshaushaltes für den Schuldendienst aufgebracht werden müssen; im Rahmen von Stand-by-Abkommen und Neukrediten erhielt Algerien weitere Finanzhilfen, die auf mindestens US$ 8 Mrd. geschätzt werden.[26] Ein grosser Teil dieser Summen, so sie nicht für den Kauf von Waffen und Lebensmitteln verwendet wurden, versickerte in den Taschen des Regimes.[27] Hätte der Westen zu diesem Zeitpunkt massiv auf eine Verhandlungslösung zwischen den algerischen Konfliktparteien gedrängt, hätten durchaus Perspektiven für einen politischen Kompromiss zwischen den Machthabern und der islamistischen Opposition unter Beteiligung der übrigen politischen Parteien und Kräfte Algeriens gefunden werden können.

Eine zweite Chance wurde zu Beginn des Jahres 1995 vertan. Vor dem Hintergrund der algerischen Greuel ergriff die katholische Laienbruderschaft *Comunità Sant'Egidio* (benannt nach ihrem Stammsitz, einem Kloster bei Rom) eine beachtenswerte Initiative. Unter Vermittlung dieser kirchlichen Nichtregierungsorganisation (NRO), die auch an der Lösung des Konfliktes zwischen der *Frelimo*-Regierung und den *Renamo*-Rebellen in Moçambique beteiligt war, trafen sich im November 1994 und nochmals vom 8.-13. Januar 1995 erstmals Vertreter der legalen Opposition und der verbotenen islamistischen FIS. Gemeinsam wurde über Auswege aus der Gewalt beraten. Das Ergebnis dieses Dialoges zwischen islamischen Fundamentalisten und islamischen Laizisten führte zur sogenannten „Plattform von Rom".[28]

Das Abschlussdokument von Sant'Egidio wurde von allen acht beteiligten Gruppierungen unterzeichnet. Zu ihnen zählen einige weniger bedeutsame Orga-

---

[25] Zu den Funktionsprinzipien der Bürgerkriegsökonomien vgl. François Jean/Jean-Christophe Rufin (éd.): Economie des guerres civiles, Paris 1996.

[26] Rémy Leveau (éd.): L'Algérie en guerre, Bruxelles 1995, p. 129f.

[27] Ausführlicher siehe Ruf, Die algerische Tragödie (Fn. 3), insbes. pp. 93-100.

[28] Text der Plattform von Rom nach der Veröffentlichung in der algerischen Zeitung el watan, 13. und 14. Januar 1995, wiedergegeben in Le Monde Diplomatique, März 1995.

nisationen, die in der ersten Runde der dann durch den Militärputsch abgebrochenen Wahlen von 1992 nur geringe Stimmenanteile auf sich vereinen konnten und ohne Direktmandate geblieben waren: Das *Mouvement pour la Démocratie en Algérie* (MDA) Ben Bellas, die „gemässigten" islamistischen Parteien *ennahda* (Wiedergeburt) und die Bewegung für ein Zeitgenössisches Islamisches Algerien, die *Parti des Travailleurs* (PT), die algerische trotzkistische Partei und die algerische Menschenrechtsorganisation. Beteiligt waren aber auch jene drei Parteien, die bei den abgebrochenen Wahlen als einzige Parlamentssitze errungen hatten: Die FIS, die überwältigende Siegerin der annullierten Wahlen, sowie die beiden grossen, eher laizistisch ausgerichteten Konkurrenten, die Nationale Befreiungsfront (FLN)[29] und die Front der Sozialistischen Kräfte (FFS). Es fehlten die unbedeutende *ettehadi* (Kommunisten) und die Berberpartei *Rassemblement pour la Culture et la Démocratie* (RCD), die beide bei den Wahlen keinen Sitz errungen hatten.

Die Unterzeichner der Plattform von Rom vertraten also - im Gegensatz zum Militärregime - nahezu die Gesamtheit der bei den freien Parlamentswahlen abgegebenen Stimmen. Das gibt ihrem gemeinsamen Dokument Legitimität und politisches Gewicht. Zugleich repräsentieren sie in der Frage des Verhältnisses von Gesellschaft, Staat und Islam unterschiedliche Positionen: Islamismus und gemässigter bis radikaler (bei den Trotzkisten) Laizismus. Um so bemerkenswerter ist der Inhalt der Plattform. Die Unterzeichner nennen sie einen „Nationalpakt". Sein Grundanliegen ist die „Wiederherstellung des souveränen, demokratischen und sozialen algerischen Staates im Rahmen der Prinzipien des Islam". Eckpfeiler der politischen Ordnung Algeriens sollen die universelle Menschenrechtsdeklaration und das Prinzip des Parteienpluralismus, die Gestaltung des politischen Prozesses durch freie und allgemeine Wahlen sowie das Prinzip der Gewaltenteilung sein. Grundlagen der algerischen Persönlichkeit sind der Islam, die Arabität und die Berberität. Damit dokumentiert das Papier die Kompromissfähigkeit der beteiligten Parteien, spiegelt aber auch die nach wie vor vorhandene Spannung zwischen zwei gesellschaftlichen Ordnungsmodellen.

Als Schritte auf dem Weg zu einer Normalisierung forderte die Plattform die Aufhebung der Zwangsauflösung der FIS, die Freilassung ihrer Führung und aller politischen Gefangenen sowie die Aufhebung des Ausnahmezustandes. Als Ausweg aus der Krise wurde eine nationale Übergangskonferenz gefordert, bestehend aus der derzeit an der Macht befindlichen Gruppierung (also der putschistischen Fraktion des Militärs) und den repräsentativen politischen Kräften Algeriens. Diese Interpretation unterstrich Rabah Kebir, der in der Bundesrepublik politisches Asyl geniessende „Auslandssprecher der FIS":

[29] Nach einem Wechsel in der Führung unterstützt die FLN seit 1996 wieder die Militärregierung.

> „Wir wollen nicht wie eine Front gegen die Machthaber erscheinen. Wir hoffen, dass sie sich dieser Erklärung anschliessen können. Sie sind illegitim, doch sie sind de facto die Führung des Staates."[30]

Als wichtigste Voraussetzungen für das Gelingen eines solchen Prozesses wurden die Herstellung von Informationsfreiheit und die Schaffung von Übergangsstrukturen genannt, die zu „freien und pluralistischen Wahlen" führen sollen. Dabei fällt auf, dass hierfür keine zeitlichen Festlegungen erfolgten. Angesichts der politischen Situation im Lande war dies sicherlich realistisch, zugleich kann dieser Punkt jedoch auch als Konzession an die militärischen Machthaber verstanden werden.

Im hier verfolgten Zusammenhang erscheint hervorhebenswert, dass die Unterzeichner eine internationale Petition beschlossen, deren Ziel die Unterstützung ihrer Forderung nach einer politischen und friedlichen Lösung in Algerien war, weshalb sie auch die internationale Gemeinschaft zu Solidarität mit dem algerischen Volk aufriefen. Dies drückte zum einen die geringe Hoffnung aus, die die Oppositionsparteien auf die ehemalige Kolonialmacht Frankreich setzten, die in ihren Augen durch die konsequente Unterstützung des Regimes diskreditiert ist. Zugleich kann dieser Appell auch als Aufforderung an die EU, an die UNO und nicht zuletzt an die USA verstanden werden, sich in die Lösung der algerischen Krise einzuschalten.

Dass gerade dieser Passus die Militärs in besonderer Weise irritieren musste, ist verständlich: Stellte er doch zum einen den Versuch dar, die Krise aus dem algerisch-französischen Kontext hinauszutragen und zu internationalisieren, zum anderen traf dieser Passus das Selbstverständnis des Militärs als Kämpfer für die Souveränität Algeriens - auch wenn angesichts der innenpolitischen Verhältnisse und der Abhängigkeit von internationalen Finanzinstitutionen von der derzeitigen Regierung als Wahrerin der Unabhängigkeit Algeriens kaum mehr gesprochen werden kann.

Es war François Mitterrand, der die Vorschläge der in Rom versammelten algerischen Opposition positiv aufgriff und - nach Rücksprache mit Bundeskanzler Helmut Kohl auf dem EU-Gipfel in Essen - den Vorschlag machte, die Europäische Union solle eine Konferenz organisieren, auf der die verschiedenen Parteien im algerischen Konflikt ihre Positionen darstellen könnten.[31] Geradezu wütender Widerstand kam von zwei Seiten zugleich: Vom algerischen Regime, das Mitterrand anklagte, im späten Greisenalter seine kolonialen Träume verwirklichen zu wollen; und vom Rechtsaussen der französischen Regierung, Innenminister Charles Pasqua („es gibt keine gemässigten Islamisten"). Das führ-

---

[30] Interview mit Rabah Kebir in der französischen katholischen Tageszeitung La Croix, 21. Januar 1995, zit. nach Labat, Les islamistes algériens (Fn. 18), p. 286.

[31] Libération, 4./5.,6., 7. Februar 1995.

te schliesslich zur Ablehnung der Initiative durch die französische Regierung unter dem Hinweis, sich nicht in inneralgerische Angelegenheiten einmischen zu wollen. Bemerkenswert ist, dass der Innenminister aufgrund seiner guten Beziehungen zu Premierminister Balladur die moderateren Positionen des Aussen- und Verteidigungsministeriums zu marginalisieren vermochte. So wie der Konflikt in Algerien durch den Gegensatz zwischen „Ausrottern“ und „Versöhnlern“ gekennzeichnet ist, so besteht offensichtlich auch eine transnationale Allianz gleicher Art: Auf der einen Seite die Achse Pasqua-Zeroual, auf der anderen Seite die „kompromisslerische“ Position jener, die dem Konflikt durch eine politische Lösung ein Ende setzen wollen. Festzustellen bleibt, dass der möglichen Chance, die im Prozess von Sant'Egidio lag, durch die transnationale Allianz der „Ausrotter“ ein Ende bereitet wurde.

Inwieweit der in Sant'Egidio projektierte Prozess letztlich tragfähig gewesen wäre, muss hier dahingestellt bleiben. Sicher ist jedoch, dass die Chancen dafür täglich geringer werden; möglicherweise sind sie schon zerronnen. Im Rückblick erscheint dies als eine geradezu tragische Entwicklung. Denn mit dem Zerfall der politischen Strukturen in Algerien, der nicht nur militärisch und politisch, sondern vor allem auch sozial und ökonomisch bedingt ist, schwindet auch die Handlungsfähigkeit und Legitimität der politischen Akteure und ihre im Januar 1995 unter schwierigen Umständen erreichte Konsensfähigkeit.

Zusammenfassung

In den vergangenen zwei Jahren hat das Regime durch zahlreiche Volksabstimmungen und Wahlen (Annahme einer Verfassung, Präsidentschafts-, Parlaments- und Kommunalwahlen) versucht, sich den Anstrich demokratischer Legitimation zu geben. Dass diese Wahlen dem Kandidaten des Militärregimes, General Zeroual, die erwünschten Mehrheiten brachten, liegt auf der Hand. Entsprechend negativ fiel auch das Urteil der (viel zu wenigen) internationalen Wahlbeobachter aus. Doch selbst wenn man Wahlen Bedeutung zumessen wollte, die gewählten Organe sind demokratisch bedeutungslos; die neue Verfassung vom 26. November 1996 gibt dem Präsidenten geradezu diktatorische Vollmachten. Sie schliesst ausserdem jede Gewaltenteilung und daraus resultierende Rechtsstaatlichkeit aus. Damit entpuppen sich die zahlreichen Wahlen als das, was sie sein sollten: Eine Schaufensterveranstaltung, die dem Regime in den Augen des Westens Legitimität verleihen sollte. Derweil eskaliert das Massenmorden, und die „Ausrotter“, die während der letzten vier Jahre stets versprachen, den „Restterrorismus“ auszumerzen, scheinen auf dem besten Weg, das eigene Volk auszurotten. Blickt man zurück auf die Chronologie des Terrors, so kann man feststellen, dass der Terror immer dann eskalierte, wenn die Möglichkeit einer politischen Lösung (wie z.B.

Sant'Egidio) am Horizont auftauchte. Vor diesem Hintergrund machen die Erklärungen von desertierten Polizeioffizieren und Beamten des Sicherheitsdienstes Sinn, die die Hauptverantwortung für den Terror dem Regime anlasten:

> „Wir sind eine Gruppe von ehemaligen Offizieren und Beamten der Polizei, die jetzt in europäische Länder geflüchtet sind. Wir sind dem Höllenfeuer der Gewalt und der Gegengewalt entflohen, um uns den verbrecherischen Akten, die von einer Handvoll von Generälen gegen das unbewaffnete Volk verübt werden, zu entziehen.
> Wir bekräftigen, dass die Massaker, die in Algerien stattfinden, hauptsächlich von folgenden Gruppen verübt werden:
> - Spezialtruppen und Geheimdienst;
> - Milizen und Organisationen, die die sogenannten „*éradicateurs*" („Ausrotter") Anfang 1992 gegründet haben, unter ihnen die ORL (*Organisation Révolutionnaire Libre*) und die OJAL (*Organisation des Jeunes Algériens Libres*);
> - sogenannte Bewaffnete Islamische Gruppen (GIA), die ab 1994 endgültig infiltriert wurden, so dass sie vollkommen im Dienste des Geheimdienstes standen.
>
> Ab 1993 wurde uns der Befehl erteilt, nicht mehr zu inhaftieren oder zu verletzen, sondern nur noch zu töten und zu töten. Sie machten aus uns blutrünstige Mörder und gierige Räuber. Manche unserer Kollegen führten - auf Befehl - Attentate auf Zivilisten aus, darunter die Aktionen in Blida und Chlef im Februar 1994, wo Dutzende von Zivilisten getötet und abgeschlachtet, ihre Köpfe abgeschlagen und auf die Strassen geworfen wurden. Dies war der Beginn einer neuen Methode der Terrorismusbekämpfung - nämlich die kollektive Tötung von Zivilisten. ... Wir empfingen - leider - diese Befehle zum Töten jedesmal wenn am Horizont Hoffnung auf Versöhnung und politische Entspannung und Initiativen zur Beendigung der Gewalt erschienen."[32]

Damit stellt sich die Frage, inwieweit Europa im besonderen und der Westen im allgemeinen nunmehr willens sind, auf das Regime in Algier den nötigen Druck auszuüben, den Versuch einer politischen Lösung zu unternehmen, der im wesentlichen nur auf den in der Plattform von Rom festgelegten Grundsätzen basieren kann und zu einem inneralgerischen Dialog führen muss. Dies wäre zentrale Aufgabe der im Zeitpunkt der Fertigstellung dieses Manuskriptes geplanten Entsendung einer EU-Delegation nach Algier. Auch die Forderung der USA nach Einsetzung einer internationalen Untersuchungskommission signalisiert eine

[32] Erklärung dreier ehemaliger Polizeioffiziere vom 2. September 1997, zit. nach Algeria Watch: Algerien, Infomappe Nr. 2, Oktober 1997.

gewisse Hoffnung. Bis dato hatten die USA geradezu bedingungslos das Militärregime unterstützt. Mit der Forderung nach Einrichtung einer solchen Untersuchungskommission wird jedoch deutlich, dass auch Washington nicht mehr an die alleinige Täterschaft fanatischer Islamisten glaubt. Algier wird Widerstand leisten, indem es sich - wie in der Vergangenheit - auf seine Souveränität und das Nichteinmischungsprinzip beruft. Durch die Auflagen des IWF musste Algerien allerdings erheblich massivere Einschränkungen seiner Souveränität hinnehmen, als dies durch die Tätigkeit einer solchen Untersuchungskommission der Fall sein würde.

So erfreulich diese - vorläufig sicherlich nicht überzubewertenden - Anzeichen eines Positionswandels der Europäer und der USA sein mögen, die Chancen für die Wiederherstellung friedlicher Verhältnisse in Algerien sind wesentlich schlechter als vor vier Jahren, als die Auslandsschulden neu verhandelt wurden und als vor drei Jahren sämtliche politischen Parteien und Bewegungen des Landes sich auf die Charta von Rom verständigten. Ganz im Gegensatz zur Situation 1994/1995 stellt die FIS heute keine geeinte politische Kraft mehr dar: Ihre Strukturen sind durch Repression und Massenmord zerschlagen, grosse Teile der Bevölkerung dürften sich von ihr abgewendet haben. Die Barone des Regimes werden nur noch durch ihr Interesse am Erhalt ihrer Pfründe zusammengehalten, und vieles deutet darauf hin, dass die einzelnen Fraktionen dieser Gruppierung sich gegenseitig bekämpfen.[33] Terror, Gewalt und Bandenkriege haben sich in einer Art und Weise entwickelt und verselbständigt, dass Algerien, selbst wenn ein politischer Kompromiss gefunden würde, noch lange mit einem sogenannten Restterrorismus zu leben hätte.

Dennoch scheint ein politischer Kompromiss zwischen den unterschiedlichen Kräften die einzige Möglichkeit, die Gewalt einzudämmen und einen weiteren Zerfall der staatlichen Strukturen aufzuhalten. Zu diesem politischen Kompromiss gehört jedoch auch ein ökonomisches und soziales Aufbauprogramm, das Gewalt als Überlebensstrategie überflüssig macht. Sollte der Westen den ernsthaften Versuch machen, eine solche Lösung zu finden, so gibt es dafür zumindest eine gute Voraussetzung: 1998 stehen die Auslandsschulden Algeriens, die sich inzwischen auf über US$40 Mrd. belaufen dürften, zur Neuverhandlung an.

---

[33] So beispielsweise die erneute Verhaftung des FIS-Führers Abassi Madani, dessen bereits auf Video aufgenommener Aufruf zu einer Beendigung der Gewalt vom nationalen Fernsehen ausgestrahlt werden sollte. Zwei Tage vor dem Termin dieser Ausstrahlung wurde Madani wieder in Haft genommen, die Ausstrahlung unterblieb.

Demokratisierung und Demokratieförderung im frankophonen Westafrika

Ein Beitrag zur Vermeidung gewaltförmiger Konflikte?

Von Andreas Mehler

Die Zusammenhänge zwischen Demokratisierung und Demokratieförderung einerseits und Konfliktprävention und -management andererseits mögen nicht immer eindeutiger Natur sein[1], der Tendenz nach sind sie aber positiv verknüpft. Zahlreiche Beobachter der Region hängen paternalistisch gefärbten Gefährdungsthesen an und glauben, vielerorts "verfrühte" Demokratisierungen ausmachen zu können - jeweils mit friedensgefährdenden Folgen. Hier ist nicht der Ort, diese Konzeptionen zu kritisieren[2], vielmehr sollen mit diesem Beitrag die positiven Zusammenhänge von Demokratie und Konfliktmanagement hervorgehoben und ihre Förderungsmöglichkeiten anhand eines bestimmten Raumes exemplifiziert werden. Diese positiven Zusammenhänge ergeben sich a) aus den Auswirkungen politischer Reformen auf die Regierungsführung ("good governance"), b) aus der Förderung benachteiligter Bevölkerungsgruppen und c) aus den Auswirkungen der Stärkung zivilgesellschaftlicher Vereinigungen auf eine in Konfliktsituationen wichtige Dialogkultur. Die Faktoren a) und b) berühren strukturelle Konfliktursachen, die Faktoren a) und c) prozedurale Voraussetzungen der Konfliktbearbeitung. Wie zu zeigen sein wird, kann mit Mitteln der Demokratieförderung in diesen Bereich eingegriffen werden, auch wenn man sich über die Tragweite externer Interventionen keinen Illusionen hingeben sollte. Zunächst aber soll die hier näher betrachtete Staatengruppe kurz beschrieben werden.

---

[1] Stefan Mair: Internationale Demokratisierungshilfe; Erfahrungen und Aufgaben, Ebenhausen 1997, p. 13.

[2] Andreas Mehler: Es gibt keine verfrühte Demokratie; Probleme des demokratischen Übergangs in Afrika, in: Joachim Betz/Sefan Brüne (Hrsg.): Jahrbuch Dritte Welt 1998, München 1997, pp. 47-62.

Die Rahmenbedingungen für Demokratieförderung im frankophonen Westafrika

Die Voraussetzungen für eine erfolgreiche Demokratisierungshilfe sind im frankophonen Westafrika uneinheitlich. In vier von neun Staaten (Benin, Mali, Niger und Togo im Unterschied zu Burkina Faso, Elfenbeinküste, Guinea, Mauretanien und Senegal) haben Nationalkonferenzen, die den Grundstein für neue demokratische Republiken legen sollten, mit unterschiedlichem Erfolg stattgefunden. Alle neun Staaten haben zumindest formal Mehrparteiensysteme eingeführt und pluralistische Wahlen abgehalten. Allerdings unterscheiden sie sich erheblich hinsichtlich des Reformwillens der Amtsinhaber. In zwei Staaten wurden demokratische Experimente gestoppt (Togo und Niger), in fast allen anderen ist die Bereitschaft, einen Wechsel an der Staatsspitze zu akzeptieren, gering (Burkina Faso, Elfenbeinküste, Guinea, Mauretanien und Senegal). Auch in den Staaten, die einen Machtwechsel durch eine Wahlentscheidung erlebt haben, also den „neuen Demokratien“ (Benin, Mali), fehlt eine ausreichende Zahl von Demokraten und die viel beschworene „civil society“, um die Konsolidierung demokratischer Verhältnisse zu garantieren.

Es geht also bei Demokratieförderung um zwei klar zu unterscheidende Ziele: Um die Einführung und um die Konsolidierung demokratischer Systeme. Dies entspricht durchaus der Unterscheidung zwischen mittel- und langfristigen Zielen der Konfliktbearbeitung; erst die perspektivisch angestrebte „structural stability“, die in der Befähigung einer Gesellschaft, ihre Konflikte gewaltfrei auszutragen, zu sehen ist, bringt konsolidierte Konfliktkultur mit sich. Hierzu trägt eine - in unterschiedlichen Ausformungen denkbare - demokratische Grundordnung wesentlich bei. In jedem Fall muss auch Friedenskonsolidierung als eminent politische Aufgabe verstanden werden.[3] Da aber Demokratieförderung an unterschiedlichen Punkten eines Konfliktzyklus ansetzen kann und sollte, muss sie in der Wahl ihrer Mittel variabel sein.[4]

Wer sind nun die Akteure der Demokratieförderung? Neben einigen nationalen Regierungen und ihren Entwicklungsagenturen (USA, Deutschland, Kanada, Skandinavien), die sich in der Regel über ihr klassisches Instrumentarium bei der Demokratieförderung schwer tun, agieren in diesem Bereich (und dieser Region) vor allem deutsche und amerikanische politische Stiftungen, einige

---

[3] Volker Matthies: Friedenskonsolidierung; Neue Aufgabe einer friedensorientierten Entwicklungspolitik, in: E+Z, 38, 10, 1997, pp. 256-258.

[4] So mag das auf den ersten Blick eher im ökonomischen Bereich ansetzende Rehabilitationsprojekt „Mali Nord“ durch seine starken Anreize zur Selbstverwaltung im Nachkriegskontext die geeignetste Form lokaler Demokratieförderung sein. Vgl. dazu Henner Papendieck/Barbara Rocksloh-Papendieck: Frieden von oben oder von unten? Der Beitrag des Programms Mali Nord zur Überwindung der Tuareg-Rebellion, in: Ibid., pp. 267-269.

kirchliche Gruppen sowie UN-Organisationen.[5] Zum Teil handeln diese Agenturen im Auftrag, beispielsweise der EU-Kommission, die im frankophonen Westafrika auch mit eigenen Massnahmen recht aktiv ist und zu den zentralen Impulsgebern der Demokratieförderung zählt - aus dem sich allmählich durchsetzenden Bewusstsein heraus, dass sie stärker auf die Werte der Gemeinschaft rekurrieren kann als EU-Mitgliedsländer, die oft eigene „harte" Interessen verfolgen. Diese Akteure verfügen über unterschiedliche Wirkungsmöglichkeiten. In der Regel können staatliche Agenturen Regierungen vor Ort als Partner nicht umgehen, die diplomatische Zurückhaltung schränkt die Wahl der Instrumentarien ein. Demgegenüber verfügen sie oft über die grösseren Budgets, und das kann ein Vorteil sein, wenn es um kostspielige Unternehmungen wie Dezentralisierung und Wahlhilfe geht. Meistens sind Demokratieförderungsprogramme jedoch aus kleinteiligen, arbeitsintensiven und vergleichsweise kostengünstigen Massnahmen zusammengesetzt, die grosse Apparate wiederum schlecht umsetzen können.

Eher problematisch waren in der jüngeren Vergangenheit Einflussnahmen französischer Akteure in diesen ehemaligen Kolonien. Falls überhaupt in Richtung Demokratie einwirkend, so bemühte sich Frankreich nur um staatliche Institutionen (Judikative und Exekutive) mit dem Ziel der Verbesserung der „bonne gouvernance". Zu den durchaus üblichen Massnahmen Frankreichs gehört die Ausbildung der Polizei auch in der - im Kreis der hier betrachteten Länder - härtesten Diktatur Togo. Selbst wenn argumentiert werden kann, dass Polizisten durch unsachgemässes Verhalten - gemeint ist die gerne unter dem Sammelbegriff „bavure" gefasste Mischung aus Menschenrechtsverletzungen in Kommissariaten und Gewaltanwendung zur Beendigung von Demonstrationen - zur Verschärfung von Konfrontationen beitragen und daher ihre Menschenrechtserziehung von grosser Bedeutung ist, so besteht doch die Gefahr, dass falsche Zeichen gesetzt werden. Dies gilt um so mehr, wenn die Ausbildungsmassnahmen von Materiallieferungen begleitet werden, auch wenn argumentiert werden kann, dass Gummigeschosse und Schlagstöcke Bleikugeln vorzuziehen sind. Um die Glaubwürdigkeit einer solchen Politik ist es also schlecht bestellt, wenn nicht gleichzeitig die Sache der Demokratieförderung selbst sichtbar betrieben wird. Oft entsteht geradezu der gegenteilige Eindruck, wenn umtriebige französische Diplomaten die Demokratieförderung anderer Geber „kanalisieren" möchten.

Es muss aber eingeräumt werden, dass der Ansehensverlust Frankreichs bei Reformkräften in Afrika weit stärker mit der inkonsistenten „grossen Politik" und den Abweichungen von Diskurs und Praxis zusammenhängt: Hinnahme der „roll-back"-Strategie Eyadémas nach der Nationalkonferenz in Togo, des Putsches in Niger oder der militärischen Machtübernahme in Kongo-Brazzaville - im Widerspruch zur vielbeachteten programmatischen Rede von Präsident Mitter-

[5] Detailliert bei Mair, Internationale Demokratisierungshilfe (Fn. 1), pp 17-21.

rand auf dem franko-afrikanischen Gipfel von La Baule 1990.[6] Das Gewicht Frankreichs im Reigen der Geber gehört meistens zu den schwierigen Rahmenbedingungen von Demokratieförderung in der Region.

Der Beitrag von „good governance" zu Konfliktprävention und -bearbeitung

„Good governance" kann eine zentrale Konfliktursache beheben, nämlich die Unzufriedenheit mit schlechter Leistung, Ungerechtigkeiten und Korruption bzw. Vetternwirtschaft. Darüber hinaus gestattet sie auch, institutionelle Mechanismen zum friedlichen Konfliktaustrag zu stärken.

Einen wichtigen Beitrag zu „guter Regierungsführung" unter dem Gesichtspunkt der Kontrolle der bislang übermächtigen Exekutive darf man von Operationen zur Stärkung der Legislative erwarten. Hier setzen zahlreiche politische Stiftungen an, indem sie Ausbildungsseminare (z.B. NDI in der Elfenbeinküste, 10/97) oder regionale Parlamentariertreffen mit Kontakten zu europäischen Kollegen (z.B. KAS in Ouagadougou, 9/95) durchführen.[7] Im Prozess früher ansetzend kann dies auch über kollektive Unterstützungen von Parteien, also der „political society", geschehen (z.B. über ein erstes Kolloquium aller Parteien in der Elfenbeinküste durch die FES, 3/94). Dies hat den Vorteil, dass neben programmatischen und technischen Hilfestellungen auch inhaltliche Positionen (Verantwortungsbewusstsein) vermittelt werden können, die unmittelbar konfliktmindernd wirken.

Prozedural geht es darum, die in den Verfassungen zumeist in ausreichender Zahl vorgesehenen Instrumente der Parlamente auch tatsächlich zur Anwendung zu bringen. Bislang sind Erfahrungen mit parlamentarischen Untersuchungsausschüssen, parlamentarischen Fragestunden, Parlamentshearings oder auch nur Pressekonferenzen von Fraktionsführungen sehr spärlich; hier bedarf es der Ausbildung. Parlamentarische Untersuchungskommissionen zu lokalen Gewalteskalationen sind geeignete Instrumente, um Menschenrechtsverletzungen überhaupt erst auf die Tagesordnung zu setzen, Konfliktursachen als Voraussetzung für ihre Bearbeitung zu analysieren, Verantwortlichkeiten zu klären und

[6] Allerdings ist davor zu warnen, Frankreich als Akteur zu bezeichnen. Zu heterogen, zum Teil sogar widersprüchlich sind die Interessenlagen einzelner Netzwerke, Ministerien und Agenturen, was sich mitunter in erratischen Handlungen niederschlägt. Vgl. zu „La Baule" das Standardwerk von Stefan Brüne: Die französische Afrikapolitik; Hegemonialinteressen und Entwicklungsanspruch, Baden-Baden 1995, hier p. 145.

[7] Andreas Mehler: Chancen der Demokratisierungshilfe in Westafrika; Eindrücke und Überlegungen zum Beitrag der deutschen politischen Stiftungen, in: Afrika Spectrum, 31, 1, 1996, pp. 27-36.

schliesslich ein legitimiertes Gremium mit Vermittlungsbemühungen zu befassen. In dieser Perspektive war die Entscheidung für eine gemischte Untersuchungskommission aus Parlament und Regierung nach den Ereignissen in Moundou (Südtschad im Oktober 1997 mit 100-200 Toten) sicherlich ein fauler „Kompromiss", der weder die Kompetenz der Institutionen erhöhte noch vor Ort als neutraler Ansatz verstanden werden konnte.

Auch der zweite Teilbereich ist sensibel: Die Unterstützung von Dezentralisierungsprogrammen berührt die staatliche Ressourcenverteilung und ist damit nicht nur ein einfacher technischer Vorgang. In der Regel operieren staatliche Agenturen diesbezüglich durch Stellung von technischer Hilfe und Beratern (zum Teil direkt in den hierfür zuständigen Ministerien), Akteure aus dem Bereich der Nichtregierungsorganisationen (NROs) mit Vorliebe über Aufklärungskampagnen. Mit Blick auf das bisher in der Region Erreichte darf man aber nur sehr gedämpft optimistisch sein. Ähnliches gilt für die damit verknüpfte lokale Demokratie in den Gemeinderäten, die mangels geeigneten Personals, wegen fehlender Mittel und angesichts von Blockaden auf nationaler Ebene nur wenig Fortschritte gemacht hat. Immerhin schaffen die fast überall durchgeführten Kommunalwahlen die Voraussetzung für eine Ausbildung von gewählten Mandatsträgern aus allen relevanten Parteien, da nun der Eingriff von aussen nicht mehr als regimefeindlicher Akt interpretiert werden kann. Langfristig sind hier konfliktmindernde Effekte zu erzielen: Der Staat rückt näher an seine Bürger heran, Demokratie wird erfahrbar. Realistischerweise wird man aber in absehbarer Zukunft nur für eine begrenzte Zahl von Provinzstädten zu funktionierenden Einheiten kommen können. Wichtige Allianzpartner in einem solchen Bemühen könnten lokale politische Unternehmer sein, die nicht notwendigerweise das Demokratieverständnis der Geber teilen: Die nach französischem Vorbild zunehmend entstehende Gestalt des „député-maire" (Politiker, der Abgeordnetenmandat und Bürgermeisteramt kumuliert) hat ein Interesse an einer soliden lokalen Basis und damit auch an einer finanziellen Grundausstattung der Gemeinden.

Schwerpunkte der Demokratieförderung zahlreicher Geber waren Wahlhilfe und Wahlbeobachtung. Unzweifelhaft kann eine solche Politik zu „elektoralistisch" geraten, zumal wenn die rein technische Seite des Wahlprozesses betont wird. Richtig ist dennoch, dass die Wahl als zentraler Mechanismus des gewaltlosen Konfliktaustrags sowie der friedlichen Nachfolgeregelung der Aufmerksamkeit bedarf und vertrauensbildende Massnahmen sich gerade hier auszahlen. Zu nennen ist insbesondere eine umsichtige Unterstützung von unabhängigen Wahlkommissionen[8], aber auch die Gewährleistung ausreichender Verfügbarkeit von

[8] Solche Wahlkommissionen sind in fast allen hier interessierenden Staaten eingesetzt und haben sehr unterschiedliche Kompetenzen sowie reale Macht - es empfiehlt sich ein genaues Hinsehen. Die grösste Aufgabenfülle hatte die unabhängige Wahlkommission Malis 1997 zu bewältigen, allerdings unter erheblichem Zeitdruck und ohne viel Expertise der meisten Mitglieder. Vgl. dazu

Wahlmaterialien aller Art oder die Ausbildung von Funktionsträgern. Von grosser Bedeutung sind „voter education"-Programme, die sich nicht nur auf die Bekanntmachung technischer Abläufe beschränken, sondern auch breiter die Funktion von Wahlen in der Demokratie thematisieren und die grundsätzliche Abwählbarkeit von Politikern verständlich machen. Die Wahlsystemdiskussion kann ausserdem von aussen angestossen werden. Hier darf es nicht darum gehen, das eigene Wahlsystem aus dem Norden zu exportieren, sondern eine breite Diskussion über das jeweils geeignete und masszuschneidernde System zu eröffnen und einen grösstmöglichen Konsens darüber anzumahnen. Die in einigen hier interessierenden Ländern übliche Mehrheitswahl (Elfenbeinküste, Mali, Mauretanien, Togo)[9] hat den grossen Nachteil, dass „winner-takes-all"-Ergebnisse erzielt werden; der Unterlegene verliert alles. Dies trägt zu einer Verschärfung bereits vorhandener Auseinandersetzungen bei. Ein ungeeignetes Wahlsystemdesign, Manipulationsmöglichkeiten und schlechtes Management führen leicht zu Wahlboykott sowie Gewalt vor und nach den Wahlen (Elfenbeinküste, Guinea, Togo, Burkina Faso, Mali, Niger). In diesem Aktivitätsfeld bieten zahlreiche Organisationen ihre Expertise an - wenn der politische Wille der Regierungen fehlt aber meistens nur mit begrenztem oder gar keinem Erfolg.

Grundsätzlich bedeutsam können auch Wahlbeobachtermissionen sein, allerdings nur, wenn sie bestimmten Standards genügen.[10] Leider wurde gerade in dieser Region viel Schaden durch ad personam eingeladene VIPs angerichtet, die jenseits irgendeiner Expertise Gefälligkeitszeugnisse ausstellten (z.B. in Togo oder Niger). Das zentrale konfliktbezogene Ziel aller Massnahmen in diesem Bereich, nämlich die Akzeptanz eines korrekten Wahlergebnisses durch die Wahlverlierer, wurde so nicht immer erreicht. Mittelfristig nützlicher erscheinen hier die ebenfalls zahlreichen Massnahmen zum Training nationaler Wahlbeobachter, deren Glaubwürdigkeit allerdings parallel zu stärken ist. Trotz gelegentlicher Irritationen sind hier koordinierte Aktionen verschiedener Geberorganisationen durchaus die Regel. Entscheidend ist aber, dass auch die Akkreditierung der ausgebildeten Wahlbeobachter durch Regierungsstellen oder Wahlkommissionen erfolgt. Hierzu bedarf es manchmal eindeutiger Worte im Rahmen eines „politischen Dialoges", also der diplomatischen Begleitung einer Massnahme zur Demokratieförderung. Im Einzelfall mag auch eine explizite politische Konditionalisierung von Entwicklungshilfe erforderlich sein.

Stefanie Hanke: Möglichkeiten und Grenzen unabhängiger Wahlkommissionen im Demokratisierungsprozess; Das Beispiel der Commission Electorale Nationale Indépendante in Mali, in: Afrika Spectrum, 32, 2, 1997, pp. 225-240.

[9] Auch die Mischwahlsysteme in Niger und Guinea schaffen in Teilen der Wahlkreise „winner-takes-all"-Situationen. Nach Verhältniswahl wird in Benin, Burkina Faso und Senegal gewählt.

[10] Ulf Engel/Andreas Mehler: Grundlagen der Wahlbeobachtung, in: Ulf Engel/Rolf Hofmeier-/Dirk Kohnert/Andreas Mehler (Hrsg.): Deutsche Wahlbeobachtung in Afrika, Arbeiten aus dem Institut für Afrika-Kunde, Bd. 91, Hamburg1996, pp. 30-42.

Einige Fortschritte in der Korruptionsbekämpfung sind ebenfalls gemacht worden. Hierzu trägt bei, dass dieser Punkt in einigen Verfassungen inzwischen explizit aufgenommen wurde (z.B. Pflicht zur Offenlegung der Eigentumsverhältnisse vor Amtsantritt und bei Ausscheiden für hohe Würdenträger). Ebenfalls von Bedeutung ist die freimütige Berichterstattung privater Medien, die häufig und von vielen Seiten externe Unterstützung erfahren (Stiftungen, nationale Regierungen). Der Weg zu einer Unabhängigkeit der Gerichte, die unter anderem solche Fälle aufzugreifen hätten, ist dagegen noch weit. Auch hier setzen zahlreiche Aktivitäten externer Geber an, wobei die persönliche Zivilcourage, etwa der Präsidentin des Verfassungsgerichtes von Benin bei der Sicherstellung eines korrekten Wahlablaufes, bestimmt nicht in Seminaren erlernt wurde.

Die Vorstellungen, wie ein demokratischen Kriterien genügendes Rechtssystem zu unterstützen sei, gehen mitunter weit auseinander. Hier ist zu bedenken, dass es zwar sinnvoll sein mag - wie dies afrikanische Regierungen oft fordern -, zur Verbesserung der durchgängig haarsträubenden Verhältnisse in den Gefängnissen beizutragen (Gefängnisbau, Materialhilfen), dass aber gleichzeitig die Perzeption in der Öffentlichkeit eine andere sein muss (Förderung der Effizienz des Zwangsapparates). Beihilfen zur Rechtsreform, Unterstützung der Kontrollen von Häftlingslisten durch Menschenrechtskommissionen oder Staatsanwälte und auch durch politischen Dialog angemahnte Amnestien wirken der Übervölkerung der Gefängnisse besser entgegen und haben deutlicher demokratiefördernden Charakter.

Stärkung gefährdeter und marginalisierter Bevölkerungsgruppen

„Objektiv" haben bislang benachteiligte und bevormundete Bevölkerungsteile (Frauen, Jugendliche, Landbevölkerung, ethnische Minderheiten) ein Interesse an einer Demokratisierung ihrer Lebenswelten. Es ist auffällig, wie viele NROs mit entsprechenden Zielvorgaben in den letzten Jahren gegründet wurden. Die Unterstützung von Selbsthilfegruppen hat ohne Zweifel Konjunktur. Ob man diesen Bereich aber in die Demokratieförderung eingliedern möchte, ist durchaus umstritten. Zum Teil bietet klassische Entwicklungszusammenarbeit, die gerne in strukturell benachteiligten Gebieten agiert, bereits einen Ansatzpunkt. Mehr Phantasie bei grosser Umsicht scheint aber erforderlich, denn „empowerment" hat seine Tücken. Vor allem könnte es zu einer sich selbst erfüllenden Prophezeiung kommen, wenn sich benachteiligte Gruppen erst über Unterstützungsprogramme ihrer Unterprivilegierung bewusst werden - das wäre noch erwünscht -, dann aber gewaltförmig reagieren. Eine zweite Gefahr besteht auch in grundsätzlich als Schutzmassnahmen angelegten Quotenregelungen, sofern diese etwa ein ethnisches Kriterium hervorheben und so insgesamt zu einer „Ethnisierung" des politischen Klimas beitragen.

Am hoffnungsvollsten erscheinen Massnahmen zum „empowerment" von Frauen. Hierzu sind Rechtsberatungsprogramme ein Ansatzpunkt verschiedener NROs, die von externen Gebern häufig Unterstützung erfahren. So unterhält beispielsweise in der Elfenbeinküste eine Vereinigung weiblicher Anwälte an Markttagen eine Rechtsklinik, bei der sich Frauen kostenlos über ihre Rechte informieren können. Ob nun im Kampf gegen die in ganz Westafrika verbreitete Praxis der Beschneidung von Frauen bzw. jungen Mädchen oder im Sahelgürtel gegen die besonders in islamischen Gesellschaften verbreitete Schlechterstellung im Familienrecht: Es geht auch um kulturelle Spezifika. Westliche Geber setzen sich hier leicht dem Vorwurf des Eurozentrismus aus, weshalb erneut Umsicht und Diskretion einzufordern sind und auch graduelle Verbesserungen als Erfolge gelten können. Es herrscht grosse Übereinstimmung darüber, dass zahlreiche leistungsfähige Frauen-NROs mit grossem Engagement ihre Sache betreiben, zumeist korrekt die zur Verfügung gestellten Mittel verwalten und daher oftmals die seriösesten Partner der Geber aus dem Norden darstellen. Günstiger wäre es allerdings, wenn die Unterstützung für Gleichstellungsanliegen aus dem politischen System selbst käme. Die Zahl weiblicher Abgeordneter und Minister ist aber weiterhin verschwindend gering. Die Position externer Demokratieförderung in diesem sensiblen Aktivitätsfeld muss daher überdacht werden.

Über diese Zielgruppe hinaus ist die Abschaffung diskriminierender Gesetze sicherlich vom Effekt her unproblematischer als eine gezielte Redistribution, die unmittelbar Verlierer schafft. Es ist also sinnvoll, entsprechendes *Lobbying* zu unterstützen und dabei das Prinzip der „ownership" zu beherzigen. Die Ermöglichung eines Zugangs marginalisierter Gruppen zu den Medien oder direkt zum politischen Prozess (Parlamentshearings, Parteiprogramme) kann sicherlich durch Sensibilisierungskampagnen erleichtert werden. Während hier der Adressat die Gesamtbevölkerung ist, sind Aufforderungen zum Engagement in Parteien, zur Wahlbeteiligung und zur Wahlentscheidung für einen eventuellen Repräsentanten der diskriminierten Gruppen gezielte Massnahmen zur Bewusstseinshebung in der Zielgruppe selbst. Hier sind erst mittel- und langfristig, dafür aber solidere Ergebnisse zu erzielen.

Die bäuerliche Mehrheit der Bevölkerung ist bisher auch in den fortgeschritteneren Demokratien der Region schlecht in den politischen Prozess integriert. Hier bedarf es gewaltiger Anstrengungen, um die Basis des politischen Systems zu verbreitern.[11] Die Förderung von „radio rurale" und anderen Medien

[11] Das von der KZE geförderte Institut Africain pour le Développement Economique et Sociale (INADES) mit Sitz in Abidjan befasst sich u.a. mit der Demokratieerziehung der ländlichen Bevölkerung. Die EZE kooperiert ebenfalls mit INADES. Vgl. BMZ/EZE/KZE (Hrsg.): Gemeinsam Zukunft sichern; Die entwicklungspolitische Zusammenarbeit zwischen der Bundesregierung und den Kirchen, Bonn 1997, p. 9.

sind erste Schritte, die zu einer Sensibilisierung beitragen können. Letztlich wird aber nur eine substantielle Verbesserung der Lebensumstände die von der EU und anderen Gebern angestrebte “structural stability” herbeiführen können.[12]

Schliesslich ist die medizinische und psychologische Betreuung von Kriegsopfern bzw. Opfern von Menschenrechtsverletzungen ein wichtiger präventiver Akt, denn diese Opfer von heute sind potentiell die Täter von morgen. Programme zur Integration von Kindersoldaten sind hier besonders gefragt. In diesem Grenzfall kann man aber kaum mehr von Demokratisierungshilfe sprechen.

Förderung von Zivilgesellschaft und einer Kultur des Dialoges

Das Fehlen von Kommunikationskanälen und -gelegenheiten wird oft als ein Hauptgrund für den Ausbruch gewaltförmiger Konflikte genannt. Die Artikulation von Interessen und die Vermittlung zwischen diesen kann durch eine vitale Zivilgesellschaft geleistet werden, falls die formalen Wege der Partizipation durch gewählte Repräsentanten in Parlament und politischen Parteien blockiert sind. Insbesondere Wirtschaftsverbände und Gewerkschaften erscheinen auf den ersten Blick als mögliche Ansprechpartner, sind aber in Westafrika oft von Regierungen abhängig, zersplittert oder ineffektiv. Menschenrechtsgruppen, berufsständische Organisationen (z.B. der Journalisten) und Anwaltskammern haben sich um den Demokratisierungsprozess in dieser Region verdienter gemacht und wurden auch von aussen gefördert. Nicht unerheblich sind hier externe Beiträge zu einer internationalen Vernetzung solcher Gruppierungen, die damit über einen grösseren Erfahrungsschatz und Echo verfügen. Mit Hilfe solcher intermediären Organisationen können Dialogforen bis hin zu den genannten Nationalkonferenzen organisiert werden. Demgegenüber ist die Zusammenarbeit mit religiösen und traditionellen Führern nur zaghaft in Gang gekommen, obwohl hier zweifellos ein Potential für lokale Vermittlung liegt. Selbstverständlich benötigt man hierzu eine profunde Kenntnis der lokalen Situation, denn beide Kategorien können genauso gut Teil des Problems wie seiner Lösung sein. Ausser in Benin hat sich der in den meisten hier betrachteten Ländern machtvolle Apparat der katholischen Kirche kaum entschieden für Demokratie eingesetzt. Die zerklüftete Landschaft protestantischer Kirchen gibt explizit politischen Initiativen von vornherein ein geringeres Gewicht. Aber auf lokaler Ebene und in

[12] Commission of the European Communities: The European Union and the Issues of Conflicts in Africa; Peace-Building, Conflict Prevention and Beyond, Communication from the Commission to the Council, Brussels 1996, p. 2.

Teilbereichen zivilgesellschaftlichen Engagements gibt es mehr positive Ansätze.[13]

Noch in den Anfängen steckt die Unterstützung für eine geeignete staatsbürgerliche Erziehung, wobei die Curriculumentwicklung sowie die Förderung lokaler Einrichtungen für Forschung und Lehre im Bereich der interkulturellen Kommunikation Ansatzpunkte darstellen. Ausser mit einigen Pilotprojekten scheint es hier in der Region noch sehr wenig Erfahrung zu geben. Politische Bildung im allgemeinen, die in sehr unterschiedlicher Darreichungsform existiert, wird demgegenüber - beispielsweise durch deutsche politische Stiftungen - mit hinreichender Erfahrung betrieben und jüngst auch intensiver evaluiert. Die Förderung eines zivilen Konfliktaustrags sollte allerdings stärker als eigentliches Ziel dieser Massnahmen in den Vordergrund rücken.

Ganz zentral ist aber auch die unparteiische Informationsaufbereitung in sensiblen Politikfeldern (Minderheitenpolitik, Wahlen etc.). Zu den klassischen Zielgruppen politischer Stiftungen gehören daher Journalisten. Die Relativierung von stereotypen und polarisierenden Darstellungen (potentieller) Konfliktparteien ist ein Ziel, ein anderes die Beachtung professioneller Standards bei der Berichterstattung über heikle Themen. So führte die FES im Vorfeld der Wahlen 1997 in Mali mit EU-Mitteln eine Seminarreihe zu Wahlproblemen durch, die besonders auf die Unterschiede zwischen Unregelmässigkeiten und Manipulationen von Wahlen abhob. Tatsächlich wurden dann durch die Medien auch keine leichtfertigen Vorwürfe verlautbart, als einige Oppositionsparteien in der aufgeheizten Stimmung nach den Wahlen schwere Anschuldigungen erhoben. Wo immer möglich wird ausserdem auf einen „code de conduite" für Journalisten hingearbeitet und dessen Einhaltung in ihrem eigenen Interesse eingefordert. Sichtbare Fortschritte wurden diesbezüglich beispielsweise in der Elfenbeinküste erzielt.

Pressefreiheit sorgt für ein wichtiges Ventil zur Äusserung von Kritik an sozialen, ökonomischen und politischen Missständen. Sie muss daher garantiert werden. Die Unterstützung von gefährdeten Presseorganen oder Journalisten vor Gericht (durch demonstrative Anwesenheit am Prozesstag oder einen Beitrag zur Deckung der Gerichtskosten) sind sehr deutliche Einflussnahmen, für die es zumeist an politischem Mut fehlt. Immerhin halfen eine westliche Botschaft und eine politische Stiftung dem oppositionsnahen Verlag „Nouvel Horizon" in der Elfenbeinküste nach der Verwüstung der Redaktionsräume durch Brandstiftung - vermutlich durch regimenahe Täter. Dadurch wurde die Beeinträchtigung der

[13] Vgl. zu den wichtigen Initiativen unterschiedlicher Kirchen in anderen Teilen des Kontinentes (z.B. in Kenya und Sambia) Sam Kobia: Promoting Democracy in Africa; Experiences and Future Perspectives, in: Evangelische Zentralstelle für Entwicklungshilfe (Hrsg.): Promoting Democracy in Africa; The Role of Governmental and Church Development Cooperation, Bonn 1994, pp. 10-27. Zu nennen ist die Rolle von Bischöfen bei der Leitung der Nationalkonferenzen in Benin, Togo, Kongo und Zaïre; in Kamerun gehörte Kardinal Tumi zu den wichtigsten Regimekritikern in einer entscheidenden Phase.

pluralistischen Berichterstattung in einer politisch heiklen Phase verhindert. Insgesamt geht es aber vorerst um die Professionalisierung eines Metiers, dessen wirtschaftliche Grundlage sehr prekär ist. Da es eine regelrechte Journalistenschule nur in Dakar (Senegal) gibt, gehören auch berufliche Ausbildungsmassnahmen zu den akuten Erfordernissen.

Viele zivilgesellschaftliche Organisationen bedürfen des „capacity building“", für das sie auf äussere Zuwendungen angewiesen sind, sei es in Form von Ausbildung oder durch direkte materielle Unterstützung. Einmal mehr stellt sich die Frage nach den Auswahlkriterien bei der Partnersuche und das altbekannte Problem der „ownership“. Zum jetzigen Zeitpunkt lässt sich noch kaum eine Aussage über die Nachhaltigkeit der verschiedenen Massnahmen in diesem Bereich treffen, die äussere Alimentierung scheint nur in Ausnahmefällen ersetzt werden zu können. Dies sagt allerdings nur wenig über die Nützlichkeit solcher (finanziell) abhängigen Organisationen für das Konfliktmanagement aus. Wenn nationale Regierungen Hilfe aus dem Ausland erhalten, wenn sich die Autokraten der Region gegenseitig unter die Arme greifen und über Wahlmanipulationsmöglichkeiten oder Herrschaftstechniken informieren, so ist es nicht verwerflich, Demokratieförderung und die Vermeidung gewaltsamer Konflikte ebenfalls von aussen zu betreiben.

Erfolgsaussichten und -bedingungen

Es sollte aber nie aus dem Blickfeld geraten, dass Demokratieförderung höchstens Anstösse von aussen geben kann. Der Wille zur Transformation des politischen Systems und - noch grundsätzlicher - zur Vermeidung gewaltsamer Konflikte muss von innen kommen, das heisst von reformbereiten und einsichtigen Eliten und/oder unter Druck auf dieselben durch eine allerdings erst entstehende Zivilgesellschaft. Unter dieser Prämisse macht es vor allem Sinn, bereits bestehende Institutionen zu dynamisieren und Diskussionsforen einzurichten, wo weiterreichende Eingriffe diskutiert werden können.

Das bei einheimischen Eliten und westlichen Beratern häufig feststellbare Begnügen mit formaldemokratischen Arrangements wird nicht den erhofften konfliktmindernden Effekt haben. Um überhaupt sinnvoll von aussen einwirken zu können, benötigt man vor allem erstklassige Informationen, geeignete Interpretationen derselben sowie Vertrauen. Darauf aufbauend lässt sich dann erst eine Handlungsstrategie entwickeln.[14] Hier erweist sich die Nützlichkeit einer längerfristigen Beobachtung und Präsenz vor Ort, über die nicht alle Agenturen

[14] Thomas Carothers: Democracy Assistance; The Question of Strategy, in: Democratization, 4, 3, 1997, pp. 109-132.

der Demokratieförderung verfügen. Aus der Ferne oder mit sporadischen Missionen lässt sich weder Konfliktprävention noch Demokratisierungshilfe erfolgversprechend betreiben. Ob der Wille zu solch mühseligem Engagement vorhanden ist, darf man bei manchen Akteuren bezweifeln. Gerade die mancherorts anstehende Etappe der Konsolidierung des Erreichten wird wenig spektakulär ausfallen. Der „CNN-Faktor" könnte also fehlen und somit eine entscheidende Motivation einiger Akteure. Aber nur mit langem Atem lässt sich etwas erreichen.

Weitere Literatur

Erdmann, Gero: Demokratie und Demokratieförderung in der Dritten Welt; Ein Literaturbericht und eine Erhebung der Konzepte und Instrumente, Bonn 1996.

Heinz, Wolfgang: Erfolgskontrolle bei Projekten zur Förderung von Demokratie und Menschenrechten (Thesenpapier), in: Stefan Brüne (Hrsg.): Thesen und Materialien zur Tagung „Erfolgskontrolle in der entwicklungspolitischen Zusammenarbeit", Hamburg 1995, pp. 15-17.

Hanisch, Rolf (Hrsg.): Demokratieexport in die Länder des Südens? Hamburg 1996.

Hillebrand, Ernst: Nachdenken über Zivilgesellschaft und Demokratie in Afrika, in: Internationale Politik und Gesellschaft, 1, 1, 1994, pp. 57-71.

Landell-Mills, Pierre: Governance, Cultural Change, and Empowerment, in: The Journal of Modern African Studies, 30, 4, 1992, pp. 543-567.

Lingnau, Hildegard: Positivmassnahmen zur Förderung von Menschenrechten und Demokratisierung im Rahmen der Entwicklungszusammenarbeit, in: Nord-Süd aktuell, 10, 4, 1996, pp. 794-808.

Robinson, Mark: Strengthening Civil Society in Africa; The Role of Foreign Political Aid, in: IDS-Bulletin, 26, 3, 1995, pp. 70-80.

Schmitz, Hans-Peter: Promoting Democracy in Sub-Saharan Africa, Conference organised by the Bundesministerium für wirtschaftliche Zusammenarbeit und Entwicklung, the Friedrich-Ebert-Stiftung and the Stiftung Wissenschaft und Politik in Bonn, June 25-26, 1996, Ebenhausen 1997.

Die Ethnopolitisierung von Konflikten

Das Beipiel von Kongo (Ex-Zaïre)

Von Daniel Stroux

Demokratisierung und Systemwechsel der Staaten südlich der Sahara haben nach dem Ende des Ost-West-Konfliktes ethnische Gruppen verstärkt zum Vehikel politischer Mobilisierung und Auseinandersetzungen werden lassen. Macht- und Interessenkonflikte konnten, sofern sie nicht rechtzeitig in institutionelle Bahnen gelenkt wurden, Demokratisierungsprozesse oder bereits im Konsolidierungsprozess befindliche junge Demokratien wieder in Frage stellen oder gänzlich revidieren. Interethnische Konflikte waren dabei meist das Medium zur Artikulation anderer Konflikte. Manche Auseinandersetzungen beschränkten sich auf urbane oder regionale Konflikte, manche eskalierten bis hin zum Bürgerkrieg. Die Berichterstattung verkürzte Konflikte in Afrika vielfach auf „Stammeskämpfe" und damit auf vermeintlich archaische Konflikte, ohne der Ursachenvielfalt politischer, wirtschaftlicher oder sozialer Dimensionen unter überregionalen und globalen Veränderungen gerecht zu werden.[1]

Dass ethnoregionale Bande für Politiker und politische Gruppen eine entscheidende Ressource für Macht und Einfluss darstellen, gilt nicht spezifisch für Afrika. Sie unterscheiden sich nicht grundsätzlich von der Legitimierung europäischer Politiker durch die Wählerbasis im Wahlkreis, der Region oder im Land. Der Grund, dass diese Konflikte im afrikanischen Kontext derzeit verstärkt zum Ausbruch kommen, liegt an der rapiden Transformation der politischen Systeme: Die Mehrzahl der Staaten konnte und musste erst seit dem Ende der achtziger Jahre, dem Ende der Einparteisysteme, das Reform- und Konfliktlösungspotential der eigenen Gesellschaft und der entsprechenden Institutionen reflektieren und testen. Die jungen Gesellschaften vollziehen diesen Wandel

[1] Kongo-Brazzaville kann hier als jüngstes Beispiel dienen. Hier wurde der Machtkampf zwischen Denis Sassou-Nguesso (Ex-Diktator und seit dem Umsturz im Oktober 1997 erneut Präsident) und dem 1992 demokratisch gewählten Präsidenten Pascual Lissouba zwischen Milizen ausgetragen, die aus der jeweiligen Region/Ethnie rekrutiert waren. Die vordergründig ethnische Auseinandersetzung wurde jedoch vor allem um die Öleinnahmen des Landes geführt. Auch internationale Ölfirmen, insbesondere der französische Konzern Elf, sollen direkt Einfluss auf den Konflikt genommen haben. Lissouba strengte deshalb Ende 1997 im Exil in Paris einen Prozess gegen Elf an. Vgl. Liberation, 27.10.1997.

unter extremem Zeitdruck und unter erheblichem äusseren Einfluss (Konditionalität, Globalisierung, internationale Medien). Westliche Demokratien bedurften, mit viel „trial und error", Jahrhunderte für diesen Prozess. Zudem vollziehen diese Länder den politischen, ökonomischen und sozialen Umbruch simultan und müssen als ein Resultat schliesslich auch mit ethnisch geprägten Konflikten kämpfen. *Schmidt* spricht deshalb in Anlehnung an Claus Offes „triple transition" für osteuropäische Länder von einer „quadruple transition" für afrikanische Länder.[2]

Ethnisch geprägte Konflikte nach der politischen Öffnung Zaïres 1990 wiesen zunächst typische Merkmale der Politisierung von Ethnizität zur Machterhaltung- oder anfechtung auf und blieben bis 1994 regional begrenzt. Ihre Überlappung mit den Nachwirkungen des rwandischen Genozids von 1994, den durch den Flüchtlingsstrom von über einer Million Hutu-Flüchtlingen und der ehemaligen rwandischen Armee und Milizen „importierten ethnischen Konflikt" zwischen Hutu und Tutsi, führte schliesslich zur Eskalation und zum Sturz des Mobutu-Regimes im Mai 1997.

Nach einem Definitionsversuch des Begriffes „Ethnopolitisierung" sollen hier zunächst historische Komponenten ethnisch geprägter Konfliktlinien für Zaïre/Kongo aufgezeigt werden. Teilweise handelte es sich um Spannungen, die in der Kolonialzeit angelegt waren, nach der Unabhängigkeit des Kongo 1960 bereits virulent wurden, und von der Diktatur Mobutus konserviert oder teils verschärft wurden. Im zweiten Teil des Aufsatzes wird auf die politische Instrumentalisierung der Konfliktpotentiale nach der politischen Öffnung 1990 eingegangen, die bis 1994 eng mit der Blockade der Demokratisierung durch das Mobutu-Regime zusammenhingen, um schliesslich ihre Dynamik mit dem rwandischen Konflikt herauszustellen. Dafür bedarf es eines knappen Exkurses zum Hutu-Tutsi-Konflikt. Nach einem kurzen politischem Ausblick, der unter anderem neue Konfliktpotentiale unter der Herrschaft von Mobutu-Nachfolger Laurent Désiré Kabila aufzeigt, sollen abschliessend Möglichkeiten zur Krisenbewältigung für den Kongo (und Rwanda) diskutiert werden.

[2] Ellen Bos/Siegmar Schmidt: Politisierte Ethnizität und Verfassungsgebung in Afrika, in: Joachim Betz (Hrsg.): Verfassungsgebung in der 3. Welt, Hamburg (= Schriften des Deutschen Übersee-Instituts Nr. 37) 1997, pp. 394-441.

Der Begriff „Ethnie“ und die Ethnopolitisierung von Konflikten[3]

Der Begriff der „Ethnie“ lässt sich über ihre Funktion erklären, Identität zu stiften, und in diesem Rahmen über Mobilisierungspotential zu verfügen. Der ethnische Verband ist ein „abgrenzbares Interaktions- und Kommunikationsfeld“[4], das historische, kulturelle und sprachliche Gemeinsamkeiten aufweist, aber fliessende Grenzen kennt, das heisst in bestimmtem politischen, wirtschaftlichen oder sozialen Kontext steht, gegebenenfalls erst durch externe Faktoren seine besondere Prägung erhält, und sich je nach historischem Kontext neu formieren kann. Die Selbstdefinition einer Gruppe kann dabei in engem Zusammenhang mit einer Fremddefinition stehen, die „von aussen“, etwa durch eine Kolonialmacht, vormals zugeordnet wurde. Diese knappe Einstufung orientiert sich an der funktionalistischen Definition von Ethnien. Primordiale Erklärungsmuster[5], verwandtschaftlicher Bezug, sprachliche oder kulturelle Gemeinsamkeiten stellen zwar ein konstituierendes Element ethnischer Verbände dar, doch ihr offener Charakter, die Möglichkeit von „overlapping identities“ familiärer, sozialer, politischer, regionaler, religiöser oder Klassenzusammenhänge sprechen gegen starre Erklärungsmuster, die interethnische Konflikte für unausweichlich betrachten. Auch interethnische Allianzen und deren „friedliche Koexistenz“, die eher die Regel als die Ausnahme darstellt, belegen diese These.

Ethnische Konflikte treten verstärkt in Verbindung mit Knappheit politischer, wirtschaftlicher oder sozialer Ressourcen auf. Oft wird die Ethnie oder ethnoregionale Basis von der jeweiligen Elite mobilisiert und politisch instrumentalisiert, um gegenüber der um die knappen Ressourcen konkurrierenden Elite/Gruppe eine stärkere Position vertreten zu können. Die Ethnie dient dabei als „natürlichste“ Legitimationsbasis, denn die Mobilisierung (etwa von Wählern) gerade unter schwierigen ökonomischen Bedingungen oder ungenügendem Zugang zu Massenmedien verspricht in der eigenen Region/Ethnie den grössten Erfolg. Oft geht einem Konflikt eine länger andauernde Privilegierung bzw. Dominanz der herrschenden Schicht voran (Legitimationsproblematik), die als Feindbild und Mobilisierungsfaktor dient. Demgegenüber versucht die privilegierte Schicht, ihre Pfründe zu verteidigen. Die Initiierung von Konflikten, etwa

---

[3] Ibid. - Georg Elwert: Nationalismus und Ethnizität, in: Kölner Zeitschrift für Soziologie und Sozialpsychologie, 3, 1989, pp. 440-464. - Harvey Glickman: Issues in the Analysis of Ethnic Conflict and Democratisation Processes in Africa Today, in: Ders. (ed.): Ethnic Conflict and Democratisation in Africa, Atlanta GA 1995, pp. 1-32. - Renate Kreile: Politisierung von Ethnizität in Afrika, in: Aus Politik und Zeitgeschichte, B (9), 21.2.1997, pp. 12-18. - Rainer Tetzlaff: Politisierte Ethnizität - eine unterschätzte Realität im nachkolonialen Afrika, in: Afrika-Spektrum, 1, 1991, pp. 5ff. - Crawford Young: Democracy and the Ethnic Question in Africa, in: Africa Insight, 27, 1, 1997, pp. 3-14.

[4] Tetzlaff, Politisierte Ethnizität (Fn. 3), p. 11.

[5] Clifford Geertz: The Integrative Revolution; Primordial Sentiments and Civil Politics in the New States, in: Ders.: The Interpretation of Cultures, New York 1973, pp. 255-310.

der Spaltung gegnerischer Allianzen, dient zur Ablenkung vom eigentlichen Ressourcenkonflikt, um einen Vorwand zur Beibehaltung des Status Quo zu schaffen.

Historisch bedingte Spannungen zwischen ethnischen Gruppen, die jahrzehntelang friedlich koexistierten, können als Mobilisierungsfaktor dienen. Die Andersartigkeit einer Minderheit, etwa von Zugewanderten, erleichtert die Stigmatisierung einer Gruppe als Sündenbock. Gewalt entsteht nicht „von selbst", sondern wird von bewaffneten Gruppen oder Milizen provoziert und ausgetragen. Deren Rekrutierung erfolgt meist aus der „definierten" Ethnie des „Kriegsherren". Die relative Offenheit von ethnischen Grenzen und die Ursachen ethnischer Konflikte in Ressourcenproblemen ermöglichen im Prinzip politische Lösungen. Haben aber ethnische Konflikte durch Formalisierung und Gewalt über viele Jahre hinweg verhärtete Grenzen erfahren (Rwanda), erweist es sich für interne und externe Kräfte als schwierig, positiv Einfluss zu nehmen.

Das Beispiel Zaïre/Kongo

Die Untersuchung der ethnisch geprägten Auseinandersetzungen in Kongo/Zaïre seit der politischen Öffnung 1990 zeigt, dass bestehende und am Leben gehaltene ethnoregionale Differenzen politisch instrumentalisiert wurden. Das Mobutu-Regime griff zum Mittel ethnischer Gewalt, um seine gefährdete Machtstellung zu erhalten. Kurzfristig festigte sie Mobutus Macht, indem sie eine zu Beginn der politischen Öffnung im April 1990 relativ geeinte, ursprünglich ethnien- und regionenübergreifende Opposition spaltete und destabilisierte. Die „ethnischen Säuberungen" in Shaba (seit 1997 wieder Katanga) in den Jahren 1992/93 sowie die Auseinandersetzungen im Nordkivu (seit 1993) weisen zahlreiche Elemente dieser Instrumentalisierung auf.

Der historische Hintergrund[6]

Die ethnisch geprägten Auseinandersetzungen der letzten Jahre in Zaïre/Kongo tragen ihren Keim in der (belgisch-kongolesischen) Kolonialgeschichte: Die

[6] John F. Clark: Ethno-Regionalism in Zaïre, in: Harvey Glickman (ed.): Ethnic Conflict and Democratisation in Africa, Atlanta GA 1995, pp. 351-380. - Peter Körner: Zaïre; Verschuldungskrise und IWF-Intervention in einer afrikanischen Kleptokratie, Hamburg 1988, pp. 30-101. - Günther Philipp: Zaïre, in: Franz Nuscheler/Klaus Ziemer: Die Wahl der Parlamente und anderer Staatsorgane; Ein Handbuch, Bd. 2, 1978, pp. 2331-2439. - Michael Schatzberg: Mobutu or Chaos? The United States and Zaïre, 1965-1990, London 1991. - Jean-Claude Willame: L'automne d'un despotisme, Paris 1992.

koloniale Grenzziehung der Berliner Kongokonferenz von 1885 trennte Siedlungsräume zwischen dem heutigen Rwanda und Burundi mit dem Kongo. Die Industrialisierung des rohstoffreichen und fruchtbaren Kongo und die in diesem Zuge erfolgende grenz- und/oder regionenübergreifende Migration durch die „Arbeitsmarktpolitik“ der belgischen Kolonialverwaltung (u.a. Zwangsumsiedlungen) zur Arbeitskraftbeschaffung vermengten Gruppen unterschiedlicher Herkunft. „Gastarbeiter“ wurden insbesondere in den Industriezentren der Regionen Katanga (Shaba) und Kasai sowie auf den grossen Plantagen des Kivu benötigt. Die Migrationspolitik bewirkte oftmals eine ökonomische Besserstellung der Zugewanderten und führte Ende der fünfziger Jahre in Katanga zu Auseinandersetzungen zwischen zugewanderten Baluba (Kasai) und den autochthonen Lunda.

Einige ethnische Gruppen wurden erst von der Geschichtsschreibung geschaffen. Nicht nur die belgischen Kolonialherren, sondern auch die lokalen Führer der betroffenen Gruppen nutzten diesen neu geschaffenen Gruppenzusammenhang zur Mobilisierung eigener Klientel, etwa zu den ersten Wahlen kurz vor der Unabhängigkeit. Auch die Einführung von vier Hauptsprachen, die sich nicht unbedingt mit lokalen Sprachgrenzen überschnitten, schuf neue Identifikationseinheiten. Die belgische Kolonialmacht hielt eine aufsteigende Elite wirtschaftlich abhängig und politisch unmündig. Politische Partizipation in belgisch-kongolesischen Institutionen wurde von 1947 bis kurz vor der Unabhängigkeit nur symbolisch gewährt.

„Indirect rule", die Einsetzung von Verwaltungseliten und deren Vorrangstellung innerhalb der kolonisierten Gesellschaften zur effizienten Herrschaftsausübung, provozierte im Kongo zwar keine vergleichbaren Konfliktpotentiale wie etwa in Rwanda (siehe unten). Lokale Eliten (Häuptlinge, *Chiefs*), die die Macht auf unterer Verwaltungsebene sicherten, erhielten jedoch weitgehend autokratische Vollmachten, die zumindest autoritäre Tendenzen in der Gesellschaft verschärften.

Politische Betätigung war bis 1957 gänzlich verboten, wodurch ein gesamtkongolesisches Bewusstsein verhindert wurde. Politische Artikulation erfolgte ausschliesslich in ethnisch-kulturellen Vereinigungen. Hier begann sich eine aufstrebende Bildungsschicht zu formieren. Der Paternalismus der belgischen Kolonialmacht und die politische Entmündigung bei gleichzeitiger Gewährung ethnisch-kultureller Rechte begründete eine Parteienbildung für die ersten Parlamentswahlen im Mai 1960 entlang ethnoregionaler Linien.[7] Von den 24 antretenden Parteien berief sich allein die MNC-L (*Mouvement National Congolais-Lumumba*) von Patrice Lumumba nicht auf ethnoregionale Ursprünge, sondern verstand sich als nationale Partei. Dennoch bildeten auch andere Parteien ethnienübergreifende Koalitionen.

Die „Kongo-Wirren" nach der Unabhängigkeit im Juni 1960 waren neben des während der Kolonialzeit geschürten Konfliktes durch Mangel an politischer Vorbereitung für die Unabhängigkeit auch Ausdruck des Ost-West-Konfliktes. Lumumbas Absetzung und seine spätere Ermordung (1961), vom amerikanischen Geheimdienst CIA mitinszeniert, sowie der erste Putsch der Armee im Herbst 1960 liessen sezessionistische Tendenzen und Widerstand gegen die Zentralregierung vor allem in den rohstoffreichen Regionen (Katanga, Kasai, Kivu) zum Bürgerkrieg eskalieren. Zynischerweise wurde mit Lumumba ausgerechnet derjenige ermordet, der durch sein Charisma eine überregionale und überethnische Integrationsfähigkeit besessen hatte. Extern geschürter Bürgerkrieg (belgische Wirtschaftsinteressen in Katanga), versuchte Sezessionen und die UN-Intervention kennzeichneten die ersten fünf Jahre nach der Unabhängigkeit. Sezessionen führten auch zu gewalttätigen Auseinandersetzungen mit ethnischer Komponente (Katanga). Dem unter diesen Umständen nicht funktionierenden föderalen System, an sich geeignet für eine multiethnische Gesellschaft, setzte der Putsch von Mobutu 1965 ein Ende.

Die weitere Machtsicherung erfolgte einerseits durch die Ermordung wichtiger politischer Widersacher (u.a. Tshombe, Mulele) und andererseits durch die Integration sowie die Kooptation ethnoregionaler Eliten. Mittels Elitenrotation in politischen Ämtern und Staatsbetrieben alimentierte Mobutu ethnoregionale Eliten nach seinem Gutdünken. Diese „Umverteilung" von staatlichen Ressourcen fand mit der Enteignung ausländischer Betriebe und Besitztümer Anfang der

[7] Philipp, Zaïre (Fn. 6).

siebziger Jahren, der sogenannten „Zaïrianisierung", ihren Höhepunkt. Sie schuf eine Staatsklasse und bewirkte zugleich die Verstärkung klienteler Netzwerke via die Eliten. Diese Art von „hegemonial exchange"[8] betraf selten die Schlüsselpositionen des Regimes. Insbesondere die Sicherheitskräfte und die Verfügung über die Ressourcen blieben einem kleinen Kreis um Mobutu vorbehalten, der zum Teil verwandtschaftlich verbunden war und aus der Ethnie Mobutus, den Ngbandi, stammte. Widerstand gegen das Mobutu-System artikulierte sich deshalb nach der politischen Öffnung 1990 vereinzelt als Widerstand gegen die Ethnie Mobutus.

In den ursprünglichen Widerstandsregionen Kivu und Shaba regierte Mobutu mit einer Politik des „teile und herrsche". Nichtautochthone Gruppen wie die Banyarwanda im Kivu (Hutu/Tutsi) oder auch die Baluba aus Kasai in Shaba wurden zeitweise zur Machtsicherung eingesetzt, womit bestehende Animositäten genährt wurden. Im ersten Jahrzehnt von Mobutus Herrschaft bewirkte der ökonomische Boom ein relatives Stillhalten regionaler Eliten. Mit dem wirtschaftlichen Niedergang der siebziger Jahre liess aber die Zustimmung für das autokratische System entscheidend nach, Widerstand formierte sich überregional und ethnienübergreifend. Erneute Sezessionsversuche in Shaba (1977 /78) erwuchsen aus der konstanten Ausbeutung der Rohstoffvorkommen durch das Regime und der dadurch reellen und empfundenen Benachteiligung der Region. Sie hatten, soweit bekannt, keinen ethnischen Charakter.

Eine generelle Verarmung der Zaïrer führte zum Verschwinden einer Mittelschicht, aufkommendem Klassenbewusstsein sowie, in den achtziger Jahren, zu wachsendem Widerstand gegen das Regime. Diese Faktoren sowie das Einparteisystem in den ersten Jahren der Mobutu-Herrschaft trugen zu einer sich formierenden zaïrischen Identität bei.[9] Bis zum Ende der achtziger Jahre vermochte sich das Regime mit dem Gewalt und Ressourcenmonopol sowie der externen Unterstützung durch westliche Verbündete - den Säulen des Systems - gegen internen Widerstand abzuschotten. Einerseits, und das gilt als Verdienst Mobutus, wurde die territoriale Einheit des Landes erhalten. Diese formale Stabilität wurde andererseits mit Menschenrechtsverletzungen und der rücksichtslosen Ausbeutung des Landes von der Bevölkerung teuer bezahlt. Ethnische Differenzen blieben dabei ein Instrument der Machtsicherung, ohne dass es während der Diktatur zu offen ausgetragenen ethnischen Konflikten kam.

---

[8] Donald Rothchilds: Hegemonial Exchange; An Alternative Model for Managing Conflict in Middle Africa, in: D. Thompson/Dov Ronen (eds.): Ethnicity, Politics and Development, Boulder CO 1986, pp. 65-104.

[9] Clark, Ethno-Regionalism in Zaïre (Fn. 6). - Eine entsprechende Wahlgesetzgebung verbot beispielsweise, ethnische Themen im Wahlkampf zu problematisieren. Die Parlamentswahlen von 1977 und 1986 galten als semi-kompetitiv.

Der zaïrische Systemwechsel und ethnische Konflikte (Shaba, Nordkivu)[10]

Das Ende des Ost-West-Konfliktes und das dadurch abnehmende strategische Interesse an Zaïre/Kongo sowie der konstante Niedergang der Wirtschaft erschwerten die Alimentierung der Klientel Ende der achtziger Jahre. Mit der Demokratisierungswelle, die auch den afrikanischen Kontinent ergriffen hatte, konnte sich nun auch das kritische Protestpotential in Zaïre mit Forderungen nach Demokratie und Menschenrechten artikulieren. Die politische Öffnung und das Ende der Einparteiherrschaft im April 1990 brachten bereits im ersten Jahr über hundert Neugründungen von Parteien mit sich. Tatsächlich spielte aber nur eine begrenzte Zahl tatsächlich eine Rolle. An erster Stelle die seit 1982 aktive, bis 1990 verbotene sozialdemokratische UDPS (*Union pour la Démocratie et le Progrès Social*), die von prominenten Politikern aus allen wichtigen Regionen gegründet worden war und als ethnienübergreifende Oppositionspartei galt. Ähnlich die christdemokratische PDSC (*Parti Démocrat et Social Chrétien*), die mindestens in zwei Regionen eine breite Basis besass. Als dritte Kraft etablierte sich die UFERI (*Union des Fédéralistes et des Républicains Indépendants*), ein Zusammenschluss von drei Parteien aus Shaba, die als einzige der drei einen stark regionalen Charakter aufwies. Diese drei Parteien organisierten die *Union Sacrée* (Heilige Union) als Oppositionsbündnis gegen die Mobutu-Herrschaft. Diesem Bündnis schlossen sich zahlreiche mehr oder weniger bedeutende Parteien und Gruppen der Zivilgesellschaft („Société Civile") an. Im gleichen Zuge gründete das Regime zahlreiche Parteien ohne jegliche Basis, die aber bei der Einberufung der Nationalkonferenz 1991 dazu dienten, eine relativ hohe Zahl von Regimeunterstützern unterzubringen. Zudem vermittelte die scheinbar zerklüftete Parteienlandschaft zunächst den Eindruck, nicht demokratiefähig zu sein, sondern Chaos und Anarchie zu produzieren - ein von Mobutu aus Gründen des Machterhalts gerne vermittelter Eindruck und auch ein vom neuen Machthaber Kabila Anfang 1997 verwendetes Argument gegen ein demokratisches System.[11]

Mit der Kooptation des Parteichefs der UFERI, Ngunz Karl-i-Bond, durch Mobutu im Herbst 1991 war ein erster Schritt zur Spaltung der Opposition eingeleitet, mit dem die Politisierung ethnoregionaler Differenzen in konfliktiver Form eingeläutet wurde. Die gewalttätigen Auseinandersetzungen in Shaba im Jahr

---

[10] Vgl. zum Systemwechsel u.a. Keith Sommerville: The Failure of Democratic Reform in Angola and Zaïre, in: Survival, 35, 3, Fall 1993, pp. 51-77. - Siegmar Schmidt: David gegen Goliath; Blockade, Selbstblockaden und Chaos in Zaïre, in: Günter Schubert/Rainer Tetzlaff (Hrsg.): Blockierte Demokratien in der „Dritten Welt" - eine Bestandsaufnahme, Hamburg 1996. - Daniel Stroux: Zaïres sabotierter Systemwechsel, Hamburg 1996. - Daniel Stroux: Der Kollaps der Mobutu-Herrschaft; Zaïre auf dem Weg zur Demokratischen Republik Kongo, in: KAS-Auslandsinformationen, 5, 1997, pp. 33-55. - Ders.: Zaïre 1997; Vor dem Zusammenbruch oder vor dem Neubeginn? Zum systemimmanenten Niedergang der Mobutu-Herrschaft, Hamburg 1997.

[11] Jede Partei erhielt, ungeachtet ihrer Popularität, vier Sitze in der Nationalkonferenz.

1992/93 und im Kivu 1993, mit bis zu 10.000 Toten und über 700.000 Vertriebenen, werden dem Mobutu-Regime zugeschrieben. Sie dienten der Machtsicherung des Regimes und können als letzte, weil unkontrollierteste Stufe der Sabotage gegen die Demokratisierung betrachtet werden. Die Konflikte in Shaba, dem Nordkivu und dem Südkivu 1996 lassen folgende Parallelen erkennen:

1. Eine historisch begründete Minderheitenproblematik entlang ethnischer Konfliktlinien, die die ökonomische und/oder politische Vorherrschaft der einen oder anderen Gruppe beinhaltete;
2. deren politische Instrumentalisierung, ausgelöst durch den Machtkampf auf nationaler Ebene;
3. die Begünstigung der Konflikte durch eine kritische Ressourcenverknappung (wirtschaftlicher Niedergang, Verknappung von Boden);
4. die Beteiligung staatlicher Behörden und deren Nichtintervention bei gewalttätigen Auseinandersetzungen;
5. die mehr oder minder gelungene Vertreibung von Minderheiten (nicht im Fall des Südkivu).

Machtpoker in Kinshasa als Auslöser ethnischer Konflikte in Shaba[12]

Das zeitliche Zusammenfallen der Wahl von Oppositionsführer Tshisekedi (UDPS) zum Premierminister (15.8.1992) durch die Nationalkonferenz und des Beginns der Vertreibung der Baluba aus Shaba weist auf den engen Zusammenhang zwischen dem Machtpoker in der Hauptstadt und den ethnischen Konflikten in der Region hin. Tshisekedi, ein Baluba aus Kasai, löste Nguz Karl-i-Bond (UFERI), einen Lunda, an der Spitze der Regierung ab. Seit dessen Bruch mit der Opposition zählte Nguz Karl-i-Bond zu den engen Verbündeten Mobutus. Dieser liess ihm freie Hand in Shaba, wo Animositäten zwischen Baluba und den autochthonen Lunda seit der Kolonialzeit bestanden.[13] Unter Mobutu hatten die Baluba bis 1990 eine Bevorzugung im Verwaltungs-, Wirtschafts- und Universitätsbereich erfahren. Mit Parolen wie „Katanga den Katangern" oder öffentlichen Verunglimpfungen durch den 1991 von Mobutu ernannten Gouverneur Kyungu-wa-Kumwanza, dem regionalen Parteichef der UFERI, Baluba seien „Insekten", die es zu verjagen gelte, wurde die Gewalt geschürt.[14] Der wirtschaftliche Niedergang seit dem Ende der achtziger Jahre sowie die Plünderungen von 1991, die zu einem rapiden Verfall der Produktion (v.a. Kupfer und Kobalt) auf 10%

---

[12] Stroux, Zaïre 1997 (Fn. 10).

[13] Peter Körner: Zaïre, in: Afrika-Jahrbuch 1993; Politik, Wirtschaft und Gesellschaft in Afrika südlich der Sahara, Hamburg 1994, p. 203.

[14] Libération, 15.11.1992. Gespräch des Autors u.a. mit Kyungu-wa-Kyungu, dem Sohn des Gouverneurs von Shaba, und mit einer Delegierten der „Société Civile" aus Shaba, einer Luba.

des Niveaus Mitte der achtziger Jahre geführt hatten[15], begünstigten die Auseinandersetzungen. Obwohl der Konflikt hätte eingedämmt werden können, gingen die Sicherheitskräfte nicht gegen die lokalen Milizen vor.[16]

Die Unruhen im Landesinneren konnten Mobutu in zweierlei Hinsicht dienen: Die oppositionelle Tshisekedi-Regierung, die von der internationalen Gemeinschaft unterstützt wurde, zu diskreditieren, und ihm, dem Präsidenten, den Ruf des „Stabilitätsgaranten“ wiederzugeben. Zudem, so argumentierte die Opposition, sei mit der Spaltung der Opposition und der Bevölkerung in Katanga entlang ethnischer Linien der innenpolitische Druck auf das Regime verringert worden.

Der Nordkivu 1993 - Bürger ohne Staatsbürgerschaft

Der Konflikt im Nordkivu brach im März 1993 ähnlich wie in Shaba los - mit dem Tag der Ernennung Faustin Birindwas, einem Banyarwanda, durch Mobutu zum Regierungschef. Die Birindwa-Regierung trat in Konkurrenz zum Kabinett von Tshisekedi, der sich auch 1997 noch als legitimer Regierungschef betrachtete, weil er von Mobutu illegal abgesetzt worden war. Im Siedlungsgebiet der Banyarwanda im Nordkivu, vor allem in den Regionen Masisi und Walikale, kam es zu Zusammenstössen mit den Bahunde/Banyanga/Batembo, bei denen zwischen 1.000 und 7.000 Menschen getötet und zwischen 30.000 und 200.000 Banyarwanda vertrieben wurden.[17]

Die Frage der Staatsbürgerschaft der Banyarwanda (Begriff für Hutu und Tutsi) war eine der Hauptursachen für den Konflikt: Die Verfassung von 1967 billigte den Banyarwanda, Flüchtlingen von 1959 und 1962 und allen davor Eingewanderten, kollektiv die Staatsbürgerschaft zu. Viele der Zaïrer aus dem Kivu hatten diese Massnahme nicht gutgeheissen, da die Bevölkerungsmehrheit nun von Nichtzaïrern gestellt wurde, die potentiell Mobutu-freundlich gesonnen waren. Da sich die Bewohner im Kivu schon vor den „Kongo-Wirren“ der sechziger Jahre in Opposition zum Zentralstaat befunden hatten, konnte Mobutu mittels der Staatsbürgerschaft für die Banyarwanda eine ihm loyale Region gewinnen. Diese kollektive Regelung wurde 1972 rückgängig gemacht und auf die Banyarwanda beschränkt, die bereits vor 1960 in Zaïre gelebt hatten, und 1981 schliesslich vom Parlament gänzlich gestrichen.[18]

---

[15] Der Kupferexport trug damals bis zu 40% zum Staatshaushalt bei.
[16] Gespräch mit Menschenrechtsgruppen in Lubumbashi, Januar 1997.
[17] Aufgrund des insgesamt schlechten Informationsstandes variieren die Angaben erheblich.
[18] United Nations: Commission on Human Rights, Report on the Situation of Human Rights in Zaïre, Prepared by the Special Rapporteur, Mr. Roberto Garreton, in Accordance with Commission Resolution 1995/69, Geneva, 1996.

Von mehreren hunderttausend Banyarwanda verloren damit diejenigen ihre Bürgerrechte, deren Vorfahren vor der kolonialen Grenzziehung im früheren Siedlungsgebiet des rwandischen Königreiches, zu dem der Kivu vor der Kongokonferenz 1885 gehörte, gelebt hatten. Eine individuelle Anerkennung war theoretisch aber möglich. 1992 wurde die Frage der Staatsbürgerschaft in der Nationalkonferenz aufgegriffen. Das Gremium bestätigte die Regelung von 1981 und hielt damit das bestehende Konfliktpotential am Leben. Laut AZADHO (*Association Zairoise de Défense et des Droits de l'Homme*) schürten Banyarwanda-stämmige Politiker aus der Hauptstadt die Animositäten im Kivu, indem sie zum Widerstand gegen die Entscheidung der Nationalkonferenz und damit gegen die traditionelle Herrschaft der Bahunde aufriefen.[19]

Gründe für die Antipathien zwischen den Ethnien waren zum einen die wirtschaftliche Besserstellung der Banyarwanda und ihre numerische Übermacht von rund 450.000 Menschen gegenüber rund 150.000 Autochthonen (in der Region Masisi) und zum anderen die Vorherrschaft der Bahunde in Politik und Verwaltung. Die Übersiedlung der Region kam als weiterer Faktor hinzu: 1995 kamen in der Region Masisi 175 Menschen auf einen Quadratkilometer - eine der höchsten Siedlungsdichten Afrikas, ähnlich wie die in Rwanda vor dem Genozid. Die Integration der Banyarwanda wurde nicht zuletzt durch die Frage der Staatsbürgerschaft erschwert. Auch seit Generationen dort lebende Banyarwanda galten zu Anfang der neunziger Jahre als „Ruanda-Zaïrer", also als Immigranten.

Der Konflikt wurde zunächst von den lokalen Behörden (Bahunde-dominiert) am Leben gehalten. Bewaffnete Unterstützung erhielten die Bahunde von den Milizen der Ngilima und der Mayi-Mayi, deren Ziel es war, Hutu und Tutsi aus der Region Masisi und Walikale zu vertreiben.[20] Die Regierung in Kinshasa ersetzte schliesslich die lokalen Verantwortlichen in Politik und Verwaltung. Das brutale Eingreifen der Präsidialgarde verschärfte den Konflikt. Durch eine lokale Friedensinitiative der „Société Civile" des Nordkivu gelang aber schliesslich ein Friedensschluss zwischen den Konfliktparteien. Mobutu dürfte den Konflikt begrüsst haben, da er dazu beitrug, den politischen Widerstand in der Oppositionshochburg Kivu zu brechen. Als Indiz für Mobutus Mitverantwortung kann das vier Monate lange Schweigen des Präsidenten und die erst dann erfolgte Intervention gelten.

---

[19] AZADHO (Association Zairoise de Défense et des Droits de l'Homme): Nord-Kivu, Etat d'Urgence, Guerre au Masisi, Constitution d'un Hutu-Land, Région Assiégée, Rapport sur l'Etat des Droits de l'Homme au Nord-Kivu, Kinshasa, 1996.

[20] Ibid.

Der importierte rwandische Konflikt überlagert zaïrische Konfliktmuster

Mit der Flüchtlings- und Milizenwelle nach dem rwandischen Genozid in den Osten von Zaïre überlagerte und veränderte die rwandische Hutu-Tutsi-Problematik die lokale zaïrische Konfliktkonstellation. Während es sich 1993 allein um einen Konflikt zwischen Autochthonen und den Banyarwanda, Hutu und Tutsi, gehandelt hatte, richtete sich der Hass der Hutu-Milizen gegen die Tutsi-Minderheiten in Ostzaïre, die vertrieben wurden. Gleichzeitig kämpften sie gegen die autochthonen Gruppen mit dem Ziel, ein Hutu-Land zu schaffen. Hierbei handelte es sich weniger um ein ethnisches Problem der Milizen mit den Autochthonen als um einen Krieg zur Erschliessung von neuem Lebensraum.

Exkurs: Der rwandische Hutu-Tutsi-Konflikt

Ein skizzenhafter Exkurs über die Ursachen der rwandischen Hutu-Tutsi-Problematik ist an dieser Stelle notwendig.[21] Ohne diesen müsste die weitere Analyse unscharf bleiben. In Rwanda waren es die deutschen und belgischen Kolonialherren, die eine ursächlich soziale und politische Stellung in der Gesellschaft in eine ethnische umfunktionierten. Die Grenzen zwischen den sozialen Gruppen Hutu und Tutsi[22] innerhalb des kulturell und sprachlich homogenen Raumes waren ursprünglich relativ fliessend. Hutu konnten in die herrschende Tutsi-Klasse aufsteigen. Die Reduzierung einer sozialen Stellung auf eine ethnische durch die Europäer erfolgte zunächst nach scheinbaren Rassenunterschieden, die später an Besitzkriterien festgemacht wurden. Mit der im Personalausweis vermerkten Zuordnung zu Ethnien und deren politischer Instrumentalisierung zur vereinfachten Herrschaftsausübung via „indirect rule“ schuf erst die Kolonialmacht Hutu und Tutsi als Ethnien und damit ein gruppenbezogenes Minderheitenproblem.[23]

Die politische Instrumentalisierung der Ethnien erfolgte in Rwanda in wesentlich schärferer Form als im Kongo - vor allem begünstigt durch das bipo-

[21] Vgl. zu diesem Exkurs u.a. Jean-Pierre Chrétien: Kann der ethnische Reinheitswahn überwunden werden? In: Peter Meyns (Hrsg.): Staat und Gesellschaft in Afrika, Hamburg 1996, pp. 425-435. - René Lemarchand: Managing Transition Anarchies; Ruanda, Burundi, and South Africa in Comparative Politics, in: Journal of Modern African Studies, 32, 4, 1994, pp. 581-604. - Jürg Marx: Völkermord in Ruanda; Zur Genealogie einer unheilvollen Kulturentwicklung, Eine diskurstheoretische Untersuchung, Hamburg 1997. - Andreas Mehler: Ursache, Folge oder Spiegelbild? Die burundische Krise im Lichte des Genozids in Ruanda, in: Peter Meyns (Hrsg.): Staat und Gesellschaft in Afrika, Hamburg 1996, pp. 451-461. - Peter Molt: Zerfall von Staat und Gesellschaft in Ruanda, in: KAS-Auslandsinformationen, 5, 1994, pp. 3ff. - Gérard Prunier: The Ruanda Crisis; History of a Genozid, Kampala 1995.

[22] Zu Anfang der neunziger machten die Hutu 85%, die Tutsi 14% und die Twa 1% der Bevölkerung aus.

[23] Zur sog. Hamitentheorie vgl. Marx, Völkermord in Ruanda (Fn. 21), pp. 66f.

lare Hutu-Tutsi-Verhältnis und die Privilegierung der Minderheit während der Kolonialzeit.[24] Bereits vor Rwandas Unabhängigkeit (1962) putschte die Hutu-Mehrheit in der „Novemberrevolution" von 1959. 150.000 Tutsi flohen bis 1962 in die Nachbarländer, unter anderem in den Kivu.

Das Habyarimana-Regime (1979-1994) tabuisierte zwar bis zum Angriff der FPR (*Front Patriotique Ruandais*) 1990 die ethnische Frage, doch Ausweise und ein Quotensystem hielten die starren ethnischen Identitäten formal aufrecht. Obwohl Mischehen und ein Nord-Süd-Konflikt innerhalb der Hutu-Elite (der Habyarimana-Clan bevorzugte Hutu aus dem Norden) das starre System im Laufe von dreissig Jahren Hutu-Herrschaft untergruben, gelang es einer extremistischen Hutu-Schicht unter dem Vorwand der äusseren Bedrohung durch die FPR-Guerilla ein extremes Anti-Tutsi-Klima zu schaffen und den Völkermord an den Tutsi gezielt vorzubereiten.

Bezüglich der Qualifizierung des Genozids von 1994 als „ethnischen Konflikt" muss an dieser Stelle darauf hingewiesen werden, dass sich die Pogrome ab April 1994 sowohl gegen die Tutsi als auch moderate Hutu richteten. Es handelte sich zum einen also um den Versuch einer systematischen Vernichtung der Tutsi-Minderheit und zum anderen um politischen Mord an „Verrätern" in der eigenen Gruppe. Als Ursachen für die Eskalation wurden wachsende sozioökonomische Probleme bereits in den achtziger Jahren und die damit erschwerte Alimentierung der Klientel des Habyarimana-Regimes, die Übervölkerung in den ländlichen Gebieten, die Landknappheit sowie die internationalen Finanzauflagen identifiziert. Der Extremismus der Hutu-Elite, die mit der politischen Öffnung und der Freigabe der Zensur 1990 rassistische Propaganda über die Medien verbreitete, führte zusammen mit dem nicht rechtzeitigen Eingreifen der internationalen Gemeinschaft zur Ermordung von mindestens einer halben Million Menschen. Der Vormarsch der FPR und die fortdauernde Propaganda der flüchtenden Völkermörder trieben fast zwei Millionen Menschen, vornehmlich Hutu, in die Nachbarländer, etwa 1,3 Millionen flohen ins damalige Zaïre - und mit ihnen die rwandische Armee und die Hutu-Milizen.

Vom Konfliktimport zum Krieg

Unter den rwandischen Milizen und den Militärs befanden sich zahlreiche zaïrische Hutu, die sich 1990 der rwandischen Armee angeschlossen hatten, als die FPR-Rebellion gegen das rwandische Habyarimana-Regime begann. Umgekehrt unterstützten zaïrische Tutsi die Tutsi-Guerilla. Die zaïrischen Hutu kehrten bewaffnet und ideologisch aufgehetzt in ihre Dörfer im Kivu zurück, wo der Zivilbevölkerung das Dogma des Rassenhasses aufoktroyiert wurde. Das Ende

[24] Lemarchand, Managing Transition Anarchies (Fn. 21).

1993 durch die „Campagne pour la Paix" gefundene fragile Kräftegleichgewicht im Nordkivu wurde zudem wegen der numerischen wie militärischen Stärke der Rwander ebenso wie im Südkivu extrem zuungunsten der autochthonen Bevölkerung verschoben.[25]

Als ein die 1995 beginnenden Auseinandersetzungen begünstigendes Element kann die Rwanda vergleichbare Siedlungsstruktur in der Kivu-Region gelten. Hervorzuheben ist, dass im ersten Konflikt 1993 im Nordkivu die Banyarwanda, also Hutu und Tutsi, tendenziell einen sprachlich-kulturellen Gruppenzusammenhang gegenüber der autochthonen Bevölkerung bildeten, der 1994 durch den importierten Hutu-Tutsi-Konflikt zerschlagen wurde. Das belegt für dieses Fallbeispiel deutlich die Abhängigkeit der Durchlässigkeit von ethnischen Grenzen und Konfliktlinien von der historischen Konstellation.

Als konfliktverschärfendes Element wirkte im August 1995 der Versuch der zaïrischen Regierung, die rwandischen Flüchtlinge auszuweisen. Aus Angst vor der Abschiebung flohen Zehntausende von rwandischen Hutu ins Landesinnere, vor allem in die Kivu-Regionen Masisi und Rutshuru. Bereits zwei Monate später begann die Vertreibung der autochthonen Bahunde und Banyanga sowie der dort lebenden Tutsi. Im Oktober wurden die ersten traditionellen Führer der Bahunde angeblich von Hutu-Milizen ermordet. Die Auseinandersetzungen eskalierten mit Gegenoffensiven seitens der Milizen der Ngilima und der Mayi-Mayi.[26] Eine „Befriedungsaktion" der zaïrischen Armee in der Region Masisi im Dezember 1995 offenbarte laut AZADHO die Allianz zwischen zaïrischer Armee und Hutu-Milizen. Weitere Militäraktionen im Frühjahr 1996 vermochten die Vertreibung der autochthonen Bevölkerung und der Tutsi nicht zu verhindern.

Die vor allem gegen die Tutsi gerichtete Propaganda wurde vom Gouverneur des Nordkivu, Moto Mopenda, mit rassistischen Parolen wie „Gastfreundschaft hat seine Grenzen" oder „man muss gegen die Immigranten vorgehen" noch im Mai 1996 geschürt, nachdem Hutu-Milizen Anfang Mai über hundert Tutsi-Flüchtlinge in einem Kloster in Masisi getötetet hatten. Hasstiraden gegen Tutsi wurden sowohl auf den beiden Kanälen von Radio Goma als auch mit mobilen Lautsprechern in der Provinzhauptstadt verbreitet. Mitte 1996 existierte im Nordkivu faktisch ein „Hutu-Land", das sich über die Region Masisi und einen Teil Rutshurus erstreckte. Bahunde-Flüchtlingslager befanden sich östlich der Region Masisi, westlich von Goma. Die Tutsi waren fast vollständig ausser Landes vertrieben.

---

[25] Zur Entwicklung des Konfliktes vgl. Monique Chajmowicz: Kivu; Les Banyamulenge enfin à l'honneur, in: Politique Africaine, 64, 1997, pp. 115-120. - Georges Nzongola Ntalaja: Crisis in the Great Lakes Region, in: Sapem, 11, 1996. - Roland Pourtier: La guerre au Kivu; un conflit multidimensionel, in: Afrique Contemporaine, 4, 1996, pp. 15-38. - Hildegard Schürings: Verdeckte Fronten; Hintergründe des Konflikts in Ostzaïre, in: Blätter für deutsche und internationale Politik, 1, 1997. - Stroux, Zaïre 1997 (Fn. 10).

[26] AZADHO, Nord-Kivu (Fn. 19).

Der Anteil des Mobutu-Regimes an der Konflikteskalation und der Instrumentalisierung der Situation für den Machterhalt bestand, das sei hier nochmals zusammengefasst, in der langjährigen Vernachlässigung der Armee (fast keine Bezahlung, schlechte Ausstattung), die erst die Komplizenschaft mit den Extremisten ermöglichte, und einem kaum erfolgten Einsatz zur Befriedung der Lage. Das Regime duldete Hetzparolen der eigenen Verwaltung und unternahm nichts gegen Trainingslager rwandischer Milizen und ihre Wiederbewaffnung auf zaïrischem Boden.[27] Es war nicht zuletzt die Präsenz der Flüchtlinge in Zaïre, die Mobutu zur Rückkehr auf das internationale Parkett verholfen hatte - nach mehrjähriger Isolierung wegen Menschenrechtsverletzungen. Seine Strategie zur Machterhaltung sollte sich aber wie ein Bumerang schliesslich gegen ihn wenden.

Die versuchte Vertreibung der Banyamulenge im Südkivu

Der im Südkivu am 18. Oktober 1996 losgetretene Umsturz fand in der oben vorgenommenen Skizze des Konfliktes im Nordkivu (und in Shaba) seine Erklärung: Der Südkivu war eine Hochburg der Opposition; wie im Nordkivu bestanden Spannungen zwischen Autochthonen (v.a. Babembe) und den Tutsi zugerechneten Banyamulenge wegen ökonomischer Divergenzen auf der einen und historisch geprägter Komponenten auf der anderen Seite. Die Banyamulenge hatten etwa Mobutu im Jahr 1965 gegen die von der lokalen Bevölkerung gestützten Simba-Rebellen unterstützt und waren später in die nationale Armee integriert worden. Auch die (Selbst-)Isolation der Gruppe in der unzugänglichen Hochebene südlich von Uvira war ein Aspekt der Animositäten.

Ausserdem wurde auch den Banyamulenge die Staatsbürgerschaft verweigert: Die offizielle zaïrische Politik zielte 1995 darauf, die 200.000-400.000 Menschen starke Bevölkerungsgruppe aus Zaïre abzuschieben. Das Übergangsparlament verabschiedete im April 1995 ein Dekret, das auch den Nordkivu betraf, demzufolge eine unverzügliche Repatriierung aller rwandischen und burundischen Flüchtlinge und Immigranten zu erfolgen habe, um entwurzelte Zaïrer dort anzusiedeln.[28] In der regime- und oppositionsnahen Presse wurde die Hatz gegen die Tutsi geschürt.[29] Politprominenz wie der Vizeparlamentsvorsitzende Anzuluni Bembe, ein Mobutu-loyaler Politiker, Behörden, zaïrische Militärs sowie eine autochthone Miliz ergriffen propagandistisch und militärisch die Initiative. Ein Rolle spielten auch rwandische und burundische Hutu-Milizen. Die Banyamulenge wurden seit dem Frühjahr 1996 von den Militärs bedroht und

[27] Dem Verfasser liegt ein unveröffentlichter Bericht an den UN-Sicherheitsrat vor, vgl. Third Report of the International Commission of Inquiry (Rwanda), 1996.
[28] United Nations, Commission on Human Rights (Fn. 18).
[29] „... il n'existe pas de peuple que l'on peut appeler les Banyaruanda et les Banyamulenge au Zaïre." Zitiert nach Le Soft, 26.9.1996.

mussten ihre Häuser verlassen. Die inzwischen jedoch gut ausgerüsteten Banyamulenge wehrten sich und provozierten zugleich. Aufsehen erregte insbesondere der Angriff auf ein Hospital im Südkivu, bei dem auch Kranke umkamen. Ein Ultimatum des Vizegouverneurs von Südkivu an die Gruppe Anfang Oktober, sie hätten innerhalb einer Woche das Land zu verlassen, sonst würden sie als Rebellen verfolgt, liess den Konflikt eskalieren. Das Ultimatum kann als Auslöser der Rebellion gelten. Der Widerstand gegen die Vertreibungspolitik war erheblich schärfer als bei den Tutsi im Nordkivu, was in erster Linie auf ihre militärische Ausbildung und die Aufrüstung durch Rwanda zurückzuführen ist.

Nach dem Ausbruch der Rebellion ging es vordergründig um die ethnische Gleichstellung der Tutsi-Minderheiten in Zaïre, und in einem zweiten Schritt um die Beseitigung der Mobutu-Herrschaft. Nachträglich wissen wir, dass vor allem der rwandische Hutu-Tutsi-Konflikt zusammen mit den oben skizzierten internen Krisen nicht nur eine Ursache, sondern auch eine Haupttriebfeder der Rebellion blieb: Angefangen vom ersten Angriff auf ein Hutu-Flüchtlingslager in Uvira im Südkivu bis hin zur Spurenbeseitigung von Massakern an Hutu-Flüchtlingen durch die rwandische Armee mitten in Zaïre. Bei allen Vorwürfen an die Adresse der Tutsi-dominierten rwandischen Regierung, nicht nur gegen Hutu-Milizen, sondern auch gegen Flüchtlinge äusserst brutal vorgegangen zu sein, darf die anhaltende Bedrohung Rwandas durch die Hutu-Milizen aus Zaïre/Kongo nicht aus den Augen verloren werden.

Die Aufrufe der AFDL-Allianz (*Alliance des Forces Démocratiques pour la Libération du Congo-Zaïre*), ein Zusammenschluss von vier Parteiführern unterschiedlicher ethnoregionaler Provenienz zum Widerstand gegen das Mobutu-Regime profitierten von der siebenjährigen Blockade des Demokratisierungsprozesses durch Mobutu. Es gelang der Allianz unter der Führung von Laurent Kabila im Laufe von wenigen Monaten, eine relativ hohe Zustimmung für die Rebellion - auch in der Hauptstadt Kinshasa - zu gewinnen.[30] In dieser Einheit bestand eine historische Chance für eine inklusive Politik - und eine ethnisch nichtkonfliktive Zukunft.

Dem vorausgegangen waren im November 1996 Ausschreitungen in Kinshasa gegen Tutsi. Tausende flohen in das Nachbarland Kongo-Brazzaville. Die Perzeption in Kinshasa, die AFDL-Rebellion sei lediglich eine rwandische Invasion im Kivu, hatte den Boden für die Gewalt gegen die Tutsi bereitet. Begünstigt wurde diese durch den Abbruch der diplomatischen Beziehungen zu Rwanda und Uganda sowie die Aufforderung des Übergangsparlamentes (Mobutu-dominiert) an die Kengo-Regierung, Besitz und Firmen von Tutsi zu beschlagnahmen.

[30] BERCI (Bureau d'Etudes de Recherche et de Consulting International): La guerre à l'Est, Kinshasa, 1, 1997.

Düstere Perspektiven in der Region der Grossen Seen[31]

Wachsende Konfliktpotentiale

Die militärische Dominanz der Tutsi innerhalb der AFDL nach der Rebellion bestärkten die Zaïrer/Kongolesen in ihrer Skepsis gegenüber den Tutsi. Viele fühlten sich Ende 1997 fremddominiert. Allerdings befindet sich das Kabila-Regime in einem Loslösungsprozess von Rwanda, womit die Tutsi-Präsenz nachgelassen hat und die Anti-Tutsi-Stimmung nachlassen könnte.

Gleichzeitig schuf das Kabila-Regime, mit dem zunächst die Hoffnung auf eine schnelle Demokratisierung des Kongos (nun Ex-Zaïre) verbunden war, mit dem Ausschluss zahlreicher politischer Gruppen neue Feinde: Als „Katangisierung", der Besetzung von Schlüsselpositionen des Landes durch Personen aus Katanga, der Heimatregion Kabilas, wird der Nepotismus Kabilas bezeichnet. Er offenbarte sich Anfang 1998 beispielsweise in der Ernennung von Kabilas Neffen Gaetan Kakudjis, bisher Gouverneur von Katanga und Vizegeneralsekretär der AFDL, an die Spitze eines neuen Superministeriums (u.a. Innenminister). Damit könnte Kabila, einem Baluba aus Katanga, und seiner Entourage langfristig eine ähnliche Stigmatisierung wie Mobutu und seiner Ethnie, den Ngbandi, drohen.

Zudem ist Anfang 1998 ein Konflikt innerhalb der AFDL mit Banyamulenge-Soldaten im Südkivu ausgebrochen, die mit schweren Waffen desertiert sind. Im Nordkivu besteht mit der starken Anti-Tutsi-Stimmung eine vergleichbare Konfliktkonstellation wie vor der Rebellion.

Die früher nur im Nordkivu aktiven Mayi-Mayi-Milizen sind inzwischen zu einem überregionalen und multiethnischen Sammelbecken von verschiedenen Widerstandsgruppen gegen das Kabila-Regime und gegen die Tutsi-dominierten Nachbarregierungen von Rwanda und Burundi geworden. Hier geht es in erster Linie um politische und wirtschaftliche Interessen (Partizipation, Teilhabe an Ressourcen) im Kongo und in der Region, und, was Rwanda und Burundi betrifft, um die gleichen Konflikte, stark ethnisch geprägt.

Die derzeitigen Machtverhältnisse im Kongo und im Gebiet der Grossen Seen deuten auf eine Verschärfung der politischen Auseinandersetzungen hin. Im Kongo provozierte das Regime innenpolitische Konflikte durch den Mangel an Dialogbereitschaft und den Ausschluss von Gruppen, die an der Rebellion teilgenommen und viele Jahre friedlich gegen das Mobutu-Regime gekämpft hatten. Der Hutu-Tutsi-Konflikt belastet darüber hinaus, nicht erst seit dem Genozid von 1994, das gesamte Gebiet und ist damit zu einem überregionalen Faktor geworden.

---

[31] Winrich Kühne: Krieg in Zentral- und Ostafrika? Fünf Szenarien, in: SWP aktuell, 14, Ebenhausen, Stiftung Wissenschaft und Politik, 1997 (unveröffentlichtes Manuskript). - Daniel Stroux: Die DR Kongo ein halbes Jahr nach Kabilas Machtübernahme, in: SWP aktuell, 16, Ebenhausen, Stiftung Wissenschaft und Politik, 1997 (unveröffentlichtes Manuskript).

Mit zunehmender Schärfe artikuliert sich das Hutu-Tutsi-Problem in Rwanda (und Burundi). Die Spirale der Gewalt, die Aggression von Hutu-Milizen und die Gegenschläge der Tutsi-dominierten Armee, oft gegen Zivilisten, dreht sich seit Mitte 1996 immer schneller. Die rwandische Regierung, deren Kabinett mehrheitlich aus moderaten Hutu besteht, wird von einer kleinen Gruppe rwandischer Tutsi-Militärs, unter anderem Vizepräsident und Verteidigungsminister Paul Kagame, regiert. Seit der Regierungsumbildung im Herbst 1995, als einflussreiche moderate Hutu-Minister aus der Regierung gedrängt wurden, hat die Versöhnungs- und Integrationspolitik Schaden genommen. Mit der Rückkehr der Flüchtlinge aus dem Kongo, Burundi und Tansania bestehen, was die Bevölkerungsdichte betrifft, bald ähnliche Verhältnisse wie vor dem Genozid. Allianzen der verschiedenen Hutu-Widerstandsgruppen mit kongolesischen Gruppen haben sich, wie oben vermerkt, 1997 formiert und werden in Rwanda und im Kongo und damit in der Region der Grossen Seen für Unruhe sorgen.

Ohne Aussenmacht kein Frieden

Ethnisch geprägte Konflikte sind, wie oben gezeigt, primär Ausdruck von Macht- und Verteilungskämpfen um knappe Ressourcen. Sie sind oftmals ein Elitenkonflikt, der mittels Milizen und im Fall Rwandas auch mittels rassistisch indoktrinierter Bevölkerungsgruppen gewalttätig ausgetragen wird. Dabei besitzt gerade der Hutu-Tutsi-Konflikt wegen der extremen und immer wiederkehrenden Gewalt sehr starre Fronten. Gibt es politische, ökonomische und soziale Lösungen für diese Ressourcenprobleme, und ist die Depolitisierung von ethnischen Konflikten möglich?

Demokratische Lösungen können Konflikte am ehesten in friedliche Bahnen lenken und sind besonders dazu geeignet, zur Depolitisierung ethnischer Konflikte beizutragen. Konfliktmanagement muss zwar im ersten Schritt eine nationalstaatliche Lösung zu finden versuchen, doch das Überlappen der Konflikte in der Region der Grossen Seen zwingt auch zur Suche nach einer regionalen Lösung, die ausser Rwanda und Burundi auch die neue Regionalmacht Angola sowie Uganda, Kongo-Brazzaville und Zentralafrika einbeziehen muss.

Die politische Realität zeigt allerdings, dass der politische Wille bei den Regierungen in der Region dafür kaum vorhanden ist. Dennoch: Auch wenn viele Beobachter die Region für demokratische Lösungen als nicht reif genug halten, gibt es zur Erreichung eines stabilen Friedens keine Alternative zur Demokratie. Selbstverständlich müssen dabei länderspezifisch angepasste Modelle zur Anwendung kommen. Das Präsidialsystem mit Majoritätsprinzip („winner takes all") sollte bei Verfassungslösungen vermieden werden. Verhältniswahlrecht, institutionelle Lösungen wie Föderalismus mit Zweikammersystem oder Regierungsformen, bei welchen die Minderheit ausreichende Vetorechte besitzt (Regierung der Nationalen Einheit, Rotationsverfahren, Konkordanzdemokratie) sind angemessene Diskussionsgrundlagen.

Für den Kongo wäre eine institutionelle Lösung vorstellbar. Mit einer föderalen Verfassung, mit Finanzhoheit und -ausgleich etc. war diese bereits greifbar; eine fertige Version lag vor und war ein von allen beteiligten Gruppen, selbst den potentiellen Sezessionisten in Katanga, ein akzeptiertes Konstrukt. Die Frage der Staatsbürgerschaft der rwandastämmigen Kongolesen wurde hier jedoch diskriminierend behandelt.[32] Fraglich ist, welchen Entwurf die im Oktober 1997 von Kabila eingesetzte Verfassungskommission vorschlägt, die die erste demokratische Verfassung von 1964 (Luluabourg) und jene von der Nationalkonferenz 1992 erarbeitete Version als Referenz vorliegen hat. Angesichts des bislang den autoritären Weg beschreitenden Regimes von Kabila scheint jedoch eine Debatte über eine demokratische Verfassung in näherer Zukunft in Frage gestellt: Das immer rigider durchgesetzte Parteienverbot mit zahlreichen Verhaftungen in der Opposition (u.a. Etienne Tshisekedi im Februar 1998), und die Ankündigung Kabilas, das Land sei nicht reif für Wahlen, lassen die Aussichten auf einen friedlichen politischen Wandel schwinden. Die für 1999 versprochenen Wahlen und das Verfassungsreferendum rücken in die Ferne.

Die Hauptaufgabe der internationalen Gemeinschaft im Kongo wird es sein, den politischen Handlungsspielraum der gewaltlosen Opposition und der Zivilgesellschaft zu stützen. Denn deren politische Verdrängung wird Konflikte, auch ethnisch geprägter Art, potentiell schüren. Abgesehen davon, dass die Zivilgesellschaft den Staat während der Mobutu-Herrschaft in vielen Bereichen ersetzt hatte, bewies sie in zahlreichen Initiativen seit der politischen Öffnung ein erhebliches Konfliktlösungspotential und trug damit zur politischen Mässigung bei (Nationalkonferenz; Nordkivu 1993; Parallele Wahlkommission 1995)

Im Gegensatz zum Kongo steht in Rwanda oder Burundi eine demokratische Transformation kaum zur Debatte. Die festgefahrene Hutu-Tutsi-Frage lähmt jede Diskussion. Eine demokratische Lösung nach dem Majoritätsprinzip ist für die Regime in Rwanda und Burundi nicht vorstellbar, da die Angst vor einem neuen Genozid zu gross ist. Die Beibehaltung des Status Quo wird allerdings die Situation verschärfen. Verfassungsoptionen, die eine Machtteilung mit Minderheitenschutz oder Vetorechten beinhalten, etwa nach südafrikanischem Modell, sollten debattiert werden. Entscheidend, auch für die Zukunft der Regierung, ist der glaubwürdige Aufbau des Rechtsstaates und die Umsetzung des Genozidgesetzes. Eine rwandische Identität ohne Hutu und Tutsi wird benötigt, sie ist im derzeitigen kriegsähnlichen Zustand aber eine Illusion. Die primäre Aufgabe der internationalen Gemeinschaft in Rwanda besteht derzeit in der fortgesetzten Stützung des Aufbaus des Rechtssystems und im Versuch, den Dialog

[32] Stroux, Zaïre 1997 (Fn. 10).

zwischen Hutu und Tutsi zu fördern und, soweit möglich, zur Linderung der sozioökonomischen Situation der Bevölkerung beizutragen, auch wenn die Zusammenarbeit angesichts der explosiven Lage denkbar schwierig ist. Es ist aber fraglich, ob der Teufelskreis von hoher Bevölkerungsdichte im hochagrarisierten Ministaat und den daraus resultierenden wirtschaftlichen und sozialen Problemen durchbrochen werden kann. Deshalb muss in der Region verstärkt auf eine ökonomische und politische Integration hingearbeitet werden. Durchlässige Grenzen und Freizügigkeit in der Region scheinen derzeit Utopie, aber auf lange Sicht der einzige friedliche Weg.

Die internationale Gemeinschaft sollte ihre Aktivitäten auf drei Ebenen gleichzeitig verstärken:

1. *Mikroebene*: Der innenpolitische Dialog sollte via Entwicklungspolitik (z.B. Stiftungen) intensiviert werden.
2. *Mesoebene*: Der Dialog mit und zwischen den Regierungen über Demokratisierung sollte vertieft werden.
3. *Makroebene*: Die regionalen Vermittler, etwa der ehemalige tansanische Präsident Nyerere oder die Sonderbeauftragten von UNO, OAU, EU und USA könnten in einer gemeinsamen Initiative die Idee einer permanenten Regionalkonferenz mit OSZE-Elementen, eventuell unter dem Dach der OAU, aufgreifen. Politische, wirtschaftliche, soziale und ethnische Fragen könnten zwischen Regierungen und Oppositionsgruppen kontinuierlich diskutiert werden. Die Auswahl der Konferenzteilnehmer sollte sich - neben den staatlichen Stellen - an der Maxime der Friedensbereitschaft der Teilnehmer orientieren; des Völkermords Verdächtige müssten ausgeschlossen sein. Erheblich beschleunigt werden müsste dafür die Rechtsprechung des internationalen Gerichtshofes in Arusha und die Umsetzung des Genozidgesetzes in Kigali. Auch die Aufklärung der Massaker an Hutu-Flüchtlingen während des AFDL-Vormarsches, die seit Mitte 1997 immer wieder von offizieller kongolesischer Seite torpediert wird, ist ein Baustein für die zukünftige Konfliktbewältigung.

Die entscheidende Frage wird sein, wie und ob die extremistischen Kräfte auf beiden Seiten zurückgedrängt werden können und ob sich auf Hutu- und Tutsi-Seite Gesprächspartner finden, die einen neuen Dialog lancieren wollen und können. Die Reformer auf beiden Seiten sollten dabei von der internationalen Gemeinschaft unterstützt werden. Die Geberländer werden auch in den kommenden Jahren eine wichtige Rolle spielen und müssen diese Position nutzen, um die dialogbereiten und prodemokratischen Kräfte in der Region zu stützen, im Zweifel mittels Scheckbuchdiplomatie. Das könnte einen Beitrag zur friedlichen Austragung von gesellschaftlichen Konflikten leisten und in Zukunft „Ethnopolitisierung" auf die Mobilisierung von Wählerschichten anstelle von Kampfeinheiten beschränken. Ohne die aktive Einflussnahme der internationalen Gemeinschaft droht die Region auf lange Zeit hinaus ein Krisengebiet zu bleiben.

Weitere Literatur

Balibutsa, Maniragaba: Die Entstehung des Rassismus und des Extremismus in Ruanda und die Möglichkeiten von deren Überwindung, in: Peter Meyns (Hrsg.): Staat und Gesellschaft in Afrika, Hamburg 1996, pp. 436-450.
Brandstetter, Anna-Maria/Dieter *Neubert*: Historische und gesellschaftliche Hintergründe des Konflikts in Ruanda, in: Peter Meyns (Hrsg.): Staat und Gesellschaft in Afrika, Hamburg 1996, pp. 409-424.
Glickman, Harvey: Managing Democratic Ethnic Competition, in: Ders. (ed.): Ethnic Conflict and Democratisation in Africa, Atlanta GA 1995, pp. 381-396.
Hoering, Uwe: Hutu & Tutsi; Der Völkermord hätte verhindert werden können, befand ein UN-Bericht, Göttingen 1997.
Kühne, Winrich: Demokratisierung in Vielvölkerstaaten unter schlechten wirtschaftlichen Bedingungen, Ebenhausen, Stiftung Wissenschaft und Politik, 1992, unveröffentlichtes Manuskript.
McCormick, Shawn: Mobutu, Master of the Game? In: Current History, 5, 1994, pp. 223-227.
Schlichte, Klaus: Krieg und Vergesellschaftung in Afrika; Ein Beitrag zur Theorie des Krieges, Hamburg 1995.
Senghaas, Dieter (Hrsg.): Den Frieden denken, Frankfurt a.M. 1995.

Africa Confidential, London
Afrika-Jahrbuch, Hamburg
Afrique-Kongo (Afrique-Zaïre), Kinshasa
Economist Intelligence Unit, Kongo/Zaïre, London
Jeune Afrique, Paris

Inversion der Ethnizität: Von Wahrnehmung zur Konfliktursache

Die Fur- und Nubakonflikte im Westsudan

Von Mohamed Suliman und Axel Klein

Einleitung

Materielle Ressourcen bilden den eigentlichen Gegenstand der meisten gewaltsamen Konflikte. Ethnische, kulturelle und religiöse Affiliationen wandeln sich im Laufe der Zeit von abstrakten ideologischen Kategorien zu konkreten sozialen Kräften. In einem erweiterten Sinn werden diese Identitäten selbst zu sozialen Ressourcen und so zum Gegenstand von Auseinandersetzungen und gewaltsamen Gruppenkonflikten. Ethnische, kulturelle und geistliche Dichotomien, die normalerweise als Nebenprodukte frischer Konflikte auftreten, invertieren im Verlauf des Konfliktes und werden selbständige Konfliktursachen, ein Prozess der jegliche Anstrengungen zur Konfliktlösung erheblich erschwert.

Ursachen, Wahrnehmungen und Darstellungen von Gruppenkonflikten sind äusserst vielfältig und komplex. Die Suche nach Konfliktursachen sowie unsere Versuche, das Verhalten von in Konflikte verstrickten Menschen zu beurteilen und zu verstehen, werden durch komplexe soziale Prozesse und Phänomene, die ihrerseits von vielen verschiedenen Faktoren abhängen, erschwert. Gewalt lässt sich nicht durch Vernunft erklären; Gewalt ist zwar unvernünftig, aber nicht unverständlich. Wir wissen auch, dass Irrationalität und Chaos eine inhärente Ordnung enthalten, in deren wiederholbaren Mustern Zufall und Notwendigkeit verstrickt sind. Obwohl es nach wie vor schwierig ist, soziale Gewaltbereitschaft auf der Stufe des Individuums zu erklären, kann man das kollektive Gewaltverhalten in Gruppen um so besser erkennen.

Der Begriff des „ethnischen Konfliktes“ oder „Stammeskonfliktes“ hat lange Zeit ausgereicht, um gewaltsame Konflikte in Afrika zu erklären. Das reiche Spektrum ethnischer Vielfalt wurde mit den harschen ökologischen Bedingungen und dem begrenztem Zugang zu Ressourcen gepaart, um ethnische Konflikte als einen natürlichen Prozess darzustellen.[1] In diesem Licht wurde der ethnische Konflikt als historischer Ballast von sich modernisierenden Staaten

---

[1] K. Fukuki/D. Turton (eds.): Warfare among East African Herders, Osaka1979.

betrachtet, sowohl das Produkt als auch das Indiz für die konservative Kultur und die eingefleischte Traditionsergebenheit der ländlichen Bevölkerung.

Seit den sechziger Jahren wurde die Auslegung von afrikanischer Ethnizität als kultureller Überrest aus der „primordialen" Vorgeschichte zunehmend in Frage gestellt. In bezug auf solche sozialen Phänomene wie der kulturellen „Bekehrung", der situationsbezogenen Identität, der ungleichen Verteilung ethnischer Charakteristika und der Erfindung der Tradition[2] wurden die quasi-ontologischen Behauptungen von Ethnizität entblösst. Anstelle eines vorgeschichtlichen Überbleibsels wird die ethnische Identität in der heutigen Sozialforschung als eine moderne Reaktion gesehen, das heisst, sie ist nicht mehr Ursache sondern Konsequenz von Konflikten.[3] Im Verlaufe eines Konfliktes unterzieht sich der Identitätsbegriff einer Inversion und wird so selbst zur Konfliktursache.

Da viele Konflikte sich über beträchtliche Zeiträume erstrecken, ist es wichtig zu erörtern, welche Auswirkungen Zeit auf die Wahrnehmung und Darstellung von Konfliktursachen hat. Der Verlauf der Zeit verdunkelt manche Prozesse, stärkt andere und radiert gewisse ganz aus. Der vorliegende Beitrag befasst sich mit den möglichen Umwandlungen von ursprünglich abstrakten und ideologischen Faktoren wie Ethnizität, Kultur und Religion in materielle und soziale Kräfte über längere Zeiträume hinweg. Während die ethnischen, kulturellen und religiösen Dichotomien wichtig für die menschliche Wahrnehmung von Konflikten bleiben, kann der ethnische Faktor im Konfliktverlauf anwachsen, um schliesslich als der dominierende Konfliktfaktor zu erscheinen.

Ökologische und ethnische Grenzen

Ökologische Grenzen sind oft auch kulturelle und ethnische Grenzen. Verschiedene Ökozonen verlangen verschiedene Produktionssysteme, das heisst in Afrika verschiedene Systeme zur Landnutzung. In den Trockenzonen ist beispielsweise die nomadische Viehzucht als Produktionssystem angebracht. Mit der Zeit eignen sich die Nomaden kulturelle und ethnische Merkmale an, mit denen sie sich von den benachbarten sesshaften Bauern unterscheiden. So werden Ökogrenzen zu Kulturgrenzen, an denen Menschen zur Kooperation oder zum Kampf zusammenkommen.

Die Anpassung an verschiedene Gebiete wirkt sich entsprechend auf die materielle Kultur, die soziale Organisation, die Sprache und die Nahrung aus -

[2] F. Barth: Ethnic Groups and Boundaries; The Social Organisation of Cultural Difference, Bergen (N) 1969. - L. Holy (ed.): Comparative Anthropology, Oxford 1987. - T. Eriksen: Ethnicity and Nationalism; Anthropological Perspectives, London 1993.

[3] K. Fukuki/J. Markakis: Ethnicity and Conflict in the Horn of Africa, Ohio University Press 1994. - T.R. Gurr/B. Harff: Ethnic Conflict in World Politics, Boulder CO 1994.

alles wichtige ethnische Identifizierungskriterien. Diesen Unterschieden kommt Bedeutung zu, wenn Streit über Ansprüche und Anrecht auf Ressourcen in einem geteilten oder neu erschlossenen Gebiet entsteht. Deshalb sind Konflikte über Zugang zu Randgebieten oft der Auslöser für strukturelle Konflikte zwischen benachbarten Gruppen. Um sich Unterstützung zu sichern, bedienen sich alle Konfliktparteien der Ethnizität als des in Afrika erfolgreichsten ideologischen Mittels. Als Prinzip der politischen Solidarität und Mobilisierung ist Ethnizität weitaus effektiver als Nationalismus, Sozialismus, Religion etc.[4] Wenn der Streit über materielle Ressourcen einmal diese ethnische Dimension annimmt und in den Teufelskreis von Rache und Vergeltung rutscht, kann das Konfliktgeschehen noch lange anhalten, nachdem sich der ursprüngliche Ressourcenstreit längst gelegt hat.

In der Vergangenheit kooperierten die Menschen in diesen Pufferzonen, Produkte und Dienstleistungen wurden ausgetauscht. Doch wirtschaftliche, gesellschaftliche und umweltbedingte Prozesse haben den Druck auf die natürlichen Ressourcen verschärft. Das oft prekäre Gleichgewicht von Krieg und Frieden kann sich abrupt zum Krieg wenden. So überqueren Menschen und ihre Tiere, Traktoren und Panzer diese ökologischen/ethnischen Grenzen. Beispiele für solche Konflikte gibt es viele: Da die Zaghawa-Nomaden unter anhaltenden Dürren leiden, wollen sie ihren Aufenthalt im Jebel-Marra-Massiv verlängern; Ähnliches verlangen die Baggara in den Nubabergen; die Konflikte der Tuareg in Niger und Mali, der Konflikt im Senegalbecken und in der Boranaregion im südlichen Äthiopien haben einen vergleichbaren Hintergrund. So werden Konflikte um wirtschaftliche und erneuerbare natürliche Ressourcen oft als ethnische Konflikte missinterpretiert, weil die sich bekriegenden Parteien aus verschiedenen ethnisch-kulturellen Traditionen herstammen.

In Somalia dagegen, einem Land von grosser kultureller und ethnischer Homogenität, wurde der Kampf um den Staat, die Wirtschaft und erneuerbare natürliche Ressourcen - besonders Wasser und Land - auf der Subclanebene ausgetragen. Selten werden Konfliktmotive offen artikuliert, doch wenn ein Konflikt sich über Jahre hinzieht, verhärten sich die schwachen Clanbarrieren in ethnische Unterschiede, die dann zur Ursache von Auseinandersetzungen werden. Deshalb lässt sich ein frisch ausgebrochener Konflikt schneller lösen als ein alter.

Darüber hinaus ist die Situation durch die Verbreitung moderner Waffensysteme grundsätzlich verändert worden. Waren Kriege einst symbolische Manifestationen von Macht, so ist es heutzutage Massenmord. Die grosse Zahl von Toten und Verletzten erschwert die Aufgabe der Friedensstifter zusätzlich.

Im folgenden soll die Umwandlung von Ethnizität als Wahrnehmung zur Konfliktursache am Beispiel der Konflikte der Fur und Zaghawa im Jebel Marra,

---

[4] Günther Bächler/Volker Böge/Stefan Klötzli/Stefan Libiszewski: Umweltzerstörung; Krieg oder Kooperation? Münster 1993.

und zwischen den Nuba und arabischen Nomaden im Nubagebirge dargestellt werden.

Der Konflikt in Darfur

Fragile Ökologie, fragiler sozialer Frieden

Wie fast überall auf dem afrikanischen Kontinent hängt auch das Leben im Sudan vom Zusammenspiel zwischen Klima, Boden, Wasser und Flora ab. Dieses delikate Gleichgewicht ist in den letzten drei Jahrzehnten aber gestört worden, besonders in den grossen Trockenzonen im Norden des Landes. Zusätzlich zu den langen Trockenperioden haben unhaltbare moderne Anbaumethoden der Sudano-Sahelischen Ökozone, wo 70% der Bevölkerung leben, stark zugesetzt. Im Zuge dieser Entwicklung sind Millionen von Bauern und Hirten heimatlos geworden (auf Arabisch *Naziheen*), so dass der Sudan heute die grösste Zahl von internen Flüchtlingen in der Welt aufweist.

Die Ausbeutung von natürlichen Ressourcen in einem bisher unbekannten Masse wird in erster Linie von den Jellaba[5], der Klasse traditioneller Händler aus dem Norden des Landes, betrieben. Deren Assimilation in den Weltmarkt hat ihre Rolle als Ausbeuter von primären Ressourcen beschleunigt. Durch die von der Weltbank und dem Internationalen Währungsfonds (IWF) mit strengen Auflagen zur Verfügung gestellten Mittel endeten die Ressourcen auf dem Weltmarkt anstatt auf den lokalen Märkten. So wurde der vom IWF ermutigte Export von 621.000 t Sorghum während der Hungerkatastrophe von 1982/82 als „Sorghum success story" gelobt!

Hinzu kommen die Auswirkungen des stetigen Preisverfalls der Hauptexporte des Landes auf den Binnenmarkt. Bauern und Viehzüchter müssen mehr aus einer schrumpfenden Ressourcenbasis herausholen, um ihren Lebensstandard

[5] Eine wichtige Kategorie der arabisierten Sudanesen sind die in den Städten und Dörfern lebenden Jellaba. Weit im Sudan und den Nachbarländern verbreitet, sind die Jellaba die reichste Bevölkerungsgruppe mit grossem politischen Einfluss. Die Jellaba stammen von arabischen Händlern ab, welche vor rund 1000 Jahren, während der Anfangsphase des Kalifats der Abbasiden, weitreichende revolutionäre Veränderungen in Gang setzten. Die Künste und das Handwerk florierten, und unter dem Einfluss von Dichtern wie Abu Nuas und Bashar, und den Schulen der Wissenschaft und Philosophie von Moutazilla und Ikhwan al-Safaa, wurde ein neuer Stil in der arabischen Sprache entwickelt, frei von blumigen Umschreibungen. Die Jellaba - wörtlich „Bringer von Gutem" - beschränkten sich auf den Handel. Die Erfahrungen und Verbindungen über einen Zeitraum von tausend Jahren verleihen den Jellaba eine Macht, die nicht zu unterschätzen ist. Sie haben ihre Kontrolle über den Staat gegen alle Herausforderungen verteidigt, ob mit dem Stimmzettel oder der Kanone.

halten zu können. Wenn das nicht gelingt, sind sie zur Migration gezwungen und stossen zu den Millionen von Besitzlosen.

In der Vergangenheit reagierten Bauern und Nomaden auf ökologische Katastrophen mit dem Umzug in eine reichere Ökozone. Aber das stetige Bevölkerungswachstum, die moderne mechanisierte Landwirtschaft, Umweltdegradierung sowie politische und ethnische Spannungen haben diese Ausweichmöglichkeit zunehmend erschwert. Die sudanesische Regierung hat zudem die Kontrolle über weite Teile des Landes verloren und kann deshalb die Sicherheit vieler Menschen nicht mehr garantieren. Diese Unsicherheit und das sich ausbreitende Bandentum treiben viele Menschen zur Flucht in die Städte, wo Sicherheit und die Versorgung mit Nahrungsmitteln eher gewährleistet sind.

Aber dieser Umzug von Menschen und ihren Herden von einer Ökozone in eine andere ist spannungsgeladen. Wo einst kurzfristige Abmachungen den Frieden wahrten, müssen jetzt Vereinbarungen für viel längere Perioden und vielleicht sogar permanent getroffen werden. Diese Probleme treten besonders in den von Trockenheit gebeutelten westlichen Provinzen von Darfur und Kordofan auf. Bauern und Wüstennomaden leben in einem engen Verhältnis, in dem Solidarität und Konflikt schnell miteinander abwechseln. In normalen Notzeiten üben sie eine gegenseitige Solidarität aus, aber in harten Notzeiten, wenn es ums Überleben geht, bedienen sie sich der Gewalt. Der seit der Mitte der achtziger Jahre andauernde bewaffnete Konflikt im Jebel-Marra-Massiv in Darfur ist der typische Fall eines Krieges der entlang ökologischer Grenzen geführt wird: Die Grenze zwischen den arabischen Nomaden der trockenen Ebene und der „feuchten Oase" der Fur-Bauern im Jebel Marra.

Die seit 1967 herrschende Trockenheit führte in den achtziger Jahren zu schweren Hungersnöten und damit verbundenen Bevölkerungsbewegungen. Obwohl es einige Studien über die wirtschaftlichen Folgen der Dürre gibt[6], ist der damit verbundene bewaffnete Konflikt noch nicht analysiert worden. Die dadurch gezogenen Fehlschlüsse beschränken die Folgen von ökologischer Degradierung auf den wirtschaftlichen und sozialen Bereich und erklären den bewaffneten Konflikt mit ethnischen und politischen Argumenten. Es ist aber nicht nur plausibel sondern auch unumgänglich, den Zusammenhang zwischen der Degradierung der ökologischen Basis und den gesellschaftlichen und politischen Ereignissen in den am schwersten betroffenen Gebieten herzustellen. Darfur bietet sich deshalb besonders an, weil es ein von Umweltproblemen betroffener Schauplatz eines langen bewaffneten Konfliktes ist.[7]

---

[6] I. El Nur (et al.): Displaced and Refugee Studies in the Sudan; An Annotated Bibliography, University of Juba 1992.

[7] Alexander De Wall: Famine that Kills Darfur, Sudan 1984-1985, Oxford 1989. - I.N. Tobin: The Effect of Drought Among the Zaghawa of Northern Darfur, in: Disaster, 9, 1985, pp. 213-23.

Die Bevölkerung von Darfur

Obwohl die Frage nach ethnischen Unterschieden, wie in anderen Teilen des Sudans, nicht problemlos beantwortet werden kann, lässt sich die Bevölkerung von Darfur grob in zwei Gruppen teilen: Die Gruppen arabischer Herkunft und die nichtarabischen Einheimischen. Obwohl viele Gruppen auf ihrer makellosen arabischen Abstammung beharren, handelt es sich tatsächlich oft um Araber im kulturellen, nicht aber im rassischen Sinn. Unter Arabisch verstehe man also Arabisch sprechende Gruppen, da in dem langen Prozess der Vermischung viele nichtarabische Sudanesen die arabische Kultur und Sprache angenommen haben. Diese arabischen Stämme - die Habania, Beni Hussein, Zeiyadiya, Beni Helba, Djawama, Rezeigat und Maharia - haben zusammen mit den als Jellaba bekannten Handelsleuten in den Städten die *Arab Congregation* gegründet, eine politische Organisation, die Mitte der achtziger Jahren begann, bei Regierung und Parteien für ihre Interessen zu werben.

Die einheimischen Stämme Darfurs bestehen aus Bauern, die traditionell Fur genannt werden. Als grösste Bevölkerungsgruppe waren sie die Gründer des Sultanats und die traditionellen Herrscher in der Region. Zusammen mit den anderen nichtarabischen Gruppen - den Zaghawa-Nomaden, den Meidob, Masalit, Berti, Tama, Mararit und Tunjur - schlossen sich die Fur Mitte der sechziger Jahren zur *Darfur Development Front* (DDF) zusammen, um ihre Interessen zu wahren.

Es gibt aber noch eine Reihe weiterer Unterscheidungsmöglichkeiten. So streben beispielsweise *Ahmed* und *Harir*[8] eine genauere Unterscheidung der verschiedenen Bevölkerungsgruppen an: Die Baggara (Viehnomaden), die Aballa (Kamelnomaden), die Zurga (der Name für nichtarabische Bauern, vom arabischen Wort für Schwarz) und die Städter.

Stärker kulturbestimmt ist die Klassifizierung von *Ibrahim*:[9] Die Araber, die ganz Arabisierten, die teilweise Arabisierten und die Nichtarabisierten. Unter den Arabern versteht er die Rezeigat, Zeiydia, Beni Hussein und Djawama-Nomaden, welche aufgrund vieler Mischehen mit einheimischen Darfur viel dunkler sind als nichtsudanesische Araber und Arabisch als Muttersprache sprechen. Die ganz arabisierten Berti und Tungur haben ihre Sprachen verloren und sprechen Arabisch. Die teilweise arabisierten Fur, Zaghawa und Meidob haben ihre Sprachen behalten, sprechen aber fliessend Arabisch. Unter der letzten Kategorie, den Zurga, versteht er die Masalit, Teile der Zaghawa, Bergid, Mima, Tama und Kenana, die kein oder sehr wenig Arabisch sprechen.

---

[8] A.M. Ahmed/S. Harir: Rural Production Systems in the Sudan; A General Perspective, in: C. Doornbos (ed.): Beyond Conflict in the Horn, ISS, The Hague 1992.

[9] F.N. Ibrahim: Ecological Imbalance in the Republic of the Sudan; With Special Reference to Desertification in Darfur, Bayreuth 1984.

Nach *O'Fahey*[10] kranken alle diese Versuche der Kategorisierung an der mangelhaften ethnographischen Erfassung des Darfurgebietes. Der Unterschied der zwischen Arabern und Nichtarabern gemacht wird, ist zweideutig und oft genealogisch nicht nachvollziehbar. Er schlägt deshalb vor, die Migration, die Sprache und das Tätigkeitsfeld mit in die ethnische Struktur einzubeziehen. Wir wollen in dieser Studie Genealogie/Tätigkeitsfeld und Kulturkreisfaktoren kombinieren, um die Ethnien in Darfur zu definieren.

Die erste Gruppe bilden dementsprechend die Vieh- und Kamelnomaden, die sich selbst als Araber verstehen. Dieser Begriff enthält einen Überlegenheitsanspruch sowie eine Bereitwilligkeit zur Gewalt. Diese Gruppe sieht auf die sesshaften Bauern herab, welche nach ihrer Küche *Tukul* genannt werden. Das Heimatland Dar gilt als Verkörperung von Status und Prestige und wird vor Angriffen geschützt. Jede unterethnische Abteilung oder *Khashum Bait* ist militärisch organisiert und wird von einem *Ageed*, dem Hauptkrieger, geführt. Besonders in Notzeiten schrecken die Nomaden nicht davor zurück, die Bauern auszurauben. Bewaffnete Razzien gegen andere Gruppen in landwirtschaftlich reicheren Gebieten sind eine wichtige Notzeitstrategie. Diese an Hunger und Not gewöhnten Menschen fürchten aber nichts mehr als den Zusammenbruch des sozialen Netzes in der Dar. Denn schlimmer als Hunger sind die sozialen und emotionellen Folgen bei der Vertreibung aus der Dar.[11]

Die zweite Gruppe bilden die nichtarabischen Bauern, welche Darfur als ihre von Gott gegebene Heimat ansehen. Obwohl traditionell friedlich und ohne die militärische Organisation der Nomaden sind sie schon lange in Auseinandersetzungen mit Nomaden verstrickt, wenn Vieh und Kamele auf ihre Felder dringen. Wegen dieser häufigen Streitigkeiten haben sich auf beiden Seiten Misstrauen und Aggression aufgebaut.

Unter der dritten Gruppe verstehen wir Handelsleute, Regierungsbeamte, abwesende Grundbesitzer und die *professionals* in den Städten. Diese letzte Gruppe ist im Gegensatz zu den anderen beiden politisch von Bedeutung.

Die ethnische Wasserscheide: Produkt des Konfliktes

Die sich gegenüberstehenden Feinde können auf eine lange Geschichte von Zusammenarbeit zurückblicken. Viele der von den Nomaden gehüteten Tiere waren einst der Besitz reicher Fur-Bauern, die diese anfangs der Dürre von 1982/85 verkauften. Dadurch verloren die Hirten eine wichtige Einnahmequelle, was zu einem angespannten Verhältnis zwischen Arabern und Fur führte.

---

[10] R.S. O'Fahey: State and Society in Darfur, London 1980.

[11] Alexander De Wall: Emergency Food Security in Western Sudan; What Is It for? In: Simon Maxwell: To Cure all Hunger, Exeter (UK) 1990.

Die früheren Konflikte über Weideland und das Eindringen von Tieren in bestellte Felder hatten nie zu Krieg geführt. Die jetzige Polarisierung und die feindselige ethnische Einstellung ist eher das Resultat des heutigen Konfliktes als dessen Ursache. Nicht nur sind beide Gruppen sunnitische Muslime, wenig militant und benutzen Arabisch als ihre *Lingua Franca*; auch die ethnischen Zugehörigkeitsgefühle hatten nie antagonistische Implikationen. Die ethnische Identität funktionierte eher als eine Matrix für Kooperation und konnte durch Heirat und andere Assimilationsprozesse überwunden werden.

Wie *Abdul-Galil*[12] feststellte, ergibt sich ethnische Identifizierung zusammen mit den Kriterien Gebiet, Sprache, Beruf und Genealogie aus der Situation heraus. Der eigentliche Ablauf beschreibt, wie „die Akteure die jeweilige Situation, in der sie sich befinden, bewerten". Auf dem Marktplatz, wo Aussehen und Kleidung für die Identifizierung wichtig sind, spielt auch die sprachliche Kartographie (*linguistic mapping*) eine grosse Rolle. Wenn dies nicht ausreicht, kann man auf die anderen Kriterien zurückgreifen. *Abdul-Galil* stellte weiter fest, dass auch die als hart vermuteten ethnischen Grenzen zwischen den Fur, Arabern und Zaghawa durchlässig waren. So gab es beispielsweise die Djawama, ursprünglich von arabischer Herkunft, die sich in Turra angesiedelt hatten und Fur geworden waren, sowie die arabischen Rizeigat von Tekerabe, welche Zaghawa geworden waren.

Mit dem andauernden Konflikt aber fingen die ethnischen Unterschiede an, sich zu verhärten. Andere transethnische Affiliationen religiöser oder politischer Art verfielen zugunsten der ethnischen Identität, hinter der die Menschen Schutz und Unterstützung suchten. So verwandelte sich ein Konflikt um Anrechte (*entitlements*) in einen ethnischen Konflikt. Nach vierzehn Jahren ist das Problem noch verstrickter, da sich die Menschen hinter ihrer ethnischen Identität verschanzt haben. So wird Ethnizität, die einstige Wahrnehmung des Konfliktes, zur Ursache.

Der Weg zum Frieden: Verteilung mangelnder Ressourcen in Konfliktgebieten

Bei dem Krieg in Darfur handelt es sich im Grunde um einen Versuch der von Dürre geplagten Viehnomaden, die Fur von ihrem gut bewässerten fruchtbaren Land zu vertreiben, wogegen sich die Fur zur Wehr setzten. Dieser Ursprung des Konfliktes ist erstaunlicherweise in den Verhandlungsbemühungen bis jetzt nicht berücksichtigt worden. Diese konzentrierten sich vor allem auf Konzepte für die

[12] M.A. Abdul-Galil: The Dynamics of Ethnic Identification in Northern Darfur, in: The Sudan Ethnicity and National Cohesion, Bayreuth 1984.

Verteilung der politischen Macht, nicht aber auf die Distribution der ökologischen Ressourcen.

Die von *Lothar Bauerochse*[13] beschriebene Regelung des Konfliktes im Süden von Äthiopien bietet ein interessantes Modell für die Schlichtung von Verteilungskonflikten. Die Ansprüche der Borana auf ihre ressourcenreiche Heimat wurden im gleichen Zuge anerkannt wie die Rechte der leidenden Nachbarn, der Konso, Tesmay und Abore. Alle Parteien bekannten sich zu dem Friedensabkommen, welches erlaubt, die Viehherden gleich nach den Sorghum- und Maisernten auf die Felder der Borana zu treiben. Weitere Abkommen über die Rehabilitation von Ressourcen und gemeinsame Entwicklungsprojekte und Schulen folgten. Internationale Beobachter versprachen finanzielle Unterstützung für diese Projekte.

In Darfur werden Vorschläge für die Machtverteilung von den in den Städten lebenden Eliten beider Seiten gemacht, nicht von den Betroffenen. Um den Frieden zu beschleunigen, schlagen wir folgendes vor:

1. Um den Kampfhandlungen Einhalt zu gebieten sollen sowohl das Recht der Fur auf ihr Land als auch das Recht der Nomaden und ihrer Tiere auf Überleben anerkannt werden. Die Zuteilung von Wasser soll sofort erfolgen.
2. Mit Unterstützung der Regierung sollen sofort Pläne gemacht werden für die langfristige nachhaltige Bearbeitung des Landes sowie für die Rehabilitierung von Gebieten, die unter der Dürre gelitten haben. Dabei ist von Bedeutung, dass auf grossen Höfen schrittweise Viehweiden angelegt werden. Internationale Entwicklungshilfe hat hier eine wichtige Rolle zu spielen.
3. Die Produktionsbasis muss diversifiziert werden, und Handwerk und Gewerbe müssen gefördert werden, um frei gewordene Arbeitskräfte aus der Landwirtschaft absorbieren zu können.
4. Transport- und Telekommunikationsmittel müssen entwickelt werden, um Darfur in die Wirtschaft des Landes einzubinden.
5. Der Erfolg der Pläne hängt vom Willen der Konfliktparteien, der sudanesischen Regierung sowie der Nachbarländer Libyen und Tschad ab, sich für den Frieden einzusetzen. Ausserdem müssen die Entwicklungspläne gezielt auf die Befriedung sozialer Spannungsgebiete ausgerichtet sein.

In einem ökologisch fragilen Umfeld ist auch der Frieden fragil, so dass Konflikte nur durch gerechte Ressourcenverteilung verhindert werden können.

[13] Der Überblick, September 1993.

Der bewaffnete Konflikt im Nubagebirge

Zu Anfang des Konfliktes war der ethnische Begriff Nuba noch vage und undefiniert. Der Konflikt hat sowohl das Bewusstsein der ethnischen Zusammengehörigkeit und der Nuba-Identität gestärkt, als auch zur Erkenntnis geführt, dass die missliche Lage nicht von Gottesakten herrührt, sondern die Schuld bei der Regierung und den Händlern zu suchen ist. Nach dem Zusammenbruch der zweihundert Jahre alten Tradition von Zusammenarbeit zwischen Arabern und Nuba ist die Ethnizität im Nubagebirge militarisiert, und die Kluft zwischen den Gruppen scheint permanent zu sein.

Die Bevölkerung

Das Wort Nuba wird oft gebraucht, um die 1,5 Millionen Einwohner des Nubagebirges zu bezeichnen. Sie stellen ungefähr 90% der Bevölkerung von Südkordofan, der Rest besteht aus Hawazma und Messeriya Zurug-Arabern, die um 1800 in das Gebirge zogen. Es gibt ebenfalls eine kleine, einflussreiche Gruppe von Jellaba-Händlern. Nuba bezieht sich auf eine „verwirrende Vielfalt" von ethnischen Gruppen.[14] Mehr als fünfzig Sprachen und Dialektarten, die sich in zehn Gruppen ordnen lassen, sind identifiziert worden.[15] Mehrere Autoren sind der Meinung, dass der Begriff Nuba ursprünglich eine Bezeichnung für Fremde war, unter der alle in den Bergen lebenden Schwarzen zusammengefasst wurden, die sich von den Baggara-Arabern unterschieden.[16] Die Nuba selbst sind nicht immer konsistent in ihrer Anwendung des Begriffes. *Nadel* kommentierte dazu:

> "Die Angehörigen eines bestimmten Stammes ordnen alle ähnlichen Gruppen, die sie kennen oder mit denen sie Kontakt gehabt haben, ihrer eigenen 'Rasse' zu, wissen aber nicht, wo sie andere, ihnen nicht verwandte Gruppen einordnen sollen. In der Meinung eines Korongo-Mannes waren alle Stämme in der Umgebung Nuba, nicht aber die Leute von Dilling, welche er für Araber hielt."[17]

Wir gehen davon aus, dass der Typus des ethnischen Nuba früher weitverbreitet war und erst mit dem Eindringen der Araber in die Berge zog. Trotz aller Schwierigkeiten mit dem Begriff Nuba hat sich durch gemeinsame historische Erfahrun-

---

[14] S.F. Nadel: The Nuba, Oxford University Press 1947.

[15] R.C. Stevenson: The Nuba of Southern Kordofan; Ethnographic Survey, Khartoum University Press 1984.

[16] Nadel, The Nuba (Fn. 14). - G. Bauman: National Integration and Local Integrity; The Miri of the Nuba Mountains, Oxford 1987.

[17] Nadel, The Nuba (Fn. 14).

gen - die Sklavenjagd, türkische und britische Invasion, der jetzige Konflikt, die Dominanz der Jellaba - eine Nuba-Identität herausgebildet, welche es erlaubt, von dem Nubavolk zu sprechen. So haben stärkere Gruppen von aussen einer Gruppe bestehend aus verschiedenen Völkern eine gemeinsame Ethnizität aufgesetzt. Die Nuba haben eine gemeinsame Geschichte, ähnliche kulturelle Werte und wirtschaftliche Tätigkeiten.

Die Geschichte der Nuba

Die weiter zurückliegende Vergangenheit der Nuba ist mangels Quellen nur schwer zu eruieren. *Nadel* schreibt dazu:

> "Die Tradition und der Erinnerungsschatz der Völker geben nur spärliche Informationen her. Es scheint oft, als wäre die gesamte Überlieferung von der überwältigenden Erfahrung der Mahdiregierung (1881-1898) abgeschnürt worden."[18]

Wegen ihrer langen Beziehungen zum Funji-Königreich von Sennar haben die Tegali die am besten überlieferte Geschichte. Über das 16. Jahrhundert geht aber auch diese Tradition nicht hinaus. Die von manchen Nuba-Intellektuellen[19] vertretene These, die Nuba hätten einst im Süden Ägyptens das Meroetische Königreich gegründet und seien von den Wellen islamischer Eindringlinge zurückgedrängt worden, entbehrt noch jeder Beweisgrundlage. Im 16. Jahrhundert rückten grosse Gruppen von Juhaina-Nomaden nach Südwesten in die Ebene von Kordofan vor und schlossen die Nuba allmählich im Nubagebirge ein. Diese grossen Wanderungen fanden zur gleichen Zeit statt, als das grosse Sennar-Königreich von Umara Dungas gegründet wurde. Die heutigen Nuba sind jedoch mit der Annahme zufrieden, „schon immer hier gewohnt zu haben".

Zu Anfang des 19. Jahrhunderts erreichten die Baggara-Araber, die bis dahin die Ebenen von Kordofan und Darfur bewandert hatten, die Berge. Auf der Suche nach Weideland, Wasser und Sklaven unterteilten sie die Ebenen, wobei ein grosser Teil den Hawazama zufiel, und drängten die Nuba in das Hochland. Bald entstand ein asymmetrisches Austauschverhältnis zwischen Untergruppen beider Völker. "Jeder Unterstamm der Baggara versucht, die Hügel der eigenen Zone zu verteidigen, und erhält dafür Korn und Sklaven."[20] So entstanden oft Rivalitäten unter den Baggara über die Verfügung von Nubagebieten und den

---

[18] Ibid.

[19] Rahal Suleiman: The Crisis in the Nuba Mountains, Workshop on the Sudanese Civil War, St. Anthony's College, Oxford 1993.

[20] J.W. Sagar: Notes on the History, Religion and Customs of the Nuba, Sudan Notes and Records, Vol. 5, 1922.

dortigen Ressourcen. In manchen Gegenden, wo Baggara Nubatitel annahmen und Mischehen häufig vorkamen, wurde das Gefüge noch enger.[21] Doch dies variierte stark in der Region und muss immer gegen die konstant vorkommenden Sklavenjagden der Baggara gehalten werden.

In der Kolonialzeit standen die Nuba der Regierung sehr reserviert gegenüber, und so sollte die Befriedung der Nuba, die erst mit der Rekrutierung zahlreicher regierungsfreundlicher Nuba möglich wurde, gut dreissig Jahre dauern. In dieser Zeit kehrten viele Nuba aus dem Hochland zurück und siedelten sich im Tal an. Dies wurde von einer Verwaltung ermutigt, die des Widerstandes der Bergvölker müde war. Die weitreichenden Veränderungen, die die Regierung innerhalb kurzer Zeit initiierte, veränderten das Leben der Nuba grundsätzlich:

1. Der „Geschlossene Distrikt Erlass" sollte den gesamten Süden und die Nubaberge vor äusseren Einflüssen schützen, besonders vor der Arabisierung aus dem Norden. Dadurch wurde die allmähliche Verschmelzung von Arabern und Nuba aber entschieden behindert. 1937 wurde der Erlass aufgehoben, um den Jellaba Zugang zu verschaffen.
2. Die Einführung von *cash crops* und modernen Anbaumethoden. Der Erfolg von Baumwollplantagen hatte die Aufmerksamkeit internationaler Firmen und der sudanesischen Jellaba auf die Berge gelenkt. Um Platz für die mechanisierten Farmen zu schaffen, wurden ganze Landstriche abgeholzt und die örtliche Bevölkerung vertrieben.
3. Die Kopfsteuer, die erstmals 1910 im ganzen Jebel (Berge) eingeführt wurde, zwang die Araber und Nuba dazu, Geldquellen ausfindig zu machen. Die Landwirtschaft musste sich deshalb an grössere Räume wenden, die über die regionalen Märkte hinausgingen.
4. Die „Indirect Rule" wurde im Sudan in den zwanziger Jahren eingeführt und in den Nubabergen in den dreissiger Jahren umgesetzt. Mit diesem System wurde örtlichen Führern die Macht und die Verantwortung übertragen, innerhalb eines überethnischen Rahmens Kontakte und Konfliktlösungen zu ermöglichen. Da aber die Machthaber vor Ort von der Regierung legitimiert werden mussten, wurde die Zentralregierung erstmals zu einem wichtigen Faktor im Regionalkontext. Dieser Rahmen und die Machtbasis erweiterten die Einflusssphäre der *Mekships* (traditionelle Häuptlinge, normalerweise ernannt) und führten sogar zur Föderation verschiedener Stämme. So begann das territoriale Prinzip allmählich das ethnische Prinzip zu ersetzen. Trotzdem konnten die neuen Ämter von *Mek* und *Sheik* den *Kujur* (Medizinmann) nicht verdrängen. Die Position des *Kujur* blieb an vielen Orten ausserhalb des politischen Entscheidungsbereiches.

[21] Suleiman, The Crisis in the Nuba Mountains (Fn. 19).

5. Einheimische Gerichte (*Native Courts*) wurden 1932 eingeführt. Während davor viele Dispute vor Ort gelöst wurden, wandten sich nun immer mehr Nuba an die neuen Gerichte.
6. Weil sich die Behörden in erster Linie um die Sicherheit kümmerten, wurden erst 1921 die erste Schule und 1940 ein modernes Schulsystem eingeführt. Doch die Anwesenheit im Klassenzimmer wirkte sich bei den Herden und auf den Feldern, wo die Arbeitskraft der Schulkinder fehlte, negativ aus. Die vielleicht ausschlaggebendste Entwicklung war die Formation einer Nuba-Elite. Der Kontakt in den Schulen wurde einer der wichtigsten Faktoren für die Vereinigung der Nuba.

Mit der Unabhängigkeit 1956 beschleunigten sich die Öffnung der Berge und die Mobilität der Nuba. Die Entdeckung der Welt brachte eine erweiterte Selbsterfahrung mit sich. Viele Nuba wurden sich erst im Ausland oder in anderen Regionen des Landes ihrer Nuba-Identität bewusst. Während Angehörige der Nuba verstärkt in die Städte des Landes und ins Ausland zogen, drangen nationale und auch internationale wirtschaftliche Interessen in die Berge vor. Die Angehörigen der sudanesischen Bourgeoisie, die Jellaba, betrachteten die Nuba oft mit stereotyper rassistischer Verachtung. Diese Arroganz ist ausschlaggebend für die Verhärtung der Fronten und die Ablehnung sämtlicher Regierungen aus dem Norden durch die Nuba.

Der Konflikt

Früher wurden Wasser- und Weidekonflikte alljährlich auf den auf neutralem Boden stattfindenden Konferenzen von Nuba-*Meks* und arabischen *Sheiks* gelöst. Dürreperioden in der jüngeren Vergangenheit haben die Araber aber viel tiefer in das Nubagebiet gedrängt, wo sie manchmal noch vor der Erntezeit eintreffen, was zu Zusammenstössen zwischen Bauern und Hirten führt. Noch mehr Land ist gleichzeitig an die modernen Farmen gefallen. Von 200 Projekten, welche die *State Agricultural Bank* finanziert, gehören nur vier örtlichen Genossenschaften, 191 dagegen abwesenden Grundbesitzern, meistens reichen Jellaba, Regierungsbeamten und Generälen aus dem Norden.[22] Dieser Schereneffekt von tiefer eindringenden Nomaden und Landenteignung für moderne Farmen hat die Nuba alarmiert. Die Furcht vor der Marginalisierung ging so weit, dass viele Nuba mit der *Sudanese People's Liberation Army* (SPLA) sympathisierten, als diese 1983 ihre Kampagne gegen die Regierung in Khartum startete.

Die *Umma*-Regierung reagierte höchst unverantwortlich. Ohne die Genehmigung der *Constitutional Assembly* wurde die Miliz der Misiriya (ein Baggara-

[22] Ibid.

Stamm) in eine paramilitärische Truppe, die *Popular Defence Force* (PDF), umgewandelt. Zusammen mit der Armee und den Sicherheitsdiensten begann die PDF 1988 systematisch mit der Terrorisierung der Nubabevölkerung. Gleichzeitig drangen Gruppen der SPLA bis nahe an die Stadt Kadugli vor, dem Verwaltungszentrum des Nubagebirges. SPLA-Einheiten infiltrierten auch die Tuleishi-Berge. Der Konflikt versetzte die Mehrzahl der Nubazivilisten in eine unmögliche Lage. Nicht alle traten der SPLA bei, aber seit der Anwesenheit von Guerillaverbänden haben Armee und PDF ihre Angriffe auf Verdächtige verschärft.

Der Antritt der neuen *National Islamic Front* (NIF)-Regierung im Jahre 1989 brachte den Nuba keine Erleichterung. Im Oktober1989 wurde der *Popular Defence Act* verabschiedet, womit die Murahaliin-Miliz der Baggara legitimiert wurde. Ein von *Africa Watch* dokumentierter Anstieg von Gewalttaten gegen Nubazivilisten folgte.[23] Besonders junge Männer mit Schulbildung - angeblich besitzt die Armee ganze Listen - wurden zum Ziel der Todesschwadrone.

Die massiven Menschenrechtsverletzungen gegen die Nuba werden von der Regierung von Kordofan als „Heiliger Krieg“ dargestellt, und 1992 wurde der *Jihad* ausgerufen. Mit dem systematischen Niederbrennen von Dörfern wird versucht, eine Endlösung für das Nubaproblem zu finden. Die Vertreibung eines ganzen Volkes ist weit fortgeschritten, und Zehntausende von Menschen sind über Lager in Nordkordofan verstreut. Mittlerweile lassen sich die Aktionen nur noch als Genozid bezeichnen.

Im Februar 1993 übergab der für die Sicherheit in Kordofan zuständige Offizier Khalid Abdel Karim Salih, ein ehemaliger Leibwächter des Gouverneurs, in Bern eine detaillierte Pressemeldung: Danach wurde die Zahl der Todesopfer von Armee und PDF auf 60.000-70.000 geschätzt. Bei dieser ethnischen Säuberung wurden keine Unterschiede zwischen Christen und Muslimen gemacht, und Missionsstationen wie Koranschulen waren systematisch bombardiert worden.

Die Konfliktursachen

In allen drei Hauptkonflikten im Sudan überwiegen drei Ursachen. Das Interesse ist materiell, von reiner Gier (im Süden), über reine Not (in Darfur) zu einer Mischung aus Gier und Not (im Nubagebirge). In allen Fällen bewegt sich der Hauptaggressor von einer ärmeren in eine reichere Ökozone („Wüste-gegen-

[23] Africa Watch: Sudan; Eradicating the Nuba, September 1992.

Oase-Syndrom").[24] Die folgenden drei Gründe dominieren die heutige Konfliktsituation im Sudan:

1. Unverantwortlicher Ressourcenraubbau durch mechanisierte Anbaumethoden, wobei das beste Land den abwesenden Eigentümern zugeschlagen wird.
2. Klimaschwankungen haben die Nomaden von den dürregeplagten Regionen in die wassermässig günstigeren Gebiete in Jebel Marra, Nubagebirge etc. getrieben.
3. Die Konzentration einer grosser Zahl von Menschen und Herden erhöht den Druck auf Wasser- und Weideressourcen in einem Land, in welchem wenig alternative Einkommensmöglichkeiten bestehen.

Hinter dem Krieg im Süden liegt das komplexe Phänomen des Ressourcenverlustes. Die Jellaba suchen neues Land, da im Norden die grossen Flächen bereits an mechanisierte Farmen vergeben sind. Darüber hinaus sind im Süden Ölfunde gemacht worden, welche die Jellaba ausbeuten wollen. Dieser von Gier getriebene Landhunger hat die Konflikte in der Anggessena-Region, südlich des Blauen Nils und in den Nubabergen ausgelöst.[25] Ein Zeuge berichtet über die mechanisierten Farmen in den Nubabergen:

> „Die mechanisierten Farmen nehmen unser Land auf zwei Arten: Das Landwirtschaftsministerium in Khartum plant mechanisierte Farmprojekte ohne Rücksicht auf die Umstände in unserer Region. So wird Land an pensionierte Generäle, Beamte, reiche Händler aus dem Norden oder örtliche Jellaba vergeben. Diese haben Verbindungen zur Regierung, denn sie kommen ursprünglich aus dem Norden. Diese Leute erstehen Land und holen dann ihre Familien so dass diese auch Land erstehen. Zusammen erhalten sie so noch mehr Land.
>
> Weil die Nuba nicht wohlhabend sind, können sie kein Land kaufen. Die Regierung grenzt die Grundstücke ab, ohne Rücksicht auf die bestehenden Verhältnisse zu nehmen. Es ist ihr egal, ob es auf diesem Land Dörfer gibt oder nicht. In Habila sind viele Dörfer von mechanisierten Farmen eingekreist. Es gibt kein Land mehr für die Nuba, kein Ackerland und keine Weiden. So werden die Nuba verdrängt, und es bleiben zwei Optionen: Man verlässt die Gegend und wird Soldat, oder man arbeitet auf den mechanisierten Farmen.
>
> Ausserdem gibt es die ungeplante Landaneignung. Da kommt jemand daher, der reich und mächtig ist, und nimmt sich ein Stück Land, das eigentlich der Gemeinde gehört. Weil er Macht hat, bringt er einfach seine Traktoren und Arbeiter und fängt an zu farmen. Wenn es Widerstand gibt,

[24] Suleiman, The Crisis in the Nuba Mountains (Fn. 19).

[25] Mohamed Suliman: Civil War in the Sudan; From Ethnic to Ecological Conflict, in: The Ecologist, 23, 3, 1993.

> geht er zu den Behörden und bittet um Schutz. Mit seinem Geld kann er alle bestechen und machen, was er will. Oder er hat einen Politiker zum Freund, der einfach einen Befehl schicken kann, um seinem Freund Land zu verschaffen. Es gibt auch noch andere Möglichkeiten; man kann ein Dorf abbrennen und die Einwohner so zum Umzug zwingen.
>
> Niemand denkt daran, etwas Land für die Nuba zu lassen. Es wird entweder von den arabischen Nomaden als Weide gebraucht oder von den reichen Eigentümern aus dem Norden genommen. Die Nuba müssen also kämpfen, und sie haben neue Organisationen gegründet und alte wieder aktiviert."[26]

Die langen Dürreperioden, vor denen die Nomaden ins Jebel Marra-Massiv auswichen, traten gerade dann ein, als das rasche Wachstum der menschlichen Bevölkerung und ihrer Herden zu einer extremen Belastung der Ressourcenbasis geführt hatte. Für die Hirten ist der Konflikt mit den Bauern in Norddarfur deshalb ein Überlebenskampf. Im Nubagebirge handelt es sich dagegen um eine Interessenallianz zwischen den an mechanisierter Landwirtschaft interessierten Jellaba und den arabischen Nomaden, die in der reicheren Ökozone Weideland für ihre Herden suchen. Diese beiden Gruppen haben sich zusammengetan, um die angestammten Bewohner von ihrem Land zu vertreiben. Ob diese Allianz aber auf Dauer halten kann, ist fraglich, denn es gibt bereits Anzeichen dafür, dass die Jellaba die Nomaden erst als Alliierte benutzen, um ihnen dann den Zugang zu den besten Weiden zu versperren.

Versuche der Konfliktlösung

Der sudanesische Staat ist seit seiner Unabhängigkeit 1956 der Staat der Jellaba, die die Regierungstruppen immer in ihrem eigenen Interesse eingesetzt haben. So haben sich sämtliche Versuche der Konfliktlösung im Süden und Westen auch immer um die Machtverteilung gedreht. Das Abkommen von Addis Ababa (1972), beispielsweise, liess den wirtschaftlichen Status Quo und die Privilegien der Jellaba unangetastet.

Aus dieser Situation ergeben sich zwei voneinander unabhängige Punkte für die Konfliktlösung. Der Konflikt zwischen den Nuba und den Jellaba kann nur durch die Verhinderung weiterer mechanisierter Farmen auf dem Land der Nuba gelöst werden. Für das Verhältnis zu den Nomaden ist ein Kompromiss anzuraten. Die verfügbaren Ressourcen - Weiden und Wasser - müssen geteilt werden. Man kann dabei auf Abkommen zurückgreifen, die bereits vor der jetzigen Krise zwischen Arabern und Nuba bestanden. Es ist zweifelsohne im Inter-

[26] Interview mit einem Nuba, dessen Name nicht genannt werden kann.

esse beider Seiten, zur Kooperation überzugehen. Die sogenannte Borana-Lösung, die im südlichen Äthiopien formuliert wurde, ist dafür besonders geeignet, da sie von beiden Konfliktparteien verlangt, das Existenzrecht der jeweils anderen Seite anzuerkennen.

Die Keim, aus dem ein Frieden zwischen den Baggara-Nomaden und den Nuba herauswachsen kann, liegt in den unterschiedlichen Kriegszielen der in einer Allianz vereinten Nomaden und Jellaba. Die Nomaden müssen begreifen, dass die Jellaba sich ihrer nur bedienen, um die Nuba zu verdrängen, um danach das frei gewordene Land für ihre mechanisierten Farmen zu übernehmen.

Es ist auch wichtig, sogenannten Entwicklungsprojekten Einhalt zu gebieten. Die mechanisierte Landwirtschaft ist ökologisch einfach nicht haltbar und angesichts der knapper werdenden Ressourcen wirtschaftlich unverantwortlich und kurzsichtig. Entwicklungsprojekte sollen Frieden und allgemeinen Wohlstand fördern und nicht Auslöser von Konflikten werden.

Aber Frieden ist dennoch möglich. Die Bemühungen, Frieden zu stiften, sollten auf die Bedürfnisse der Armen abgestimmt werden und nicht der Bereicherung der Mächtigen dienen. Die mechanisierten Farmen müssen zurückgenommen werden, und das ehemalige kooperative Verhältnis zwischen Nuba und Arabern muss wiederhergestellt werden.

In einem Interview im März 1997 sprach Yusef Kuwa Mekki, der Befehlshaber der SPLA-Truppen, über ein Friedensabkommen, welches 1993 zwischen den Nuba und arabischen Stämmen geschlossen wurde und immer noch hält. In einem Brief an Mohamed Suliman vom Februar 1996 heisst es:

> „Ich habe interessante Neuigkeiten zu berichten. Dir erzähle ich dies, weil ich weiss, wie sehr Du am Verhältnis zwischen den Nuba und den Arabern interessiert bist. Wir waren immer an diesem Verhältnis interessiert und haben die Araber mehrere Male schriftlich gebeten, sich neutral zu verhalten. Sie werden aber von der Umma-Partei und der Regierung so manipuliert, dass sie nicht auf uns hörten. Nachdem sie aber viele Menschen und Tiere verloren hatten, fingen sie an zu verstehen, wie sie von Khartum ausgenutzt worden waren. Danach haben sie ein Friedensabkommen unterschrieben, und jetzt geht es viel besser."

Schlussbemerkungen

Vor dem Ausbruch des Konfliktes gingen die Zugehörigkeitsgefühle der meisten Nuba nicht über die Clangrenzen hinaus. Sie waren sich nicht bewusst, einem Nubavolk anzugehören. Mit ihren arabischen Nachbarn, den Hawazma und Messeriya, tauschten sie Güter aus, und Mischehen kamen häufig vor. Der Krieg weckte aber das Volksbewusstsein der Nuba, und als Folge davon wird der Konflikt als ethnischer Konflikt wahrgenommen, in welchem eine rassistische arabische Regierung einen Genozid an den Nuba verübt. Der harte Kern der Nubanationalisten ist der Überzeugung, dass alle Araber aus dem Gebiet vertrieben werden müssen. So ist Ethnizität von der Wahrnehmung zur Ursache des Konfliktes geworden, und je länger der Kampf andauert, desto mehr Nuba werden aus ethnischen Motiven für ihr Volk kämpfen.

In Darfur fanden die Auseinandersetzungen bis in die Mitte der achtziger Jahre nur auf lokaler Ebene statt. Die Nomaden waren nach der Ernte im Jebel Marra willkommen, und anfangs der Regenzeit im April zogen sie wieder weiter. Ein Teil der Herden gehörte sogar reichen Fur-Bauern. Die ethnischen Barrieren waren niedrig und leicht zu überwinden; sämtliche Einwohner waren Sunni-Muslime und sprachen Arabisch als Lingua Franca. Die lange andauernde Dürre unterminierte jedoch den Geist der Freundschaft und - angestachelt vom Konflikt im benachbarten Tschad und Libyen sowie mit modernen Waffensystemen ausgerüstet - aus gelegentlichen Scharmützeln wurde ein Kriegszug. Die Menschen auf beiden Seiten vertieften ihre intra-ethnischen Bindungen, und die Barriere zwischen Arabern und Fur wurde höher.

Die meisten Konflikte werden um materielle Ressourcen ausgetragen, und ethnische, religiöse und kulturelle Affiliationen spielen eine Nebenrolle. Im Verlaufe der Zeit aber verhärten sich diese abstrakten Kategorien und werden selber zu materiellen Ressourcen und damit zu möglichen Streitobjekten. Im Sudan ist nach vierzehn Jahren des Konfliktes die Umwandlung der Ethnizität vollzogen. Die einstige Wahrnehmung ist zur Ursache verfestigt. Die ethnische Grenze ist jetzt zu einer so gewaltigen sozialen Kraft geworden, dass jeder Versuch, den Konflikt zu lösen, auch den wirtschaftlichen und sozialen Bereich umfassen muss. Sonst können ethnische Spannungen jederzeit wieder in einen offenen Konflikt ausbrechen.

Weitere Literatur

Abu Elbashar, M.A.: The Tribal War in Darfur; A Resources Fight Developed into Ethnic and Political Conflict, Al-Hayat (Arabic), 10, 1993, London.

Adams, M./M. Bradbury: Conflict and Development; Organisational Adaptations in Conflict Situations, Oxfam Discussion Paper 4, 1995.

Africa Watch: The Forgotten War in Darfur Flares Up Again, Report 6, London, April 1990.

Africa Watch: Sudan, Destroying Ethnic Identity; The Secret War Against the Nuba, December 1991.

Ahmed, A.M./S. Harir: Sudanese Rural Society; Its Development and Dynamism, (Arabic), Khartoum 1982.

Assefa, H.: Ethnic Conflict in the Horn of African Myth and Reality, in: K. Rupesinghe/V. Atchikov (eds.): Ethnicity and Power in the Contemporary World, U.N. University Press 1996.
Bächler, G./S. Bellwald/M. Suliman: Environmental Conflict; Management Approach and Implementation in the Horn of Africa, Swiss Federal Institute of Technology, Zurich 1996.
Bächler, G./K.R. Spillmann: How to Cope with Environmental Conflicts, EN-COP, Swiss Federal Institute of Technology, Zurich 1996.
Bennet, O. (ed.): Greenwar; Environment and Conflict, Panos Institute 1989.
Beshir, M.O.: The Southern Sudan; Background to Conflict, Khartoum 1970.
Ders.: The Southern Sudan from Conflict to Peace, Khartoum 1975.
Ders.: Ethnicity, Regionalism and National Cohesion, in: The Sudan; Ethnicity and National Cohesion, Bayreuth 1984.
Bratton, M.: Beyond the State; Civil Society and Associational Life in Africa, in: World Politics, 41, 3, 1989.
Chase, R.S./E.B. Hill/P. Kennedy: Pivotal States and US Strategy, in: Foreign Affairs, 75, 1, 1996, pp. 33-51.
Cohen, A.: Customs and Politics in Urban Africa, London 1969.
Diamond, L.: Nigeria; The Uncivic Society and the Descent into Praetorianism, in: L. Diamond/J. Linz/S. Lipset: Politics in Developing Countries; Comparing Experiences with Democracies, Boulder CO 1995.
Dokken, K./N. Graeger: The Concept of Environmental Security; Political Slogan or Analytical Tool? Report Prepared by the Royal Ministry of Foreign Affairs, Oslo 1995.
Duffield, M.: Complex Emergencies and the Crisis of Developmentalism, in: IDS Bulletin, 25, 4, 1994, pp. 37-45.
Ders.: War and Famine in Africa, Oxfam Discussion Paper 5, 1994.
Harrison, P.: The Greening of Africa, 1987.
Eldredge, E.: Food Crisis, Crisis Response and Emergency Preparedness; The Sudan Case, in: Disaster, 12, 1988, pp 1-4.
Gore, P.W.: Poverty Versus Affluence; The Fiasco of Rainfed Mechanized Agriculture in Renk District Southern Sudan, in: M.A. Mohammed-Salih (ed.): Agrarian Change in the Central Rainlands of Sudan, SIAS, Uppsala (S) 1987.
Harir, S.: Militarization of Conflict, Displacement and the Legitimacy of the State; A Case From Darfur Western Sudan, Bergen (N) 1992.
Harir, S.: „Arab Belt" Versus „African Belt"; Ethnic-Political Conflict in Darfur and the Regional Cultural Factors, in S. Harir/T. Tvedt (eds.): Short-Cut to Decay; The Case of the Sudan, London 1993.
Kaplan, R.D.: The Coming Anarchy; How Scarcity, Crime, Overpopulation and Disease Are Rapidly Destroying the Social Fabric of Our Planet, in: Atlantic Monthly, February, 1994, pp. 44-76.
Keen, D.: Targeting Emergency Food Aid; The Case of Darfur 1985, in: Simon Maxwell: To Cure all Hunger, Exeter (UK) 1991.

Ders.: The Benefits of Famine; A Political Economy of Famine in South-Western Sudan, 1983-1989, Princeton NJ 1994.
Koke, P.N.: Adding Fuel to the Conflict; Oil, War and Peace in the Sudan, in: C. Doornbos (ed.): Beyond Conflict in the Horn, The Hague 1992.
MacMichel, M.A.: The Tribes of Northern and Central Kordofan, Cambridge 1912.
Malwal, B.: People & Power in Sudan; The Struggle for National Stability, Ithaca NY 1981.
Manger, L.O.: Trade and Traders in the Sudan, Department of Social Anthropology, University of Bergen (N) 1984.
Markakis, J.: Environmental Stress and Security in the Horn of Africa, Sigtuna (S) 1991.
Michel, C.W.: Physiography, Geology and Soils, in: E.M. Craig (ed.): The Agriculture of the Sudan, Oxford 1991.
Mohammed-Salih, M.S.: Generation and Migration; Identity Crisis and Political Change among the Moro of the Nuba Mountains, in: GeoJournal 1991.
Salter, S./D. Rydjeski: Towards an Early Warning System in Sudan, in: Disaster, 10, 1986, pp 189-96.
Suliman, M.: Civil War in the Sudan; The Impact of Ecological Degradation, ENCOP Publication, No. 4, Zurich 1992.
Suliman, M./Osman Ahmed: War in Darfur; The Desert Versus the Oasis, 1994.

Teil III

Theorie und Praxis ziviler Konfliktbearbeitung in Osteuropa

Der georgisch-abchasische Konflikt

Vom Krieg zur feindlichen oder friedlichen Koexistenz?[1]

Von Norbert Ropers

Einleitung

Der Konflikt zwischen Georgien und Abchasien gehört zur Kategorie der „eingefrorenen Konflikte“: Seit dem Ende des Krieges von 1992/93 besteht ein höchst prekärer Waffenstillstand. Die Waffenstillstandslinie spaltet die Region nicht nur politisch, sondern auch ökonomisch, gesellschaftlich und humanitär; trotz etlicher Vermittlungsbemühungen stehen sich die Parteien unversöhnt gegenüber. Die wichtigsten Konfliktthemen sind der Status Abchasiens im Verhältnis zu Georgien (eigenständiger Staat im Rahmen einer Konföderation versus autonome Region innerhalb Georgiens) und die Rückkehr der georgischen Flüchtlinge nach Abchasien. Ähnlich wie bei anderen eingefrorenen Konflikten, beispielsweise um Berg-Karabach oder auf Zypern, gibt es wenig Anzeichen dafür, dass die „ripeness for resolution“ während dieser Zeit deutlich zugenommen hat.[2] Vielmehr zeichnet sich der Konflikt dadurch aus, dass gerade die Situation fehlender Fortschritte weitere Eskalationen begünstigt. Symptomatisch dafür ist der regelmässige Poker um die Verlängerung des Mandates der (faktisch russischen) GUS-Peacekeeping-Truppen.

Im folgenden Beitrag handelt es sich um eine Fallstudie, die im Kontext von praktischen Initiativen zur friedlichen Einmischung auf der gesellschaftlichen Ebene in diesen Konflikt entstanden ist. Im Vordergrund der Darstellung stehen deshalb zum einen jene Gesichtspunkte der Konflikt*analyse*, die für die Konflikt*bearbeitung* wichtig sind, und zum anderen eine Untersuchung der bisherigen Versuche, auf diesen Konflikt im weitesten Sinne deeskalierend, vermittelnd oder zumindest mit „humanitärer Hilfe“ einzuwirken. Zwei zentrale Schlussfolgerungen sollen gleich zu Beginn den Rahmen der Studie abstecken:

---

[1] Für Verbesserungsvorschläge zur ersten Fassung danke ich vor allem Stefan Troebst, Rexane Dedashti, Susanne Rindt und Martin Schümer.

[2] Vgl. zu diesem Konzept William Zartman: Ripe for Resolution, New York 1989.

1. Wie alle ethnopolitischen Konflikte der Gegenwart hat auch dieser eine Vielzahl von Ursachen und ist ohne den historischen Hintergrund nicht zu verstehen. Massgeblich für die Eskalation seit dem Ende der achtziger Jahre war jedoch das zielstrebige und die Gewalt bewusst in Kauf nehmende Handeln von Angehörigen der politisch-militärischen Führungsgruppen auf allen beteiligten Seiten (einschliesslich der Sowjetunion bzw. Russlands).
2. Infolge des Krieges mit 10.000-20.000 Toten, über 300.000 aus Abchasien vertriebenen Menschen[3], einem verwüsteten und wirtschaftlich ruinierten Land und einer ungewissen Zukunft ist mittlerweile eine Konfliktkonstellation entstanden, deren Bewältigung und „Befriedung“ eben diese Führungsgruppen überfordert. Nachhaltige Friedensstiftung bedarf deshalb einer Vielzahl von Massnahmen auf der internationalen, innerstaatlichen wie gesellschaftlichen Ebene.

Die Vorgeschichte des Konfliktes

Der gesamte kaukasische Raum ist durch vier Merkmale geprägt, die alle, wenn auch in unterschiedlicher Intensität, dazu beigetragen haben, dass diese Region heute zu den konfliktträchtigsten Regionen der Welt zählt: Ihre immense kulturräumliche Heterogenität, die Lage im Spannungsfeld verschiedener Imperien in der Neuzeit (Osmanisches, Persisches und Russisches Reich), ihre Kolonisierung durch das Russische Reich seit dem ausgehenden 18. Jahrhundert und die Integration in die Sowjetunion im 20. Jahrhundert.[4] All diese Merkmale finden sich auch im Fall Georgiens und trafen ebenfalls auf Vorkriegsabchasien zu.

Von den 5,4 Millionen Einwohnern Georgiens gehörten nach dem sowjetischen Zensus von 1989 nur 70% der Titularnation an.[5] Beachtliche Minderheiten mit zum Teil lokalen Mehrheiten bilden Armenier, Azeris, Russen, Griechen und Osseten. Hinzu kommt, dass auch die Georgier selbst regional starke Subgruppierungen aufweisen, wie beispielsweise die Mingrelen im Grenzgebiet von und zu Abchasien. Die Abchasier repräsentierten 1989 nur 1,8% der Gesamtbevölkerung

[3] Wie bei vielen vergleichbaren Konflikten sind auch diese Zahlenangaben zwischen den Parteien umstritten. Vgl. dazu im einzelnen die unten zitierten Quellen.

[4] Barbara Pietzonka: Ethnisch-territoriale Konflikte in Kaukasien; Eine politisch-geographische Systematisierung, Baden-Baden 1995.

[5] Vgl. zu den Zahlenangaben und zur Geschichte Georgiens und Abchasiens UNDP: Human Development Report Georgia 1996, Tbilisi 1996. - Suzanne Goldenberg: Pride of Small Nations; The Caucasus and Post-Soviet Disorder, London 1994. - Ronald Grigor Suny: The Making of the Georgian Nation, Bloomington 1994. - Stephen F. Jones: Georgia; The Trauma of Statehood, in: Ian Bremmer/Ray Taras (eds.): New States, New Politics - Building Post-Soviet Nations, Cambridge 1997, pp. 505-543. In den 70% sind auch die (muslimischen) Adjaren eingeschlossen.

Georgiens. Selbst innerhalb Abchasiens mit gut einer halben Million Einwohnern stellte die Titularnation vor dem Krieg nur 17% der Bevölkerung, während die Georgier mit 46% fast die Mehrheit bilden. Die übrigen Bewohner sind Russen, Armenier, Griechen und etliche kleinere Ethnien. Dieser geringe Anteil von Abchasiern ist freilich auch schon ein wesentlicher Teil des Problems. Um das zu verstehen, ist ein kurzer Blick auf die Vorgeschichte bzw. die bereits kontroverse Interpretation der Vorgeschichte erforderlich.

Karte Georgiens und Abchasiens[6]

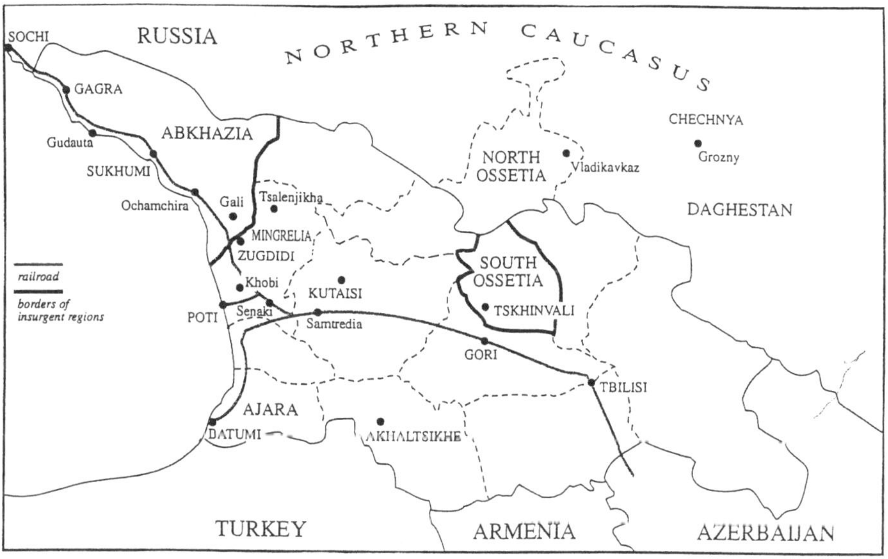

Wie bei vielen ethnopolitischen Territorialkonflikten beginnt der Streit bereits bei den historischen Fragen danach, wessen Vorfahren welches Gebiet zuerst besiedelten, und ob und wann sie politische Selbständigkeit erreichten. Diese Fragen werden desto heftiger diskutiert, je stärker der politische Konflikt eskaliert ist. Die Antworten fallen zwischen georgischen und abchasischen Historikern naturgemäss recht unterschiedlich aus.[7] Nur von einer Minderheit wird jedoch bestrit-

[6] S. Neil MacFarlane/Larry Minear/Stephen D. Shenfield: Armed Conflict in Georgia; A Case Study in Humanitarian Action and Peacekeeping; Providence, Watson Institute for International Studies/Brown University 1996 (Occasional Paper 21), p. XIV.

[7] Vgl. generell zur Geschichte des Konfliktes mit weiteren Hinweisen Alexander Kokeev: Der Kampf um das Goldene Vlies; Zum Konflikt zwischen Georgien und Abchasien, HSFK-Report 8,

ten, dass die Abchasier seit der Antike das östliche Schwarzmeerufer besiedelten, zeitweise abchasische und georgische Fürstentümer vereint waren und seit dem 16. Jahrhundert Abchasien unter dem Einfluss des Osmanischen Reiches stand, was dazu führte, dass ein Teil der Abchasier den islamischen Glauben annahm. Mit dem Beginn des 19. Jahrhunderts wurde Abchasien erst ein Protektorat, später (1864) ein integraler Bestandteil des Russischen Imperiums.

Aufgrund der Russifizierungs- und Kolonialisierungspolitik emigrierte ein grosser Teil der abchasischen Bevölkerung in die Türkei, was zu einer drastischen demographischen Verschiebung im Lande führte: So sank der Anteil der Abchasier an der Bevölkerung des Landes von 86% 1886 auf 55% 1898, während gleichzeitig derjenige der Georgier von 6% auf 24% anstieg. Zugleich entstand in der Türkei eine abchasische Diaspora, die heute auf rund 200.000 Personen geschätzt wird und damit gut doppelt so gross wie die in der Heimat ist.[8]

Nach dem Zerfall des Russischen Reiches existierte von 1921 bis 1931 eine „Sozialistische Sowjetrepublik Abchasien" zumindest juristisch gleichrangig neben der „Sozialistischen Sowjetrepublik Georgien". Unter dem Druck der beiden Georgier Josef Stalin und Lawrentij Berija wurde Abchasien 1931 zu einer einfachen Autonomen Republik innerhalb Georgiens degradiert und zunehmend georgifiziert. Ausserdem wurden bis in die fünfziger Jahre mit der systematischen Umsiedlung von gut 100.000 Georgiern nach Abchasien die Bevölkerungsanteile weiter verschoben.

Allerdings bot die sowjetische Nationalitätenpolitik, insbesondere seit den fünfziger Jahren, auch Ansatzpunkte für die Förderung einer nationalen abchasischen intellektuellen Elite und Bürokratie.[9] Aufgrund ihres privilegierten Zugangs zu den der Titularnation vorbehaltenen Positionen in der staatlichen Infrastruktur Abchasiens gewannen sie einen Einfluss, der angesichts ihres prozentualen Minderheitenstatus von der (relativen) georgischen Mehrheit als ungerecht empfunden wurde. So verschärften sich im Laufe der Zeit die Ressentiments, und auf beiden Seiten wurden die Stimmen lauter, die eine Neuregelung der staatsrechtlichen Beziehungen forderten.

Frankfurt a.M. 1993. - Ders.: Georgi Otyrba; Der Weg in den Abchasien-Krieg, Mannheim, Forschungsschwerpunkt Konflikt- und Kooperationsstrukturen in Osteuropa 1997, Untersuchungen des FKKS, 13, 1997. - Revaz Gachechiladze: The New Georgia; Space, Society, Politics, London 1995. - John Wright/Suzanne Goldenberg/Richard Schofield (eds.): Transcaucasian Boundaries, London 1996.

[8] Kokeev, Der Kampf um das Goldene Vlies (Fn. 7), pp. 2-3. Diese Zahl ist freilich sehr umstritten. Von abchasischer Seite werden auch Zahlen von bis zu 600.000 Menschen in der Türkei genannt.

[9] Valery Tishkov: Ethnicity, Nationalism and Conflict in and after the Soviet Union; The Mind Aflame, London 1997, pp. 24ff. - Christian Scherrer: Ethno-Nationalismus im Zeitalter der Globalisierung; Ursachen, Strukturmerkmale und Dynamik ethnisch-nationaler Gewaltkonflikte, Münster 1997, pp. 276ff.

Die Eskalation des Konfliktes 1989-1993

Die Zeitenwende von 1989/90 und der Disintegrationsprozess der Sowjetunion führten auf beiden Seiten zu einer massiven Zunahme nationalistischer Forderungen. Eine führende Rolle spielten dabei zunächst Intellektuelle sowie, in Georgien, Dissidenten, für die die Überwindung der sowjetischen Fremdherrschaft identisch war mit der Schaffung eines georgischen Nationalstaates. Die Autonomieregelungen innerhalb Georgiens galten als Relikte der Fremdbestimmung, die nichtgeorgischen Nationalitäten als „Gäste" auf georgischem Boden. Umgekehrt wurde unter Abchasiern das Verlangen nach einer „Wiederherstellung" der nationalen Eigenständigkeit der zwanziger Jahre immer populärer.

Die Situation spitzte sich zu, als 1990 der populistisch-fundamentalistische Führer der nationalistischen Opposition, Swiad Gamsachurdia, mit grosser Mehrheit die ersten freien Wahlen in Georgien gewann, und wenig später mit dem Historiker Wladislaw Ardsindba ein Mann zum Vorsitzenden des Obersten Sowjets Abchasiens gewählt wurde, der ebenfalls prononciert nationale Töne anschlug. Die neuen Regime in Tbilisi und Suchumi waren mit dem infolge der Auflösung der Sowjetunion 1991 entstehenden Transformationsdruck massiv überfordert und nutzten deshalb nur allzu gern die „nationale Karte", um der drohenden Fragmentierung ihrer Gesellschaften entgegenzuwirken. Hinzu kam, dass durch den Wegfall der Sowjetunion auch ein Element der Eindämmung entfiel.

Gamsachurdias Regime endete trotz oder gerade wegen seines zunehmend diktatorischen Stils in einer dramatischen Spaltung der Gesellschaft in Regionen, Ethnien sowie Gewinner und Verlierer des Umbruchs, und schliesslich auch in einer weitgehenden Erosion der staatlichen Ordnung in Georgien. Es kam zu bürgerkriegsähnlichen Auseinandersetzungen, bis Anfang 1992 eine Militärjunta unter den *warlords* Ioseliani und Kitowani die Macht eroberte. Gamsachurdia wurde ins Exil gezwungen, seine bis heute starke Anhängerschaft, insbesondere in Mingrelien, sollte den Verlauf des Konfliktes mit Abchasien jedoch noch massgeblich mitbestimmen. Die Militärjunta lud den ehemaligen kommunistischen Parteichef Georgiens und sowjetischen Aussenminister Eduard Schewardnadse ein, in dieser Notsituation als „Retter" der Nation zu fungieren.

Schewardnadse trat ein schweres Erbe an: Das einst innerhalb der Sowjetunion relativ wohlhabende Georgien befand sich im Frühjahr/Sommer 1992 in einer schweren Wirtschaftskrise, es musste die Präsenz russischer Truppen in der ebenfalls nach Sezession strebenden Region von Südossetien hinnehmen, andere Regionen beanspruchten eine weitgehende Eigenständigkeit, die organisierte Kriminalität war dabei, die Strassen auch am Tage zu erobern. Vor diesem Hintergrund verabschiedete das Parlament Abchasiens eine Entschliessung, in der sie die bis dahin gültige Verfassung (von 1978 mit der Bindung an Georgien) aufhob und provisorisch die Verfassung von 1925 wieder in Kraft setzte (die Abchasien den gleichen Souveränitätsstatus wie Georgien gewährte).[10] Zugleich wurden die Staatssymbole der neuen „Republik Abchasien" festgelegt und ein freilich vager Vertrag über die Neuregelung der Beziehungen zu Georgien in Aussicht gestellt.

In Georgien wurde dieser Beschluss mit Empörung aufgenommen und als verfassungswidrig und ungültig gebrandmarkt. Im August 1992 marschierten die georgische Nationalgarde und die paramilitärisch-mafiösen Einheiten der *Mchedrioni* (Ritter) in Abchasien ein. Als Begründung wurde zunächst angegeben, dass die Ziele lediglich die Verfolgung einer von Gamsachurdias Anhängern inszenierten Entführung von Regierungsvertretern sowie die Sicherung der Kommunikations- und Verkehrswege seien. Tatsächlich wurde jedoch ein Krieg gegen die proklamierte „eigene" abchasische Zivilbevölkerung geführt.[11] Die abchasische Führung reagierte darauf mit einer Generalmobilmachung und wandte sich an Moskau und die nordkaukasischen Republiken um Unterstützung. Eine Woche später erklärte das „Parlament der Konföderation der Bergvölker des Kaukasus" Georgien den Krieg und etliche Freiwillige aus Tschetschenien und anderen Regionen des nördlichen Kaukasus sowie Kosaken aus Südrussland unterstützten die „Abchasische Garde" und andere paramilitärische Verbände, die jetzt mit ähnlicher Brutalität gegen die georgische Zivilbevölkerung vorgingen wie zuvor die georgischen Streitkräfte gegen die Abchasier.

Bis zum September 1993 entwickelte sich ein langwieriger Stellungskrieg, der zu einer massiven Zerstörung der Infrastruktur des Landes, zur Zerrüttung der ehemals prosperierenden Plantagenkulturen, zu Plünderungen, Geiselnahmen, Vertreibungen und Gewaltexzessen führte. Allen Versuchen der russischen Regierung, Waffenstillstände auszuhandeln, war kein anhaltender Erfolg beschieden. Die georgische Seite bezweifelte zudem mit Recht, inwieweit Russland in diesem Konflikt tatsächlich neutral war, da die abchasische Führung ohne die militärische Unterstützung durch örtliche russische Truppen, russisches Material und Logistik wohl nicht in der Lage gewesen wäre, diesen Krieg durchzuhalten. Umgekehrt misstraute auch die abchasische Führung einer russisch-georgischen Verständigung, da sie bis zum Schluss von Präsident Jelzin nicht als gleichwertige Partnerin an den Verhandlungen akzeptiert wurde.

Der Krieg endete schliesslich damit, dass die abchasische Seite das letzte allein zwischen Russland und Georgien in Sotschi ausgehandelte Waffenstillstandsabkommen vom Juli 1993 zwei Monate später brach und mit einer Grossoffensive sowie russischer Luftwaffenunterstützung Suchumi und den restlichen Teil Abchasiens eroberte. Die georgische und mingrelische Bevölkerung floh

---

[10] Möglich wurde dieser mit einfacher Mehrheit gefasste Beschluss, weil das Parlament von 1991 nach nationalen Quoten zusammengesetzt war: 28 Sitze für die Abchasier, 26 für die Georgier und 11 für die anderen ethnischen Gruppen.

[11] Erin D. Mooney: Internal Displacement and the Conflict in Abkhazia; International Responses and Their Protective Effect, in: International Journal on Group Rights, 3, 1996, pp. 197-226, hier p. 200.

oder wurde unter erheblichen Opfern zur Flucht in die östlichen Landesteile gezwungen. Griechenland, Israel, Russland und die Ukraine evakuierten einen grossen Teil „ihrer“ Bevölkerungen. Zurück blieb ein entvölkertes und insgesamt ruiniertes Land. Ein vorläufiger Schlussstrich wurde gezogen, als 1994 Peacekeeping-Truppen der GUS die Demarkationslinie am Inguri-Fluss besetzten und damit die Teilung des Landes vollendeten.

Die Ursachen des Krieges

Die jüngere sozialwissenschaftliche Forschung hat mittlerweile eine Reihe von Erklärungsmodellen und -mustern für ethnopolitische Mobilisierungsprozesse und Gewalteskalationen, insbesondere auch in der postsozialistischen Welt, zusammengetragen.[12] Aus dieser Literatur eignen sich für die Erklärung des georgisch-abchasischen Krieges vor allem die folgenden fünf Gesichtspunkte:

1. Die Desintegration und später die endgültige Auflösung der Sowjetunion schufen eine umfassende *Gelegenheitsstruktur für die Redistribution der Macht* zwischen den politischen und bürokratischen Eliten auf der regionalen Ebene. Dabei besassen die Vertreter der Titularnationen erster Ordnung, wie die Georgiens, einen erheblichen Startvorteil, sollte sich doch die Bildung neuer souveräner Staaten auf dieser Basis vollziehen. Die abchasische Führung konnte in diesem Prozess immerhin darauf verweisen, dass sie zumindest historische Anknüpfungspunkte für ein gleichrangiges Statusbegehren hatte. Faktisch vollzog sich die „nationale Emanzipation“ nach einem „Matrioschka“-ähnlichen Muster: Genau der Selbstbestimmungsanspruch, der im Verhältnis zur übergeordneten Einheit die Souveränität begründete, wurde gegenüber der untergeordneten Einheit verweigert. Massgeblich für diesen Effekt war die systematische politische Mobilisierung in dem entstehenden pluralistischen System auf der Basis ethnonationaler Zugehörigkeiten. Diese Basis hatten die national-administrativen Strukturen und die politische Kultur der Sowjetunion gelegt, die trotz Einparteiherrschaft über Jahrzehnte hinweg die Bildung von politischen Eliten auf der Basis ethnonationaler Zugehörigkeiten begünstigt hatte.
2. Die abchasische Seite weigert sich zwar, den Konflikt als einen Mehrheiten-Minderheiten-Konflikt zu interpretieren, da sie sich als eigenständige Titular-

[12] Vgl. generell Ted Robert Gurr: Minorities at Risk; A Global View of Ethnopolitical Conflicts, Washington DC 1993. - Speziell zur postsozialistischen Welt vgl. Tishkov, Ethnicity, Nationalism and Conflict (Fn. 9), und Scherrer, Ethno-Nationalismus (Fn. 9), ferner den zusammenfassenden Überblick bei Raymond Taras: Conclusion; From Matrioshka Nationalism to National Interest, in: Bremmer/Taras, New States (Fn. 5), pp. 683-717.

nation versteht. Faktisch ist die Dynamik des Konfliktes aber nicht ohne den im Laufe der Geschichte real entstandenen Minderheitenstatus der Abchasier zu verstehen. Aus ihrer Sicht befinden sie sich seit dem frühen 19. Jahrhundert in einem anhaltenden Kampf um die *„Überfremdungsabwehr“*[13]. Mit dem Einmarsch georgischer Truppen und den Übergriffen auf die abchasische Zivilbevölkerung im Sommer 1992 war für viele von ihnen das existentielle Überleben ihrer Nation bedroht.

3. Mit dem Machtantritt des Gamsachurdia-Regimes begann sich die öffentliche Ordnung in Georgien aufzulösen. Die ohnehin schon stark entwickelte organisierte Kriminalität breitete sich in sämtlichen Gesellschaftsbereichen aus. Überfälle und gewaltsame Auseinandersetzungen fanden am hellichten Tage selbst im Zentrum von Tbilisi statt, ohne dass die Polizei etwas unternahm. Selbsternannte Sicherheitsorgane, nicht selten geführt von verurteilten Kriminellen, übernahmen vielfach die lokale Macht. In dieser Atmosphäre der *„Reprivatisierung von Gewalt“*[14], der Fragmentierung der politischen Führungsgruppen und der Erosion normativer Bindungen sank die Hemmschwelle zur Anwendung von Gewalt auch zur „Lösung“ politischer Streitfragen.[15] Als die Schwelle zur Gewalt einmal überschritten war, setzte zudem die bekannte Eigendynamik ein: Aus Furcht und Rache entstanden immer neue Gewaltakte.
4. Die Konflikteskalation ist nicht ohne die *Rolle* sowjetischer Institutionen und später der *Russischen Föderation* zu verstehen. Mit dem Verlust der direkten politischen Herrschaft über Transkaukasien stand Moskau vor dem Problem, wie es seine militärischen, wirtschaftlichen und geostrategischen Interessen in diesem Raum weiter sichern könnte. Angesichts der anfänglichen georgischen Weigerung, der GUS beizutreten, und seiner Forderung nach Abzug aller russischen Militäreinrichtungen bestand die Gefahr, dass auch der Zugriff auf eine der attraktivsten Touristen- und Landwirtschaftszentren der früheren Sowjetunion, die abchasische Schwarzmeerküste, verlorengehen könnte. Die abchasischen Autonomieforderungen fanden deshalb gewichtige Fürsprecher in Russland, zumal bei jenen, die sich der anfangs kommunistisch-orthodox gebenden Führung auch ideologisch verbunden fühlten. Ohne diese Unterstützung, die sich schliesslich auch in militärischer Hilfe ausdrückte, hätte die abchasische Seite sich wohl weit weniger ermutigt gefühlt, einen konfrontativen Kurs einzuschlagen.
5. Neben all diesen Argumenten, die *für* die Eskalation sprechen, sollte allerdings nicht vergessen werden, dass es etliche Faktoren gibt, die *dagegen* sprechen.

---

[13] Dieter Senghaas: Friedensprojekt Europa, Frankfurt a.M. 1992, pp. 117-121.

[14] Dieter Senghaas: Frieden als Zivilisierungsprojekt, in: Ders. (Hrsg.): Den Frieden denken, Frankfurt a.M. 1995, pp. 196-223.

[15] Bis heute ist nicht geklärt, ob und wieweit Schewardnadse persönlich für die militärische Intervention in Abchasien verantwortlich war, oder ob er möglicherweise nur nachträglich aus Opportunitätsgründen die von seinem „Verteidigungsminister“ getroffene Entscheidung billigte.

Hier ist vor allem darauf hinzuweisen, dass die Angehörigen der Führungsgruppen sich durch gemeinsame Ausbildungsgänge in Moskau oder Tbilisi, durch unterschiedliche Formen der Zusammenarbeit und eine hohe Mobilität innerhalb des Landes, oft auch infolge paralleler Karrieren in der KPdSU persönlich sehr gut kannten. Über Jahrzehnte hinweg war es gelungen, georgisch-abchasische Streitigkeiten durch Kompromisse beizulegen. Warum gelang das Anfang der neunziger Jahre nicht mehr? Eine denkbare Antwort ist, dass die Verantwortlichen das Risiko einer Eskalation zum Krieg bewusst in Kauf nahmen. Für diese Annahme spricht einiges, denn 1992 gab es diverse Anzeichen für eine explosive Zuspitzung. Anstatt darauf mit verstärkter Kommunikation und einem gemeinsamen Krisenmanagement zu reagieren, verschanzten sich beide Seiten verstärkt hinter ihren Positionen.

In dieser Situation wäre präventive Diplomatie von aussen erforderlich gewesen. Russland war jedoch viel zu sehr mit sich selbst beschäftigt und zudem kein sonderlich „neutraler" Akteur. Die westliche Welt und die internationalen Organisationen waren überfordert durch die plötzliche Erosion und spätere Auflösung der Sowjetunion und letztlich nur zur Reaktion in der Lage.[16]

Die Folgen des Krieges und die Konfliktkonstellation 1997

Die Basis des seit Ende 1993 eingefrorenen Konfliktes bildet das Waffenstillstandsabkommen vom Mai 1994, in dem sich die Parteien mit der Russischen Föderation über die Demarkationslinie am Inguri-Fluss, die Aufstellung einer aus 3.000 Soldaten bestehenden GUS Peacekeeping Truppe und eine 12 km breite Pufferzone verständigten. Die Überwachung dieser Vereinbarung wurde der UNOMIG-Truppe übertragen, die schon 1993 für das *Monitoring* der vorletzten (gebrochenen) Waffenstillstandsvereinbarung in Suchumi geschaffen worden war.[17]

Sowohl die Effizienz dieser Peacekeeping-Truppen als auch die Überwachung durch die UNOMIG wird von allen beteiligten Parteien regelmässig in Zweifel gezogen. Von abchasischer Seite geht es primär um den Vorwurf, dass sie das Eindringen von georgischen paramilitärischen Gruppen in das abchasische Grenzgebiet nicht wirksam unterbinden würden. Umgekehrt beklagt sich die

[16] Der UN-Generalsekretär entsandte die erste „fact-finding-mission" im September 1992 nach Abchasien, einen Monat nach dem Beginn des Krieges. Die KSZE war zwar im Mai 1992 mit einer Berichterstattermission in Georgien, sie befasste sich aber nur mit dem Ossetienkonflikt; die auch Abchasien einschliessende KSZE-Langzeitmission begann erst 1993.

[17] Sie umfasst zur Zeit 117 Militärbeobachter. Vgl. Internet: http://www.un.org/Depts/DKPO-/Missions/unomig.htm

georgische Seite darüber, dass diese Truppen nicht in der Lage seien, im Grenzgebiet eine hinreichende Sicherheit für die verbliebene bzw. spontan zurückgekehrte georgisch-mingrelische Bevölkerung zu gewährleisten. Ohne eine Übernahme von Polizeifunktionen, so droht die georgische Regierung immer wieder, könne es keine Verlängerung des Mandates der CISPKF-Truppen geben. Angegriffen werden die russischen Peacekeeper immer wieder von der georgischen Guerillaformation der „Weissen Legion", die ihnen Parteilichkeit zugunsten der Abchasier vorwirft. Auf der Führungsebene sind sich freilich alle Beteiligten darüber einig, dass ein Abzug dieser Truppen das Risiko einer erneuten militärischen Auseinandersetzung schlagartig erhöhen würde.

Zu dieser Einschätzung hat die seit dem Kriegsende eingetretene Machtverschiebung beigetragen. Abchasien war zwar der militärische „Sieger", doch seitdem hat sich seine Position verschlechtert. Der Auslöser dafür war zunächst gerade die Niederlage Georgiens. In dieser Situation „nationaler Demütigung" und einem weiter bestehenden Bürgerkrieg mit den Anhängern Gamsachurdias war Schewardnadse gezwungen, die Hilfe Russlands ins Anspruch zu nehmen und dafür der GUS beizutreten sowie russische Militärbasen in Georgien zu akzeptieren. Damit gelang es Georgien, die übrigen GUS-Staaten zu einer Blokkadepolitik gegenüber Abchasien zu bewegen und die russische Unterstützung für Abchasien schrittweise zu verringern, wobei wohl auch die „Waffenbrüderschaft" zwischen Abchasien und Tschetschenien eine Rolle spielte. Die Bitte Abchasiens, in die Russische Föderation integriert zu werden, lehnte Moskau ab.

Verstärkt wurde diese Machtverschiebung dadurch, dass sich die innere politische und gesellschaftliche Situation in Georgien stabilisierte. 1995 wurde Schewardnadse mit grosser Mehrheit in seinem Amt bestätigt. Er entmachtete die ehemals übermächtigen *warlords*, stabilisierte die Sicherheitssituation innerhalb des Landes und bemühte sich um eine Georgien angemessene ökonomische Reformstrategie.[18] Auf dieser Basis und unter Nutzung seiner exzellenten Verbindungen zu westlichen RegierungskollegInnen aus seiner Zeit als sowjetischer Aussenminister gelang es ihm, die Position Georgiens gegenüber den abchasischen Anliegen auch in der UNO und in vielen bilateralen Beziehungen auszubauen und die abtrünnige Region weiter zu isolieren.[19]

Das Ergebnis ist, dass das vom Krieg zerrüttete Abchasien keinerlei Wiederaufbauhilfe erhält, die zerstörte Infrastruktur und Wirtschaft unverändert darniederliegen und ein grosser Teil der Bevölkerung seit Jahren ein Leben am Rande des Existenzminimums führen muss. Die Ausweispapiere Abchasiens werden von keinem Staat anerkannt. Die Grenze zu Russland kann von bestimm-

---

[18] Diese Bemühungen und ihren Wandel spiegeln die beiden Dokumente Government of the Republic of Georgia/UNDP: Human Development Report Georgia 1995, Tbilisi 1995, und UNDP, Human Development Report Georgia 1996 (Fn. 5).

[19] Ein wichtiges Instrument ist dabei die informelle Gruppe der „Friends of Georgia" .

ten Bevölkerungsgruppen entweder nur mit Hilfe von Bestechungszahlungen oder der Beschaffung russischer Ausweispapiere passiert werden. Durchlässig sind die Grenzen lediglich (abgesehen von spärlicher humanitärer Hilfe) für den von der Mafia kontrollierten Handel sowie den Verkehr über das Schwarze Meer mit der abchasischen Diaspora in der Türkei (sofern es ihnen gelingt, die GUS-Blockade zur See zu überwinden).

Die gegenwärtige Bevölkerung Abchasiens wird auf etwa 200.000 Personen geschätzt, von denen knapp die Hälfte Abchasier, die übrigen Armenier, Russen und Georgier sind.[20] Die demographische Situation hat sich aufgrund der Flucht und Vertreibung der Georgier damit deutlich zugunsten der Abchasier „verbessert". Ihre Bereitschaft, die Flüchtlinge und Vertriebenen zurückkehren zu lassen, ist gering. Die Führung argumentiert, viele der Geflohenen hätten sich an Verbrechen gegen die Abchasier beteiligt und könnten deshalb nicht erwarten, wiederaufgenommen zu werden. Ausserdem habe die georgische Führung die Zahl der Betroffenen massiv übertrieben, um politischen Druck auszuüben. Statt dessen hoffte Abchasien, das entvölkerte Land mit RemigrantInnen aus der Türkei füllen zu können. Angesichts der wirtschaftlichen Situation und der Sicherheitslage im Lande erwies sich diese Hoffnung jedoch bald als illusionär.

Unter diesen Rahmenbedingungen befindet sich das Land unter einem materiellen und psychischen Belagerungszustand. Ein grosser Teil der Bevölkerung ist vom Verlust naher Familienangehörigen betroffen und hat selbst traumatische Gewalterfahrungen gemacht. Für viele ergibt sich daraus sowie aus der kleinen Zahl der verbliebenen ethnischen Gruppe eine Art „Mission", die errungene politische Selbstbestimmung unter allen Umständen aufrechtzuerhalten.

In Georgien ist die Bevölkerung auf sehr unterschiedliche Weise vom Krieg betroffen. Hier sind es (neben den Opfern unter den Soldaten) in erster Linie die Flüchtlinge und Vertriebenen, die die Lasten und Folgen des Krieges zu tragen haben. Nach UNHCR-Schätzungen verloren insgesamt etwa 300.000 Personen infolge des Krieges ihre Heimat, darunter rund 250.000 Georgier, die in die östlichen Landesteile flohen.[21] Auch in dieser Gruppe sind kaum Personen, die nicht selbst nahe Angehörige vor bzw. während der Flucht verloren haben, persönlich zum Opfer von Gewalt wurden oder lebensgefährliche Strapazen während der Flucht über die schneebedeckten Berge durchmachen mussten. Die Mehrzahl von ihnen lebt bis heute, das heisst seit über vier Jahren, unter provisorischen und zum teil höchst erbärmlichen Umständen in Hotels, Wohnheimen und Notunterkünften.

Immerhin fand diese Gruppe kurz nach Ausbruch der Feindseligkeiten als erste die praktische Unterstützung der multilateralen Hilfsorganisationen, allen

[20] Nach IKRK-Angaben zitiert in UNDP, Human Development Report Georgia 1996 (Fn. 5), p. 25. Diese Zahl ist allerdings sehr umstritten.
[21] Zitiert bei Mooney, Internal Displacement (Fn. 11), p. 201.

voran des UNHCR und des IKRK.[22] Das UNHCR übernahm nach dem Krieg im Auftrag des UN-Generalsekretärs sogar eine ausgesprochen politische Rolle. Im April 1994 unterzeichnete es zusammen mit den beiden Konfliktparteien sowie der Russischen Föderation das *Quadripartite Agreement on Voluntary Return of Refugees and Displaced Persons*. Danach sollten alle diejenigen Flüchtlinge das Recht auf eine freiwillige Rückkehr haben, die nicht an Kriegsverbrechen beteiligt gewesen waren.

In der Folgezeit machte sich das UNHCR, nicht zuletzt auch unter dem Druck der georgischen und russischen Regierungen sowie der politischen Vertretungen der Flüchtlinge daran, dieses Vorhaben möglichst zügig umzusetzen. Doch schon bald stiess das UNHCR auf erhebliche Widerstände. Die abchasischen Behörden behielten sich das Recht vor, alle Rücksiedlungsanträge gesondert zu prüfen und bewilligten am Ende nur wenige hundert Anträge. Ein grosser Teil der Flüchtlinge war nicht bereit zurückzukehren, ohne dass zuvor die ursprünglichen politisch-rechtlichen Verhältnisse wiederhergestellt wurden, bzw. ohne dass zumindest ihre persönliche Sicherheit garantiert wurde. Davon konnte jedoch keine Rede sein. Das Land war weiterhin übersät mit einer Vielzahl von Minen (zwischen 70.000 und 150.000) und wurde vor allem in der Grenzregion permanent bedroht durch paramilitärische Einheiten beider Seiten, die Terrorakte gegen die Angehörigen der jeweils anderen Seite und vereinzelt auch gegen die Peacekeeping-Truppen begingen.

Statt einer geordneten Rücksiedlung fand deshalb eine spontane und oft nur zeitweilige Rückkehr von Flüchtlingen statt. So ist mittlerweile in der Grenzregion Gali die mingrelisch-georgische Bevölkerung wieder auf einige tausend Personen angewachsen. Sie leben in einer Grauzone abchasischer Duldung, mehr oder weniger unterstützt vom UNHCR und anderen Hilfsorganisationen und permanent bedroht von Minenunfällen und Attacken durch politisch oder kriminell motivierte Banden.

Viele der übrigen georgischen Flüchtlinge haben ähnlich wie die Abchasier eine „Belagerungsmentalität" entwickelt: Die lange Zeit des Leidens und der Entbehrungen dürfe nicht umsonst gewesen sein. Es komme darauf an, die Ungerechtigkeit der Vertreibung wiedergutzumachen. Die Wortführer dieser Haltung sind vor allem die (überwiegend von Georgiern gebildete) abchasische Exilregierung in Tbilisi sowie nationalistische Politiker, die Schewardnadses „taktiererischer Politik" kritisch gegenüberstehen.

Vier Jahre nach dem Krieg ist mithin deutlich, dass die beiden Schlüsselfragen des Konfliktes, der staatsrechtliche Status von Abchasien und die Rückkehr der Flüchtlinge, eng miteinander verknüpft sind. Einen Versuch, die

[22] Vgl. den Überblick bei ibid. und bei MacFarlane/Minear/Shenfield, Armed Conflict in Georgia (Fn. 6).

Konfliktkonstellation 1997 in einem übersichtlichen Schema zusammenzufassen, enthält die Tabelle 1.

Tabelle 1: Die georgisch-abchasische Konfliktkonstellation 1997

	Abchasien	Georgien
Konfliktpositionen	⇒Anerkennung als eigenständiger Staat in Konföderation ⇒Nur begrenzte Rückkehr der Flüchtlinge nach Regelung der Statusfrage	⇒Integration Abchasiens in Georgien mit Autonomiestatus ⇒Rückkehr der Flüchtlinge ohne Vorbedingungen
Machtmittel	⇒Verweigerung der Rückkehr der Flüchtlinge ⇒Begrenzte Unterstützung durch Russland ⇒Selbstgenügsamkeit: Lieber auf Entwicklungschancen verzichten, als sich politisch ausliefern	⇒Internationale Anerkennung Georgiens ⇒Blockadepolitik gegen Abchasien
Befürchtungen	⇒Keine dauerhafte Garantie der Autonomie ⇒Demographische Überwältigung ⇒Dauerhafte Isolation bei Nichtregelung ⇒Siegerjustiz bei Wiederherstellung der Vorkriegsordnung ⇒*„Zypriotisierung" (aus zypriotisch- türkischer Sicht): Auf Dauer zur Zweitklassigkeit verurteilt sein*	⇒Keine Rückkehr der Flüchtlinge ⇒Zuviel Autonomie wirkt als Dominostein im Hinblick auf die anderen ethnonationalen Minderheiten ⇒Gefahr der De-facto-Anerkennung bei anhaltender Spaltung ⇒*„Libanonisierung": Bei zuviel Zugeständnissen die Fragmentierung des Landes heraufbeschwören*

Die politischen Akteure und ihre Interessen

Jegliche Art nachhaltiger Konfliktbearbeitung ist darauf angewiesen, sämtliche wichtigen Akteure und ihre Interessen in Rechnung zu stellen. Dabei hat es sich gerade bei „protracted conflicts“ als hilfreich erwiesen, nicht nur die „Kosten“ zu berücksichtigen, die die bisherige (destruktive) Konfliktaustragung verursacht hat, sondern auch die eventuellen „Gewinne“, die sich daraus ergeben haben. Zu unterscheiden ist ferner zwischen den politisch Handelnden und den primär „Betroffenen“ sowie den internen und externen Akteuren. Die unmittelbar den Konflikt politisch austragenden Parteien sind auf der einen Seite Präsident Wladislaw Ardsindba und die Regierung Abchasiens und auf der anderen Seite Präsident Eduard Schewardnadse und die Regierung Georgiens.[23] Beide Führungen sind in Wahlen bestätigt worden.[24] Allerdings sind die Handlungsspielräume beider Führungen im Hinblick auf ihre „constituencies“ höchst unterschiedlich.

Im „belagerten“ Abchasien mit seiner kleinen Bevölkerungszahl herrscht ein starker Homogenisierungsdruck. Eine ernst zu nehmende, eigenständig agierende Opposition gibt es nicht. Meinungsverschiedenheiten werden innerhalb politischer Gremien und der wenigen Nichtregierungsorganisationen (NROs) möglichst so ausgetragen, dass anschliessend eine gemeinsame Position präsentiert werden kann. Da die Blockadepolitik auch den Zugang zu nichtabchasischen Medien massiv erschwert, gibt es ausserhalb des kleinen Kreises privilegierter Personen, die öfter ins Ausland reisen, nur wenig Kenntnisse über die Aussensicht des Konfliktes. Diese Tatsache erschwert auch eine offene interne Auseinandersetzung über die langfristigen eigenen „nationalen Interessen“.

Im Hinblick auf den staatsrechtlichen Status besteht die abchasische Führung bislang auf einer eigenen territorialen Souveränität, die lediglich im Rahmen einer „Konföderation“ mit Georgien verbunden sein sollte. Als Staatssprache sollte ausschliesslich das Abchasische gelten, als offizielle Sprache ferner das Russische. Eine Rückkehr der Flüchtlinge könne in grösserem Umfang erst dann erfolgen, wenn die staatsrechtlichen Fragen verbindlich geklärt seien, und ausserdem sei in jedem Einzelfall zu prüfen, ob es sich wirklich um frühere Bewohner des Landes handle, und ob sie sich nicht an Kriegsverbrechen beteiligt hätten. Dahinter steht die Befürchtung, dass bei einer Wiederherstellung der demographischen Vorkriegsverhältnisse die dauerhafte Sicherung des „territorialen Selbstbestimmungsrechts der Abchasier“ nicht gewährleistet ist.

---

[23] Bis 1994 wurde die „Republik Abchasien“ von einem „Supreme Council“ geführt. Mit der Verfassung von 1994 wurden ein auch so bezeichnetes Parlament und eine Präsidialkonstitution eingeführt. Vgl. Constitution of the Republic of Abkhazia (APSNY), Sukhum 1994. Zur Verfassung Georgiens von 1995 vgl. UNDP, Human Development Report Georgia 1996 (Fn. 5), pp. 137-147.

[24] Die Wahlen in Abchasien vom November 1996 wurden allerdings von den Vereinten Nationen nicht anerkannt und von Schewardnadse für illegitim erklärt.

In Georgien befinden sich der Präsident und die Regierung in einer grundsätzlich anderen Lage. Trotz der starken Stellung und der Autorität Schewardnadses als Schlüsselfigur des politischen Systems gibt es eine ausgeprägte, in sich aber wiederum zersplitterte Opposition. Sie ist stark in den Regionen verankert. In Mingrelien wird der 1994 (unter ungeklärten Umständen) ums Leben gekommene Gamsachurdia immer noch von manchen als Leitfigur verehrt. Die „abchasische Frage“ ist für nationalistische Politiker ein zentrales Thema, um dem Präsidenten Untätigkeit und Komplizenschaft mit Russland vorzuwerfen. Alle Unternehmungen in dieser Frage werden zudem genauestens von der (georgischen) abchasischen Exilregierung in Tbilisi verfolgt. Sie wacht darüber, dass die offiziellen Positionen der georgischen Seite nicht aufgeweicht werden: Keine Anerkennung des sezessionistischen Regimes in Suchumi, vollständige Reintegration Abchasiens in den georgischen Staatsverband und Rückkehr aller Flüchtlinge ohne Vorbedingungen.

Die innerhalb des gegenwärtig von Georgien kontrollierten Territoriums vom Konflikt am stärksten betroffene Gruppe ist zweifellos diejenige der Flüchtlinge. Sie leben überwiegend noch in provisorischen und überfüllten Unterkünften und sind besonders von Armut und gesellschaftlicher Ausgrenzung bedroht.[25] Für eine bessere Integration dieser Menschen fehlen die Mittel, aber auch der politische Willen, denn sie sind das beste „Argument“, um den humanitären Anspruch Georgiens auf die Wiedereingliederung Abchasiens zu untermauern. Je länger diese Art des „Exils“ andauert, desto grösser wird die Verzweiflung der Betroffenen. Viele junge Männer aus dieser Gruppe schliessen sich radikalen Bewegungen an, die für eine gewaltsame Rückeroberung ihrer Heimat eintreten.

Die formelle Position Georgiens gegenüber Abchasien lautet, ihm eine „Selbstbestimmung innerhalb Georgiens“ in Aussicht zu stellen. Staatsrechtlich drückt sich das darin aus, dass die genaue Form einer noch auszuhandelnden Machtteilung als Leerstelle in der georgischen Verfassung auftaucht (Artikel 2, Abschnitt 3); ferner darin, dass in Abchasien das Abchasische als zweite Staatssprache neben dem Georgischen vorgesehen ist (Artikel 8). Für die Rückkehr der Flüchtlinge dürfe es im Einklang mit internationalen Standards und dem Abkommen von 1994 ausser der Kriegsverbrecherklausel (die aber nur für sehr wenige Personen zutreffe) keinerlei Beschränkungen oder Vorbedingungen geben.

Der wichtigste externe Akteur in diesem Konflikt ist zweifellos die Russische Föderation. Die russische Regierung stellte sich von Anfang an als „neutraler Vermittler“ in diesen Auseinandersetzungen dar. Faktisch stand sie jedoch zu Beginn eher auf der abchasischen Seite, während sie nach der militärischen Niederlage Georgiens und dessen Beitritt zur GUS die Fronten wechselte. Lange Zeit war das vorherrschende Erklärungsmuster, dass Moskau mit dieser ambivalenten Rolle und dem Frontenwechsel lediglich das Ziel verfolgte, den Span-

[25] UNDP, Human Development Report Georgia 1996 (Fn. 5), pp. 104ff.

nungsherd so zu „kultivieren", dass beide Seiten dauerhaft auf Russland als „Ordnungsmacht" angewiesen sein würden. Dieses Misstrauen ist bis heute in Abchasien wie in Georgien weit verbreitet. Allerdings gibt es mittlerweile eine Reihe von Anzeichen dafür, dass die Russische Föderation heute eher an einer Reintegration eines „autonomen Abchasiens" innerhalb Georgiens interessiert ist:

- Aufgrund der vergleichbaren Situation zwischen der Russischen Föderation und Tschetschenien möchte die Regierung kein Sezessionsmodell unterstützen.
- Für die ökonomische Entwicklung Russlands sind gedeihliche Beziehungen zu Georgien wichtiger als diejenigen zu einem international nicht anerkannten und kriegszerstörten Land.
- An dem Entwicklungspotential des gesamten südlichen Kaukasus wird Russland nur dann angemessen partizipieren können, wenn die Verkehrs- und Kommunikationswege durch Abchasien wiederhergestellt und geöffnet werden. Ohne einen Kompromiss mit Georgien wird das jedoch nicht möglich sein.

Allerdings kann die russische Führung auch nicht daran vorbeisehen, dass es in den „patriotischen Kreisen" des eigenen Landes erhebliche Sympathien für die abchasischen Anliegen gibt und immer noch eine beachtliche russische Minderheit dort lebt. Aber auch für viele andere BürgerInnen Russlands hat Abchasien einen besonderen emotionalen Stellenwert als ehemals bevorzugtes Urlaubsziel, als eines der landschaftlichen Paradiese der früheren Sowjetunion und als Region, in der viele Nomenklatura-Angehörige Datschen besassen und besitzen.

Ein weiterer Aspekt, der aus russischer Sicht bei diesem Konflikt eine Rolle spielt, betrifft die Konkurrenz zur Türkei. Infolge der Auflösung der Sowjetunion ist die traditionelle russisch-türkische Rivalität um Einflusszonen am Schwarzen Meer und im Kaukasus wiederbelebt worden. Der Versuch, eine politische Einflussnahme der Türkei abzuwehren, hat freilich nicht verhindern können, dass die Türkei zur ökonomisch führenden Macht in diesem Raum aufstieg. Türkische Unternehmen und Händler haben in gewisser Weise das politische Vakuum gefüllt. Das gilt insbesondere für Abchasien, das angesichts der Blockade dringend auf die Verbindungen mit der Türkei angewiesen ist. Anders als im Falle Berg-Karabachs hat die Türkei jedoch keinen Versuch unternommen, politisch zu vermitteln.

Eine ähnliche Zurückhaltung haben bislang auch die westlichen Mächte an den Tag gelegt. Erst in jüngster Zeit haben die Erschliessung neuer Ölfelder am und im Kaspischen Meer sowie die Notwendigkeit des Baus neuer Transportwege von dort ans Schwarze Meer das strategische Interesse an einem stabilen politischen Umfeld im südlichen Kaukasus deutlich erhöht. Seitdem haben die USA und nordamerikanische NROs eine spürbar aktivere Rolle bei der Einwirkung auf den georgisch-abchasischen Konflikt übernommen.

Die Vermittlungsbemühungen auf staatlicher Ebene

Während der Anfangszeit des Krieges war es allein die russische Regierung, die sich, wenn auch mit zweifelhafter Glaubwürdigkeit und geringem Erfolg, um die Vereinbarung von Waffenstillständen bemühte. Die UNO und die KSZE/OSZE konzentrierten sich zunächst auf die Entsendung von *fact-finding*-Missionen und den Appell an die Kriegsparteien, die Waffenstillstände einzuhalten.[26] Erst im Laufe des Jahres 1993, als sich ein längerer Krieg abzeichnete, übernahmen sie eine aktivere Rolle. Der Schweizer Botschafter Eduard Brunner wurde zum Beauftragten des UN-Generalsekretärs ernannt, um sowohl eine Peacekeeping-Operation als auch eine politische Regelung auszuhandeln. Mit dem Bruch des Waffenstillstandes von Sotschi und dem endgültigen Durchbruch der abchasischen Streitkräfte in der zweiten Hälfte 1993 wurde seine Stellung als neutraler Vermittler jedoch ausserordentlich schwierig. Denn der UN-Sicherheitsrat machte allein die abchasische Seite verantwortlich, verurteilte die „ethnischen Säuberungen" und forderte alle Mitgliedstaaten auf, jegliche Unterstützung für Abchasien (mit Ausnahme humanitärer Hilfe) einzustellen.[27]

Immerhin gelang es den Vereinten Nationen seit Ende 1993 in Genf, eine Serie von Verhandlungen mit Vertretern beider Seiten in Gang zu setzen, die bis heute anhält. In diesem Rahmen wurden zunächst der Austausch von Gefangenen und die Bedingungen der Peacekeeping-Operation ausgehandelt. Bei der letztgenannten Frage konnte sich die UNO mit ihrem Modell allerdings nicht durchsetzen. Danach sollten die Blauhelme in ganz Abchasien stationiert werden und eine starke Polizeikomponente enthalten. Ausserdem drängte die UNO die abchasischen Vertreter, einen Autonomiestatus innerhalb Georgiens zu akzeptieren. Faktisch vertraten die UN-Unterhändler damit die Interessen „ihres" Mitgliedslandes Georgien, ohne jedoch über Mittel zu verfügen, diesen Interessen auch Nachdruck zu verleihen. So entstand das oben bereits erwähnte Modell einer Kombination aus GUS-Truppen in und entlang der Pufferzone am Inguri-Fluss und der UNOMIG. Alle späteren Verhandlungen in Genf über die substantiellen Streitfragen blieben ohne Ergebnis.

Die KSZE/OSZE-Mission, die Ende 1992 mit ihrer Arbeit begann, war zunächst nur für die Unterstützung und Überwachung des Waffenstillstandes in Südossetien gedacht. Ihr Mandat wurde wenig später um den Konflikt in Abchasien erweitert. Die Bilanz der OSZE im Fall Südossetiens und in einigen anderen Fragen der Unterstützung Georgiens bei der Entwicklung demokratischer und

[26] Vgl. Olivier Paye/Eric Remacle: The United Nations and the CSCE; Facing Conflicts in Abkhazia and Nagorno-Karabakh, in: Peace and the Sciences, September 1994, pp. 1-18. - Bericht des Generalsekretärs über die Tätigkeit der Vereinten Nationen anlässlich der 51. Generalversammlung, Deutsche Fassung, New York 1996, pp. 108-110.
[27] Sicherheitsratsbeschluss 876 vom 19.10.1993.

rechtsstaatlicher Strukturen kann sich sehen lassen. Bei der Bearbeitung des Abchasienkonfliktes spielte sie jedoch bislang keine bedeutsame Rolle, da mit der UNO eine Arbeitsteilung vereinbart worden war, wonach letzterer die Führungsrolle im Fall Abchasiens zufiel.

Die Zurückhaltung und die Beschränkungen der multilateralen Akteure führten dazu, dass alle massgeblichen externen Interventionen und Vermittlungsversuche bislang von der russischen Regierung ausgingen bzw. moderiert wurden. Dazu gehören auf der einen Seite die schrittweise verschärften Blockademassnahmen gegen Abchasien und auf der anderen Seite regelmässige trilaterale Gespräche (meist in Moskau) über denkbare Kompromisslinien für die Status- und Flüchtlingsfragen. Das jüngste derartige Treffen fand im August 1997 zwischen dem russischen Aussenminister Primakow und den beiden Präsidenten statt. Schon die Tatsache, dass dieses Treffen in Tbilisi stattfand, wurde in der Öffentlichkeit als Signal einer Annäherung gewertet. In der Statusfrage war die Vermittlungsformel, beide Seiten sollten in einem „gemeinsamen Staat auf der Basis der bestehenden beiden Verfassungen" zusammenleben, letztlich nicht konsensfähig. Schewardnadse und Ardsindba konnten sich lediglich auf eine ausdrückliche Gewaltverzichtserklärung verständigen.[28]

Die humanitäre Hilfe und die Friedensarbeit auf gesellschaftlicher Ebene

Nachdem es den Vereinten Nationen auf der politischen Ebene weder gelungen war, den Krieg durch präventive Diplomatie zu verhindern, noch eine der Situation angemessene Peacekeeping-Operation auszuhandeln, verlagerte sich das Gewicht der UN-Massnahmen auf die humanitäre Hilfe. Die massgebliche Organisation hierfür war das UNHCR; erhebliche Mittel und infrastrukturelle Hilfen wurden ausserdem über UNICEF, WHO, UNDP und das *World Food Program* abgewickelt. Hinzu kamen andere multilaterale Programme wie ECHO, bilaterale Entwicklungsagenturen sowie eine grosse Anzahl von NROs.[29] Ihrem Einsatz ist sicher zu verdanken, dass es angesichts der katastrophalen Situation im Kriegsgebiet und der Massenflucht im Herbst/Winter 1993 nicht zu einem noch weit grösseren Verlust an Menschenleben gekommen ist.[30]

---

[28] Berichterstattung von Juli bis Oktober 1997 in New Europe und im Internet: RFE/RL News Line on Web.

[29] Vgl. die Übersicht bei MacFarlane/Minear/Shenfield, Armed Conflict in Georgia (Fn. 6).

[30] Freilich waren diese Einsätze auch mit all den Schwierigkeiten, Widersprüchlichkeiten und Dilemmata verbunden, die mittlerweile nahezu alle humanitäre Hilfe in „complex emergencies" kennzeichnen. Vgl. im einzelnen ibid., pp. 29ff.

Sehr schnell stellte sich aber heraus, dass die Bewältigung der humanitären Katastrophe und die Regelung des politischen Konfliktes nur schwer voneinander zu trennen waren. So geriet das UNHCR als (politischer?) Mitunterzeichner des vierseitigen Abkommens über die freiwillige Rückkehr der Flüchtlinge vom April 1994 schon bald in eine prekäre Lage, als es gegen abchasischen Widerstand auf dessen Umsetzung drängte, ohne dass es selbst oder andere Institutionen hinreichende Sicherheiten für die Rückkehrer hätten bieten können. An dieser Frage spalteten sich dann auch die Hilfsorganisationen.

Ein weiteres Problem entstand daraus, dass die Hilfsmassnahmen der UN-Organisationen und der meisten NROs sich ausschliesslich auf die Gruppe der georgischen Flüchtlinge bzw. auf deren lokale Aufnahmegebiete richteten. Die ebenso von Not und Entbehrungen betroffene Bevölkerung, die in Abchasien verblieben war, wurde bewusst ausgeschlossen. Diese Diskriminierung wurde damit gerechtfertigt, dass die abchasische Seite für die Vertreibungen verantwortlich sei und deshalb nicht erwarten könne, dafür auch noch „belohnt" zu werden. Unterschlagen wurde dabei, dass diese Vertreibungen keinesfalls der verbliebenen Bevölkerung insgesamt angelastet werden konnten. Unerwähnt blieb auch, dass der abchasischen Offensive ein monatelanger Feldzug georgischer Militärs gegen abchasische Zivilisten vorausgegangen war.[31] Die Glaubwürdigkeit der vorgeblich ausschliesslich unter humanitären Gesichtspunkten geleisteten Hilfe der UNO hat darunter jedenfalls erheblich gelitten.

Ein zweites Feld von zivilen Interventions- und Unterstützungsmassnahmen ist die Friedens- und Verständigungsarbeit auf der gesellschaftlichen Ebene. Über diesen Bereich gibt es aus der Kriegsphase nur sehr spärliche Informationen, da die meisten Aktionen lediglich lokale - für die Betroffenen jedoch unter Umständen überlebenswichtige! - Bedeutung hatten. Dokumentiert ist ein (gescheiterter) Versuch der „Weisser Schal"-Bewegung, die sich auf die kaukasische Tradition stützt, dass Frauen, wenn sie eine gewaltsame Auseinandersetzung zwischen Männern verhindern wollen, einen weissen Schal zwischen die Kämpfenden werfen müssen. Im September 1993 unternahmen einige hundert Friedensaktivisten eine „Weisser Schal"-Zugreise an die Front, um der sich abzeichnenden Eskalation entgegenzutreten.[32] Nach dem Krieg nahm die Zahl derartiger Initiativen jedoch zu.[33] Die meisten von ihnen richten sich darauf,

- durch das Monitoring von Menschenrechtsverletzungen die Sensibilisierung für dieses Thema zu erhöhen,

---

[31] Vgl. zu dieser Kritik den Bericht eines Abgeordneten der britischen „Parliamentary Human Rights Group" George Hewitt: Post-War Developments in the Georgian-Abkhazian Dispute, June 1996, Zugänglich über Internet: http://www.channell.com/users/apsny/postwar.htm

[32] S. Neil MacFarlane: Non-Governmental Organisations and Conflict Prevention; The Case of Georgia, Ebenhausen, Stiftung Wissenschaft und Politik, 1997 (SWP-IP 3001), pp. 16f.

[33] Vgl. den Überblick bei ibid., p. 15.

- durch Weiterbildungsmassnahmen die Kenntnisse über demokratisch-rechtsstaatliche Politikgestaltung zu erhöhen und die Fähigkeiten zum Umgang mit Konflikten zu verbessern,
- durch Gemeinwesenarbeit die Kapazitäten zur Bewältigung schwieriger Lebensumstände und zur Friedensstiftung mit anderen ethnischen Gruppen zu stärken.

Eine Reihe von psychosozialen Rehabilitationsprojekten befasst sich zudem mit der Aufarbeitung der Gewalterfahrungen.

Infolge der Spaltung zwischen den Konfliktparteien und der Blockadepolitik gegenüber Abchasien ist die Beteiligung von VertreterInnen beider Seiten an solchen Projekten nur dann möglich, wenn sie von ausländischen oder transnationalen NROs (mit-)getragen werden. Selbst dann ist die Realisierung mit erheblichen praktischen Schwierigkeiten und mit grossen Kosten verbunden. Schon ein Veranstaltungsort innerhalb Abchasiens oder Georgiens ist ein Politikum und wirft die Frage der Sicherheit der TeilnehmerInnen auf. Die Durchführung an einem dritten Ort führt zum Problem der Reisedokumente und der Freizügigkeit für die abchasische Seite. Wegen der Statuskontroverse lehnen sie georgische Pässe ab, ihre eigenen Ausweispapiere werden jedoch international nicht anerkannt. Hinzu kommen die Vorbedingungen, die von der einen oder anderen Seite formuliert werden. So weigern sich die Abchasier beispielsweise regelmässig, an Veranstaltungen mit offizieller Präsenz der Exilregierung teilzunehmen.

Unter diesen Rahmenbedingungen gilt allein schon die Tatsache, dass externe NROs VertreterInnen beider Seiten in einem Raum zusammenbekommen, als Erfolg. Dies gilt um so mehr, wenn es sich nicht nur beispielsweise um ein gemeinsames Training, sondern einen ausgesprochenen „Dialog"- oder „Problemlösungs"-Workshop handelt. Seit dem Kriegsende gab es etwa zehn bis fünfzehn derartige Workshops, initiiert von NROs in den USA, Westeuropa und der Türkei.[34] Bei diesen Workshops mit ParlamentarierInnen, JournalistInnen, WissenschaftlerInnen und VertreterInnen aus der Verwaltung sowie von einheimischen NROs konnten folgende Beobachtungen gemacht werden:

1. Aufgrund der asymmetrischen Konfliktkonstellation (international anerkannter Staat mittlerer Grösse versus nicht anerkannte Mikrogemeinschaft in Quasi-Belagerungssituation) ist die Gruppe der potentiellen TeilnehmerInnen auf

[34] Zu den Trägern dieser Workshops gehören das Institute for Conflict Analysis and Resolution der George Mason University, Fairfax (ICAR) und das NRO-Netzwerk Partners for Democratic Change aus den USA, die in London angesiedelten NROs VERTIC und International Alert sowie eine gemeinsame Initiative von UNV Georgia, dem Berghof Forschungszentrum und dem ÖSFK in Stadtschlaining.

abchasischer Seite sehr viel kleiner; sie haben das Gefühl, „mit dem Rücken an der Wand zu stehen" und über wenig Bewegungsspielraum zu verfügen.
2. Die VertreterInnen beider Seiten nehmen durch die Beteiligung an bi- bzw. trilateralen Treffen ein persönliches Risiko auf sich, denn die überwiegende öffentliche Meinung steht den Initiativen skeptisch gegenüber und konfrontiert sie immer wieder mit dem Vorwurf des Verrats. Diese Gefahr kann auch die Atmosphäre in den beiden Workshopgruppen vergiften, da sie das Misstrauen schürt, wer wem wohl über das berichten könnte, was während der Treffen gesagt wurde.
3. Charakteristisch für die Dynamik dieser Workshops ist eine Pendelbewegung zwischen der beiderseitigen Bereitschaft, sich über konkrete gemeinsame zivilgesellschaftliche Projekte und über vertrauensbildende Massnahmen zu verständigen, und regelmässig auftauchenden Widerständen, an denen deutlich wird, dass tiefer liegende Verletzungen und Befürchtungen sowie ein grundlegendes Misstrauen nicht aufgearbeitet sind.

Um einige dieser Schwierigkeiten zu überwinden, werden zur Zeit in stärkerem Masse als früher parallele zivilgesellschaftliche Projekte aufgebaut. Der Ehrgeiz, möglichst unmittelbar wichtige Exponenten beider Seiten zu direkten Gesprächen zusammenzubringen, ist durch eine Doppelstrategie abgelöst worden, einerseits begonnene Dialogprozesse zu verstetigen und andererseits *innerhalb* der beiden Gesellschaften Lernprozesse für Friedensfähigkeit in Gang zu setzen.

Entwicklungsperspektiven

Zur Zeit ist offen, ob es in absehbarer Zeit eine Verständigung über die Statusfrage geben wird. Unabhängig davon werden die Georgier und Abchasier Nachbarn bleiben. Der Druck auf eine Rückkehr zumindest eines grossen Teils der Flüchtlinge wird anhalten, und beide Seiten müssen Wege finden, wie sie künftig mit der verübten und der erlittenen Gewalt leben wollen. Vorherrschend ist zur Zeit sowohl in Abchasien wie in Georgien die Einstellung: Wir müssen nur beharrlich an unseren legitimen Zielen festhalten und unsere „Machtmittel" geschickt einsetzen, dann wird am Ende „unser gerechtes Anliegen" siegen.

In Georgien gibt es eine nicht kleine Bewegung, die der Auffassung ist, das Land hätte jetzt genug Geduld bewiesen, den Konflikt mit friedlichen Mitteln zu lösen. Sie verlangt für den Fall, dass die Russische Föderation Abchasien nicht zum Einlenken bringt, Georgien das Mandat der Peacekeeping-Truppen nicht verlängern sollte. Dann könne Georgien selbst für die (militärische) Lösung sorgen. Genau dies möchten auch paramilitärische georgische Verbände erreichen, die im Grenzgebiet aktiv sind (und von denen die georgische Regierung offiziell nichts weiss). Ob die Streitkräfte Georgiens inzwischen stark genug sind, um Abchasien zurückzuerobern, ist umstritten. Die meisten Beobachter gehen davon aus, dass ein langwieriger Stellungs- und Guerillakrieg dann sehr viel wahrscheinlicher ist.

Schlussfolgerungen

1. Ob das Verhältnis zwischen Georgien und Abchasien weiterhin auf der gegenwärtigen Schiene der „feindlichen Koexistenz" verbleibt, ob es zu einem neuen Krieg kommt, oder ob es Chancen für eine „friedliche Koexistenz" gibt, ist im wesentlichen davon abhängig, welche Anstrengungen die Parteien selbst aktiv unternehmen und inwiefern sie dabei von aussen unterstützt werden. Ohne derartige aktive Bemühungen begünstigt die Eigendynamik der beiden „Lager" die Fortsetzung der „feindlichen Koexistenz".
2. Der Schlüssel zur Regelung der Statusfrage liegt in einer Form der verfassungsrechtlichen Machtteilung, die zwei Anforderungen gerecht wird: Sie muss erstens der abchasischen Seite die Gewähr geben, dass sie als politische wie als kulturelle Gemeinschaft langfristig gesichert ist und nicht durch die Veränderung der demographischen Situation ausgehöhlt oder ausgehebelt werden kann. Sie sollte zweitens so beschaffen sein, dass die ethnonationale Spaltung nicht verewigt wird, sondern um Mechanismen ergänzt wird, die sie überwölben und ergänzen.[35] Diese Forderungen sind vermutlich zu erfüllen, wenn der Machtteilungskompromiss mit internationalen Garantien und Überwachungsmechanismen versehen wird.
3. Ohne eine aktive Beteiligung Russlands ist eine nachhaltige Lösung unwahrscheinlich. Da es auf absehbare Zeit keine andere Macht gibt, die eine hinreichende „Patenschaft" für die Umsetzung einer Konfliktregelung übernehmen kann oder will, ist es besser, die russische Regierung bei der Übernahme einer entsprechend konstruktiven Rolle zu unterstützen und ihr Anreize hierfür zu geben, statt ihre Legitimation zur Einmischung immer wieder in Zweifel zu ziehen.
4. Für eine Übergangszeit ist die Präsenz von Peacekeeping-Truppen unverzichtbar. Sie sollten allerdings ein erweitertes Mandat erhalten und die Verantwortung für die Sicherheit in der gesamten Grenzregion Abchasiens auch tatsächlich wahrnehmen. Anstatt den russischen Truppen die Eignung für diese Aufgabe abzusprechen, wäre es besser, sie dafür durch Ausbildungs- und Ausstattungshilfen zu qualifizieren. Wünschenswert sind ferner die Ergänzung um

[35] Vgl. zu dieser Diskussion Timothy D. Sisk: Power Sharing and International Mediation in Ethnic Conflicts, Washington DC 1996.

eine zivile Polizeikomponente sowie eine engere Verklammerung mit den UNOMIG-Beobachtern.

5. Eine gerechte und damit tragfähige Konfliktregelung kann es nur geben, wenn auch eine Lösung für die Flüchtlingsfrage gefunden wird. Hier müssen sich beide Seiten bewegen. Denkbare Kompromisse sind Zonenlösungen, wonach zunächst eine Reintegration der georgischen Flüchtlinge in der Gali-Region stattfindet und erst später andere Zonen mit im einzelnen auszuhandelnden Quoten geöffnet werden.
6. Als ein schweres Hindernis auf dem Weg zum Frieden haben sich die drastische Blockadepolitik und die einseitige Unterstützung der georgischen Seite durch die multilateralen Hilfsorganisationen herausgestellt. Anstatt die abchasische Führung zum Nachgeben zu zwingen, hat diese Politik eine „Belagerungssituation“ in dem Land gefördert und die Voraussetzungen für die aktive Beteiligung an Lösungen zum beiderseitigen Vorteil erschwert. Dieser Fehler sollte nicht wiederholt werden, wenn es zu einer Verständigung über die Rückkehr von Flüchtlingen kommt. Die Reintegrationshilfen des UNHCR und anderer Organisationen sollten, wie vor kurzem beschlossen, grundsätzlich den Rückkehrern wie auch der übrigen einheimischen Bevölkerung zugute kommen, um der Spaltung der Gemeinschaften keine neue Nahrung zu geben.
7. So wichtig die Hilfe zur Überlebenssicherung während und unmittelbar nach dem Krieg war, so wichtig ist auch die wirtschaftliche Begleitung und Absicherung eines eventuellen Friedensprozesses. Wenn der Beginn eines neuen Zusammenlebens von Abchasiern und Georgiern als Zugewinn von Lebenschancen erlebt wird und nicht primär als Teilung der ohnehin knappen Ressourcen des kriegszerstörten Landes, dann sind die Erfolgsaussichten für den Frieden sehr viel besser. Diese Hilfe wird überwiegend von der internationalen Gemeinschaft aufgebracht werden müssen. Für die Integration eines neuen (kon-)föderierten Landes wäre es jedoch auch wichtig, dass Georgien einen deutlich sichtbaren Teil des Wiederaufbaus in Abchasien übernimmt.
8. Eine dauerhafte Friedensstiftung ist schliesslich nur zu erwarten, wenn die Fähigkeit der zivilgesellschaftlichen Akteure auf beiden Seiten erheblich gestärkt wird, eine aktive Rolle in diesem Prozess zu übernehmen. Sie sind am ehesten in der Lage, den „Beziehungsaspekt“ des Konfliktes zu bearbeiten und die Wunden der gewaltsamen Vergangenheit zu heilen. Ohne ihre Vorarbeit wird es wohl auch nicht zu den Schritten kommen können, die letztlich den Schlüssel der Wiederannäherung darstellen: Die Entschuldigung der georgischen Führung für den Überfall auf die eigene Bevölkerung und die gemeinsame Trauer über die auf beiden Seiten zu beklagenden Opfer.

Zivile Konfliktbearbeitung durch Dritte

Der Krieg in der Türkei

Von Andreas Buro

In den letzten Jahren haben sich immer mehr „Dritte" aus vielen Ländern der Welt für eine Transformation des militärischen Konfliktaustrags in der Türkei zu einer politischen Lösung des Konfliktes zwischen Türken und Kurden engagiert. Prominentenappelle, Stellungnahmen des Europaparlamentes, öffentliche Briefe, gegenseitige Einladungen und Besuche, Unterstützung für Menschenrechtsgruppen in der Türkei und für politische Gefangene, Konferenzinitiativen, Fahrten von ausländischen Friedensgruppen zum Newroz-Fest der Kurden, um durch internationale Präsenz erneute Massaker zu verhindern, und vieles mehr lassen ein intensives Bemühen besonders aus Bereichen der zivilen Gesellschaften erkennen.[1] Ehe ich jedoch auf diese Interventionen von Dritten und ihre Perspektiven eingehe, sind einige Bemerkungen zur Konstellation und zum Konflikt selbst unerlässlich.

Bis zum Ende des Ost-West-Konfliktes galt die Türkei als ein strategisch wichtiger Pfeiler in der NATO-Militärstruktur gegenüber der UdSSR. Sie erhielt dementsprechend von den NATO-Ländern Militär- und Finanzhilfen. Die innenpolitischen Konflikte wurden von den westlichen Staaten nicht als Herausforderungen zur Hilfe verstanden. Die Legitimation des grossen türkischen Militärpotentials und die erheblichen Aufwendungen hierfür schienen für die herrschenden Kräfte in dieser Konstellation unproblematisch. Mit dem Zusammenbruch der Sowjetunion waren die bisherigen Bedrohungsszenarien nicht länger glaubhaft aufrechtzuerhalten. Die politische De-facto-Vorherrschaft des Militärs im Staat liess sich so kaum mehr rechtfertigen. Erst der Golfkrieg, in dem Einsätze von türkischen Basen gegen den Irak geflogen und NATO-Einheiten dort stationiert wurden, sowie das aufkommende neue Feindbild des „islamischen Fundamentalismus" erhöhten den militärischen Wert der Türkei für den Westen. Interessen der USA an den kaspischen und asiatischen Rohstoffen und den für sie wichtigen Transportwegen stärkten die türkische Position weiter. Der Kampf gegen jeglichen, auch nur angeblichen Separatismus im eigenen Lande schaffte

[1] Andreas Buro: Totgesagte leben länger; Die Friedensbewegung; Von der Ost-West-Konfrontation zur zivilen Konfliktbearbeitung, Idstein 1997, pp. 69ff und 119ff.

der Armee bei der türkischen Bevölkerung zunächst zumindest eine grosse Zustimmung. Die Tatsache, dass der türkisch-kurdische Krieg von Armee, Polizei und Todesschwadronen nicht siegreich beendet werden konnte, statt dessen aber die Gesellschaft der Türkei wirtschaftlich, finanziell, sozial, demokratisch und politisch immer mehr ruiniert wurde, veränderte die innere und die internationale Situation der Türkei erheblich. Der Krieg findet zunehmend internationale Aufmerksamkeit und trifft auf vielfältigen Protest von innen und aussen.

Aus offizieller türkischer Sicht geht es in dem Krieg allein um die Zerschlagung des „PKK-Terrorismus", der 1984 mit Angriffen auf Polizeistationen im Südosten der Türkei begonnen habe und gegenwärtig weitgehend von aussen und mit ausländischer Unterstützung betrieben werde. Dieser Terror verfolge separatistische Ziele, wolle also die Einheit des Landes zerstören. Jeder, der sich für eine politische Lösung des Konfliktes ausspricht, ist aus dieser Perspektive ein Befürworter separatistischer Bestrebungen und wird deshalb als Feind betrachtet und verfolgt. Diese simple vordergründige Erklärung hat für Versuche ziviler Konfliktbearbeitung wichtige Implikationen:

1. Die Eigenverantwortung Ankaras an dem Konflikt wird gänzlich ausgeblendet.
2. Die Aufständischen werden nicht als ein Teil oder als eine Teilrepräsentation der Kurden akzeptiert, soweit diese überhaupt als existent wahrgenommen werden.
3. Die Aufständischen können als Vaterlandsverräter und Kriminelle ohne Pardon verfolgt werden, da Zugeständnisse an Separatisten wegen der unabdingbaren Erhaltung des türkischen Nationalstaates in seinen Grenzen auszuschliessen sind. Ein Dialog mit ihnen ist also nicht möglich, ja wäre sogar Beihilfe zum Separatismus.
4. Der türkische Nationalismus wie auch internationales Verständnis für den „Kampf gegen den Terrorismus" sollen so mobilisiert, Menschenrechts- und Vertragsverletzungen unter diesem Vorwand zumindest ansatzweise legitimiert und Demokratisierungsbestrebungen abgeblockt werden.
5. Das türkische Militär strebt mit dieser Argumentation eine wirksame Legitimation sowohl für seine politische Vorrangstellung in der Türkei als auch für die unverhältnismässig grossen Aufwendungen für Rüstung und Militär an.

Die Kriegsursachen aus kurdischer Sicht

Eine in sich geschlossene „kurdische Sicht" gibt es nicht, zu sehr variieren die Lebensbedingungen der Kurden, die heute fast über die ganze Türkei verstreut sind. Traditionale, nationale, konservative, sozialistische und modernistische Orientierungen existieren nebeneinander. Nur die Repression gegen die kurdische Identität dürften alle jene gemeinsam empfinden, die sich noch nicht dem türkischen Assimilationsdruck unterworfen haben. Bezogen auf kurdische Sichtweisen des Konfliktes ist also etwas weiter auszuholen.

Seit der Antike bewohnen die Kurden als Landwirte und Viehzüchter ein riesiges Gebiet, Kurdistan. Sie sprechen eine indogermanische Sprache der iranischen Gruppe. Sie sind ein traditionsreiches, eigenständiges Volk in einem Raum, der von der heutigen Türkei nach Syrien und weit nach Iran und Irak reicht. Sie sind wie die Türken überwiegend sunnitische Muslime. Von einer traditionellen ethnischen Verfeindung kann überhaupt nicht die Rede sein.

Beim Zerfall des Osmanischen Reiches zu Beginn dieses Jahrhunderts, bei der Neuordnung der englischen und französischen Einflussbereiche in dieser Region nach dem ersten Weltkrieg und im Kampf um die Errichtung eines türkischen Nationalstaates zu Beginn der zwanziger Jahre wurde das kurdische Siedlungsgebiet rücksichtslos auf die neugeschneiderten Staaten aufgeteilt. Das Recht auf einen eigenen Nationalstaat wurde den Kurden von allen Seiten verweigert. Aus einem grossen Volk von heute 30-35 Millionen Menschen entstanden so vier Minderheiten in zueinander benachbarten Staaten. Sie wurden über Jahrzehnte aus den unterschiedlichsten Gründen misshandelt: Deportationen, Arabisierung wegen Ölvorkommen, Giftgaskrieg durch den Irak, Instrumentalisierung in zwischenstaatlichen Konflikten (Türkei, Syrien, Irak, Iran) etc.

In der Türkei wollte der neue Nationalstaat unter dem Offizier Kemal Atatürk „die mit ihrer Nation und Heimat unteilbare Einheit des Staates" schützen. Das ist noch heute wichtigstes Prinzip türkischer Regierungspolitik.[2] Die Vorstellung, nur eine ethnisch geschlossene Gesellschaft könne die Einheit des neuen türkischen Nationalstaates erhalten, führte zu einer ständigen kulturellen und politischen Unterdrückung derjenigen kurdischen Teile der Bevölkerung, die sich nicht assimilieren und in der türkischen Gesellschaft aufgehen wollten. Dies sind besonders die Menschen, die im autochthonen Siedlungsgebiet der Kurden im Südosten der Türkei leben. Seit der Gründung der Republik haben diese Gebiete etwa zwei Drittel der Zeit unter Kriegsrecht oder im Ausnahmezustand gestanden.[3] Die frühkemalistischen Versprechen auf kurdische Gleichberechtigung wurden zugunsten des türkischen Assimilationswillens gebrochen.[4]

Das kurdische Gebiet in der Türkei wurde finanziell, infrastrukturell und wirtschaftlich wesentlich weniger entwickelt als die anderen Teile der Türkei. Alle Bitten und Forderungen nach kultureller Anerkennung und Reformen wies Ankara zurück, ja es leugnete sogar die Existenz der Kurden, die als „Berg-

[2] Gülistan Gürbey: Autonomie - Option zur friedlichen Beilegung des Kurdenkonfliktes in der Türkei? HSFK-Report 5, Frankfurt a.M. 1997.

[3] NN (Nützliche Nachrichten), 3, 1997.

[4] Mehmet Sahin: Türkei; Ausweg aus der Sackgasse; Zur friedlichen Lösung der Kurdenfrage, hrsg. vom Dialog-Kreis, Idstein 1997, pp. 23ff.

türken" disqualifiziert wurden. Selbst jetzt noch erklärt der türkische Staatspräsident: „Es gibt keine Kurdenfrage in der Türkei, sondern nur Terror."[5]

In den traditionellen Strukturen der kurdischen und der türkischen Bevölkerung gibt es zwar Rituale der Konfliktbeilegung, greifen diese jedoch nicht, so ist der gewaltsame Konfliktaustrag das gängige Muster. Gesellschaftswirksame pazifistische Traditionen, wie sie in Südafrika auf der Seite der Schwarzen teilweise vorhanden waren, gibt es hier nicht. Die Bildung des türkischen Nationalstaates und die kemalistische Durchsetzung der Suprematie der Türken als Volksgruppe wurde in diesem Jahrhundert mit grosser militärischer Brutalität betrieben. Nach nicht endender Missachtung des kurdischen Anliegens kam es zu gewaltsamem Widerstand. Seit 1984 kämpft die PKK-Guerilla mit bewaffneten Gruppen. Der Staat reagierte repressiv. 1987 wurde erneut der Ausnahmezustand über die Provinzen im Südosten ausgerufen, in denen schon 1971-74 und 1978-1987 das Kriegsrecht geherrscht hatte. Die Eskalation von Gewalt und Gegengewalt nahm ständig zu - eine Konfliktsteigerung durch Militarisierung. Heute ist die halbe Armee der Türkei in Türkisch-Kurdistan stationiert. Mehr als 3.000 Dörfer und Weiler wurden von ihr zerstört und über drei Millionen Kurden vertrieben.[6]

Nur einmal wurde ein anscheinend ernsthafter Versuch unternommen, der Eskalation von Gewalt Einhalt zu gebieten. Präsident Özal erklärte am 15. April 1993 in Anwesenheit des türkischen Aussenministers, von Parlamentariern und Journalisten:

> „Zwei Probleme versperren den Weg der Türkei, sich dem Westen zu öffnen: die Zypern- und die Kurdenfrage. Ich habe mich entschlossen, diese zu lösen, welche Risiken damit auch verbunden sein mögen."[7]

Er gab dann einen Überblick seiner Vorschläge für eine politische Lösung, „um die jungen Leute aus den Bergen zu holen". Der von der PKK 1993 einseitig ausgerufene Waffenstillstand soll auch von Özal über Mittelmänner mitinszeniert worden sein.[8] Zwei Tage nach seiner Erklärung starb Özal unter mysteriösen Umständen. Sein Sohn sagte: „Özal ist ein Märtyrer, der im Namen der Einheit der Nation geopfert wurde." In der Folge starben viele „Tauben" aus Özals Umgebung unter ungeklärten Umständen.[9] Özals Plan wurde nach seinem Tode nicht weitergeführt. Die spätere Ministerpräsidentin Tanja Ciller sprach im Gegensatz zu Özal von einer „Endlösung". Der Kampf weitete sich ständig aus bis zur permanenten Invasion in den Nordirak. Über Kriegsflüchtlinge, Asyl-

---

[5] NN (Nützliche Nachrichten), 2, 1997, p. 12.
[6] Ibid.
[7] Ibid., 2, 1996, p. 3.
[8] Ibid., 1, 1997, p. 10.
[9] Ibid., 2, 1996, p. 3.

suchende und ArbeitsimmigrantInnen erreichte der Konflikt Europa. In Deutschland leben allein etwa 1,5 Millionen Türken und etwa eine halbe Million Kurden, während sich in allen anderen EU-Staaten zusammen nur etwa eine Million türkische und kurdische EmigrantInnen aufhalten.

Selbstverständlich wurde der Krieg auf kurdischer Seite auch immer von der Hoffnung genährt, einen eigenen kurdischen Nationalstaat aus allen vier Teilen gründen zu können. Diese Hoffnung scheint mittlerweile stark an Bedeutung verloren zu haben. Viele Kurden erfahren, wie sehr sie von den ganz unterschiedlichen Lebensbedingungen in den jeweiligen nationalen Gesellschaften geprägt worden sind, so dass, wie die ständigen Konflikte untereinander zeigen, das Ausmass an Gemeinsamkeit höchst fraglich ist. In der autochthonen Bevölkerung im türkischen Teil Kurdistans hat eine sehr wichtige Untersuchung, die sogenannte TOBB-Studie der Handels- und Börsenkammer[10], ergeben, dass der überwiegende Teil der kurdischen Bevölkerung eine Lösung im Rahmen der Türkei wünscht. Kulturelle Eigenständigkeit, wirtschaftliche Entwicklung, politisch-dezentrale Selbständigkeit und Mitbestimmungsmöglichkeiten sowie rechtsstaatliche Verhältnisse stehen im Vordergrund der Wünsche, nicht aber die Forderung nach einem eigenen kurdischen Staat. Dies alles sind Forderungen, die internationalem Recht entsprechen, zu dem sich Ankara verpflichtet hat und welche es erfüllen könnte, ohne der nationalstaatlichen Einheit des Landes Abbruch zu tun.

Die mühselige Entfaltung der bürgerlichen Gesellschaft überlagert den Krieg

In der Wunschliste der befragten KurdInnen offenbaren sich interessante Überschneidungen mit Forderungen, die aus einem ganz anderen Zusammenhang vorgebracht werden. Der türkische Nationalstaat wurde angesichts eines fehlenden Bürgertums stellvertretend vom Militär durchgesetzt, gesteuert und organisiert. Neben dem Militär entstand eine grosse Bürokratie und Technokratie, und Claneliten und Grossgrundbesitzer spielten - auch im kurdischen Bereich - eine erhebliche Rolle. Die Entfaltung von Ansätzen einer bürgerlichen Gesellschaft im westeuropäischen Sinn, ein kemalistisches Ziel, begann mühevoll von den Städten aus. Bis heute kann das Bürgertum sich nicht auf eine weit entwickelte wirtschaftliche Position stützen. Die vielen demokratischen, rechtsstaatlichen und menschenrechtlichen Defizite der türkischen Gesellschaft müssen im Zusammenhang mit dieser Grosskonstellation gesehen werden. Lange Zeit haben sich Intel-

[10] Lotte Incesu/Sheref Meresh: Aufregung um Kurden-Studie in der Türkei, in: Kurdistan heute, 16, 1995, pp. 4-7.

lektuelle mit einer grossen Bandbreite von Auffassungen stellvertretend für das nicht vorhandene bzw. viel zu schwache Bürgertum für Demokratisierung, Freiheitsrechte, Rechtsstaatlichkeit und Frieden eingesetzt. Selbstverständlich waren immer auch in rechts- und linksdogmatischen Bereichen Intellektuelle zu finden.

Der türkisch-kurdische Krieg wirkt sich hemmend auf die Entfaltung der bürgerlichen Gesellschaft aus. Die militärisch-autoritären Strukturen werden durch Notstandsregime und durch die Beibehaltung des politischen Primats des Nationalen Sicherheitsrates, der militärisch dominiert ist, gestärkt, während Ansätze der Demokratisierung und Dezentralisierung zugunsten der Bürokratie in Frage gestellt werden. Unter nationalistischen Parolen werden bürgerliche Rechte verstümmelt oder können sich kaum entfalten. Öffentliche Finanzmittel werden in erheblichem Masse dem Militär zugewendet und fehlen bei der wirtschaftlichen Entwicklung und der sozialen Absicherung des notwendigen Umstrukturierungsprozesses von der Agrar- zur Industrie- und Dienstleistungsgesellschaft. Die soziale Verelendung wie auch die Korruption in den politischen Eliten führen zur Hinwendung zu islamistischen Gruppierungen mit der nicht auszuschliessenden Perspektive neuer gewaltsamer innergesellschaftlicher Auseinandersetzungen. Was hier nur kurz angedeutet werden kann, verweist auf den engen Zusammenhang zwischen den Bestrebungen um Demokratisierung der Gesellschaft der Türkei und dem türkisch-kurdischen Krieg. Im Sinne einer strategischen Perspektive ziviler Konfliktbearbeitung liegt es dementsprechend nahe, die Kooperation der gesellschaftlichen Kräfte für Demokratie und für Frieden, wo immer möglich, zu unterstützen.

Die Dialogbereitschaft der Akteursgruppen und ihre Interessen

Voraussetzung für Dialogarbeit ist die Bereitschaft der Akteure, sich zu beteiligen. Diese ist höchst unterschiedlich:

1. Grosse Teile der Gesellschaft, nämlich Militär, Bürokratie und Technokratie, besonders in Staatsbetrieben, haben ein Interesse, den Status quo zu erhalten, da die demokratisierende Entfaltung der bürgerlichen Gesellschaft ihren Status gefährden würde. Sie sind unwillig zum Dialog.
2. Angesichts der Perspektivlosigkeit finden nationalistische und islamistische Ideologien erheblichen Zuspruch in der Bevölkerung. Auch in ihrem Rahmen findet sich eher Dogmatismus als Dialogbereitschaft. Dabei werden geopolitische Phantasien in Richtung auf eine Turk-Grossgemeinschaft ebenso bemüht wie Hoffnungen auf islamische Verbrüderung über Grenzen hinweg. Die islamistische *Refah*-Partei hat während der Amtszeit ihres Vorsitzenden Erbakan als Ministerpräsident relativ wenig für eine Beendigung des Krieges getan. Zu

sehr musste sie bemüht sein, ihre eigene Position in der Regierung zu konsolidieren, was schliesslich aufgrund des Druckes des Militärs scheiterte.

3. Träger des Dialoges sind zum einen Kräfte der modernen privatwirtschaftlichen Entwicklung, die westlichen, wirtschaftlichen Anschluss suchen. Es sind ferner linke und liberale Intellektuelle, Schriftsteller, Journalisten, Künstler und Wissenschaftler, die eine schwierige Rolle als Wegbereiter für die Entfaltung einer bürgerlichen Gesellschaft vorwegnehmen und meist unter immensem Druck stehen. Protest wird auch getragen von jenen aus der breiten Bevölkerung, die von Korruption und Kriegsauswirkungen betroffen sind - eine sicher sehr diffuse Gruppe.
4. Die grösste Dialogbereitschaft geht jedoch von der kurdischen Bevölkerung in den kurdischen Siedlungsgebieten aus, die seit langer Zeit und sehr eindeutig, wie beispielsweise die unten erwähnten fünfzig Verbände aus den kurdischen Provinzen, eine politische Lösung des Konfliktes fordern. Die PKK erhebt diese Forderung ebenfalls. Sie konnte aber die von ihr verkündeten einseitigen Waffenstillstände nur über begrenzte Zeiträume einhalten, da Ankara darauf nicht, oder sogar mit verstärkten militärischen Aktionen reagierte. Für einen bedingungslosen Verzicht auf militärische Aktionen hat sich die PKK bis jetzt nicht entschieden. Dies dürfte vermutlich auch den Vorstellungen des überwiegenden Teils der kurdischen Bevölkerung in den kurdischen Siedlungsgebieten entsprechen, die zwar eine politische Lösung wünschen, aber angesichts der repressiven und ablehnenden Haltung Ankaras glauben, auf aufständische Gewalt nicht verzichten zu können.
5. Die Interessen der Kurden in der Türkei sind keineswegs einheitlich, bezieht man die traditionellen Eliten und die in der moderneren Westtürkei lebenden KurdInnen mit ein. Sie werden von sehr unterschiedlichen Kräften repräsentiert. Es gibt kein gemeinsames „Sprachrohr" der Kurden, auch die PKK kann diese Rolle aufgrund der divergierenden kurdischen Interessen nicht einnehmen. Der Dialog zwischen den verschiedenen Repräsentanten kurdischer Gruppierungen ist durch Rivalitäten belastet, die von der türkischen Seite instrumentalisiert werden können. *Gülistan Gürbey* unterscheidet zwei Lager, „nämlich die traditionell-konservativen Stämme und Eliten und die nationalkurdischen Organisationen und Parteien".[11] Bei den traditionellen Machthabern gäbe es allerdings auch Strömungen, traditionelle und nationale Interessen miteinander zu verbinden, solange dabei die eigene Machtstellung nicht gefährdet wird. Das Stammessystem begünstige in der Regel jedoch politische Fragmentierung: „Die innerkurdischen Konkurrenzen verhindern eine nationale Einheitlichkeit und eröffnen äusseren Kräften gleichzeitig indirekt Eingriffsmöglichkeiten auf das innerkurdische Kräftespiel."

---

[11] Gülistan Gürbey: Auf der Suche nach einer Lösung der Kurdenfrage in der Türkei; Optionen und Hindernisse, HSFK-Report, 4, Frankfurt a.M. 1995, p. II.

6. Die Konfliktpartner sind in sich nicht homogen. Vielmehr finden sich auf allen Seiten Falken und Tauben, die aus unterschiedlichen Gründen an der Fortsetzung oder an der Beendigung des Krieges interessiert sind. Auf türkischer Seite dürften wichtige Gründe für die Fortsetzung des Krieges die Sicherung der Stellung des Militärs und die Aneignung erheblicher Ressourcen aus der Volkswirtschaft sein. Auf der Seite der PKK mag die Frage nach ihrer Rolle, wenn der militärische Kampf beendet wäre, im Vordergrund stehen, also auch die Frage, wer dann die Kurden mehrheitlich repräsentieren würde. Daneben gibt es das übliche Phänomen lang anhaltender Kriege, dass sich die Kämpfenden kaum noch eine andere Rolle für sich vorstellen können und eine Abwertung ihrer sozialen Position und ihrer Reproduktion fürchten.
7. Die für Ankara wichtigen EU-Staaten empfehlen gegenwärtig zwar eine politische Lösung für den Krieg und fordern die Einhaltung der Menschenrechte etc. Sie lehnen aber nach wie vor einen Dialog zur Beendigung des Krieges mit der PKK ab und tragen zudem durch Finanzhilfen und Rüstungslieferungen wesentlich zur Kriegführung Ankaras bei.[12] Dies führt sie in eine Sackgasse und lässt ihr Drängen wenig wirksam sein. Eine ganz andere Rolle spielt dagegen das Europaparlament (EP). Es gibt kontinuierlich sehr kritische und engagierte Stellungnahmen in Hinblick auf die türkischen Verhältnisse und für eine politische Lösung im Kriege ab. Delegationen des EP haben die Türkei bereist und sich vor Ort mit der Situation auseinandergesetzt. Diese Arbeit führte zwar nicht zu unmittelbaren politischen Entscheidungen im aussenpolitischen Verhalten der EU, war aber doch von grösster Bedeutung, um den Bereich der „grossen Politik" zu erreichen und hier Meinungsbildungsprozesse zu fördern.
   Die USA haben starke wirtschaftliche und strategische Interessen an der Region, die sie zu einer engen Kooperation mit dem türkischen Militär und dessen repressiver Politik in der Kurdenfrage geführt haben. Es ist zu hoffen - und darauf hinzuarbeiten -, dass in den USA trotzdem die Einsicht wächst, wie nutzlos die Türkei als strategischer Partner sein wird, wenn die gesellschaftlichen Grundlagen dieses Landes durch den ständigen inneren Krieg zerstört werden. Es gibt Anzeichen für ein beginnendes Umdenken.[13]
8. Hier sei noch auf zwei wichtige internationale Organisationen hingewiesen: Der Europarat - eine Organisation, die in der Mitgliedschaft nicht deckungsgleich ist mit der EU und der die Türkei als Vollmitglied seit 1949 angehört - leistet besonders durch seine Europäische Kommission für Menschenrechte und den Europäischen Gerichtshof für Menschenrechte eine äusserst wichtige Arbeit. Unter bestimmten Voraussetzungen können BürgerInnen aus der

[12] AMOK: Türkei-Connection; Wie die Türkei international aufgerüstet wird, Idstein 1996, pp. 35ff. und 67ff.

[13] NN (Nützliche Nachrichten), 4, 1997, pp. 14f.

Türkei vor dem Gerichtshof klagen, der nach sorgfältiger Recherche seine Urteile fällt, die auch in der Türkei Rechtskraft haben.[14] Die Urteile haben ein hohes Ansehen und beeinflussen das Denken wichtiger Repräsentanten im Bereich der EU und vermutlich auch in der Türkei.

Die OSZE, die beim Pariser Gipfel 1990 zur Grundlage einer gesamteuropäischen Friedensordnung erhoben wurde, ist durch den Aufstieg der Neuen NATO zur europäischen „Ordnungsmacht" deutlich geschwächt worden. In ihrer Parlamentarischen Versammlung hat man sich zwar der Kurdenfrage angenommen und Initiativen ergriffen, die Organisation als Ganzes hat jedoch nur beschränkte Einwirkungsmöglichkeiten, spiegeln sich in ihr doch in hohem Masse die europäischen Nationalstaatsinteressen wider. Erst wenn sich die Regierungen der OSZE-Mitgliedstaaten zu einer Strategie der hilfreichen Unterstützung einer friedlichen Lösung in der Türkei zusammenfänden, könnte die OSZE einen wirksamen Beitrag leisten. Vielleicht lägen die Vorteile dieses Instrumentes für Dialoginitiativen gerade in der zivilen Natur und der offensichtlichen Schwäche der OSZE.

Diese kurze Zusammenstellung zeigt, dass die dominierenden, inneren Status-quo-Kräfte noch desinteressiert sind, während die aufstrebenden bürgerlichen Kräfte und die Unterdrückten den Dialog fordern. Im internationalen Bereich spielen die EU- und NATO-Mächte eher die Status-quo-Rolle, während die vielfältigen zivilen Initiativen auf einen politischen Dialog und die Einhaltung der Menschenrechte drängen.

Zivile Konfliktbearbeitung durch Dritte und ihre Möglichkeiten

In der theoretischen Diskussion werden Ansätze nach Akteursgruppierungen, den Ebenen der Arbeit, den Zielen des Bemühens - beispielsweise nach lösungs-, beziehungs- und transformationsorientierten Ansätzen - und den Vorgehensweisen unterschieden.[15] Die bisherige zivile Konfliktbearbeitung im Fall der Türkei lässt sich nicht nahtlos einem dieser Ansätze zuordnen. Am ehesten entspricht sie

---

[14] Ibid., p. 4.

[15] Norbert Ropers: Ethno-soziale Konflikte und ihre Bearbeitung durch Drittpartei-Interventionen gesellschaftlicher Träger, in: Österreichisches Studienzentrum für Frieden und Konfliktlösung/Schweizerische Friedensstiftung (Hrsg.): Krieg und gewaltfreie Konfliktlösung, Friedensbericht 1994, Friedensforscher zur Lage, Chur/Zürich 1994, pp. 213-229, hier pp. 213ff. - Tania Paffenholz: Nicht die Konflikte müssen beendet werden, sondern die Kriege, in: Österreichisches Studienzentrum für Frieden und Konfliktlösung/Schweizerische Friedensstiftung (Hrsg.): Theorie und Praxis ziviler Konfliktbearbeitung, Friedensbericht 1996, 1. Jahrbuch für Konfliktlösung, pp. 215-235, hier pp. 215ff.

dem von *John-Paul Lederach* entwickelten, transformationsorientierten Ansatz[16], in dem das Ziel, Infrastruktur für Konfliktbearbeitung auf allen Ebenen der Gesellschaft aufzubauen, eine wichtige Rolle spielt. Einige Charakteristika der bisherigen „Türkei-Arbeit“ nenne ich im folgenden:

Als „Dritte“ werte ich diejenigen, die nicht an dem militärischen Konflikt beteiligt sind, sich nicht als Solidaritätsakteure für die eine oder andere Seite verstehen und ihren Standort ausserhalb der Türkei haben. Diese Definition wird dort unscharf, wo Akteure eine Bedingung nicht oder nur zum Teil erfüllen. Ist Bonn durch seine Waffenlieferungen an das türkische Militär ein Solidaritätsakteur oder ist sein verbales Eintreten für eine politische Lösung schwergewichtiger zu werten? Eine anderes Problem tritt dort auf, wo die Dritten eine Kooperation mit denjenigen in der Türkei eingehen, die eine politische Lösung und eine Transformation des militärischen Konfliktes fordern, an dem sie selbst nicht beteiligt sind. Aus offizieller türkischer Sicht werden auch diese als Separatisten und als Konfliktpartei gewertet, während sie aus der Sicht der Dritten den Friedenskräften zugeordnet werden. Dritte, von denen zivile Konfliktbearbeitung in verschiedenen Formen ausgeht oder ausgehen kann, sind in drei Bereichen zu verorten:

- Im Bereich der zivilen Gesellschaft als Initiativen, soziale Bewegungen, Kirchen, Gewerkschaften, wissenschaftliche Vereinigungen, Wirtschaftsverbände etc;
- in dem der staatlichen Institutionen als Regierungen, Regionen, Kommunen und spezieller Institutionen;
- und schliesslich bei den inter- und transnationalen Institutionen; EU, EP, Europarat, OSZE und UNO seien als Beispiele genannt.

Die möglichen Dialogakteure sind also höchst unterschiedlich und haben dementsprechend auch sehr verschiedene Handlungsmöglichkeiten. Aufgrund ihrer unterschiedlichen Strukturen, Statusbewertungen, Traditionen, Organisations- und Finanzpotentiale werden sie auch, selbst bei übereinstimmender Zielsetzung, nicht selbstverständlich und problemlos miteinander kooperieren. Daraus ergibt sich als wichtige Aufgabe für alle Dritten, zumindest zu einer angemessenen Information untereinander beizutragen. Möglicherweise kann die gegenseitige Information auch zu einer eigenständigen Aufgabe von Dritten werden.

Die besondere Konstellation im türkisch-kurdischen Konflikt besteht, wie schon ausgeführt, darin, dass die türkische Seite in diesem Krieg bislang nicht bereit war, sich auf einen Dialog über den Konflikt einzulassen, während die kurdische Seite und fast alle Dritten eine politische Lösung fordern, sich also für eine Transformation des Konfliktes zu einer zivilen Konfliktbearbeitung aussprechen. Dabei sind die gesellschaftlichen und einige inter- und transnationalen

[16] Ibid., pp. 226ff.

Akteure führend. In dieser Situation muss es das Ziel der Dritten sein, in möglichst kooperativen, integrativen Bemühungen die Dialogbereitschaft Ankaras und der Gesellschaft der Türkei zu fördern und im internationalen Feld möglichst viele Akteure in die Arbeit und die Herstellung von Öffentlichkeit gegen diesen Krieg einzubeziehen.

Orientierungen der Dialoginitiativen im Fall der Türkei

Die Förderung der Bedingungen für die Möglichkeit und Ausweitung von Dialogen ist die Hauptaufgabe in der jetzigen Situation. Dabei müssen die vielfältigen Initiativen nicht bereits Lösungsvorschläge präsentieren, obwohl solche Überlegungen oftmals hilfreich sind, um Denkhorizonte der Akteure zu erweitern und Missverständnisse auszuräumen. Eine zentrale Frage müssen solche Initiativen jedoch für sich klären, nämlich ob sie einen Dialog über die Bildung eines eigenen kurdischen Staates anstreben, oder ob es sich um eine Transformation des Konfliktaustrages im Rahmen der Türkei handeln soll. Meinen Überlegungen liegt durchgehend letztere Perspektive zugrunde. So weit für mich erkennbar, ist dies gegenwärtig auch die Perspektive der wichtigsten Konfliktpartner, einschliesslich der PKK, und der internationalen Dialoginitiativen. Sollte die Transformation in absehbarer Zeit nicht gelingen, so ist ein Perspektivenwechsel nicht auszuschliessen.

Angesichts der Blockadehaltung der Status-quo-Akteure werden alle Befürworter einer Transformation des Konfliktaustrages mit einem Argument der Gleichberechtigung fordernden kurdischen Seite konfrontiert. Man müsse Gewalt anwenden, da Ankara nicht bereit sei, über politische Forderungen zu verhandeln. Pazifistische Traditionen, die andere Formen des Konfliktaustrages ermöglichten, sind in der Türkei, wie in vielen anderen Ländern, wenig ausgebildet und stehen deshalb höchstens in Ansätzen für den Konfliktaustrag zur Verfügung. Auch der Verweis auf die im Sinne ihrer ursprünglichen Ziele politische Erfolglosigkeit fast aller historischen Guerillabewegungen fruchtet gegenüber diesem Argument wenig.

Die Orientierung auf militärischen Konfliktaustrag wird auch dadurch verstärkt, dass lang anhaltende Kriege auf beiden Seiten erhebliche Interessen an der Fortführung des Krieges bewirken. Materielle Vorteile, Sozialisierung im und durch den Krieg sowie Statussicherung bilden die Grundlage für die sogenannten Falken. Sie finden sich in aller Regel auf beiden Seiten und torpedieren die Bemühungen um friedliche Lösungen. Dialoginitiativen müssen deshalb einen Kampf zwischen „Falken“ und „Tauben“ bei jedem der militanten Konfliktpartner in Rechnung stellen.

Den Dialoginitiativen bezogen auf die Türkei stellen sich zumindest vier zentrale Aufgaben, die allerdings je nach Standort und Möglichkeiten mit unterschiedlicher Schwerpunktsetzung wahrgenommen werden können:

1. Die in der Türkei noch immer herrschende Tabuisierung einer offenen Diskussion über eine politische Lösung zu überwinden und die Menschen dort, die solche Vorschläge vortragen, durch internationale Öffentlichkeit zu schützen;
2. die Dialogarbeit auf andere Länder auszuweiten, so dass sich Menschen aus vielen Gesellschaften daran beteiligen und die Dringlichkeit des Problems möglichst weit in der Öffentlichkeit bewusst wird;
3. die Regierungen, insbesondere der NATO- und EU-Staaten, welche die engsten Beziehungen zu Ankara unterhalten, immer wieder auf eine politische Lösung anzusprechen und sie, an ihre eigenen Interessen appellierend, aufzufordern, dafür tätig zu werden;
4. schliesslich dazu beizutragen, dass im Ausland, insbesondere in Deutschland als dem wichtigsten Einwanderungsland von Türken und Kurden, mehr „Runde Tische" mit Türken und Kurden entstehen, von denen die gemeinsame Forderung nach einer politischen Lösung, aber auch nach einer gleichberechtigten Behandlung der Kurden im Vergleich zur türkischen Bevölkerungsgruppe ausgeht.

Die folgende Darstellung strukturiere ich nach diesen vier Aufgaben. Dabei werde ich keineswegs auf alle der vielen Initiativen eingehen können, sondern nur einzelne als exemplarisch oder besonders wichtig herausgreifen. Als Dialoginitiativen verstehe ich diejenigen, deren Arbeit darauf gerichtet ist, den Dialog vorzubereiten, zu ermöglichen, zu vermitteln und zu beginnen. Diejenigen jedoch, die vor allem für ihre Position eintreten und die jeweils andere Seite anklagen, so sehr dies zum Konfliktszenario gehört, sind hier nicht Gegenstand der Betrachtung, wie problematisch im Einzelfall diese Abgrenzung auch sein mag.

Durchbrechung der Tabuisierung in der Türkei

Der Dialog über eine politische Lösung des Krieges wird in der Türkei durch den Separatismusvorwurf rechtlich bedroht und kriminalisiert. Diese Blockade gilt es als Voraussetzung für eine politische Lösung zu überwinden. Die Adressaten der Dialogforderung sind zum einen die Gesellschaft der Türkei - sie trägt die Lasten des Konfliktes -, damit sie sich diese Forderung zu eigen macht. Zum anderen sind es die politischen und militärischen Eliten, die sich dem Dialog öffnen sollen. Das Bemühen darum wird von inländischen türkischen und kurdischen Persönlichkeiten und Gruppen sowie von ausländischen Initiativen getragen.

In der Türkei sind es vor allem Intellektuelle im weitesten Sinne, die durch eine sehr vielfältige Arbeit und durch Aktionen für die Freiheit zum Dialog über eine politische Lösung eingetreten sind: Appelle, die gemeinsame Herausgabe von verbotenen Texten, Nutzung von Prozessen, um ihre Forderungen vorzutragen, Interviews mit ausländischen Medien, um die Pressezensur in der Türkei zu umgehen, und vieles mehr an höchst mutigen und originellen Aktivitäten. Ihre Bemühungen waren lange Zeit auch nach aussen das wichtigste Signal dafür, dass in der Türkei weiter für Frieden und Demokratisierung gestritten wurde. Ganz in diesem Sinne haben sich, um ein Beispiel der gesellschaftlichen Verbreiterung zu nennen, fünfzig gesellschaftliche Organisationen aus den kurdischen Provinzen der Türkei am 24. August 1996 zu einem Friedenskomitee zusammengeschlossen. Ihre wichtigste Aussage lautet: „Es wäre der grösste Beitrag, wenn über die Kurdenfrage frei diskutiert und der Weg zu Dialog und Frieden freigemacht würde."[17] Sie fordern unter anderem, „alle Formen von Gewalt zu beenden und die derzeit stattfindenden Operationen einzustellen".

Von einer ganz anderen Seite werden die Voraussetzungen für den Dialog grundlegend verändert. Der Verband der türkischen Handelskammern und Börsen (TOBB) veranlasste eine Untersuchung über die Lage der Kurden in der Türkei. Sie wurde unter Leitung des Politologen Dogu Ergil durchgeführt und im August 1995 der Öffentlichkeit unter dem Titel „Die Südostfrage: Diagnosen und Prognosen" vorgestellt.[18] Die differenzierten Ergebnisse können hier nicht im einzelnen wiedergegeben werden. Die zentrale Aussage lautete, dass nur 11% der Befragten einen eigenen kurdischen Staat wünschten, die überwiegende Mehrheit möchte dagegen eine politische Lösung im Rahmen der Türkei. Das Grundproblem liege in der verweigerten kurdischen Identität, die bisherige Kurdenpolitik sei gescheitert, eine politische Lösung vonnöten. Damit wurde das Kernargument für Notstandsgesetze und Militäreinsatz, die Sicherung der nationalen Einheit, sowie der Vorwurf des Separatismus gegenüber denjenigen, die für eine politische Lösung eintraten, ad absurdum geführt.

Der Verein TÜSIAD, von Unternehmern und Geschäftsleuten gegründet, wagt in seiner jüngsten umfangreichen Studie „Perspektiven der Demokratisierung in der Türkei" eine schonungslose Kritik der bestehenden Verhältnisse und des türkisch-kurdischen Krieges.[19] Der Kritik folgen detaillierte Vorschläge für die Änderung der türkischen Verfassung. Diese Schrift, die in einer Reihe mit früheren Publikationen steht, ist auch eine Aufforderung an das Ausland, notwendige Schritte der Veränderung zu bedenken und zu unterstützen. Der Dialog-Kreis lädt den Autor der Studie zu einer Veranstaltungsreihe nach Deutschland

[17] NN (Nützliche Nachrichten), 2, 1996, p. 12.

[18] Incesu/Meresh, Aufregung um Kurden-Studie (Fn. 10), pp. 4-7.

[19] Für Auszüge in deutscher Sprache siehe Dialog-Kreis (Hrsg.): Wirtschaft contra Militär in der Türkei; Aus dem TÜSIAD-Bericht: „Perspektiven der Demokratisierung in der Türkei", Idstein 1977.

ein und versucht, Verbindungen auch zur deutschen Politik und Wirtschaft herzustellen.

Hinter der neuen „TOSAV-Stiftung für die Erforschung gesellschaftlicher Probleme“ verbirgt sich ein ambitiöses Projekt, das sein wichtigster Promotor, Prof.Dr. Dogu Ergil, als „Partnerschaft für den Frieden“ bezeichnet. Türkische und kurdische Bürger, die jeweils bestimmte soziale Gruppen repräsentieren, haben sich zu gemeinsamen Aktivitäten und Untersuchungen zusammengetan, um dadurch die Menschenrechte und die Demokratie in der Türkei zu stärken. TOSAV geht nach eigener Aussage von einem pluralistischen Verständnis von Kultur und Gesellschaft aus und fordert dies auch für die Türkei. Das wichtigste Vorhaben besteht darin, den türkisch-kurdischen Krieg in der Türkei zu beenden sowie gemeinsame Schritte zu diesem Ziel zu erarbeiten und der Öffentlichkeit vorzustellen. Ausserdem will TOSAV Techniken der Bewältigung von Konflikten lehren und über Menschenrechte unterrichten, wobei die Information von Kindern, aber auch von Polizei etc. im Vordergrund stehen soll. Insgesamt wollen sie für eine Kultur der Demokratie eintreten und diese auch über Medienarbeit an die Gesellschaft vermitteln.[20]

In Europa und Nordamerika gibt es eine Vielzahl von Zusammenschlüssen, die sich mit der kurdischen Frage und der Überwindung des Krieges in der Türkei befassen. Diese sind ihrem Ursprung nach sehr unterschiedlich. Die wichtigsten Ansätze beruhen auf kurdischen EmigrantInnen, friedenspolitischen Zusammenhängen und friedenswissenschaftlichen Foren. Politische Institutionen, wie beispielsweise das Europaparlament mit vielen eindringlichen Erklärungen und Forderungen, oder der Europarat mit seinen Entscheidungen spielen ebenso wie individuelles Engagement eine grosse Rolle. Zur Überwindung des Tabus einer politischen Lösung stehen allen ähnliche Möglichkeiten zur Verfügung:

- Zusammenstellung und Vermittlung von Informationen, Analysen und Interpretationen zum Konflikt;
- sich öffentlich mit Forderungen an Repräsentanten des türkischen Staates und der Kurden in der Türkei zu wenden;
- Organisation von Dialogen in der Türkei oder auch öffentliche Einforderungen einer politischen Lösung, wie gerade jüngst durch den dann verbotenen Friedenszug „Musa Anter“ nach Diyarbakir ;
- Ausarbeitung und Publikation von Konzepten für eine Transformation des militärischen Konfliktes in eine zivile Konfliktbearbeitung;
- Einladung von Personen aus der Türkei und Vermittlung von Gesprächen mit BürgerInnengruppen, Politik und Wirtschaft;
- Veranstaltung von Konferenzen im Ausland unter Beteiligung unterschiedlicher Kräfte aus der Türkei, um dort bereits den notwendigen Dialog beginnen zu lassen.

[20] TOSAV, Ciftevler Sokak 1/1 A. Ayranci-Ankara, Fax 0312- 4278608.

Eine ständige unerlässliche Aufgabe liegt in der Herstellung von internationaler Öffentlichkeit für den Krieg, um für eine Beteiligung an einer politischen Lösung zu werben, und die sich engagierenden Akteure in der Türkei vor Repression zu schützen.

Ausweitung der Dialogarbeit auf andere Länder

Grundsätzlich gilt, dass die den Dialog blockierenden Kräfte argumentieren, beim Konflikt handle es sich *nur* um ein lokales, innerstaatliches Problem. Es gehe um terroristische Aktivitäten, die nichts mit den gesellschaftlichen Problemen und internationalen Verpflichtungen zu tun hätten etc. Eine internationale Einmischung sei kontraproduktiv und abzulehnen. Die den Dialog fordernden Kräfte aus der internationalen Sphäre sollen auf diese Weise abgewehrt werden. Wird nun der Dialog nur von Nichtregierungsorganisationen (NROs) eines Landes gefordert, so kann dies leicht als spezifische Feindlichkeit dieser Gesellschaft diffamiert werden. Wird aber die Forderung aus vielen Ländern vorgetragen, so wird sie zu einem internationalen Problem von allgemeinem Interesse. Die diffamierende Abwehr als „PKK-Sympathisanten", die jüngst wieder gegenüber der Ankara-Konferenz im Mai 1997 und dem Friedenszug nach Diyarbakir[21] angewandt wurde, verliert dann an Glaubwürdigkeit. Die Ausweitung der Dialogforderung auf viele wichtige Beziehungsländer der Türkei und möglichst auch auf internationale Netzwerke und Institutionen ist also eine bedeutende Aufgabe, die in unterschiedlichster Weise zu bearbeiten ist.

Kritik und Lobby-Arbeit gegenüber den mit der Türkei befreundeten Regierungen

Ein grosses Dilemma der Dialogarbeit besteht darin, dass die wichtigsten Partnerregierungen Ankaras, darunter insbesondere die USA, Deutschland und Frankreich, mehr oder weniger die Kriegspolitik der Türkei gegenüber den Kurden in Kauf nehmen und sogar durch Finanz- und Rüstungshilfen unterstützen, wenngleich sie auch immer wieder menschenrechtliche „Mässigung" anmahnen und von einer erforderlichen politischen Lösung sprechen. In Deutschland, aber auch in Frankreich reicht diese De-facto-Kriegskooperation bis in die Innenpolitik, wo die kurdische Volksgruppe in kultureller Hinsicht nicht der türkischen gleichgestellt ist und die Bekämpfung der PKK parallel zu Ankara betrieben wird. Inner-

[21] NN (Nützliche Nachrichten), 2 + 3, 1997.

halb der Ministerien, der Parlamente und Parteien ist durchaus Sensibilität für die Notwendigkeit einer politischen Lösung anzutreffen, die sich jedoch häufig als der beschwichtigende Teil des Januskopfes der herrschenden Politik erweist.

Dialoginitiativen verfolgen deshalb eine Doppelstrategie: Sie kritisieren in der Öffentlichkeit die kriegsunterstützende Politik der Regierungen und versuchen gleichzeitig, möglichst beständige Kontakte im politischen Bereich aufzubauen. Mit diesen werden Gespräche geführt, Informationen ausgetauscht und Besuche aus der Türkei vermittelt. Diese Doppelstrategie richtet sich sowohl auf dcn politischen Bereich als auch auf die Öffentlichkeit und Gesellschaft, vor denen Regierungspolitik glaubwürdig erscheinen möchte.

Eine wichtige Veränderung in der Beziehung der EU-Staaten zur Türkei hat sich mit der Ablehnung der Türkei als Beitrittskandidat zur EU ergeben. Die EU-Staaten haben dabei ihre Kritikpunkte zur Rechtfertigung ihrer Ablehnung vorgetragen. Zu prüfen ist nun, ob sich daraus eine gemeinsame neue Politik für eine politische Lösung ergibt. Ist die Zeit bereits reif, um über eine OSZE-weite Transformationsstrategie für den Konflikt oder gar eine als langfristiges Instrument angelegte internationale Kurdenkonferenz zu sprechen?

Förderung des Dialoges zwischen türkischen und kurdischen EmigrantInnen

Dort, wo wie in Deutschland Türken und Kurden als EmigrantInnen in grosser Zahl leben, besteht die Gefahr, dass sich die Konflikte in der Türkei reproduzieren und Streitigkeiten untereinander gewalttätig ausgetragen werden. Dies kann ein Anwachsen der Ausländerfeindlichkeit zur Folge haben. Für die Dialoginitiativen ist es jedoch wichtig, dass von den Gruppen möglichst gemeinsam das Signal in die Türkei ausgeht, dass eine politische Lösung und eine Beendigung des Krieges gewünscht werden. Der Dialog muss deshalb auch in den Immigrationsländern geführt werden. Bemühungen um einen solchen Dialog erfolgen in der Bundesrepublik auf den folgenden Ebenen:

- Im kommunalen Bereich spielen Ausländerbeauftragte eine wichtige Rolle, die allerdings alle „Ausländerinteressen" in den Dialog einzubeziehen haben. Die Gespräche an Runden Tischen sind deshalb vornehmlich auf lokale Probleme des Lebens und des Umganges miteinander konzentriert. Dennoch können sie hilfreich sein für gruppenübergreifende Kontakte und Verständigungen.
- Dialogversuche im Bereich der türkischen, kurdischen und deutschen Verbände gingen beispielsweise vom „Interkulturellen Rat in Deutschland" aus, der der evangelischen Kirche nahesteht. Treffen mit langen Zwischenräumen finden statt. Die türkischen Verbände machten ihre Teilnahme davon abhängig, dass keine PKK-nahen Gruppen zugelassen wurden. Trotzdem wurde ein

wichtiger Fortschritt erreicht, indem beispielsweise über die kulturellen Rechte der Kurden in Deutschland diskutiert und auch für sie ein muttersprachlicher Unterricht gefordert wurde. Eine solche Forderung ist von grosser Bedeutung angesichts der Verweigerung dieser Rechte für die Kurden in der Türkei. Von einer Diskussion möglicher Schritte für eine politische Lösung ist der Kreis jedoch noch weit entfernt.

- Dialogansätze werden auch über türkisch-kurdische Kulturveranstaltungen versucht, auf denen beliebte Künstler aus beiden Volksgruppen auftreten. Die zentrale Frage ist dabei, ob es tatsächlich gelingt, eine Publikumsbeteiligung von beiden Seiten und eine Atmosphäre der Gemeinsamkeit während der Veranstaltungen zu erreichen. Es besteht immer die Gefahr der politischen Instrumentalisierung grosser Veranstaltungen. Analoge Bemühungen gibt es bei ökumenischen Treffen, in denen allerdings die christlich-deutsche Beteiligung ein gewichtiges Moment darstellt. Ein Ziel könnte die Herausbildung türkisch-kurdischer Kulturinitiativen sein, die in deutschen Städten auftreten könnten.
- Auf der Ebene gewichtiger Persönlichkeiten aus beiden Volksgruppen sind gemeinsame Appelle ein Ansatzpunkt. Diese sollten möglichst folgenreich, also als Anfangspunkt für eine langfristige Versöhnungs- und Kooperationsarbeit konzipiert sein. Solche Initiativen können auch von einer Seite ausgehen, um die andere anzusprechen, wie es beispielsweise im Aufruf deutsch-türkischer Intellektueller „Wenn die Türkei in die EU aufgenommen werden will, muss es ihr gelingen, Teil der modernen Zivilisation zu werden!“[22] der Fall war. Im Oktober 1997 wurde in Deutschland ein türkisch-kurdischer Verbund unter dem Namen „Friedensbrücke“ ins Leben gerufen.
- Der Dialog ist aber auch zwischen den kurdischen Verbänden dringend. Ihr Verhältnis ist oftmals von der Konkurrenz um die Repräsentation der im Ausland lebenden Kurden geprägt. Wie bedeutsam dies ist, hatte ich oben schon angesprochen. Ein wichtiger Ansatz in Deutschland ist die „Bad Boller Vereinbarung“ von mehr als zwanzig kurdischen und deutsch-kurdischen Organisationen „über ein friedliches Zusammenleben der Bevölkerung in Süddeutschland angesichts der Tragödie des kurdischen Volkes in seiner Heimat“. Diese Vereinbarung wurde unter Beteiligung der beiden grössten kurdischen Dachverbände erarbeitet. In ihr werden sowohl Forderungen der kulturellen Gleichberechtigung erhoben, als auch eine Verpflichtung zum gewaltfreien Umgang ausgesprochen.[23]

Zivile Konfliktbearbeitung hat viele Instrumente. Durch sie werden die Vorbedingungen für eine Transformation vom militärischen Konfliktaustrag zur politi-

---

[22] taz vom 21.1.97.

[23] epd-Dokumentation, Nr. 12, 1997, pp. 49ff.

schen Lösung wesentlich verbessert, indem viele Akteure auf diese alternative Option orientiert und vorbereitet werden. Konzepte der Transformation und der politischen Lösungen werden bereits vordiskutiert, so dass später Sackgassen und Missverständnisse besser umgangen werden können. Ganz in diesem Sinne kann die Dialogarbeit von aussen die transformationswilligen Akteure in der Türkei unterstützen, indem sie ihnen internationale Kontakte zu Politik und Medien vermittelt und ihnen Plattformen für die Diskussion ihrer Positionen anbietet.

Schlussfolgerungen

Wären alle Konfliktpartner zum Dialog bereit, bedürfte es nicht der Dialoginitiativen, sondern eher der klassischen Konfliktinterventionen (Gerichtsverfahren, Schlichtungs- und Schiedsverfahren, Vermittlungs- und Beratungsverfahren, Gute Dienste für direkte Verhandlungen) sowie der Unterstützung für die Verwirklichung der vereinbarten Lösungen.[24] Die Weigerung wichtiger Konfliktakteure, sich konstruktiv am Dialog zu beteiligen, zwingt die Dritten, sich auf die Überwindung dieses Hindernisses zu konzentrieren. Dazu im folgenden einige Hinweise, die nicht im Sinne einer zeitlichen Abfolge zu verstehen sind:

- Die Schäden, die alle in den Krieg einbezogenen Seiten erleiden, sind weithin bekannt zu machen, um persönliche Betroffenheit in den Gesellschaften und Schadenswahrnehmung im politischen Bereich zu fördern. Es gilt, die Kriegsgesellschaften für eine friedliche Lösung zu gewinnen und damit nationalistischen Tendenzen ihre Verführungsmacht zu nehmen. Wären die Serben dem nationalistischen Rausch erlegen, hätten sie gewusst, dass sie 90% ihres Lebensstandards verlieren würden ?
- Die internationale Umwelt des Konfliktes und des je eigenen Interesses an seiner politischen Lösung bewusst machen, damit Friedensstiftung in diesem Krieg als ein wichtiges Anliegen begriffen wird.
- Die „berechtigten Interessen“ aller Konfliktparteien sind anzuerkennen. Es kann nicht um die Aufforderung zur Kapitulation gehen! Allerdings ist es schwierig zu bestimmen, was als berechtigtes Interesse zu werten ist. Die Menschenrechte sind dabei ein wichtiger Massstab. Ein wichtiger Wert ist aber auch die Erhaltung des Staates, in dessen Grenzen und Strukturen Gleichberechtigung und kulturelle Identität verwirklicht werden können.
- Wenn einer oder mehrere Akteure den Dialog verweigern, ist der Dialog mit den anderen, die dazu bereit sind, trotzdem zu beginnen. Dabei sollten sehr ernsthaft die wichtigsten „berechtigten Interessen“ der nicht teilnehmenden Akteure berücksichtigt werden. Andernfalls bestünde die Gefahr, dass sich der

[24] Ropers, Ethno-soziale Konflikte (Fn. 15), pp. 218ff.

Dialog so einseitig entwickelt, dass er Argumente für die weitere Verweigerung der Beteiligung liefert.

- Im Fall der Türkei, in dem der Hauptakteur im Kriege den Dialog verweigert und auch in der Gesellschaft zu verbieten sucht, gewinnt das internationale Umfeld für die Durchsetzung des Dialoges eine enorme Bedeutung. Wichtige Erfahrungen hierfür liegen aus dem Embargo gegen das Apartheid-Südafrika vor. Dialoginitiativen werden sich deshalb dem Verhalten der bedeutendsten Partnerländer intensiv annehmen müssen, um die Dialogbereitschaft der Türkei zu fördern.
- In der Form ihrer Arbeit müssen die Dialoginitiativen die Kritik des Krieges und die Aufdeckung aller relevanten Tatsachen mit dem Bemühen um die „Gesichtswahrung" für alle Konfliktparteien verbinden. Es verbietet sich deshalb für sie, als Kampagne- und Solidaritätsgruppierungen aufzutreten, oder gar die Dämonisierung der Gegner zu betreiben. Dies ist auch wichtig für Konfliktparteien, die sich um eine politische Lösung bemühen, denn selbstverständlich kann man mit dem „Feindbild Teufel" keine politischen Lösungen erreichen.
- Zur Ermutigung, um sich auf eine politische Lösung einzulassen, sind Lösungsoptionen zu entwerfen, aus denen das Ausmass möglicher Veränderungen für alle erkennbar wird. Dies beugt demagogischen Versuchen von „Falken" vor und fördert realistische Einschätzungen der Vorteile und der Kosten von Frieden.
- Einseitige Schritte der Konfliktparteien ermutigen und anregen, die sowohl der Vertrauensbildung als auch der Deeskalation des Konfliktes dienen. Im Fall der Türkei waren einseitige Waffenstillstände der PKK wichtige Schritte in diesem Sinne, die allerdings zum Teil von Falken konterkariert wurden.

Die vielfältigen und weitreichenden Aufgaben der Dialoginitiativen lassen erahnen, dass mit dieser Arbeit weite Wege beschritten werden, die zu Versöhnung und Zusammenarbeit führen sollen. Fraglos bedarf es hierbei eines langen Atems.

Minderheiten in der Ostseeregion

Überblick und Anregungen zur Methode konstruktiver Konfliktbearbeitung

Von Hanne-M. Birckenbach

Im Alltag werden Konflikte mit gutem Grund wegen ihrer destruktiven Potentiale gefürchtet. Sozial- und friedenswissenschaftliche Theorien, die lehren, dass Konflikte eine gemeinschaftsbildende Funktion haben können, finden dagegen wenig Resonanz im wirklichen Leben. Mit dem folgenden Beitrag wird daher versucht, die Distanz zwischen praktischem und theoretischem Wissen durch eine Auswertung von solchen Erfahrungen zu verringern, die Ansätze eines konstruktiven Konfliktaustrags erkennen lassen und deutlich machen können, was darunter zu verstehen ist und wie er gefördert werden kann.

Als Beispiel dienen Minderheitenkonflikte in der Ostseeregion. Der Begriff „Minderheiten" wird hier im sozialwissenschaftlichen Sinn gebraucht. Er bezeichnet nicht eindeutig abgrenzbare, aber dauerhafte, nichtdominierende Gruppen, die sich selbst als Minderheit verstehen und sich von anderen Gruppen durch kulturelle, religiöse, ethnische oder andere Merkmale unterscheiden.[1] Die Ostseeregion umfasst die historische Grossregion Nordosteuropa.[2] Politisch gesehen geht es um die elf Mitgliedstaaten des Ostseerates (*Council of Baltic Sea States*, CBSS). Norwegen und Island gehören dazu, aber auch Russland. Damit ist evident, dass es sich hier nicht um eine Peripherie, sondern um einen Kernbereich Europas handelt, wo sich Osten und Westen überschneiden. Für das Studi-

[1] Dieser Minderheitenbegriff weicht von einer völkerrechtlichen Betrachtungsweise ab und entspricht dem Vorschlag von UNITED for Intercultural Action, European network against nationalism, racism, fascism and in support of migrants and refugees: „A minority group is a group of persons resident within an area in which it constitutes less than half the population and whose members share characteristics of an ethnic, religious or linguistic or other nature that distinguish them from the rest of the population. Sometimes a minority sees itself as a separate nation. Sometimes we consider a group a minority not because of the percentage of people it contains in an area, but because of the position they are in. A minority has a lower social and/or economic position than the majority. It does not have as much power as the majority group." (United information leaflet No. 13). Einer ähnlichen Definition folgt auch die Unterkommission des UN-Menschenrechtsausschusses, vgl. dazu UN-Doc.E/CN.4/Sub.2/1993/34, p. 7.

[2] Stefan Troebst: Nordosteuropa; Begriff - Traditionen - Strukturen, in: Kommune, 5, 1997, pp. 36-42.

um der Probleme einer konstruktiven Minderheitenpolitik ist die Region aus mehreren Gründen geeignet. Sie ist erstens reich an Minderheiten und zweitens reich an Konflikten um die Achtung, Wahrung und Entfaltung der Lebenschancen dieser Gruppen. Da es sich um Minderheiten unterschiedlichen Typs mit einander überlappenden Gruppen handelt, sind diese Konflikte drittens sehr komplex.

Der Beitrag beginnt mit einem Überblick über den aktuellen Stand verschiedener Minderheitenkonflikte in der Ostseeregion. Im zweiten Schritt wird das Thema „Staatsbürgerschaft" als Kernproblem einer zeitgemässen Minderheitenpolitik identifiziert. Ferner wird versucht, einige Schwierigkeiten und Ansätze bei der Bearbeitung dieses Problems zu beschreiben. Der dritte Schritt bemüht sich in zehn Thesen um eine generalisierende Antwort auf die Frage, was für eine konstruktive Bearbeitung von Minderheitenkonflikten aus den Erfahrungen und aktuellen Problemlagen in der Ostseeregion zu lernen ist und wie der gemeinschaftsbildende Aspekte von Minderheitenkonflikten näher charakterisiert werden kann.

Minderheitenkonflikte in der Ostseeregion: Überblick

Die Lage der Minderheiten in Nordosteuropa ist durch die nach wie vor wirksame soziale und politische Ost-West-Teilung geprägt. In Polen, Litauen, Lettland, Estland und im Nordosten Russlands ist die Vielfalt der Minderheiten grösser, ihr Anteil an der Gesamtbevölkerung höher und ihr Lebensstandard niedriger als im homogeneren und reicheren Westen. Aber die gesellschaftliche und politische Position der Minderheiten wird keineswegs durch den „silbernen Vorhang" determiniert. Wesentliche Bestimmungsfaktoren für die Entfaltung der Minderheiten werden durch nationale Besonderheiten und - mit zunehmender Intensität - durch die Internationalisierung von Menschenrechtsstandards gesetzt.

Nationale Minderheiten

Die meisten Konflikte, die sich in der Ostseeregion auf zwischenstaatlicher Ebene an Minderheiten entzündet haben, sind als akute Probleme der internationalen Beziehungen verschwunden, wenngleich sie in den Gesellschaften weiterhin latent vorhanden sind und gelegentlich - beispielsweise an der deutsch-dänischen Grenze - auch artikuliert werden. Anders gesagt: Die bilateralen Beziehungen zwischen Deutschland und Polen, Dänemark und Deutschland, Schweden und Finnland, Finnland und Russland sowie Polen und Litauen werden heute nicht mehr durch Minderheitenprobleme gestört. Auch die betreffenden Minderheiten profitieren davon, dass sie nicht mehr als Spielball und Zankapfel der Aussenpolitik herhalten müssen. Nur in den russisch-estnischen und russisch-lettischen Beziehungen bilden Minderheiten einen Gegenstand aussenpolitischen Streits mit einer hohen sicherheitspolitischen Bedeutung für die Ostseeregion. Im Nordosten Estlands, wo die Bevölkerung aus einem Mix aus estnischen, russischen Staatsangehörigen und sogenannten Nichtstaatsbürgern besteht (vgl. unten), kann auch das Entstehen einer separatistischen Bewegung nicht ausgeschlossen werden.[3]

Abgesehen von den Tornedalen-Finnen in Nordschweden, die 1809 zur Minderheit wurden, als Finnland an Russland fiel, sind alle nationalen Minderheiten in der Ostseeregion, deren Angehörige Staatsbürger ihres Aufenthaltslandes sind, aber historisch enge kulturelle und soziale Bindungen zur Titularnation eines Nachbarstaates haben, als Gruppe mit besonderen Rechten anerkannt und durch Gesetze, Verfassungen oder Vereinbarungen geschützt. Ihre Rechte sind teilweise bilateral ausgehandelt worden. Selten ist jedoch eine Symmetrie hergestellt worden, die den Minderheiten auf beiden Seiten der Grenzen annähernd gleiche Rechte gewährt, wie dies in den deutsch-dänischen Beziehungen 1955 geglückt ist. Auch in den nordischen Staaten werden die nationalen Minderheiten ungleich behandelt. Während Schweden darauf besteht, dass Schwedisch die einzige Staatssprache ist, haben in Finnland Finnisch und Schwedisch in der Verfassung einen gleichen Rang. Welche Sprache bevorzugt wird, entscheidet sich auf Gemeindeebene. Nach den finnischen Sprachgesetzen ist eine Gemeinde nur dann einsprachig, wenn die jeweilige Sprachminderheit weniger als 8% der Bevölkerung ausmacht oder weniger als 3.000 Personen umfasst.

Deutsche in Polen und die *Polonia* in Deutschland sind ein weiteres Beispiel für asymmetrische Rechtslagen und Lebensumstände der nationalen Minderheiten in den Nachbarstaaten. Deutschland erkennt die „deutschen Bürger polnischer Herkunft“ nicht ausdrücklich als Minderheit an. Sie haben - anders als die auch finanziell von Deutschland unterstützte deutsche Minderheit in Polen - keine De-facto-Garantie, im Parlament repräsentiert zu sein. Unabhängig von der Tatsache, dass Deutschland wie Polen die doppelte Staatsbürgerschaft grundsätzlich ablehnen, ist es den Angehörigen beider Minderheiten möglich, diese zu erwerben. Allerdings ist das Verfahren für Polen in Deutschland weitaus schwieriger und teurer als für Deutsche in Polen.[4]

---

[3] Das Entstehen einer separatistischen Bewegungen kann nicht ausgeschlossen werden, wenngleich Beobachter eine solche Entwicklung aus strukturellen Gründen für unwahrscheinlich halten. Vgl. Graham Smith/Andrew Wilson: Rethinking Russia's Post-Soviet Diaspora; The Potential for Political Mobilisation in Eastern Ukraine and North-East Estonia, in: Europe-Asia Studies, 49, 5, 1997, pp. 845-864.

[4] Jerzy Máskόw: Die Normalisierung der neuen alten Nachbarschaft; Zum aktuellen Stand der deutsch-polnischen Beziehungen, in: Aus Politik und Zeitgeschichte, Nr. 39, 22/9, 1995, pp. 32-39.

Indigene Minderheiten

Für die indigenen Minderheiten, die in einem geographisch abgegrenzten Gebiet leben, geht es in erster Linie um die Wahrung von kulturellen und sozioökonomischen Rechten als Teil der Gruppenidentität. Sie können sich heute mit ihren Anliegen auch gegen staatlichen Willen Gehör verschaffen, sofern es ihnen gelingt, sich zu organisieren, in der eigenen Gesellschaft Verbündete zu gewinnen und Zugang zu transnationalen und internationalen Foren zu finden. Das gilt zweifelsohne für die etwa 60.000 Saamen, von denen etwa 40.000 in Norwegen, 15.000 in Schweden, 4.000 in Finnland und 2.000 in Russland leben. Sie betrachten sich historisch richtig als Ureinwohner. Finnen, Norweger und Schweden sind für sie Einwanderer ins Land der Saamen (Sápmi). Erst nach dem Zweiten Weltkrieg ist es ihnen gelungen, sich zu organisieren und Instanzen zu schaffen, die bei Auseinandersetzungen um ökologische Grundfragen (Erhöhung der Rentierbestände, Flussregulierung, Weideland, Industrialisierung und Tourismus) mit dem Staat in Verhandlungen treten. Als solche Instanzen fungieren seit 1973 in Finnland, seit 1987 in Norwegen und seit 1993 in Schweden die saamischen Parlamente. Ihnen wird auch Einfluss auf die Sprachentwicklung, die Kultur und das Schulsystem gewährt. So wird heute die saamische Sprache in den Schulen der Saamengebiete gelehrt und teilweise sogar als primäre Unterrichtssprache verwendet. In Finnland und Norwegen - nicht in Schweden - ist ihr Gebrauch vor öffentlichen Ämtern und Gerichten erlaubt. Mehrere Rundfunkprogramme berichten in saamischer Sprache.

Bei den internationalen Organisationen finden die Saamen heute ebenfalls Unterstützung. Schweden, das seine Glaubwürdigkeit in der UN-Menschenrechtspolitik im Zusammenhang mit der UN-Dekade über die indigenen Völker der Welt erhöhen möchte, hat 1997 eine Arbeitsgruppe eingesetzt, von der erhofft wird, dass sie als Katalysator für eine Nordische Konvention über das Volk der Saamen wirkt. In Finnland haben die Saamen bereits Verbesserungen ihres Status durch die Anwendung der Europäischen Rahmenkonvention zum Schutz der nationalen Minderheiten von 1994 erlangt, die 1998 in Kraft getreten ist. Diese hat sich auch auf die 12.000 Friesen und 60.000 Sorben in Deutschland insbesondere im Bereich der Sprachförderung unterstützend ausgewirkt.

Den Kwänen in Norwegen, die sich als Ureinwohner mit einer eigenen Sprache verstehen, die von Norwegen allerdings als finnischer Dialekt betrachtet wird, und den grönländischen Inuit in Dänemark ist es bislang nicht gelungen, Minderheitenrechte zur Förderung von Sprache und sozialer Entwicklung durchzusetzen.

Unter den indigenen Minderheiten in der östlichen Ostseeregion ist es den Setukesen gelungen, sich auf internationaler Ebene zu artikulieren, obwohl auch sie - ähnlich wie die Kwänen in Norwegen - von Estland nicht als indigene Minderheit anerkannt sind und ihre Sprache als estnischer Dialekt betrachtet wird. Wie im Fall der Saamen zerschneidet eine nationale Grenze ihr Siedlungsgebiet. Ihre Dörfer liegen im russisch-orthodoxen Petschurgebiet, einem zwischen Estland und Russland umstrittenen Territorium. Etwa 3.000 Setukesen leben auf russischer Seite und etwa 5.000 in Estland. Sie betrachten sich als Opfer eines möglichen Grenzabkommens zwischen Russland und Estland, das die heutige Teilung des Setukesenlandes in einen russischen und estnischen Teil bestätigen würde. Enttäuscht darüber, dass Estland nicht versucht hat, die Existenz dieser Minderheit für ihre Position in der Grenzfrage zu instrumentalisieren, haben ihre Repräsentanten in Estland sich entschieden, der *Unrepresented Nations and Peoples Organisation* (UNPO) beizutreten.

Zerstreute Minderheiten

Juden und Roma sind in allen Ostseestaaten ansässig. Die Identität beider Minderheiten ist bis heute von der nationalsozialistischen Vernichtungspolitik Deutschlands und von den Erfahrungen mit der Assimilationspolitik in der Sowjetunion geprägt. Hinzu kommt in der Gegenwart, dass die soziale Kohäsion ihrer Gruppen dadurch beeinträchtigt wird, dass ihre Angehörigen nur zum Teil Staatsangehörige ihres Aufenthaltslandes sind. Diese drei gemeinsamen Faktoren haben für beide Gruppen jedoch ganz unterschiedliche Folgen.

Die meisten Juden leben in Russland, das - wie Schweden - jüdischen Flüchtlingen während der nationalsozialistischen Herrschaft das Überleben ermöglichte. Von den 800.000 russischen Juden leben allein 100.000 in St. Petersburg. In allen anderen Ostseeländern besteht die jüdische Minderheit überwiegend aus Menschen, die nach 1945 entweder in ihre Heimatländer zurückgekehrt oder - in der überwiegenden Zahl - als Immigranten in einem zunächst fremden Land Aufnahme gefunden haben. Die meisten stammen aus der ehemaligen Sowjetunion.

Das gilt auch für die Juden in Estland und Lettland. Die Mehrheit der jüdischen Bevölkerung ist erst während der sowjetischen Herrschaft nach Estland und Lettland gekommen. Wie anderen nichtjüdischen Zuwanderern wird ihnen die Staatsbürgerschaft verweigert. Für sie gelten daher auch die Minderheitenrechte nicht, die den jüdischen Staatsbürgern kulturelle Autonomie (z.B. das Recht auf eigene Schulen und Friedhöfe) gewähren. Ihre gemeinsame Verkehrssprache Russisch wird durch die estnischen und lettischen Sprachengesetze diskriminiert und aus dem öffentlichen Raum zurückgedrängt.

Für die jüdische Gemeinschaft hat diese Politik schwere Folgen. Denn viele jüdische Staatsbürger lassen sich nicht als Angehörige der jüdischen Minderheit registrieren und verzichten damit auf ihre Minderheitenrechte, um die jüdische Gemeinschaft nicht durch einen privilegierten politischen Status zu spalten. Die Staatsbürgerschaftspolitik fördert auch die Auswanderung von jüngeren

Juden nach Israel, Kanada, in die USA sowie zu einem geringen Teil nach Westeuropa und trägt damit zur weiteren Verarmung der zurückbleibenden älteren Menschen bei. Auf diese Weise nimmt die jüdische Bevölkerung - trotz Zunahme in einigen westeuropäischen Staaten, immer weiter ab (vgl. Tabelle).

Tab. 1: Der Rückgang der jüdischen Bevölkerung in der Ostseeregion[5]

	1937	1946	1967	1994
Estland	4.600	**	**	3.500
Lettland	95.000	**	**	18.000
Litauen	155.000	**	**	6.500
Dänemark	8.500	5.500	6.000	6.400
Finnland	2.000	2.000	1.750	1.300
Norwegen	2.000	750	1.000	1.000
Schweden	7.500	15.500	13.000	16.500
Deutschland	500.000	153.000*	30.000	55.000
Polen	3.250.000	215.000	21.000	6.000
UdSSR/CIS**	2.669.000	1.971.000	1.715.000	812.000

* Einschliesslich „displaced persons“;
** Daten über die balt. Staaten sind in denen für die UdSSR enthalten

Antisemitismus ist in allen Ostseestaaten ein Problem geblieben, wenngleich sich seine Formen gewandelt haben. Wo sich der Antisemitismus mit nationalistischen Kräften verbindet, wie in Russland oder Lettland, werden die Juden für das Scheitern des Kommunismus, den Niedergang der Wohlfahrt und eine „Russifizierung“ Lettlands verantwortlich gemacht. In Lettland glauben viele Menschen, es gäbe eine jüdisch-bolschewistische Verschwörung und die Mitglieder des KGB seien überproportional Juden gewesen. Jüdischen Einwanderern in Deutschland wird dagegen eher vorgeworfen, sie seien keine in der jüdischen Tradition verwurzelten „echten“ Juden, sondern „nur“ russische Emigranten, die vorgeben, in Russland und anderen osteuropäischen Staaten als Juden verfolgt zu werden. Strittig ist bis heute, ob sich der Antisemitismus in den Ostseeländern wirklich nur als „private“ Aktion in antisemitischen Publikationen und der Beschädigung jüdischer Friedhöfe, Synagogen oder Privateigentums äussert, oder ob er nicht auch staatliche Rückendeckung enthält, wenn die Verbreitung antisemitischer Schriften wie in Schweden nicht strafrechtlich verfolgt wird, wenn deutsche Kommunen sich weigern können, jüdische Auswanderer aufzunehmen, oder wenn in Polen zur Ernennung eines Aussenministers jüdischer Herkunft die Zustimmung des Papstes eingeholt wird.

[5] Quelle: B. Wasserstein: Vanishing Diaspora; The Jews in Europe since 1945, London 1996, p. IX.

Die Roma bilden in Europa wahrscheinlich die unbeliebteste Minderheit. Obwohl viele Angehörige sesshaft geworden sind, gehört die Möglichkeit zu einer nomadischen Lebensführung zu den identitätsstiftenden Grundbedürfnissen dieses europäischen Volkes. Wo mit ihren traditionellen Berufen wie Pferdehandel und Schmiedearbeiten ihre sozioökonomischen Grundlagen ersatzlos verschwunden sind, ist Kriminalität und Bettelei häufig ihre einzige Einkommensquelle. Insbesondere in Russland, aber auch in anderen Transformationsländern findet die Kriminalisierung dieser Minderheit aufgrund der vielen Kinderbanden, Bettler und kleinen Drogenhändler unter den Roma immer neue Nahrung. Analphabetismus ist weit verbreitet, in Russland sprechen viele von ihnen kaum Russisch. Die kommunistische Assimilationspolitik versuchte erfolglos, ihre Anpassung zu erzwingen, und trug damit gleichzeitig zur Zerstörung der sozialen Strukturen der Roma bei.

Arm, verachtet und abgesondert von der Gesellschaft sind die Roma eine Minderheit, die in ihrer Artikulationsfähigkeit über Jahrzehnte unterentwickelt gehalten wurde. Sie verfügen nur über wenig qualifizierte Repräsentanten und sind folglich dem sozialen und politischen Wandel ohne Mitsprache und Verteidigungsmöglichkeit ausgesetzt. Anders als die jüdische Minderheit haben die Roma weder einen territorialen Stützpunkt noch eine starke Emigrationslobby innerhalb oder ausserhalb Europas. Als Volk in der Diaspora ohne Staat sind sie im modernen Staatensystem nicht vorgesehen. Seine territorialen Prinzipien stehen den kulturellen und sozialen Identitätsansprüchen der Roma entgegen, es sei denn, sie alle erhielten eine Art „Europäischen Passierschein“. Die Armutsmigration des eigenen Volkes bedeutet für viele Roma ein zusätzliches Problem. Dies berichten besonders die Roma in Polen, das von den rumänischen Roma als Durchgangsland nach Deutschland betrachtet, von Deutschland aber als Abschiebestaat benutzt wird.

> „As a consequence, Polish Roma organisations officially welcome their ‘brothers’, while in private they accuse them of having destroyed their image in Polish society - an image which used to be, and still is, one of the least negative and most prejudice-free in all of Central Europe.“[6]

Dennoch ist die soziale und rechtliche Lage der Roma in den Ostseeländern nicht einheitlich schlecht. Finnland hat mit seiner Integrationspolitik eine Vorbildfunktion übernommen. Die finnische Verfassung gewährt den Roma kulturelle Autonomie. Romakinder können in ihrer Muttersprache unterrichtet werden. Finnische Gesetze verlangen „affirmative action“, um die Roma in Wohnungsfragen, Aus-

---

[6] Angele Postolle: Who Are the Romanian Roma Living in Poland? Notes from a Fact-finding Mission to Poland, 22 February - 4 March 1997, in: OSCE CPRSI Newsletter, Vol. 3, No. 3, pp. 3-6, hier p. 3.

bildung und Qualifikation für den Arbeitsmarkt zu fördern. Deutschland hat mit der Unterzeichnung des Rahmenabkommens zum Schutz der Minderheiten die etwa 70.000 Roma und Sinti als Volksgruppe anerkannt und in den Anwendungsbereich des Abkommens einbezogen. Heute gelingt es ihren Repräsentanten zunehmend, die Öffentlichkeit über ihre Sprache, Kultur, Identität und Lebensstile zu informieren. Nachdem in Polen die Zuständigkeit für Minderheitenfragen vom Innenministerium auf das Kultusministerium verlagert wurde, hat auch dort ein Dialog mit Romagruppen begonnen, obwohl die etwa 20.000 polnischen Roma nicht als nationale Minderheit anerkannt werden.

Auch die Aufmerksamkeit für die Roma innerhalb der OSZE hat zu Verbesserungen ihrer Situation geführt. Vor allem das Büro für Demokratische Institutionen und Menschenrechte (ODIHR) in Warschau ermöglicht heute einen vergleichsweise unkonventionellen Diskurs zwischen Vertretern der Staaten und Nichtregierungsorganisationen (NROs). Es eröffnet den Romarepräsentanten erstmals eine Artikulationsmöglichkeit auf internationaler Ebene. Das ODIHR fungiert als „Contact Point for Roma and Sinti Issues" und unterstützt die Etablierung transnationaler NROs, die sich um die Belange der Roma kümmern. Das *European Roma Rights Center* (ERRC) fördert Roma darin, selbst ihre Rechte zu vertreten. Es gewährt ihnen nicht nur Rechtshilfe, sondern auch Stipendien für ein Jurastudium sowie eine Ausbildung in Menschenrechtsarbeit.

Soziale Minderheiten

Auch sozial schwache Gruppen werden unter den Bedingungen von Dominanzkultur in eine Minderheitenposition abgedrängt. Die Lebenschancen von Frauen, Kindern, alten und behinderten Menschen hängen davon ab, inwieweit die Gesellschaft die besonderen Lebensumstände dieser Gruppen berücksichtigt, ihre Identitätsbedingungen achtet und ihre Artikulationschancen fördert. In allen Ostseestaaten erodiert - wenngleich in ungleichem Masse - das Modell wohlfahrtsstaatlicher Fürsorge. Es diente bislang als Basismechanismus zur sozialen Integration schwacher Gruppen und zwang die Regierungen dazu, der Lage der sozialen Minderheiten zumindest Aufmerksamkeit zu schenken.

Die nordischen Länder zeichnen sich weiterhin durch eine hohe Fürsorge für alle genannten Gruppen und vergleichsweise hohe Gewährleistung von Partizipationschancen von Frauen an innen- wie aussenpolitischen Entscheidungen aus. Dagegen hat sich die Lage der genannten sozialen Minderheiten in den Transformationsstaaten deutlich verschlechtert. Während sie in Deutschland zu den Vereinigungsverlierern gehören, machen Renationalisierung der Politik und Marktorientierung die sozialen Minderheiten zu Transformationsverlierern. Sie sind auf karitative Hilfsprojekte angewiesen. Dafür finden sie zunehmend die Aufmerksamkeit internationaler Organisationen. UNICEF und UNDP bemühen sich darum, die sozialen Probleme zu thematisieren, Sozialdaten zu recherchieren und in die politische Diskussion einzubringen, finanzielle Hilfe zu organisieren und NROs zu fördern, die sich der Interessen der sozial schwachen Gruppen annehmen. Der nordische Einfluss ist am deutlichsten in Litauen zu spüren, wo eine neue Frauenbewegung entstanden ist.

Minderheiten ohne Staatsbürgerschaft

Mit dem Ende der Sowjetunion erschien eine Minderheit auf der internationalen Agenda, die im Staatenrecht bislang nicht vorgesehen war. Mehr als fünfzig Millionen Menschen, die als sowjetische Bürger in eine der Republiken gezogen waren, die nach der Auflösung der Sowjetunion unabhängig wurden, fanden sich unversehens in einen rechtlich ungeklärten politischen Status versetzt. Zwar kamen Russland und die neuen Staaten bilateral überein, ihnen bis zum Jahr 2001 die Möglichkeit einzuräumen, entweder für die russische Staatsbürgerschaft oder die des jeweiligen Aufenthaltslandes zu optieren. Aber die Gruppe zeigt wenig Neigung, sich für die eine oder andere Option zu entscheiden. Das UN-Hochkommissariat für Flüchtlinge (UNHCR), die OSZE und die *International Organisation for Migration* (IOM) haben im Mai 1996 ein Aktionsprogramm verabschiedet. Es basiert auf den Prinzipien von Freizügigkeit, dem Recht einer Person, am Wohnort zu wählen und dem Recht auf Staatsbürgerschaft in einem Nachfolgestaat der Sowjetunion; das Programm soll zur Integration der russischsprachigen Minderheiten beitragen und einer destruktiven Konfliktentwicklung vorbeugen. Alle Ostseeanrainerstaaten sind an diesem Programm beteiligt.

Die Probleme in den baltischen Staaten liegen anders, da diese sich nicht als ehemalige Sowjetrepubliken verstehen. Anders als Litauen verweigern Estland und Lettland der neuen Minderheit das vereinbarte Recht auf die estnische und lettische Staatsangehörigkeit. Statt dessen haben sie die Betroffenen zu „Nichtstaatsbürgern mit Sonderstatus" erklärt. Die Pässe, die seit 1997 ausgegeben werden, kennzeichnen sie als „Bürger der ehemaligen Sowjetunion" und vermerken ausdrücklich, dass der Inhaber weder die Staatsbürgerschaft des Herkunftslandes besitzt noch als Staatenloser anerkannt ist. Die Angehörigen dieser Gruppe sehen sich politisch entmündigt und zahlreichen sozialen, ökonomischen, kulturellen und psychologischen Benachteiligungen ausgesetzt, weil viele positive und einklagbare Rechte des Individuums gegenüber dem Staat, auch die Minderheitenrechte, an die Staatsbürgerschaft gebunden sind. Betroffen sind etwa eine Million Menschen, und zwar auch solche, die erst im unabhängig gewordenen Estland und Lettland geboren wurden.

Diese Diskriminierung hat innenpolitische Konflikte sowie aussenpolitische Spannungen mit Russland ausgelöst, die zu einem dichten Netz von Massnahmen der präventiven Diplomatie geführt haben.[7] Mit Hilfe internationaler Organisationen - vor allem UNO, Europarat, OSZE und einige NROs - gelang es, die Konflikte unterhalb der Gewaltschwelle zu halten und die Norm zu etablieren, dass die Nichtstaatsbürger langfristig in die estnische und lettische Gesellschaft integriert werden müssen. Es wurden auch Einbürgerungsverfahren durchgesetzt, die allerdings eine diskriminierende Sprach- und Geschichtsprüfung beinhalten. Gleichzeitig wurden für die Nichtstaatsbürger viele politische und soziale Verbesserungen ausgehandelt, die beispielsweise das Aufenthaltsrecht, den Zugang zu Sozialleistungen, Berufsverbote und - in Estland - das kommunale Wahlrecht betreffen.

Das bedeutet aber nicht das Ende aller Diskriminierungen, und eine Lösung der verbleibenden Probleme ist nicht absehbar. Die nationalen Parlamente blockieren jeden Anlauf, die politische Erstarrung zu überwinden. So sind die Anforderungen für die Einbürgerung, die Ausgabe von Sonderpässen sowie die Sprachgesetze weiterhin umstritten. Und in Estland und Lettland machen die Nichtstaatsbürger nur wenig Gebrauch von den inzwischen erreichten Möglichkeiten zur Einbürgerung.

Ausländische Minderheiten

Politische Entmündigung und daraus resultierende soziale Diskriminierung grosser Bevölkerungsgruppen sind nicht nur osteuropäische Probleme. Während die Situation derjenigen Ausländer, die Staatsbürger eines EU-Landes sind, sich mit jedem weiteren Schritt der westeuropäischen Integration verbessert, ist die Lage der sogenannten Arbeitsmigranten aus Nicht-EU-Staaten weiterhin unbefriedigend. Sie sind mit hohen Assimilationserwartungen konfrontiert, und die Notwendigkeit, sie in das soziale und politische Leben des Aufenthaltslandes voll zu integrieren, wurde bislang wenig verstanden. In Deutschland stellen die Ausländer etwa 10% der Bevölkerung. Von ihnen lebt die Hälfte seit mindestens zehn Jahren, 30% schon seit mindestens zwanzig Jahren in Deutschland. Dennoch ignoriert Deutschland, dass es ein Einwanderungsland ist. Die Regierung kann sich dabei auf ein Meinungsklima stützen, in dem es keine Mehrheit für den uneingeschränkten Zuzug von EU-Bürgern gibt, die heute etwa ein Viertel aller Ausländer stellen. Tausende von Menschen türkischer Herkunft, die Steuern zahlen, zum Bruttosozialprodukt wie zum System der sozialen Sicherheit beitragen, leben in einem politisch unmündigen Status.

---

[7] Hanne-Margret Birckenbach: Preventive Diplomacy through Fact-Finding; How International Organisations Review the Conflict over Citizenship in Estonia and Latvia, Kiel Peace Research Series, Vol. 6, Münster/Hamburg/London 1997.

Immerhin hat die breite Diskussion über die Situation der Migranten zu erhöhten Einbürgerungschancen geführt. In Deutschland beispielsweise könnten etwa 60% aller Ausländer ihre Einbürgerung beantragen.[8] Aber solche Möglichkeiten werden - ähnlich wie im Fall der Nichtstaatsbürger in den Nachfolgestaaten der Sowjetunion sowie Estland und Lettland - kaum wahrgenommen. Die nordischen Staaten haben deshalb den Zugang zu Informationen über die Gesetze und Verfahren der Einbürgerung erleichtert. Norwegen hat beispielsweise Informationen über Kriterien und Verfahren, die norwegische Staatsbürgerschaft zu erlangen, in Englisch, Französisch, Polnisch, Türkisch, Urdu und Vietnamesisch veröffentlicht. Alle nordischen Länder gewähren - wie übrigens auch Estland - allen Ausländern, die sich langfristig und legal im Land aufhalten, das kommunale Wahlrecht.

Verlierer des europäischen Integrationsprozesses sind diejenigen Menschen, die nach Westeuropa geflohen sind und Asyl suchen. Deutschland hat nicht nur das Asylrecht im eigenen Land juristisch und praktisch eingeschränkt, sondern über die EU-Politik auch andere Staaten motiviert, seinem Beispiel zu folgen. Das ist nicht in allen Fällen gelungen. So wurde eine deutsche Initiative zur Verschärfung der EU-Flüchtlingspolitik von Dänemark und Schweden nicht akzeptiert. Beide Staaten behalten sich vor, auch den Menschen, die in anderen EU-Ländern abgelehnt wurden, den Flüchtlingsstatus zu gewähren.

In allen westeuropäischen Staaten wird darüber geklagt, dass die Bearbeitung von Asylanträgen und die Bereitstellung finanzieller Hilfe für Einwanderer und Flüchtlinge die Staatsfinanzen zu sehr belaste. In Deutschland ist bekannt geworden, dass staatliche Stellen offen zum Gesetzesbruch aufgefordert haben. So hat das Bundesland Niedersachsen von den Kommunen verlangt, die finanzielle Unterstützung für Kriegsflüchtlinge widerrechtlich um 20% zu kürzen; es wurde dabei kalkuliert, dass es billiger sein würde, nur für diejenigen Flüchtlinge, die ihr Recht vor Gericht einfordern, den vollen Betrag sowie die Gerichtskosten zu zahlen, als allen Berechtigten zu geben, was ihnen zusteht. Von internationalen Organisationen wurde ferner die teils gewalttätige Behandlung gerügt, die Ausländer seitens der Polizei bei Festnahmen erfahren. Während man solche Kritik in Deutschland als unberechtigt zurückweist, zeitigt sie in anderen Ländern durchaus Wirkungen. So wurde das schwedische Einwanderungsgesetz dahingehend geändert, dass die Verantwortung für Personen, die nach dem Ausländergesetz festgenommen werden, von der Polizei auf die schwedische Einwanderungsbehörde übergeht. Auch werden Asylbewerber nicht mehr zusammen mit verdächtigen Straftätern inhaftiert.

Auch die Situation der serbischen Deserteure und der Kriegsflüchtlinge aus Bosnien und anderen Gebieten Ex-Jugoslawiens hat sich verschlechtert. Als

---

[8] Reiner Münz/Wolfgang Seifert/Ralf Ulrich: Zuwanderung nach Deutschland; Strukturen, Wirkungen, Perspektiven, Frankfurt a.M. 1997, p. 182.

politisch entmündigte Menschen werden sie in internationalen Verhandlungen wie Chips hin- und hergeschoben. Bosnische Flüchtlinge, denen eine „Duldung" gewährt wurde, verloren um so mehr, je mehr es den westeuropäischen Staaten gelang, das Daytonabkommen, das eine sichere Rückkehr der Flüchtlinge verspricht, aber in diesem Punkt nicht durchgesetzt werden kann, zur Grundlage einer westlichen Rückführungs- und Ausweisungspolitik zu machen. Als doppelzüngig muss die westeuropäische und auch die nordische Politik bezeichnet werden, die Transformationsländer dazu zu bewegen, Flüchtlingen den Schutz der Genfer Flüchtlingskonvention von 1951 zu gewähren. Das Interesse an den Menschenrechten ist dabei sekundär. Das Drängen auf Unterzeichnung der Genfer Konvention soll nicht die Asylbewerber vor Unrecht bewahren, sondern Westeuropa vor Asylbewerbern.[9] Deren Position wäre wahrscheinlich günstiger, wenn die baltischen Staaten ein formelles Asylverfahren abgelehnt hätten, denn dieses wird in der Praxis auf lange Zeit hinter den Standards der nordischen Staaten zurückbleiben.

Staatsbürgerschaft: Kernfrage der Minderheitenpolitik

Obwohl die Ostseestaaten viele positive Entwicklungen in der sozialen und politischen Integration ihrer Minderheiten vorweisen können, sind Konflikte über Minderheitenfragen unter einigen Nachbarstaaten, die Verletzung von internationalen Normen, Ungleichbehandlung von Menschen mit unterschiedlichen Pässen und Gleichgültigkeit gegenüber schwachen Gruppen, die besonderer Fürsorge bedürfen, ernsthafte Probleme für die Zukunft der Ostseeregion. Kein Ostseeanrainer kann beanspruchen, dass seine Minderheitenpolitik mit der gesamten Breite international anerkannter Normen übereinstimmt. Das gilt trotz ihres guten Rufes auch für die nordischen Staaten.[10] Die Chancen derjenigen Minderheiten, deren Angehörige die Staatsbürgerschaft ihres Aufenthaltslandes besitzen, für ihre Anliegen Gehör zu finden, sind allerdings gewachsen. Von dieser positiven Entwicklung sind vor allem die Leidtragenden der Auflösung der Sowjetunion, der nationalisierten Neugründung der baltischen Staaten und der Abschottung Westeuropas weitgehend ausgeschlossen. Zu diesen gehören die Setukesen, die Nichtstaatsbürger in Estland und Lettland, aber auch westeuropäische Immigranten, vor allem, wenn sie ohne Hab und Gut geflüchtet sind und Asyl suchen. Alle Ostseestaaten diskriminieren Minderheiten entlang des Kriteriums, ob sie Staatsbürger ihres Aufenthaltslandes sind oder nicht. Im ersten Fall lässt sich ein Trend

[9] Beat Leuthardt: Europas neuer Pförtner; Litauen im Schatten des deutschen Asylrechts, hrsg. vom Förderverein Pro Asyl, Karlsruhe 1997.

[10] Lauri Hannikainen: Legal Status of Minorities, Indigenous Peoples and Immigrants and Refugee Groups in the Nordic Countries, in: Minorities and Conflicts, Mariehamn 1996, pp. 57-74.

zur sozialen und politischen Integration beobachten, im zweiten Fall prägen politische Entmündigung und Entfremdung das Leben eines wachsenden Teils der Einwohnerschaft. In Lettland und Estland sind etwa 30% der Bevölkerung, in Deutschland 10% der Bevölkerung vom allgemeinen Wahlrecht ausgeschlossen. So ist nach der Lösung vieler anderer Minderheitenprobleme die Staatsbürgerschaft als Kriterium der sozialen und politischen Zugehörigkeit zum Hauptproblem der Minderheitenpolitik in der Ostseeregion geworden.

Vertreter der traditionellen, am Konzept des Nationalstaates orientierten Minderheitenpolitik berufen sich auf das aktuelle Völkerrecht. Das positive internationale Recht knüpft die Anerkennung einer sozialen Gruppe als Minderheit mit eigenen Rechten daran, dass die Mitglieder dieser Gruppe Staatsbürger des Landes sind, in dem sie leben.[11] In der Praxis der Osteuropapolitik weiss man heute allerdings, dass diese Einschränkung dysfunktional geworden ist. Der OSZE-Hochkommissar für Nationale Minderheiten Max van der Stoel hätte beispielsweise seine Aufgaben im Bereich der präventiven Diplomatie in Estland und Lettland gar nicht wahrnehmen können, wenn er der Sichtweise Estlands, Lettlands und des internationalen Rechts folgend die Nichtstaatsbürger nicht als Minderheit eingestuft hätte. Er hat daher unter Berufung auf das Kopenhagener Dokument von 1990 eine für seinen Aufgabenbereich ebenso funktionale wie eigenwillige Minderheitendefinition entwickelt:

> „... the existence of a minority is a question of fact and not of definition ... I would dare to say that I know a minority when I see one. First of all, a minority is a group with linguistic, ethnic or cultural characteristics which distinguishes it from the majority. Secondly, a minority is a group which usually not only seeks to maintain its identity but also tries to give stronger expression to that identity."[12]

Zwar ist van der Stoel mit dieser Herangehensweise bei den baltischen Staaten zunächst auf Protest gestossen, dennoch wird sie international, wenn auch eben informell, akzeptiert, weil sie Möglichkeiten bietet, überhaupt im Sinne der internationalen Konfliktprävention Einfluss zu nehmen.

Was steht einem Umdenken hinsichtlich der Bindung der Minderheitenpolitik an das Kriterium Staatsbürgerschaft im Wege? Traditionell obliegt es allein dem Staat festzulegen, wer ein „Eigener" und wer ein „Fremder" ist und was beide jeweils beanspruchen dürfen. Aber die staatliche Verfügungsgewalt über die Verteilung von Existenz- und Entfaltungschancen seiner Bürger wird

[11] Hans-Joachim Heintze: Selbstbestimmungsrecht und Minderheitenrechte im Völkerrecht; Herausforderungen an den globalen und regionalen Menschenrechtsschutz, Baden-Baden 1994, p. 126.

[12] OSCE High Commissioner on National Minorities: The Role of the High Commissioner on National Minorities in OSCE Conflict Prevention, The Hague, 30 June 1995.

durch das internationale System der Menschenrechte, durch die Mitgliedschaft in supranationalen Organisationen, durch bilaterale und multilaterale Verträge und Vereinbarungen kontinuierlich eingeschränkt. Trotz aller Diskriminierungen erwerben auch Ausländer in zunehmendem Mass Rechte, die ursprünglich nur dem Staatsbürger zugestanden wurden, beispielsweise das Recht, in ein Land einzureisen, dort zu wohnen, zu arbeiten, Sozialleistungen zu erhalten, zu bleiben, sich der eigenen Sprache zu bedienen und andere kulturelle Ausdrucksweisen zu pflegen. Diese Einschränkung staatlicher Verfügungsgewalt ist aber begrenzt, denn die Definitionsgewalt darüber, wer Staatsbürger eines Landes ist, ist eine von supranationalen und internationalen Regelungen nahezu unberührte Bastion nationalen Souveränitätsdenkens.

Politisch bleibt Staatsbürgerschaftspolitik ein Instrument, mit dem nationale Zugehörigkeit festgestellt wird, also politisch-kulturell normiert wird, was es bedeuten soll, ein Schwede, ein Däne, ein Lette oder ein Deutscher zu sein. Schwedisch zu sein verlangt nicht, schwedische Vorfahren nachzuweisen, sondern Assimilationsbereitschaft; dänisch zu sein verlangt, die dänische Sprache in allen Feinheiten zu meistern; lettisch zu sein, aus einer Familie zu stammen, die vor der sowjetischer Herrschaft im Land ansässig war; und deutsch zu sein, die Abstammung von Deutschen. Staatsbürgerschaftspolitik ist somit auch Identitätspolitik und nicht allein materielle Interessenpolitik. Die Abstammungspolitik Deutschlands belastet die Staatskasse ebenso wie die Assimilationspolitik Schwedens. In beiden Fällen ist die Staatsbürgerschaftspolitik Ausdruck von Abgrenzungsbedürfnissen. Sie dient zur symbolischen Stärkung der durch die Internationalisierung der Politik unter Druck geratenen staatlichen Souveränität. Der Preis eines solchen Ausschlussverfahrens ist die Entfremdung der Einwohner vom politischen System. Dabei ist es eine offene Frage, wer und was darunter am meisten leidet, wenn man bedenkt, dass die politische Partizipation ein Mechanismus ist, der es Individuen und sozialen Gruppe erlaubt, sich für die Entwicklung der eigenen und anderer Gruppen verantwortlich zu fühlen.

Die Bedeutung und Wertschätzung nationaler Zugehörigkeit wird langfristig davon abhängen, wie sich der Nationalstaat entwickelt. Je deutlicher Staatsfunktionen von supranationalen und subnationalen Institutionen übernommen werden, um so mehr wird sich das Verständnis von Zugehörigkeit internationalisieren und regionalisieren:

> „In the post-national Europe of the future, the decisive instances of belonging, the decisive sites of citizenship, might be Europe as a whole on the one hand and individual regions and municipalities on the other.“[13]

[13] Roger Brubaker: Citizenship and Nationhood in France and Germany, Harvard University Press, 1992, p. 187.

Wie die Staaten versuchen, diese Entwicklung zu beeinflussen, ob versucht wird, sie aufzuhalten oder sie zu gestalten, und welche Konsequenzen dies hat, ist keinesfalls ausgemacht.

Die Ostseeregion, wie Europa insgesamt, ist davon geprägt, dass die Entnationalisierung der Politik von Renationalisierungsprozessen begleitet wird. Nicht nur, dass die Sowjetunion in Nationalstaaten zerfällt und die drei baltischen Kleinstaaten eine nationalistische Politik als ihre Überlebensbedingung betrachten. Auch in den westeuropäischen Ostseestaaten ist nationale Identität erneut zu einem politischen Thema geworden. Und je mehr sich die internationale Verflechtung in Europa verdichtet, um so mehr versuchen westeuropäische Staaten ihre Minderheitenpolitik vor der Dynamik einer internationalen Minderheitenpolitik zu schützen.

Die westeuropäischen Reaktionen auf die Staatsbürgerschaftskonflikte in Estland und Lettland sind Beispiele für die negativen Auswirkungen einer solchen Abwehrhaltung. Beide Staaten benutzen die Behandlung von Einwanderern in Westeuropa (insbesondere in Deutschland), um den diskriminierenden Status der Nichtstaatsbürger in ihren Ländern zu rechtfertigen. Richtig daran ist, dass die Gesetze in Estland und Lettland für Nichtstaatsbürger eine bessere Behandlung vorsehen, als sie viele Immigranten in Deutschland erfahren. Selbst die *Fact-Finding*-Berichte des Europarates mussten diese lettische und estnische Sicht bestätigen.

Ein anderes Beispiel ist die EU-Politik gegenüber Estland und Lettland. Um die EU selbst nicht mit Auseinandersetzungen um die Minderheiten- und Staatsbürgerschaftspolitik zu belasten, hat die EU lange gezögert, sich mit der Stellung der estnischen und lettischen Nichtstaatsbürger zu befassen und diese Frage schliesslich an die OSZE delegiert. Gleichzeitig bestätigt sie die Diskriminierung der Nichtstaatsbürger, wenn diese beispielsweise von EU-Stipendien ausgeschlossen werden. Die EU stützt auch die diskriminierende Sprachpolitik, die darauf abzielt, den de facto zweisprachigen Ländern mit Russisch als allgemeiner Verkehrssprache Einsprachigkeit zu verordnen. Obwohl nur ein Teil der Einwohner estnisch bzw. lettisch spricht, wurden diese Sprachen zur alleinigen Nationalsprache erklärt. Die EU unterstützt diese Umformung durch die finanzielle Förderung des Sprachunterrichts, wobei ganz offensichtlich ist, dass eine solche Assimilationsstrategie die innenpolitische Stabilität beider Länder eher schwächt als fördert.

Ähnlich wurden Estland und Lettland in ihrer Diskriminierungspolitik bestätigt, als sie mit den nordischen Staaten 1997 ein Abkommen über visafreien Reiseverkehr aushandelten, das sich nur auf Staatsbürger bezieht. Immerhin korrigierte Dänemark die Vereinbarung noch im gleichen Jahr und dehnte die Gewährung von Visafreiheit auf die estnischen und lettischen Nichtstaatsbürger aus. Dies ist das Verdienst eines vom Ostseerat neu geschaffenen regionalen Amtes mit der umständlichen Bezeichnung *CBSS-Commissioner on Democratic*

Institutions and Human Rights including the Rights of Persons belonging to Minorities. Dieses Amt, das seit 1994 vom ehemaligen dänischen Aussenminister Ole Espersen wahrgenommen wird, ist ein Beispiel für die gemeinschaftsbildenden Potentiale internationaler Minderheitenkonflikte. Es verdankt seine Entstehung dem kreativen Umgang mit dem für die Entwicklung der Region sicherheitspolitisch wichtigsten Minderheitenkonflikt und geht auf einen russischen Vorschlag im Ostseerat zurück. Russland wollte über das Amt eines Menschenrechtskommissars die Interessen der russischsprachigen Minderheiten in den baltischen Staaten auf die Tagesordnung des Ostseerates bringen. Es wurde ein Mandat erarbeitet, das auch für die baltischen Staaten akzeptabel ist, weil es sich auf einen verbesserten Schutz der Menschenrechte und die Weiterentwicklung der Standards in *allen* Mitgliedstaaten bezieht.

Diese Lösung hat unter anderem dazu geführt, dass in diesem Amt und von ihm ausgehend ein Bewusstsein dafür entsteht, wie essentiell die soziale und politische Integration der Migrationsminderheiten unabhängig von ihrer nationalen Zugehörigkeit in der Ostseeregion geworden ist, und wie sehr sich die Entwicklungen in den Staaten der Ostseeregion gegenseitig negativ oder positiv beeinflussen können. Diese Erkenntnis bleibt nicht ohne Wirkung auf die Politik der Ostseestaaten. Die vom Ostseerats-Kommissar herausgegebene Vierteljahreszeitschrift *Mare Balticum* informiert vergleichsweise offen über eine in vielen Detailfragen eindrucksvolle Erfolgsbilanz. In Dänemark scheiterte beispielsweise ein Gesetzesvorhaben, das die Berechtigung ein Taxi zu fahren, von der Staatsbürgerschaft abhängig machen würde, unter anderem am Argument von Ole Esperson, dass eine solche Politik genau der estnischen und lettischen entspräche, die international kritisiert wird. Das Gesetz wurde zurückgezogen und das Innenministerium hat zugesagt, auch andere Gesetzesparagraphen zu streichen, in denen Ausländer durch unnötige Auflagen diskriminiert werden. Zweifelsohne wird ein solcher Schritt auch den Initiativen Espersens in Estland und Lettland mehr Glaubwürdigkeit verleihen.

Neben den diplomatischen Erfolgen besteht eine wesentliche Leistung des Amtes darin, die unübersichtliche Entwicklung der Menschenrechtsnormen transparenter und einer politischen Diskussion überhaupt erst zugänglich zu machen. Dies wird durch seine auf Problemanalysen gestützten Vorschläge zur Weiterentwicklung und Implementierung der Normen gefördert. Unter den vielen Vorschlägen Espersens verdienen diejenigen zur sozialen und politischen Integration von Einwohnern ohne Staatsbürgerschaft des Aufenthaltslandes besondere Beachtung. Auf der Basis einer Erörterung von Empfehlungen verschiedener internationaler Organisationen einerseits sowie von schwedischen Erfahrungen mit dem kommunalen Wahlrecht für Ausländer andererseits hat Espersen darauf hingewiesen, dass die Beschränkung der meisten Grundrechte auf Staatsbürger in den Verfassungen der Ostseestaaten historisch zwar verständlich, aber nicht in der aktuellen gesellschaftlichen Entwicklung begründet sei. Dies habe die Mehrheit des Schwedischen Wahlrechtskomitees veranlasst, darüber nachzudenken, ob auch bei den Parlamentswahlen der Wohnort und nicht die Staatsbürgerschaft zum Teilnahmekriterium gemacht werden solle. Seine abwägende Stellungnahme zu diesem Vorschlag lautet:

> „I find it of decisive importance that non-citizens residing legally in a country are integrated in the society in as many ways as possible, i.e. by having the opportunity to participate in political life ... I doubt whether any CBSS Member State is currently ready for a reform which grants non-citizens voting rights in parliamentary elections. I therefore recommend that all members of the CBSS undertake to grant non-citizens the right to vote and to stand for public office in local authority elections ... At the same time it should be considered whether there is at least a basis for an agreement between the members of the CBSS on equal treatment of CBSS-citizens. It may seem difficult to understand, why for instance a Dane may vote in Sweden but not in Poland, and why a Norwegian cannot vote in Germany, while a Finn has this right ... I further recommend that the European Convention on the Participation of Foreigners in Public Life at Local Level is ratified by all CBSS Member States, which have not yet done so.“[14]

Wie die oben erwähnte Liberalisierung des visafreien Reiseverkehrs für estnische und lettische Staatsbürger nach Dänemark und die Ankündigung der Entdiskriminierung der dänischen Ausländergesetze verweisen auch die zitierten Vorschläge darauf, dass im regionalen Kontext auch in der Frage der Staatsbürgerschaft Problemlösungen gefunden werden können, die im Kontext der gesamteuropäischen Politik noch utopisch erscheinen. Es bestehen auch gute Chancen, dass sich Empfehlungen des Ostseerats-Kommissars auch anderswo bewusstseins- und strukturbildend auswirken, weil entsprechende Absprachen innerhalb der Ostseeregion bewirken können, dass verabschiedete, aber noch nicht gültige internationale Konventionen durch Ratifizierung in den Ostseestaaten in Kraft gesetzt werden. Das betrifft beispielsweise die Europäische Charta der Regional- und Minderheitensprachen (1992), die in Kraft tritt, wenn neben Finnland, Norwegen und Ungarn zwei weitere Länder die Ratifizierungsurkunde hinterlegen. Unter den fünfzehn Erstunterzeichnern der *European Convention on Nationality* (1997) sind mit Dänemark, Finnland, Norwegen und Schweden vier Ostseestaaten. Deutschland kündigte im November 1997 unter Verweis auf die innenpolitische Diskussion an, dieser Konvention vorerst nicht beizutreten. Aber sie benötigt nur drei Ratifizierungen, um in Kraft zu treten. Da diese Konvention dazu beitragen soll, den Erwerb der Staatsbürgerschaft zu erleichtern und die Situation derjenigen zu regeln, die als Folge der Auflösung von Staaten in Gefahr sind, staatenlos

---

[14] Ole Espersen: Rights of Non-citizens Residing Legally in the Member States of the CBSS, Survey Part 1: Voting Rights and the Right to Stand for Public Office, February 1996, pp. 7-9.

zu werden, würde ein solcher Schritt der nordischen Staaten einen neuen Schub zur konstruktiven Bearbeitung eines minderheitenpolitischen Kernproblems darstellen.

Schlussfolgernde Thesen

Was die gesamte Ostseeregion vor allem auszeichnet, ist das geringe Ausmass an direkter Gewalt. Es gibt keine zwischenstaatlichen Kriege und keine Bürgerkriege um Minderheitenfragen. Die Minderheiten vertreten ihre Interessen auf nichtmilitante, zivile Weise. Die Staaten halten sich im Umgang mit den Minderheiten in der Regel an die Gesetze. Zweifelsohne gibt es jenseits der direkten Gewalt zahlreiche verfeinerte Unterdrückungs- und Kampfmethoden mit destruktiver Wirkung, die hier nicht beschönigt werden sollen. Sie sind jedoch nicht das Thema dieses Beitrages. Hier stellt sich vielmehr die Frage, welche gewaltfreien Wege der Konfliktbearbeitung in der Ostseeregion eingeschlagen worden sind, die als konstruktiv oder gar gemeinschaftsbildend bezeichnet werden und auch für andere Regionen empfohlen werden können?

1. Konstruktive Konfliktbearbeitung verlangt nicht die Auflösung aller Spannungen zwischen Mehrheitsstaat und Minderheit. Das geschieht nur dann, wenn die Minderheit aus dem sozialen und politischen Bewusstsein verdrängt wird und schliesslich auch real verschwindet. Wo eine Minderheit als sichtbare Gruppe weiterexistiert, bleiben auch Spannungen. Diese werden allerdings in institutionalisierter Form nach geregelten Verfahren ausgetragen und damit als legitime Streitfragen um Interessen anerkannt. Die aussenpolitische Instrumentalisierbarkeit von Minderheitenfragen wird zugunsten einer Bearbeitung auf innergesellschaftlicher und internationaler Ebene zurückgedrängt. In allen hier behandelten Fällen, in denen eine Verbesserung der Beziehungen zwischen Mehrheit und Minderheit erreicht wurde, ist eine Form gefunden worden, bestehende Interessenunterschiede innergesellschaftlich anzuerkennen, zu institutionalisieren, zu verhandeln und dabei neue Partizipationsformen zu erfinden, die der Minderheit eine Teilnahme an der gesellschaftlichen und politischen Entwicklung ermöglichen. Eine Bedingung dafür ist, dass sich innerhalb des politischen Systems ein Interesse an der jeweiligen Minderheit herausbildet, mit deren Repräsentanten verhandelt werden kann und muss. Dies hängt wiederum davon ab, ob es der Gruppe gelingt, konfliktfähig zu werden.
2. Minderheitenkonflikte resultieren aus konkreten historischen Konstellationen. Ein einheitliches Muster konstruktiver Bearbeitung ist daher wenig wahrscheinlich. Die Erfahrungen in der Ostseeregion zeigen, dass auch die Transformation von aussenpolitischen Konflikten um nationale Minderheiten zu

innenpolitischen Problemen auf unterschiedliche Weise eingeleitet werden kann. Sie kann beispielsweise in einem Land einseitig durch Novellierung von Gesetzen und anderen politischen Mechanismen in Kraft gesetzt werden, wie im Fall der schwedischen Minderheit in Finnland. Sie kann bilateral ausgehandelt werden, wie dies zwischen Dänemark und Deutschland sowie Polen und Deutschland oder durch Nachbarschaftsverträge zwischen den Transformationsstaaten geschehen ist. Oder sie kann wie im Fall der Territorialautonomie für die schwedischsprachige Bevölkerung der Aaland-Inseln und der Kulturautonomie für die Vorkriegsminderheiten in den baltischen Staaten durch internationale Organisationen vermittelt werden. Diese Erfahrungen legen nahe, fallbezogene Lösungen anzustreben. Eine wechselseitige Gleichstellung der nationalen Minderheiten in den jeweiligen Ländern folgt jedoch aus keinem der genannten Modelle. Sie könnte durch einen regionalen Einigungsprozess nach dem vom Menschenrechtskommissar des Ostseerates vorgeschlagenen problemorientierten Muster gefördert werden.

3. Die komplexen Konstellationen und vielfältigen Formen von Minderheitenkonflikten machen es erforderlich, auf Standards zurückzugreifen, die „extern" und weitgehend konfliktunabhängig über die Menschenrechtsmechanismen der internationalen Organisationen erarbeitet wurden und eingefordert werden können. Internationale Standards sind erfahrungsgestützt und können auch in neuartigen Konstellationen als flexible Rahmenvorgabe dienen. Sie erleichtern die innenpolitisch häufig schwierige Durchsetzung von Problemlösungen und ihre Überprüfung. Der gemeinsame Bezug auf allgemeine Minderheitenstandards ermöglicht selbst bei unterschiedlicher Interpretation die Kanalisierung bilateraler Auseinandersetzungen in die Form eines friedlichen Streits.

Internationale Standards verbessern insbesondere die Chancen von indigenen, zerstreuten und ausländischen Minderheiten, auch dann Aufmerksamkeit zu finden, wenn sie keinen mächtigen Staat als Fürsprecher haben. Da das Interesse der Staatenwelt an der Minderheitenpolitik vorrangig stabilitätspolitisch ist, und die genannten Minderheiten in dieser Hinsicht kaum bedrohlich erscheinen, ist das staatliche Interesse an einer Verbesserung ihrer Lage gering. Es kommt eher als Zugeständnis an die internationale Gemeinschaft zum Zwecke der Profilierung denn in Sorge um das Wohlergehen von Minderheiten im eigenen Land zustande. Dieser Mechanismus erklärt möglicherweise auch die häufig bessere Stellung der Minderheiten in kleinen Staaten, die ihre internationale Position durch eine vorbildliche und engagierte Minderheitenpolitik zu verbessern suchen. Die Bereitschaft, internationalen Menschenrechtskonventionen beizutreten, ist in den nordischen und baltischen Staaten vergleichsweise hoch und wird zumindest als ideelle Machtressource betrachtet. Die Übersetzung internationaler Standards in regionale und subregionale Vereinbarungen sowie in die nationale Gesetzgebung erhöht die Wirksamkeit der Standards.

4. Indigene Minderheiten haben dann eine Chance, ihre Interessen zu wahren, wenn es ihnen gelingt, ihre Artikulationsfähigkeit so zu entwickeln, dass die Existenz eines Konfliktes auch ausserhalb der Gruppe wahrgenommen wird. Lebt eine indigene Minderheit in einer eher abgelegenen Region, ist sie klein und sozial schwach, hat sie ohne „fürsorgende" Unterstützung von transnational agierenden NROs kaum eine Chance. Sie verschwindet als politische Minderheit, wie es mit den finno-ugrischen Ingria (weniger als 100 Personen), den Woten (weniger als 20) und den Wepsen im Nordosten Russlands oder den Lemken, Kaschuben, Masuren und Karäern in Polen geschieht, deren Existenz nur noch in Mythos und Literatur erkennbar ist.
5. Ob eine internationalisierte Lösung gefunden werden muss, hängt von Umfang und Verbreitung der Minderheit sowie von der Reichweite der Problemlagen ab. Einzelstaatliche Problemlösungen sind daran gebunden, dass die Minderheit nicht sehr gross ist. Das gilt beispielsweise für die Kwänen in Norwegen und die grönländischen Inuit in Dänemark. Die Mittel, die zu ihrer Existenzsicherung und Entfaltung benötigt werden, sind gering. Ihr Einsatz hätte wenig Auswirkungen auf Anspruchshaltungen anderer Gruppen und die Selbstdefinition der Gesellschaft, die von einer Förderung dieser Minderheiten kaum etwas merken würde. Für Staaten wie Norwegen und Dänemark wäre in beiden Fällen nicht viel mehr notwendig als eine Geste.

   Die Probleme der Setukesen dagegen können nicht ohne eine bilaterale Vereinbarung zwischen Russland und Estland ähnlich dem Berliner Passierscheinabkommen oder dem „Kleinen Grenzverkehr" gelöst werden. Weiche Grenzregime, wie sie im Fall der Saamen bestehen, erleichtern die Lage derjenigen Minderheiten, deren Siedlungs- und Wanderungsgebiete von nationalen Grenzen getrennt werden. Die Romakonflikte können durch einzelstaatliche Förderung (wie sie in Finnland eingeleitet wurde) entspannt werden, verlangen aber ein staatenübergreifendes Konzept. Im Falle der zerstreuten Minderheiten, die einem sozialen, politischen oder soziokulturell bedingten Wanderungsdruck unterliegen, ist eine konstruktive Wirkung erleichterter Grenzüberschreitungen am ehesten dann zu erwarten, wenn sie (wie es im Fall der Roma neuerdings teilweise versucht wird) mit entwicklungspolitischen Zielen nach dem Muster des „empowerment" verbunden wird. Konstruktive Minderheitenpolitik ist insofern auch grenzüberschreitende, regionale Entwicklungsarbeit und Sozialpolitik.

Die Frage der Staatsbürgerschaft ist nicht nur in der Ostseeregion ein essentielles Problem für die soziale und politische Integration von Minderheiten. Für die Integration der Nichtstaatsbürger und Ausländer gelten alle bereits genannten Formen konstruktiver Konfliktbearbeitung: Anerkennung von Interessenunterschieden, fallbezogene Lösungen, externe Standards, fürsorgende Unterstützung und unterschiedliche Internationalisierungsgrade. Jedoch sind zusätzliche Aspekte zu beachten.

6. Mehr als andere Konflikte sind sie eine innenpolitische Angelegenheit des jeweiligen Staates. Er kann die Angehörigen einer Minderheit einbürgern. Nach internationalem Recht darf er dies jedoch nicht ohne bzw. gegen ihren Willen. Die Integrationsmechanismen verlangen im Gegensatz zu den Ausschlussmechanismen ein persönliches Einverständnis. Eine Integrationspolitik via Einbürgerung setzt folglich voraus, dass die Angehörigen für einen solchen Integrationsprozess gewonnen werden können. Nicht alle Angehörigen einer Migrationsmehrheit entwickeln daran aus eigenem Antrieb ein Interesse. Die Motivation wird um so mehr entstehen, je mehr in der Gesellschaft die Abwehrhaltung gegenüber den Fremden durch Interesse an ihnen zurückgedrängt und eine Art informeller Verhandlungsprozess mit den Migranten beginnt.
7. Die Einschränkung nationaler Verfügungsgewalt über die Entfaltungschancen von Minderheiten, deren Angehörige nicht Staatsbürger ihres Aufenthaltslandes sind, stösst auf die Renationalisierungstendenzen in Politik und Gesellschaft. Konstruktive Minderheitenpolitik muss daher um ihre Basis in der Mehrheitsgesellschaft kämpfen und verhindern, dass die anomischen Potentiale wachsen und in Feindseligkeit eskalieren. Dazu ist es erforderlich, die verschiedenen Gruppen zu motivieren, sich selbst um soziale und politische Integration in der Gesellschaft zu bemühen. Dies kann durch angemessene und verständliche Information über ihre bereits erworbenen Rechte und die bestehenden Chancen zur Einbürgerung geschehen. Die Nichtstaatsbürger in Estland und Lettland müssen motiviert werden, die aus ihrer Diskriminierung entstanden Verletzungen zu überwinden. In Westeuropa geht es darum, Immigranten für die politische Entwicklung des Landes, in dem sie leben, zu interessieren. Insgesamt geht es um die Selbstaufklärung der Bevölkerung hinsichtlich der Möglichkeiten, die europäischen Entwicklungen konstruktiv zu beeinflussen. Das verlangt auch, die Bedeutung politischer Partizipation für die Entwicklung der Minderheiten, der Gesellschaften und der Region zu klären und viele Wege innerhalb des breiten Spektrums von Einbürgerung, doppelter und transnationaler Staatsbürgerschaft sowie Entstaatlichung politischer Partizipation zu öffnen.
8. Immigranten stehen in der Regel vor dem Problem, dass ihre staatlichen Fürsprecher im Ausland - sei es Russland, die Türkei oder Vietnam - eher zweifelhafte Interessen an der Thematisierung ihrer Lage haben. Deshalb muss eine Entwicklung gefördert werden, die es Immigranten ermöglicht, sich von ihren Fürsprechern im Ausland zu befreien, sich auf Repräsentanten zu einigen, ihre Interessen organisiert zu artikulieren, als verhandlungsfähige Gruppe innerhalb des Landes Anerkennung zu finden und innerhalb der Gesellschaft die für einen dialogischen und kreativen Konfliktaustrag erforderlichen ideel-

len und materiellen Ressourcen zu finden. Sofern dies im eigenen Land nicht gelingt, sind sie darauf angewiesen, Ressourcen im Ausland mit Hilfe transnational arbeitender NROs zu finden.

9. Auch in Westeuropa ist der Schutz und die Integration von Immigranten von den internationalen Organisationen abhängig. Gegenüber den westeuropäischen Staaten bleibt die Kritik internationaler Organisationen verhalten, ihr Einfluss schwach und ihre Wirkung auf die Normenbildung beschränkt. Die Intransparenz der internationalen Menschenrechtsentwicklung kann durch Institutionen verringert werden, die ein Mandat haben, an der Fortentwicklung und Anwendung internationaler Normen zu arbeiten. Darin liegt eine wesentliche Leistung des CBSS-Kommissars für Demokratische Institutionen und Menschenrechte. Die Arbeit einer solchen Institution muss auch in Westeuropa den zunächst in Osteuropa erprobten Formen dialogischer Interessenvermittlung folgen und auf machtgestützte Durchsetzungsmechanismen wie Sanktionen aller Art verzichten.
10. Die internationalen Organisationen und die von ihnen entwickelten Normen sind kein Allheilmittel für eine konstruktive Minderheitenpolitik. Fortschritte in internationalen Verhandlungen, bei denen sich nationale Akteure auf internationale Normen berufen, können sich für die betroffenen Minderheiten nachteilig auswirken, wie die Abschiebung der Flüchtlinge aus Ex-Jugoslawien unter Berufung auf internationale Abkommen oder die Instrumentalisierung der Flüchtlingskonvention zur Sicherung des EU-Grenzregimes zeigen. Konstruktive Konfliktbearbeitung mit Hilfe internationaler Organisationen muss sich daher auch mit der zivilgesellschaftlichen Kontrolle der Art und Weise befassen, in der internationale Organisationen und Normen für nationale Interessen gegen die Interessen von Minderheiten instrumentalisiert werden. Auch die Dissensfähigkeit von Staaten innerhalb supranationaler Kooperation kann solche kritischen Akzente setzen und den Minderheitenschutz erhöhen. Viele der positiven Entwicklungen in der Ostseeregion sind auch darauf zurückzuführen, dass die Probleme einer Minderheit zumindest von einem oder zwei Staaten, die eine Vorreiterrolle übernommen haben, bearbeitet und auch gegen die internationale Stimmungslage thematisiert werden.

Ansätze zu einer konstruktiven Minderheitenpolitik in der Ostseeregion sind, wenngleich unterschiedlich entwickelt, im Hinblick auf alle hier behandelten Minderheitengruppen zu erkennen. Diese Entwicklung wird durch die erweiterten Demokratisierungsansprüche und transnationalen Kommunikationsmöglichkeiten gefördert. Sie erhöhen die Chancen von Minderheiten, ihre Anliegen anders als in blinden Gewaltaktionen, Apathie oder sozialem Verfall auszudrücken. Die Sensibilität für Minderheitenkonflikte wurde durch die internationalen Organisationen, vor allem die UNO, die OSZE, den Europarat und seit kurzem durch den CBSS-CODIHR gefördert. Weitere Fortschritte werden davon abhängen, inwieweit aus der zivilen Gesellschaft die Kraft erwächst, diese Ansätze konstruktiver Minderheitenpolitik weiterzuentwickeln.

Weitere Literatur

Human Rights Watch/Helsinki: Germany for Germans - Xenophobia and Racist Violence in Germany, New York 1995.

International Alert: Racism and Xenophobia in Europe - Ways Forward, Report of a Consultative Meeting, 15.3.1993.

LNHRO (Latvian National Human Rights Office): Activity Report for the Second Half of 1996 (1 July-20 December).

Morokvasic, Mirjana /Hedwig *Rudolph*: Grenzen staatlicher Wanderungskontrollen im „neuen Europa", in: Hedwig Rudolph (Hrsg.): Geplanter Wandel, ungeplante Wirkungen, Berlin 1995, pp. 113-131.

Muiznieks, Nils: Making Citizenship Work, in: The Baltic Times, 2, 50, 23, March 13-19, 1997, p. 23.

Myntti, Kristian: Minority Rights, Human Rights, The Baltic University, People of the Baltic, Session 6, Turku 1994.

Nowak, Jürgen: Europas Krisenherde; Nationalitätenkonflikte vom Atlantik bis zum Ural, Ein Handbuch, Reinbeck1994.

ODIHR: Situation of Roma and Sinti in the OSCE Region, Background Material for the Review Conference, October 1, 1996 (REF.RM/35/96/Add.1, 22 October 1996.

Onken, Eva-Clarita: Geschichte als Politikum in Lettland; Die Geschichte der Judenvernichtung und Kollaboration in der lettischen Geschichtswissenschaft und Öffentlichkeit nach 1988, BIAB Berichte, Nr. 14, Berlin 1997.

PER (Project on Ethnic Relations): Countering Anti-Roma Violence in Eastern Europe; The Snagov Conference and Related Efforts, Princeton NJ 1997.

Regional Conference to address the problems of refugees, displaced persons, other forms of involuntary displacement and returnees in the countries of the Commonwealth of Independent States and relevant neighbouring States, Geneva, 30-31 May 1996, Programme of Action, CISCONF/1996/5, 11 June 1996.

Schott, Wolfgang: Die anderen im „Dialog" mit uns; Zur Funktion der ethnischen und nationalen Minderheitenkulturen in Polen nach 1989, in: Osteuropa, 7, 1996, pp. 900-914.

Statistisches Bundesamt (Hrsg.): Datenreport; Zahlen und Fakten über die Bundesrepublik Deutschland, Bonn 1997.

UNICEF: Women and Gender in Countries in Transition; A UNICEF Perspective, Regional Office for Central & Eastern Europe, Commonwealth of Independent States & Baltic States, October 1994.

Union of the Council for Soviet Jews: Report 1995-1997, Washington DC 1997.

Der Transnistrienkonflikt und seine Bearbeitung durch die OSZE

Von Stefan Troebst[1]

Dem Austromarxisten Karl Renner wird das Diktum zugeschrieben, dass Staaten Nationen zerreissen und es daher wenig verwunderlich sei, dass die Nationen ihrerseits versuchten, die Staaten zu zerreissen. Dabei zielte er auf eine vom ostmitteleuropäischen Beispiel abgeleitete und gleichsam idealtypische Verlaufsvariante, die der komplexen Realität postsowjetischer Problemknoten längst nicht mehr gerecht wird. Waren zu Renners Zeiten, also um die Jahrhundertwende, die Begriffe „Staat“ und „Nation“ noch relativ eindeutig zu definieren, so gilt dies am Ende des 20. Jahrhunderts nicht mehr. Gibt es eine weissrussische Nation oder nicht? Ist Belarus' tatsächlich ein Staat, und falls ja, wie lange noch? Sind Baškortostan und Tatarstan autonome Teile der Russländischen Föderation oder ihrer Rechtsform nach Völkerrechtssubjekte? Handelt es sich bei Abchasien, Tschetschenien, Südossetien oder Nagorno-Karabach um Staaten im Wortsinne oder um vorübergehend von Separatisten kontrollierte Territorien? Und schliesslich der Fall Transnistrien: Gibt es eine transnistrische Nation, die auf ihr Selbstbestimmungsrecht pochen kann? Berufen sich die separatistischen Behörden dort zurecht auf staatsrechtliche Vorläufer?[2]

Dass diese Fragen mitnichten theoretischer Natur sind, belegen Ausbruch, Verlauf und derzeitiger Stand des Transnistrienkonfliktes: Die sich seit den ausgehenden achtziger Jahren im Ostteil der ehemaligen moldavischen Sowjetrepublik aufbauende politische Spannung entlud sich 1992 in einem kriegsähnliche Formen annehmenden militärischen Konflikt, der seitdem von Truppen Moskaus

[1] Der Beitrag stützt sich auf Erkenntnisse und Erfahrungen, die der Verfasser als deutsches Mitglied der CSCE/OSCE Mission to Moldova vom September 1994 bis zum Januar 1995 gesammelt hat.

[2] Vgl. zu diesen Fragen exemplarisch Otto Luchterhandt: Das Recht Berg-Karabachs auf staatliche Unabhängigkeit aus völkerrechtlicher Sicht, in: Archiv des Völkerrechts, 31, 1993, pp. 30-81, sowie überblicksartig die beiden Sammelbände Selbstbestimmungsrecht der Völker - Herausforderung der Staatenwelt; Zerfällt die internationale Gemeinschaft in Hunderte von Staaten? Hrsg. von Hans-Joachim Heintze, Bonn 1997, und Grenzen des Selbstbestimmungsrechts; Die Neuordnung Europas und das Selbstbestimmungsrecht der Völker, hrsg. von Erich Reiter, Graz/Wien /Köln 1997.

eingefroren, nicht aber dauerhaft transformiert oder gar gelöst ist.[3] Die internationalen Vermittler Russländische Föderation, KSZE/OSZE und seit 1995 auch die Ukraine haben die Konfliktparteien zwar an den Verhandlungstisch gebracht, doch noch zu keiner einvernehmlichen Lösung bewegen können. Selbst die Gefahr eines neuerlichen Aufflackerns der Kampfhandlungen ist nicht endgültig gebannt. Dies nicht etwa wegen vermuteter „Moskauer Machenschaften", sondern ganz im Gegenteil aufgrund des schrittweisen Abzuges der russländischen Stationierungstruppen und der russländischen Blauhelme. Mit anderen Worten: Durch das Prisma des Transnistrienkonfliktes nehmen sich herkömmliche Urteile über den emanzipatorischen Charakter gegen Moskau gerichteter Nationalbewegungen oder über Ziele und Methoden russischer Hegemonialpolitik im „Nahen Ausland" als wenig erklärungsmächtig aus. Zum einen ist der transnistrische Separatismus keine „Los von Moskau!"-Bewegung, sondern eine prosowjetisch-grossrussisch orientierte Kraft. Und was wären zum anderen die Weiterungen des Krieges am Dnestr gewesen, hätte die russländische Stationierungsarmee die Konfliktparteien nicht mit militärischer Gewalt getrennt, würden nicht russländische Blauhelme zusammen mit Truppen der Kriegsgegner trilaterales Peacekeeping betreiben? Der unter westlichen Beobachtern gängige Vorwurf, Moskau schüre den transnistrischen Separatismus, um Moldova und die Ukraine effektiver unter Druck setzen zu können, erscheint als zu pauschal und undifferenziert; überdies ist er bislang nicht durch Untersuchungen zur Transnistrienpolitik zentraler russländischer Politikakteure erhärtet worden.

Das Beispiel Transnistrien lässt auch wesentlich fester zementierte Ansichten ins Wanken geraten – so wie die KSZE-Maxime der Unverletzlichkeit internationaler Grenzen. Denn die Ostgrenze der Republik Moldova, bis 1991 eine innersowjetische Verwaltungsgrenze, ist eine von einem Diktator aus machtpolitischem Kalkül gezogene Linie; sie zerschneidet nicht nur historische Landschaften und schafft unhistorische Einheiten, sondern stellt in ihrem südlichen Verlauf zwischen Dnestr und Donau die Wirtschafts- und Verkehrsinfrastruktur der nun durch die moldavisch-ukrainische Staatsgrenze zerschnittenen, von Gagausen und Bulgaren besiedelten Region Bugeac bzw. Südostbessarabien vor

---

[3] Vgl. die grundlegende Darstellung von Airat R. Aklaev: Dynamics of the Moldova-Trans-Dniester Ethnic Conflict (late 1980s to early 1990s), in: Kumar Rupesinghe/Valery A. Tishkov (eds.): Ethnicity and Power in the Contemporary World, Tokyo 1996, pp. 83-115. Vgl. ausserdem Pål Kolstø/Andrei Edemsky (with Natalya Kalashnikova): The Dniester Conflict; Between Irredentism and Separatism, in: Europe-Asia Studies, 45, 1993, pp. 973-1000. - Erika Daley: Human Rights in Moldova; The Turbulent Dniester, New York/Washington DC 1993. - Neil V. Lamont: Territorial Dimensions of Ethnic Conflict; The Moldovan Case, 1991 - March 1993, in: The Journal of Slavic Military Studies, 6, 1993, pp. 576-612. - Viktor Kirillov: The Conflict in the Trans-Dniester Region; History and Current Situation, in: Hans-Georg Ehrhart/Anna Kreikemeyer/Andrei V. Zagorski (eds.): Crisis Management in the CIS; Whither Russia? Baden-Baden 1995, pp. 55-66. - Stuart J. Kaufman: Spiraling to Ethnic War; Elites, Masses, and Moscow in Moldova's Civil War, in: International Security, 21, 2, 1996, pp. 108-138.

gravierende Probleme. Und warum sollen eigentlich zwei in sozialer, wirtschaftlicher, mentaler, kultureller, demographischer, sprachlicher, ethnischer, historischer etc. Hinsicht unterschiedliche Nachbarregionen wie Transnistrien und Zentralbessarabien unbedingt in dieser von Stalin verordneten „Zwangsehe" verharren?

Im folgenden soll der Versuch unternommen werden, neben Ursachen und Verlauf des Transnistrienkonfliktes vor allem dessen Bearbeitung seitens der KSZE/OSZE zu beleuchten. Ziel dabei ist ein doppeltes: Zum einen soll anhand dieses spezifischen Problembündels die für europäische Verhältnisse überaus hohe Komplexität solcher Konflikte in der ehemaligen Sowjetunion demonstriert werden, die von aussenstehenden Beobachtern und Konfliktakteuren gerne als „ethnisch" bezeichnet werden. Zum anderen sei ein Einblick in das Vorgehen desjenigen paneuropäischen Regierungszusammenschlusses gegeben, der sich in ganz besonderem Masse der Bearbeitung dieses Konflikttyps im zerfallenen Jugoslawien und in der implodierten UdSSR angenommen hat.

Kern des Transnistrienkonfliktes ist der Gegensatz zwischen einer unitaristischen Zentrale und einer separatistischen Peripherie.[4] Im Zuge des besagten Erosions- und Implosionsprozesses hat sich die Moldavische Sozialistische Sowjetrepublik (MSSR) zunächst als souverän und dann - unter der Bezeichnung Republik Moldova[5] - als unabhängig erklärt. Die neue moldavische Zentralregierung in der Hauptstadt Chisinau beansprucht seitdem die Kontrolle über das gesamte Territorium der vom Fluss Dnester der Länge nach durchschnittenen früheren Sowjetrepublik. Diesen Anspruch bestreiten die separatistischen Behörden im Ostteil des Landes. Als Reaktion auf die Souveränitätserklärung Chisinaus haben sie eine Transnistrisch-Moldavische Sozialistische Sowjetrepublik (PMSSR) mit Tiraspol' als Hauptort ausgerufen und die Unabhängigkeitserklärung der Zentralregierung mit der Proklamation einer Transnistrisch-Moldavischen Republik (PMR) beantwortet. Ihren gravierendsten Ausdruck haben diese staatsrechtlichen Interpretationsunterschiede in den Jahren 1990-1992 gefunden, als es zu wiederholten bewaffneten Zusammenstössen zwischen den Organen beider Landesteile kam, die zwischen März und Mai 1992 eskalierten und im Juni kriegsähnliche Formen annahmen.

---

[4] Grundlegend dazu Klemens Büscher: Separatismus in Transnistrien; Die „PMR" zwischen Russland und Moldova, in: Osteuropa, 46, 1996, pp. 860-875.

[5] Aus Gründen der Präzision wird auch im folgenden für diesen Staat dessen Eigenbezeichnung „Republik Moldova" verwendet. Die alternativen deutschen Benennungen, der von den Medien präferierte Staatsname „Republik Moldawien" sowie der vom Auswärtigen Amt verwendete Begriff „Republik Moldau", bergen beide Verwechslungsgefahren: Die Bezeichnung „Republik Moldawien" ist vom russischen Namen Moldavija abgeleitet, der wiederum für die ehemalige Sowjetrepublik gleichen Namens verwendet wurde; und bei „Republik Moldau" ist die Gefahr einer Assoziation mit dem durch den Komponisten Bedrich (Friedrich) Smetana in seiner symphonischen Dichtung „Die Moldau" popularisierten deutschen Namen des böhmischen Flusses Vltava gegeben.

Seitdem ist der Konflikt mit russländischer Hilfe eingefroren, indes nicht gelöst. Jenes nicht nur seiner äusseren Form nach ungewöhnliche (300 km lang, zwischen 5 und 40 km breit) staatliche Gebilde namens PMR, das auf 4.163 km^2 bzw. 16% des Territoriums Moldovas 700.000 Einwohner beherbergt und über ein Drittel der Industriekapazität des Landes verfügt, existiert ungeachtet fehlender internationaler Anerkennung und trotz schwerster wirtschaftlicher und monetärer Probleme fort. Ja, der Kurzkrieg am Dnestr von 1992 hat die beiderseits des Flusses herrschenden Feindbilder von „rumänischen Faschisten" und „russischen Stalinisten" gefestigt, somit den Graben zwischen beiden Landesteilen weiter vertieft und den transnistrischen Eigenstaatlichkeitsbestrebungen neue Nahrung gegeben.[6] Um so bemerkenswerter ist es, dass es dennoch mit Hilfe internationaler Vermittler in einem relativ kurzen Zeitraum gelungen ist, beide Konfliktparteien zum Gewaltverzicht sowie zum Nachdenken über die Rückkehr unter ein gemeinsames staatliches Dach zu bewegen. Die tiefgreifenden Meinungsverschiedenheiten darüber, wie ein solches Dach zu konstruieren und konkret zu zimmern sei, sind indes bislang noch nicht überbrückt.

Konfliktursachen: Von der Bessarabischen Frage zur *Perestrojka*

Ein kundiger westlicher Beobachter hat den Transnistrienkonflikt mit der Bezeichnung „neue Bessarabische Frage" belegt[7] und damit an dessen historische Dimension erinnert. Der Landschaftsname Bessarabien[8] meint die westlich des Dnestr gelegene und bis zum Fluss Prut reichende, in sprachlicher, ethnischer, kultureller und anderer Hinsicht primär ostromanisch geprägte Region, die sich

[6] Zu neueren historiographischen Bemühungen um eine Begründung transnistrischer Eigenstaatlichkeit vgl. D.F. Kondratovic: Predystorija Pridnestrovskoj Moldavskoj Respubliki, in: Ezegodnyj istoriceskij almanach Pridnestrov'ja, 1, 1, 1997, pp. 57-59. - A.V. Dirun: Istoriko-pra-vovye osnovy vossozdanija gosudarstvennosti Pridnestrovskoj Moldavskoj Respubliki, ibid., pp. 60-62. - Pravda o Pridnestrov'e, Vestnik Verchovnogo Soveta Pridnestrovskoj Moldavskoj Respubliki mart - ijun' 1992 goda, Tiraspol' 1992, pp. 4-17. - Bessarabskij vopros i obrazovanie Pridnestrovskoj Moldavskoj Respubliki; Sbornik oficial'nych dokumentov, Red. koll. Jakovlev, Vassilij N. et al. Tiraspol' 1993. - Den historischen Teil des Kartenwerks Atlas Pridnestrovskoj Moldavskoj Respubliki, Red. koll. A.A. Karaman et al., Tiraspol' 1996, pp. 28-31. - Das Schulbuch von N.V. Babilunga/B.G. Bomeško: Stranicy rodnoj istorii; Ucebnoe posobie po istorii dlja 5 klassa srednej skoly, Red. V.J. Grossul, Tiraspol' 1997.

[7] Zu dieser Begriffsprägung vgl. Charles King: Moldova and the New Bessarabian Question, in: The World Today, 49, 1993, pp. 135-139.

[8] Diese Bezeichnung beruht eigentlich auf einem historischen Irrtum, geht sie doch auf den Fürsten Basarab I. zurück, dessen mittelalterliches Herrschaftsgebiet sich lediglich auf die Region westlich des Prut - also nicht auf Bessarabien - erstreckte.

deutlich von der angrenzenden, sich vom Dnestr nach Osten bis zum Fluss Bug erstreckenden, der ostslavischen Kultur zuzurechnenden Landschaft Transnistrien unterscheidet. Ebenso wie die „alte“ Bessarabische Frage durch das rivalisierende Bemühen Russlands und Rumäniens um die Kontrolle Bessarabiens gekennzeichnet war, wird auch in der „neuen“ Bessarabischen Frage ein mächtepolitischer Kern vermutet. Danach sollen hinter Chisinau und Tiraspol’ nach wie vor Bukarest und Moskau stehen.

Dieser Vergleich erscheint jedoch simplifizierend und folglich irreführend bezüglich des Umfeldes des moldavisch-transnistrischen Konfliktfalles. Die aussenpolitischen Interessen des Moskaus von heute laufen wesentlich weiter auseinander als diejenigen des Sankt Petersburg der Zarenzeit; das Rumänien von heute ist als aussenpolitischer Bestimmungsfaktor hinter NATO und EU von lediglich nachgeordneter Bedeutung für die Region; und mit dem Entstehen einer neuen Mittelmacht Ukraine hat sich die mächtepolitische Tektonik des vormaligen Bessarabien grundlegend verändert.

Dennoch ist die überaus bewegte neuzeitliche Siedlungs-, Kriegs- und Politikgeschichte der historischen Kulturregion Bessarabien und des östlich angrenzenden Gebietes ein Faktor, der etliche der offenkundigen Unterschiede zwischen der Zentralbessarabien umfassenden Republik Moldova und ihrem separatistischen Landesteil Transnistrien bezüglich wirtschaftlichem Entwicklungstand, Sozialstruktur, ethnischer Zusammensetzung etc. zu erklären hilft. In der frühen Neuzeit, als sich die gesamte Region nördlich des Schwarzen Meeres unter der Herrschaft des osmanischen Sultans bzw. seines Vasallen, des Krim-Khans befand, waren diese Unterschiede noch gering. Erst mit dem als Orientalische Frage bekannten Zerfallsprozess osmanischer Hegemonie in Nordafrika, Vorderasien sowie Ost- und Südosteuropa setzte eine Änderung ein: In den neunziger Jahren des 18. Jahrhunderts stiess das zaristische Russland tief nach Süden vor. Nachdem russische Truppen den Fluss Bug überschritten hatten, wurde 1793 Tiraspol’ in Transnistrien als Vorposten gegen die Hohe Pforte gegründet, und 1812 fiel auch Bessarabien an den Zaren. Von nun an grenzten das Zarenreich und das rumänische Fürstentum der Moldau am Prut direkt aneinander.[9]

Beim Rückzug der Osmanen aus Bessarabien war der Bugeac im Südosten nahezu entvölkert, während der als Bugdan firmierende Westen bei starker ethnischer Gemengelage eine relative Mehrheit von rumänischsprachigen Orthodoxen aufwies. Wie zuvor schon in Transnistrien sorgte eine aktive zaristische Einwanderungspolitik für baldigen Zustrom von christlich-orthodoxen Siedlern aus den bulgarischen Teilen des Osmanischen Reiches sowie von Protestanten aus Süddeutschland. Hinzu kamen Russen, Juden, Armenier und Ukrainer aus ande-

[9] George F. Jewsbury: The Russian Annexation of Bessarabia 1774-1828; A Study of Imperial Expansion, Boulder CO/New York 1976. - Ekkehard Völkl: Bessarabien - Moldova, in: Michael Weithmann (Hrsg.): Der ruhelose Balkan, München 1993, pp. 44-63. - George Cioranescu: Bessarabia; Disputed Land between East and West, München 1985.

ren Teilen des Zarenreiches. „Neurussland“, so die Kollektivbezeichnung für die vormals osmanischen Südprovinzen des Zaren, nahm binnen weniger Jahrzehnte eine völlig neue ethnische Struktur an.[10]

Der Zusammenbruch des Zarenreiches im Ersten Weltkrieg brachte 1918 den Verlust des Gouvernements Bessarabien an das nun stark vergrösserte Königreich Rumänien mit sich, doch erreichte Stalin im Molotov-Ribbentrop-Pakt von 1939 im Folgejahr die „Rückgabe“ Bessarabiens an die Sowjetunion. 1941 wurde die Region jedoch als Ergebnis des NS-deutschen Ostfeldzuges erneut rumänisch, bevor sie 1944 im Zuge des Vordringens der Roten Armee nach Westen ein weiteres Mal unter die Herrschaft Moskaus geriet und bis zum Ende der Sowjetunion im Jahr 1991 unter dieser verblieb. Moskau wie Bukarest nutzten die Perioden ihrer Herrschaft über Bessarabien jeweils zu staatlich forcierter Russifizierung bzw. Rumänisierung in Form von Zwangsassimilation, Ansiedlungs- und Umsiedlungspolitik, Deportation, Vertreibung und Hungergenozid. Der Höhepunkt war die im Zeitraum 1941-1944 unter NS-deutscher und rumänischer Regie betriebene Vernichtung des bessarabischen und transnistrischen Judentums.[11]

In der Zwischenkriegszeit, als ganz Bessarabien zu Rumänien gehörte, erhielt die auf Rückgewinnung dieser Region zielende Politik Moskaus eine neue, aber zunächst noch „theoretische“ Komponente: Die „Entrumänisierung“ der Region sollte nach erfolgter Rückeroberung nicht nur durch Vertreibung und Russifizierung der dort ansässigen Rumänen, sondern vor allem durch staatliches *nation-building* mit dem Ziel ethnonationaler Umpolung der dortigen Bevölkerungsmehrheit betrieben werden. Die ostromanischsprachigen Bauern Bessarabiens sollten zu einer neuen Nation umgebildet werden, deren Bezeichnung an das frühneuzeitliche Fürstentum der Moldau[12] anknüpfte - Moldavier. Analog zur Rolle Piemonts im staatlichen und nationalen Einigungsprozess Italiens wurde am 12. Oktober 1924 ein Nukleus dieser künftigen moldavischen Nation samt Staat in Form einer Moldavischen Autonomen Sozialistischen Sowjetrepublik (MASSR) auf dem jenseitigen Ufer des Dnestr gegründet. Dieser Prototyp Stalin'scher Ethnopolitik litt indes unter zwei schweren Geburtsfehlern: Zum einen

[10] Detlef Brandes: Von den Zaren adoptiert; Die deutschen Kolonisten und Balkansiedler in Neurussland und Bessarabien 1751-1914, München 1993. - Ancupov: Russkoe naselenie Bessarabii i Levobereznogo Pridnestrov'ja v konce XVIII - XIX vv. Moskva 1997. - Der äusserste Südwesten Bessarabiens fiel 1856 an das neu gegründete Königreich Rumänien, musste aber 1876 wieder an Russland abgetreten werden. Vgl. dazu Barbara Jelavich: Russia and the Reacquisition of Southern Bessarabia, 1875-1878, in: Südost-Forschungen, 28, 1969, pp. 199-237.

[11] Michael Bruchis: Nations - Nationalities - People; A Study on the Nationalities Policy of the Communist Party in Soviet Moldavia, Boulder CO 1984. - Nicholas Dima: From Moldavia to Moldova, Boulder CO 1991.

[12] Im Gegensatz zum rumänischen Fürstentum Moldau des 19. Jahrhunderts umfasste das frühneuzeitliche Moldau-Fürstentum nicht nur den Nordosten des heutigen Rumänien, sondern auch ganz Bessarabien. Vgl. die Kartenskizzen bei Matei Cazacu: Moldau - Bessarabien - Transnistrien, in: Der Donauraum, 36, 3-4, 1996, pp. 14-21, hier p. 21.

befand sich die neue Miniatursowjetrepublik *ausserhalb* Bessarabiens, besass eine Art Gaststatus auf dem Territorium der Ukrainischen Sozialistischen Sowjetrepublik. Zum zweiten machte die Titularnation der Moldavier, das heisst der rumänischen Minderheit innerhalb der MASSR, nur ein Drittel der ca. 550.000 Einwohner aus; die überwiegende Mehrheit waren Nichtmoldavier bzw. Nichtrumänen wie Ukrainer (50%), Juden (8,5%), Russen (8,5%), Bulgaren, Deutsche u.a.[13] Die Stadt Balta, die bis 1929 als Hauptstadt der MASSR fungierte, dürfte unter ihren Einwohnern weniger als 10% Angehörige der neuen moldavischen Titularnation gehabt haben.

Im Zuge der zwischen Hitler und Stalin 1939 vereinbarten Eingliederung Bessarabiens in die Sowjetunion wurde die MASSR am 2. August 1940 zur Moldavischen Sozialistischen Sowjetrepublik (MSSR) transformiert und zugleich hierarchisch aufgewertet, wobei sich ihr Territorialbestand gravierend veränderte. Allerdings handelte es sich nicht um einen blossen Anschluss Bessarabiens an den vorhandenen Republiksnukleus. Vielmehr wurde das Territorium der MASSR einschliesslich der Hauptstadt Balta durch Rückgabe an die ukrainische Sowjetrepublik drastisch reduziert, und auch das historische Bessarabien wurde nur zu ca. drei Vierteln der neuen MSSR angegliedert. Als Ausgleich für einen der neuen MSSR zugeschlagenen und ca. ein Drittel des Territoriums der früheren MASSR umfassenden Landstreifen - die heutige PMR - erhielt Kiev die gesamte bessarabische Schwarzmeerküste samt Donauufer einschliesslich dem Hinterland bis zu einer Tiefe von hundert Kilometern sowie das nordbessarabische Gebiet um Chotin. Mit anderen Worten: Die MSSR war insofern ein doppelt „unhistorisches" Gebilde, als es lediglich Teile des historischen Bessarabiens und der ehemaligen MASSR umfasste. Immerhin wurde die Hauptstadtfunktion an die historische Kapitale Chisinau rückübertragen.[14]

Die Gründung der MSSR 1940 ging mit einer forcierten Sowjetisierungspolitik einschliesslich radikaler Entrumänisierung vonstatten. Zum einen flohen 100.000 Rumänen vor der einmarschierenden Roten Armee, zum anderen deportierten die neuen sowjetischen Behörden 25.000 Personen aus politischen Gründen, und weitere 56.000 wurden aus vorgeblich arbeitsmarktpolitischen Motiven zwangsumgesiedelt.[15] Etwa 100.000 Bessarabiendeutsche wurden gemäss dem

---

[13] Klemens Büscher: Die „Staatlichkeit" Transnistriens - ein Unfall der Geschichte? Beitrag für das Projekt „Die 'zweite nationale Wiedergeburt'; Nationalismus, nationale Bewegungen und Nationalstaatsbildung in der spät- und postkommunistischen Gesellschaft", Internationale Konferenz in Mannheim, 25.-28. September 1997, Ms., p. 4. - Rudolf A. Mark: Moldau, in: Hans-Joachim Torke (Hrsg.): Lexikon der Sowjetunion 1917/22 bis 1991, München 1993, pp. 206-207.

[14] Harald Heppner: Hauptstadt in Moldawien - ein Problem? In: Ders (Hrsg.): Hauptstädte in Südosteuropa; Geschichte - Funktion - Nationale Symbolkraft, Wien/Köln/Weimar 1994, pp. 87-107.

[15] Claus Neukirch: Die Republik Moldau; Nations- und Staatsbildung in Osteuropa, Münster 1996, p. 68.

Molotov-Ribbentrop-Pakt in einer NS-deutsch-sowjetischen Gemeinschaftsaktion in den Warthegau im besetzten Polen „transferiert". Ethnische Säuberungen von Nichtrumänen fanden dann während der dreijährigen rumänischen Herrschaft der Kriegsjahre statt: Bulgaren und Gagausen wurden in die Walachei ausgesiedelt, die moldavischen Juden in das unter rumänischer Militärverwaltung stehende Transnistrien deportiert und ermordet.[16] Parallel dazu wurden Rumänen aus Altrumänien in Bessarabien und Transnistrien zwangsangesiedelt. Mit der Rückkehr der Sowjetmacht kam es zu neuerlichen Zwangsaussiedlungen von Moldaviern und anderen Nichtrussen aus der MSSR in andere Sowjetrepubliken.[17]

Mit der forcierten Entrumänisierung Bessarabiens wurde ethnopolitisch *tabula rasa* für die Schaffung der neuen moldavischen Nation gemacht. Ergänzt wurden diese „negativen" Elemente von sowjetisch-moldavischem *nation-building* durch etliche „positive": Eine neue Nationalgeschichte der Moldavier wurde konstruiert und tief in die Vergangenheit zurückprojiziert[18]; kirchenorganisatorisch wurde die MSSR dem Moskauer Patriarchat unterstellt; und die spezifisch sowjetische Variante ökonomisch-gesellschaftlicher Modernisierung wurde mit nationalem Anstrich versehen. Von ganz besonderer Bedeutung war die Fortsetzung der bereits 1924 eingeleiteten Sprachpolitik: Das dem Rumänischen eng verwandte, in Bessarabien und im westlichen Teil Transnistriens gesprochene ostromanische Idiom wurde als neue Sprache namens Moldavisch kodifiziert, wobei nicht das traditionelle lateinische, sondern das kyrillische Alphabet zur Anwendung kam. Zugleich wurden die Besonderheiten der ostrumänischen Dia-

---

[16] Dalia Ofer: The Holocaust in Transnistria; A Special Case of Genocide, in: Lucian Dobroszycki/Jeffrey S. Gurock (eds.): The Holocaust in the Soviet Union; Studies and Sources on the Destruction of the Jews in the Nazi-Occupied Territories of the USSR, 1941-1945, New York/London 1993, pp. 133-154. - Ekkehard Völkl: Transnistrien und Odessa (1941-1944), Regensburg 1996 (= Schriftenreihe des Osteuropainstituts Regensburg-Passau, 14). - Katrin Boeckh: Rumänisierung und Repression; Zur Kirchenpolitik im Raum Odessa/Transnistrien 1941-1944, in: Jahrbücher für Geschichte Osteuropas, 45, 1997, pp. 64-84. - Demetrius Dvoichenko-Markov: Transnistria; A Rumanian Claim in the Ukraine, in: Südost-Forschungen, 16, 1957, pp. 375-388. - Dirk Jachomowski: Die Umsiedlung der Bessarabien-, Bukowina- und Dobrudschadeutschen, München 1984. - Rainer Hofmann: Das Ende der volksdeutschen Siedlungen in „Transnistrien" im Jahre 1944, in: Heinz Boberach/Hans Booms (Hrsg.): Aus der Arbeit des Bundesarchivs; Beiträge zum Archivwesen, Quellenkunde und Zeitgeschichte, Boppard 1977, pp. 447-455. - Bibliographie von Luminita Fassel: Die Bessarabiendeutschen, in: Südostdeutsche Vierteljahresblätter, 3, 1989, pp. 221-228.

[17] Neukirch, Die Republik Moldau (Fn. 15), p. 69. Vgl. dazu auch aus rumänisch-nationalistischer Sicht Elena Siupur: Von Bessarabien zur Republik Moldau - die historischen Wurzeln eines Konflikts, in: Südosteuropa, 42, 1993, pp. 153-162, wo eingehend die „ethnischen Säuberungen" von 1940-1941 und nach 1944 durch Moskau beschrieben, die analogen Massnahmen Bukarests 1918-1940 und 1941-1944 jedoch geflissentlich übersehen werden.

[18] Wim P. van Meurs: The Bessarabian Question in Communist Historiography; Nationalist and Communist Politics and History Writing, Boulder CO 1994.

lekte samt ihren Archaismen im Wortschatz besonders betont.[19]

Parallel zur „Moldavisierung" der MSSR ging ein Prozess der Sowjetisierung samt „Slavisierung" vonstatten: Die Errichtung der Parteiherrschaft sowjetischen Typs - unter Übernahme der gesamten Führungselite der alten MASSR -, die Verlagerung des umfangreichen sowjetischen Grenzsicherungssystems an den Prut, die Stationierung grosser Truppenteile der Roten Armee, vor allem aber die forcierte Industrialisierung einschliesslich der gleichfalls rasch vorangetriebenen Kollektivierung und Mechanisierung der Landwirtschaft bewirkten einen starken Zuzug von Nichtrumänen bzw. Nichtmoldaviern aus anderen Teilen der Sowjetunion. An erster Stelle waren dies Ukrainer und Russen, aber auch Weissrussen sowie Facharbeiter, technische Intelligenz und Offiziere aus den baltischen Republiken, dem Kaukasus und Mittelasien. Dieser neue und überwiegend urbane Bevölkerungsteil konzentrierte sich vor allem in den Städten des Dnestr-Tals.[20] Dieser starke Zuzug hatte vor allem ökonomische Gründe, entwickelte sich dieser östliche Landesteil doch rasch zum Wirtschaftszentrum der Republik. Vor allem Betriebe des militärisch-industriellen Komplexes siedelten sich hier an, weiter solche der Baustoff- und Lebensmittelindustrie sowie der Bahn- und Elektrotechnik. Städte wie Tiraspol', Rybnica, Dubossary und Kamenka auf dem linken Dnestr-Ufer, aber auch Bendery auf dem rechten sowie die MSSR-Hauptstadt Chisinau entwickelten sich zu sowjetisch-russischen industriell-urbanen Zentren par excellence.[21]

88% der 196.000 Bewohner Tiraspol's sind Russen und Ukrainer[22], 70% der 138.000 Bewohner Benderys, und 58% der 700.000 Bewohner Chisinaus

---

[19] Vgl. grundlegend Klaus Heitmann: Rumänisch: Moldauisch, in: Günter Holtus/Michael Metzeltin/Christian Schmitt (Hrsg.): Lexikon der Romanistischen Linguistik, Bd. 3: Die einzelnen romanischen Sprachen und Sprachgebiete von der Renaissance bis zur Gegenwart, Tübingen 1989, pp. 508-521. - Ders.: Das Moldauische - eine eigenständige ostromanische Sprache? In: Südosteuropa-Mitteilungen, 27, 1, 1987, pp. 56-62. - Ders.: Probleme der moldauischen Sprache in der Ära Gorbacev, in: Südosteuropa, 38, 1989, pp. 28-53. - Johannes Kramer: Das Moldauische, in: Balkanarchiv, 5, 1980, pp. 125-155. - Michael Bruchis: One Step Back, Two Steps Forward; On the Language Policy of the Communist Party of the Soviet Union in the National Republics; Moldavian, a Look Back, a Survey, and Perspectives, 1924-1980, Boulder CO/New York 1982.

[20] Vladimir Solonar/Vladimir Bruter: Russians in Moldova, in: Vladimir Shlapentokh/Munir Sendich/Emil Payin: The New Russian Diaspora; Russian Minorities in the Former Soviet Republics, Armonk/London 1994, pp. 72-90, hier p. 76.

[21] Zur Wirtschaftsgeographie der MSSR bzw. der Republik Moldova und der PMR vgl. Frank-Dieter Grimm: Transnistrien - ein postsowjetisches Relikt mit ungewissen Perspektiven, in: Europa Regional, 5, 2, 1997, pp. 23-34. - Atlas Pridnestrovskoj Moldavskoj Respubliki (Fn. 6), pp. 15-21. - Keno Verseck: Die „idyllischen Gärten" sind erstarrt, in: Die Tageszeitung vom 10. Februar 1995, pp. 12-13. - Julie Mostov: Trading Priorities; Transdniestria and the Moldovan Economy, in: ACE; Analysis of Current Events, 9, 7, 1997, pp. 3+11.

[22] Zur ethnodemographischen Entwicklung Tiraspol's in der Sowjetperiode vgl. die Fallstudie von Ronald J. Hill: Soviet Political Elites; The Case of Tiraspol', London 1977.

sind Nichtmoldavier (1989). Selbst eine Grossstadt wie Balti im Nordwesten des Landes, die ein rein moldavisches Umland besitzt, weist eine absolute russisch-ukrainische Bevölkerungsmehrheit auf (64%).[23] Das zahlenmässige Gewicht der 13% Russen in der MSSR (1989) wurde quantitativ verstärkt durch eine 22%-starke und kollektiv als Russischsprachige bezeichnete Bevölkerungsgruppe, die vor allem aus Ukrainern, aber auch aus Gagausen, Bulgaren, Juden, Weissrussen und anderen zusammengesetzt ist. Insgesamt wurde in der letzten sowjetischen Volkszählung von 1989 in der MSSR mehr als ein Drittel - 35,5% - Nichtmoldavier gezählt.[24] In qualitativer Hinsicht stellten Russen und Russischsprachige zu sowjetischen Zeiten die dominierende Gruppe in der Republik dar. Numerisch zwar in der Mehrzahl waren die Moldavier eine politische Minderheit, „Mieter im eigenen Haus“.

Gleich der weissen Oberschicht Südafrikas beherrschte die fast ausschliesslich russischsprachige Elite die Spitzenpositionen in Partei, Wirtschaft, Staat, Gesellschaft, Medien, Bildung, Kultur, Kirche und Militär. Am krassesten spiegelte sich dies auf der Führungsebene der Industrieunternehmen der MSSR wider: Ganze 32,8% der leitenden Positionen waren von Moldaviern besetzt, mehr als zwei Drittel entsprechend von Nichtmoldaviern.[25] Das heisst, Russen und Russischsprachige waren in der MSSR in doppelter Hinsicht in der überlegenen Position: Republiksweit waren sie politisch dominierend, und im Landesteil Transnistrien sogar numerisch. Während zwischen 1989 und 1992 im rechtsufrigen Hauptteil des sich von der MSSR zur Republik Moldova wandelnden Staates ein als „inversion of ethnic group status“ bezeichneter und für Russen und Russischsprachige besonders schmerzhafter ethnopolitischer Prozess stattgefunden hat, ist dieser Prozess auf dem linken Dnestr-Ufer ausgeblieben, wie die Tabelle (p. 357) zur ethnischen Struktur von PMR und MSSR zeigt[26]

Zu dem spezifischen ethnodemographischen Faktor des erdrückenden politischen und grossen zahlenmässigen Gewichts der Nichtmoldavier in der MSSR, der die Schaffung der neuen moldavischen Nation erschwerte, kam ein weiteres sowjettypisches Problem: Wie die anderen sowjetischen *nation-building*-Projekte der Zwischen- und Nachkriegszeit - „Karelier“, „sowjetische Juden“, „Sowjetdeutsche“ etc. - stand auch das moldavische in dem ideologisch-politischen Spannungsfeld, das von Stalin auf die Formel „National in der Form, sozialistisch im Inhalt“ gebracht worden war. Denn die Schaffung einer neuen moldavischen

[23] Valerij Mošnjaga et al.: Konflikt v Moldove; Opyt etnopoliticeskogo analiza, Kišinëv 1992, p. 21.

[24] V. Mošnjaga/V. Rusnak: Nacional'nye men'šinstva v Moldove; sostojanie I grani samosoznanija, in: Moldoscopie (Problemy politiceskogo analiza), Sbornik statej, C. III, Kišinëv 1993, pp. 37-54.

[25] Bruter/Solonar, Russians in Moldova (Fn. 20), p. 77.

[26] Nach Tab. 1: „PMR“ und Republik Moldau im Vergleich, bei Büscher, Die „Staatlichkeit“ Transnistriens (Fn. 13), p. 3.

Nation sollte mit der weitreichenden Aufhebung ethnonationaler Unterschiede in Form eines übernationalen „Sowjetvolks“ einhergehen. Nicht zuletzt dieser unrealistisch-utopischen Doppelstrategie wegen haben aussenstehende Beobachter, zumal solche in Rumänien, die Teilerfolge bei der Bildung einer Nation der Moldavier innerhalb der UdSSR ausschliesslich auf Druck von oben, also von Partei und Staat, zurückgeführt. Entsprechend gross war im Westen die Überraschung, in Rumänien auch die Frustration, darüber, dass in den Jahren 1989-1991 in der Tat eine Nation der Moldavier die politische Bühne betrat, die die Eigenstaatlichkeit, aber keine „Wiedervereinigung“ mit Rumänien anstrebte. Was *Mathias Bernath* 1970 über das Tito'sche Projekt der Bildung einer neuen Nation der Makedonier gesagt hat - „Der Demiurg einer mazedo-slawischen Nationalität als Trägerin autonomer Staatlichkeit in den Grenzen Vardar-Mazedoniens ist die kommunistische Partei Jugoslawiens“[27] -, kann analog für die moldavische Nation und die KPdSU gelten.

	PMR *(in %, Stand 1993)*	MSSR *(in %, Stand 1989)*
Moldavier	35,7	64,5
Russen	28,0	13,0
Ukrainer	25,4	13,9
Bulgaren	2,4	2,0
Juden	1,7	1,5
Gagausen	0,5	3,5
Sonstige	6,3	1,6
Insgesamt	*100,0*	*100,0*

[27] Mathias Bernath: Das mazedonische Problem in der Sicht der komparativen Nationalismusforschung, in: Südost-Forschungen, 29, 1970, pp. 237-248, hier pp. 246-247. - Bedauerlicherweise gibt es keine ernst zu nehmenden Versuche eines Vergleichs der „nation-building“-Prozesse von Moldaviern und Makedoniern. Daher kann lediglich vermutet werden, dass der „point of no return“ im makedonischen Fall früher - Anfang der fünfziger Jahre - als im moldavischen erreicht worden ist. Vgl. Stefan Troebst: Yugoslav Macedonia, 1943-1953; Building the Party, the State and the Nation, in: Melissa K. Bokovoy/Jill A. Irvine/Carol S. Lilly (eds.): State-Society Relations in Yugoslavia, 1945-1992, New York 1997, pp. 243-266.

Konfliktverlauf: Machtinteressen spätsowjetischer Eliten vs. moldavischer Nationalismus

Die 1986 einsetzende Erosion der Parteiherrschaft sowjetischer Prägung und die schliessliche Implosion der UdSSR lösten in der MSSR parallele Prozesse und Reaktionen in einer Zahl und Intensität wie in wohl kaum einem anderen Teil des Sowjetimperiums aus. Die konkreten Formen der in und ausserhalb der Sowjetunion in aller Regel als Kunstprodukt aus der Retorte des Stalin'schen *nation-building* abqualifizierte moldavische Nation wurden nun in Gestalt einer antisowjetischen, sezessionistischen und explizit moldavisch-nationalistischen Volksfrontbewegung offenkundig.[28] Unter den überraschten Nichtmoldaviern in der MSSR bewirkte diese Bewegung einen „reaktiven Nationalismus"[29] bislang ungekannter Vehemenz. Vor allem die Gagausen im Süden des Landes, eine türksprachige christlich-orthodoxe Minderheit von 153.000 Personen (1989), formierten sich zu einer ethnonational orientierten Bewegung mit dem Ziel des Verbleibens innerhalb der schützenden UdSSR, und das bedeutete zwangsläufig ein Ausscheiden aus der separatistischen MSSR.[30] Aus gagausischer Sicht galt als ausgemacht, dass die von der Moldavischen Volksfront angestrebte Unabhängigkeit der MSSR nur die Vorstufe zum Anschluss an Rumänien sei, und erneut unter die minderheitenfeindliche Herrschaft Bukarests zu geraten, war für diese Minorität eine Schreckensvision. Am 12. November 1989 wurde in der südmoldavischen Stadt Comrat eine souveräne „Gagausische Autonome Sozialistische Sowjetrepublik" ausgerufen, die am 19. August 1990 ihre Unabhängigkeit erklärte. Diese Schritte führten im Herbst 1990 zu einer angespannten Situation im Süden des Landes: Moldavische Freiwilligeneinheiten und bewaffnete Verbände der Gagausen standen sich bedrohlich gegenüber. Erst eine Intervention von Spezialverbänden des Moskauer Innenministeriums entschärfte die Lage.[31]

[28] Charles S. King: Moldovan Identity and the Politics of Pan-Romanism, in: Slavic Review, 53, 1994, pp. 345-368. - Ders.: Post-Soviet Moldova; A Borderland in Transition, London 1995. - Neukirch, Die Republik Moldau (Fn. 15). - Jeff Chinn/Steven D. Roper: Ethnic Mobilization and Reactive Nationalism; The Case of Moldova, in: Nationalities Papers, 23, 1995, pp. 291-325. - Alfred Weinzierl: „Geburt einer Identität"; Über das Nationalgefühl des deutschen EM-Gegners Moldawien, in: Der Spiegel, 49, 1994, pp. 238-241. - Moldova; Yes, a country, in: The Economist, 26. August 1995, pp. 25-26. - Donald L. Dyer (ed.): Studies in Moldovan; The History, Culture, Language and Contemporary Politics of the People of Moldova, Boulder CO 1996. - Mariana Hausleitner: Deutsch-moldauisches Symposium „Nationalstaat und Multiethnizität; Moldova in den neunziger Jahren" (Chisinau/Republik Moldau, 13.-18.10.1996), in: Südosteuropa-Mitteilungen, 36, 4, 1996, pp. 371-373.

[29] William Crowther: The Politics of Ethno-National Mobilization; Nationalism and Reform in Soviet Moldavia, in: The Russian Review, 50, April 1991, pp. 183-202, hier p. 189.

[30] Vladimir Socor: Gagauz in Moldova Demand Separate Republic, in: Radio Liberty; Report on the USSR, 2, 36, 1990, pp. 8-13.

[31] Rudolf A. Mark: Moldova - Probleme mit der nationalen und staatlichen Selbstfindung, in: Ethnos - Nation, 3, 1, 1995, pp. 27-39, hier p. 33.

Ähnliche Reaktionen auf den neuen moldavischen Nationalismus zeigten die übrigen Minderheiten des Landes wie Russen, Ukrainer, Bulgaren und andere Russischsprachige. Auch in der Sicht dieser Bevölkerungsgruppen waren und blieben die „neuen" Moldavier Rumänen bzw. „rumänische Menschenfresser".[32] Der moldavischen Volksfront wurde als Endziel der Anschluss an Rumänien unterstellt. Dass sich in der MSSR seit 1944 tatsächlich eine neue moldavische politische Elite mit explizit moldavischem Nationalbewusstsein gebildet haben könnte, wurde für unwahrscheinlich gehalten - eine Sichtweise, die durch „westliche" Prognosen sowie die zeitgleiche Anschlussagitation Bukarests scheinbar bestätigt wurde.

Den eigentlichen Ausschlag für das Aufkommen einer massenhaften Streik- und Protestbewegung der Russen und Russischsprachigen gegen die nun auch politisch dominierende Moldavische Volksfront gab deren Sprachenpolitik: Am 31. August 1989 beschloss der Oberste Sowjet der MSSR, dass künftig das Moldavische in lateinischer Schriftform Staatssprache, Russisch hingegen lediglich „Sprache der interethnischen Kommunikation" sein solle. Zwar war die Befürchtung der Nichtmoldavier, als nichtromanische Minderheit in einem Grossrumänien zu enden, offenkundig unbegründet, doch gab es Anlass zu der Befürchtung politischer wie sozialer Marginalisierung aufgrund meist fehlender Kenntnisse der neuen Staatssprache. Nur 6% der 562.000 Russen in der MSSR beherrschten 1989 Moldavisch.[33] Diese Unsicherheit der grossen Mehrheit der Nichtmoldavier machte sich die Elite des russisch dominierten militärisch-industriellen Komplexes und der Agroindustrie einschliesslich der Parteibürokratie propagandistisch zunutze. Die Antwort von Russen und Russischsprachigen auf die sich abzeichnende Machtübernahme der Moldavischen Volksfront war die Gründung einer „Internationalistischen Bewegung zum Schutz der Perestrojka 'Edinstvo' [Einheit]".

1990 stieg die Spannung weiter, als die neue moldavische Führung am 23. Juni die Souveränität der jetzt in Republik Moldova umbenannten MSSR verkündete und eine mit der rumänischen nahezu identische Staatsflagge einführte sowie die rumänische Nationalhymne übernahm. Parallel dazu kam es zu einer vehement antirussischen Kampagne der Volksfront, die in mindestens einem gewalttätigen Zusammenstoss zwischen Demonstranten und Gegendemonstranten kulminierte. Ansonsten kam es in der Hauptstadt Chisinau und in den übrigen Städten und Dörfern des rechtsufrigen Landesteils zu keiner umfassenden Eskalation über die Gewaltschwelle hinaus.

Völlig anders verlief jedoch die Entwicklung im Landesteil Transnistrien

---

32 Vgl. die Aufschrift „Tod den rumänischen Menschenfressern!" auf einem LKW mit transnistrischen Freiwilligen in Bendery im Juni 1992 nach einer Fotografie in einem Bildband von Valerij N. Kruglikov: Vorob'eva: Bendery, Leto-92, Vojna (Fotoalbom), Bendery 1995, p. 40.

33 Tat'jana Mlecko: „Bereg levyj, bereg pravyj ..." Russkie v Moldavii, in: Rossijskaja Federacija, 5, 1997, pp. 51-52, hier p. 51.

und in der daran angrenzenden rechtsufrigen grossen Industriestadt Bendery, wo eine ebenso militante wie komplexe „transnistrische Bewegung“ entstand, die dem Kölner Politologen und Osteuropafachmann *Klemens Büscher* zufolge aus unterschiedlichen Quellen gespeist wurde:

- „Nationalismus der in Transnistrien ansässigen nationalen Gruppen;
- Sowjetpatriotismus;
- Ansätze einer regionalistischen Bewegung;
- politisch-ideologisch motivierte Handlungskräftc;
- wirtschaftliche und machtpolitische Motivationen alter und neuer Eliten.“[34]

„Mächtige Clanstrukturen aus miteinander verfilzten Partei-, Sowjet-, Verwaltungs- und Betriebsführungen“, die „im Umfeld der strategisch bedeutenden Schwer- und Rüstungsindustrie“ im Dnestr-Tal entstanden waren, haben aus dieser Sicht nicht nur eine „unversöhnliche Atmosphäre“ und „Aggressivität“ geschaffen, sondern auch die „gezielte Radikalisierung“ und „permanente Mobilisierung“ mit dem Ziel der Sezession bewirkt.[35] Dabei ist zu betonen, dass die regionalistischen, sowjetnostalgischen und vor allem die machtpolitischen Komponenten der separatistischen Bewegung wesentlich grösseres Gewicht als die sprachlichen und ethnonationalen Momente besassen. Denn zumal in der separatistischen Führung fanden sich von Anfang an prominente Angehörige des moldavischen Bevölkerungsanteils Transnistriens. Der PMR-Vizepräsident, Alexandru Caraman, der Präsident des Obersten Sowjets der PMR, Grigorie Maracuta, oder der frühere Chefideologe der Separatisten, Vasilij Jakovlev, sind Moldavier. Allerdings war es der in den achtziger Jahren aus der sibirischen Kamtschatka-Halbinsel zugewanderte Direktor des Tiraspol'er „Elektromaš“-Kombinats Igor Smirnov, unter dessen Führung die sowjetische Nomenklatura der Region daran ging, eine politisch-militärische Bewegung zur Wahrung ihrer Besitzstände und Machtpositionen zu formieren. Wichtigstes Werkzeug dabei war nicht die auf dem Ostufer als legalistisch abgelehnte „Edinstvo“-Bewegung, sondern der „Vereinigte Rat der Arbeitskollektive“ (OSTK), ein Zusammenschluss von Betriebsleitungen und Belegschaften der Grossbetriebe Transnistriens und des radikalen „Arbeiterkomitees“ im rechtsufrigen Bendery. Anfänglich primär als Streik- und Protestbewegung agierend, übernahm das OSTK 1990 zunehmend legislativ-exekutive Aufgaben.

Die Souveränitätserklärung Chisinaus vom 23. Juni 1990 bewog den aus dem OSTK hervorgegangenen „Kongress der Volksdeputierten Transnistriens“ schliesslich am 2. September 1990 zur Gründung der PMSSR innerhalb der UdSSR. Ein Jahr später veranlasste der gescheiterte Putschversuch in Moskau die Führung in Chisinau, am 27. August 1991 die Unabhängigkeit der Republik

[34] Büscher, Die „Staatlichkeit“ Transnistriens (Fn. 13), p. 2.
[35] Ibid., pp. 17-20.

Moldova zu erklären, was Tiraspol' am 1. September 1991 zur Deklaration seiner eigenen Unabhängigkeit – nun unter der bis heute gültigen Staatsbezeichnung PMR - bewog. Die Auflösung der Sowjetunion am 31. Dezember 1991 kam zwar als schwerer Schock für die transnistrische Separationsbewegung, doch gelang ihr eine rasche Umorientierung auf die Russländische Föderation. Nahezu alle wichtigen politischen Faktoren in Moskau einschliesslich des Präsidenten sprachen sich Anfang 1992 für eine Unterstützung Tiraspol's aus. Mit anderen Worten: Der Sprung in die Eigenstaatlichkeit war geglückt. Die Herrschaftsstrukturen in den von Tiraspol' regierten Städten und Betrieben im Dnestr-Tal waren nun so weit konsolidiert, dass die Regierung in Chisinau keine direkte Einflussmöglichkeit mehr besass. Als Garanten der Eigenstaatlichkeit traten nun neben dem OSTK zunehmend die aus dem Freiwilligenbataillon „Dnestr" hervorgegangene PMR-Garde auf, die bald Zulauf von Offizieren, Unteroffizieren und Mannschaften der 14. Russländischen Stationierungsarmee erhielt, sowie die weiterhin nach sowjetischem Vorbild funktionierenden Miliz- und Staatssicherheitsstrukturen.[36]

Hatte es sich bis Ende 1990 um einen zwar heftigen, aber weitgehend gewaltfreien politischen Machtkampf zwischen Separatisten und Zentralregierung um die urban-industriellen Zentren Transnistriens gehandelt, so änderte sich das, als dieser „kalte Krieg" auf die ländlichen Regionen des linken Dnestr-Ufers übergriff. Denn im Unterschied zu den Städten waren die in Ufernähe gelegenen Dörfer Transnistriens überwiegend von Moldaviern bewohnt. Chisinau versuchte der Übernahme dörflicher Behörden durch transnistrische Garden mit polizeilichen Mitteln zu begegnen, was rasch bürgerkriegsähnliche Verhältnisse schaffte.[37] Einen ersten Höhepunkt bildete die Vertreibung moldavischer Polizei aus der linksufrigen Bezirkshauptstadt Dubossary Anfang März 1991.[38] Von nun an kam es nahezu täglich zu Gefechten zwischen bewaffneten Transnistriern einschliesslich Kosakenformationen sowie moldavischen Polizei- und Armee-einheiten.

Eine neue Qualität gewann der bis dahin latente Konflikt durch die politischen Ereignisse in der zweiten Hälfte des Jahres 1991. Chisinau interpretierte

---

36 Obwohl de jure dreisprachig - Russisch, Moldavisch und Ukrainisch - handelte es sich bei der PMR von Anfang an de facto um ein einsprachig-russisches Gemeinwesen. Lediglich im Bildungsbereich kommt die moldavische Sprache zur Anwendung, wobei die transnistrischen Behörden auf der kyrillischen Schriftform insistieren.

37 Zu dieser heissen Phase des Konfliktes vgl. vor allem die genannten Darstellungen von Aklaev, Dynamics of the Moldova-Trans-Dniester Ethnic Conflict (Fn. 3), und Daley, Human Rights in Moldova (Fn. 3). Vgl. ausserdem die Übersichten von Michael Orr: 14th Army and the Crisis in Moldova, in: Jane's Intelligence Review, June 1992, pp. 247-250. - Vladimir Socor: Russia's Fourteenth Army and the Insurgency in Eastern Moldova, in: Radio Free Europe/Radio Liberty Research Report, 1, 36, 11. September 1992, pp. 41-48. - Lamont, Territorial Dimensions (Fn. 3).

38 Vgl. dazu die apologetische Darstellung bei Nikolaj P. Rudenko: Dubossary - gorod zašcitnikov PMR, Dubossary 1995.

die Auflösung der UdSSR als Schwächung der PMR und verstärkte seine militärischen Aktivitäten. Spezialtruppen des moldavischen Innenministeriums unternahmen am 1. April 1992 eine verlustreiche Kommandoaktion gegen Bendery. Die gespannte Situation entlang des Dnestr wurde in den folgenden Wochen auch durch widersprüchliche Äusserungen und Massnahmen des Kommandeurs der in und um Tiraspol' stationierten 14. Russländischen Gardearmee, Generalmajor Jurij Necaev, verkompliziert. Hinzu kam eine uneindeutige Begleitmusik von verschiedenen politischen und militärischen Faktoren in Moskau. Die Diffusion zwischen transnistrischen Insurgenten und der 14. Armee wurde immer offenkundiger: Zum einen beteiligten sich Offiziere, Unteroffiziere und Mannschaften der Stationierungsarmee an den militärischen Aktionen der Separatisten gegen Chisinau - „auf eigene Initiative", wie es offiziell hiess -, und zum anderen schieden hochrangige Offiziere aus der 14. Armee aus, um den Aufbau einer regulären transnistrischen Armee zu leiten. Necaevs stellvertretender Stabschef, der Bukovinarumäne Stefan Chitac, wurde von Smirnov zum Verteidigungsminister Transnistriens ernannt.[39]

Im Verlaufe des Mai 1992 hatten sich die Truppen der Zentralregierung auf wenige Brückenköpfe in Transnistrien zurückziehen müssen. Diese De-facto-Kapitulation vor den Separatisten bewog den damaligen moldavischen Präsidenten Mircea Snegur, sein lädiertes Prestige mittels einer spektakulären Militäraktion aufzupolieren. Am 19. Juni 1992 befahl er der moldavischen Luftwaffe und Armee, das von transnistrischen Behörden kontrollierte Stadtzentrum von Bendery ohne Rücksicht auf die Zivilbevölkerung zu entsetzen. Das Ergebnis war ein Fiasko: Die um Miliz, Betriebskampfgruppen, Geheimdienst, Don- und Schwarzmeerkosaken, andere Freischärler, Wochenendpartisanen, Guerilleras des „Bundes der weiblichen Verteidiger Transnistriens„ sowie Angehörige der 14. Armee verstärkte Separatistengarde schlug den Angriff mittels Panzereinsatz zurück und ging am 24. Juni in die Offensive.[40] Unter schweren Verlusten gelang es ihr dabei, die moldavischen Einheiten aus der Stadt zu vertreiben. Parallel dazu flammten die Kampfhandlungen in zahlreichen Orten auf dem linken Ufer wieder auf. Jetzt entwickelte sich ein flächenbrandartiger kriegsähnlicher „heisser" Konflikt zwischen zwei annähernd gleich starken Gegnern, der mehrere hundert militärische und an die tausend zivile Todesopfer forderte - in der Mehr-

[39] Lamont, Territorial Dimensions (Fn. 3), pp. 586-591.

[40] Zu einer stark transnistrisch gefärbten chronologischen „oral history"-Darstellung vgl. Grigorij V. Volovoj: Krovavoe leto v Benderach; Chronika pridnestrovskoj tragedii, Bendery 1993. Vgl. auch ein offiziös-transnistrisches Gedenkbuch von Nikolaj V. Babilunga/B.G. Bomeško: Kniga pamjati zašcitnikov Pridnestrov'ja, Red. A.A. Karaman, Tiraspol' 1995. - Nina Stefanova: Rodinata vse ošte gleda na besarabskite bulgari kato na natrapnici, in: Standart [Sofija], 8, Dezember 1994, p. 19. - Stefan Troebst: Die bulgarische Minderheit Moldovas zwischen nationalstaatlichem Zentralismus, gagausischem Autonomismus und transnistrischem Separatismus (1991-1995), in: Südosteuropa, 44, 1995, pp. 560-584, hier pp. 579-580.

zahl Transnistrier - sowie mehr als 100.000 Menschen zur Flucht trieb.[41]

In dieser Situation setzte sich in Moskau Präsident Boris Jelzin gegen Generalität und Opposition durch, indem er Ende Juni den parteiischen Necaev als Oberkommandierenden der 14. Armee durch den populären Generalmajor Lebed ersetzte. Dessen „Politik der bewaffneten Neutralität" bestand zum einen im entschlossenen Trennen der Kombattanten sowie im Wiederherstellen des Status quo in Bendery. Am 3. Juli hatte Lebed die Kampfhandlungen unterbunden, und am 21. Juli 1992 kamen der russländische und der moldavische Präsident „Über die Prinzipien einer friedlichen Beilegung des bewaffneten Konfliktes in der transnistrischen Region der Republik Moldova" überein. Obwohl es sich dabei um einen bilateralen Vertrag Moskaus mit Chisinau handelte, beinhaltete dieser zugleich Regelungen für einen Waffenstillstand zwischen Chisinau und Tiraspol'. Kernstück war dabei die Einrichtung einer Sicherheitszone entlang des Dnestr, die von einer trilateralen Kontrollkommission samt russländisch-moldavisch-transnistrischen Friedenstruppen unter Moskauer Kommando überwacht wird. Die Innenstadt von Bendery wurde als „Zone erhöhter Sicherheit" innerhalb der Sicherheitszone definiert, in der transnistrische Miliz neben moldavischer Polizei einem russländischen Stadtkommandanten unterstellt ist.[42]

Für Tiraspol' war dieses Abkommen in dreifacher Hinsicht ein Erfolg, wurde doch damit (a) zumindest implizit die Eigenstaatlichkeit der PMR anerkannt, (b) die politische Kontrolle über das gesamte linke Dnestr-Ufer sowie über das rechtsufrige Bendery samt angrenzender Dnestr-Schleife festgeschrieben, und (c) das als „Schutzmacht" Chisinaus beargwöhnte Rumänien aus dem Kontrollmechanismus für das Abkommen herausgehalten. Der Mythos des als „unser

---

41 Vgl. Valeriu Mošnjaga: Vooruzennyj konflikt v Respublike Moldova i problema peremeščennych lic, in: Moldoscopie; Problemy politiceskogo analiza, Sbornik statej, C. VII, Kišinëv 1995, pp. 82-126. - Martin Malek: Gefährdete Einheit; Moldovas innere Sicherheitsprobleme, in: Der Donauraum, 36, 3-4, 1996, pp. 37-46 - Tanja Storløkken: Moldova mellom Prut og Dnestr eller Moldova mellom Romania, Ukraine og Russland? In: Bernt Bull/Anders Kjølberg (eds.): Et nytt Øst-Vest skille i Europa? Oslo 1994, pp. 85-104. - Anneli Ute Gabanyi: Die Moldaurepublik zwischen Wende und Rückwende, in: Südosteuropa, 42, 1993, pp. 163-207, wo zwar die Enthüllung des „wahren Charakter[s] dieses Konflikts" in Aussicht gestellt (p. 163), dann aber lediglich undifferenziert von „Bürgerkrieg", „kriegerischen Handlungen" und „Kriegswirren" gesprochen wird (p. 183).

42 Zur spezifisch russländischen Form von Peacekeeping und Blauhelmtruppen vgl. Michael Orr: Peacekeeping - A New Task for Russian Military Doctrine, in: Jane's Intelligence Review, July 1994, pp. 307-309, sowie - kritisch - Jüri Luik: The Use and Abuse of Peacekeeping, in: Uncaptive Minds, Fall-Winter 1994, pp. 61-66. Zum Peacekeeping im Dnestr-Tal vgl. Jeff Chinn: The Case of Transdniester (Moldova), in: Lena Jonson/Clive Archer (eds.): Peacekeeping and the Role of Russia in Eurasia, Boulder CO/Oxford 1996, pp. 103-120. Eine Karte der Sicherheitszone entlang des Dnestr findet sich bei Christoph von Marschall: Wo die Russen nicht als Besatzer empfunden werden; „Peace keeping" im Auftrag der OSZE in Transnistrien, in: Der Tagesspiegel, Nr. 15816 vom 19. Februar 1995, p. 2.

West-Berlin"[43] apostrophierten Bendery wirkt seit 1992 als zusätzliche Klammer um die transnistrische Staatlichkeit. Die moldavische Zentralregierung hingegen erlitt neben der militärischen Niederlage von Bendery nun auch eine politische: Nicht UN-, OSZE- oder zumindest GUS-Friedenstruppen überwachen seitdem den Waffenstillstand, sondern russländische; überdies sind die moldavischen Peacekeeping-Kontingente in der Sicherheitszone russländischem Oberbefehl unterstellt und befinden sich somit auf gleicher hierarchischer Ebene wie die transnistrischen Peacekeeper. Der ohnehin starke Moskauer Druck auf Chisinau in Form der 14. Armee und energiepolitischer Abhängigkeit hat also seit 1992 weiter zugenommen.

Konfliktbearbeitung: Die *CSCE/OSCE Mission to Moldova*

Die seit Sommer 1991 von den serbischen Kriegen um die jugoslawische Erbfolge vollständig in Beschlag genommene KSZE wandte ihre Aufmerksamkeit zu einem Zeitpunkt auf den Transnistrienkonflikt, als dieser bereits in seine „heisse" Phase getreten war. Im Frühjahr 1992 kam eine nach Chisinau und Tiraspol' entsandte *fact-finding*-Mission der KSZE zu alarmierenden Ergebnissen[44], worauf ein „Konfliktverhütungsmechanismus" geschaffen wurde. Sonderlich gut geölt war dieser damals indes noch nicht, so dass der Gang der Ereignisse, namentlich die militärische Eskalation im Dnestr-Tal vom Juni 1992, den noch im Beratungsstadium befindlichen Wiener Areopag der Diplomaten regelrecht überrollte.

Dasselbe galt für eine separate Initiative der Aussenminister der vier KSZE-Mitgliedstaaten Moldova, Russländische Föderation, Rumänien und Ukraine, die am Rande eines KSZE-Treffens in Helsinki am 23. März 1992 eine Deklaration bezüglich des Transnistrienkonfliktes verfassten. Darin legten sie Prinzipien für eine friedliche Lösung fest und beschrieben einen Mechanismus zur Koordinierung ihrer diesbezüglichen politischen Anstrengungen. Auf Treffen im April und Mai 1992 kam man überein, eine Viererkommission einzurichten, die eine Gruppe von zwanzig Militärbeobachtern - je fünf aus jedem der betei-

[43] So der der transnistrischen „Republiksverwaltung für auswärtige Verbindungen" vorstehende „Staatssekretär" Valerij A. Lickaj in einem Gespräch am 13. September 1997.

[44] Adam Daniel Rotfeld: In Search of a Political Settlement - The Case of Conflict in Moldova, in: Staffan Carlsson (ed.): The Challenge of Preventive Diplomacy; The Experience of the CSCE, Stockholm 1994, pp. 100-137. Vgl. auch den Überblick bei Victor-Yves Ghebali: L'OSCE dans l'Europe post-communiste, 1990-1996; vers une identité paneuropéenne de sécurité, Bruxelles 1996, pp. 288-300 und 608-610, sowie die Quellenedition Arie Bloed (ed.): The Conference on Security and Co-operation in Europe; Basic Documents, 1993-1995, Den Haag/London/Boston 1997.

ligten Staaten - in die Konfliktregion entsenden sollte. Auch diese Initiative wurde durch die Eskalation der Gewalt überrollt.[45]

Erst die militärische Ruhigstellung der Konfliktparteien durch Moskau im Juli 1992 sowie die zeitgleich erfolgte Umstrukturierung der KSZE im Zeichen von „Helsinki II" machten den Weg für eine KSZE-Vermittlung im Transnistrienkonflikt frei. Am 4. Februar 1993 beschloss der Ausschuss Hoher Beamter (AHB, heute: Hoher Rat) die Entsendung einer Langzeitmission in das Krisengebiet, am 11. März wurde deren Mandat verabschiedet und am 25. April traf die *CSCE Mission to Moldova* mit dem Auftrag einer „Lösung des Konflikts" in ihrer Einsatzregion ein.[46]

Diese nominell achtköpfige, aus Diplomaten, Offizieren und Regionalfachleuten bestehende zivile Gruppe hat seitdem ihr Hauptquartier in Chisinau; seit Anfang 1995 existiert überdies eine Aussenstelle in Tiraspol'. Erster Missionsleiter 1993 war der kanadische Diplomat Timothy A. Williams. Ihm folgten der Brite Richard C. Samuel, der Kanadier Philipp L. Hahn sowie die drei US-Amerikaner Michael G. Wygant, Donald C. Johnson und - seit Oktober 1997 - John M. Evans. Regelmässig in der Mission vertreten sind die Schweiz, Kanada, Polen, die Niederlande und Deutschland;[47] seit 1995 beteiligen sich auch Tschechien, Georgien, Bulgarien und andere Staaten. Der Kern des heute gültigen und formal unveränderten Mandats der Mission lautet in der KSZE-amtlichen deutschen Übersetzung wie folgt:

> „<u>Ziel der Mission</u>
> In Anbetracht des AHB-Beschlusses und dieser Verpflichtung verfolgt die Mission das Ziel, das Zustandekommen einer dauerhaften und umfassenden politischen Lösung des Konflikts in den Gebieten der Republik Moldau lin-

---

[45] Stefan Estermann: CSCE/CPC Background Paper; The Transnistrian (Pridnestrovian) Conflict in Moldova; Origins and Main Issues, Vienna, 10 June 1994, p. 4.

[46] Jörgen Detlefsen: KSZE hofft auf ihre erste „Erfolgs-Story"; Vielversprechende Mission zur Lösung des Konflikts in Moldova, in: Der Tagesspiegel, Nr. 14.570 vom 30./31. Mai 1993.

[47] Vor dem Verfasser war die Bundesrepublik durch den Diplomaten Rolf Welberts und den Osteuropahistoriker Rudolf A. Mark vertreten; seit 1995 fungierten der Jurist Peter Pana, die Osteuropasoziologin Brigitte Mihók, die Politikwissenschaftler Claus Neukirch und Klemens Büscher sowie der Osteuropahistoriker Randolf Oberschmidt als Missionsmitglieder. Vgl. Rolf Welberts: Der Einsatz der OSZE in der Republik Moldau, in: OSZE-Jahrbuch, 1, 1995, pp. 193-210. - Stefan Troebst: Internationale Vermittlungsbemühungen zwischen Moldova und der selbsternannten „Transnistrischen Moldavischen Republik"; Als KSZE-Diplomat beiderseits des Dnestr, in: Berthold Meyer (Hrsg.): Formen der Konfliktregelung; Eine Einführung mit Quellen, Opladen 1997, pp. 436-446 (Nachdruck aus: Berliner Osteuropa Info, H. 5, Juni 1995, pp. 18-22). - Ders.: Die OSZE in der Republik Moldova 1992-1996, in: Der Donauraum, 36, 3-4, 1996, pp. 53-62. - Ders.: Kein spektakulärer Erfolg, aber Spannungen reduziert; Die OSZE in der Republik Moldova, in: Wissenschaft und Frieden, 15, 1, 1997, pp. 23-27. - Klemens Büscher: Möglichkeiten und Grenzen des OSZE-Konfliktmanagements in Moldova, in: Ethnos - Nation, 3, 2, 1995, pp. 71-84.

kerseits des Dnjestr in all seinen Aspekten auf der Grundlage der KSZE-Prinzipien und -Verpflichtungen zu erleichtern.

Tätigkeiten der Mission
Zu diesem Zweck wird die Mission
- die Schaffung eines umfassenden politischen Rahmens für einen Dialog und Verhandlungen erleichtern und den Konfliktparteien bei der Weiterführung von Verhandlungen über eine dauerhafte politische Lösung des Konflikts, der Festigung der Unabhängigkeit und Souveränität der Republik Moldau begleitet von einem Übereinkommen über einen Sonderstatus für die Region jenseits des Dnjestr behilflich sein,
- Informationen über die Lage in der Region, einschliesslich der militärischen Situation, einholen und weitergeben, konkrete Zwischenfälle untersuchen und deren politische Auswirkungen beurteilen,
- die betroffenen Teilnehmerstaaten zur Weiterführung von Verhandlungen über ein Abkommen betreffend den Status und den ehestmöglichen geordneten und vollständigen Rückzug ausländischer Truppen ermutigen,
- in Teilaspekten einer politischen Lösung wie etwa der gewissenhaften Einhaltung internationaler Verpflichtungen betreffend Menschen- und Minderheitenrechte, dem demokratischen Wandel, der Rückführung von Flüchtlingen, der Festlegung eines Sonderstatus für die Region jenseits des Dnjestr Ratschläge erteilen und ihr Fachwissen einbringen sowie den Rahmen für anderweitige Beiträge bieten,
- in der Region für eine sichtbare KSZE-Präsenz sorgen und Kontakte zu allen Konfliktparteien, zu örtlichen Behörden und zur örtlichen Bevölkerung herstellen."[48]

Der Kölner Osteuropafachmann *Klemens Büscher*, der vom Juli 1995 bis zum Januar 1996 als vom Auswärtigen Amt entsandtes deutsches Mitglied an der *OSCE Mission to Moldova* teilnahm, machte in einem Vergleich von Mandatstext und tatsächlichen Missionsaktivitäten eine Reihe von Schwachstellen aus:

> „Hinsichtlich der Arbeitsweise zur Erfüllung der übertragenen Aufgaben bleibt das Mandat mit Formulierungen wie 'erleichtern', 'unterstützen', 'Rat und Sachverstand zur Verfügung stellen' recht unscharf. Allenfalls die Informationsfunktion (Sammeln, Auswerten und Weiterleiten von Informationen) sowie der letzte Abschnitt (OSZE-Präsenz, Aufnahme breiter und umfassender Kontakte vor Ort) geben der Mission konkrete Handlungsanweisungen; beide Aspekte zielen auf die eher traditionellen Funktionen der Frühwarnung und Konfliktverhütung."[49]

[48] Wiener AHB-Gruppe, Journal Nr. 7, Anhang 1, Anlage 1, 11. März 1993.
[49] Büscher, Möglichkeiten und Grenzen des OSZE-Konfliktmanagements (Fn. 47), p. 75.

Überdies enthält das Mandat in seiner Sicht eine gravierende Lücke - die Ermittlung der Ursachen des Konfliktes. Grund dafür, so seine plausible Vermutung, ist die Voraussetzung jeglicher Vermittlungsaktion - die Wahrung der Neutralität des Vermittlers, denn:

> „Eine auf Vertrauensbildung und den guten Willen beider Seiten basierende Konfliktmediation kann sich kein öffentliches Aufrechnen vergangener und gegenwärtiger Fehlleistungen aller Beteiligten leisten. Hinzu kommt, dass auch aktuelle OSZE-Mitgliedsländer (ausser Moldova vor allem Russland und Rumänien) selbst kein Interesse am Aufdecken ihrer Verantwortung für die Entstehung und Eskalation des Transnistrienkonflikts haben."[50]

„Aus der breiten Mandatsformulierung", so *Büscher*, „ergibt sich die weitgehende Unabhängigkeit und Handlungsfreiheit des jeweiligen Missionsleiters bei der Wahl seiner konkreten Strategie"[51] - ein Umstand, der im Zuge der häufigen, in der Regel jährlich erfolgenden Wechsel an der Missionsspitze zu erheblichen Verschiebungen der Prioritäten führen kann. Dennoch sind *Büscher* zufolge fünf Hauptelemente des OSZE-Konfliktmanagements zu identifizieren:

1. Mediation bei den Verhandlungen um den Status Transnistriens in Moldova,
2. Diplomatie des Runden Tisches,
3. Aktivitäten im Bereich der menschlichen Dimension
4. Aufgaben im militärischen Bereich,
5. Information und Berichterstattung.[52]

Büscher erkennt überdies innerhalb des offiziellen Mandats ein „implizites Mandat", bestehend aus dem Auftrag, „einer militärischen Reeskalation des Dnjestrkonfliktes vorzubeugen und eine territoriale Ausbreitung des Konflikts über seine jetzigen Grenzen hinaus zu verhindern", sowie „die Konsolidierung der unabhängigen moldauischen Staatlichkeit und die Unterstützung des Reformkurses über die begrenzten Auftragsformulierungen" zu befördern.[53]

Wie die Mission seit dem Frühjahr 1993 bestrebt ist, die genannten fünf Hauptelemente in ihrem Mandat einschliesslich dessen „impliziter" Aufträge praktisch umzusetzen, geht detailliert aus ihrer regelmässigen offiziellen und informellen Berichterstattung[54] und überblicksartig aus einigen Erfahrungs-

---

[50] Ibid., p. 76.
[51] Ibid., p. 75
[52] Ibid., p. 76.
[53] Ibid., p. 75.
[54] Zur offiziellen Berichterstattung vgl. OSCE Mission to Moldova: Documents, Vol. I (April-October 1993), Ms., Chisinau 1994; Documents, Vol. II (November 1993 - April 1994), Ms., Chisinau 1994; Documents, Vol. III (26 April 1994 - 31 December 1994), Ms., Chisinau 1995; sowie die Folgeberichte im Missionsarchiv, in der Wiener OSZE-Zentrale sowie in den Archiven

berichten neueren Datums hervor.[55] Die Zwischenbilanz zum Jahresende 1997 sieht dabei teils ermutigend, teils aber enttäuschend aus. Bei ihren Bemühungen, Verhandlungen über den künftigen Status Transnistriens innerhalb der Republik Moldova in Gang zu setzen, hat die Mission zwei konkrete Erfolge vorzuweisen: Zum einen wurde ihr Entwurf eines Autonomiestatuts für Transnistrien vom November 1993 sowohl von der moldavischen Seite als auch vom russländischen Ko-Vermittler, Jelzins Sondergesandten Botschafter Vladlen Vasev, als Ausgangspunkt für die bilateralen Gespräche zwischen Chisinau und Tiraspol' akzeptiert, so dass auch die transnistrische Seite zur Zustimmung genötigt war; und am 28. April 1994 kündigten der moldavische Präsident Snegur und sein transnistrischer „Kollege" Smirnov in Anwesenheit des KSZE-Missionsleiters und des Moskauer Ko-Vermittlers die Einsetzung einer gemeinsamen Expertengruppe an, die informelle bilaterale Gespräche über den künftigen Status Transnistriens innerhalb Moldovas aufnehmen sollte. Der *Report No. 13 of the CSCE Mission to Moldova* (13. November 1993), erstellt unter der Federführung des deutschen Diplomaten Rolf Welberts, ist seiner juristischen wie politischen Visionen wegen ein ausserordentlich innovatives Dokument.[56] Sein Kern bestand aus einer detaillierten Beschreibung der gesetzgeberischen Kompetenzen der staatlichen Ebene (Chisinau), der regionalen Ebene (Tiraspol') und der „gemischten" Ebene. Nur angedeutet wurde die Frage internationaler Garantien für den angestrebten Sonderstatus Transnistriens. Auch die heikle Frage der Stadt Bendery wurde mit dem Argument ausgeklammert, dass sich das Missionsmandat ausschliesslich auf Transnistrien im geographischen, nicht politischen Sinne, beziehe.

Die im April eingesetzte moldavisch-transnistrische Expertengruppe und ihre Untergruppen zu Bereichen wie Verkehr, Wirtschaft, Währungspolitik und Finanzen haben seit einem ersten Treffen am 27. Juli 1994 unter Anwesenheit der internationalen Vermittler mehrfach getagt[57] und dabei eine Übereinkunft über Transnistrien als „staatliches Gebilde in Form einer Republik innerhalb der Grenzen Moldovas" erzielt. Diese wurde am 7. Juni 1996 von Snegur und Smirnov

der Aussenministerien der Mitgliedstaaten. Dabei handelt es sich um Zweiwochenberichte bzw. sog. Spot Reports zu Schwerpunktthemen. Bei der informellen Berichterstattung handelt es sich (a) um Berichte der Missionsmitglieder an den Missionsleiter, die ebenfalls im Missionsarchiv aufbewahrt werden, und (b) um vertrauliche und/oder persönliche Berichte des Missionsleiters an den Amtierenden Vorsitzenden.

[55] Vgl. Büscher, Möglichkeiten und Grenzen des OSZE-Konfliktmanagements (Fn. 47), pp. 76-83. - Welberts, Der Einsatz der OSZE in der Republik Moldau (Fn. 47), pp. 197-208. - Troebst, Internationale Vermittlungsbemühungen (Fn. 47), pp. 19-20. - Stefan Troebst: Die Langzeitmissionen der KSZE/OSZE in Mazedonien und Moldova aus der Binnensicht, in: Magarditsch A. Hatschikjan/Peter R. Weilemann (Hrsg.): Nationalismen im Umbruch; Ethnizität, Staat und Politik im neuen Osteuropa, Köln 1995, pp. 232-248, hier pp. 237-244.

[56] CSCE Mission to Moldova: Report No. 13, Chisinau, 13 November 1993.

[57] Vgl. Welberts, Der Einsatz der OSZE in der Republik Moldau (Fn. 47), pp. 204-208. - Büscher, Möglichkeiten und Grenzen des OSZE-Konfliktmanagements (Fn. 47), pp. 76-78.

paraphiert.[58] Ungeachtet einer bereits am 19. Januar 1996 gemachten „Gemeinsamen Erklärung“ der drei Präsidenten Jelzin, Kucma und Snegur über die Souveränität und territoriale Integrität der Republik Moldova kam es nicht zu der für den 1. Juli in Moskau geplanten Unterzeichnung dieses „Memorandums über die Grundlagen für eine Normalisierung der Beziehungen zwischen der Republik Moldova und Transnistrien“.[59] Nachdem zunächst der im Wahlkampf befindliche Jelzin eine Verschiebung herbeigeführt hatte, unternahm der gleichfalls vor Wahlen stehende Snegur einen taktischer Rückzieher.[60] Snegurs Niederlage vom 1. Dezember 1996 gegen den stark auf die GUS orientierten Petru Lucinschi[61] schien zwar die Chancen für einen moldavisch-transnistrischen Ausgleich zu verbessern, doch blieb Tiraspol' weiterhin hartleibig. Aus den mutmasslich manipulierten PMR-Präsidentschaftswahlen vom 23. Dezember 1996 ging erneut der *hardliner* und Amtsinhaber Smirnov mit 71,9% der Stimmen als Sieger hervor.[62]

Im Februar 1997 kam es zu einer schweren Verstimmung zwischen der OSZE und ihrer Mission in Chisinau auf der einen und der transnistrischen Führung in Tiraspol' auf der anderen Seite: Der neue US-amerikanische Missionsleiter Johnson hatte dem Ständigen Rat der OSZE in Wien öffentlich seine Bedenken über den Memorandumsentwurf vom Vorjahr vorgetragen: Seiner Meinung nach war darin die territoriale Integrität der Republik Moldova und die Unverletzlichkeit ihrer Grenzen nicht ausreichend gewährleistet. Aus Tiraspol' hiess es daraufhin, die Tätigkeit der OSZE-Mission sowie vor allem die Anwesenheit ihres Leiters in Transnistrien seien in Zukunft „nicht angebracht“.[63]

---

[58] Übereinkunft mit der „Dnjestr-Republik“, in: Frankfurter Allgemeine Zeitung (FAZ), Nr. 142, 21. Juni 1996, p. 2 - Moldova; River Dance, in: The Economist, October 5, 1996, pp. 31-32.

[59] Abkommen über den Status der Dnjestr-Republik, in: FAZ, Nr. 150, 1. Juli 1996, p. 5. - Dan Ionescu: Playing the „Dniester Card“ in and after the Russian Elections, in: Transition, 2, 17, 1996, 23. August 1996, pp. 26-28.

[60] Matthias Rüb: Zu Besuch in der „Schwesterrepublik“ Rumäniens; Präsident Iliescu würdigt die Unabhängigkeit Moldovas, in: FAZ, Nr. 156, 8. Juli 1996, p. 5. - Oliver Hoischen: Weiter im Schatten Russlands; Auch der nächste Präsident Moldovas bleibt auf enge Beziehungen zu Moskau angewiesen, in: Ibid., Nr. 267, 15. November 1996, p. 16.

[61] Oliver Hoischen: Lucinschi zum Präsidenten Moldovas gewählt, in: Ibid., Nr. 282, 3. Dezember 1996, p. 7.

[62] Oliver Hoischen: Smirnow als Präsident Transnistriens bestätigt, in: Ibid., Nr. 300, 24. Dezember 1996, p. 4.

[63] Steven Roper: Perceptions of Transnistria, in: ASNews, Newsletter of the Association for the Study of Nationalities, 3, 3, 1997, pp. 10-11. - Klemens Büscher: Machtwechsel in Chisinau; Die Republik Moldau unter neuer Führung, Kiew 1997, pp. 17-18 (= Friedrich Ebert Stiftung, Büro Kiew, Aktuelle Studien, 1). - Natal'ja Prichodko: Tiraspol' possorilsja s OBSE, in: Nezavisimaja gazeta, 20. März 1997. - Dies.: OBSE trebuet razobratsja s Tiraspol'em, in: Ibid., 5. April 1997. - Botschafter Johnson, ein Texaner, hatte sich wegen seiner von ihm selbst als „Dayton Approach“ bezeichneten robusten Vorgehensweise auch in Chisinau nicht nur Freunde geschaffen. Vgl. zu seinem politischen Credo Donal'd Dzonson: Mezdunarodnoe posrednicestvo v kon-

Dennoch gelang es dem russländischen Aussenminister Primakov und dem OSZE-Missionsleiter Johnson am 8. Mai 1997, Lucinschi und Smirnov zur Unterzeichnung des nun veränderten Memorandums zu bewegen, unter das auch Jelzin und der ukrainische Präsident Leonid Kucma als Vertreter der Garantiestaaten ihre Unterschrift setzten. Die Kernaussage dieses Abkommens, die zugleich eine Neuerung gegenüber dem Entwurf vom Vorjahr darstellte, war in Paragraph 11 enthalten, nämlich dass die verfeindeten Landesteile „einen gemeinsamen Staat innerhalb der Grenzen der Moldavischen SSR vom Januar 1990“ bilden sollten.[64]

Am selben Tag unterzeichneten Jelzin und Kucma auch eine unter Beteiligung des Amtierenden Vorsitzenden der OSZE[65] zustande gekommene „Gemeinsame Erklärung der Präsidenten der Russländischen Föderation und der Ukraine im Zusammenhang mit der Unterzeichnung des Memorandums über die Grundlagen für eine Normalisierung der Beziehungen zwischen der Republik Moldova und Transnistrien“. Die zentrale Aussage der Erklärung war die neuerliche Anerkennung von Souveränität und territorialer Integrität der Republik Moldova sowie die Bereitschaft Moskaus und Kievs, „mit der Unterstützung der OSZE als Garantiemächte ... für den Status Transnistriens als integraler Bestandteil einer geeinten und territorial unversehrten Republik Moldova zu wirken“.[66] Johnson, der Leiter der OSZE-Mission in Chisinau, der diese Passage vorformuliert hatte, war damals der Ansicht, Memorandum und Erklärung hätten „die Frage der Existenz eines einzigen Völkerrechtssubjekts in Moldova - definitiv, wie wir glauben - gelöst“[67] - ein Irrtum, wie die Interpretation beider Dokumente durch Tiraspol' rasch deutlich machte: Zum einen wurde die Formulierung „gemeinsamer Staat“ im Memorandum in Richtung Konföderation zwischen zwei Völkerrechtssubjekten - Transnistrien und Moldova - gedeutet, und zum anderen wurde die „Gemeinsame Erklärung“ als irrelevant abgetan, da sie von Transnistrien nicht mitgezeichnet worden war.[68] „We have all the attributes of a normal state“, hatte PMR-„Vizepräsident“ Alexandru Caraman bereits im Vorjahr verkündet,

---

flikte v Respublike Moldova, in: Statul national si societatea polietnica; Moldova în anii 90, pp. 83-88.

64 Memorandum on the Bases for Normalization of Relations Between the Republic of Moldova and Transdniestria, City of Moscow, 8 May 1997.

65 Der dänische Aussenminister Niels Helveg Petersen.

66 Joint Statement of the Presidents of the Russian Federation and Ukraine in Connection with the Signing of the Memorandum on the Bases for Normalization of Relations Between the Republic of Moldova and Transdniestria, City of Moscow, 8 May 1997.

67 OSCE Mission to Moldova: Report 8/97; Monthly Report, April 21 - May 21, 1997, Chisinau, 20 May 1997, p. 2. Vgl. auch Gottfried Hanne: Playing Two Different Tunes, as Usual, in Moldova, in: Transition, 4, 7 (December), 1997, pp. 68-71.

68 Ksenija Kaminskaja: Skol'ko prezidentov - stol'ko mnenij; Memorandum po Pridnestrov'ju vyzval protivorecivye tolkovanija, in: Moldavskie vedomosti, Nr. 1-15, 78-79, 15. Mai 1997, pp. 1+3. - Oliver Hoischen: Pokern am Dnjestr, in: FAZ, Nr. 163, 17. Juli 1997, p. 12.

und von dieser Position rückte Tiraspol' auch jetzt nicht ab.[69]

Immerhin resultierte das Memorandum in der Einsetzung von Arbeitsgruppen für Fragen des Aussenhandels, Zolls, Bildung und Verbrechensbekämpfung[70] sowie in der Fortsetzung der bisherigen Expertengespräche zwischen Chisinau und Tiraspol'.[71] Grundlage für die neuerliche Dialogrunde war der von der OSZE-Mission am 26. Juni 1997 vorgelegte Projektentwurf eines „Abkommens über die endgültige Lösung des Konflikts und über die Kompetenzverteilung zwischen der Republik Moldova und Transnistrien"[72], den beide Seiten als Ausgangspunkt akzeptierten. Im Verlauf der stockend vonstatten gehenden Gespräche stellte sich jedoch heraus, dass die Interpretationen des Begriffes „gemeinsamer Staat" durch Chisinau und Tiraspol' weiterhin stark divergierten.[73] Ungeachtet massiven Moskauer Druckes brach die transnistrische Seite im Vorfeld des GUS-Gipfels in Chisinau am 22./23. Oktober 1997 die Gespräche ab[74], und auch ein geplantes Treffen zwischen den GUS-Staatschefs und dem PMR-„Präsidenten" Smirnov wurde von Tiraspol' abgesagt.

Der von der OSZE-Mission stipulierte Versuch der Herbeiführung eines direkten Dialoges zwischen Chisinau und Tiraspol' auf mehreren hierarchischen und thematischen Ebenen, also die sogenannte Diplomatie des „Runden Tisches", hat ebenfalls gemischte Resultate erbracht. Zwar beteiligte sich die transnistrische Führung an einer von der OSZE organisierten Chisinauer Konferenz über Dezentralisierung, Autonomie und Föderalismus im November 1994, doch die angestrebte Einbeziehung breiterer Berufsgruppen in den bilateralen Dialog wurde von Tiraspol' torpediert.[75] Vor allem das Bemühen, die unter der wirtschaftlichen Selbstisolation leidende transnistrische Geschäftswelt in den politischen Diskurs miteinzubeziehen, stiess auf Misstrauen und Ablehnung seitens des wohl nicht zufällig als „Mafistopheles" bekannten Smirnov. Folglich ist es noch immer ausschliesslich die selbsternannte separatistische Führungsriege, die OSZE, Moskau, Kiev und Chisinau als Dialogpartner zur Verfügung steht, und so existiert das Grunddilemma fort, dass jeder Dialog eine politische Aufwertung eben dieser Gruppe bizarrer Figuren bewirkt.

---

[69] Anne Nivat interviewed the vice president of the self-proclaimed Dniester Moldovan Republic, Aleksandr Karaman, in Tiraspol' on 12 July, in: Transition, 2, 17, 1996, 23. August 1996, p. 29.

[70] Protokol rabocej vstreci rukovodstva Respubliki Moldova i Pridnestrov'ja ot 24 maja 1997 goda.

[71] Natal'ja Prichodko: Kišinëv i Tiraspol' prodolzajut peregovory, in: Nezavisimaja gazeta, 21. Juni 1997, p. 3.

[72] Proekt „Soglašenija po okoncatel'nomu uregulirovaniju konflikta i raspredeleniju polnomocij mezdu Respublikoj Moldova i Pridnestrov'em", Kišinëv, 26 ijunja 1997.

[73] Prichodko: Kišinëv i Tiraspol' prodolzajut peregovory (Fn. 71), p. 3. - Dies.: Cto takoe obšcee gosudarstvo, in: Ibid., 8. Oktober 1997, p. 3.

[74] Soobšcenie ob itogach raboty gruppy ekspertov Pridnestrovskoj Moldavskoj Respubliki na konsul'tativnoj vstrece v Podmoskov'e, in: Dnestrovskaja pravda, Nr. 119, 18. Okt. 1997, p. 1.

[75] Büscher, Möglichkeiten und Grenzen des OSZE-Konfliktmanagements (Fn. 47), pp. 79-80.

Was die Aktivitäten im Bereich der „menschlichen Dimension" betrifft, so hat die OSZE-Mission in Chisinau Fortschritte, in Tiraspol' eindeutig Rückschläge zu verzeichnen.[76] In Moldova haben sich sowohl die Menschenrechtssituation insgesamt als auch der Stand der Minderheitenrechte positiv verändert. Dies gilt vor allem für die Sprachgesetzgebung, für den Minderheitenschutz im allgemeinen und für die Lage einzelner Minderheitengruppen.[77] Zum einen ratifizierte Chisinau die Rahmenkonvention zum Schutz nationaler Minderheiten des Europarates am 20. November 1996[78], zum anderen wurde der 1989 aufgebrochene Konflikt mit der sich von 1990 bis 1994 militant gebenden Minorität der Gagausen im Süden des Landes mittels eines Statuts über eine weitreichende Territorialautonomie für Gagausien Ende 1994 erfolgreich und unter aktiver Beteiligung des Europarates gelöst.[79] Über 90% aller Gagausen Moldovas leben seitdem in einem aus mehreren territorialen Bestandteilen zusammengesetzten, insgesamt 1.831 km^2 umfassenden Autonomiegebiet namens Gagauz Yeri[80], in dem sie 78.7% der 171.500 Personen zählenden Bevölkerung ausmachen.[81] Ganz

---

[76] Zur Ausgangssituation von 1993-1994 vgl. Welberts, Der Einsatz der OSZE in der Republik Moldau (Fn. 47), pp. 199-204.

[77] Mariana Hausleitner: Nationalitätenprobleme in der Moldaurepublik und die Beziehungen zu den Nachbarstaaten, in: Nationalismen im Umbruch (Fn. 55), pp. 105-121. - Troebst, Die bulgarische Minderheit Moldovas (Fn. 40).

[78] Moldova sichert Schutz von Minderheiten, in: FAZ, Nr. 273, 22. November 1996, p. 9.

[79] Council of Europe, Committee of Ministers: Expertise on a Special Status for the Gagauzes in Moldova; Visit by a Secretariat Delegation to Moldova from 18 to 22 June 1994, CM/Inf [94], Strasbourg, 2 August 1994. - Ders.: Relations with the Republic of Moldova; Visit by a Council of Europe delegation to Moldova from 1 to 6 March 1995 to observe the local referendum under the Law on the Special Status of Gagauzia [Gagauz Yeri], CM/Inf [95] 7 rev., Strasbourg, 20 March 1995. Die KSZE-Mission in Moldova hat seinerzeit die Entwicklung in und um Gagausien verfolgt, aber keine aktive Rolle gespielt. Dennoch hat ein Besuch des KSZE-Hochkommissars für Nationale Minderheiten, Max van der Stoel, in Comrat am 8./9. Dezember 1994 klar mässigende Wirkung auf die damalige gagausische Führung gezeitigt. Vgl. Stefan Troebst: Visit to Moldova of the CSCE High Commissioner on National Minorities, 7 to 10 December, Chisinau, 15 December 1994, pp. 6-11.

[80] Zum Autonomiegesetz und zum Stand seiner Implementierung vgl. OSCE Mission to Moldova: Spot Report 37/96: Post-Conflict Rehabilitation in Gagauzia; Specific Proposals for Consideration by OSCE Participating States, Chisinau, 18 December 1996. - Rudolf A. Mark: Das Gesetz über die besondere Rechtsstellung von Gagausien (Gagauz-Yeri) in der Republik Moldova, in: WGO, Monatshefte für Osteuropäisches Recht, 37, 1995, pp. 291-306. - Charles King: Gagauz Yeri and the Dilemmas of Self-Determination, in: Transition, 1, 19, 1994, Dezember 1994, pp. 21-25. Zur Vorgeschichte vgl. CSCE Mission to Moldova: Mission Report 13/94; The Gagauz - A Background Paper, Chisinau, 13 July 1994 (Autor Rudolf A. Mark). - Cassandra Cavanaugh: Conflict in Moldova; The Gagauz Factor, in: Radio Free Europe/Radio Liberty Research Report, 1, 32, 1992, 14. August 1992, pp. 11-17. - Vladimir Socor: Gagauz Autonomy in Moldova; A Precedent for Eastern Europe? In: Ibid., 3, 33, 1994, 26. August 1994, pp. 21-28.

[81] Bei der übrigen Bevölkerung Gagausiens handelt es sich um Bulgaren (5,5%), Moldavier (5,4%), Russen (5%), Ukrainer (4%), Weissrussen, Deutsche u.a. (1,3%). Vgl. Petr Pašaly:

anders ist die Lage in Transnistrien, wo ein demokratisch kaum legitimiertes Regime die Bevölkerung insgesamt unter Druck setzt und besonders die Rechte der ostromanischsprachigen Moldavier verletzt. Der noch zu Sowjetzeiten 1989 erfolgte landesweite Übergang von der kyrillischen zur lateinischen Schrift ist von Tiraspol' 1992 rückgängig gemacht worden; seitdem sind zahlreiche derjenigen Schulen geschlossen worden, in denen Moldavisch weiterhin mit lateinischen Buchstaben gelehrt wurde. Der „Schulkrieg" vom Herbst 1994, das heisst Massenproteste moldavischer Eltern, die in einer mehrtägigen Blockade der Bahnstrecke Odessa-Chisinau kulminierten, wurden zwar durch geringfügige Konzessionen beendet, doch ist das Problem keineswegs gelöst.[82]

Fortschritte wurden im militärischen Bereich erzielt, doch ist man auch hier noch weit entfernt von einer erfolgreichen Umsetzung des Mandats.[83] Die noch mehrere tausend Mann starke 14. Russländische Gardearmee, inzwischen in „Operativgruppe der Bewaffneten Streitkräfte der Russländischen Föderation" umbenannt, ist ungeachtet eines moldavisch-russländischen Rückführungsabkommens vom 21. Oktober 1994 weiterhin in Transnistrien stationiert. Die Gemeinsame Kontrollkommission über die im Sommer 1992 entlang des Dnestr-Tals errichtete moldavisch-russländisch-transnistrische Sicherheitszone gewährt der OSZE-Mission nach wie vor keine uneingeschränkte Teilnahme an ihrer Arbeit. Die transnistrische Armee unterhält weiterhin illegale Stütz- und Kontrollpunkte innerhalb der Sicherheitszone. Und die aus osmanischer Zeit stammende und militärisch immer noch genutzte Festung in Bendery ist weiterhin unzugänglich.

Die entscheidendste Verschlechterung bei der Umsetzung der militärischen Aspekte des Missionsmandats hat indes die Entlassung Lebeds im Sommer 1995 bewirkt, war doch dieser ebenso beliebte wie exzentrische Generalleutnant ein erbitterter Gegner der transnistrischen Führungsriege um „Präsident" Smirnov sowie zugleich einer Kooperation mit der OSZE-Mission aufgeschlossen.[84] Sein Nachfolger Generalleutnant Valerij Evnevic zeigt sich gegenüber dem Tiraspol'er Regime wesentlich kooperationsbereiter.[85] Dies wirkt sich vor allem bei der

---

Model' Gagauzii; obšcee i specificnoe, Vortrag am Seminar „From Ethnopolitical Conflict to Inter-Ethnic Accord in Moldova", Flensburg und Bjerremark, 15. September 1997.

[82] CSCE Mission to Moldova: Spot Report: Moldovan Language; Tension at Transnistrian Schools, Report No. 18/94, Chisinau, 23 September 1994. - Stefan Troebst: Compromise Solution of the Tighina/Bendery School Crisis in Danger, Chisinau, 14 November 1994, Annex to CSCE Mission to Moldova: Spot Report 22/94; Reduction of Russian Peacekeeping Contingent and Endangered Compromise in School Crisis, Chisinau, 17 November 1994.

[83] Vgl. zu den Ausgangsbedingungen von 1993-1994 Welberts, Der Einsatz der OSZE in der Republik Moldau (Fn. 47), pp. 197-199.

[84] Zu Lebeds Sonderrolle im transnistrisch-moldavischen Verhältnis vgl. Troebst: Internationale Vermittlungsbemühungen (Fn. 47), pp. 20-22.

[85] A New Commander for a New Command; Lieutenant General Valerii Yevnevich, in: Transition, 1, 19, 1995, 20. Oktober 1995, p. 6.

Auflösung des Waffen-, Munitions- und Materialbestandes der Stationierungsarmee sowie bei der Entsorgung hochsensibler militärischer Abfälle aus. Smirnovs Ansprüche auf Übernahme der Bestände zur eigenen Nutzung bzw. zum Verkauf auf eigene Rechnung werden von Evnevic offiziell nicht bestritten. Allerdings scheint der Oberkommandierende auch einem Verkauf zugunsten der eigenen Kasse nicht ganz abgeneigt zu sein. Das Bemühen der USA, die OSZE zum Aufkauf der Bestände der 14. Armee zu bewegen, scheint nicht auf fruchtbaren Boden gefallen zu sein, obwohl Moskau dazu bereit ist.[86] Im Herbst 1997 kam es zu ersten Transporten von Material der Stationierungstruppe aus Transnistrien in die Russländische Föderation.[87]

In den Bereichen Information und Berichterstattung hat die KSZE/OSZE-Mission von 1994 an grössere Breitenwirkung entfaltet, indem sie die Zweiwochenberichte des Missionsleiters allen interessierten Instanzen und Faktoren in der Einsatzregion zugänglich macht. Nahezu gänzlich gescheitert ist die Mission allerdings mit ihrem Ziel, auch die Bevölkerung Transnistriens regelmässig über ihre Aufgaben und Tätigkeit zu informieren. Die strikte transnistrische Zensur hat dem einen Riegel geschoben. Im Zuge der allgemeinen Militarisierung des öffentlichen Lebens der PMR haben auch die Staatssicherheitsstrukturen der PMR krakenartige Ausmasse angenommen. „Staatssicherheitsminister" Vladimir Antjufeev alias Vadim Ševcov[88] hat von 1992 an einen Staat über dem Staat errichtet und damit die schüchternen Ansätze demokratischer Elemente innerhalb der transnistrischen Separationsbewegung brutal erstickt. Im Zuge einer Protestresolution gegen die Politik der Tiraspol'er Führung in der Alphabetfrage, veröffentlicht im Organ des Tiraspol'er Stadtsowjets *Dnestrovskaja pravda* am 11.

[86] Gemäss Aufstellungen des Stabschefs der Stationierungstruppe in Tiraspol', Oberstleutnant B. Edunov, vom 1. Januar 1997 sowie des Leiters der Finanzabteilung, Oberst O. Turnovskij, vom 14. Februar 1997, werden für die Schusswaffenbestände US$ 22.661.956 gefordert, für eine Truppenreduzierung auf 2.500 Mann bis Ende 1997 weitere US$ 19.400.000. Vgl. OSCE Mission to Moldova: Spot Report 4/97; (a) Sale of Russian Small Arms; (b) Funding Requirements for Withdrawal of a Significant Portion of Russian Federation Troops, Chisinau, 15 February 1997. In Eigenregie haben die USA im Herbst 1997 der moldavischen Luftwaffe 21 Kampfflugzeuge des modernsten sowjetischen Typs MIG 29, darunter 14 atomwaffenfähige, zu einem ungenannten Preis abgekauft, um zu verhindern, dass sie in unbefugte Hände geraten. Vgl. OSCE Mission to Moldova: Report 14/97; November 1 - November 27 1997, Chisinau, 27 November 1997, p. 3.

[87] Ibid. und OSCE Mission to Moldova: Report 13/97; September 1 - October 31 1997, p. 4.

[88] Bei Antjufeev alias Ševcov handelt es sich um den Kommandeur der sowjetischen OMON-Truppen in Riga, der für das dortige Blutbad vom Januar 1990 verantwortlich war und zusammen mit anderen OMON-Offizieren aus den baltischen Sowjetrepubliken im Herbst 1991 „politisches Asyl" in Tiraspol' erhalten hat. Vgl. dazu Büscher, Die „Staatlichkeit" Transnistriens (Fn. 13), pp. 22. - Dan Ionescu: Lethal Expansion in the Dniester Security Ministry, in: Transition, 2, 22, 1996, 1. November 1996, pp. 6-8. - Ders.: Life in the Dniester „Black Hole", in: Ibid., 20, 4. October 1996, pp. 12-14. - Büscher, Separatismus in Transnistrien (Fn. 4), p. 863, Fn. 13.

November 1994, wurden die meisten dieser „separatistischen Demokraten“ zum Verlassen der PMR genötigt.[89] Seitdem sind die transnistrischen Medien gänzlich gleichgeschaltet[90], und mit der Abberufung Lebeds im Sommer 1995 haben auch der Kabelkanal „ASKet“ und das Wochenblatt *Soldat otecestva* der 14. Armee ihre bescheidene Korrektivfunktion transnistrischer Zensurpolitik verloren.

Ebenfalls deutlich verbessert hat sich die Zusammenarbeit der OSZE - und hier vor allem ihrer Mission in Chisinau - mit Nichtregierungsorganisationen (NROs) und wissenschaftlichen Einrichtungen. Auftakt war Anfang November 1994 eine Konferenz des *Helsinki Citizens Assembly Moldova* über „Dezentralisierung, Autonomie, Föderalismus“ im Plenarsaal des moldavischen Parlamentes, bei deren Organisation und Finanzierung die Moldova-Mission sowie das Warschauer OSZE-Büro für Demokratische Institutionen und Menschenrechte (ODIHR) massgeblich mitwirkten. Auf dieser Konferenz erklärte erstmals ein prominenter Politiker aus Tiraspol', der „Präsident des Obersten Sowjets“ der PMR Maracuta, die Bereitschaft der separatistischen Führung zur Anerkennung der internationalen Grenzen der Republik Moldova - falls diese das Prinzip des Einheitsstaates aufgebe.[91]

Eine besonders enge Kooperation hat sich zwischen der Mission in Chisinau und dem britischen *Centre for Conflict Analysis* entwickelt, das an der University of Kent in Canterbury bislang drei *conflict workshops* mit hochrangigen Vertretern der Konfliktparteien samt den russländischen, ukrainischen und OSZE-Vermittlern sowie zwei Informationsreisen mit demselben Teilnehmerkreis in die Konfliktregion Nordirland durchgeführt hat.[92] Aus den viertägigen

---

[89] Auf Initiative der Vorsitzenden des Stadtsowjets von Tiraspol', Svetlana Migulja, zweier OSTK-Dissidenten, Anna Niteckaja und Semëm Sorokin, und des Stadtsowjetmitgliedes Aleksej Kuznecov verabschiedeten „250 Bürger Tiraspol's“ am 2. November 1994 eine Resolution, in der sie die Schulpolitik, aber auch die gesamte Aussen-, Verteidigungs-, Wirtschafts- und Sozialpolitik Smirnovs sowie vor allem „die ungesetzlichen Akte wie Mord, Banditismus u.a.“ Ševcovs einer radikalen Kritik unterzogen. Vgl. S. Migulja/A. Niteckaja/S. Sorokin/A. Kuznecov: Cto proizchodit? Kto vinovat? Cto delat'? In: Dnestrovskaja pravda, Nr. 239, 11. November 1994, p. 2.

[90] Dan Ionescu: Media in the „Dniester Moldovan Republic“; A Communist Memento, in: Transition, 1, 19, 1995, 20. October 1995, pp. 16-20. - OSCE Mission to Moldova: Human Dimension Activities of the OSCE Mission to Moldova 1996-97, October 1997 (Autor Claus Neukirch).

[91] Annex: Conference on Decentralisation, Autonomy, Federalism, Chisinau, 5-9 November 1994, to CSCE Mission to Moldova: Report No. 21/94; Situation Report 26 October to 11 November, 1994, Chisinau, November 1994.

[92] Summary Report of the Canterbury Workshop; A Facilitated Dialogue on the Moldova-Transdniestria Conflict Under the Auspices of the Centre for Conflict Analysis, University of Kent, Canterbury, UK, 7-12 July 1994. - Summary Report of the Second Canterbury Workshop, Canterbury, UK, 8-12 January 1995. - Summary Report of the Third Canterbury Workshop, Canterbury, UK, 29 September - 5 October 1996. Zu den - gemischten - Ergebnissen dieses dritten Workshops, der gemeinsam mit dem britischen „Moldova Initiative Committee of Manage-

Diskussionen des zweiten Treffens im Januar 1995 destillierten die Veranstalter neun „Principles Underlying the Basis for a Lasting Resolution" sowie 45 Einzelpunkte, in denen die Konfliktparteien übereinstimmten.[93] Die Hoffnungen der Organisatoren von Canterbury, dass diese Liste den Dialog befördern würde, haben sich indes nicht erfüllt, denn beim Folgetreffen vom Herbst 1996 äusserten sich die Konfliktparteien nicht zu den beiden Zusammenstellungen.

Der schweizerische OSZE-Vorsitz des Jahres 1996 hat die Gelegenheit eines niederländisch-ukrainischen Seminars über Transnistrien im Juli 1996 in Kiev genutzt, um den Konfliktparteien eine Liste mit flankierenden Massnahmen der OSZE für eine Konfliktlösung vorzulegen[94], und die jüngste derartige Veranstaltung fand unter der Ägide des neu gegründeten *European Centre for Minority Issues* im September 1997 im dänisch-deutschen Grenzgebiet statt.[95] Unter den 21 Teilnehmern dieses mit „From Ethnopolitical Conflict to Inter-Ethnic Accord in Moldova" betitelten Seminars befanden sich die Verhandlungsführer Chisinaus und Tiraspol's, der Präsidentenberater und vormalige Moskau-Botschafter Anatol Taranu, „Staatssekretär" Valerij Lickaj, der Sprecher der transnistrischen Ukrainer Aleksandr But, der Vorsitzende des gagausischen Parlamentes Petr Pašaly, die Rektoren der drei Universitäten Chisinau, Tiraspol' und Comrat, Direktoren von Wein- und Cognacbetrieben aus den drei Landesteilen, Vertreter von OSZE, Europarat, der Aussenministerien Dänemarks und Deutschlands sowie mehrere Völkerrechtsexperten.[96] Trotz anfänglich stark unterschiedlicher Ausganspositionen formulierten die Seminarteilnehmer unter der Leitung des österreichischen Juristen Michael Geistlinger sowie des deutschen Diplomaten und ehemaligen Mitgliedes der KSZE-Mission in Chisinau Rolf Welberts einvernehmlich ein Dokument mit Empfehlungen zur endgültigen staatsrechtlichen Regelung des

---

ment" (MICOM) veranstaltet wurde, vgl. OSCE Mission to Moldova: Spot Report 31/96; Canterbury III Seminar - September 30 to October 4, 1996.

[93] Principles Underlying the Basis for a Lasting Resolution, Canterbury, Kent, 12 January 1995. - Points of Concordance Arising in Canterbury II Discussions, Canterbury, Kent, 12 January 1995.

[94] „Non-Paper" on Political and Operational Support Measures Offered by the OSCE for an Agreement to be Concluded on the Settlement of the Trans-Dniestria Conflict", Presented to the Dutch-Ukrainian Seminar on the Status of Transdniestria, Kiev, 15-16 July 1996, by Jean-Daniel Ruch, Representative of the Swiss Mission to OSCE, on behalf of OSCE Chairman-in-Office Flavio Cotti.

[95] Randolf Oberschmidt: Lösung der Transnistrien-Frage in Sicht? Anmerkungen zu internationalen Vermittlungsaktivitäten, in: Osteuropa, 48, 1, 1998 (im Erscheinen). - Priit Järve: Seminar „From Ethnopolitical Conflict to Inter-Ethnic Accord in Moldova", Flensburg, Germany, Bjerremark, Denmark, 12 to 17 September 1997, Flensburg 1998 (= ECMI Report, 1).

[96] Appendix „List of Participants of the Seminar 'From Ethnopolitical Conflict to Inter-Ethnic Accord in Moldova', ibid., auch unter http://www.ecmi.de.

Transnistrienkonfliktes.[97] Diese Empfehlungen sind über die moldavischen und russländischen Medien verbreitet worden und haben mittlerweile Eingang in den Verhandlungsprozess gefunden.[98] Die Ankündigung von Neuwahlen in Moldova am 22. März 1998 hat jedoch zu einem neuerlichen Stillstand in den bilateralen Verhandlungen geführt.

Schlussbemerkungen

Trotz aller Teilerfolge muss die Zwischenbilanz von knapp vier Jahren KSZE /OSZE-Missionstätigkeit rechts und links des Dnestr - gleich derjenigen der anderen Langzeitmissionen[99] - gemischt ausfallen. Vieles, möglicherweise deutlich mehr als 1993 zu erwarten war, ist erreicht worden: Beide Seiten haben sich zu gewaltfreier Konfliktbearbeitung bekannt und sitzen zusammen am Verhandlungstisch. Dennoch liegt das von der KSZE 1993 vorgegebene Endziel, nämlich die Lösung des Transnistrienkonfliktes in Form einer „Rückkehr" des separatistischen Teilstaates unter das Dach der „Mutterrepublik" Moldova, in weiter Ferne. Ein abschliessendes Urteil über Erfolg und Misserfolg der Wiener Vermittlungsbemühungen kann daher derzeit noch nicht gefällt werden. Die sämtlich verhaltenen positiven Resultate, zu denen die Verfasser detaillierterer Untersuchungen zur Tätigkeit der *CSCE/OSCE Mission to Moldova* gekommen sind, haben aufgrund der persönlichen Beteiligung der Autoren an dieser Mission nur eine eingeschränkte Aussagekraft[100], und „neutrale" Einschätzungen liegen bedauer-

[97] „Rekomendacii Seminar 'Ot etnopoliticeskogo konflikta k mezetniceskomu soglasiju v Moldova', Flensburg, Germanija, i D'errcmark, Danija, 12 17 sentjabrja 1997 goda". Vgl. auch eine englische Übersetzung unter http://www.ecmi.de.

[98] Natal'ja Prichodko: Cto takoe obšcee gosudarstvo, in: Nezavisimaja gazeta, 8. Oktober 1997, p. 3. - INFOTAG: Moldovan-Transnistrian Relations Must Develop in the Framework of One Subject of International Law, Seminar Participants Agreed, Chisinau, September 18, 1997. - INFOTAG: Chisinau Experts Team Leader Positively Appraises International Seminar Results, Chisinau, September 18, 1997

[99] Vgl. überblicksartig Stefan Troebst: „Dicke Bretter, schwache Bohrer"; Die Langzeitmissionen der OSZE, in: Dieter Senghaas (Hrsg.): Frieden machen, Frankfurt a.M. 1997, pp. 147-165. - Rolf Welberts: Die OSZE-Missionen in den Nachfolgestaaten der ehemaligen Sowjetunion, in: OSZE-Jahrbuch, 3, 1997, pp. 119-131. - Stefan Troebst: Das OSZE-Engagement bei ethnopolitischen Konflikten; Erfolge und Misserfolge in Osteuropa, in: Internationale Politik, 52, 10, 1997, pp. 31-38. Zu einem balkanischen Vergleichsfall vgl. Ders.: Präventive Friedenssicherung durch internationale Beobachtermissionen? Das Beispiel der KSZE-Spillover Monitormission in Makedonien 1992-1993, in: Gerhard Seewann (Hrsg.): Minderheiten als Konfliktpotential in Ostmittel- und Südosteuropa, München 1995, pp. 282-331.

[100] Welberts, Der Einsatz der OSZE in der Republik Moldau (Fn. 47), pp. 208-210. - Büscher, Möglichkeiten und Grenzen des OSZE-Konfliktmanagements (Fn. 47), pp. 83-85. - Troebst, Internationale Vermittlungsbemühungen (Fn. 47), p. 22.

licherweise nicht vor.

Einfacher fällt die Antwort auf die eingangs gestellte Frage, ob es eine transnistrische Nation gibt: Sie muss - zumindest für die Gegenwart - Nein lauten. Dennoch gibt es ohne Zweifel ein multiethnisches Staatsvolk in der selbsternannten PMR. Leider hat dieses mangels Demokratie derzeit keine Möglichkeit zur freien Willensäusserung. Insofern handelt es sich beim Transnistrienkonflikt also nicht um einen „klassischen" ethnischen Konflikt wie etwa derjenige zwischen der Russländischen Föderation und Tschetschenien. Die Bezeichnung ethnopolitisch beschreibt das transnistrische Problem mit seinen machtpolitischen, ideologischen und sprachlichen Aspekten schon besser, auch wenn es die regionalistischen, sozioökonomischen und imperialgeschichtlichen Bezüge nicht einschliesst. Denn ohne den Hintergrund des russisch-imperialen, sowjetischen und schliesslich russländischen Hegemoniestrebens, der Siedlungspolitik und der Migrationsprozesse ist die Konfliktspezifik am Dnestr nicht zu beschreiben, ist doch die so schwer fassbare „transnistrische Identität" primäres Produkt russisch-sowjetischer Reichs- und Gesellschaftsgeschichte.

So lange wie die Eliten der Russländischen Föderation die veränderte Rolle des neuen Russland nicht definiert haben, so lange wird es in Tiraspol' wie in Moskau politische Strömungen und Gruppierungen geben, die die Transnistrienfrage offenhalten wollen. Und so lange die Hoffnung von Figuren wie Smirnov und Antjufeev auf eine Wiederherstellung der Sowjetunion und/oder auf Unterstützung aus Moskau durch Staatsduma, Armeeführung, braun-rote Parteien und Teile der Medien genährt wird, so lange sind auch die Aussichten für eine tragfähige Lösung des Konfliktes in Form einer transnistrischen Territorialautonomie innerhalb Moldovas äusserst gering. Der „Konflikt im Konflikt", jene von aussen nur schwer beleuchtbare Auseinandersetzung zwischen autochthonen, demokratisch orientierten und einer Verhandlungslösung zugeneigten Separatisten der ersten Stunde auf der einen Seite und den als spätsowjetisches Treibgut in Tiraspol' gestrandeten Politprofiteuren auf der anderen, ist daher - neben Moskau - der zweite Schlüssel zur Lösung des Transnistrienproblems.

Dass der OSZE-Vermittlung angesichts solcher Gegenkräfte der endgültige Durchbruch (noch) nicht gelungen ist, kann daher nicht erstaunen - eher schon der beträchtliche Grad des bislang Erreichten. Doch selbst wenn die von der OSZE favorisierte Autonomielösung wider Erwarten rasch implementiert würde, wären damit die eigentlichen Probleme einer Reintegration der beiden so unterschiedlichen Landesteile noch nicht gelöst. Das „sowjetische Freilichtmuseum" Transnistrien, jener „Jurassic Park" von Parteidiktatur, Planwirtschaft, militärisch-industriellem Komplex und politischer Repression sowjetischer Prägung wird für das sich modernisierende Moldova auf lange Zeit hinaus ein schwer verdaulicher Brocken bleiben, wenn nicht gar die bisher erreichten Transformationserfolge gefährden.

Die andere eingangs gestellte Frage, weshalb für die moldavischen Eliten und Teile der Titularnation der Rückerwerb dieses ebenso desolaten wie integrationsunwilligen Landstriches als so erstrebenswertes politisches Ziel gilt - diese Frage zu beantworten, fällt nicht leicht. Es deutet indes einiges darauf hin, dass hinter den formaljuristisch-völkerrechtlichen Argumenten Chisinaus weniger sicherheitspolitische, verkehrspolitische, ökonomische und andere konkret fassbare Interessen stehen - darunter die mehr als berechtigte Sorge um das Schicksal der moldavischen Minderheit auf dem östlichen Dnestr-Ufer - als vielmehr Prestigeerwägungen. Die „Heimholung" Transnistriens soll die schmerzhafte Erinnerung an das militärisch-politische Fiasko vom Sommer 1992 auslöschen und die sich auf das *gesamte* Staatsgebiet erstreckende Souveränität der Republik Moldova deutlich nach aussen wie innen demonstrieren. Die politische Kinderlähmung, die den neuen Staat unmittelbar nach seiner Geburt befallen hat, würde dadurch geheilt werden. Dem 1992 umkämpften und bis heute umstrittenen Bendery kommt dabei eine politische Symbolfunktion zu, die, wie der Tiraspol'er „Staatssekretär" Lickaj instinktsicher erkannt hat, in der Tat derjenigen des Westteils Berlins von der sowjetischen Blockade 1948/49 bis zum Fall der Mauer 1989 entspricht - zugleich Dorn im Fleische Moldovas und Monument seiner nationalen Schmach.

Unabhängig davon, welchen Verlauf der Transnistrienkonflikt in der Zukunft nehmen wird - Fortsetzung des Status quo, Autonomielösung, friedliche Sezession oder neuerliche Eskalation -, wird er die OSZE noch auf Jahre hinaus beschäftigen. Und wie immer man auch deren bisherige Leistungen rechts und links des Dnestr bewertet, bleibt eines doch unbestritten: Dass der von Ottawa bis Akmola reichende Regierungszusammenschluss bezüglich der Bearbeitung ethnopolitischer Konflikte auf dem Territorium der ehemaligen Sowjetunion mittlerweile ein Erfahrungspotential angesammelt hat, mit dem sich dasjenige anderer internationaler Organisationen und NROs nicht messen kann, ist zu einem Grossteil auf die fünfjährige Praxis im Umgang mit dem Separatismus in Transnistrien zurückzuführen.

Teil IV

Brennpunkt

Die Wiederkehr der albanischen Frage und die Gefahr eines neuen Balkankrieges

Von Wilfried Graf in Kooperation mit Dardan Gashi

Bericht

Die (auch noch im letzten Friedensbericht gehegte) Erwartung, dass sich nach dem relativ friedlichen Sturz der stalinistischen Diktatur das „neue demokratische Albanien" mit westlicher Hilfe allmählich zu einem wirklich demokratischen Rechtsstaat entwickeln würde, erwies sich 1997 als Illusion. Denn scheinbar über Nacht brachen alle Strukturen in Staat, Wirtschaft und Gesellschaft, die sich seit 1992 entwickelt hatten, in sich zusammen. Angesichts des katastrophalen Erbes der ersten poststalinistischen Regierung wurden alle Hoffnungen auf einen raschen Umschwung enttäuscht. Aber Armut, Rückständigkeit und Isolation kamen nicht erst mit dem Stalinismus nach Albanien.

Die Utopie der albanischen Kommunisten strebte eine radikal „egalitäre" und „autozentrierte" Modernisierungsdiktatur an. In ihrer Ideologie blieben sie trotz des Bündnisses mit dem maoistischen China und der Übernahme gewisser kulturrevolutionärer Elemente immer dem stalinistischen Modell des „Sozialismus in einem Land" verhaftet. De facto blieb sowohl diese Utopie als auch die Ideologie des Stalinismus dem nationalen Ziel untergeordnet, Albanien zu einem modernen Nationalstaat durch „nachholende Entwicklung" umzuformen - und dabei weder ein „Grossalbanien" noch einen Ausgleich mit dem titoistischen Jugoslawien anzustreben. Der Hoxhaismus verband seine spezifische Ideologie des „Albanertums" als politisch-kulturelle Theologie einer stalinistischen Diktatur mit einem autozentrierten Entwicklungsmodell. Diese Politik führte in der Praxis schliesslich in eine immer extremere Selbstisolation des Landes.

Die Aufgaben, die sich dem „neuen" Albanien 1992 stellten, liessen sich mit jenen vergleichen, die der ersten Regierung Albaniens nach der Wiedererlangung der Unabhängigkeit im Jahre 1920 zufielen. Auch die neue Führung nach dem Systemwechsel 1991/92 musste beinahe bei Null beginnen. Nicht einmal die wichtigsten Bereiche des öffentlichen Lebens - wie Spitäler, Schulen, Gerichte und Polizei - funktionierten. Die Versorgung mit Lebensmitteln, Strom und Wasser konnte nur notdürftig und mit massiver Hilfe des Westens aufrechterhalten werden. Mit einem durchschnittlichen Bruttojahreseinkommen von US$ 690 pro

Kopf zählt Albanien weiterhin zu den ärmsten Ländern Europas und gleicht aufgrund seiner Wirtschaftsstruktur eher einem Dritte-Welt-Staat.

Die Demokratische Partei konnte nach den ersten zwei Jahren der Amtszeit Sali Berishas zwar einige Erfolge vorweisen. Die Nahrungsmittelversorgung, die seit 1990 hauptsächlich durch Hilfslieferungen aus dem Ausland gewährleistet wurde, konnte allmählich selbst bewältigt werden: Dank einer „Klein-Marktwirtschaft", der die Regierung keine - auch nicht notwendige - Schranken setzen wollte. Aber das vollständige Versagen lag in der demokratischen Frage. Besonders sichtbar wurde dies bei den Parlamentswahlen im Frühling 1996. Vor den Augen zahlreicher internationaler Wahlbeobachter liess Berisha die Wahlen offen zu seinen Gunsten fälschen. Trotz scharfer Kritik von seiten der internationalen Gemeinschaft, allen voran der OSZE und des Europarates, weigerte sich der Präsident, die Wahlen wiederholen zu lassen. Im nachhinein erwiesen sich der Wahlbetrug und die Brutalität gegen demonstrierende Oppositionelle als endgültiger Bruch mit der gesamten Opposition, aber auch mit den westlichen Gönnern Berishas, die begannen, sich von ihm zu distanzieren.

Um sowohl der Opposition als auch dem Westen zu beweisen, dass die Parlamentswahlen nicht gefälscht worden waren, setzte Berisha alles daran, die für Oktober 1996 angesetzten Kommunalwahlen möglichst sauber, aber sicher zu gewinnen. So erweckte die Demokratische Partei in der Bevölkerung auf subtile Art und Weise den Eindruck, die damals noch beliebten Pyramiden seien mit den Demokraten verbunden. Eine Stimme für die Demokraten sei gleichzusetzen mit einer Stimme für schnelles Geld und Wohlstand. Viele Wähler waren überzeugt, ihr Geld in sicheren Händen angelegt zu haben, wenn die Demokraten siegten, und sicherten Berisha einen überwältigenden Erfolg. Nach den Parlaments- und Kommunalwahlen stand die absolute Macht der Demokratischen Partei fest, während die Opposition in nahezu totaler Bedeutungslosigkeit versank.

Aber nur drei Monate später brachen die ersten Pyramiden zusammen, stürzten Tausende von Anlegern in die völlige Mittellosigkeit und trieben die empörten Bürger auf die Strasse. Der Volksaufstand der Märztage 1997 wuchs sich explosionsartig zu den schwersten Unruhen seit dem Zweiten Weltkrieg aus. Die Wut und Verzweiflung einer bitterarmen Bevölkerung über den Zusammenbruch des sogenannten Pyramidensystems und den Verlust aller Ersparnisse schlugen rasch in einen Aufstand gegen eine immer korrupter gewordene Regierung um.

Seit Jahren hatte ein Grossteil der Albaner in sogenannte Pyramiden investiert, die astronomisch hohe Zinsen versprachen und zunächst auch ausschütteten. Die enorme Arbeitslosigkeit, die niedrigen Löhne und die naive Vorstellung, schnell reich zu werden, trieben den dubiosen Anlagefirmen Hunderttausende von leichtsinnigen Kunden zu. Der Ansturm auf die Pyramiden nahm solche dramatischen Ausmasse an, dass viele Menschen sogar ihre Häuser und Geschäfte investierten in der Hoffnung, ihr Geld binnen weniger Monate zu vervielfachen. Ende 1996 waren US$ 2 Mrd. in den Pyramiden angelegt, ein Vielfaches des albanischen Staatshaushaltes. Doch während die Medien bereits Alarm schlugen, sahen weder Regierung noch Opposition Handlungsbedarf. Sogar der Internationale Währungsfonds (IWF) gab erst 1996 seine ursprüngliche Haltung in bezug auf völlig freie Hand für die Anlagefirmen auf.

Abgesehen von der hohen Wahrscheinlichkeit, dass Regierungsmitglieder von den Pyramidengeschäften profitierten, eignete sich dieses System hervorragend dazu, eine funktionierende Marktwirtschaft vorzutäuschen, zumal ein Grossteil der albanischen Bevölkerung eine Zeitlang davon einigermassen gut leben konnte, ohne der ohnehin leeren Staatskasse zur Last zu fallen. Die Opposition wollte sich nicht dadurch unbeliebt machen, dass sie kritisierte, was in der Bevölkerung grösste Sympathien genoss. Da viele Anleger glaubten, die Pyramiden seien nur geschaffen worden, um der Bevölkerung zu helfen, präsentierten sich viele der Betreiber entsprechend und finanzierten auch karitative Projekte. Ein Heer von Händlern und Lokalbesitzern profitierte vorwiegend von Menschen, die ihre Einkünfte fast ausschliesslich aus den Pyramidenerträgen bezogen, nachdem sie Geld investiert hatten, das im Ausland lebende und arbeitende Verwandte geschickt hatten. Von letzteren wiederum hatten viele bei westlichen Banken Kredite aufgenommen in der Hoffnung, die Summen in gewinnbringendere Geschäfte in Albanien zu investieren.

Der Zusammenbruch der Pyramiden legte diesen so perfekt anmutenden Kreislauf mit einem Schlag lahm. Kaum eine Familie in Albanien blieb von der Katastrophe verschont: Händler und Geschäftsbesitzer hatten keine Kunden mehr, die Mehrheit der Bevölkerung kaum noch Geld, um mehr als eine Woche zu überbrücken, und viele Gastarbeiter im Ausland hohe Schulden. Die Verzweiflung der Bevölkerung brach sich zunächst in halbwegs friedlichen Demonstrationen Bahn, bei denen die Regierung für das Desaster verantwortlich gemacht und die Rückgabe der Gelder gefordert wurde.

Dieser erste grosse, öffentlich bekundete Unmut, der in schwere Zusammenstösse mit der Polizei mündete, brachte der Opposition eine unerwartete Chance, auf die politische Bühne zurückzukehren. Von den ersten Tagen der Proteste an versuchte sich die Opposition als Anwalt des betrogenen Volkes zu etablieren. Sie bot sich als Führung an und brachte politische Forderungen ins Spiel: Vorgezogene Neuwahlen, Rücktritt der Regierung und des Präsidenten. Zunächst schien aber die Regierung die Oberhand zu behalten. Landesweit wurden Demonstrationen niedergeschlagen und einige Betreiber der Pyramidenspiele festgenommen, gleichzeitig wurde die Rückzahlung der verlorenen Gelder versprochen.

In Vlora, der grössten Stadt Südalbaniens, wuchsen sich die Demonstrationen aber schnell zu einer Aufstandsbewegung aus. Hier hatte sich ein explosives Gemisch aus Systemwechselverlierern, ehemaligen Angehörigen der stalinistischen Armee bzw. des alten Geheimdienstes, politischen Gegnern, geprellten und desillusionierten Bürgern, Scharen von Arbeitslosen, dubiosen Geschäftemachern und kriminellen Gruppierungen zusammengebraut - ähnlich wie in anderen Städten des Südens und im ganzen Land, jedoch um ein Vielfaches konzentrierter. Nach mehreren Konfrontationen mit der Menge überliess die Polizei die Stadt den teils friedlichen, teils gewalttätigen Protestbewegungen. Am 28. Februar revoltierte die Stadt schliesslich gewaltsam gegen die Regierung in Tirana, nachdem Gerüchte in Umlauf gebracht worden waren, Berisha wolle die Proteste und Hungerstreiks einiger Dutzend Studenten gewaltsam beenden. Die letzten verbliebenen Sicherheitskräfte wurden von der Menge gefangengenommen und sechs von ihnen grausam ermordet. Am Tag darauf stürmte die Menge die Kaserne, die von der Armee unmittelbar zuvor aufgegeben worden war.

Abgesehen von den verwirrenden Befehlsvorgaben während der Tage des Aufruhrs - einmal hiess es Angriff, dann wieder Rückzug -, um ein Blutbad und den Bürgerkrieg zu vermeiden, dürfte der ausschlaggebende Grund für die Selbstauflösung der Sicherheitstruppen im Zustand der Truppen selbst gelegen sein. Als 1992 mit der Restrukturierung begonnen wurde, standen der neuen Armee kaum qualifizierte Führungskräfte zur Verfügung. Die Hilfe der NATO-Länder und der USA für Albanien, das 1994 der NATO-Partnerschaft für den Frieden (PfP) beigetreten war, konnte den allgemein miserablen Zustand der Armee nicht verbessern. Dass die Soldaten bei ihrem hastigen Rückzug alle Waffen zurückliessen, hatte nicht nur mit Sorglosigkeit zu tun, sondern auch mit dem Mangel an Transportmitteln. Schlecht ausgerüstet, schlecht bezahlt und schlecht geführt hatte die Armee keine besondere Loyalität zur Regierung und stellte deshalb keine wesentliche Stütze für die Regierung in Tirana dar.

Der Aufstand von Vlora griff rasch auf andere Städte im Süden über; binnen zweier Wochen erfasste der Aufruhr auch Tirana und fast das ganze Land. Überall wurden die - mittlerweile verlassenen - Polizeistationen und Armeekasernen überrannt, staatliche Gebäude in Brand gesteckt, Geschäftslokale und sogar Spitäler geplündert. Sowohl die Regierung als auch die Opposition verloren jede Kontrolle über die Ereignisse. Die Bürgerkomitees der Aufständischen kontrollierten selbst nur einen Teil der Bewaffneten. Durch die Abertausenden in die Luft gefeuerten Geschosse aus Gewehren und Luftabwehrgeschützen wurden Hunderte von Menschen getötet und Tausende zum Teil schwer verletzt. Bald war jede Familie in Albanien bis an die Zähne bewaffnet. Vor allem im Norden des Landes und in der Hauptstadt bewaffneten sich die Menschen weniger, um die Staatsmacht zu bekämpfen, sondern vielmehr, um sie zu ersetzen. Und auch unter diese Gegenbewegung mischten sich viele, die nur ziellos um sich schossen und plünderten.

Wie 1991/92 im Chaos des Systemwechels sahen auch 1997 Tausende von Albanern ihren einzigen Ausweg in der Massenflucht übers Meer nach Italien. Sie liessen sich auch nicht abschrecken, als eines der rostigen Schiffe mit einem italienischen Marineboot kollidierte und über hundert Menschen ertranken. Kaum drei Wochen nach Beginn des Aufstandes in Albanien ankerten bereits vier Fünftel der albanischen Flotte in italienischen Häfen, während in Durres und Vlora noch immer unzählige Familien auf die Flucht über das Meer hofften.

Erst als auch die Hauptstadt Tirana in die Hände der Aufständischen zu fallen drohte, begann sich die Opposition allmählich zu distanzieren und eine politische Lösung innerhalb des Systems zu suchen. Berisha selbst erfasste lange Zeit den Ernst der Lage nicht und versuchte, die Situation mittels alter Verschwörungstheorien unter Kontrolle zu bringen: Die Unruhen seien nichts anderes als ein von den Kommunisten sowie den serbischen und griechischen Geheimdiensten geplanter Umsturz mit dem Ziel, Albanien zu zerstören. Er schwenkte erst um, als er praktisch nur noch über die Umgebung rund um den Präsidentenpalast herrschte und der Druck des Westens immer mehr wuchs. Erst zu diesem Zeitpunkt schien er zu begreifen, dass er sein Überleben (im doppelten Sinn) nur mit Konzessionen und durch die Zusammenarbeit mit der Opposition retten konnte.

Erst nach zwei Wochen vollständiger Anarchie begann sich die Situation ein wenig zu beruhigen, weniger durch die politischen Massnahmen der mittlerweile eingesetzten All-Parteien-Übergangsregierung als durch die Angst, noch mehr Eigentum oder sogar das Leben zu verlieren. Mit der Ablösung der gesamten Regierung unter Premierminister Meksi brachte der Präsident ein Bauernopfer, doch bereits am Tag darauf demonstrierte er mit der vom Parlament abgesegneten Verhängung des Ausnahmezustandes abermals Entschlossenheit, seine Position nicht aufzugeben. Als er sich zu einem Zeitpunkt, als die Gefahr eines Bürgerkrieges am grössten schien, von den Abgeordneten für eine neuerliche Amtszeit von fünf Jahren als Präsident bestätigen liess - angesichts der ausser Kontrolle geratenen Lage im Land von vielen als arroganter und unkluger Versuch der Machterhaltung um jeden Preis angesehen - verlor Berisha auch in den eigenen Reihen zahlreiche Anhänger.

Was die „Demokraten“ bis zum spätestmöglichen Zeitpunkt kategorisch abgelehnt hatten, schien schliesslich der letzte Ausweg zu sein, um ein Zerreissen Albaniens zu verhindern. Mit der Bildung der All-Parteien-Regierung, in der der Posten des Premierministers an den Sozialisten und gebürtigen Südalbaner Bashkim Fino ging, hoffte Berisha, den Süden des Landes wieder zur Räson zu bringen. Als weitere Konzession stimmte Berisha vorgezogenen Neuwahlen im Juni 1997 und einem neuen Wahlgesetz zu. Tatsächlich vermochten die Sozialisten im Süden mit den diversen Bürgerkomitees allmählich Kontakt zu knüpfen, eine Wiederherstellung der staatlichen Ordnung blieb zunächst jedoch illusorisch. Die Komitees - in den Augen Berishas „nichts als Räuberbanden, Mafiosi und der bewaffnete Flügel der Sozialisten“ - verknüpften alle Bedingungen für eine Kooperation mit Tirana mit der Forderung nach dem Rücktritt von Präsident Berisha.

Hinter der Forderung mancher Bürgerkomitees nach einer „Autonomie“ des Südens witterten Tirana und nationalistische Albaner eine Verschwörung griechischer Kreise und der Ex-Kommunisten, um das Gebiet schrittweise an Griechenland anzuschliessen. Einige griechische Diplomaten und Politiker überschritten denn auch ihre Kompetenzen und versuchten eigenständig, ohne Einwilligung von Tirana oder Brüssel, Verhandlungen mit den Aufständischen im Süden aufzunehmen. Radikale griechische Nationalisten sahen im Sog des Aufruhrs sogar die Chance, sich den Süden Albaniens wieder als „hellenischen" Nordepirus einzuverleiben. Insgesamt verhielt sich Athen aber weitgehend konstruktiv. Vielleicht könnten die Ereignisse 1997 auch eine historische Chance für die Beilegung der Konflikte mit Griechenland beinhalten, die rund um die jeweiligen Minderheiten seit Jahrzehnten die Beziehungen schwer belasten. Die humanitäre Hilfe und der Einsatz Griechenlands in der EU für finanzielle und militärische Hilfe an Albanien waren mit ein Grund für die rasche Reaktion Europas, die wahrscheinlich eine grössere Katastrophe für Albanien verhindert hat.

Als im April 1997 die 6.000 Soldaten der sogenannten internationalen Schutztruppe - ausgestattet mit einem Mandat der OSZE - in Albanien Posten bezogen, waren allerdings nur drei der insgesamt acht teilnehmenden Länder nie Besatzer Albaniens oder albanischer Regionen gewesen, nämlich Rumänien, Spanien und Dänemark. Ob Italiener, Franzosen, Türken, Griechen oder Österreicher - alle Staaten, die vor mehr als achtzig Jahren Besatzungstruppen an die Wiege des albanischen Staates geschickt hatten, waren am Ende des Jahrhunderts, wenn auch unter geänderten Vorzeichen, wieder im Einsatz. Die internationalen Institutionen - namentlich die OSZE, der Europarat und die Europäische Union - befanden sich in einer ähnlichen Rolle, wie sie die internationale Kontrollkommission 1913/14 mit wenig Erfolg gespielt hatte: Wiederum sollten europäische Organisationen bei der Wiedererrichtung der albanischen Zivilverwaltung, des Finanzwesens, vor allem aber des Rechts- und Polizeisystems Pate stehen, da eine Wiederherstellung der staatlichen Ordnung von innen heraus unmöglich schien.

Die Präsenz militärischer Truppen aus den umliegenden Staaten und die Vermittlungstätigkeit der OSZE unter Franz Vranitzky ermöglichte es, die Wiederherstellung der staatlichen Ordnung abzusichern und damit die Stabilität einer geopolitisch hochsensiblen Region fürs erste zu gewährleisten. Die vorgezogenen Wahlen, die zur neuen Regierung unter Fatos Nano führten, konnten aufgrund der fehlenden zivilgesellschaftlichen und demokratischen Voraussetzungen allerdings nur zur Umkehrung der Machtverhältnisse - diesmal zugunsten der Sozialisten - führen.

Ursachen

Poststalinistische Identitätskonflikte werden in der Literatur meist entweder mit der „Dampfkessel"-Hypothese oder der „Latenz"-Hypothese zu erklären versucht. Die Anhänger des „Dampfkessel"-Ansatzes nehmen an, dass es bereits vor der Etablierung von Stalinismus bzw. bürokratischem Sozialismus starke nationale bzw. kulturelle Identitäten gab. Das Herrschaftssystem des Marxismus-Leninismus habe diese Identitäten in die Illegalität getrieben oder unterdrückt. Das habe wie ein Dampfkessel gewirkt, dessen Deckel mit dem Ende des bürokratischen Sozialismus entfernt worden sei. Nun könnten sich die unterdrückten Kräfte wieder frei entfalten, was zunächst zu gewalttätigen Eruptionen führen würde. Die Analogie des sinkenden Dampfdruckes lege aber die Chance einer baldigen Zivilisierung der Konfliktaustragung nahe.

Die „Latenz"-Hypothese geht ebenfalls von entwickelten nationalen Identitäten vor der Herrschaft des real existierenden Sozialismus aus, nimmt aber an, dass deren Unterdrückung nicht zu Gegendruck geführt, sondern vielmehr läuternd gewirkt habe. Die Anhänger dieser These meinen, dass nach dem Ende des alten Regimes noch ein gewisser Ethnozentrismus bzw. Nationalismus existiere, sich aber mit zivilisiert-parlamentarischen Umgangsformen und der Idee einer nichtgewalttätigen Konfliktaustragung versöhnen liesse.

Beide Ansätze können offenbar solche zugespitzten Krisenlagen, wie sie 1997 in Albanien auftraten, nicht angemessen erklären. Ein alternativer Ansatz hat gerade im Fall Albaniens mehr Erklärungswert:[1] Demzufolge hat die Herrschaft des Stalinismus ethnisch-nationale Identitäten gerade nicht unterdrückt, sondern vielmehr systematisch gezüchtet. Durch entsprechende „Kulturreformen" entstanden nationale Bildungseliten, die nach dem Prinzip des „teile und herrsche" im Sinne der Einheit des Systems gegeneinander ausgespielt wurden. Diese Bildungseliten blieben vom Zugang zur „wirklichen" Macht ausgeschlossen, was sie jetzt - nach Ende des alten Regimes - auf Beteiligung pochen lässt. Ausserdem wird auf die Tatsache hingewiesen, dass ethnozentrische Radikalisierung eine Funktion aktueller sozioökonomischer Anpassungsprozesse ist. Mit anderen Worten: Die systemischen Transformationsprozesse in Politik, Gesellschaft und Wirtschaft haben zu Statusunsicherheit oder -verlust grösserer Bevölkerungsgruppen geführt, denen ausser symbolischen Identifikationen - mit der Ethnie, Kultur oder Nation - noch nicht viel geboten werden kann.

Nimmt man beides zusammen, das heisst den Anspruch der einst frustrierten und nicht parlamentarisch sozialisierten Bildungseliten auf Beteiligung an der Macht sowie die sich aus dem Modernisierungsprozess ergebende Anfälligkeit grösserer Bevölkerungsgruppen für konfliktträchtige Identifikationssym-

[1] R. Bauböck: Zur Zukunft des Nationalismus in Europa, in: Dialog, 21, Wien/Stadtschlaining 1992, pp. 159 - 181.

bole, dann ist auch auf längere Sicht nicht mit einer Entschärfung der Krisenkonstellation in Albanien zu rechnen.

Über den unmittelbaren Anlass - die Wut und Verzweiflung nach dem Zusammenbruch des Pyramidensystems - hinaus liegen einige der wichtigsten Ursachen im Fehlen funktionierender Staatsstrukturen, einer zivilen Gesellschaft und demokratischer Erfahrungen. Gerüchte und Nachahmungstrieb wurden deshalb zu entscheidenden massenpsychologischen Triebkräften. Was einer machte, machten bald alle - egal, ob es darum ging, das Land zu verlassen, in Pyramiden zu investieren oder sich nach deren Zusammenbruch an den Unruhen zu beteiligen. So zogen in den vergangenen Jahren Hunderttausende ins Ausland und wiederum Hunderttausende aus den Dörfern in die Städte, deren Einwohnerzahl sich - wie in der Hauptstadt Tirana - verdoppelte; Verslumung, mafiose Strukturen und Perspektivenlosigkeit waren die Folgen.

Nach den Erfahrungen des albanischen Stalinismus hatte die Bevölkerung kein rationales Verhältnis zu Geld. Während der Diktatur war es weder möglich gewesen, Geld gewinnbringend in Banken anzulegen, noch ohne die dazugehörigen Bons Waren zu kaufen. Man hatte gewissermassen in einer Ära der Tauschgeschäfte gelebt - Arbeit gegen Waren. Eigentum wird auch heute nur respektiert, wenn es unmittelbar mit einer Person, Familie oder Hausgemeinschaft identifiziert werden kann. In der jüngeren Geschichte Albaniens hatten sich mehrfach gewaltsame Aneignungen, Plünderungen oder Zerstörungen öffentlichen Eigentums ereignet, von den „kulturrevolutionären" Kämpfen gegen die Religionsgemeinschaften in den sechziger Jahren bis zur Aneignung der öffentlichen Parkanlagen und anderer Grundstücke für Geschäftslokale nach dem Systemwechsel.

Der Aufstand brachte in direkter Form somit auch die „strukturelle" und „kulturelle" Gewalt an die Oberfläche, die in Staatswesen und politischer Kultur Teil des Systems war: Rechtlosigkeit, Willkür, Korruption und Gewaltbereitschaft. Im Prinzip machte ohnehin jeder, was er wollte, vorausgesetzt, man gehörte einer gut organisierten, mafiaähnlich strukturierten Gruppe an. Gesetze und staatliche Institutionen waren Fassade, um - vor allem dem Westen gegenüber - einen scheinbar funktionierenden Rechtsstaat vorzutäuschen. Jeder lebte über seine Verhältnisse, niemand zahlte Steuern oder Zoll; die Staatskassen blieben leer, Investitionen in die Infrastruktur und in den Aufbau von Institutionen fehlten weitgehend.

Das Regierungsprinzip im poststalinistischen Albanien bestand darin, durch ständiges Improvisieren das Chaos zu „verwalten" und daraus möglichst grossen Nutzen für sich selbst zu ziehen. Indem Korruption und Wirtschaftskriminalität geduldet wurden, konnten viele Menschen erstmals ein besseres Leben führen, ohne gleichzeitig staatliche Investitionen und soziale Hilfe erforderlich zu machen. Zudem konnte die Regierung den sichtbar wachsenden Wohlstand als Erfolg für sich präsentieren. Im Sog des erbitterten Machtkampfes der Machteliten und der offenen Duldung von Korruption und Willkür gewann auch die

„historische“ Abneigung der Albaner gegenüber dem „Staat“ (in seinen negativen Formen und Auswüchsen, wie sie den Albanern bekannt sind) wieder als allgemeine Einstellung an Boden. Allein die rapide Zunahme des traditionellen Gewohnheitsrechts mit dem Ehrenkodex der „Besa“ und der „Blutrache“ macht klar, wie wenig es dem neuen albanischen Staat gelungen ist, sich innerhalb der Bevölkerung Vertrauen zu verschaffen.

Der Sturz der Demokratischen Partei im poststalinistischen Albanien rührt nicht nur von autoritären und willkürlichen Massnahmen her, sondern vom Versäumnis, die schwerwiegendsten Entwicklungsprobleme des Landes in Angriff zu nehmen. Die Unfähigkeit der poststalinistischen Machteliten wurde durch einen erbitterten Kampf zwischen den regierenden „Demokraten“ und den oppositionellen „Sozialisten“ kompensiert. Zwar hatte die Demokratische Partei nach dem Wahlsieg im Jahre 1992 versprochen, es würde keine Rache geben, denn nicht nur die Führung der Kommunisten sei schuld an der Misere und der Repression des Hoxha-Systems gewesen, „sondern wir alle“. Die gesamte albanische Gesellschaft habe direkt oder indirekt mitgeholfen, die Diktatur aufrechtzuerhalten, habe nie richtig aufbegehrt und sich gegenseitig bespitzelt. Man müsse die Vergangenheit vergessen und mit vereinten Kräften ein neues, „gesundes“ Albanien schaffen. Doch kurz nach der Konsolidierung der Macht entwickelte sich der Kampf zur endgültigen Vernichtung der Sozialisten zum primären Ziel der Machthaber unter Sali Berisha. Einerseits wollte ein Teil der Bevölkerung - vor allem jene Abertausenden, die Jahrzehnte ihres Lebens in Gefängnissen oder Verbannungslagern verbracht hatten - ihre Unterdrücker vor Gericht sehen, andererseits erwiesen sich die Sozialisten nach dem überraschenden Wahlsieg bei den Kommunalwahlen 1993 als einzige politische Kraft im Land, die die neu gewonnene Macht gefährden konnte.

Die Sozialisten hatten ihrerseits den Machtverlust der stalinistischen „Partei der Arbeit“ nie richtig akzeptiert. Nach dem Wahlerfolg bei den Kommunalwahlen zielten sie darauf ab, vorgezogene Parlamentswahlen zu provozieren. Berisha setzte demgegenüber auf das Prinzip der absoluten Macht. Den Führungspersonen der Sozialisten - Ramiz Alia, Fatos Nano und der Witwe des Diktators Enver Hoxha, Nexhmije Hoxha - wurde wegen angeblicher wirtschaftlicher Vergehen der Prozess gemacht, ohne eindeutige Beweise vorzulegen. Die staatlich kontrollierten Medien, Gerichte, Polizei und der gesamte Staatsapparat wurden in den Dienst der regierenden Machthaber und der „Demokraten“ gestellt.

Während die Sozialisten im Süden (wie schon früher die Stalinisten) historisch ihre treuesten Anhänger haben, haben im Norden historisch die Konservativen, Polizei, Armee und der mächtige Geheimdienst SHIK ihren Rückhalt. Bei einem umfassenden militärischen und polizeilichen Krieg gegen die Aufständischen im Süden hätte das Risiko einer Spaltung des Landes bestanden. Spätestens seit 1920 zeigte sich der Trend, dass ein Machthaber aus der einen Region gewaltsam von einem Gegner der anderen Region gestürzt wurde. Der Nordalbaner Zogu wurde 1924 von dem südalbanischen Geistlichen Noli gestürzt. Enver Hoxha musste nach der Machtübernahme jahrelang einen Kleinkrieg gegen die antikommunistischen und königstreuen Nordalbaner führen. Die Demokratische Partei unter Berisha (aus dem Norden) stürzte schliesslich die von Südalbanern dominierte Hoxha-Partei. Alle diese Machtwechsel führten zu keiner offenen Diskriminierung der einen Region durch die andere, jedoch unweigerlich dazu, dass die jeweils herrschende Seite nahezu alle Schlüsselposten in Politik, Sicherheitsapparat und Gesellschaft einnahm. So erlebten viele Nordalbaner den Stalinismus als eine Diktatur des Südens - umgekehrt betrachteten viele Südalbaner die Missstände unter Sali Berisha als gezielte Diskriminierung gegen den Süden. Zwischen Süden und Norden wurden also immer wieder politische Machtkämpfe ausgetragen, wobei es weniger um die religiösen, ethnisch-kulturellen oder sprachdialektischen Trennungslinien zwischen den nördlichen „Gegen“ und den südlichen „Tosken“ ging.

Kosovo und die Gefahr eines neuen Balkankrieges

Nach dem Sieg der Sozialisten bei den Wahlen im Juni sind die neuen Machthaber mit beinahe unlösbaren Aufgaben konfrontiert. Die Erfordernisse übersteigen bei weitem die vorhandenen Mittel und Möglichkeiten. Die wichtigste Aufgabe besteht vorerst darin, einen Bürgerkrieg zu vermeiden, der sich nach verschiedenen Mustern entwickeln könnte. Der noch immer fortgeführte Machtkampf zwischen Rechten und Linken könnte wieder in einen bewaffneten Konflikt ausarten. Zudem wird die Gefahr immer grösser, dass dieser Machtkampf einen konstruktiven Beitrag zur Bearbeitung der „ungelösten“ nationalen Frage in Kosovo und Mazedonien verunmöglicht.

In den inneralbanischen Konflikten seit 1920 stand meistens die ungelöste Frage der „geteilten Nation“ bzw. der Kosovokonflikt manifest oder latent im Zentrum. 1997 spielten die nationale Frage und der Kosovokonflikt nur eine untergeordnete Rolle. Zwar hatte sich Tirana nach der Machtübernahme Berishas zunächst als Mittelpunkt und Sprachrohr der gesamtalbanischen nationalen Interessen präsentiert. Speziell die anfänglich guten Beziehungen Tiranas zum Westen und zu den USA hatten den Kosovo-Albanern Anlass zur Hoffnung gegeben, Tirana werde zu einer Schutzmacht und einem einflussreichen Verhandlungspartner bei der angestrebten „Internationalisierung“ der Kosovo- und Mazedonienfrage.

Neben dem Zusammenbruch Albaniens kam es 1997 auch zu einer Radikalisierung der Albaner im Kosovo. Mehrere Bombenanschläge auf Polizei- und Militäreinrichtungen durch eine erstmals auftretende „Befreiungsarmee Kosovo“

verweisen darauf, dass die politische Führung der Albaner im Kosovo die Politik des friedlichen Widerstandes nicht mehr als einzige Alternative durchsetzen kann.

Der Zusammenbruch der Staatsstrukturen in Albanien wurde von der serbischen Seite auch als Freibrief dafür angesehen, die Repressionen in den von Albanern bewohnten Gebieten wieder zu verstärken. Die Regierung in Belgrad zog ihre Bereitschaft, über die Zukunft des Kosovo zu verhandeln, zunächst wieder zurück. Aber trotz zunehmender Unterdrückung und politischer Gewalt im Kosovo hat sich mittlerweile auch in Belgrad die Ansicht durchgesetzt, dass nach einer langfristigen Lösung für den Kosovo gesucht werden muss. Dabei werden mehrere Optionen diskutiert - eine Teilung des Kosovo zwischen Serben und Albanern, was sich nicht ohne Krieg und ethnische Säuberungen durchsetzen liesse, sowie etwas realistischere und friedlichere Lösungsvorschläge: Wiederherstellung der Autonomie, Kosovo als dritte jugoslawische Republik (neben Serbien und Montenegro) und die Unabhängigkeit. Für alle drei Optionen gibt es Befürworter und Gegner sowohl in Belgrad wie in Prishtina und in Tirana, wobei die Albaner zur Unabhängigkeit tendieren und Serbien zur Autonomielösung. Allerdings verweist der überwältigende Durchbruch des serbischen Ultranationalisten Seselj bei den Wahlen vom 21. September und 5. Oktober auf die Kontinuität des grosserbischen Nationalismus - eine Konstellation, die für die Zukunft des Kosovo das Schlimmste befürchten lässt.

Die Idee einer Wiedervereinigung des Kosovo mit Albanien, die von nationalistischen Albanern vertreten wird, dürfte aber spätestens seit den Ereignissen des Frühlings 1997 stark an Attraktivität eingebüsst haben. Die Entwicklung in Albanien zementierte Abneigungen zwischen den Albanern innerhalb und ausserhalb Albaniens, die schon bei den ersten Kontakten nach der Systemwende spürbar geworden waren. Achtzig Jahre Trennung haben unübersehbare Unterschiede im politischen und gesellschaftlichen Bewusstsein beider Gruppen hinterlassen.

Der westliche Einfluss auf die Regierung Berisha war 1997 noch gross genug, um die albanische Regierung angesichts der kriegerischen Konflikte auf dem Balkan in die geopolitische Strategie der „neuen Weltordnung" einzubinden - trotz aller Meinungsverschiedenheiten im Westen, zwischen den USA und der EU sowie innerhalb der EU: Zurückdrängung des islamischen Einflusses in Südosteuropa, Verzicht auf Grenzänderungen, keine Ermunterung für die politischen Bestrebungen der Albaner im Kosovo, die über eine Autonomie innerhalb Serbiens hinausgehen. Die westlichen Kräfte, mit deren Hilfe Berisha an die Macht gekommen war, vermieden bis zu den Wahlen im Mai 1996 jede Kritik. Berisha und seine Partei schienen vor allem den USA und den christdemokratischen Kräften als der einzige Garant, um die - allerdings auch von der europäischen Linken ausgegrenzten - Sozialisten nicht wieder an die Macht kommen zu lassen. Dabei ging es der internationalen Gemeinschaft vor allem um die Stabilität auf dem Balkan bzw. in Jugoslawien und Kosovo im Kontext der geopolitischen Gegebenheiten nach dem Abkommen von Dayton. Nach dem albanischen Bürgerkrieg 1997 und der neuerlichen Zuspitzung der Krise im Kosovo wird eine solche „Stabilitätspolitik" nicht länger ausreichen.

Die Wiederkehr der „albanischen Frage" wird zu einem neuen, „vierten" Balkankrieg führen, wenn in der internationalen Gemeinschaft mit der Logik einer neuen/alten Geopolitik nicht gebrochen wird. Deshalb wäre eine Politik der sowohl kurz- als auch langfristigen Friedenskonsolidierung in Albanien, Jugoslawien (Kosovo) und Mazedonien eine vordringliche Aufgabe aller europäischen Institutionen und der europäischen Zivilgesellschaft.

Zu den Autoren

Dr. Günther *Baechler*, Direktor, Schweizerische Friedensstiftung/Institut für Konfliktlösung, Bern
Prof.Dr. Hanne-M. *Birckenbach*, SCHIFF Schleswig-Holsteinisches Institut für Friedenswissenschaften an der Universität Kiel
Mag. Markus *Brunner*, Wien
Prof. Andreas *Buro*, Grävenwiesbach
Jörg *Calliess*, Studienleiter, Evangelische Akademie, Loccum
Prof. Khalid *Durán*, Herausgeber der politischen Vierteljahreshefte *TransState Islam*, Institute for International Studies, Washington
M.A. Jürgen *Endres*, Arbeitsgemeinschaft Kriegsursachenforschung, Universität Hamburg
Dipl.Pol. Jens Peter *Franke*, Arbeitsgemeinschaft Kriegsursachenforschung, Universität Hamburg
Dardan *Gashi*, Journalist, Wien, derzeit Pressereferent für die OSZE in Sarajevo
Dr. Laurent *Goetschel*, Schweizerische Friedensstiftung/Institut für Konfliktlösung, Bern
Dr. Wilfried *Graf*, Österreichisches Studienzentrum für Frieden und Konfliktlösung, Stadtschlaining
Dr. Hans-Joachim *Heintze*, Institut für Friedenssicherungsrecht und Humanitäres Völkerrecht, Ruhr-Universität Bochum
Axel *Klein*, Institute for African Alternatives, London
Dr. Andreas *Mehler*, Institut für Afrika-Kunde, Hamburg
Dr. Norbert *Ropers*, Berghof Forschungszentrum für konstruktive Konfliktbearbeitung, Berlin
Prof. Werner *Ruf*, Universität Gesamthochschule Kassel, Fachbereich Gesellschaftswissenschaften
Dr. Catherine *Schiemann Rittri*, Schweizerische Friedensstiftung/Institut für Konfliktlösung, wohnhaft in Stockholm
Dipl.Pol. Daniel *Stroux*, freier Berater im Bereich Entwicklungspolitik, München
Mohamed *Suliman*, Director, Institute For African Alternatives, London
Stefan *Troebst*, Director, European Centre for Minority Issues, Flensburg
Mag. Arno *Truger*, Stellvertreter des geschäftsführenden Präsidenten, Österreichisches Studienzentrum für Frieden und Konfliktlösung, Stadtschlaining
Dr. Frank *Unger*, John F. Kennedy-Institut, Freie Universität Berlin

Martin *Zbinden*, Schweizerische Friedensstiftung/Institut für Konfliktlösung, Bern

Über die Herausgeber

Österreichisches Studienzentrum für Frieden und Konfliktlösung (ÖSFK)

A-7461 Stadtschlaining/Burg, Tel. (0043) 03355-2498, Fax 03355-2662

Das ÖSFK, dessen Statuten im Januar 1992 beschlossen wurden (vormals Österreichisches Institut für Friedensforschung und Friedenserziehung) setzt sich zum Ziel

- zur weltweiten Förderung des Friedens,
- zur Förderung einer friedlichen Konfliktlösung auf allen Ebenen,
- zur Förderung des politischen und wissenschaftlichen Dialoges und
- zur Verbreitung des Friedensgedankens

beizutragen und der Stimme des Friedens mehr Gehör in Öffentlichkeit und Politik zu verschaffen. Die 1992 beschlossene Aufgabenerweiterung besteht darin, dass das ÖSFK *universitäre Lehrgänge für Frieden, Entwicklung und später Umwelt* weltweit anbietet und durchführt, in welchen neben der wissenschaftlichen Qualifikation auf die Befähigung für praktische Konfliktlösung mit friedlichen Mitteln Wert gelegt wird. Das Studienzentrum wird seine neuen Aufgaben in enger Zusammenarbeit mit der UNESCO-Organisation *Europäisches Universitätszentrum für Peace Studies* wahrnehmen, die ebenfalls in Stadtschlaining ihren Sitz hat.

Schweizerische Friedensstiftung - Institut für Konfliktlösung

Gerechtigkeitsgasse 12, Postfach, CH-3000 Bern 8
Tel. (0041) 031-310 27 27, Fax (0041) 031-310 27 28
email: swisspeace@dial.eunet.ch

Die Schweizerische Friedensstiftung, gegründet 1988, bezweckt, "die schweizerische Friedens- und Sicherheitspolitik in Forschung, Konzeption und Kommunikation mitzugestalten sowie bei ihrer Verwirklichung mitzuwirken".

Themenschwerpunkte:

- Europäische Friedensordnung und Sicherheitsarchitektur,
- Beziehungen zwischen Industriestaaten und Entwicklungsländern,

- globale ökologische Probleme und Regionalkonflikte.

Ein besonderer Akzent liegt auf der gesellschaftlichen, politischen und wissenschaftlichen Kommunikation. Dazu dienen neben zahlreichen Veröffentlichungen:

- Die jährliche Lenzburger Tagung zur Förderung der friedens- und sicherheitspolitischen Diskussion in der Schweiz mit VertreterInnen aus allen gesellschaftlichen und politischen Bereichen,
- internationale Fachtagungen mit ExpertInnen zu aktuellen Themen der europäischen Friedens- und Sicherheitspolitik,
- internationale Konferenzen zur Förderung der wissenschaftlichen Diskussion im Bereich Friedens- und Konfliktforschung,
- öffentliche Veranstaltungen mit bekannten Friedens- und KonfliktforscherInnen.

Veröffentlichungen: Bitte Verzeichnis anfordern.

Friedensbericht 1997
Die Zukunft Südosteuropas
Theorie und Praxis ziviler Konfliktbearbeitung
260 Seiten, Fr. 42.80 / DM 50.20 / ÖS 364.–
(1997) ISBN 3 7253 0577 3

Friedensbericht 1996
Theorie und Praxis ziviler Konfliktbearbeitung
1. Jahrbuch für Konfliktlösung
400 Seiten, Fr. 42.80 / DM 50.20 / ÖS 364.–
(1996) ISBN 3 7253 0552 8

Friedensbericht 1995
Tod durch Bomben
Wider den Mythos vom ethnischen Konflikt
Friedensforscher zur Lage
340 Seiten, Fr. 42.80 / DM 50.20 / ÖS 364.–
(1995) ISBN 3 7253 0527 7

Friedensbericht 1994
Krieg und gewaltfreie Konfliktlösung
Friedensforscher zur Lage
350 Seiten, 42.80 / DM 50.20 / ÖS 364.–
(1994) ISBN 3 7253 0503 X

Friedensbericht 1993
Das neue Chaos der nationalen Egoismen
Friedensforscher zur Lage
252 Seiten, Fr. 42.80 / DM 50.20 / ÖS 364.–
(1993) ISBN 3 7253 0471 8

Günther Bächler (Hrsg.)
Federalism against Ethnicity
344 pages, Fr. 49.– / DM 57.40 / ÖS 416.–
(1997) ISBN 3 7253 0559 5

Günther Bächler (Hrsg.)
Beitreten oder Trittbrettfahren?
Neutralität in Europa
250 Seiten, Fr. 42.80 / DM 50.20 / ÖS 364.–
(1994) ISBN 3 7253 0504 8

Günther Bächler (Hrsg.)
PERSPEKTIVEN
Friedens- und Konfliktforschung in Zeiten des Umbruchs – Peace and Conflict Research in Times of Radical Change
410 Seiten,Fr. 77.50 / DM 90.80 / ÖS 659.–
(gebunden)
(1992) ISBN 3 7253 0454 8

Günther Bächler / Volker Böge / Stefan Klötzli
Stephan Libiszewski / Kurt R. Spillmann
Kriegsursache Umweltzerstörung
Ökologische Konflikte in der Dritten Welt und Wege ihrer friedlichen Bearbeitung
(ENCOP-Abschlussbericht Band I)
420 Seiten, Fr. 55.10 / DM 64.50 / ÖS 468.–
(1996) ISBN 3 7253 0556 0

Günther Bächler / Kurt R. Spillmann (Hrsg.)
Kriegsursache Umweltzerstörung
Environmental Degradation as a Cause of War
Regional- und Länderstudien von Projektmitarbeitern – Regional and Country Studies of Research Fellows
(ENCOP-Abschlussbericht Band II)
750 Seiten, Fr. 91.80 / DM 107.50 / ÖS 780.–
(1996) ISBN 3 7253 0557 9

Günther Bächler / Kurt R. Spillmann (Hrsg.)
Kriegsursache Umweltzerstörung
Environmental Degradation as a Cause of War
Länderstudien von externen Experten
Country Studies of External Experts
(ENCOP-Abschlussbericht Band III)
450 Seiten, Fr. 77.50 / DM 90.80 / ÖS 659.–
(1996) ISBN 3 7253 0558 7

Günther Bächler (Hrsg.)
Friede und Freiheit – Die Schweiz in Europa
260 Seiten, Fr. 46.90 / DM 55.– / ÖS 399.–
(1992) ISBN 3 7253 0442 4

Catherine Schiemann
Neutralität in Krieg und Frieden
Die Aussenpolitik der Vereinigten Staaten gegenüber der Schweiz 1941 – 1949
Eine diplomatiegeschichtliche Untersuchung
394 Seiten, Fr. 59.20 / DM 69.30 / ÖS 503.–
(1991) ISBN 3 7253 0387 8

Verlangen Sie unser Verlagsprogramm:
Verlag Rüegger • Postfach 1470
CH-8040 Zürich